新譯

抱朴子（下）

李中華 注譯
黃志民 校閱

三民書局

新譯抱朴子 目次

下冊

外篇

外篇

卷一 嘉遯

【題解】本篇設為懷冰先生、赴勢公子相問答之辭，闡述處在政治昏暗的時世，賢者應該退隱山林，以保全節操與人格，而不應該趨附權勢、追逐榮華的道理。

「嘉遯」一詞，出自《周易》的〈遯卦〉。從卦象上看，這時陰的勢力在增長，陽的勢力在消退，小人方用，君子若不退避，就難免身受其害。所以遯有退隱、退避的意思。然而君子之隱並不是放棄節操與理想。其〈卦辭〉曰：「嘉遯，貞吉」，又〈象辭〉曰：「嘉遯貞吉，以正志也。」君子的隱逸仍要堅持純正的志向，不放棄其理想與抱負。

本篇從這兩方面闡述了隱逸的意義與價值：一方面，保全精神的自由與人格的純潔，避免世俗的禍患；另一方面，從事著述，教授生徒，以補教化。

抱朴子曰：「有懷冰❶先生者，薄周流❷之棲遑❸，悲吐握❹之良苦。讓膏壤❺於陸海，爰躬耕乎斥鹵❻。祕六奇❼以括囊❽，含琳琅❾而不吐。謐清音❿則莫之或聞，掩輝藻⓫則世不得睹。背朝華⓬於朱門，保恬寂⓭乎蓬戶。絕軌躅⓮於金張⓯之門，養浩然⓰於幽人之仵⓱。謂榮顯為不幸，以玉帛為草土。抗靈規⓲於雲表⓳，獨違今而遂古⑳。庇峻岫㉑之巍峨，藉翠蘭之芳茵㉒。漱流霞㉓之澄液，茹八石㉔之精英。思眇眇焉㉕若居乎虹霓之端，意飄飄焉若在乎倒景㉖之鄰。萬物不能攪其和，四海不足汩㉗其神。

【章　旨】懷冰先生有治世之妙策、琳琅之才器，而不趨權勢，不求榮華，保持著心情的恬靜和平。

【注　釋】❶懷冰　取其懷抱貞素、節操如同冰清之意。❷周流　天下四方，到處奔波。❸棲遑　忙碌、奔波不寧之貌。❹吐握　為了接待賢人，停止吃飯、洗頭。《史記》記載，周公怕慢待了天下的賢人，曾「一沐三捉髮，一飯三吐哺」。❺膏壤　指肥沃的土地。❻斥鹵　鹽鹹地。不適合耕種。❼六奇　指奇妙的計策、謀略。❽括囊　閉口不言，行為謹慎。❾琳琅　美玉之類。這裡比喻懷冰先生的才華。❿謐清音　意謂懷冰先生閉口不談。謐，靜。清音，指言談。⓫輝藻　華美的文章、辭藻。⓬朝華　清晨之鮮花。比喻富貴繁盛之景象。⓭恬寂　恬淡、寂寞。⓮軌躅　車之行跡。⓯金張　漢宣帝時的大臣金日磾、張安世。兩家世代在朝中任貴官，後來用以指朝廷的達官顯貴。⓰浩然　指正大光明之氣質。⓱幽人之仵　與隱逸之高士為伍。⓲抗靈規　高舉超出凡俗之人生準則。⓳雲表　高空；雲外。⓴遂古　達到古人的境界。㉑峻岫　陡峭的高山。㉒翠蘭之芳茵　芳香之翠蘭，猶如茵席。㉓流霞　仙酒之名。㉔八石　道家服食的藥物。指朱砂、雄黃、空青、硫黃、雲母、戎鹽、硝石、雌黃。㉕眇眇焉　意態高遠之貌。㉖倒景　道家指日、月之上，天上極高處。那裡光線自下往上照，故名倒景。㉗汩　擾亂。

【語　譯】抱朴子說：「有位名叫懷冰先生的人，他看不起、也不願過那種奔波四方、惶惶不得安寧的生活，又為周公『一沐三捉髮，一飯三吐哺』的良苦用心而悲嘆。他寧願讓出肥沃的土地，在貧瘠的鹽鹹地上耕作。他將治理國家的妙計奇策祕藏在心中，有滿腹的才華卻不願吐露。人們聽不到他的高論，他的燦爛的文采，人們也無法得以欣賞。他不去趨附繁華的權勢之門，而甘願在茅草屋中寂寞恬淡地生活。達官貴人門前絕無他的蹤跡，他與隱逸的高士相伴，以保養胸中的一腔浩然正氣。他把榮華富貴當作人生的不幸，把金玉寶物看得如同草梗與糞土。他奉行的是超出凡俗的人生準則，因而違背了當世卻與古人相合。覆蓋著巍峨的高山的影子，鋪墊著芬芳如茵的翠蘭，飲著清澄的仙酒，服食著仙藥的精華。他的神情高遠好像置身在虹霓之上，意態飄逸猶如在天界之旁。萬物都不能攪動他的和諧的心境，四海也不足以擾亂他的精神。

於是有赴勢❶公子聞之，慨然而歎曰：『空谷❷有項領之駿❸者，孫陽❹之恥也。太平遺❺冠世之才者，賞真❻之責也。安可令俊民❼全其獨善之分，而使聖朝乏乎元凱❽之用哉？』乃造❾而說曰：『徒聞振翅竦身，不能淩厲❿九霄。騰躍⓫玄極⓬，攸敘彝倫⓭者，非英偉也。今先生操立斷之鋒⓮，掩炳蔚⓯之文，玩圖籍於絕跡之藪⓰，括藻麗⓱乎鳥獸之群。陳龍章⓲於晦夜，沈琳琅於重淵。蟄伏於盛夏，藏華於當春。雖復下帷覃思⓳，殫毫⓴騁藻㉑，幽贊㉒太極㉓，闡釋元本㉔。言歡則木梗怡顏如巧笑，語戚則偶象嚬顣㉕而滂沱㉖。抑輕則鴻羽沈於弱水㉗，抗重則玉石漂於飛波。離同則肝膽為胡越㉘，合異則萬殊㉙而一和。切論㉚則秋霜春肅，溫辭㉛則冰條吐葩㉜。摧高則峻極積淪㉝，竦卑則淵池嵯峨㉞。疵㉟清則倚暗夜光㊱，救濁㊲則立澄黃河。然不能沾大惠㊳於庶物，著弘勳㊴於皇家。名與朝露皆晞㊵，體與蜉蝣㊶并化。忽崇高於聖人之寶㊷，忘川逝㊸於大耋之嗟㊹，竊為先生不取焉！

【章　旨】赴勢公子認為隱淪山澤，跡同鳥獸，無所用其才。

【注　釋】❶赴勢　取其趨從、依附權勢之意。❷空谷　深谷。❸項領之駿　駿馬不得其用，頸項養得肥大。❹孫陽　即伯樂。伯樂姓孫名陽，善相馬。❺遺　棄而不用。❻賞真　賞識其才調者。❼俊民　賢明超群之才。❽元凱　代指朝中賢明的大臣。《左傳》記載說：高辛氏有才子八人，稱為八元；高陽氏有才子八人，稱為八凱。❾造　前往訪問。❿淩厲　飛騰而上。⓫騰跚　或騰躍、或緩步。⓬玄極　道家玄妙之境界。⓭攸敘彝倫　講敘天地人之常道。⓮立斷之鋒　指鋒利的寶劍。⓯炳蔚　文采鮮明、華麗。⓰絕跡之藪　人跡罕至的湖澤。⓱藻麗　華美的文辭。⓲龍章　龍形圖案花紋。⓳覃思　深思。⓴殫毫　用盡毛筆。㉑騁藻　盡力聯綴辭藻以寫作。㉒幽贊　闡明幽微之義，使隱而難見者明白地顯示出來。㉓太極　指道家根本之要義。㉔元本　基本之玄理。㉕偶象嚬顣　木偶亦皺眉蹙額，為之憂傷。㉖滂沱　指淚流不已之貌。㉗弱水　水名。傳說不能載起一根鴻毛。㉘肝膽為胡越　身體內的肝膽本來相距很近，但是從不同的方面看，它們又像胡越相距遙遠。㉙萬殊　不同之萬物。㉚切論　態度嚴厲之論說。㉛溫辭　態度溫和之言語。㉜冰條吐葩　凍樹冰枝開出花來。㉝積淪　崩塌、淪陷。㉞嵯峨　高峻。㉟疵　挑剔毛病。㊱倚暗夜光　使夜光寶珠，頓時暗淡無光。㊲救濁　於混濁中施以救助。與疵清相對。㊳大惠　大的恩澤。㊴弘勳　偉大的功績。㊵晞　乾。㊶蜉蝣　小蟲名。生命只有數小時，故有朝生暮死之說。㊷聖人之寶　指崇高之地位。《易》：「聖人之大寶曰位。」㊸川逝　指生命之逝如同流水。《論語．子罕》：「子在川上曰：『逝者如斯夫，不捨晝夜。』」㊹大耋之嗟　年老者的嘆息。八十歲為耋。

【語　譯】有位赴勢公子聽說後，感慨而嘆息道：『深谷之中有駿馬派不上用場，是伯樂的羞恥。太平之世有蓋世才華的人被棄置在草野，賞識他們的人應負起推薦的責任。豈可使傑出之才為了保全個人獨善其身的節操，而令朝廷失去賢明的大臣呢？』於是他訪問了懷冰先生，勸說道：『我聽說振動翅膀，竦舉身子，並不能飛升九霄之上。只是周旋於無為的境界，講述天地之常道，算不上英偉之士。如今先生的行為，好似手持鋒利的寶劍，卻要掩藏它的光芒。在人跡罕至的湖澤之間賞玩圖籍，在鳥獸群中書寫優美的文章，將璀璨的文采圖案陳列於暗夜，將琳琅的寶石沈沒在深淵。就像盛夏之日卻去蟄伏冬眠，陽春時節不要春花開放一樣。雖然你放下帷帳，靜心深思，用盡筆墨揮毫寫作，去贊美太極的境界，解說根本的玄理。說到歡樂，連木梗也會展顏巧笑；說到悲傷，連偶像也會皺起眉頭，落下眼淚。要抑制輕物，能使弱水浮不起一根羽毛；要舉起重物，能使飛波之上漂起玉石。要分析物體的差異性，可使肝膽之間好似南越北胡距離遙遠；要強調物體的同一性，可使天下萬物莫非一氣。嚴厲的論說，則在春天裡也使人感到秋霜肅殺；溫和的言辭，則使冬天的冰樹也會綻放出花枝。要將高物摧毀，即使陡峻的高山也會崩塌、淪陷；要使低處隆起，即使深淵也會變成嵯峨的峰巔。要挑剔毛病，晶瑩透亮的夜光之珠頃刻之間會暗然失色；要救助溺水者，混濁的黃河也能立即澄清。然而不能給天下萬物帶來好處，不能將功績載錄於皇家的史冊，名聲與清晨的露珠一起消失，身體與蜉蝣一樣很快化為異物。忽視人世間高位之顯赫可貴，忘記了垂老之人生命如逝川的嘆息，竊以為先生不應採取這種態度！

蓋聞大者天地，其次君臣。先聖❶憂時，思行其道。三月無君，皇皇如也❷。恥今聖主不與堯舜一致，愍此黎民不可比屋而封❸，故或負鼎而龍躍❹，或扣角以鳳歌❺。不須蒲輪❻而後動，不待文王❼而後興。潛初❽飛五❾，與時消息❿。進有攸往之利⓫，退無濡尾⓬之累。明哲以保身，宣化以濟俗⓭。使夫承蘭風⓮以傾柯，濯清波以遺穢者，若沈景⓯之應朗鑒⓰，方圓之赴規矩。故勳格上下⓱，惠沾八表⓲。

夫有唐⓳所以巍巍，重華⓴所以恭己㉑，西伯㉒所以三分㉓，姬發㉔所以革命㉕，桓文㉖所以一匡㉗，漢高所以應天㉘，未有不致群賢為六翮㉙，託豪傑為舟楫者也。

若今各守洗耳㉚之高，人執耦耕㉛之分，則稽古之化㉜不建，英明之盛不彰㉝，明良之歌㉞不作，括天之網㉟不張矣。

故藏器者㊱珍於變通隨時，英逸者貴於吐奇撥亂。若乃耀靈㊲翳景㊳於雲表，則麗天之明不著。哮虎韜牙㊴而握爪，則搏噬之捷㊵不揚。太阿㊶潛鋒而不擊，則立斷之勁不顯。驥騄㊷踠趾㊸而不馳，則追風㊹之迅不形。并默則子貢㊺與喑者㊻同口，咸瞑㊼則離朱㊽與矇瞽㊾不殊矣。

【章　旨】赴勢公子又認為隱逸不能教化社會，建功立業，以揚名於後世。

【注　釋】❶先聖　古代的聖賢。❷皇皇如也　心神不安之貌。《孟子・滕文公下》：「孔子三月無君，則皇皇如也。」❸比屋而封　百姓家家都有好的德行，人人都可以旌表。❹負鼎而龍躍　傳說伊尹曾背著鼎去見商湯王，講說王道，商湯王乃授之以國政。❺扣角以鳳歌　春秋時，衛人甯戚因為貧困，為商旅拉車，夜間餵牛，敲著牛角歌於齊桓公前，被桓公舉以為相。❻蒲輪　以蒲草纏裹車輪，使車安穩，以徵召賢者。❼文王　指周文王。《韓詩外傳》：太公望屠中朝歌，賃於棘津，釣於磻溪，文王舉而用之，封於齊。❽潛初　《周易・乾卦》說：「初九，潛龍勿用」，意謂情況不利時，應當隱忍潛藏，以等待時機。❾飛五　《周易・乾卦》說：「九五，飛龍在天，利見大人」，意謂條件成熟時，如飛龍升騰上天，可以施展抱負。❿消息　消長；出處。⓫攸往之利　《周易・坤卦》說：「君子有攸往，先迷後得，主利」，意謂君子有所前進，終究能得到利益。⓬濡尾　《周易・未濟》說：「小狐汔濟，……濡其尾，無攸利」，狐狸涉水時，舉尾不使濕，極為困頓時才弄濕尾巴，這裡比喻處境困難，不能成功。⓭宣化以濟俗　宣傳教化以救時濟世。⓮蘭風　馨香之風。比喻君子的教化。⓯沈景　水中皓月的影子。⓰朗鑒　明亮的鏡子。這裡代指圓月。⓱勳格上下　功勳業績傳遍上下。⓲八表　八方之外。指極遠之地。⓳有唐　古帝堯，曾封於唐。⓴重華　古帝舜之號。㉑恭己　端正己身。《論語・衛靈公》：「無為而治者，其舜也與！夫何為哉？恭己、正南面而已矣。」㉒西伯　指周文王。曾為西方諸侯之長。㉓三分　三分天下有其二。《論語・泰伯》：「三分天下有其二，以服事殷，周之德其可謂至德也已矣。」㉔姬發　周武王之名。㉕革命　指誅滅商紂王，建立新朝。㉖桓文　春秋五霸之齊桓公、晉文公。㉗一匡　匡正天下。㉘應天　順應天命，建立新的王朝。㉙六翮　鴻鵠的六根健羽。㉚洗耳　傳說堯召許由為九州長，許由認為是對自己的侮辱，於是洗耳於潁水之濱。㉛耦耕　二人並耕。《論語・微子》：「長沮、桀溺耦而耕。」㉜稽古之化　合於上古的道德教化。㉝彰　顯明。㉞明良之歌　《尚書・益稷》載歌讚美帝及大臣曰：「元首明哉，股肱良哉，庶事康哉。」從首二句各取一字，即明良之歌。㉟括天之網　包羅天下之網。㊱藏器者　指身懷善道的君子。《周易・繫辭下》：「君子藏器於身，待時而動。」㊲耀靈　太陽。㊳翳景　遮蔽其光芒。㊴韜牙　將牙齒隱蔽、深藏。㊵搏噬之捷　敏捷的搏鬥、撕咬能力。㊶太阿　寶劍之名。㊷驥騄　驥是千里馬，騄耳是周穆王八駿之一，總指良馬之類。㊸踠趾　將腳蜷縮起來。㊹追風　形容良馬飛馳之快，迅如疾風。㊺子貢　孔子之弟子，姓端木名賜，列於言語之科。《史記》說他利口巧辭，善於辯言。㊻喑者　不會說話的啞巴。㊼咸瞑　都閉上眼睛。㊽離朱　古代之明目者，傳說能看到百步之外，察見秋毫之末。㊾矇瞽　瞎子、有眼無珠的人。

【語　譯】我聽說首要為天地，其次是君臣。所以古代聖賢憂傷時勢，想要推行自己的主張。孔子三月無君，便心神不得安寧。他們恥於當今的帝王不能達到堯、舜的境界，惘惜天下百姓未能廣被教化，養成美德。所以伊尹背負鼎俎來找商湯王以求任用，甯戚在齊桓公面前叩角而歌。不必等到朝廷蒲輪徵召而後出山，也不必等到周文王前來尋訪然後從政。形勢不利則潛藏，時機一到就如龍騰發。根據時勢決定出處進退，前進會有好處，後退也沒有拖累。明瞭哲理以保全自己，宣傳教化以匡時濟世。使得接受教化、洗滌污穢者，有如水中月影回應天上明月，方圓之物接受規矩的節制一般。於是業績充滿了天地上下，恩澤廣施於四面八方。

唐堯所以能夠功德崇高，虞舜所以能夠垂拱而治，周文王所以能夠三分天下有其二，周武王所以能夠建立新朝，齊桓公、晉文公所以能夠匡正天下，漢高祖所以能夠應天受命，沒有不是延攬眾多的賢才、豪傑來輔助自己，以為展翅騰飛的健羽、橫渡江河的舟楫的。如果賢者都保持隱逸的高節，人人都躬耕田畝，那麼就不能建立上古三代的教化，就不能顯示朝廷英明的盛德，就不會出現「元首明哉，股肱良哉」的頌歌，也就不可能實現一統天下的治理。

所以隱逸的君子可貴的是根據時勢變通處世之道，才華卓異者可貴的是策劃妙計，撥亂反正。如果太陽的光芒被雲層遮住，那麼天地的光明就沒有了。如果猛虎將爪牙掩藏起來，那麼牠敏捷的搏擊撕咬能力便不能顯現。如果寶劍的鋒芒藏而不用，它無比的鋒利便不能為人所知。如果駿馬蜷曲四肢而不飛奔，牠風馳電掣的速度就無法表現。如果都不說話，那麼善辯的子貢與啞巴無法辨別。如果都閉上眼睛，那麼視力明亮的離朱與瞎子就沒有區別了。

先生潔身而忽大倫❶之亂，得意而忘安上❷之義。存有關機❸之累，沒無金石之聲❹。庸人且猶憤色，何有大雅❺而無心哉？

夫繩舒則木直，正進則邪凋，有虞❻舉則四凶❼戮，宣尼❽任則少卯❾梟。猶震雷駭則蟄❿鼓堙⓫，朝日出則螢燭幽也。不拯招魂之病，則無以效越人之絕伎⓬。不獎⓭多難之世，則無以知非常之遠量。高拱以觀溺⓮，非勿踐之仁⓯也。懷道以迷國⓰，非作者⓱之務也。

若俟中唐⓲殖占日之草⓳，朝陽繁鳴鳳之音⓴，郊踦獨角之獸㉑，野攢連理之林㉒。長旌卷而不懸㉓，干戈戢而莫尋㉔。少伯㉕方將告退於成功，孰能相擢㉖乎陸沉㉗哉？深願先生不遠迷復㉘哉！』

【章　旨】赴勢公子奉勸懷冰先生及時出仕，效力皇家，以顯露才華，建立功業。

【注　釋】❶潔身而忽大倫　只顧個人潔身自好，忽視了君臣、父子間的倫理。❷安上　使君王安居上位。❸關機　抑制身心的欲望，不視美色，不聽美聲，不嘗美味。❹金石之聲　銘金刻石，垂名後世。❺大雅　指有美好德操的高人雅士。❻有虞　古帝舜，曾封於虞，故稱。❼四凶　傳說帝鴻氏有不才之子名叫渾敦，少皞氏有不才之子名叫窮奇，顓頊氏有不才之子名叫檮杌，縉雲氏有不才之子名叫饕餮，合稱四凶。虞舜繼承帝位後，便將四凶流放到邊遠之地。❽宣尼　即孔子。漢平帝曾追謚孔子為「褒成宣尼公」。❾少卯　少正卯，春秋魯之大夫。孔子以「心達而險、行辟而堅、言偽而辨、記醜而博、順非而澤」之五惡亂政罪名將他誅殺。❿鼛　一種大鼓。⓫堙　埋沒。此指聲音掩沒無聞。⓬越人之絕伎　古代名醫扁鵲，姓秦，名越人。曾以鍼石使已死的虢太子復蘇。見《史記・扁鵲倉公列傳》。⓭獎　輔世救世，有所作為。⓮觀溺　見人落水，拱手旁觀。⓯勿踐之仁　仁慈之心，不忍踐踏生物。⓰懷道以迷國　有道君子而不出仕，眼看國家陷於混亂之中。《論語・陽貨》：「懷其寶而迷其邦，可謂仁乎？」⓱作者　聖人。⓲中唐　中堂。即廟堂之中。⓳占日之草　瑞草。如紫芝、朱草之類。⓴鳴鳳之音　鳳凰迎日和鳴。為太平吉祥之象。㉑獨角之獸　即麒麟，傳說牠麋身、牛尾、一角。舊說天下太平，則麒麟在郊。㉒連理之林　舊說朝廷德化興盛，天下一家，則木連理。㉓長旌卷而不懸　招賢的旌旗捲了起來。傳說古代有懸旌招賢的禮儀，故云。㉔干戈戢而莫尋　兵器收藏了起來。指戰事平息。㉕少伯　范蠡，字少伯，春秋越之大夫，輔佐越王句踐滅亡了吳國，然後功成身退，泛舟五湖而去。㉖擢　提拔；任用。㉗陸沈　沈淪於民間的隱逸之士。㉘迷復　迷失道路，不能歸回原處。

【語　譯】先生潔身自好而忽視了君臣之大義，得意逍遙而忘記了安上的責任。活著則有違背天性的負累，身後不能銘刻金石、垂名史冊。普通人對此尚且憤憤不平，何況高人雅士怎麼能無動於衷呢？

有了準繩木料就能端正筆直，正直之士獲得進用邪惡的力量就會凋謝。虞舜被舉以執政則四凶被放逐，孔子被任用則少正卯被誅滅。就好像驚雷震天動地，鼛鼓的聲音就被掩沒；朝日初升，螢燭的微光也就消失了。不救活已死的病人，不能表現扁鵲絕妙的醫術。不匡救動難的時局以建立功業，就不能展現非凡的壯志。有人落水將要淹死，你卻拱手旁觀，這不符合勿踐生物的仁者之心。有道的君子眼看國家陷入迷亂而不匡救，這也不是孔子所贊成的作法。

如果等到廟堂中布滿了祥瑞之草，鳳鸞迎著朝陽和鳴不已，麒麟來到了郊外，樹木連理而並枝。天下太平，招賢的旌旗捲起來了。戰事平息，武器都收藏起來了。那是有為之士功成身退的時候，誰又會來提拔任用隱逸之士呢？我殷切地盼望先生能夠迷途知返！」

於是懷冰先生蕭然①遐眺，游氣天衢②，情神遼緬③，旁若無物。俯而答曰：『嗚呼！有是言乎？蓋至人④無為，棲神沖漠⑤。不役志於祿利，故害辱不能加也。不躡峙⑥於險途，故傾墜不能為患也。藜藿不供⑦而意佚於方丈⑧，齊編庸民⑨而心歡於有土⑩。寢宜僚⑪之舍，閉干木⑫之閭，攜莊萊⑬之友，治陋巷之居。確岳峙⑭而不拔，豈有懷於卷舒⑮乎？以欲廣則濁和⑯，故委世務而不紆眄⑰。以位極者憂深，故背勢利而無餘疑。其貴不以爵也，富不以財也。侶雲鵬以高逝，故不縈翮⑱於腐鼠。以蕃武⑲為厚誡⑳，故不改樂於簞瓢㉑。

且夫玄黃遐邈㉒而人生倏忽，以過隙之促㉓，託罔極㉔之間，迅乎猶奔星㉕之暫見，飄乎似飛矢之電經㉖。聊且優游以自得，安能苦形於外物哉？夫鸞不絓網㉗，驎不墮穽㉘。相彼鳥獸，猶知為患㉙。風塵之徒㉚，曾是未吝㉛也。

若夫要離滅家以效功㉜，紀信赴燔以誑楚㉝，陳賈刎頸以證弟㉞，仲由投命而菹醢35，贏門伏劍以表心36，聶政感惠而屠菹37，荊卿絕脰以報燕38，樊公含悲而授首39，皆下愚之狂惑，豈上智之攸取哉？蓋祿厚者責重，爵尊者神勞。故漆園垂綸而不顧卿相之貴40，柏成操耜而不屑諸侯之高41，羊說安乎屠肆42，楊朱吝其一毛43。僥求44之徒，昧乎可欲，集45不擇木，仕不料世46。貪進不慮負乘之禍47，受任不計不堪之敗。論榮貴則引伊周48以救溺，言亢悔49則諱覆餗50而不記。伺河龍之睡而撥明珠51，居量表之寵52而冀無患。耽漏刻53之安，蔽必至之危。無朝菌之榮54，望大椿之壽55。似蹈薄冰以待夏日，登朽枝而須56勁風，淵魚之引芳餌，澤雉之咽毒粒57，咀漏脯58以充飢，酣鴆酒59以止渴也。

【章　旨】懷冰先生認為追求高官厚爵、貪圖榮華富貴，只能給人生帶來禍患，是下愚者狂惑的舉動，至人所不屑的作為。

【注　釋】❶蕭然　神態超逸脫俗之貌。❷天衢　通天之路；天空。❸遼緬　遙遠；深遠。❹至人　具有最高道德的人。❺棲神沖漠　使心情保持虛靜、恬淡。❻躕跱　踟躕；徘徊。❼藜藿不供　連野菜也吃不飽。藜藿，野菜之類。❽方丈　菜餚豐盛，擺了一丈見方。《孟子·盡心下》：「食前方丈，侍妾數百人，我得志弗為也。」❾齊編庸民　名字與普通百姓編列在一起。庸民，平民。❿有土　領有封邑的人物。指王侯之類。⓫宜僚　熊宜僚，春秋末年楚國之勇士，居於市南，因號市南子。⓬干木　段干木，戰國著名的賢者。隱居魏國，不受官祿。魏文侯曾請他出任魏相，他拒絕了。見《呂氏春秋·期賢》。⓭莊萊　莊子、老萊子。莊子即莊周，道家代表人物。老萊子，曾著書十五篇，言道家之用。⓮岳峙　像山岳聳峙一樣堅定不移。⓯卷舒　施展才能，以實現治世的抱負。⓰濁和　污濁人的精神，擾亂自身的和諧。⓱紆眄　顧視、關注之貌。⓲縈翮　捲起翅膀，有所注意。⑲蕃武　陳蕃與竇武，均為東漢大臣。合謀誅除宦官，事敗陳蕃被殺，竇武被迫自殺。⑳厚誡　深刻的教訓。㉑不改樂於簞瓢　安於貧賤的生活，而自得其樂。《論語・雍也》說顏回「一簞食，一瓢飲，在陋巷，人不堪其憂，回也不改其樂。」㉒玄黃遐邈　天地高遠，無窮無盡。《周易・坤卦》：「天玄而地黃。」㉓過隙之促　人生短暫，稍縱即逝。《莊子・知北遊》：「人生天地之間，若白駒之過隙，忽然而已。」㉔罔極　無極；無窮盡。㉕奔星　指流星。㉖飛矢之電經　空中的閃電，如同飛箭的迅速。㉗鸞不絓網　鸞鳳不會去觸犯網羅。絓，絆住。㉘驎不墮穽　麒麟太平之世才會出現，因此不會落入陷阱。驎，麒麟。㉙猶知為患　尚且懂得避開禍患。㉚風塵之徒　指為名利、權勢而奔逐之人。㉛未吝　未曾悔悟。意謂追求名利而至死不悔。㉜要離滅家以效功　要離是春秋吳國人。吳公子光欲殺王子慶忌，要離主動請求前往。為了取得慶忌的信任，吳公子光偽裝懲辦要離，燒死其妻子並揚其灰。要離見慶忌後，行刺未成，歸吳後亦自殺。效功，奉獻功績。㉝紀信赴燔以誑楚　紀信是劉邦手下的將領。項羽圍滎陽，紀信自請乘王車，裝成劉邦以欺騙項羽，使劉邦得以逃走。紀信因此被項羽燒死。㉞陳賈刎頸以證弟　疑用北郭騷事，曰陳賈證弟，乃傳聞之異說。《呂氏春秋・士節》曰：齊有賢者名北郭騷，親自勞作而力不足以養母，晏子乃分粟饋金以贍養之。後來晏子為齊君所疑，出奔他國。北郭騷便操劍自刎，證明晏子的清白。齊君大駭，立即請晏子返回齊國。《劉子・薦賢》：「北郭刎頸以申晏嬰。」㉟仲由投命而葅醢　仲由字子路，孔子之弟子。性好勇，曾為衛大夫孔悝之邑宰，在衛國內亂中被殺。投命，甘心赴死。葅醢，被剁成肉醬。㊱嬴門伏劍以表心　侯嬴，戰國時人，隱居於魏，為大梁夷門守門吏。信陵君對他非常尊敬，以隆重的禮節待他。他後來為信陵君出謀劃策，並自刎以報知遇之恩。見《史記・魏公子列傳》。㊲聶政感惠而屠葅　聶政是戰國之俠士，隱居於齊。為感激嚴仲子的恩惠而刺殺了韓相俠累，然後以刀自割其面，又自破肚出腸而死。㊳荊卿絕臏以報燕　荊軻，戰國之魏人，遊歷燕國，被稱為荊卿。燕太子丹尊為上卿。刺殺秦王不中，被殺。絕臏，折斷脛骨。這裡指被砍斷腿。㊴樊公含悲而授首　樊公指樊於期，戰國時之秦將，避罪於燕。荊軻欲刺秦王，願得樊於期之頭以獻，樊於期於是自殺。㊵漆園垂綸而不顧卿相之貴　莊子釣於濮水，楚王派使者來迎，許以為相。莊子持竿不顧。見《莊子・秋水》。㊶柏成操耜而不屑諸侯之高　傳說伯成子高在堯、舜時為諸侯。夏禹時，他放棄諸侯之位而去種田。夏禹請他出為諸侯，被他拒絕。㊷羊說安乎屠肆　羊說是春秋之楚人。傳說他以屠羊為業，後來跟從楚昭王，建立了功勳。昭王賞以三珪之位，羊說不肯接受，願意再回去屠羊。㊸楊朱吝其一毛　楊朱是戰國時魏人，主張全性保真，不以物累身。《列子・楊朱》有「古之人損一毫利天下不與也」的話。㊹僥求　孜孜不已地追求私利。㊺集　擇息。㊻料世　審度、考察世情。㊼負乘之禍　負載為小人之事，車是貴人乘坐之物。小人乘坐君子之車，喻小人居君子之位，則必有禍患。見《周易・解卦》。㊽伊周　伊尹、周公。㊾亢悔　陽極則亢，亢則有悔。意謂處高位，盛極則衰。㊿覆餗　鼎中的食物翻倒在地。比喻政局反覆，遭致重大挫敗。《周易・鼎卦》：「鼎折足，覆公餗。」51伺河龍之睡而撥明珠　《莊子・列禦寇》載：河上之子從深淵中得到千金之珠。其父曰：千金之珠必在九重之淵、在驪龍頷下。你能得到明珠，必定是乘龍睡覺之時。假如驪龍醒了，你能不被牠吃掉嗎？52量表之寵　過度、過量的尊顯寵榮。53漏刻　短期的；暫時的。54無朝菌之榮　生命之短促，不及朝生暮死的朝菌。55大椿之壽　《莊子・逍遙遊》說：上古有大椿者，以八千歲為春，八千歲為秋。56須　等待。57澤雉之咽毒粒　山澤中的野雞吞下有毒的糧食。58漏脯　隔宿而為屋漏水所浸的肉有毒。〈微旨〉曰：「漏脯救飢，鴆酒解渴。非不暫飽，而死亦及之。」59鴆酒　傳說鴆鳥之羽有劇毒，以之浸酒，飲之立死。

【語　譯】聽了赴勢公子的一席話，懷冰先生顯出超逸的神情，眺望遠方。他向天街的方向輕輕地舒氣，情志所寄，意態高遠，顯得旁若無物。他俯身回答說：『啊呀！有這種話嗎？至人無為，將精神保持在淡泊寧靜的境界中。他不為功名利祿而改變自己的志向，所以外來的災禍不能降臨在他的身上。他不徘徊在危險的世途，因此也不會遭到跌倒、墜落的禍患。即使連野菜也吃不飽，而他的精神安逸勝過了享受豐厚宴席的人，列名為普通百姓而心情的歡愉勝過了王侯。住在如同市南子宜僚的百姓房舍裡，像段干木那樣關上屋門，與莊子、老萊子那樣的人攜手為友，治理如同顏回的陋巷之居。這種志向就像山岳聳峙一樣堅定不移，難道懷有施展抱負、求取功名的念頭嗎？一個人如果欲望太多，就會使得心思污濁而不清和，所以他遺棄世務，不聞不問。因為地位崇高便會有深重的憂患，所以他毫不猶豫地背棄高官厚祿。他不以官爵而高貴，不以錢財而富有。伴著雲際的鯤鵬高飛遠逝，所以不會為了一隻腐鼠而收捲翅膀，有所留心。以漢末陳蕃、竇武之禍為深刻的教訓，所以簞食瓢飲、粗茶淡飯，仍然不改其樂。

再說天地悠長而廣遠，人生卻轉瞬即逝。以生命的短暫迫促，在這無窮無盡的天地之間，就好似天際偶然閃現的流星，很快就不見了；飄忽不定猶如空中閃電的光影，飛箭般的一掠而過。所以人生在世，姑且優哉遊哉，自得其樂，怎麼能夠為外物而勞心苦形呢？鸞鳳不會觸及人間的羅網，麒麟不會落入陷阱之中。鳥獸尚且知道避開禍患，而那些為利祿而奔波之徒，即使遭受禍患，也不知道悔改。

至於要離為了建立功績而犧牲了全家，紀信誑騙項羽被火燒而死，陳賈為了證明他人的清白而舉劍自刎，仲由自投死地被剁成肉泥，侯嬴伏劍自殺以報知遇之恩，聶政為感激他人的恩惠而自殘形體，荊軻行刺不成斷股殺身以報答燕太子，樊於期含著悲痛獻上頭顱，這些都是愚蠢人的瘋狂迷亂的行為，難道是通達事理的智者應該採取的作法嗎？因為俸祿豐厚就責任重大，爵位尊崇就勞神費心。所以莊子垂釣濮水卻不去擔任楚國的卿相，柏成子高寧可種地也不屑於諸侯的高位，羊說安心於屠宰的職業，而楊朱吝惜自己的一根毫毛。那些僥倖追求私利的人，為自己的欲念所遮蔽，他們既不選擇主君，也不考慮世道是否應該出仕。他們只是一味追求進取，而不想到處在非分之位置將會招來禍害，擔負難以承擔之責任將會導致失敗。談起榮華富貴便舉出伊尹、周公為例證，談到盛極而衰便諱言從政失敗的可能。冒著生命的危險，趁驪龍熟睡時得到牠頷下的明珠，得到過分的寵榮而希望沒有禍患。滿足於暫時的平安，看不到必然到來的危險。生命不及朝菌之短促，而希望像上古大椿樹一樣的長壽。就好像腳踩著薄冰等待夏天的到來，爬上枯朽的樹枝等待雄勁的大風，又好像淵魚為芳餌所引誘，山澤雉鳥吞下有毒的米粒，咀嚼毒肉以充飢，飲著毒酒來止渴一樣。

昔箕子睹象箸而流泣❶，尼父聞偶葬而永歎❷，蓋尋微以知著❸、原始以見終。然而闇夫蹈機不覺❹，何前識之至難、而利欲之痴篤❺邪？

周成賢而信流言❻，公旦聖而走南楚❼。託〈鴟鴞〉以告悲❽，賴金縢以僅免❾。況能寤之主，不世而一有，不悅之謗，無時而暫乏。德不以激烈風而起斃禾❿，事不以載珪璧而稱多才⓫，嗟泣靡及，宜其然也。夫漸漬⓬之久，則膠漆解堅。浸潤⓭之至，則骨肉乖析⓮。塵羽之積，則沈舟折軸⓯。三至之言，則市虎以成⓰。

故江充疏賤⑰，非親於元儲⑱；後母假繼，非密於伯奇⑲。而掘梗之誣⑳，滅父子之恩；袖蜂之詐㉑，破天性之愛。又況其他，安可自必㉒？嗟乎伍員㉓，所以懷忠而漂尸；悲夫白起㉔，所以秉義而刎頸也。蓋徹鑒㉕所為寒心，匠人之所眩惑矣。

又欲推短才以釐雷同㉖，仗獨是以彈眾非㉗。然不睹金雖克木，而錐鑽不可以伐鄧林㉘。水雖勝火，而升合不足以救焚山。寸膠不能治黃河之濁㉙，尺水不能卻蕭丘之熱㉚。是以身名竝全者甚稀，而先笑後號者㉛多有也。畏亢悔而貪榮之欲不滅，忌毀辱而爭肆之情不遣。亦猶惡溼而泳深淵，憎影而不就陰，穿舟而息漏，猛爨而止沸㉜者也。

【章　旨】懷冰先生舉出歷史上的許多事例，說明不顧忌時勢、一味追逐功名利祿只會帶來無窮的禍患。

【注　釋】❶箕子睹象箸而流泣　《史記・宋微子世家》說：箕子見紂用象牙筷子，認為是淫佚腐化的開端，於是向紂王進諫。象箸，象牙所製的筷子。❷尼父聞偶葬而永歎　聽說有人用木偶人陪葬，孔子因而長嘆。《孟子・梁惠王上》：「仲尼曰：『始作俑者，其無後乎！』」❸尋微以知著　從細小的徵兆，得知未來的發展。❹闇夫蹈機不覺　愚昧的人踏著禍機，卻無所知覺。機，變化之樞紐。❺疢篤　疾病嚴重。❻周成賢而信流言　周成王年少時，周公代為攝政。管叔等散布流言說：「周公將不利於成王。」周成信流言，即此事。❼公旦聖而走南楚　《史記・魯周公世家》載：「成王用事，人或譖周公，周公奔楚。」❽託鴟鴞以告悲　〈鴟鴞〉是《詩經・豳風》中的一篇。〈毛詩序〉說：「成王未知周公之志，公乃為詩以遺王。」❾賴金縢以僅免　《尚書・金縢》說：周武王生了病，周公向神靈禱告，請求用自己的生命代替武王，並將禱告的冊書藏於金縢，即收藏祕籍的櫃子中。後來周成王見到這份冊書，才明白周公對國家的忠誠，周公因此而免禍。❿激烈風而起斃禾據說周成王時的一個秋天，狂風大作，雷電交加，稻穀偃倒，樹木拔起，國人大恐。周成王於是啟金縢之書，乃明白周公之忠誠，於是禮迎周公。此時「天乃雨，反風，禾則盡起」。古人認為，烈風使稻禾復起是周公德化感應所致。⓫載珪璧而稱多才　《尚書・金縢》說：周公曾以珪璧禮祠神靈，說自己「多材多藝，能事鬼神」，要求以身代替周武王死。⓬漸漬　浸泡。⓭浸潤　讒言逐漸侵入，不知不覺影響於人。⓮乖析　背離、分裂。⓯塵羽之積二句　積少成多，累輕為重，足以沈舟或折斷車軸。⓰三至之言二句　一人說街市有虎，則不信；兩人說街市有虎，則開始懷疑；三人說街市有虎，就相信了。比喻眾口一詞，訛傳也會被當真。事見《戰國策・魏策》。⓱江充疏賤　江充字次倩，邯鄲人。其妹善歌舞，嫁於趙太子丹。後來向朝廷告發太子丹諸事，取得漢武帝的信任，名震京師，後被殺。⓲元儲　皇太子。指戾太子據。太子據是漢武帝之長子，衛皇后所生。江充因為與太子及衛皇后有嫌隙，乃藉典治巫蠱之事，欲陷害太子。太子據懼，斬江充，後逃亡，亦被殺。見《漢書・武五子傳》。⓳伯奇　周宣王時大臣尹吉甫之子，為後母所讒而遭放逐。⓴掘梗之誣　漢巫為蠱以害人，常在屋內埋木人以為祝詛。漢武帝病，江充說疾病是由於巫蠱而起，武帝於是任命江充為使者，以治其事。江充誣言在太子宮中掘得木人，欲加害太子。㉑袖蜂之誣　伯奇為尹吉甫前妻所生，其後母欲立其子，乃誣言伯奇侮辱她。尹吉甫不信，後母於是偷偷捉了十幾隻蜂放在單衣中，趁伯奇從身邊走過時說：「蜂子螫我！」伯奇從後母衣袖中捉出蜂子，弄死了牠們。尹吉甫從臺上望見，認為伯奇侮辱其後母，便將伯奇趕出了家。㉒必　肯定；一定。㉓伍員　字子胥，春秋時吳之大夫。曾幫助闔閭奪取王位。吳王夫差時，為太宰嚭所誣陷，被賜令自殺，屍體裝入鴟夷革，拋進江中。見《史記・伍子胥列傳》。㉔白起　戰國時秦之名將，屢建戰績，封武安君。因與執政柄者意見不合，秦王命他自裁而死。見《史記・白起王翦列傳》。㉕徹鑒　洞察世情的人。㉖釐雷同　糾正世俗雷同之見。世俗人云亦云，隨聲附和，謂之雷同。㉗彈眾非　彈劾世俗的錯誤。㉘鄧林　傳說夸父與日競走，棄其杖，化為鄧林。㉙寸膠不能治黃河之濁　孔融〈同歲論〉：「阿膠徑寸，不能止黃河之濁。」㉚蕭丘之熱　傳說蕭丘在南海中，上有自然之火，春生而秋滅。㉛先笑後號者　先或得意而笑，最後則號啕大哭。㉜猛爨而止沸　在下面燒猛火，卻想止住鍋中開水的沸騰。

【語　譯】當初箕子見商紂王用象牙之筷而流淚嘆息，孔子聽說用木偶人陪葬而喟然長嘆。因為他們從細微之處看到了未來的發展，推究開始的情況便可以預見結果。然而愚蠢的人腳踏禍患的樞機卻毫不知覺。為什麼先見之明如此之難，而物欲之疾如此深重呢？

周成王雖然是賢明的君主，卻聽信流言。周公旦雖然是聖人，卻不得不出奔南方的楚國。周公託〈鴟鴞〉這首詩表達內心的悲痛之情，又靠著金縢祕冊才得以僅免於禍患。然而能夠明白真相的君主不是每個朝代都有的，而令人不悅的誹謗又是每一個朝代都有的。如果德行不像周公那樣足以感動天地，使得大風把吹倒的稻禾重新扶起，事情不像周公置璧持珪，自稱多才，要求以身代替武王去死那樣明白，則嘆息流淚都無濟於事，這是很自然的。在水中浸泡久了，膠漆之固也會離散；讒言逐漸地發生作用，親生骨肉也會反目成仇。灰塵羽毛之輕，累積起來可以將舟船壓沈、使車軸折斷。訛傳經過多次重複，說街市上有老虎人們也會相信。漢代的江充出身卑賤，比不上太子與皇帝的親密。後母乃是繼室，也不及伯奇與親生父親的關係。然而江充藉口挖出了木人以誣陷太子，皇帝與太子的恩情因而斷絕。後母用袖蜂的詭計以設騙局，便破除了父子相愛的人類本性。父子尚且如此，又何況其他人呢？怎可自認為一定能達到目的呢？吳大夫伍子胥忠心為國，最後投屍於江，其遭遇令人嘆息。秦將白起秉持節義，最後卻不得不引劍自刎，其結局令人悲傷。所以洞察事理者為之寒心，而匠人亦因之而困惑不解。

又或者有人試圖憑仗微薄的才幹去匡正世俗，用個人正確的意見去糾正眾人的錯誤。然而他卻不知道，金雖能克木但是一錐一鑽卻不能砍伐一片樹林，水雖能勝火但是一升一合的水卻不能撲滅一片山火。一寸阿膠不可以澄清黃河的渾濁，少量的水不可以消散蕭丘的炎熱。所以仕途中身名兩全的人是稀少的，而先得意而笑、後悲傷而哭的事倒是常有的。耽心盛極而衰而貪圖富貴的欲望不滅，不願羞辱的結局而不去掉爭競榮利之心。這就好像厭惡潮濕而又游泳於深潭、憎惡光影而又不到陰暗處、將船體鑿穿又想止住漏洞、燒起烈火又想止住鍋中開水的沸騰一樣。

夫七尺之骸，稟之以所生，不可受全而歸殘也。方寸之心，制之在我，不可放之於流遁❶也。躬耕以食之，穿井以飲之，短褐以蔽之，蓬廬以覆之，彈詠以娛之，呼吸以延之。逍遙竹素❷，寄情玄毫❸。守常待終，斯亦足矣。且夫道存則尊、德勝則貴。隋珠彈雀❹，知者不為。何必須權而顯，俟祿而飽哉？且夫安貧者以無財為富，甘卑者以不仕為榮。故幼安浮海而澄神❺，胡子甘心於退耕❻。逢、比有令德之罪❼，信、布陷功大之刑❽。一枝足以戢鸞羽❾，何煩乎豐林？潢洿❿足以泛龍鱗，豈事乎滄海？藜藿⓫嘉於八珍⓬，寒泉旨於醽醁⓭。攝縷⓮美於赤舄⓯，緼袍⓰麗於袞服⓱。把橦⓲安於杖鉞⓳，鳴條⓴樂於絲竹。茅茨㉑豔於丹楹，采椽㉒珍於刻桷㉓。登嵩峰為臺榭，庇巖霤㉔為華屋。積篇章為敖庾㉕，寶玄談為金玉。棄細人之近戀，損庸隸之所欲。遊九皋㉖以含歡，遣智慧以絕俗。同屈尺蠖㉗，藏光守樸。表拙示訥，知止常足。然後咀嚼芝芳，風飛雲浮。晞景九陽㉘，附翼高遊。仰棲梧桐，俯集玄洲㉙。孰與銜轡㉚而伏櫪，同被繡於犧牛㉛哉？』

【章　旨】懷冰先生認為正確的處世態度應是躬耕自食、安貧樂道，以德勝為貴，以不仕為榮，求得心靈的自由與適意。

【注　釋】❶流遁　隨波逐流，恣意取樂。❷竹素　竹簡、絹素。引申為書籍典冊之類。❸玄毫　筆墨。代指撰述著作之事。❹隋珠彈雀　隋侯之珠是古代著名的寶珠。《莊子・讓王》曰：「以隋侯之珠，彈千仞之雀，世必笑之。」❺幼安浮海而澄神　三國魏之管寧，字幼安，篤志於學，不樂仕宦，朝廷屢徵不就。當時天下大亂，管寧乃渡海來到遼東，因山為廬，講詩書、明禮讓，百姓多來依從他。澄神，即精神清靜。❻胡子甘心於退耕　三國魏之胡昭，字孔明，曾經拒絕袁紹的徵召。曹操徵辟，亦不起。躬耕力學，德化感染於一方。❼逢比有令德之罪　夏代的關龍逢與商代的比干，都是古代的賢人。關龍逢為諫夏桀而被殺，比干為諫商紂而死。令德，美好的德行。❽信布陷功大之刑　漢代的韓信、英布，跟隨劉邦，屢建戰功，被封王。後來都被朝廷所殺。❾戢鸞羽　供鳳凰斂起翅膀，以為棲息之所。❿潢洿　池塘。⓫藜藿　兩種野生植物，嫩葉可食。⓬八珍　八種美味食物，一說為龍肝、鳳髓、豹胎、鯉尾、鴞炙、猩唇、熊掌、酥酪蟬。⓭醽醁　即醽淥。美酒名。⓮躡屨　一作「躡履」。普通的鞋子。⓯赤舄　君王所穿的紅色鞋子。⓰縕袍　粗麻袍子；敝惡之衣。⓱袞服　帝王公侯的禮服，衣上繡有日月、山川、龍紋之類的圖紋。⓲把橦　供扶手的木杖。⓳杖鉞　手持大斧。斧是權力的標誌。⓴鳴條　風吹樹木發出聲音。㉑茅茨　茅舍；茅草屋。㉒采椽　以櫟木作屋椽，不加砍削。形容簡陋的屋舍。㉓刻桷　雕刻的椽子。桷是方形的屋椽。㉔巖霤　以山崖石窟為屋簷。指山間洞穴。㉕敖庾　秦代所修倉庫之名，在河南滎陽東北之敖山上。㉖九皋　幽靜的水澤地。㉗同屈尺蠖　同尺蠖一樣能屈能伸。㉘晞景九陽　到遙遠的天邊去沐浴光影。㉙玄洲　傳說中的海中仙境。《十洲記》說玄洲在北海內，上有太玄都仙伯真公所治。㉚銜轡　馬套著轡頭。比喻凡馬。㉛被繡於犧牛　用於宗廟祭祀的牛，被殺之前，要披以錦繡。見《史記・老子韓非列傳》。

【語　譯】人有七尺之軀，乃是生來就有的，不能讓生而健全的身體到頭來因誅殺而殘缺。人心方寸之間，應有自己的主見，不可隨心所欲、放任自流。親自耕稼以供給自己的食物，親自掘井以供給自己的飲水。短褐粗衣遮蔽自己，草廬茅舍覆蓋自己，彈琴歌詠娛樂自己，一呼一吸以延續生命。逍遙於書籍之中，寄情於文墨之中，堅守人生的本分，以待生命的終結，已是滿足我的心願了。再說有道者自然尊，有德者自然貴。用隋侯之珠去彈射小鳥，聰明人是不會如此作的。為什麼一定要有權勢然後顯赫、有俸祿然後滿足呢？再說安貧樂道的人以無財為富有，甘於地位卑下的人以不任官職為榮耀。所以管寧渡海來到遼東，而心神澄靜歡悅，胡昭躬耕田畝而心甘情願。關龍逢、比干因為高尚的聲譽而獲罪，韓信、英布因為巨大的戰功而被殺。一條樹枝已經足夠鸞鳳斂翅棲息了，何必要豐茂的樹林？池塘之中已經足夠自在的游泳，何必要到滄海之中？野菜食物比美味嘉餚要好，清泉水比美酒味道更佳。穿著普通的鞋子勝過了君王的赤舄，穿著麻布袍勝過了貴族的袞服。手持木杖比斧鉞更安全，風吹樹枝比絲竹更動聽。簡陋的茅草房比雕梁畫棟更美，普通的民舍比起宮殿更珍貴。登上高峰，那是我的臺榭；託庇洞穴，那是我的華屋；積累篇章，那是我的寶庫；清談名理，那是我的金玉。放棄世俗的情趣，捐捨庸人的物欲。遊於湖澤則心情歡暢，摒棄智慧以斷絕世俗。屈體以隱藏，韜光以守樸。外在表露出樸拙少言，內心保守著知止自足。然後咀嚼仙芝仙草，乘風駕雲騰飛高天之上，到遙遠的九陽沐浴光影，隨意展翅遨遊。仰則棲息於梧桐，俯則降落於玄洲。為什麼要像凡馬一樣垂首櫪槽，像犧牛一樣身披錦繡等待死亡呢？』

赴勢公子曰：『夫入而不出者，謂之耽寵忘退；往而不反❶者，謂之不仕無義❷。故達者以身非我有❸，任乎所值❹，隱顯默語，無所必固❺。時止則止，時行則行。束帛之集❻，庭燎之舉❼，則君子道長❽，在天利見❾。若運涉陽九❿，讒勝之時，則不出戶庭，括囊勿用⓫。龍起鳳戢，隨時之宜。古人所以或避危亂而不肯入⓬，或色斯而不終日⓭者，慮巫山之失火⓮，恐芝艾之并焚耳。

方今聖皇御運⓯，世夷道泰⓰，仁及蒼生，惠風遐邁⓱，威肅鬼方⓲，澤沾九裔⓳。儀坤德以厚載⓴，擬乾穹以高蓋㉑。神化則雲行雨施，玄澤則煙熅汪濊㉒。四門穆穆以博延㉓，主思英逸以俾乂㉔，此乃千載所希值，剖判之一會㉕。而先生慕嘉遁之偏枯㉖，不覺狷、華之患害也。務乎單豹之養內㉗，未睹暴虎之犯外也。是聞涉水之或溺，則謂乘舟者皆敗；以商臣之凶逆㉘，則謂繼體無類㉙也。』

【章　旨】赴勢公子認為君子或隱或仕，應當依據時局而定，不能因為仕途存在風險，便錯過了千載難逢的機遇。

【注　釋】❶往而不反　隱逸山野之間，不返回人世。《韓詩外傳・卷五》：「朝廷之士為祿，故入而不出；山林之士為名，故往而不返。」❷不仕無義　意謂不仕朝廷，是不義的行為。《論語・微子》：「不仕無義。……君臣之義，如之何其廢之？欲潔其身，而亂大倫。」❸達者以身非我有　通達者認為生命不屬於自我，而是「天地之委形」。見《莊子・知北遊》。❹任乎所值　聽任自然的運化。值，遇。❺必固　固執。❻束帛之集　朝廷派遣使者攜帶禮物徵召隱士出仕作官。束帛，古代徵聘的禮物。❼庭燎之舉　在殿堂前點起大燭，是古代招攬賢者的禮儀。❽君子道長　君子之道得以發展。❾在天利見　天時地利都適合，如飛龍趁勢上天，佔據著有利的地位。《周易・乾卦》：「九五：飛龍在天，利見大人。」❿陽九　災患；困厄。⓫括囊勿用　綑住袋口。比喻將才智收藏而不用。《周易・坤卦》：「六四：括囊，無咎，無譽。」⓬避危亂而不肯入　《論語・泰伯》說：「危邦不入，亂邦不居。」⓭色斯而不終日　察見容色等細微的跡象，便立即行動，行動迅速。《論語・鄉黨》：「色斯舉矣」。⓮巫山之失火　《淮南子・俶真》曰：「巫山之上，順風縱火，膏夏紫芝，與蕭艾俱死。」⓯御運　治理人世。⓰世夷道泰　天下太平，國泰民安。⓱惠風遐邁　祥和之風吹及廣遠之地區。惠風，仁風；和風。⓲鬼方　商周時期西北之少數民族。此代指邊遠之民。⓳澤沾九裔　恩澤廣施及四方之地。九裔，九方邊遠之地。⓴儀坤德以厚載　效法大地之深厚，普載萬物。《周易・坤卦》：「地勢坤，君子以厚德載物。」㉑擬乾穹以高蓋　像天一樣籠蓋萬物。乾為天，形如穹廬，故云。㉒玄澤則煙熅汪濊　天子之恩澤如同雲煙，籠罩天地間。汪濊，深廣之貌。㉓四門穆穆以博延　意謂廣泛的招納四方的賓客及賢者。穆穆，和美之貌。《尚書・舜典》：「賓於四門，四門穆穆。」㉔俾乂　輔佐、治理。㉕剖判之一會　天地開闢以來，僅有之機遇。㉖偏枯　本指身體一半癱瘓，這裡指片面、考慮不周。㉗單豹之養內　魯國有單豹者，隱居山巖，不與民爭利，修養內功，不幸被餓虎所撲食。見《呂氏春秋・必己》。㉘商臣之凶逆　春秋時楚成王之子商臣，目如黃蜂，聲如豺狼，生性殘忍，率軍包圍王宮，逼迫楚成王自殺，商臣乃自立為王。見《史記・楚世家》。㉙繼體無類　繼體，繼承王位者；太子。無類，無禮；違反禮法。

【語　譯】赴勢公子說：『在官場中入而不出的人，叫作沈醉寵榮而不知退縮；志在隱逸山野、往而不返的人，叫作不仕朝廷、違背仁義。所以通達者認為生命並非個人所有，而聽任自然的安排。或隱逸不仕，或佔據高位，或沈默不語，或發言用世，並無固執的態度。時勢當止則止，時勢可行則行。當朝廷派出使者前來徵辟，或是殿堂點起大燭招聘賢者時，這正是君子之道得到發揚光大，賢者施展抱負之時。如果遇到時局艱難、邪惡勢力高張之時，那麼就隱居門戶之內，將才智掩藏。有時像龍一樣飛騰上天，有時像鳳凰捲起翅膀，要依據時勢選擇適宜的態度。古人所以或者不肯進入危城之中，或者察見細微的跡象便迅速離開，他們耽心的是發生像巫山大火那樣的災難，不論賢愚，玉石皆焚。

然而當今聖明的君主在位，社會安定，國泰民安。仁愛普及百姓，德政施及廣遠。朝廷的聲威達到偏僻之區，帝王的恩澤普降於廣遠之地。就像大地之深厚，普載萬物；猶如高天的廣大，籠蓋九州。神明運化如同雲行雨施，天子恩澤廣大而深厚。朝廷廣泛地延請四方的嘉賓，帝王希望得到英逸之士來輔助治理好國家。這正是千載難逢的際遇，天地開闢以來僅有的良機啊！而先生卻只羨慕隱逸的高邁，忽視了功業無成的偏頗，沒有想到狂狷、華士被殺的危險。像單豹那樣專心修養內功，卻沒有看到凶狠的猛虎可以傷害人的軀體。這就好像聽說有人涉水而淹死，就說乘船的人也都會遭遇風險；因為楚成王之子商臣凶惡殘暴、大逆不道，就說所有的太子都行為不端、違背禮法一樣。』

懷冰先生曰：『聖化❶之盛，誠如高論。出處❷之事，人各有懷。故堯舜在上而箕潁有巢棲之客❸，夏后御世而窮藪有握耒之賢❹。豈有慮於此險哉？蓋各附於所安也。是以高尚其志，不仕王侯，存夫爻象❺。匹夫所執，延州守節❻，聖人❼許焉。僕所以逍遙於丘園、斂跡乎草澤者，誠以才非政事，器乏治民❽。而多士雲起，髦彥鱗萃❾，文武盈朝，庶事既康。故不欲復舉熠熠以廁日月之間❿，拊甂瓴於洪鍾之側⑪，貢輕扇於堅冰之節⑫，衒裘鑪乎隆暑之月⑬。必見捐於無用，速非時之巨嗤⑭。若擁經著述，可以全真成名⑮，有補末化⑯。若強所不堪，則將顛沛惟咎，同悔小狐⑰。故居其所長，以全其所短耳。雖無立朝之勳⑱，即戎之勞⑲，然切磋後生，弘道養正，殊途一致，非損之民也。劣者全其一介⑳，何及於許由；聖世恕而容之，同曠於有唐㉑。不亦可乎？』

【章旨】懷冰先生說明當今朝中人材濟濟，而自己缺乏立朝執政、從軍經武之才，只能擁經著述，以補助教化。

【注釋】❶聖化　帝王之德化。❷出處　出仕或者歸隱。❸箕潁有巢棲之客　指巢父、許由，隱居於箕山之下、潁水之陽，躬耕自食。❹窮藪有握耒之賢　指伯成子高。伯成子高在堯舜時為諸侯，至夏禹執政乃去諸侯之位而躬耕田野間。❺存夫爻象　《周易・蠱卦》：「上九：不事王侯，高尚其事。」❻延州守節　春秋時吳公子季札，封於延陵、州來，將立為吳王，季札堅決推辭，棄室而耕。❼聖人　指孔子。❽才非政事二句　沒有從事政治之才，缺乏管理百姓的能力。❾多士雲起二句　眾多優秀的人材薈萃於朝廷。髦彥，卓越、優異之士。❿舉熠熠以廁日月之間　熠熠，微小的光明，疑為「熠燿」之訛。熠燿為螢火。螢火之光，不足以并日月。⓫拊甂瓴於洪鍾之側　在洪鐘之旁敲打瓦器。甂瓴，瓦盆、瓶罐之類。⓬貢輕扇於堅冰之節　在隆冬冰凍時節，貢獻輕扇。⓭衒裘鑪乎隆暑之月　在盛夏酷暑，推銷皮襖、火爐。衒，叫賣；推銷。⓮速非時之巨嗤　遭到不合時宜的嘲笑。巨嗤，大笑；譏笑。⓯全真成名　保全本性與生命。名，通「命」。⓰末化　教化之末；細微的德化。⓱同悔小狐　意謂因力量不夠，將招致後悔。狐愛其尾，每渡水則舉其尾。小狐因為力量不足，打濕了尾巴。比喻不能成功。《周易・未濟》：「小狐汔濟，濡其尾，無攸利。」⓲立朝之勳　在朝廷作官，建立功勳。⓳即戎之勞　領軍作戰之勞績。⓴全其一介　保全一己之心願。一介，一己之願。㉑同曠於有唐　同於唐堯聖明之治。有唐，指堯，封於唐，故云。

【語　譯】懷冰先生說：『當今聖上德化興隆，的確如你所說的。然而或進或退、或仕或隱，各人都有自己的志向。所以堯、舜在上，有巢父、許由隱居於箕山之下、潁水之濱；夏禹為君王時，荒野有伯成子高那樣躬耕的賢人。難道巢父、許由、伯成子高耽心出仕的禍患嗎？他們只是為了過自己心安的生活罷了。所以高尚其志，不仕王侯這二句話，記載在《周易》的象辭中。春秋吳公子札能堅守節義，受到聖人的贊許。我所以逍遙於田園、隱居於草野之間，的確是因為自己不是從政之材，缺乏管理百姓的能力。而當今人才輩出，各種卓異之士如同風起雲湧，比比皆是。文武官員充滿朝廷，各項事務都有人辦理。所以當此日月普照之時，我不願再舉起螢火般的光亮；在洪鐘巨響的旁邊，我不願再發出敲打瓦盆的聲音；在天寒地凍的季節，我不願再貢獻上一把輕扇；在盛夏酷暑的時候，我不能再推銷皮襖與火爐。如果我那麼作的話，一定會當作無用之物被拋棄，並且招來不合時宜的譏笑。如果我依據經典從事著述，則可以保全天賦的本性，有助於社會的教化。如果強迫我從事所不堪的事，那麼我將會遭遇挫折與禍患，導致羞辱與悔恨。所以我要發揮自己的長處，避開自己的短處。我雖然不能在朝中建立功勳，不能從軍作戰立下勞績，但是我與後輩切磋學問，弘揚大道，培養正氣，雖然道路不同卻目標一致，並非有損社會之人。我的才能低下，只希望保全自己誠摯的心願。雖然不能與許由相比，然而皇上聖明如同唐堯，以寬恕容忍我的行為。這不也是可以的嗎？』

赴勢公子勃然自失❶，肅爾改容曰：『先生立言助教，文討姦違❷，摽❸退靜以抑躁競之俗❹，興儒教以救微言之絕❺。非有出者，誰敘彝倫❻？非有隱者，誰誨童蒙？普天率土，莫匪臣民。亦何必垂纓執笏❼者為是，而樂飢衡門❽者可非乎？夫群迷乎雲夢者，必須指南以知道❾，竝乎滄海❿者，必仰辰極⓫以得反。今聞嘉訓，乃覺其蔽。請負衣冠，策駑希驥⑫，汎愛與進⑬，不嫌擇焉。』

【章　旨】赴勢公子認識到懷冰先生隱逸的意義與價值，因而轉變了觀念，要求追隨先生的左右，為其弟子。

【注　釋】❶勃然自失　突然感到若有所失。❷文討姦違　以文筆討伐奸邪不軌、違法亂禮的行為。❸摽　通「標」。標舉；倡導。❹躁競之俗　追逐名利、急躁冒進之風俗。❺救微言之絕　孔子作《春秋》，以微言寄託大義。這裡是提倡儒教、振興儒學的意思。❻敘彝倫　講說天地之常道，推行教化。❼垂纓執笏　頭戴官帽，秉執手板。纓，是官帽上的垂帶。笏，是臣下所執的竹、木或玉石手板，是朝官的標誌。❽樂飢衡門　安貧樂道，忘記飢寒。衡門，橫木為門，形容貧士的居處。❾必須指南以知道　必須有待於指南車，然後得知道路。❿竝乎滄海　並迷失方向於滄海。「竝」下疑脫一「失」字。⓫辰極　北極星。⓬策駑希驥　趕著我的駑馬，希望跟上你的駿足。⓭汎愛與進　以博愛之心，鼓勵進步。

【語　譯】赴勢公子突然若有所失，面容嚴肅地說：『先生從事著述以助教化，寫文章來誅討奸邪，標舉退靜以抑制急躁競逐的世俗風氣，宣傳六經義理以振興儒教。如果沒有人出來經邦濟世，誰來貫徹倫理教化？如果沒有人隱逸田園，誰來教誨孩童之輩？普天之下所有的地方，都是君王的臣民。為什麼一定要在朝當官才對，而隱於柴門、安貧樂道便不對呢？當眾人在雲夢澤迷路時，必須指南車才得知道路；當眾人在大海中不辨方位時，一定仰仗北極星才得以回返。今天聽了你的高談宏論，才感覺到我自己見識淺陋。請允許我揹負衣冠，追隨先生的身後。請先生以廣泛的愛心，鼓勵後進，不要嫌棄我。』

卷二　逸民

【題解】本篇通過逸民與仕人的對話，討論當權者應該如何對待隱逸的行為。

這裡有兩種不同的態度：一種是以嚴厲的刑殺來禁止隱逸，文中舉出呂尚誅殺狂狷、華士為例，說明甘於刑殺、枉害賢人，其行為是錯誤的。另一種則是以寬容禮賢的態度，尊重隱者自己的選擇，以宣傳禮讓，弘揚教化。

文中強調隱逸之士對於社會的作用，主要在於樹立道德與人格的榜樣，可以激濁揚清，改善社會的風氣，起到無用之大用。所以歷代君王多尊崇隱逸的賢者，而又不強迫他們出仕，其意義也正在於此。

抱朴子曰：「余昔遊乎雲臺之山❶，而造❷逸民，遇仕人在焉。仕人之言曰：『明明❸在上，總御八紘❹。華夷同歸，要荒服事❺。而先生遊柏成之遐武❻，混群伍於鳥獸。然時移俗異，世務不拘。故木食山棲❼、外物遺累者，古之清高、今之逋逃❽也。君子思危於未形，絕禍於方來，無乃去張毅之內熱，就單豹之外害❾。畏盈抗慮❿，忘亂群之近憂。避牛跡⓫之淺嶮，而墮百仞之不測。違濡足之泥溼⓬，投鑪冶而不覺乎？』

逸民答曰：『夫銳志於雛鼠⑬者，不識騶虞⑭之用心。盛務於庭粒者⑮，安知鴛鸞之遠指⑯？猶焦螟⑰之笑雲鵬⑱，朝菌⑲之怪大椿⑳，坎蛙㉑之疑海鼇㉒，井蛇之嗤應龍㉓也。子誠喜懼於勸沮，焉識玄曠之高韻哉？吾幸生於堯舜之世，何憂不得此人之志㉔乎？』

【章　旨】仕人告誡逸民不要追隨古代隱逸之士的步武，否則將會招來禍患，逸民認為仕人不理解自己高遠的志向，說當今皇上像堯舜一樣英明，有什麼耽心的呢？

【注　釋】❶雲臺之山　在今四川蒼溪境內，上有方臺百里，風景殊勝，是《仙經》中所說適合修煉之名山。❷造　訪問。❸明明　光明普照。喻君王之德化。❹八紘　天下八方。❺要荒服事　指偏遠之地都尊奉朝廷。古代王畿外圍之地曰甸服，又五百里為侯服，又五百里為綏服，又五百里為要服，又五百里為荒服。❻遊柏成之遐武　追蹤古代隱逸之士柏成子高的足跡。遐武，遙遠的足跡。❼木食山棲　生活在山野中，以樹木果實為食物。❽逋逃　逃亡的罪犯。❾去張毅之內熱二句　意謂逃脫了一種禍患，卻遭到另一種禍患。傳說魯國有張毅者，交往廣泛，四十歲便得內熱之病而死。又有單豹，巖居水飲，絕交世俗，不幸被餓虎所食。見《呂氏春秋・必己》。❿畏盈抗慮　高尚其志，逃避富貴榮華。⓫牛跡　牛足踏出的小坑窪。⓬泥涇　泥溝。⓭銳志於雛鼠　極力追求小老鼠，以為食物。⓮騶虞　傳說中的仁義之獸，「白虎黑文，不食生物」。見《詩經・召南・騶虞》。⓯盛務於庭粒者　追求以庭前之米粒為食的小鳥，如斥鷃之類。⓰鴛鸞之遠指　鳳凰的遠大志向。鳳凰發於南海而飛往北海，非梧桐不止，非練實不食，非醴泉不飲。見《莊子・秋水》。指，旨歸；志向。⓱焦螟　傳說中一種極小的蟲子。《列子・湯問》：「江浦之間生麼蟲，其名曰焦螟。群飛而集於蚊睫，弗相觸也。」⓲雲鵬　雲間之大鵬。⓳朝菌　傳說為朝生暮死之菌類。⓴大椿　傳說上古有大椿樹，以八千歲為春，八千歲為秋，生命極為久長。見《莊子・逍遙遊》。㉑坎蛙　廢井中的青蛙。㉒海鼇　傳說海中之巨鼇，背負著三神山。㉓應龍　神話中有翼的龍。傳說大禹治水，應龍曾以尾畫地成江河。㉔此人之志　指柏成子高隱逸之志。

【語　譯】抱朴子說：「我曾經遊歷到雲臺山上，探訪一位隱逸之士，恰巧在那兒與一位仕人相遇。那位仕人說：『當今聖明的君主如同太陽普照天下，統治著八方之地。無論漢人還是蠻夷都歸順朝廷，偏遠的人民也都敬奉君王。而先生卻追蹤上古柏成子高遙遠的足跡，與飛鳥走獸混同共處。然而時代變遷、風俗轉移，今世的事情不必同於上古。所以生活在山野之間、吃樹木果實、拋棄世事俗累的人，在古代是清高的名士，今天卻是逃亡的罪人。君子在危險尚未成形時就先想到危險，在禍患到來之前就想到消除它，這無異於去掉了一種憂患，卻又遭遇到另一種災禍。畏懼盈滿招來禍殃、堅持隱逸不仕之志，卻忘記了擾亂群心會帶來另一種憂患。這與那種為了避開牛蹄踏出的坑坑窪窪，卻掉進了百仞深的不測之淵；為了不使泥溝弄髒了雙腳，卻無意中掉進火爐之中，又有何兩樣呢？』

逸民回答說：『極力捕捉幼鼠為食者，不會懂得仁義之獸騶虞的心思；尋覓庭堂前米粒的小鳥，又怎麼會知道鳳凰遠大的志向呢？這就好像焦螟嘲笑雲中的大鵬，生命轉瞬即逝的朝菌詫異於長壽的大椿，廢井中的青蛙懷疑海中大鼈的存在，井底之蛇嗤笑帶翼的應龍一樣。你誠然是為弘揚教化而操心，然而你又怎麼能理解志向高遠者超邁的旨趣呢？我有幸生當其時，君王如同堯舜般聖明，何必為不能實踐柏成子高隱逸之志而憂慮呢？』」

仕人曰：『昔狂狷、華士❶，義不事上，隱於海隅，而太公誅之。吾子沈遁❷，不亦危乎？』

逸民曰：『呂尚長於用兵，短於為國。不能儀玄黃以覆載❸，擬海嶽以博納❹，褒賢貴德，樂育人才。而甘於刑殺，不修仁義。故其劫殺之禍，萌於始封❺。周公聞之，知其無國也。夫攻守異容，道貴知變。而呂尚無烹鮮之術❻，出致遠之御，推戰陣之法，害高尚之士。可謂賴甲冑以完刃，又兼之浮泳❼；以射走之儀，又望求之於準的❽者也。

夫傾庶鳥之巢，則靈鳳不集；漉❾魚鼈之池，則神虯遐逝❿；刳凡獸之胎，則麒麟不峙其郊⓫；害一介之士，則英傑不踐其境。呂尚創業垂統⓬，以示後人，而張苛酷之端，開殘賊之軌。適足以驅俊民⓭以資他國，逐賢能以遺讎敵⓮也。去彼市馬骨以致駿足⓯、軾陋巷以退秦兵⓰者，不亦遠乎？子謂呂尚何如周公乎？』

仕人曰：『不能審也。』

【章旨】仕人以呂尚誅狂狷、華士說明隱居可能招來殺身之禍，逸民則指出呂尚缺乏治國之術，他的作為只能驅使賢才前往他國，不足為法。

【注釋】❶狂狷華士　傳說東海上有居士，名叫狂矞、華士，不臣天子，不友諸侯，耕作而食之，掘井而飲之。呂尚到營丘，便派人執而殺之。見《韓非子・外儲說右上》。❷沈遁　隱逸不仕。❸儀玄黃以覆載　效法天地的精神，覆蓋天下，普載萬物。玄為天，黃為地。❹擬海嶽以博納　像大海廣泛地容納流水，像山嶽廣泛地容納土石。❺劫殺之禍二句　意謂齊之後世將有劫殺君主、簒奪君位之禍，其禍因在呂尚初封於齊時便已萌生。《淮南子・齊俗》載：周公問呂尚曰：「何以治齊？」呂尚答曰：「舉賢而上功。」周公曰：「後世必有劫殺之君。」其後齊國日以強盛，二十四世而田氏簒奪君位以代之，故云。

❻烹鮮之術　烹煎小魚必須慎重從事，否則將把魚弄爛。比喻治國必須謹慎，採取正確的策略。《老子》：「治大國若烹小鮮。」❼賴甲冑以完刃二句　意謂鎧甲、頭盔的功用是防禦兵器傷害，若是身穿甲冑游泳，則所用不當。❽以射走之儀二句　意謂靶子移動了，卻朝著原來的目標放箭，想要射中箭靶，是不可能的。儀，標準。的，靶子。❾漉　使乾涸；將水排盡。❿神虯遐逝　神龍就會遠遠地離去。虯，龍之一種。⓫麒麟不峙其郊　麒麟是祥瑞之獸，舊說天下太平，則麒麟在郊。⓬創業垂統　開創基業，世代相傳。此指呂尚被封於齊。⓭俊民　賢能之士。⓮逐賢能以遺讎敵　將賢明、才能之士驅趕向敵人一方，為敵人所用。⓯市馬骨以致駿足　傳說有人以五百金買了一副千里馬之骨，結果不到一年，他便得到了三匹千里馬。見《戰國策・燕策》。⓰軾陋巷以退秦兵　軾是車前的伏手板，俯身按軾表示敬意。戰國魏文侯經過賢者段干木所住的陋巷，總是用這種方式表示敬意。秦國曾經興兵準備攻打魏國，因為魏文侯禮敬段干木，天下皆聞，便放棄了這一軍事行動。見《呂氏春秋・期賢》。

【語　譯】仕人說：『從前有狂狷、華士，不奉事王侯，隱居在海邊，太公呂尚將他們殺了。先生您隱逸不仕，不也是很危險的嗎？』

逸民回答說：『呂尚擅長於用兵打仗，卻不善於治理國家。他不能效法天地之德覆蓋四方，普載萬物，不能像大海容納江河、高山容納土石一樣，獎譽賢者，提倡德化，樂於培育人才，而是甘於用刑誅殺，不講仁義。所以其後劫殺國君、篡奪君位之禍，在他剛剛受封時便埋下禍根了。周公知道後，便知道最後會喪失封國的。攻戰與守國有不同的內涵，方法策略貴在隨之而變化。而呂尚缺乏治理國家的正確策略，拋棄可以長久的治國之道，使用戰陣的法令，因而殺害了隱逸的高尚之士。這就好像頭盔鎧甲是用來防禦兵器傷害的，你卻要穿戴著它們去游泳；靶子移動了，你卻朝著原來的目標放箭，而想要射中箭靶一樣。

若是將凡鳥的巢傾覆，則鳳凰不會飛落；將生長魚鼈的池水排乾，神龍也會遠遠地離去；將普通野獸開肚剖胎，則麒麟不會來到郊外；殺害了一個賢士，則英雄豪傑不會來到這個國家。呂尚開創基業，垂緒後世，他卻以嚴酷的鎮壓為起點，開闢了一條殘暴殺戮之途。這樣只能使傑出之士被迫遷去別的國度，將賢明、才能之士驅趕向敵人一方，為敵人所利用。這種作法比起重金買回馬骨以招來千里馬，比起魏文侯禮敬段干木而免除秦軍的侵犯，不是相差很遠嗎？你認為呂尚與周公相比較，怎麼樣呢？』

仕人說：『我不能判斷。』

逸民曰：『夫周公大聖，以貴下賤。吐哺握髮❶，懼於失人。從白屋❷之士七十人，布衣之徒，親執贄所師見者十人❸，所友者十有二人，皆不逼以在朝也。設令呂尚居周公之地，則此等皆成市朝之暴尸❹、而溝澗之腐胔❺矣。唐堯非不能致許由、巢父❻也，虞舜非不能脅善卷、石戶❼也，夏禹非不能逼柏成子高❽也，成湯非不能錄卞隨、務光❾也，魏文非不能屈干木❿也，晉平非不能吏亥唐⓫也。然服而師之，貴而重之。豈六君之小弱也？誠以百行殊尚，默默難齊⓬。慕尊賢之美稱，恥賊善之醜跡。取之不足以尊威，放之未憂於官曠⓭，從其志則可以闡弘風化⓮，熙隆退讓⓯，厲苛進之貪夫⓰，感輕薄之冒昧⓱。雖器不益於日夕之用，才不周於立朝之俊。不亦愈於脅肩低眉⓲，諂媚權右，提贄懷貨，宵征同塵⓳，爭津競濟，市買名品⓴，棄德行學問之本，赴雷同比周之末㉑也。彼六君尚不肯苦言以侵隱士，寧肯加之鋒刃乎？聖賢誠可師者，呂尚居然㉒謬矣。

漢高帝雖細行多闕㉓，不涉曲蓺㉔，然其弘曠恢廓㉕，善恕多容，不繫近累，蓋豁如也。雖飢渴四皓㉖而不逼也。及太子卑辭致之，以為羽翼，便敬德矯情㉗，惜其大者㉘，發黃鵠之悲歌㉙，杜婉妾之覦覬㉚。其珍賢貴隱如此之至也，宜其以布衣而君四海，其度量蓋有過人者矣。

【章　旨】逸民以周公與呂尚相比較，又舉出古代帝王、國君禮待賢者的例子，說明呂尚誅殺狂狷、華士，是荒謬的行為。

【注　釋】❶吐哺握髮　傳說周公熱情接待來客，曾經一飯三吐哺，一沐三握髮，還耽心怠慢了天下之賢士。見《韓詩外傳．卷三》。❷白屋　白茅覆蓋之屋。貧窮者的居所。❸親執贄所師見者十人　親自帶著禮物像拜見老師一樣奉事的賢者有十人。贄，見尊長時的禮品。❹暴尸　陳屍。指被殺身死，陳屍街頭。❺腐胔　腐爛的屍體。❻許由巢父　均為唐堯時著名之隱士。相傳堯想讓位給許由，許由堅辭不受，逃於箕山，又曾在潁水洗耳。❼善卷石戶　均為虞舜時著名之隱士。傳說舜以天下讓善卷，善卷便逃入深山，莫知其處。舜以天下讓給石戶之農，石戶之農於是將妻攜子，入於海，終身不返。見《莊子．讓王》。❽柏成子高　傳說是堯舜時的諸侯。舜授禹，柏成子高辭諸侯而歸耕於野。一作「伯成子高」。見《莊子．天地》。❾卞隨務光　傳說商湯將代夏桀，找到卞隨策劃謀略，卞隨不答。商湯又找到務光，務光亦未參預其事。商湯欲讓王位，卞隨乃投水而死，務光負石自沈。見《莊子．讓王》。❿干木　段干木，戰國時之賢者，隱居於魏，不受官職，受到魏文侯的禮敬。見《呂氏春秋．期賢》。⓫亥唐　春秋晉之賢者，隱居陋巷。晉平公往訪，以禮相待。見《孟子．萬章下》。⓬默默難齊　人的行為愛好各不相同，難以整齊劃一。默默，或疑作「語默」。⓭官曠　官職曠缺。指無人作官。⓮闡弘風化　弘揚教化。⓯熙隆退讓　發揚光大廉潔退讓的風尚。⓰厲苛進之貪夫　激勵、勸導一味追逐榮利、貪婪的人，使之幡然改悔。⓱感輕薄之冒昧　感化那種闇昧不明、急躁冒進的人。⓲脅肩低眉　竦起肩頭、垂下雙眉，故意做出尊敬、順從、討好的姿態。⓳宵征同塵　為了追名逐利而沒日沒夜地奔競於風塵之中。⓴市買名品　以財貨賄賂求得較高的品級。㉑赴雷同比周之末　意謂離開為人的根本，去附合世俗，人云亦云，親近小人，結黨營私。㉒居然　顯然。㉓細行多闕　小節多有缺陷、不足之處。如《史記．高祖本紀》謂劉邦「好酒及色」之類。㉔不涉曲藝　《史記》說劉邦「常有大度，不事家人生產作業」，故云。㉕弘曠恢廓心胸開闊，氣象弘大。《史記》說劉邦「仁而愛人，喜施，意豁如也」。㉖飢渴四皓　希望得到商山四皓，心情如飢似渴。四皓，秦末漢初著名隱士東園公、甪里先生、綺里季、夏黃公，四人隱於商山，又稱商山四皓。㉗矯情　呂后用張良的計策，令太子卑辭安車，招請四皓出山。劉邦見狀，對四皓說「煩公幸卒調護太子」，打消了另立太子的念頭。劉邦本寵幸戚姬，有意立戚姬之子趙王如意為太子。對四皓這樣說，違背了他的本意，故曰矯情。㉘惜其大者　嘆息太子的勢力已強大。㉙發黃鵠之悲歌　劉盈因得四皓輔持，保住太子之位。趙王如意不能立為太子，戚姬因而落淚。劉邦乃歌曰：「鴻鵠高飛，一舉千里。羽翮已就，橫絕四海。橫絕四海，當可奈何？雖有矰繳，尚安所施！」見《史記・留侯世家》。㉚杜婉妾之覦覬　婉妾，指戚姬。覦覬，非分的意圖與希望。指改易太子之事。

【語　譯】逸民說：『周公是大聖人，卻尊重身分卑賤者。一飯三吐哺、一沐三握髮，還是耽心失去天下的賢者。他時常聽取意見的貧寒之士有七十人，親自帶著禮物去拜訪、奉之如師的布衣之士有十人，像朋友一樣交往的有十二人。對於這些人，周公都不強迫他們在朝作官。如果呂尚處在周公的地位，恐怕這些人都會被誅殺，或者陳屍於街頭，或者拋屍於溝澗之中了。唐堯並非不能強迫許由、巢父，虞舜並非不能脅迫善卷與石戶之農，夏禹並非不能逼迫柏成子高，商湯王並非不能強制錄用卞隨、務光，魏文侯並非不能使段干木屈從自己，晉平公並非不能威逼亥唐為官吏。然而他們都以奉事老師的態度相對待，尊敬並重視這些隱逸之士。難道堯、舜、禹、商湯、魏文、晉平的勢力還弱小嗎？只是因為不同的人有不同的愛好追求，難以整齊劃一。六位國君希望得到尊賢的美稱，而恥於去作殘害賢者的惡事。逼使這些隱逸之士出仕不足以壯大朝廷的威勢，聽任他們隱逸也不會導致無人作官的憂慮。順從隱逸之士的志向還可以弘揚教化，發揚光大退讓之風，激勵貪圖物利的人不去孜孜追求，感化輕薄之徒改掉急躁冒進的毛病。雖然這些隱士不能隨時為朝廷發揮具體的作用，不能像朝中賢臣那樣貢獻才智。但是，比起那些脅肩諂笑、阿諛逢迎、討好權貴的人，比起那些提著禮物、懷著財貨、披星戴月、奔走風塵、爭先恐後，以財貨賄賂來求升官晉級的人，比起那些背離道德學問之根本、附和世俗、結黨營私的人，不是要勝過許多嗎？上述六位君主尚且不肯用言語迫使隱士出仕，又怎麼會對他們施刑誅殺呢？這些古代的聖賢值得效法，而呂尚的行為顯然是荒唐的。

漢高祖劉邦雖然在小節上多有欠缺，又沒有具體的技能，但是他稟性弘放曠達、氣魄闊大，能夠寬容體諒別人。劉邦對於身邊小事從不介意，心胸豁達大度。他雖然殷切地希望招致商山四皓，但卻不威逼他們。等到太子劉盈以謙卑的態度請得四皓出山，成為太子的輔佐之時，漢高祖又能敬重有德之人，抑制自己的私情，嘆息太子的勢力已成，因而不易太子之位。漢高祖劉邦還唱出了鴻鵠之悲歌，杜絕了戚夫人想立趙王如意為太子的非分之想。劉邦尊重賢者、崇尚隱逸達到如此的地步，他以普通百姓的身分而成為天下一統的君王，是自然的事情，因為他有著過人的胸懷度量。

且夫呂尚之殺狷、華者，在於恐其沮眾❶也。然俗之所患者，病乎躁於進趨❷、不務行業耳，不苦於安貧樂賤者之太多也。假令隱士往往屬目❸，至於情掛勢利、志無止足者，終莫能割此常欲❹，而慕彼退靜者也。開闢已降非少人也，而忘富遺貴之士，猶不能居萬分之一。仲尼親受業於老子❺，而不能修其無為；子貢與原憲同門❻，而不能模其清苦。四凶與巢、由同時❼，王莽與二龔共世❽，而不能效也。凡民雖復笞督之、危辱之，使追狷、華，猶必不肯，而反憂其壞俗邪？呂尚思不及此，以軍法治平世，枉害賢人，酷誤已甚矣。賴其功大，不便❾以至顛沛❿耳。

且呂尚之未遇文王也，亦曾隱於窮賤。凡人易之⓫，老婦逐之⓬，賣庸不售⓭，屠釣無獲⑭，曾無一人慕之其避世也。何獨慮狷、華之沮眾邪？設令殷紂以尚逃遁，收而斂之⑮，尚臨死豈能自謂罪所應邪？

魏武帝亦刑法嚴峻，果⑯於殺戮。乃心欲用乎孔明⑰，孔明自陳不樂出身，武帝謝遣之曰：義不使高世之士，辱於汙君之朝也。其鞭撻九有⑱，草創皇基，亦不妄矣！

【章　旨】世間追求榮華勢利的人多，安貧樂道的人少，不必耽心隱逸會渙散民心，進一步說明呂尚誅殺狂狷、華士的錯誤。

【注　釋】❶沮眾　離散、瓦解眾心。沮，敗壞。❷躁於進趨　急切地追求仕途榮利。❸假令隱士往往屬目　即使隱士受到社會的尊敬、注意。❹割此常欲　割捨世俗追逐名利的欲望。❺仲尼親受業於老子　孔子曾問禮於老子，故云。❻子貢與原憲同門　端木賜，字子貢，巧辭善辯，嘗相魯衛，又經營貿易，家累千金。原憲，字子思，家中貧窮，居在草澤中。二人均為孔子之弟子。❼四凶與巢由同時　堯舜時，有渾敦、窮奇、檮杌、饕餮，凶惡不馴，被流放邊裔，稱四凶。巢父、許由，堯時著名的隱士。❽王莽與二龔共世　龔勝，漢之諫議大夫，出為渤海太守。王莽秉政，歸隱鄉里。王莽遣使徵拜上卿，乃絕食十四日而死。龔舍，歷官諫議大夫、光祿大夫。二人並著名節，世稱兩龔。❾便　立即。❿顛沛　顛覆；仆倒。此指傾覆之禍。⓫凡人易之　一般人輕視他。⓬老婦逐之　被老婦拋棄、趕走。《說苑・尊賢》：「太公望，故老婦之出夫也。」⓭賣傭不售　出賣勞力打工，沒有人要他。傭，雇工。⓮屠釣無獲　傳說呂望賣肉於朝歌，肉臭不售，釣魚於棘津，魚不食餌。⓯斂之　孫星衍疑當作「殺之」。⓰果　果敢；不猶豫。⓱孔明　潁川胡昭，字孔明，避地冀州，躬耕樂道，養志不仕。曹操多次以禮徵辟，胡昭自陳一介野生，無軍國之用，要求允許歸隱。曹操說：「人各有志，出處異趣，勉卒雅尚，義不相屈。」見《三國志・管寧傳》附。⓲鞭撻九有　駕馭、主宰天下。九有，九州；全國。

【語　譯】再說呂尚所以殺狂狷、華士，是耽心他們渙散眾心。然而世俗風氣值得憂慮的，在於世人急切地追求名利、不經營正當的產業，而並不苦於安貧樂道的人太多了。即使隱士受到廣泛的尊重，而那些志在功名利祿而不知滿足的人，依然不能割捨世俗的欲望，嚮往那些淡泊退守的隱士。開天闢地以來，世上的人不算少了，而忘懷富貴、遺棄榮華的人，還不及萬分之一。孔子曾經親自問道於老子，然而他不能奉行老子的無為；子貢與原憲都是孔子的學生，然而子貢不能效法原憲的清苦。四凶與巢父、許由同時，王莽與龔勝、龔舍同時，然而四凶不能仿效巢父、許由，王莽不能仿效二龔。對於普通百姓來說，即使用皮鞭督責他，用危難羞辱他，讓他去追步狂狷、華士，他尚且不肯，又何必耽心狂狷、華士會渙散眾心呢？呂尚沒有想到這一點，他以治軍打仗的辦法管理太平之世，冤枉殺害了賢者，他的行為是極為殘酷的錯誤。只是有賴於他的功勞巨大，才不至於立即便遭到失敗。

再說呂尚未遇周文王時，也曾經隱居，貧窮而卑賤。當時平常人都看不起他，老婦人將他趕走，想打工卻無人雇用，屠宰、釣魚毫無收穫，沒有一個人羨慕他的隱居避世。為什麼唯獨要憂慮狂狷、華士渙散眾心呢？假如商紂王因為呂尚隱逸不仕，將他拘押誅殺，呂尚臨死之時難道能承認自己罪有應得嗎？

魏武帝曹操的刑法也是嚴峻的，殺起人來毫不猶豫。他希望胡昭到自己手下當官，然而當胡昭說明自己不願意出仕時，曹操便讓胡昭歸去，說：不能讓操守高邁之士，在昏君的朝廷受到玷辱啊！曹操主宰天下、開闢帝業，是有道理的啊！

紛擾日久，求競成俗。或推貨賄以龍躍❶，或階黨援以鳳起❷。風成化習，大道漸蕪❸，後生昧然❹，儒訓遂堙❺。將為立身，非財莫可。苟有卓然不群之士，不出戶庭，潛志味道，誠宜優訪以興謙退也。

夫使孫、吳❻荷戈，一人之力耳。用其計術，則賢於萬夫❼。今令大儒為吏，不必切事。肆之山林，則能陶冶童蒙，闡弘禮敬❽。何必服巨象使捕鼠❾，韝鷟❿……也？』

【章　旨】社會紛擾日久，儒教湮沒無聞，而大儒隱逸山林，興辦教育，弘揚禮治，對於社會的作用將勝過出仕為吏。

【注　釋】❶推貨賄以龍躍　以財物賄賂求得升官晉爵。❷階黨援以鳳起　借助同黨之力以攀高枝。黨援，同黨則互相援引。❸蕪　荒廢；掩沒在荒草中。❹昧然　糊塗；無所知曉。❺儒訓遂堙　儒家的教誨便掩沒無聞。堙，埋沒。❻孫吳　指孫武、吳起，都是古代著名的兵法家。孫武有《孫子兵法》，吳起有《吳子》，是我國最早的兵書。❼賢於萬夫　賢，一作「寶」。❽闡弘禮敬　闡發、弘揚禮教。❾服巨象使捕鼠　象的作用不在於捕捉老鼠，今服象捕鼠，是所用不當。〈用刑〉：「干將不可以縫線，巨象不可使捕鼠。」❿韝鷟　此下有脫文。

【語　譯】社會的動亂紛擾已經持續了很久時期了，有人以財物賄賂求得任用，有人拉幫結黨以得升遷。風氣既成，相沿為習，大道逐漸荒廢，後生晚輩，無從知曉，儒家的教義埋沒無聞。想要出仕立身，離了錢財則一事無成。如果有卓異超群之士，足不出戶，潛心專意地研究、體會大道的蘊涵，這正是應該廣泛地訪求表彰，以振興謙沖退讓之風的。

讓孫武、吳起扛起武器，不過只有一人之力。如果運用他們的計策謀略，其作用勝過了千軍萬馬。如今若使儒家大師充當小吏，不一定能辦好事務。若是讓他們自由地隱居山林，則能教育後輩，弘揚禮法。何必要用大象去捕捉老鼠，使鳳鸞立在肩上呢？』

仕人曰❶：『則鐘鼎鐫其聲❷。若乃零淪藪澤❸，空生徒死，亦安足貴乎？』

逸民答曰：『子可謂守培塿❹、玩狐丘❺，未登閬風❻而臨雲霓；翫瀅汀❼、游潢洿❽，未浮南溟❾而涉天漢❿。凡所謂志人者，不必在乎祿位，不必須乎勛伐⓫也。太上無己⓬，其次無名⓭。能振翼以絕群，騁跡以絕軌，為常人所不能為，割⓮近才所不能割。少多不為凡俗所量，恬粹⓯不為名位所染。淳風足以濯百代之穢，高操足以激將來之濁。何必紆朱曳紫⓰，服冕乘軺⓱，被犧牛之文繡⓲，吞詹何之香餌⓳？朝為張天之炎熱⓴，夕成冰冷之委灰。

【章　旨】仕人認為隱逸空生徒死，失去了生命的價值，逸民則認為隱士精神純粹、節操高邁，可以激濁揚清，勝於官場上的世態炎涼。

【注　釋】❶仕人曰　此三字原缺。此處上下均有脫文。孫星衍校曰：「下脫仕人曰數語」。❷鐘鼎鐫其聲　刻名於鐘鼎之上，揚名後世。❸零淪藪澤　淪落荒野湖澤之間。❹培塿　矮小的土丘。❺狐丘　小山坡。❻閬風　傳說中的仙山，在崑崙之巔，高可以達於星辰。❼瀅汀　澄清的小水。汀，原作「江」，據《道藏》本校改。❽潢洿　池塘；淺水池。❾南溟　南海。❿天漢　天河；雲漢。世傳天河與海相通，所以可以浮南海而上達於天河。⓫勛伐　泛指為朝廷所建立之功勢與業績。⓬無己　忘記自身的存在，達到與道合一。⓭無名　遺棄外在的名聲、毀譽。⓮割　以刀刃之割比喻展露才能。⓯恬粹　恬靜沖澹，心無雜念。⓰紆朱曳紫　古代高官的官服、綬帶，多用朱色與紫色。⓱服冕乘軺　冕是古代帝王及官員在正式場合戴的帽子，軺是朝廷使者乘坐的一種車子。⓲被犧牛之文繡　犧牛是一種毛色純潔的牛，披著飾紋的錦繡到時宰殺以祭祀祖先神靈。⓳吞詹何之香餌　詹何是古代之善釣者，傳說他曾經釣過「千歲之鯉」。見《淮南子・說山》。⓴張天之炎熱　炎熱之威勢，瀰漫天下。

【語　譯】仕人說：『若是出仕為官，則可以刻名鐘鼎之上，揚名聲於後世。若是淪落山林湖澤之間，生死都毫無價值，又有什麼可貴的呢？』

逸民回答說：『你可以說只守著小山坡，遊玩於土丘，而未登上高聳雲霄的閬風山；只知道賞玩一泓小水，游於池塘之中，而沒有經歷浩瀚的南海而上達於天河。大凡有志於道的人，他們並不在乎利祿與爵位，也不去追求建立功勳業績。最高的境界是忘記自身的存在，其次是遺棄人間的浮名。能展翅高飛於絕群之境，馳驅於車軌絕跡之地。去做常人不能做的事情，發揮普通人無法達到的作用。內蘊的廣大不是世俗之人所能估量，精神的恬澹沖和不為名利地位所玷染。淳厚之風可以洗滌百代的污穢，高尚的操守足以教誡後人，激濁揚清。何必要纏著朱色的綬帶，穿著紫色的官服，戴著官員的帽子，坐著朝廷的車子，像祭祀的犧牛披著彩紋錦繡，去吞下詹何引魚上鉤的香餌？結果早上還是權勢顯赫，好像炎熱瀰漫天下；晚上便煙消火滅，成了冰冷的死灰。

夫斥鷃❶不以蓬榛❷易雲霄之表，王鮪❸不以幽岫貿❹滄海之曠，虎豹入廣廈而懷悲，鴻鶤❺登嵩巒而含慼。物各有心，安其所長。莫不泰於得意，而慘於失所也。經世之士，悠悠皆是。一日無君，惶惶如也❻。譬猶藍田之積玉❼、鄧林之多材❽，良工大匠，肆意所用。亦何必棲魚而沈鳥❾哉？

嘉遁高蹈❿，先聖所許。或出或處，各從攸好。蓋士之所貴，立德立言⓫。若夫孝友仁義，操業清高，可謂立德矣。窮覽墳索⓬，著述粲然⓭，可謂立言矣。夫善卷⓮無治民之功，未可謂之減於俗吏；仲尼無攻伐之勛，不可以為不及於韓、白⑮矣。身名並全，謂之為上。隱居求志，先民⑯嘉焉。夷齊一介⑰，不合變通，古人嗟嘆，謂不降辱⑱。夫言不降者，明隱逸之為高也；不辱者，知羈縶之為污⑲也。聖人之清者⑳，孟軻所美。亦云天爵貴於印綬㉑。志修遺榮，孫卿所尚㉒。道義既備，可輕王公。

而世人所畏唯勢，所重唯利。盛德身滯㉓，便謂庸人。器小任大㉔，便謂高士。或有乘危冒嶮，投死忘生㉕，棄遺體於萬仞之下，邀㉖榮華乎一朝之間。比夫輕四海、愛脛毛㉗之士，何其緬然㉘邪？』

【章旨】物各有志，不能強求。隱逸著述，符合古人「立言」的要求，又為前賢所稱美，遠勝於世俗追逐榮華之士。

【注釋】❶斥鷃　即鵪鶉，一種小鳥。❷蓬榛　蓬草、灌木。木叢生曰榛。❸王鮪　一種較大的鮪魚，生活在山穴流水之中。張衡〈東京賦〉：「王鮪岫居」。❹貿　「貿」之俗字。❺鴻鶤　一種體型肥大的鳥，鴻雁之類。❻一日無君二句　一天沒有君主，便心神不得安寧。《孟子．滕文公下》：「三月無君，則皇皇如也。」❼藍田之積玉　藍田盛產美玉，這裡用以形容人才眾多。❽鄧林之多材　古代傳說夸父逐日，棄其杖化為鄧林，廣數千里。比喻人才之眾。❾棲魚而沈鳥　魚本來生活在水中，而使之棲息於樹；鳥本來棲息於樹，今使沈於水中。比喻違背其本意。❿嘉遁高蹈　高尚之隱逸，遠避以出世。⓫立德立言　立德是以聖人之德教導世俗，博施以濟眾。立言是著書立說。《左傳．襄公二十四年》以立德、立功、立言為三不朽。⓬墳索　上古之典籍，有三墳、八索之說。⓭粲然　辭采燦爛，文筆優美。⓮善卷　上古之隱者。傳說舜以天下讓善卷，善卷予以推辭。見《莊子．讓王》。⓯韓白　漢之韓信、秦之白起，皆以善於率軍作戰而著名。⓰先民　指古賢人。⓱夷齊一介　伯夷、叔齊耿介專一。一介，耿介。⓲謂不降辱　說他們不降志，不辱身。《論語．微子》曰：「子曰：不降其志，不辱其身，伯夷、叔齊與！」⑲羈縶之為洿　羈是馬籠頭，縶是拴馬的繩索，比如出仕作官，受到束縛與限制。洿，污濁；卑下。⑳聖人之清者　聖人中的清高者。《孟子．萬章下》：「伯夷，聖之清者也。」㉑天爵貴於印綬　天爵是天賦自然之爵位，指人的美德。印綬，代指人間的官位。《孟子．告子上》：「有天爵者，有人爵者。仁義忠信，樂善不倦，此天爵也。公卿大夫，此人爵也。古之人修其天爵，而人爵從之。今之人修其天爵，以要人爵。既得人爵，而棄其天爵，則惑之甚者也。」㉒志修遺榮二句　遺榮，遺棄人間之榮華富貴。孫卿，即荀子。《荀子．修身》曰：「志意修則驕富貴，道義重則輕王公。」㉓盛德身滯　指德行高尚之士，仕途則滯留不進。㉔器小任大　器識狹小，卻擔任重要的職務。㉕投死忘生　自投死地，不顧生命。㉖邀　求取。㉗輕四海愛脛毛　輕視天下的財物，愛惜一己的生命。《列子．楊朱》：「古之人損一毫利天下不與也，悉天下奉一身不取也。」脛毛，腿上的細毛。㉘緬然　遙遠之貌。

【語　譯】斥鷃飛翔、棲息在蓬草灌木之間，不會嚮往九霄雲外；王鮪生活在幽深的山穴中，不會遷往浩瀚的大海。虎豹進入廣殿大廈會感到悲傷，鴻雁登上高山險峰會為之痛苦。萬物各有自己的願望，安於所長。當稱心如意時，便心神歡悅；當希望落空時，便心緒慘淡。有志於用世的人士，天下到處都是。一天沒有君王，他們便惶惶不可終日。這就好像是藍田之積玉、鄧林之木材，良工大匠，可以隨意地取用。何必要讓魚棲息到樹枝上、讓鳥沈入到水下呢？

高蹈出世的隱逸，是前代聖哲所贊許的。或進或退，各由所好。士人所貴重的，有立德，有立言。堅持孝友仁義，節操清高，可以算是立德。讀遍書籍典冊，寫下文采琳琅的著作，可以算是立言。古代的隱士善卷沒有治理百姓的功績，但是不能說他不如俗吏。孔子沒有攻戰的勳績，但是不能說他不如韓信與白起。身與名都得以保全，可稱為上等之才。隱居以實現其志向，是前輩賢人所推崇、嘉許的。伯夷、叔齊耿介專一，不變通隨時。古人嘆息，稱讚他們不降其志、不辱其身。說他們不降其志，可知隱逸是一種高尚的行為；說他們不辱其身，可知受世俗利祿的束縛是卑下的。說伯夷是聖之清者，這是孟軻的讚美之詞。孟子又說過天爵比官職更可貴。有志於道德的修養，而遺棄世俗的榮華富貴，這也是荀子所提倡的。道義既備，可以輕視王公貴人。

然而世俗之人只害怕權勢，只看重利益。即使身有盛德，但是只要仕途不順，便被視為庸人；即使才能平庸，但是只要佔據高位，便被視為高士。有人乃至不顧生死，冒險攀登，不惜犧牲生命於萬仞懸崖之下，以得到一朝一夕的榮華富貴。他們比起輕視四海的榮利、愛惜一己生命的人士來，相距是多麼遙遠啊！』

仕人曰：『潛退之士，得意山澤。不荷世貴❶，蕩然縱肆❷，不為時用，嗅祿利❸，誠為天下無益之物。何如？』

逸民答曰：『夫麟不吠守❹，鳳不司晨❺，騰黃❻不引犁，尸祝不治庖❼也。且夫揚大明乎無外❽、宣嫗煦之和風❾者，日也；耀華燈於闇夜、冶金石以致用者，火也。天下不可以經時無日，不可以一旦無火。然其大小，不可同也。江海之外，彌綸二儀❿。升為雲雨，降成百川。而朝夕之用，不及累仞之井⓫。灌田溉園，未若溝渠之沃。校其巨細，孰為曠哉？

桀紂，帝王也。仲尼，陪臣⓬也。今見比於桀紂，則莫不怒焉。見擬於仲尼，則莫不悅焉。爾則⓭貴賤果不在位也。故孟子云：禹、稷、顏淵，易地皆然⓮矣。宰予⓯亦謂孔子賢於堯舜遠矣⓰。夫匹庶而鈞稱於王者，儒生高極乎唐虞者，德而已矣。何必官哉？

【章　旨】世事巨細不一，用途自別。孔子、顏淵在人們的心目中地位高於帝王，所以不可以官職的高低評價人們的作用。

【注　釋】❶不荷世貴　不承受、不接受人間之尊榮。❷蕩然縱肆　隨心所欲，不受任何的束縛。❸嗅祿利　孫星衍校曰：「句有脫字。」❹麟不吠守　守衛門戶是狗的職責，麒麟不會承擔其事。❺鳳不司晨　啼明報曉是公雞的職責，鳳凰不會代理其事。❻騰黃　神馬之名，色黃似狐，背上有兩角。❼尸祝不治庖　尸祝的職責是代神享祭，傳達鬼神的言辭，不會越俎代庖。庖，廚房炊事。❽揚大明乎無外　將光明普照天地之間，無處不至。❾宣嫗煦之和風　母親抱持、撫育子女叫嫗，以氣暖物叫煦。這裡說陽光和煦，催生萬物。❿彌綸二儀　瀰漫、充滿在天地之間。⓫累仞之井　幾丈深的井。⓬陪臣　諸侯國大夫對天子自稱陪臣，大夫的家臣亦可稱陪臣。⓭爾則　然則；如此則。⓮禹稷顏淵二句　《孟子・離婁下》記孟子曰：「禹、稷、顏回同道。禹思天下有溺者，由己溺之也。稷思天下有飢者，由己飢之也。是以如是其急也。禹、稷、顏子易地則皆然。」意謂聖賢進則救民、退則修身，奉行同樣的道。如果禹、稷處在顏回的地位，亦能如顏回之樂；使顏回處在禹、稷的地位，亦能以百姓之事為憂。⓯宰予　春秋魯人，孔子之弟子。⓰孔子賢於堯舜遠矣　意謂孔子推廣堯、舜之道以垂教後世，影響之深遠勝過了堯、舜。宰予語見《孟子・公孫丑上》。

【語　譯】仕人說：『隱退伏處之士，在山川湖澤之間逍遙自得，不接受人間的榮華富貴，無拘無束，自由自在，不為當朝所用，不受利祿的誘惑，確實無益於天下。你以為如何？』

逸民回答說：『麒麟不會像狗一樣守衛門戶，鳳凰不會像公雞一樣啼晨報曉，神馬騰黃不會去拉犁，尸祝不會代替廚師去準備食物。再說將廣大的光明照遍世界，用和煦的春風催化萬物的，是太陽。在黑夜中點燃華燈，熔煉金石製成器物的，是火。天下不可以一時沒有太陽，不可以一天沒有火。然而它們作用的大小，是並不相同的。雲氣飄浮在江海之外，瀰漫在天地之間，升為雲雨，降為江河百川之水。然而早晚對於人們的用處，還不及幾丈深的一口井。澆水灌園，不及田溝水渠的便利。比較它們的差別，哪一個的作用更廣大呢？

夏桀、商紂，都是帝王；孔子，則只是一個陪臣。今天如果將某人比為夏桀、商紂，則沒有不表示憤怒的；如果將某人比作孔子，則沒有不表示高興的。據此可知，高貴和卑賤並不是由人的地位決定的。所以孟子說：禹、稷與顏淵，如果他們的地位對換了，他們的作為是會完全一樣的。宰予也說過，孔子賢於堯、舜遠矣。以普通百姓而與帝王相提並論，以一個儒生而與堯、舜處在同樣崇高的地位，所依據的就是他們的道德。何必要論官職呢？

且夫交靈升於造化，運天地於懷抱，恢恢然❶世故不棲於心術，茫茫然❷寵辱不汩其純白❸。流俗之所欲，不能染其神；近人之所惑，不能移其志。榮華猶贅疣❹也，萬物猶蜩翼❺也。若然者，豈肯詰屈其支體❻，俯仰其容儀❼；挹酌❽於其所不喜，修索❾於其所棄遺；怡顏以取進，曲躬以避退；恐俗人之不悅，慼我身之凌遲❿；屈龍淵⓫為錐鑽之用，抑靈鼓⓬為鼙鞞⓭之音；推黃鉞⓮以適釤鐮⓯之持，撓華旗以入林杞之下⓰乎？

古公杖策而捐之⓱，越翳入穴以逃之⓲，季札退耕以委之⓳，老萊灌園以遠之⓴。從其所好，莫與易也。故醇而不雜，斯則富矣。身不受役，斯則貴矣。若夫剖符有土㉑，所謂祿利耳，非富貴也。且夫官高者其責重，功大者人忌之。獨有貧賤，莫與我爭，可得長寶而無憂焉。濯裘布被㉒，拔葵去織㉓，猶不掩豆㉔，菜肴糲飡㉕，又獲逼下邀偽㉖之譏。樹塞反坫㉗，三歸玉食㉘，穰侯之富㉙，安昌之泰㉚，則有僭上滂濁之累㉛。未若游神典文㉜，吐故納新㉝，求飽乎耒耜之端㉞，索縕乎杼軸之間㉟，腹仰河而已滿㊱，身集一枝而餘安㊲。萬物芸芸，化為埃塵矣。饘粥㊳餬口，布褐縕袍，淡泊肆志，不憂不喜。斯為尊樂㊴，喻之無物也。

夫仕也者，欲以為名邪？則修毫㊵可以洩憤懣，篇章可以寄姓字。何假乎良史㊶，何煩乎鑴鼎㊷哉？孟子不以矢石為功，揚雲不以治民益世㊸。求仁而得㊹，不亦可乎？』

【章旨】富貴容易招致忌恨，留下污濁的名聲，而隱逸之士視榮華如同贅疣，視萬事輕如蟬翼，他們淡泊肆志，生命更有意義。

【注釋】❶恢恢然 寬闊廣大之貌。❷茫茫然 浩瀚曠遠之貌。❸不汨其純白 不擾亂其精神的純潔、清和。❹贅疣 腫瘤；多餘的肉瘤。❺蜩翼 蟬的羽翅。形容極為輕微。〈至理〉曰：「比崇高於贅疣，方萬物乎蟬翼。」❻詰屈其支體 彎曲身體。出仕者立則磬折、拱若抱鼓，以合禮儀，故云。❼俯仰其容儀 指容貌態度，隨時俯仰變化。❽挹酌 斟酌。指反覆考慮、比較。❾修索 研討、求索。❿慼我身之淩遲 使身體受折磨，心情憂愁不快。⓫龍淵 寶劍之名。⓬靈鼗 長八尺的神鼓。⓭鼗鼙 較小的鼓，撥浪鼓之類。⓮黃鉞 以黃金為裝飾的大斧。帝王所用，是權力的象徵。⓯釤鐮 鏟子、鐮刀。⓰撓華旗以入林杞之下 捲起華美的旗幟進入矮林之下。撓，收起；捲起。⓱古公杖策而捐之 古公亶父，即周太王，是周文王的祖父。狄人為了得到土地，侵犯不已。古公亶父遂杖策而去，遷往岐山。杖策而捐之，持鞭趕馬，捐棄了土地與君位。⓲越翳入穴以逃之 據說越王翳為了躲避君位，曾經逃入洞穴之中。《淮南子・原道》說：「越王翳逃山穴，越人熏而出之。」《莊子・讓王》說：越王子搜逃入丹穴，越人熏之以艾。王子搜仰天而嘆曰：「君乎，君乎，獨不可以捨我乎！」所載為同一件事。⓳季札退耕以委之 季札是春秋吳王諸樊之弟。諸樊讓位於季札，季札堅決推讓，乃棄其室而耕。見《左傳・襄公十四年》。⑳老萊灌園以遠之　老萊子，春秋楚人，耕於蒙山之陽。楚王召他為輔佐，他便與妻子一起遷往江南。㉑剖符有土　有封地的貴族，朝廷將符節剖而付之，以為憑據。㉒濯裘布被　皮衣洗過再穿，蓋著粗布被子。是儉樸的表現。㉓拔葵去織　《史記·循吏列傳》載：公儀休為魯相時，食茹而美，他於是拔掉園葵而棄之。又其妻織帛甚好，公儀休怒而出其妻，說自己已有朝廷的俸祿，不能再織帛種葵而與民爭利。㉔豘不掩豆　據說晏嬰祭祀其祖先，因所用豚肩太小，不能蓋住盛祭品的器皿。豘，同「豚」。豆，古代盛肉的器物。㉕菜肴糲飡　素菜、粗米飯。糲，粗米。㉖逼下邀偽　迫使下屬效仿，以獵取虛假的聲譽。㉗樹塞反坫　樹塞是修建隔開內外的屏門。坫是古代的一種禮儀用具。當時諸侯相見，行獻祚之禮畢，則反爵於其上。樹塞、反坫，都只適用於諸侯。大夫如此作，則是僭越的行為。《論語·八佾》：「邦君樹塞門，管氏（仲）亦樹塞門；邦君為兩君之好，有反坫，管氏亦有反坫。」㉘三歸玉食　形容生活奢侈浪費。《史記·平津侯主父列傳》說：「管仲相齊，有三歸，侈擬於君。」三歸，一說築三歸之臺，二說被賜以三歸之地，三說娶三姓之女。玉食，形容食物之精美。㉙穰侯之富　戰國秦大臣魏冉，初任將軍，後來一再為相，封於穰，稱穰侯。《史記》說他富於王室，最後身折勢奪而以憂死。㉚安昌之泰　西漢張禹，習經學，為博士，曾授太子《論語》。漢成帝即位後拜相，封安昌侯。國家大政，皆參與定議。因為不敢直言，被人視為佞臣。㉛僭上洿濁之累　超越了與身分相當的禮儀標準為僭上，此指管仲言；行為污濁不清為洿濁，此指魏冉、張禹言。㉜遊神典文　自在地沈浸於閱讀典籍及文章之中。㉝吐故納新　道家修煉養生之術，吐出惡濁之氣，吸入清新空氣。㉞求飽乎耒耜之端　靠耕作以獲得食物。耒耜，耕地的農具。㉟索缊乎杼軸之間　靠紡織以得到衣服。缊，一種粗糙的袍子。杼軸，紡織的機具。㊱腹仰河而已滿　意謂在河中飲水，喝飽肚子就夠了。語本《莊子·逍遙遊》：「偃鼠飲河，不過滿腹。」㊲身集一枝而餘安　意謂小鳥棲於樹，一枝就足以安息了。《莊子·逍遙遊》：「鷦鷯巢於深林，不過一枝。」㊳饘粥　米粥；稀飯。㊴尊樂　以道德為尊貴，以仁義為歡樂。《孟子·盡心上》：「尊德樂義。」㊵修毫　指筆。㊶假乎良史　借助史官之筆。意謂垂名史冊。㊷鐫鼎　古鼎之名。將姓名刻在鼎上，以垂名後世。㊸揚雲不以治民益世　揚雄，字子雲，自幼好學，博覽群書，好深湛之思。有《法言》、《太玄》等著作。㊹求仁而得　《論語·述而》載孔子評伯夷、叔齊曰：「求仁而得仁，又何怨？」

【語譯】再說他們聽憑造化的安排，胸懷天地萬物。他們的視野開闊，世俗之事從不放在心上；他們的精神曠達，人世的榮辱不能擾亂他們心情的平和。流俗的欲望不能污染他們的精神，淺人所迷戀追求之事不能使他們轉變志向。他們將榮華富貴看得如同多餘的贅瘤，將世俗萬事看得輕如蟬翼。像他們這樣的人，怎麼肯彎曲他的身體，隨時轉換容貌態度，斟酌考慮他不喜歡的事務，研究求索他所鄙棄的世事，裝出笑臉以求得進取，彎腰鞠躬以表示謙讓，為了避免引起世俗的不快，而使自己遭受身心折磨的痛苦！這豈不是要把著名的龍淵之劍當作錐子、鑽子去用；要限制八尺的巨鼓，只讓它發出小鼓的聲音；將帝王所持的黃鉞大斧，像鏟子、鐮刀那樣為人所用；要捲起華麗的大旗進入矮林之下嗎？

古公亶父手持鞭子，趕著馬匹，捐棄了土地與君位；越王翳為躲避君位，逃進洞穴之中；季札拋開家室，躬耕田野；老萊子遠走高飛，灌園澆圃。他們追求的是心目中所喜愛的生活方式，而不願用別的東西去取代。所以能保持精神的醇和而不煩雜，這就是富了；身體不受役使，這就是貴了。至如接受朝廷的封賜統管一方的土地與人民，這是所謂的利祿，並不是真正的富貴。再說官位高的人責任重大，功勞大的人為世俗嫉妒。唯有貧賤，沒有人與我相爭，可以珍惜而不必為之憂慮。身穿洗濯過的裘衣，蓋著粗布大被；拔掉園中的葵菜，休棄織帛的妻子；祭祀祖先時豚肩裝不滿籩豆；平素以素菜粗糧為食，會獲得虛偽逼下、沽名釣譽的諷刺。修建屏門，用反爵坫上之禮儀，娶三姓之女，享用精美的食品；像穰侯魏冉那樣富有，像安昌侯張禹那樣地位崇高，則有僭越非禮、品行污濁的壞名聲。還不如自由自在地沈浸於典籍文章，修煉呼吸吐納養生之術。靠親自耕作以吃飽肚子；靠親自織布以獲得衣服；像偃鼠飲水於河，喝飽肚子就夠了；像小鳥棲息在林，不過一條樹枝就夠了。繁雜紛紜的事物，化作塵埃微不足道。稀粥以餬口，布袍以暖身，志向淡泊，心情自在，不憂不喜。這就是尊德樂義，沒有什麼可以與之相比的。

如果出仕當官是為了求名，那麼提筆便可以發洩心中的憤懣不平，寫出文章便可以傳名後世。為什麼要假借史官之筆，何必要不厭其煩地將姓名鐫刻在鼎上呢？孟子並不以作戰而立功，揚雄並不因治理人民而有益於世。他們得到了自己所希望得到的，這不也是可以的嗎？』

仕人又曰：『隱遁之士，則為不臣。亦豈宜居君之地，食君之穀乎？』

逸民曰：『何謂其然乎？昔顏回死，魯定公將躬弔❶焉。使人訪仲尼，仲尼曰：凡在邦內，皆臣也。定公乃升自東階，行君禮焉。由此論之，率土之濱，莫非王臣❷，可知也。在朝者陳力以秉庶事❸，山林者脩德以厲貪濁❹。殊塗同歸，俱人臣也。王者無外，天下無家。日月所照，雨露所及，皆其境也。安得懸虛空❺、飡咀流霞，而使之不居乎地、不食乎穀哉？夫山之金玉、水之珠貝，雖不在府庫之中，不給朝夕之用，然皆君之財也。退士不居肉食❻之列，亦猶山水之物也。豈非國有乎？許由不竄於四海之外❼，四皓不走於八荒之表❽也。故曰萬邦黎獻，共惟帝臣❾。干木❿不荷戈戍境，築壘疆埸，而有蕃魏之功。今隱者潔行蓬蓽之內⓫，以詠先王之道，使民知退讓，儒墨不替⓬。此亦堯舜之所許也。昔夷、齊不食周粟⓭、鮑焦死於橋上⓮。彼之硜硜⓯，何足師表哉？

【章　旨】無論在朝的官員，還是山林的隱士，都是國家的人才。只是官員的職責為操持庶務，而隱士的作用為弘揚教化罷了。

【注　釋】❶魯定公將躬弔　魯定公要親自前往弔唁。魯定公是魯的國君。據《禮書》記載：「君弔其臣，升自東階，向尸而哭。」參見《孔子家語・公西赤問第四十四》。❷率土之濱二句　四海之內，莫不是國君的臣民。語出《詩經・小雅・北山》。

❸陳力以秉庶事　為操持各項事務而效力。❹脩德以厲貪濁　修行德操，以激勵貪婪、污濁之輩改弦更張。❺懸虛空　將人懸掛在空中。❻肉食　居官位而享有俸祿者。❼許由不竄於四海之外　許由逃於箕山、潁水間，非四海之外。❽四皓不走於八荒之表　四皓隱居商山，非在八荒之外。表，外也。❾萬邦黎獻二句　天下各地的賢者，都是帝王的臣下。獻，賢人。語見《尚書・益稷》。❿干木　段干木。戰國魏的隱士，著名的賢者。魏文侯對他十分尊重。有次秦國興兵欲攻打魏國，有人以魏文侯禮待段干木為理由進行諫阻，秦王於是罷兵。見《呂氏春秋・期賢》。⓫蓬蓽之內　蓬、蓽均為草類。以之編為門戶，代指貧苦者的住屋。⓬不替　不致衰敗、廢棄。⓭夷齊不食周粟　伯夷、叔齊，商末孤竹君之二子。周武王滅商後，他們逃到首陽山，不食周粟而死。⓮鮑焦死於橋上　鮑焦，周之隱士，以廉潔自守。不臣天子，不友諸侯，為子貢所譏，立槁於洛水之上。見《韓詩外傳・卷一》。⓯硜硜　堅硬的小石。比喻淺見而固執的人。

【語　譯】仕人又說道：『遁世隱逸之士，逃避做臣民的責任。難道還應該居住在君王的土地上，食用君王土地上生產的糧食嗎？』

逸民回答說：『怎麼能夠這樣說呢？從前，當顏回死的時候，魯定公要親自前往弔唁，派人去徵求孔子的意見。孔子說：凡是在國境之內，都是國君的臣下。魯定公於是從東邊的臺階上去，按照君王對待臣下之禮弔唁。由這件事來判斷，四海之內莫非王臣，是顯而易見的。在朝的官員為操持繁雜的事務而效力，山林的隱士以修行德操激勵消除貪婪污濁的風氣。道路不同，卻有著同樣的目標與歸宿，都是國君的臣民。帝王以天下為家，無所不有。凡是日月照臨、雨露所及的地方，都是國君的土地。又怎麼能使人懸掛在空中、咀嚼流霞，而使他不住在地上、不吃糧食呢？山上的金石美玉、水中的珍珠寶貝，雖然不在朝廷府庫之中，不能早晚隨時為人所用，然而也都是國君的財富。隱逸之士雖然不在官員之列，也就像山上的金玉、水中的珠貝一樣，難道不也是國君的臣民嗎？許由沒有逃到四海之外，商山四皓也沒有隱居到八荒以外的地方。所以說天下各地的賢者，都是帝王的臣子。段干木沒有扛著戈戟防守邊境，沒有為保衛國家而修築溝壘，然而卻有保護魏國的功績。如今的隱逸之士在蓬門蓽戶之內保持高潔的操守，弘揚先王之道德，使百姓知道退讓之德，使儒墨的學說不至於衰落、廢棄，這也是堯舜所贊許的。從前伯夷、叔齊不食周粟、鮑焦死在橋上。他們見識短淺而又固執不化，怎麼能為後代效法的榜樣呢？

昔安帝以玄纁玉帛聘周彥祖❶，桓帝以玄纁玉帛聘韋休明❷。順帝以玄纁玉帛聘楊仲桓❸，就拜侍中，不到。魏文帝徵管幼安❹不至，又就拜光祿勳，竟不到，乃詔所在常以八月致羊一口、酒二斛。桓帝玄纁玉帛聘徐孺子❺，就拜太原太守及東海相，不到。順帝以玄纁玉帛聘樊季齊❻不到，乃詔所在常以八月致羊一口、酒二斛，又賜几杖，待以師傅之禮。獻帝時，鄭康成❼州辟舉賢良方正、茂才，公府十四辟，皆不就。公車徵左中郎博士、趙相、侍中、大司農，皆不起。昭帝公車徵韓福❽，到，賜帛五十匹，及羊、酒。法高卿❾再舉孝廉，本州五辟、公府八辟、九舉賢良博士，三徵皆不就。桓帝以玄纁玉帛、安車軺輪❿聘韓伯休⓫，不到。以玄纁玉帛、安車軺輪聘姜伯淮⓬，就拜太中大夫、犍為太守，不起。然皆見優重，不加威辟⓭也。若此諸帝褒隱逸之士不謬者，則呂尚之誅華士，為凶酷過惡，斷可知矣。』

仕人乃悵然自失，慨爾永歎曰：『始悟超俗之理，非庸瑣所見矣。』

【章　旨】以前代帝王敬重、褒獎隱逸之士，而又不強迫他們接受官職的例證，進一步說明呂尚誅殺華士是殘暴的行為。

【注　釋】❶以玄纁玉帛聘周彥祖　玄纁是黑色、淺紅色繒帛，古代帝王常用玄纁及寶玉作為延聘賢士的禮品。周燮，字彥祖，自幼知廉讓，通《周易》、《詩經》、《論語》等，親自勞作，自食其力。朝廷舉薦徵召，皆以疾辭。❷韋休明　韋著，字休明。時人譽為「隱居行義，退讓為節」、「不扶自直，不鏤自雕」。安帝曾備禮徵之，不至。❸楊仲桓　楊厚，字仲桓，廣漢新都人。少承父業，善圖讖之學。永建二年，順帝特徵至長安，拜議郎，三遷為侍中。後稱病求退，乃賜車馬錢帛歸家。此後梁太后多次備禮聘之，並不至。桓，諸本作「宣」，乃形近而訛。❹管幼安　三國管寧，字幼安，北海朱虛人。天下大亂，曾渡海至遼東。曹操曾召他為官。❺徐孺子　後漢徐稺，字孺子，豫章南昌人。家貧，常自耕稼，公府屢辟不起。延熹二年，桓帝以安車玄纁，備禮徵召不至。❻樊季齊　後漢樊英，字季齊，南陽魯陽人。習京氏《易》，善圖讖之學。州郡禮請不應，公卿舉賢良方正，皆不行。安帝初，徵為博士，不至。順帝召之，為設壇席，賜几杖，待以師傅之禮，以疾告歸。順帝乃命地方官員以八月送羊一頭，酒二斛。季齊，諸本訛作「季高」。❼鄭康成　後漢鄭玄，字康成，北海高密人。著名學者，著作甚多。屢被徵辟，皆不就。❽韓福　漢代涿人，操行高潔。漢昭帝時霍光秉政，表彰德義高邁之士，召致京城。因病賜帛五十匹，遣歸，終身不仕。❾法高卿　漢代法真，字高卿，扶風郿人。恬靜好學，博通內外圖典。公府辟舉，皆不就。漢順帝西巡，四次徵召，皆不應。❿安車軺輪　安車、軺輪均為古代輕便舒適的小車之名，有時一匹馬拉，有時兩匹馬拉。⓫韓伯休　漢代韓康，字伯休，京兆霸陵人。常至名山採藥，賣於長安市中，堅持不二價，童叟無欺。後入山隱居。桓帝徵之，先許諾而中途逃遁。⓬姜伯淮　漢代姜肱，字伯淮，彭城廣戚人。博通五經，又以孝行聞名於世。公府辟召，皆不應命。朝廷欲召為太守，姜伯淮乃隱於海濱，歷年乃還。伯淮，原作「伯雅」，乃形近而訛。⓭威辟　以刑法相威逼。

【語　譯】當年漢安帝以玄纁寶玉禮聘周彥祖，漢桓帝以玄纁寶玉禮聘韋休明。漢順帝以玄纁寶玉禮聘楊仲桓，就拜侍中，不到。魏文帝徵召管幼安，不到，又就拜光祿勳，終究未到。於是詔命當地官員在每年八月送去一頭羊、兩斛酒。漢桓帝以玄纁寶玉禮聘徐孺子，當即拜為太原太守及東海相，不到。漢順帝以玄纁寶玉禮聘樊季齊，不到。於是詔命地方官員每到八月送去羊一頭、酒兩斛，又賜給几杖，以對待老師之禮相待。漢獻帝時，鄭康成被所在州舉為賢良方正、茂才，公府共十四次徵辟，他都未就職。朝廷公車徵為左中郎博士、趙相、侍中、大司農，他都未應徵就職。漢昭帝以公車徵召韓福，到後賞賜帛五十匹以及羊、酒。法高卿曾兩次舉為孝廉，本州五次徵召，公府八次辟舉，九次被選為賢良、博士，朝廷三次徵辟都未赴召。漢桓帝派使者攜帶玄纁寶玉、以安車軺輪禮聘韓伯休，但他卻不到職；禮聘姜伯淮，當即任命他為太中大夫、犍為太守，亦未離家就職。然而上述各位隱逸之士都受到了優待敬重，並未受到刑法的威逼。如果上述帝王獎勵隱士沒有錯的話，那麼呂尚誅殺華士是凶狠、暴虐的行為，便是清楚明白的了。』

仕人聽了逸民的話，惆悵不已，若有所失。他感慨而長嘆道：『我現在才明白超越凡俗之理，不是一般平庸猥瑣之輩所能明白的。』

卷三 勵學

【題解】本篇的宗旨，在於勸導人們勤學。

我國有著悠久的文化傳統。鼓勵人們努力學習，是儒家一貫的勸導。《禮記・學記》曰：「君子如欲化民成俗，其必由學乎？玉不琢，不成器。人不學，不知道。是故古之王者，建國君民，教學為先。」《荀子》、《尸子》、《大戴禮》都有〈勸學〉篇。本文則主要從學習可以陶冶性情、改變氣質的角度立言，亦即唯有學習，才能使人成為博通事理、文質彬彬的君子。

然而現實卻是棄學、厭學，成為世風。好學者不受到重視，人們紛紛追逐榮利，趨赴邪徑，希望「朝種而暮穫」。這種急功近利、捨本趨末的行為，正是作者為之痛心而長嘆的。

作者告誡當權者汲取秦朝不重儒術、唯戮是聞，終致二世而亡的教訓，不要重蹈歷史的覆轍。

抱朴子曰：「夫學者，所以清澄性理❶，簸揚埃穢，雕鍛鑛璞❷，礱鍊屯鈍❸，啟導聰明，飾染質素❹。察往知來，博涉勸戒，仰觀俯察，於是乎在。人事王道，於是乎備。進可以為國，退可以保己。是以聖賢罔莫孜孜而勤之，夙夜以勉之。命盡日中而不釋❺，飢寒危困而不廢。豈以有求於當世哉？誠樂之自然也！

夫斲削刻畫之薄伎，射御騎乘之易事，猶須慣習，然後能善。況乎人理之曠❻、道德之遠、陰陽之變、鬼神之情，緬邈玄奧❼，誠難生知❽。雖云色白，匪染弗麗❾。雖云味甘，匪和弗美❿。故瑤華⓫不琢，則耀夜之景⓬不發；青萍不淬⓭，則純鉤之勁⓮不就。火則不鑽⓯不生，不扇不熾。水則不決不流，不積不深。故質雖在我，而成之由彼也。

【章　旨】學習可以啟發人的智慧，提高人的素養。雖有天然美好的本質，若不學習，仍舊不能成就優秀的人才。

【注　釋】❶清澄性理　使人心性明澈，富於理智。性理，情緒、理智；人之性情。❷雕鍛鑛璞　礦石經過冶煉，成為金屬。璞石經過雕琢，成為寶玉。璞，未經雕琢的玉石。❸礱鍊屯鈍　使初生蒙昧或遲鈍的器質受到磨礪與鍛鍊。礱，磨物。屯，初生蒙昧、未開化的狀態。❹飾染質素　修飾素樸的本質。染，感染；陶冶。❺命盡日中而不釋　即使生命將在日中結束，也不放棄學習。傳說孔子病重，商瞿卜期日中，孔子仍命「取書來」。見《論衡・別通》。❻人理之曠　人倫物理，包容廣泛。❼緬邈玄奧　深遠奧祕，精妙幽微。❽生知　生而知之。❾雖云色白二句　素色之帛，不染以彩色則不美。《禮記・禮器》：「甘受和，白受采。忠信之人，可以學禮。」❿雖云味甘二句　食物不經過烹調配製，則味不美。和，調和。⓫瑤華　一種美玉。即瑤英。⓬耀夜之景　在夜間閃閃發光。形容玉石色調之美。⓭青萍不淬　青萍之劍若不淬火。青萍，寶劍之名。原作「丹青不治」，一本作「丹鍔不淬」，《太平御覽》作「青萍不治」。⓮純鉤之勁　寶劍之鋒利。純鉤，利劍名。⓯鑽　指鑽木取火。

【語　譯】抱朴子說道：「學習，可以使人心性明悟，富有理智，克服污穢，清除埃塵。好像礦石經過冶煉，璞玉經過雕琢，使蒙昧遲鈍者受到啟發，得以開導培養聰明才智。使樸實無華的本性受到熏陶、修飾，察見已往、預知未來，廣施勸戒、推行教化，仰觀天文、俯察地理，這些都包括在學習之中。治理國家，修身保己，這些都具備在學習之中。所以聖賢莫不孜孜不倦，日夜勤奮地努力學習。即使生命即將結束，仍不放棄讀書。即使飢寒交迫、困苦危難，仍然堅持求學。難道他們是有求於當世嗎？這是由於他們自然好學啊！

像砍削雕琢之類的小技術，騎馬射箭這種簡單的事，尚且必須經常練習，然後才能熟練。何況人間事理包容廣大，道德之學蘊涵深遠，陰陽之變化，鬼神之情狀，精微玄奧，的確難以生而知之。雖說白色純潔，但是不以彩色浸染就不美麗；雖說味道甘甜，但是不調和五味則滋味不美。所以玉石不經過雕琢，就不會成為在夜間閃閃發亮的寶玉。利劍若不經過淬火，就不會成就鋒利的寶劍。不鑽木就不會生火，不搧風火就不會猛烈；不決口則水不流，不積聚則水不深。所以資質雖然為我所有，成材的途徑則在於學習。

登閬風❶、捫晨極❷，然後知井谷❸之闇隘也。披七經❹、玩百氏❺，然後覺面牆❻之至困也。夫不學而求知，猶願魚而無網焉，心雖勤而無獲矣。廣博以窮理，猶順風而託❼焉，體不勞而致遠矣。粉黛至則西施以加麗，而宿瘤❽以藏醜。經術深則高才者洞達，鹵鈍者醒悟。文梓❾干雲而不可名臺榭者，未加班輸❿之結構也。天然爽朗而不可謂之君子者，不識大倫之臧否⓫也。欲超千里於終朝，必假追影之足⓬；欲淩洪波而遐濟⓭，必因艘楫之器⓮；欲見無外⓯而不下堂，必由之乎載籍⓰；欲測淵微而不役神，必得之乎明師。故朱綠所以改素絲，訓誨所以移蒙蔽。披玄雲而揚大明，則萬物無所隱其狀矣。舒竹帛而考古今，則天地無所藏其情矣。況於鬼神乎，而況於人事乎？

泥涅可令齊堅乎金玉⑰，曲木可攻之以應繩墨，百獸可教之以戰陣⑱，畜牲可習之以進退⑲，沈鱗可動之以聲音⑳，機石可感之以精誠㉑。又況乎含五常而稟最靈㉒者哉？低仰之駟，教之功也；鷙擊之禽，習之馴也。與彼凡馬野鷹，本實一類。此以飾貴，彼以質賤。

運行潦而勿輟㉓，必混流乎滄海矣。崇一簣而弗休㉔，必鈞高乎峻極矣。大川滔瀁則虯螭群游㉕，日就月將則德立道備。乃可以正夢乎丘、旦㉖，何徒解桎乎困蒙㉗哉？昔仲由冠雞帶豚㉘，靉珥鳴蟬㉙，杖劍而見，拔刃而舞，盛稱南山之勁竹，欲任掘強之自然㉚。尼父善誘，染以德教，遂成升堂之生㉛，而登四科之哲㉜。子張鄙人㉝，而灼聚凶猾㉞，漸漬㉟道訓，成化名儒。乃抗禮於王公，豈直免於庸陋！

【章　旨】學習可以改變人的本性。即使是凡庸之輩，只要堅持不懈地學習，也可以成為出類拔萃的人物。

【注　釋】❶閬風　傳說中之仙山，在崑崙之巔。❷晨極　即辰極。北極星。❸井谷　井底。❹七經　七種典籍，即《周易》、《詩經》、《尚書》、《儀禮》、《春秋》、《公羊傳》、《論語》等。❺百氏　諸子百家之書。❻面牆　面對牆而立。目無所見，古人以喻不學習。❼順風而託　假藉風力，可以使聲音傳到遠方。《荀子・勸學》：「順風而呼，聲非加疾也，而聞者彰。」❽宿瘤　古代的醜女。相傳齊之採桑女，因頸上有大瘤，故名。❾文梓　有斑文的梓木。是一種名貴的木料。❿班輸　古代之巧匠。即魯班。⓫大倫之臧否　人倫之善惡。大倫，重要之倫理原則。⓬追影之足　指駿馬奔馳迅速，能追風躡影。⓭遐濟　超越洪流渡至遙遠的彼岸。遐，遠。⓮艘楫之器　船與槳。⓯無外　普天之內。⓰載籍　書籍；史冊。⓱泥涅可令齊堅乎金玉　指將泥土燒製為陶器，其堅硬如同金玉。〈至理〉：「泥壤易消者也，而陶之為瓦，則與二儀齊其久焉。」⓲百獸可教之以戰陣　傳說黃帝與炎帝爭為天子，黃帝教熊羆貔虎戰於阪泉之野，三戰得志，炎帝敗績。參見《論衡・率性》。⓳畜牲可習之以進退　經過訓練，百獸可以整齊地前進或後退。《尚書・舜典》：「予擊石拊石，百獸率舞。」⓴沈鱗可動之以聲音　傳說楚人瓠巴善於琴瑟，他彈奏之時，魚出於水而聽之。㉑機石可感之以精誠　傳說楚熊渠夜行，見寢石以為伏虎，彎弓射之，矢入石中，即「精誠所至，金石為開」之意。機石，矢石。參見《新序・卷四》。㉒含五常而稟最靈　指人。人生而稟仁、義、禮、智、信，為萬物之靈，故云。㉓運行潦而勿輟　流水不停地灌注。行潦，溝渠之水。㉔崇一簣而弗休　將土一筐一筐不停地堆積起來。簣，盛土之竹器。㉕大川滔瀁則虯螭群游　積水深厚，則有蛟龍游於其中。滔瀁，水面浩瀚無際。㉖正夢乎丘旦　意謂夜則夢中親見孔子、周公而問學。《呂氏春秋・博志》：「孔丘、墨翟，晝日諷誦習業，夜親見文王、周公旦而問焉。」㉗解桎乎困蒙　解除愚昧之困。困蒙，困於蒙昧。㉘仲由冠雞帶豚　仲由，字子路，孔子之弟子。傳說他未從孔子學之前，性情粗鄙，好勇力。孔子教之以禮，使他的性情氣質都發生了變化。《論衡・率性》曰：「子路無恆之庸人。未入孔門時，戴雞佩豚，勇猛無禮。聞誦讀之聲，搖雞奮豚。揚唇吻之音，聒賢聖之耳。」㉙䨇珥鳴蟬　帽子的兩邊以蟬珥為裝飾。䨇，同「雙」。蟬珥，以蟬形為裝飾。㉚任掘強之自然　放縱天生倔強不馴的本性。掘，同「倔」。㉛升堂之生　造詣精深的學生。㉜四科之哲　孔子之門分為德行、言語、政事、文學四科。子路屬於政事一科。見《論語・先進》。㉝子張鄙人　顓孫師，孔子弟子，字子張。《呂氏春秋・尊師》說他出身於「魯之鄙家」，故云。㉞灼聚凶猾　灼聚，即顏涿聚，曾從孔子受業。《呂氏春秋・尊師》：「顏涿聚，梁父之大盜也。」㉟漬　沾染；感染。

【語　譯】登上閬風之巔，撫摩北極星辰，然後知井底之閉塞狹隘。披閱七經之書，賞翫諸子百家之說，然後知道不學無術之困惑。不學習而希望獲得知識，就好像沒有網罟卻想要得到游魚，雖然心思迫切卻不會有所收穫。掌握廣博的知識以窮盡萬物的事理，就好像順風而呼一樣，並不費勁聲音就可以傳到遠方。經過妝飾打扮西施就更加美麗，而宿瘤也可以掩飾其醜容。深入地領悟了經術可以使才華卓異者洞明事理，而使智力遲鈍者皤然醒悟。即使文梓高聳雲霄，也不能夠稱為臺榭，因為沒有經過工匠的結構修建；性格天生俊爽仍然不能稱為君子，因為他尚不明白倫理之是非善惡。想要一個早上行完千里之路，必然要借助追風躡影的駿馬。想要凌越波濤渡到彼岸，一定離不開船隻與木槳。想要足不出戶而觀察天下之事，必然要借助於書籍。想要明白深微的道理而不勞神苦思，一定要有明師的指導。所以五彩可以使素絲改變顏色，老師的教誨可以使蒙蔽者受到啟發。撥開烏雲而陽光普照，則萬物的形狀也就明白顯現了。打開書卷以考察歷史，則古今天地間的一切情狀也就一清二楚了。又何況鬼神之事呢，又何況人間之事呢？

泥土經過燒煉可以與金玉同樣堅硬，彎木經過加工可以符合繩墨，百獸經過教習可以列陣作戰，畜牲經過訓練可以一齊進退，樂聲之美可以引導水底的魚出聽，精誠所至則金石為開。又何況稟含五常、為萬物之靈的人呢？馬能依據人的命令或俯首、或仰頭，乃是訓練的結果；獵鷹能聽從指揮捕捉野物，乃是馴養的功績。牠們與那些凡馬、野鷹，本為一類。但是轅馬、獵鷹因為訓練而貴，凡馬、野鷹因為未曾馴養而賤。

溝渠流水不停地灌注，一定能同於浩瀚的滄海。一筐一筐不懈地堆土成山，一定能夠高聳入雲。江河浩蕩無際，蛟龍就會成群地來游。日積月累地學習，就會成為有道德的人。然後才能神交於周公、孔子，豈只是解除愚昧的困苦呢？從前子路頭上插戴公雞羽毛，身上佩帶野豬牙齒，帽子兩邊以蟬珥為飾，手中握劍，拔刀而舞。他盛贊南山之勁竹，想要放任天生倔強的本性。孔子循循善誘，用德化去感染他，使子路成為升堂弟子，列名四科之賢人。子張出身卑賤，顏涿聚曾經是凶狠狡猾的大盜，後來都感染道德的薰陶，成為著名的儒者。他們可以與王公分庭抗禮，豈只是免於平庸淺露而已！

以是賢人悲寓世之倏忽，疾泯沒之無稱❶。感朝聞之弘訓❷，悟通微之無類❸。懼將落之明戒❹，覺罔念之作狂❺。不飽食以終日❻，不棄功於寸陰❼。鑒逝川之勉志❽，悼過隙之電速❾。割遊情之不急，損人間之末務。洗憂貧之心❿，遣廣願之穢。息畋獵、博弈之遊戲，矯晝寢、坐睡之懈怠。知徒思之無益⓫，遂振策於聖途⓬。學以聚之，問以辯之⓭，進德修業⓮，溫故知新⓯。

夫周公上聖，而日讀百篇⓰。仲尼天縱，而韋編三絕⓱。墨翟大賢，載文盈車⓲。仲舒命世，不窺園門⓳。倪寬帶經以芸鉏⓴，路生截蒲以寫書㉑。黃霸抱梏以受業㉒，甯子勤夙夜以倍功㉓。故能究覽道奧，窮測微言㉔。觀萬古如同日，知八荒若戶庭。考七耀㉕之盈虛㉖，步三五之變化㉗。審盛衰之方來，驗善否於既往。料玄黃㉘於掌握，甄未兆㉙以如成。故能盛德大業㉚，冠於當世。清芳令問㉛，播于罔極也。

且夫聞商羊而戒浩瀁㉜，訪鳥砮而洽東肅㉝，諮萍實而言色味㉞，訊土狗而識墳羊㉟，披《靈寶》而知山隱㊱，因折俎而說專車㊲，瞻離畢而分陰陽之候㊳，由冬螽而覺閏餘之錯㊴，何神之有？學而已矣。夫童謠猶助聖人之耳目㊵，豈況墳索㊶之弘博哉？

【章旨】歷代聖賢都能珍惜時光，經過刻苦的學習，獲得廣泛的知識，成就非常的事業。

【注　釋】❶疾泯沒之無稱　擔心生命埋沒，沒沒無聞。❷感朝聞之弘訓　有感於孔子「朝聞道，夕死可矣」這一偉大教導。孔子語見《論語・里仁》。❸悟通微之無類　無論何人都可以通過學習以領悟精微之理，而增長智慧。劉劭《人物志・九徵》：「色平而暢者，謂之通微。通微也者，智之原也。」❹懼將落之明戒　警惕不學習就會衰落的明白告誡。《左傳・昭公十八年》載：周大夫原伯魯不愛學，閔子馬曰：「周其亂乎？……夫學，殖也，不學將落。原氏其亡乎？」❺覺罔念之作狂　認識到聖人如果不將善時常記在心上，也會變成狂人。《尚書・多方》：「惟聖罔念作狂，惟狂克念作聖。」❻不飽食以終日　《論語・陽貨》：「飽食終日，無所用心，難矣哉！」❼不棄功於寸陰　不放棄一寸光陰，以用於學習。《淮南子・原道》：「聖人不貴尺之璧，而重寸之陰。」❽鑒逝川之勉志　看見流水晝夜奔流不息就勉勵自己進學不已。《論語・子罕》：「子在川上曰：逝者如斯夫，不舍晝夜！」❾悼過隙之電速　有感於人生如同電光掠過縫隙之短暫。《莊子・知北遊》：「人生天地之間，若白駒之過隙，忽然而已。」❿洗憂貧之心　不為貧窮而憂慮。⓫徒思之無益　好思而不學，仍不能獲益。《荀子・勸學》：「吾嘗終日而思矣，不如須臾之所學也。」⓬振策於聖途　努力讀聖人之書。振策，揚鞭。⓭學以聚之二句　學習以積累知識，問詢以辨明是非。語見《周易・乾卦》。⓮進德修業　增進道德，修養學業。⓯溫故知新　孔子曰：「溫故而知新，可以為師矣。」見《論語・為政》。⓰周公上聖二句　《墨子・貴義》曰：「周公朝讀百篇，夕見七十士。」⓱仲尼天縱二句　傳說孔子晚年喜讀《周易》，以至編綴《周易》簡冊之皮繩斷了三次。天縱，天才。見《史記・孔子世家》。⓲墨翟大賢二句　傳說墨子南遊使於衛，載書甚多，弦唐子見而怪之，墨子向他講了一番道理。見《墨子・貴義》。⓳仲舒命世二句　傳說董仲舒專心學習，三年不窺後園之門。見《史記・儒林列傳》。⓴倪寬帶經以芸鉏　倪寬，字和伯，千乘人。通《尚書》，曾受業於孔安國。貧無資用，為人傭作，以給衣食。嘗帶經而鋤，休息則誦習之。見《史記・儒林列傳》。㉑路生截蒲以寫書　路溫舒，字長君。父使牧羊，溫舒取澤中蒲截以為牒，編用寫書。見《漢書・路溫舒傳》。㉒黃霸抱桎梏以受業　黃霸，字次公，在朝任丞相長史，因事下獄當死。黃霸在獄中時，曾向夏侯勝學習《尚書》。見《漢書・循吏傳》。㉓甯子勤夙夜以倍功　甯越，中牟之農人。有人對他說「學三十年則可以達」。甯越說：「請以十五歲。人將休，吾將不敢休；人將臥，吾將不敢臥。」苦學十五年，而周威公師之。見《呂氏春秋・博志》。㉔微言　精微之言。㉕七耀　日月五星。㉖盈虛　圓缺變化。㉗步三五之變化　推算日月星辰運行的節度。三五，日月星為三辰，金、木、水、火、土為五辰。㉘玄黃　天地。㉙未兆　未顯露的跡象。㉚盛德大業　建立盛大的德化、宏偉的功業。盛，原本作「成」，據《道藏》本改。《周易・繫辭上》：「盛德大業，至矣哉！富有之謂大業，日新之謂盛德。」㉛令問　美好的聲譽。問，通「聞」。㉜聞商羊而戒浩瀁　傳說有一隻腳的飛鳥來到齊國宮殿前展翅跳躍，齊侯感到奇怪，派使者去問孔子。孔子說：此名商羊。天將大雨，趕快讓百姓挖好溝渠。後來果然應驗。浩瀁，大水貌。見《說苑．辨物》。㉝訪鳥砮而洽東肅　傳說孔子在陳國時，有次一隻鷹落在陳侯宮廷前而死，身上有楛木之矢、石之箭頭。陳侯派人去問孔子，孔子說：「這是肅慎氏之箭。武王克商，肅慎氏貢獻楛矢、石砮。先王以封於陳。」鳥砮，石製箭鏃。洽，博洽。東肅，當作「陳肅」，言陳國與肅慎氏貢獻楛矢石砮之原委。見《說苑．辨物》。㉞諳萍實而言色味　傳說楚昭王渡江，有物大如斗，直觸王舟。昭王感到奇怪，派人去問孔子。孔子說：「這叫萍實，剖開可以食用。只有一代之霸主才能夠得到它，是吉祥之兆。」色味，吉祥之兆。見《說苑．辨物》。㉟訊土狗而識墳羊　傳說季桓子穿井得一土缶，中有羊。使人問孔子，曰穿井而獲狗。孔子說：「據我所知，應是羊。土之怪曰墳羊。」見《說苑．辨物》。㊱披靈寶而知山隱　傳說吳王開山採石以修築宮室，在山石中得到紫文金簡之書，不能讀之。吳王派使者去問孔子，孔子說：「此乃靈寶之方，長生之法，禹之所服，隱在水邦。」見〈辨問〉。㊲因折俎而說專車　傳說吳王討伐越國，獲巨骨，一節可滿一車。吳王派使者去問孔子，孔子說：「從前禹會群神於會稽之山，防風氏後至。禹殺而戮之，其骨節可裝滿一車。」折俎，宴會時，將動物解節折盛於俎中。此指吳之使者提問的時機。見《國語．魯語下》。㊳瞻離畢而分陰陽之候　傳說孔子某次外出，讓子路帶著雨具，一會兒果然下了大雨。子路問，孔子說：「月亮在畢星傍，所以會下雨。」又一次月亮又在畢星旁，而不雨。子路問其故，孔子說：「昔日，月離其陰，故雨。昨暮，月離其陽，故不雨。」見《論衡．明雩》。㊴由冬螽而覺閏餘之錯　魯哀公十二年冬十二月，蝗蟲出現。季康子向孔子詢問此事，孔子說：「我聽說大火星落後昆蟲蟄伏停止。現在大火星還在西方未落而蝗蟲出來，這是司曆計算有誤。」季康子問錯了多久，孔子說：「於夏十月，大火星落。如今大火星尚在，再失閏也。」見《孔子家語．辨物》。㊵童謠猶助聖人之耳目　據說孔子曾聽見兒童唱道：「楚王渡江得萍實，大如拳、赤如日，剖而食之美如蜜」，又曾見兩小兒屈足而跳，唱道：「天將大雨，商羊起舞」，從而豐富了他的見聞。見《說苑．辨物》。㊶墳索　古代圖籍有三墳、五典、八索、九丘之目。

【語　譯】所以賢人悲嘆人生的短暫，恐怕生命埋沒、沒沒無聞。有感於孔子『朝聞道，夕死可矣』的偉大教導，認識到每個人都可以通過學習以增進智慧。耽心陷於『不學將落』的處境，覺悟到聖人如果不想到善也會變成狂人。不要飽食終日、無所用心；不浪費一寸光陰，以便專心學業。看見江河流水滔滔不息，想到時間如同電光一閃即逝，就要勉勵自己進學不已。割捨遊樂的閒情，減少瑣碎的俗務，清洗憂愁貧賤之心，除去過多的嗜好。放棄畋獵、下棋之類的遊戲，改正白天睡覺、學習懈怠的習慣。知道空想無所好處，因而揮鞭追步聖人的蹤跡。學習以積累知識，討論以辨明道理。增進道德，修養學業，溫習舊課，獲取新知。

周公是大聖人，而每天讀書百篇。孔子是天賦之才，而讀《易》至韋編三絕。墨子是大賢人，隨身帶書滿車。董仲舒舉世聞名，而連年不到後園遊賞。倪寬鋤地時還帶著經書，路溫舒截取蒲葉成冊抄書。黃霸囚禁在獄，還拜師受業。甯越學習不分晝夜，花了成倍的辛勤。所以他們能博覽群書，領悟精妙要道，探究其深微的蘊涵。觀察萬古如同今日，知曉八荒如在堂前。他們能考定日月星辰的盈縮變化，推算天象的運行規則。能預料未來的盛衰，能證驗過去的善惡。能預測天地之事，如在掌握之中；能在顯露跡象之前，辨別未然之事。所以他們能夠成就冠於當時代的宏偉事業，他們美好的聲譽傳之無窮。

再說聽見商羊起舞就知道將下大雨，要作好防洪的準備；被問到鳥身上的石製箭頭就知道是肅慎氏的貢矢；被詢及萍實就知道是吉祥之兆；被問及土狗便知道其實是一種名叫墳羊的土怪；披閱《靈寶經》便知道它藏在山石之中；在宴會上能回答巨骨滿車的疑問；看見月亮在畢星旁邊可以分辨陰陽不同的徵狀；由冬天的蝗蟲而感覺到曆法計算的錯誤。這些又有什麼可神祕的呢？只要學習就行了。童謠尚且可以增加聖人的見聞，又何況記載廣博、內容弘深的典冊圖籍呢？

才性❶有優劣，思理有脩短。或有夙知而早成❷，或有提耳而後喻❸。夫速悟時習者，驥騄❹之腳也。遲解晚覺者，鶉鵲❺之翼也。彼雖尋飛絕景❻，止而不行，則步武❼不過焉。此雖咫尺以進，往而不輟，則山澤可越焉。明暗之學❽，其猶茲乎？蓋少則志一而難忘，長則神放而易失。故修學務早，及其精專，習與性成❾，不異自然也。若乃絕倫之器，盛年有故，雖失之於暘谷❿，而收之於虞淵⓫。方知良田之晚播，愈於卒歲之荒蕪也。日燭之喻⓬，斯言當矣。

【章旨】人的才力稟賦雖然有高下之別，但是只要努力學習，無論早晚都能有所收穫。

【注釋】❶才性　才能、稟賦。❷夙知而早成　幼年早慧，聰明出眾。夙，早。❸提耳而後喻　反覆教誨，然後才領悟。提耳，扯著耳朵。形容認真反覆的教導。❹驥騄　騏驥、騄耳。駿馬名。❺鶉鵲　鵪鶉、麻雀。小鳥之類。❻絕景　超過光影。形容駿馬奔馳的迅速。❼步武　古以六尺為步，半步為武。形容很近的距離。❽明暗之學　寓意不詳。疑以少年之學為「明」，晚年之學為「暗」。❾習與性成　習慣與稟性相輔相成。賈誼《新書・保傅》：「孔子曰：少成若天性，習貫如自然。」❿失之於暘谷　暘谷是傳說中太陽所出之處。比喻青少年時代耽誤了學習。⓫收之於虞淵　虞淵是傳說中太陽所入之處。比喻晚年再學習。⓬日燭之喻　傳說師曠曾對晉平公說：「少而好學，如日出之陽；壯而好學，如日中之光；老而好學，如炳燭之明。」見《說苑・建本》。

【語譯】人的才能稟賦有優有劣，悟性有高有下。有的人年幼聰穎而早成，有的人必待耳提面命然後才明白。那些領悟快而勤學的人，就像善於奔馳的駿馬；那些理解慢、覺悟遲的人，就像短翅而力弱的小鳥。駿馬即使能追逐光影，但是倘若停步不前，則很近的距離仍然不能逾越。小鳥雖然飛的距離很短，但是倘若勤飛而不停，則可以超越山川湖澤。明暗之學，不就是如此嗎？因為少年學習則志向專一而難以忘記，年紀大了再學習則分心太多而容易鬆懈。所以學習要趁早，等到學精業專，習慣與稟性結合，便與自然沒有區別了。如果是超群絕倫之才，青少年時因事耽誤了學習，到了晚年再來補救。將會感到良田雖然播種得晚了，但是比起完全荒蕪無收總要強些。古人用日光比喻青壯年之學，用燭光比喻晚年的學習，這話是有道理的。

世道多難，儒教淪喪。文、武之軌❶，將遂凋墜。或沈溺於聲色之中，或驅馳於競逐之路。孤貧而精六藝❷者，以游、夏之資❸而抑頓乎九泉之下。因風而附鳳翼者❹，以駑庸之質猶迴遑乎霞霄之表。舍本逐末者❺，謂之勤修庶幾❻；擁經求己者❼，謂之陸沈迂闊❽。於是莫不蒙塵觸雨、戴霜履冰，懷黃❾握白❿、提清⓫挈肥⓬，以赴邪徑之近易，規⓭朝種而暮穫矣。若乃下帷高枕，遊神九典⓮，精義賾隱⓯，味道居靜，確乎建不拔之操，揚青於歲寒之後⓰。不揆世以投跡⓱，不隨眾以萍漂者，蓋亦鮮矣。汲汲於進趨、悒悶於否滯⓲者，豈能舍至易、速達之通塗，而守甚難、必窮之塞路乎？此川上所以無人⓳，〈子衿〉之所為作⓴，愍俗者所以痛心而長慨，憂道者所以含悲而頹思也。

【章　旨】世道多難，儒教淪喪，好學者不受重視，世俗莫不放棄學業，追求榮利。風尚如此，令人嘆息悲傷。

【注　釋】❶文武之軌　指周文王、周武王之禮樂文章。《論語・子張》載子貢語曰：「文、武之道，未墜於地，在人。賢者識其大者，不賢者識其小者，莫不有文、武之道焉。」❷六藝　指六經，即《詩》、《書》、《禮》、《樂》、《易》、《春秋》等。❸游夏之資　子游，姓言名偃。子夏，姓卜名商。均為孔子之弟子，長於文學。❹因風而附鳳翼者　追風逐時、依附權貴的人。❺舍本逐末者　放棄為人的根本，而追逐枝葉。❻勤修庶幾　勤奮好學，可以成才。❼擁經求己者　研讀六經，求之於己的人。指君子。❽陸沈迂闊　迂腐，不切事理。《論衡・謝短》：「夫知古不知今，謂之陸沈。」❾黃　指黃金。❿白　指白銀。⓫清　指美酒。⓬肥　指魚肉。⓭規　貪求；企望。⓮九典　九種經典著作，指《詩》、《書》、《周禮》、《儀禮》、《禮記》、《易》、《春秋》、《孝經》、《論語》，據《經典釋文・敘錄》。⓯精義賾隱　精研義理，探求其幽深的內蘊。賾，深奧。

⑯揚青於歲寒之後　松柏歲寒而常青。比喻君子保持一貫的節操。《論語・子罕》：「子曰：歲寒，然後知松柏之後凋也。」⑰揆世以投跡　揣摩世情，然後決定自己的趨向及態度。⑱悒悶於否滯　為自己沈淪不遇而心情鬱悶。否滯，閉塞；不順利。⑲川上所以無人　意謂世人所以不能見江水流逝而感奮勤學。⑳子衿之所為作　《詩經・鄭風》有〈子衿〉之詩。〈毛詩序〉曰：「子衿，刺學校廢也，亂世則學校不修焉。」

【語　譯】當今世道多難，儒教淪落衰微。周文王、武王之禮樂文章，將要沒落凋零。世俗之人有的沈浸於聲色之中，有的奔競於勢利之途。孤獨無援、家境貧寒而精於六經的人，即使有子游、子夏之才也被壓抑在九泉之下。攀龍附鳳的人，即使才能平庸淺陋也能遨翔於九霄之上。捨本逐末的小人，被稱為勤修好學；擁經求己的君子，被認為迂闊愚昧。於是世俗莫不頂風冒雨，不避嚴寒，懷揣金銀，手提酒肉，去走一條簡易邪僻的道路，企望早上播種而晚間便得到收穫。至於垂帷苦讀，體味典籍的精義，探討其中的奧祕，靜心修煉，培養堅定不移的德操，像松柏之不畏嚴寒，隆冬常青，不揣測世情以決定行為的態度，不附和眾人而隨波逐流，這樣的人是很少的。那些汲汲不倦地追求升遷、為沈淪不遇而抑鬱寡歡的人，怎麼會離開輕易可得的通途，去走一條艱難困窮的道路呢？這就是為什麼人們不能面對奔流的江河感受生命的流逝因而奮然勤學，〈子衿〉之詩也就是為此而作的，憫念世俗者所以為此痛心而感慨，憂道之君子所以為此難過而悲傷啊。

夫寒暑代謝，否終則泰❶。文武迭貴❷，常然之數❸也。冀群寇畢滌❹，中興在今。七耀遵度❺，舊邦惟新❻。振天彗以廣掃❼，鼓九陽❽之洪爐❾。運大鈞乎皇極❿，開玄模以軌物⓫。陶冶庶類，匠成翹秀。蕩汰積埃，革邪反正。戢干戈，櫜弓矢⓬。興辟雍之庠序⓭，集國子⓮，修文德。發金聲，振玉音⓯。降風雲於潛初⓰，旅束帛於丘園⓱。令抱翼之鳳⓲，奮翮於清虛；項領之駿⓳，騁跡於千里。

使夫含章抑鬱⑳、窮覽洽聞者，申公㉑、伏生㉒之徒，發玄纁㉓、登蒲輪㉔、吐結氣、陳立素㉕、顯其身、行其道。俾聖世迪唐、虞之高軌，馳升平之廣塗。玄流沾於九垓㉖，惠風被乎無外。五刑厝㉗而頌聲作，和氣洽而嘉穟生㉘。不亦休哉！

昔秦之二世不重儒術，舍先聖之道，習刑獄之法。民不見德，唯戮是聞㉙。故惑而不知反迷之路，敗而不知自救之方。遂墮墜於雲霄之上，而墊粉㉚乎不測之下。惟尊及卑，可無鑒乎？」

【章旨】提醒朝廷記取秦朝不重儒術、二世而亡的教訓，希望平定動亂，中興國家，興辦學校，培育人才，舉薦隱逸，達於天下大治。

【注釋】❶否終則泰　閉塞到極點，則轉向通泰。凡事發展到極致，則向其反面轉化。❷文武迭貴　亂世崇武，治世重文，一亂一治，則文武迭貴。❸常然之數　自然之理。數，道理。❹群寇畢滌　掃除群寇，平定戰亂。滌，洗去污垢。❺七耀遵度　日月五星運行皆符合度數。漢晉人以天象人事互相感應，故以天象而言人事。❻舊邦惟新　故國面貌，煥然一新。❼振天彗以廣掃　天彗，彗星，一名掃帚星。古人認為彗星有掃除天上污穢的作用，又有清除帝王穢德的寓意。《晏子春秋・卷七》：「天之有彗，以除穢也。君無穢德，又何禳焉？若德之穢，禳之何益？」❽九陽　太陽；純陽。❾洪爐　喻天地。❿運大鈞乎皇極　自然萬物的運化都符合皇極的原則。大鈞，自然之造化。皇極，古代指建國之最高原則。⓫開玄模以軌物　玄模是天地造化賦予萬物之本形。此句是返樸歸真的意思。⓬戢干戈二句　將干戈、弓箭都收藏起來，示不復用也。橐，或疑作「櫜」。《詩經・周頌・時邁》：「載戢干戈，載櫜弓矢」。⓭興辟雍之庠序　興教育、辦學校。辟雍，周之太學。庠序，相傳虞設庠，夏設序，總指學校。之，疑為「立」字之訛。⓮國子　古指卿大夫之子弟。代指學子。⓯發金聲二句　意謂學習孔子的榜樣，弘揚前代聖賢的美德。《孟子・萬章下》：「孔子之謂集大成。集大成也者，金聲而玉振之也。金聲也者，始條理也。玉振之也者，終條理也。始條理者，智之事也。終條理者，聖之事也。」⓰降風雲於潛初　降下風雲，使潛伏的龍得以飛騰升天。比喻使隱逸之賢士得以施展抱負。⓱旅束帛於丘園　攜帶禮物，聘請隱逸丘園的賢者。《周易・賁卦》：「六五，賁于丘園，束帛戔戔。」⓲抱翼之鳳　垂斂著雙翅的鳳凰。⓳項領之駿　駿馬不得其用，頸項養得肥大。比喻被閒置的賢才。⓴含章抑鬱　胸懷學識才華而遭壓抑者。㉑申公　漢之魯人，有弟子及受業者百餘人，以《詩經》為訓詁以教授。漢景帝時，朝廷曾派遣使者以束帛加璧、安車駟馬迎之，任為太中大夫。㉒伏生　原為秦博士，治《尚書》，教於齊魯之間。漢文帝時，伏生已九十餘，乃詔太常使朝錯往受之。見《史記・儒林列傳》。㉓玄纁　黑色或淺紅色之繒帛。古代帝王常用為禮物，徵聘賢者。㉔蒲輪　用蒲草裹輪，使車子不震動。延聘賢者，以此表示禮敬。㉕立素　立身之抱負。㉖玄流沾於九垓　朝廷之恩澤普降於天下。玄流，甘露。即恩澤。九垓，九天之下。㉗五刑厝　各種刑罰都閒置不用。上古以墨、劓、剕、宮、大辟為五刑。厝，措置。㉘和氣洽而嘉穟生　嘉穟，即嘉穗。嘉穗出現，是吉祥太平、天下統一之兆。㉙民不見德二句　百姓未見到朝廷的恩澤，只聽殺戮的消息。語見《左傳・僖公二十三年》。㉚虀粉　碎粉。

【語譯】寒暑互相更迭代謝，否極則泰來。文治武功，交替富貴，乃是自然之理。盼望的是掃盡群寇，使國家獲得中興。使日月星辰運行有序，國家面貌煥然一新。揮動天彗掃除污穢，使太陽照亮天地。使天地的運化符合皇極的準則，遵循自然之玄模以規範萬物。陶冶形形色色的物類，造就出類拔萃的人才。掃蕩積累的塵埃，革除邪亂以歸於正統。收起干戈，套起弓箭。興辦學校，集中國子，修養文德，學習孔子的榜樣，弘揚先賢的美德。降下風雲使潛龍得以飛騰升空，攜帶禮物聘請隱逸丘園的賢者。使得斂翅的鳳凰，能夠展翅於長空；使得被閒置的駿馬，能夠馳騁於千里。使得學識淵博、懷才不遇的人，如申公、伏生之輩，能夠接受聘禮，登上蒲輪之車，一吐胸中的鬱悶之氣，展示立身的抱負與原則，榮耀其身，推行其道。使得當今聖明之世順著堯舜所開闢的道路，馳上天下升平的廣途。朝廷的恩澤普降四方，仁慈之風吹遍天地之間。刑法閒置，頌聲四起，陰陽和諧，嘉穗出生。這不是很美好嗎！

從前秦二世不重儒學，拋棄先聖之道，以刑法律條管教百姓。人民未見到朝廷的恩德，只聽到殺戮的消息。所以迷惑而不知返歸之途，敗亡而沒有救助的辦法。於是君王彷彿從雲霄之上墜入深淵之下，落得粉身碎骨。無論尊卑，這一教訓難道不應該鑒察嗎？」

卷四 崇教

【題解】本篇緊承〈勖學〉篇，繼續論述教育對於國家的重要性。

推究世人之不能受到良好教育的原因，不外兩端：一者困於貧窮，二者荒於遊樂。困於貧窮者不能求學，對於個人尚情有可原。荒於遊樂乃至成為時代風尚，就是社會的一大公害了。

文中批評貴族子弟「婆娑綺紈之間，不知稼穡之艱難。目倦於玄黃，耳疲乎〈鄭〉〈衛〉，鼻饜乎蘭麝，口爽乎膏粱」，又描述漢、吳之末世不重教育、不擇師友、沈醉宴飲、淫於遊樂的種種情狀，都是晉代社會的折影。文章將教育與家族安危、國家興亡聯繫起來，對於統治者無疑是一個嚴重的警告。

抱朴子曰：「澄視於秋毫❶者，不見天文之煥炳❷。肆心於細務者，不覺儒道之弘遠。翫飽者忘茝蕙❸，迷大者不能反❹。夫受繩墨者，無枉刳❺之木；染道訓者，無邪僻之人。飾治之術❻，莫良乎學。學之廣，在於不倦。不倦在於固志。志苟不固，則貧賤者汲汲於營生，富貴者沈淪於逸樂。是以遐覽淵博者，曠代而時有；面牆之徒❼，比肩而接武也。

若使素士則晝躬耕以餬口，夜薪火以修業❽，在位則以酣宴之餘暇，時遊觀於勸戒，則世無顓愚⑨，游、夏⑩不乏矣。亦有飢寒切己、藜藿不給⑪、膚困風霜、口乏糟糠，出無從師之資、家有暮日之急⑫，釋耒則農事廢，執卷則供養虧⑬者，雖闕學業，可恕者也。所謂千里之足、困於鹽車之下⑭，赤刀之鑛、不經歐冶之門⑮者也。若夫王孫公子，優游貴樂，婆娑綺紈之間⑯，不知稼穡之艱難。目倦於玄黃⑰，耳疲乎《鄭》《衛》⑱，鼻饜乎蘭麝⑲，口爽乎膏粱⑳。冬沓貂狐之縕麗㉑，夏縝紗縠之翩飄㉒，出驅慶封之輕軒㉓，入宴華房之粲蔚㉔。飾朱翠於楹梲㉕，積無已於篋匱。陳妖冶以娛心，湎醽醁㉖以沈醉。行為會飲之魁，坐為博弈之帥。省文章既不曉，睹學士如草芥。口筆乏乎典據，牽引錯於事類㉗。劇談㉘則方戰而已屈，臨疑則未老而憔悴。雖菽麥之能辯，亦奚別乎瞽瞶哉？」

【章旨】學習可以改善人的習性，提高人的素質。然而世俗或為生計所迫，或沈醉於享樂，不能努力學習，如同文化上的「瞽瞶」。

【注釋】❶秋毫　鳥獸之毛，秋天更細而末端尖銳，謂之秋毫。❷天文之煥炳　指日月星辰之光芒燦爛。❸翫鮑者忘茝蕙　長期沈浸在鮑魚臭味中的人忘記茝蕙的馨香。鮑，鹽漬魚，氣味腥臭。茝蕙，蘭草之類。❹迷大者不能反　迷失方向的人不能返歸原處。❺枉刳　隨意亂挖。刳，挖空；剖開。❻飾治之術　這裡指培養良好的人生品格及心理素質之方法。❼面牆之徒　不學之人。面牆而立，目無所見，以喻不知學習。❽夜薪火以修業　夜間點燃燈火以修習學業。❾顓愚　愚昧。原作「視內」，據《四庫全書》本校改。❿游夏　孔子之弟子子游、子夏。代指才華之士。⓫藜藿不給　沒有吃的，連野草充飢都難以做到。藜藿是野菜之名。⑫家有暮旦之急　家中吃了上餐愁下餐。⑬供養虧　不足以奉養父母。⑭千里之足困於鹽車之下　千里馬拖鹽車上太行山。比喻賢者屈居賤役。⑮赤刀之鑛不經歐冶之門　傳說昆吾之山出銅，色赤如火，以之作刀，切玉如泥。然而不經工匠冶煉製作，則不能成器。歐冶子，春秋時著名的工匠，曾鑄龍淵、湛盧等寶劍。⑯婆娑綺紈之間　指與富貴子弟一起，逍遙漫遊。綺紈，富貴子弟之服裝。⑰目倦於玄黃　看倦了美色。⑱耳疲乎鄭衛　聽厭了〈鄭〉〈衛〉之音。〈鄭〉〈衛〉之音是與雅樂相對的一種地方音樂。⑲鼻饜乎蘭麝　聞慣了芳香的氣味。饜，吃飽；足夠。⑳口爽乎膏粱　吃膩了各種精美的食物。爽，敗壞。《老子》：「五味令人口爽。」㉑冬沓貂狐之縕麗　冬天，層層套穿著溫暖又華麗的貂狐皮襖。沓，重複。㉒夏縝紗縠之翩飄　夏天，身著精緻的輕紗之衣，隨風飄動。縝，細緻。㉓慶封之輕軒　春秋齊大夫慶封，其車華美，光可照人。見《左傳・襄公五年》。㉔華房之粲蔚　燦爛、華美的房舍。粲蔚，文采美麗。㉕飾朱翠於楹梲　雕梁畫棟，飾以朱翠。楹梲，梁柱。㉖醽醁　美酒之名。㉗牽引錯於事類　意謂使用典故張冠李戴，發生錯誤。引錯，原作「錯引」，據《四庫全書》本校改。㉘劇談　辯論。

【語　譯】抱朴子說：「能夠看清秋毫之端的人，看不見明亮璀璨的日月星辰。專心於細小事務的人，不會認識到儒教的弘闊遠大。聞慣了鮑魚臭味的人忘記了蘭草的馨香，迷失方向的人不能返歸原處。若是依據繩墨，便不會隨意砍削木料；感染道德的熏陶，就不會有行為邪僻之人。修養性情，沒有比學習更好的辦法。要想知識廣博，就要不倦地學習，而不倦的學習有賴於堅定不移的志向。志向若不堅定，則貧賤者忙碌於生計，富貴者沈浸於享樂。所以廣泛閱讀、知識淵博的人，許多年才出一個兩個；而不愛學習的人，並肩接武，舉目盡是。

如果貧寒之士，白天躬耕田畝以維持生計，夜晚則點燃燈燭修習學業。如果擔任官職之士在宴飲的餘暇，經常閱讀勸誡之書，那麼世上就沒有愚昧者，像子游、子夏之類的才華之士也就不會少了。也有的人缺吃少穿，連野菜充飢都難以維持。冬天無寒衣，食不果腹，沒有外出從師的資財，家中有的是吃了上頓愁下頓的煩惱，他們若不耕作則農田荒廢，執卷讀書則不能供養父母。這樣的人荒廢學業，是可以原諒的。這就是所謂千里馬困於鹽車之下、昆吾赤鑛卻得不到歐冶子的冶煉啊！至於王孫公子，他們地位尊貴，只知玩樂，整日與一班紈袴子弟逍遙漫遊，不知農田耕作的艱難。他們眼睛看倦了美色，耳朵聽倦了〈鄭〉〈衛〉之音，鼻子嗅倦了芳香的氣味，口吃膩了美味嘉餚。他們冬天套著層層的貂皮狐裘，溫暖而又華麗；夏天穿著精緻的輕紗之衣，隨風飄動。他們出門則駕著光澤照人的輕車，進門則在華麗的房室宴遊。楹梁上飾紅染綠，箱櫃中聚攢了無數的財物。有妖冶的侍女賞心悅目，沈湎於美酒一醉方休。行則為宴飲的領袖，坐則為博弈的魁首。看到文章既全然不懂，對於學者視若草芥。他們開口發言既不能引述典籍，有所援引則張冠李戴，發生錯誤。辯論開始便無話可說，遇到疑難便愁眉不展。他們雖然能夠分辨菽麥，然而在學問上與瞎子、聾子又有何區別呢？」

抱朴子曰：「蓋聞帝之元儲❶，必入太學。承師問道，齒於國子❷者，以知為臣，然後可以為君；知為子，然後可以為父也。故學立而仕，不以政學❸。操刀傷割，鄭喬所嘆❹。觸情縱欲，謂之非人。而貴游子弟，生乎深宮之中，長乎婦人之手❺，憂懼之勞，未嘗經心。或未免於襁褓之中，而加青紫之官❻。纔勝衣冠❼，而居清顯之位。操殺生之威，提黜陟之柄❽。榮辱決於與奪❾，利病感於脣吻❿。愛惡無時暫乏，毀譽括厲於耳⓫。嫌疑象類，似是而非。因機會以生無端，藉素信以設巧言。交構之變⓬，千端萬緒。巧算所不能詳，毫墨所不能究也。無術學則安能見邪正之真偽？具古今之行事，自悟之理無所感假⓭，能無傾巢覆車之禍乎？

先哲居高不敢忘危，愛子欲教之義，方雕琢切磋⑭，弗納於邪偽。選明師以象成之⑮，擇良友以漸染之⑯。督之以博覽，示之以成敗。使之察往以悟來，觀彼以知此。驅之於直道之上，斂之乎檢括⑰之中。懍乎若跟掛於萬仞⑱，慄然有如乘奔以履冰。故能多遠悔吝⑲，保其貞吉⑳也。

【章旨】貴族子弟從小要接受良好的教育，博覽群書，長大後才能辨明是非，洞察歷史，免除禍患，保持貞吉。

【注釋】❶帝之元儲　儲君。即太子。❷齒於國子　意謂與其他貴族子弟一樣，依據年齡大小入學，而不論尊卑。《禮記·王制》：「凡入學以齒。」❸不以政學　意謂要先學習為政然後再從政，不可不經過學習便授之以政。春秋鄭子產曾曰：「僑聞學而後入政，未聞以政學者也。若果行此，必有所害。」見《左傳·襄公六年》。❹操刀傷割二句　鄭喬，即子產。子產曾將執政比為操刀，如果未經學習便使之操刀，一定會傷害到他自己。見《左傳·襄公六年》。❺生乎深宮之中二句　魯哀公曾經說自己生乎深宮之中，長於婦人之手，未嘗知哀，未嘗知憂，未嘗知勞，未嘗知懼，未嘗知危，即此語所本。見《荀子·哀公》。❻青紫之官　漢代貴官之服為青紫色。代指貴官。❼纔勝衣冠　剛剛長大成人。勝衣，能穿成人之衣。勝冠，古代男子成年則加冠。❽提黜陟之柄　掌握著升降官員的權柄。黜，降官。陟，升官。❾榮辱決於與奪　或是給予，或是剝奪，能決定他人的榮辱。❿利病感於脣吻　交談之間，能因隻言片語而給人帶來禍福。脣吻，言辭。⓫毀譽括屬於耳　各種意見或毀或譽，不絕於耳。括屬，聒噪。⓬交構之變　互相構陷，鉤心鬥角。⓭感假　意謂有感於心，而以古今之行事為借鑒。⓮雕琢切磋　比喻道德的鍛鍊與學問的修養，以造成優秀的人格。《詩經·衛風·淇奧》：「有匪君子，如切如磋，如琢如磨。」⓯選明師以象成之　挑選明師，效仿其精神風範。⓰擇良友以漸染之　選擇好的朋友，以相互感染，養成好的習慣。漸染，積久成習。⓱檢括　法度。⓲懍乎若跟掛於萬仞　意謂心情謹慎畏懼，猶如腳跟踩在萬仞高崖上。腳踏危石，部分懸空，故曰「跟掛」。⓳多遠悔吝　不至於後悔、悔恨。⓴貞吉　純正、吉祥。

【語　譯】抱朴子說：「聽說太子到了入學的年齡，必須要和其他貴族子弟一樣進太學，從師問道。因為要先知道如何為臣，然後才可以為君；先知道如何為子，然後才可以為父。所以學習然後才能出仕，不能不經學習便直接從政。如果還未學會用刀就讓他去宰割，那就一定會傷害到他自己，這正是鄭子產所嘆息的事情。如果放縱情感，那就不符合人的標準。而貴族子弟，他們生在深宮之中，長於婦人之手，人生的憂懼、勞累，從來沒有在他們的心上經過。有的還在襁褓之中，就被任命為高官。剛剛長大成人，就佔據了清高顯赫的職位。他們操持著生殺的大權，掌握著官員升降的權柄。或予或奪，能決定他人的榮辱；隻言片語，能給人帶來禍福。情感的好惡隨時都有，或毀或譽不絕於耳。各種捕風捉影、似是而非的讒言，趁著適合的機會便造出事端，憑著長期的親信關係編出巧偽之言。互相構陷，鉤心鬥角，千頭萬緒，變化無窮。巧算不能詳知其真相，筆墨不能描述其究竟。如果不學習，怎麼能夠認識其中的正邪、辨別其間的真偽呢？古今歷史的事件俱在，如果內心無所感受，不能借鑒歷史的教訓，怎麼能夠避免覆滅之禍呢？

先哲身居高位不忘危難，愛惜後人欲教以義理。將要精心培養造就人才，勿使他們受到邪惡虛偽的影響。尋求賢明的老師，作為他們仿效的典型。挑選好的朋友，使他們互相感染，形成良好的習慣。督促他們博覽典籍，向他們講述成敗之理。使他們觀彼而能知此，考察既往而能預料未來，使他們走上正直的人生之途，而能遵守法度的約束。他們謹慎畏懼如同立足於萬丈懸崖之上，小心翼翼如同驅駕奔車於薄冰之中，所以能免除悔恨，常保人生的端正與吉祥。

昔諸竇蒙遺教之福❶，霍禹受率意之禍❷，中山、東平❸以好古而安，燕刺由面牆而危❹。前事不忘，今之良鑒也。湯、武染乎伊、呂❺，其興勃然。辛、癸染乎推、崇❻，其亡忽焉。朋友師傅，尤宜精簡❼。必取寒素德行之士，以清苦自立，以不群見憚者，其經術如仲舒❽、桓榮❾者，強直若龔遂❿、王吉⓫者，能朝夕講論忠孝之至道、正色證存亡之軌跡⓬，以洗濯垢涅，閑邪矯枉⓭，宜必抑情遵憲法、入德訓者矣。

漢之末世、吳之晚年，則不然焉。望冠蓋以選用⓮，任朋黨之華譽⓯。有師友之名，無拾遺之實⓰。匪唯無益，乃反為損。故其所講說非道德也，其所貢進非忠益也。唯在於新聲豔色，輕體妙手，評歌謳之清濁，理管絃之長短。相狗馬之勦駑⓱，議遨遊之處所。比錯塗之好惡，方雕琢之精麤。校彈棋樗蒲⓲之巧拙，計漁獵相掊⓳之勝負。品藻妓妾之妍蚩，指摘衣服之鄙野。爭騎乘之善否，論弓劍之疎密。招奇合異，至於無限。盈溢之過⓴，日增月甚。

其談宮殿，則遠擬瑤臺、瓊室㉑，近效阿房、林光㉒，以千門萬戶為局促，以昆明、太液㉓為淺陋，笑茅茨㉔為不肖，以土階為朴騃㉕。民力竭於功役，儲蓄靡於不急㉖。起土山以準嵩霍，決渠水以象九河㉗。登凌霄之華觀㉘，闢雲際之綺窗㉙。淫音譟而惑耳，羅袂揮而亂目。濮上㉚〈北里〉㉛，迭奏迭起。或號或呼，俾晝作夜㉜。流連於羽觴㉝之間，沈淪乎絃節之側。

或建翠翳之青蔥㉞，或射勇禽於郊坰㉟。馳輕足於嶮峻之上，暴僚隸於盛日之下。舉火而往，乘星而返。機事㊱廢而不修，賞罰棄而不治。或浮文艘㊲於滉瀁㊳，布密網於綠川。垂㊴香餌於漣潭，縱櫂歌於清淵。飛高繳㊵以下輕鴻，引沈綸以拔潛鱗。或結罝罘㊶於林麓之中，合重圍於山澤之表。列丹飆㊷於豐草，騁逸騎於平原。縱盧猎以噬狡獸㊸，飛輕鷂以鷙翔禽。勁弩殪狂兕㊹，長戟斃熊虎。如此既彌年而不厭，歷載而無已矣。

而又加之以四時請會、祖送㊺、慶賀，要㊻思數之密客，接執贄之嘉賓。人間之務，密勿㊼罔極。是以雅正稍遠，遨逸漸篤。其去儒學，緬乎邈矣。

【章　旨】揭示並描述漢代以來不重教育，不擇師友，沈醉宴飲、畋獵、遊樂等社會情態及其教訓。

【注　釋】❶諸竇蒙遺教之福　竇融，字周公，扶風平陵人。其七世祖少君、少君之兄長君，以謙讓著稱於世。光武帝在詔書中曾稱讚「長君、少君尊奉師傅，修成淑德，施及子孫」，並封竇融及其兄弟多人為侯。見《後漢書．竇融列傳》。❷霍禹受率意之禍　霍禹，霍光之子，拜右將軍，嗣為博陸侯。他在霍光去世後，廣治宅室，驕恣不法，數發怨言，後來被殺。見《漢書．霍光傳》。❸中山東平　中山王劉焉、東平王劉蒼，均為光武帝之子。劉蒼好經書、守禮儀，得到光武帝的信任與寵愛。❹燕刺由面牆而危　燕王劉旦，漢武帝之子。因與上官桀等謀亂失敗而自殺，謚曰刺王。面牆，喻不學。❺湯武染乎伊呂　商湯染乎伊尹，周武王染於呂尚。《墨子》有〈所染〉篇，《呂氏春秋》有〈當染〉篇，皆以親近、信任、受其影響為「染」。❻辛癸染乎推崇　夏桀，名履癸，夏朝末代之君，推哆是他的寵幸之臣。商紂王，即帝辛，著名的暴君，崇侯虎是他手下的幫凶。❼精簡　認真挑選、擇取。❽仲舒　董仲舒，西漢著名學者，主張罷黜百家，獨尊儒術，開二千年儒學正統之局面。❾桓榮　字春卿，習歐陽《尚書》。曾以《尚書》教授太子。漢明帝即位後，他以帝師之尊，封關內侯。❿龔遂　字少卿，以明經為官。曾在昌邑王劉賀門下為郎中令，剛毅有節，引經義，陳禍福，據理諫諍，時人皆畏憚。⓫王吉　字子陽，少好學明經。曾在昌邑王門下任中尉，直言諫諍。昌邑王被廢，屬臣皆下獄誅，唯王吉與龔遂因為數度諫諍得以不死。⓬正色證存亡之軌跡　嚴肅地闡說導致國家興亡之歷史事實及教訓。證，驗明；闡說。⓭閑邪矯枉　防止邪偽，矯正偏激。⓮望冠蓋以選用　意謂有所選用，只認官職，不看學識。冠蓋，官帽、車蓋。⓯任朋黨之華譽　只聽信同黨的稱譽之辭。朋黨，舊指為私利而勾結同類、排斥異己之黨派。⓰無拾遺之實　不能互相提醒，以糾正過失。⓱勦駑　勦，輕快矯捷。駑，遲鈍低劣。⓲彈棋樗蒲　彈棋是漢魏時流行的一種兩人對局的棋。樗蒲，古代擲骰子以決勝負的一種賭博遊戲。⓳相掊　搏擊；格鬥。⓴盈溢之過　意謂過分享受，奢華浪費。㉑瑤臺瓊室　傳說夏桀有瑤臺、商紂王有瓊室。張衡〈東京賦〉：「固不如夏癸之瑤臺，殷辛之瓊室也。」㉒阿房林光　均為秦宮名。㉓昆明太液　漢代開掘有昆明池、太液池。㉔茅茨　茅草屋頂；茅屋。㉕朴騃　樸質、愚昧。㉖儲蓄靡於不急　積蓄的財物，耗費於並不急切的宮室園林。靡，浪費。㉗九河　古黃河孟津以北，分為九條河道。㉘華觀　指華麗的高樓。觀，指樓閣。㉙綺窗　雕飾有花紋的窗戶。㉚濮上　春秋時，濮水之濱，桑間之地，乃是男女幽會之地。後來代指侈靡的音樂。㉛北里　古舞曲之名。《史記・殷本紀》：「於是使師涓作新淫聲，〈北里〉之舞，靡靡之樂。」㉜俾晝作夜　顛倒了晝夜。㉝羽觴　一種酒器，左右形如鳥翼。㉞建翠翳之青蔥　樹起翠鳥之羽裝飾的車蓋，其色青蔥。㉟郊坰　郊野；郊之遠野。㊱機事　機密重要的事。指政事。㊲文艘　裝飾華麗的船。㊳滉瀁　深廣的水面。指江河湖潭。㊴垂　原本作「唾」，此據《道藏》本。㊵高繳　射往高空的箭。繳，射鳥時繫在箭上的生絲繩。㊶罝罘　捕獵野獸的網。㊷丹飆　指火把。可點燃野草，趕出獵物。㊸縱盧猎以噬狡獸　放出獵狗，與野獸撕咬。盧猎，韓地出良犬曰盧狗，又名韓盧。㊹勁弩殪狂兕　用強弓硬弩射死野牛。殪，一箭射死。兕，一說似牛的獸。㊺祖送　餞行。㊻要　邀請。㊼密勿　勤勉努力，盡力去作。

【語譯】竇融的諸位兄弟受到家教有方之福，霍禹受到隨心縱意之禍。中山王、東平王因為好古而平安，燕刺王因為不學習而危亡。不忘歷史，可為今天的借鑒。商湯、周武王親近伊尹、呂尚，國家便很快地興盛了起來。商紂、夏桀親近推哆、崇侯虎，國家就迅速地衰亡了。朋友與師傅，尤其應該認真地挑選，一定要選擇出身清白、有道德節操之士。他們以清苦立身，以獨立不群為世俗所憚忌。經術造詣如同董仲舒、桓榮，方正骾直就像龔遂、王吉，便能早晚隨時講述忠孝之至道，嚴肅地闡明國家興衰存亡的歷史教訓，以洗滌人生的污垢，杜絕邪惡，矯正偏激，就能作到抑制私情，遵守法則，教之以德了。

漢代的末葉、吳國的晚年，則不是如此。那時有所選用，看的全是職位與門第，只聽信朋黨之間的美言吹噓之辭。有師友之名，而不能互相幫助，以糾正過失。不僅沒有補益，反而有所傷害。所談論的不是道德，所奉獻的不是忠言的規勸。所談論的只是新奇的歌曲，美麗的顏色，輕盈的身段，精妙的手法。他們評價歌聲的清濁，辨析絲竹管絃的長短，觀察狗馬的輕快或遲鈍，評說遊玩之地的情景，比較塗顏著色的好壞，對照雕琢形狀的精粗，考察下棋賭博的技巧，計算漁獵角逐的勝負，品評妓妾女子的美醜，指摘衣服式樣的新舊，爭論車馬的好壞，辨說弓劍的疏密。追求各種新奇的娛樂，簡直沒有窮盡。生活享受的奢華與浪費，是越來越嚴重了。

他們談起宮殿，遠的就舉出瑤臺、瓊室，近的就比為阿房宮、林光宮，將千門萬戶的宮殿說成狹窄，將漢宮中的昆明池、太液池形容為淺陋。他們嘲笑居住茅屋的人沒有才識，說泥土臺階土氣、愚昧。民力在勞役中消耗殆盡，積蓄的財物浪費在不急的工程中。他們堆起土山，要像嵩山、霍山一樣；開掘溝渠，要像九河一樣。登上高入雲際的樓臺，打開美麗的綺窗，樂聲嘈雜而亂耳，羅袖揮舞令人眼花撩亂。侈靡的音樂，淫佚的舞蹈，演了一場又一場。或呼或叫，晝夜鬧得不休。宴飲交觴，流連不已，絲竹齊奏，沈醉其中。

或者驅駕著翠羽華蓋之車，或者到郊外獵捕禽獸。騎馬奔馳於險峻的山崖之上，讓隨從的隸屬曝曬在日光之下。天色未明就舉著火把前往，夜幕降臨頂著星辰回返。政事荒廢而不處理，該賞該罰都棄置不辦。有時乘坐華美的遊船浮盪在廣闊的水面，在綠水中布下密網，在靜潭旁把竿垂釣，在清波上縱情漁歌。或者以高箭射中雲天的飛鴻，拉起釣線引出水下的活魚。或者在山林張起捕獸的羅網，在野外合圍獵物。列隊舉起火把，點燃野草燒荒，騎馬馳騁於平原之上。放出獵狗撕咬野獸，放出獵鷹捕擊飛禽。用硬弓射殺狂兕，用長戟刺死熊虎。這種生活累月不覺厭倦，長年無窮無已。

再又加上四時的節令聚會、送別餞行、慶賀儀式，邀請關係親密的客人，接待攜帶禮品的嘉賓。世俗之事，都努力去經營。所以逐漸離開了正道，日益沈醉於逸遊娛樂。他們離儒學的要求，也就愈加遙遠了。

能獨見崇替之理❶，自拔淪溺❷之中，舍敗德之嶮塗，履長世之大道者，良甚鮮矣。嗟乎，此所以保國安家者至稀，而傾撓❸泣血❹者無算也。

今聖明在上，稽古❺濟物，堅隄防以杜決溢，明褒貶以彰勸沮。想宗室公族，及貴門富年❻，必當競尚儒術，撙節藝文❼，釋老莊之不急，精六經之正道也。」

【章　旨】總結漢、吳不重教育，破國亡家的教訓，要求王公貴族崇尚儒學、重視教育。

【注　釋】❶崇替之理　指漢、吳滅亡的教訓。上承「漢之末世，吳之晚年」為言，故云。❷淪溺　沈淪、淹沒。❸傾撓　房屋傾塌，梁柱折斷。比喻國破家亡。❹泣血　無言之悲泣。❺稽古　推廣古道、普施教化。❻富年　少壯之年；青年。❼撙節藝文　意謂用文學陶冶身心，約束自己的行止。撙節，約束；克制。

【語　譯】能夠獨自看出前代滅亡的教訓，自拔於世俗頹敗沒落的風氣之外，離開腐化敗德的危險之途，踏上一條永世長存的大道，這樣的人真是太少了。唉，這就是為什麼能夠家族平安、保有社稷的很少，而國破家亡、無言悲泣的人不計其數的緣故了。

當今聖明的君主在上，推行古道，普濟萬物。將堤防築得牢牢的，以防止潰決之患，昭明獎懲以行勸導之旨。我想王室公族、富貴子弟，一定會競相崇尚儒術，專心文藝，規範身心，陶冶精神，捨棄並不急迫的老莊之說，精研正統的儒學六經的。」

卷五　君道

【題解】本篇之宗旨，在於闡說君主立身養德、管理社會、駕馭群臣的基本原則與策略。

君，兼指帝王與諸侯，是一國或一地的最高統治者。君道，包括道德的原則與御世的策略兩個方面。文中所倡導的原則，大體包括以下數端：一是要勤修道德，戒除荒淫；二是要關心百姓的疾苦，減輕人民的負擔，愛惜民力，勿違農時；三是要親近賢者，疏遠奸佞；四是要嚴明法制，不要以情代法。其策略則主張君主要親自掌握刑賞大權，不可假手於人，要廢止繁複苛雜的律條，要把握大政而不必躬親細務等。

文中指出：君主若是用人唯親、信任奸佞，縱情肆欲、沈醉淫樂，就會導致天下動盪、社稷危亡。此時才圖謀補救，則為時已晚。

抱朴子曰：「清玄剖而上浮❶，濁黃判而下沈❷。尊卑等威❸，於是乎著。往聖取諸兩儀，而君臣之道立。設官分職，而雍熙之化❹隆。君人者，必修諸己，以先四海。去偏黨以平王道❺，遣私情以標至公，擬宇宙以籠萬殊❻。真偽既明於物外矣，而兼之以自見；聽受既聰於接來❼矣，而加之以自聞❽。儀決水以進善❾，鈞絕絃以黜惡❿。昭德塞違⓫，庸親昵賢⓬。使規盡其圓，矩竭其方⓭。繩肆其直，斤效其蹠⓮。器無量表之任⓯，才無失授之用。考名責實，屢省勤恤⓰。樹訓典⓱以示民極⓲，審褒貶以彰勸沮⓳，明檢齊⓴以杜僭濫㉑，詳直枉以違晦吝㉒。其與之也，無叛理之幸；其奪之也，有百氏之拚㉓。匠之以六藝㉔，軌之以忠信，莅之以慈和，齊之以禮刑。揚仄陋以伸沈抑㉕，激清流以澄臧否㉖。使物無詭道㉗，事無非分。立朝牧民者，不得侵官越局㉘；推轂即戎㉙者，莫敢憚危顧命。悅近以懷遠㉚，修文以招攜㉛。阜百姓之財粟，闡進德之廣塗，杜機偽之繁務。則明罰敕法㉜，哀敬折獄㉝；淳化洽則匿瑕藏疾㉞，五教在寬㉟。外總多士於文武，內建維城之穆屬㊱。使親疏相持，尾為身幹。枝雖茂而無傷本之憂，流雖盛而無背源之勢。

【章旨】君主應該以公正無私的態度，廣納善言，任命賢才，執行典章，推廣教化，使百姓富足，國家安寧。

【注釋】❶清玄剖而上浮　清輕之氣上浮為天。玄為天之色。❷濁黃判而下沈　重濁之氣下沈為地。黃為地之色。❸等威　身分不同，各有與其相稱的威儀。❹雍熙之化　使普天之下，實現和諧安樂。❺去偏黨以平王道　去掉偏狹之私情，公正地推行王道。❻擬宇宙以籠萬殊　效法高天之籠蓋萬物。萬殊，萬類；各式各樣之物。❼聽受既聰於接來　聽取、明察各種聲音、各種意見。❽自聞　聽取自己的聲音。指用心去思考。❾儀決水以進善　從善如流。❿鈞絕紘以黜惡　斷然清除邪惡。鈞，同。⓫昭德塞違　光大德化，堵塞邪惡之途。⓬庸親昵賢　任用有功之臣，和睦家族親屬，親近身邊的大臣，尊重賢者。

⑬規盡其圓二句　規為取圓之具，矩為取方之器，這裡是人盡其才的意思。⑭斤效其斲　斧頭則用其砍斲之功。效，用。斲，砍削。⑮量表之任　任用超過其能力。量表，過度；過量。⑯屢省勤恤　經常反省，關懷、憐惜百姓的勞逸與疾苦。⑰訓典　教導人民的法則，或指先王之書。⑱民極　最高之準則。⑲審褒貶以彰勸沮　分別褒貶，獎善懲惡，以誘導世人。⑳檢齊　統一的尺度。㉑僭濫　過分的獎罰。㉒晦吝　疑當作「悔吝」。悔恨。㉓百氏之拚　百氏，當作「伯氏」。伯氏是春秋齊之大夫，齊桓公奪伯氏之駢邑以賜管仲，伯氏心服管仲之功，終身無怨言。拚，奪取。見《論語・憲問》。㉔匠之以六藝　用六藝去培養、造就學子。㉕揚仄陋以伸沈抑　選拔出身卑下的人，以使受壓抑者得到任用。仄陋，出身卑微。㉖激清流以澄臧否　勉勵清高的操守以澄清善惡。清流，舊指品行清高、負有時望之士。臧否，善惡；得失。㉗詭道　詭詐的方式與途徑。㉘侵官越局　超越職權之外，侵犯他人的職守。㉙推轂即戎　從軍打仗。轂，這裡指戰車。㉚悅近以懷遠　使近者悅服，使遠方的人民得到安撫。㉛修文以招攜　修行文德，以招撫背離者。攜，離也。㉜則明罰勑法　使刑罰顯明，法律條理有序。「則」前疑脫數字。㉝哀敬折獄　以憐憫、慎重的態度來判斷案子。語出《尚書・呂刑》。㉞匿瑕藏疾　意謂採取寬容的態度，將缺點錯誤的責任自己擔當起來。㉟五教在寬　指五種倫理的教化，務必寬厚。五教指父子有親、君臣有義、夫婦有別、長幼有序、朋友有信。㊱維城之穆屬　意謂王室親族團結一心，以保衛朝廷。

【語　譯】抱朴子說道：「清輕之氣上浮而成為天，重濁之氣下沈而成為地。尊卑不同，於是便有了相應的威儀。古代的聖人取法於天地，確立了君臣之道。分設官職，使普天之下實現和諧、安樂的局面。作為君主，要在普天四海之先，以自我修煉。除去偏執，推行王道，克服私情，標舉公正，就像宇宙一樣包容萬物。既能辨別外物的真偽，又能有自知之明。既能聽取人們的意見，又有自己的主張。要像流水不止一樣積累善行，像斷絕弓弦一樣擯除邪惡。發揚德化，杜絕惡行。任用有功之臣，親近家族與賢者。使各盡其才，各展其能，猶如規則用其圓，矩則取其方，繩則用以取直，斧斤則用以砍削。沒有超出其能力的任用，也沒有有才不用的情況。循名以責實，經常反省，關懷、憐惜百姓的疾苦。確立典章，為百姓樹立行為的準則；分別褒貶，以示獎懲，以明勸戒；申明統一的尺度，以防止濫獎與濫罰；仔細審察是非曲直，以便消除因失察而造成的悔恨。

君主的賞賜，不會有違背事理的僥倖；君主的罷斥責罰，也都使受罰者無所怨言。用六藝去培養人才，以忠信為行為準繩，用慈和的態度對待臣下，以禮儀與刑法規範世人。選拔寒微之士以使人才免受壓抑，激勵清高的節操以澄清善惡。使事物不靠詭詐的方式與途徑去實現，也沒有非分的欲念。在朝任官者，都奉公守法，不得超越權限；從軍作戰者，都不敢畏懼危難，顧惜生命。使近者感到心悅誠服，使遠者也受到安撫。修行文德，以招安背離者。使百姓錢財富庶、糧食充足，使進德修業的道路日益廣闊，使繁雜機詐之事得到杜絕。使刑條明明白白，法律端正有序，要以哀憫而敬慎的態度來審判案件。推行教化，擔當責任，普及倫理，態度寬厚。外則統率文臣武將，濟濟多士；內則團結王室家族，好似建起保衛朝廷的長城。使親疏結合，有體有末。枝葉雖然茂盛，沒有傷害本體的憂慮；支流雖然洪大，不會形成違背源頭的勢力。

石磐岳峙❶，式遏覬覦❷。見三苗❸之傾殄❹，則知川源之未可恃也。睹翳幽之不守❺，則覺嚴嶮之不足賴也。夫江漢猶存，而強楚虜辱；劍閣❻自如❼，而子陽赤族❽。四岳三塗❾，實不一姓❿。金城湯池⓫，未若人和。守在海外⓬，匪山河也。是以賢君抱懼不足⓭，而改過恐有餘。謀當計得，猶思危而弗休焉。戰勝地廣，猶戒盈而夕惕⓮焉。象渾穹以遐燾⓯，式坤厚以廣載⓰。運重光以表微⓱，致遠思乎未兆⓲。資春景以嫗煦⓳，範秋霜以肅物⓴。訓誥㉑以校同異，平衡以銓群言㉒。虛己以盡下情，推功以勸將來。

御之以術，則終始可竭㉓也。整之以度，則參差可齊也。嶷若閬風之凌霄㉔，而諸下不得以輕重料焉。窈若玄淵之萬仞㉕，而褻近不能以少多量焉。然則君之流源不窮，而百僚之才力畢陳矣。我之涯畔無外，而彼之斤兩可限矣。

發號吐令，則輷若震霆之激響㉖，而不為邪辯改其正。畫法創制，則炳若七曜之麗天㉗，而不以愛惡曲其情。宏略遠罩，則藹若密雲之高結。居貞成務㉘，則確若嵩岱之根地。料倚伏於未萌之前，審毀譽於巧言之口。不使敦朴散於雕偽，不使一體澆於二端㉙。雖能獨斷，必博納乎芻蕘㉚；雖務含弘，必清耳於浸潤㉛。

【章旨】山川險阻不足為恃，靠的是君王修道德、戒驕盈、納群言、明法度。

【注釋】❶石磐岳峙　意謂使國家政權如同高山磐石，不可顛覆。❷式遏覬覦　使窺伺王位的野心被遏止，不能得逞。❸三苗　是古代的民族，舜時生活在南方江漢一帶，後來被驅趕到三危之地。❹傾殄　驅逐、消滅。❺翳幽之不守　深山密林、地勢險阻之地也未能守住。❻劍閣　是古代入蜀的主要通道，那裡的地勢十分險要。❼自如　依然。❽子陽赤族　公孫述，字子陽，擁兵據有蜀中之地，自立為蜀王。後為漢軍所破，被殺。❾四岳三塗　東岳泰山，西岳華山，南岳衡山，北岳恆山，合稱四岳。太行山、轘轅山、崤澠山合稱三塗。四岳三塗，是天下最險要的地方。❿實不一姓　並非一姓相傳。⓫金城湯池　以金為城、以湯為池。形容牢不可破。⓬守在海外　功德教化廣播海外，則朝廷政權穩固，不必憑藉山川之險。⓭抱懼不足　「抱」下缺一字。意謂懷善抱德，唯恐不足。⓮戒盈而夕惕　力戒驕盈，謹慎恐懼，不敢怠慢。⓯象渾穹以遐燾　像圓天一樣無所不覆，無所不包。燾，覆蓋。⓰式坤厚以廣載　像大地之深厚，托載起萬物。⓱運重光以表微　光明普照，洞顯細微。⓲致遠思乎未兆　事物尚未顯現跡象，便事先想到了。⓳資春景以嫗煦　宛若和煦之春光，催化萬物。母親抱持、撫育子女叫嫗，以氣暖物叫煦。春景，春光。⓴範秋霜以肅物　效法秋之肅殺，乃有人世之用刑。範，模仿。㉑詶諮　交談；諮詢。㉒平衡以銓群言　斟酌比較，以考察眾多的言辭。銓，衡量。㉓終始可竭　自始至終，盡心竭力。㉔嶷若閬風之淩霄　像閬風山之巍然高聳。嶷，高峻。閬風，在崑崙之巔，傳為仙人所居。㉕窈若玄淵之萬仞　深若萬丈之淵。窈，深；幽暗。㉖輷若震霆之激響　像驚雷轟轟烈烈，震動天下。輷，同「轟」。象聲詞。㉗炳若七曜之麗天　像日月五星懸於天空一樣明白。七曜，日月及水、火、木、金、土五星。麗天，附著於天。㉘居貞成務　堅守中正之原則，以成就事業。㉙一體澆於二端　意謂人之本性為世俗榮辱所侵擾，而愈以浮薄。澆，浮薄。二端，指榮辱。㉚博納乎芻蕘　廣泛地聽取百姓的意見。芻蕘，割草打柴的人。㉛浸潤　物為水所滲透。引申為不斷地進讒言，日久則能使人相信。

【語譯】使政權像山岳磐石一樣穩固，使妄圖篡奪的野心都不能得逞。看見三苗被驅趕、消滅，就知道江河是不足憑恃的。看見幽深險阻之地也防守不住，就知道崇山峻嶺是靠不住的。長江漢水還是依然存在，而強大的楚國卻被挫敗而受辱。劍閣也還是老樣子，而割據稱王的公孫述卻全族被殺。四岳三塗是天下最險要的地方，其統治者並非一姓相傳，因為無德行者便滅亡了。以金為城牆，以湯為壕池，不如人和。功德遠播海外，就不必依賴山河之險了。所以賢君懷善抱德唯恐不足，而改正過錯唯恐有遺漏。即使謀略正確、計策得當，還是要時刻不忘危險；打了勝仗，開拓了疆宇，還是要戒驕戒躁，不敢怠慢。像天一樣無所不覆蓋，像地一樣無物不負載。光明如同日月，可以洞見細微；事情尚未顯露跡象，已經早作安排。像春光和煦催生了萬物，像秋天的嚴霜使得天地肅清。聽取意見以考察同異，斟酌平衡以判定是非。虛心傾聽以明瞭下情，獎勵功績以勸勉未來。

用策略駕馭群下，使之自始至終盡心竭力；以法律制度統一管理，使長短參差可以整齊劃一。高如閬風之山聳入雲霄，使群下不能料其輕重。深如萬丈之淵窈冥莫測，使近屬不能量其多少。如此則君王之涵蘊無窮無盡，百官也就盡心效力了；君王之胸懷開闊無際，而人之妄加忖度也就無計可施了。

發號施令，就像雷霆之震動天下，而不因詭辯以邪亂正。創立法制，就像日月星辰高懸天空，而不以一人的愛惡影響法律的公正執行。推行遠大的計畫，就像層雲密結於高空。堅持正確原則以成就事業，就像泰山基礎廣大，堅定不移。能夠預料隱伏未萌的禍福，能夠識別讒言毀譽的言談。不使敦厚之風離散為雕飾與虛偽，不使淳樸之質因為世俗榮辱而蛻為浮薄。雖然心中有主見，也一定廣泛地採納百姓的意見。雖說包容廣大，又一定杜絕讒言的潛移默化。

民之飢寒，則哀彼責此❶；百姓有罪，則謂之在予❷。嘉祥之臻❸，則念得神之祐；或逢天之怒❹，則思桑林之引咎❺。不吝改絃於宜易之調，不恥反迷於朝過之塗❻。虎眄以警密，麟跱以接疏❼。路無擊壤之叟❽，則羞和音之作。民有不粒之匱，則媿臨方丈之膳❾。處飛閣之概天❿，則懼役夫之勞瘁。茹柔嘉之旨脃⓫，則憂敬授之失時⓬。聆管絃之宴羨⓭，則戚逸樂之有過。瞻藻麗之采粲，則慮賦斂之慘烈。遵放勛之麤裘⓮，準衛文之大帛⓯。追有夏之卑宮⓰，識露臺之不果⓱。鑒章華之召災⓲，悟阿房之速禍⓳。

【章　旨】君主要關心百姓的疾苦，減輕人民的負擔，奉己力求簡約，警惕荒淫以杜絕禍患。

【注　釋】❶哀彼責此　哀彼蒼生，而自責也。❷百姓有罪二句　百姓犯了罪過，就說責任在自己身上，以見君王厚於責己之意。❸嘉祥之臻　吉祥之兆降臨於世。臻，至。❹逢天之怒　出現各種自然災禍。古人認為出現諸如地震、水旱災害乃是上天對於人事憤怒不滿的顯示，故云。❺桑林之引咎　商湯王時，天下大旱七年，商湯於是在桑林祭祀，禱告神靈，以六事自責。見《淮南子・主術》。❻反迷於朝過之塗　即朝有過、夕則改之之意。❼麟跱以接疏　麒麟在郊，就要想到選用隱淪在野的人才。後有〈接疏〉篇。❽擊壤之叟　傳說堯時，有老人擊壤而歌曰：「日出而作，日入而息，鑿井而飲，耕田而食。帝何力於我哉！」❾方丈之膳　豐盛之餚饌，可滿一丈見方。❿概天　極天；與天相平。⓫柔嘉之旨脃　柔嫩味美的食物。脃，即「脆」。⓬敬授之失時　指安排農事，違背了天時曆法。《尚書・堯典》：「敬授人時。」⓭宴羨　同「燕衎」。宴飲共樂。⑭放勛之麤裘　傳說堯的生活儉樸，食用糲粱之飯，藜藿之羹，以布衣掩形，鹿裘禦寒。放勛，即堯。⑮衛文之大帛　春秋時，衛文公穿大布之衣，戴大帛之冠。大帛，粗絲織成的帛。⑯有夏之卑宮　傳說夏禹的宮室簡陋而狹小。見《說苑·反質》。⑰露臺之不果　漢文帝曾欲修建露臺，須費百金。文帝以百金為十戶中等人家之產業，為愛惜民力，遂不築臺。見《史記·孝文本紀》。⑱章華之召災　楚靈王曾修章華臺，耗費民力，國人苦役遂生動亂。⑲阿房之速禍　秦始皇建築阿房宮加速了秦王朝覆滅之禍。

【語譯】人民挨餓受凍，就以哀憫之情自我檢討；百姓有了過錯，就說責任全由自己一人承擔。祥瑞之兆降臨於世，就想到神靈的保佑；如果上天降下災害，就要效法商湯，引咎自責。不要怕改正舊有的規章，也不要羞於迷途知返。若有虎視眈眈就要警惕防範，若有麒麟在野就要選賢舉能。路無擊壤而歌、逍遙自得之叟，君主就羞於欣賞和美的樂調。百姓若有食物的匱乏，君主就愧於面對豐盛的宴席。修建凌空齊天的飛閣，就耽心勞役給人民造成的痛苦。吃著柔嫩新鮮的食品，就憂慮違背了天時，耽誤了農事。宴飲歡樂管絃齊奏，就警惕不要享樂過度。目睹宮中繁縟華麗的裝飾，就耽心賦斂財富過於嚴酷。遵循唐堯的作風穿著鹿裘的服裝，學習衛文公穿戴粗絲的衣帽。仿效夏禹宮室的卑陋，不忘漢文帝停修露臺的榜樣。要記住修築章華臺招致災禍的教訓，以秦修阿房宮加速其滅亡作為歷史的借鑒。

詰誓，則念依時之失信①；耽玩，則覺褒妲②之惑我。征伐，則量力度時，不令百里有號泣之憤③。誅戮，則遺情任理，不使鴟夷有抱枉之魂④。鑒操彤之杜伯⑤，惟人立之呼豕⑥。廢嫡則戒晉獻之巨惑⑦，立庶則念劉表之殄祀⑧。蒐畋則樂失獸而得士⑨，識弛網而悅遠⑩。偏愛則慮袖蜂之謗巧⑪，飛燕之專寵⑫。獨任則悟鹿馬之作威⑬，恭、顯之惡直⑭。納策則思漢祖之吐哺⑮、孝景之誅錯⑯。

旨甘之進則疏儀狄⑰，容悅姑息則沈欒激⑱。除蒸子之諂⑲，親放麑之仁⑳。鑒白龍以輟輕脫㉑，觀羸馬以節無饜㉒。防人彘之變㉓於六宮之中，止汗血之求㉔於絕域之外。除惡犬以遏酒酸之患㉕，市馬骨以招追風之駿㉖。軾怒鼃以勸勇㉗，避螳螂以勵武㉘。聆公盧之讜言㉙，容保申之正直㉚。剔腹背無益之毛㉛，攬六翮凌虛之用㉜。烹如簧㉝以謐司原之箴㉞，折菀萿㉟以迪梁伯之美㊱，放丹姬㊲以弭婉孌之迷，退子瑕以杜餘桃之惑㊳。

【章旨】君主要牢記歷史的教訓，選賢舉能，疏遠奸佞，公平執法，克服私情，激勵民氣，戒除荒淫，使國家安定、富強。

【注釋】❶詰誓二句　文意未明，疑有誤字。詰誓，帝王所發布之文書。❷褒妲　褒姒，周幽王之寵妃。妲己，商紂王之寵妃。❸百里有號泣之憒　百里奚，春秋秦之賢臣。秦軍將偷襲鄭國，百里奚與蹇叔諫阻曰：「千里而襲人，未有不亡者也。」又送其子而哭之。見《公羊傳·僖公三十三年》。❹鴟夷有抱枉之魂　伍子胥為春秋末吳之大臣，傳說他被迫自殺後，吳王取其屍，盛入皮囊，拋進江中。鴟夷，用馬皮革製作為囊。見《史記·伍子胥列傳》。❺鑒操彤之杜伯　杜伯為周宣王之臣，無罪而被殺。後三年，周宣王與諸侯畋獵，見杜伯之鬼魂乘白馬素車，執朱弓，挾朱矢，射死了周宣王。見《墨子·明鬼》。❻惟人立之呼豕　春秋齊襄公殺死公子彭生。此後襄公畋獵，公子彭生之魂化為大豕立而啼，襄公懼，墜於車下，傷足。惟，思。見《左傳·莊公八年》。❼晉獻之巨惑　春秋晉獻公寵幸驪姬，逼死太子申生，另立驪姬之子奚齊，使國家長期動亂不休。見《左傳·僖公四年》。❽劉表之殄祀　劉表，字景升，任荊州刺史。寵幸後妻，欲立庶子劉琮為嗣，《後漢書》說他「回皇冢嬖，身頹業喪」。殄祀，滅絕。❾失獸而得士　指周文王出獵，在渭水之濱得遇呂尚一事。❿弛網而悅遠　傳說商湯出獵，見原野張網四面，想要網住各方的野獸。商王撤除了三面的網，說：「欲左，左。欲右，右。不用命，乃入吾網。」諸侯因此讚美湯的仁德廣大，及於禽獸。見《呂氏春秋・異用》。⑪袖蜂之譖巧　傳說周時王國之君有子曰伯奇，其後母欲立其子為太子，乃暗中袖蜂數十，令伯奇捉之。國君以為伯奇侮辱後母，乃逐出之。此又傳為尹吉甫事。參見〈嘉遯〉篇「袖蜂之誑」注。⑫飛燕之專寵　趙飛燕，本長安宮人，為漢成帝寵幸，立為皇后。專寵十餘年，無子。⑬鹿馬之作威　秦二世時，趙高專權，嘗指鹿為馬。朝臣或者沈默不語，或言馬以阿順趙高。或言鹿者，趙高皆暗中治之以法。後來群臣皆畏懼趙高。見《史記・秦始皇本紀》。⑭恭顯之惡直　弘恭、石顯，均為漢元帝時之宦官，貴幸傾朝，曾譖殺前將軍蕭望之、太中大夫張猛等人。⑮漢祖之吐哺　漢高祖劉邦之謀臣酈食其曾建議分封六國之後以收買人心，劉邦準備實行，張良得知後，從八個方面分析了此計不可行的理由。當時劉邦正在吃飯，聽了張良的一番話，立即輟食吐哺，糾正了原來的決策。見《史記・留侯世家》。⑯孝景之誅錯　漢景帝時，吳楚七國以誅鼂錯為名，興兵反叛朝廷。景帝聽信了袁盎的主張，誅鼂錯於東市。而吳楚並不因此而罷兵。見《史記・袁盎鼂錯列傳》。⑰儀狄　相傳是夏禹時善於釀酒的人。⑱容悅姑息則沈欒激　欒激是趙簡子的家臣。趙簡子好聲色，欒激為之準備；趙簡子好宮室臺榭，欒激為之建成；趙簡子好駿馬，欒激為之尋求。欒激又從未向趙簡子推薦賢士。趙簡子認為欒激是「進吾過而黜吾善」，要將他沈於河中。見《說苑・君道》。⑲除蒸子之諂　除去像易牙那種諂媚君主之徒。傳說齊桓公未曾吃過人肉，易牙便蒸其子首而進之。見《韓非子・二柄》。⑳親放麑之仁　親近像秦西巴那種憐憫麑鹿的仁人。秦西巴是魯國孟孫氏的家臣。孟孫打獵捕得小鹿，使持歸烹之。母鹿尾隨哀鳴，秦西巴不忍心，便將小鹿釋放了。見《說苑・貴德》。㉑鑒白龍以輟輕脫　傳說吳王曾經想到民間飲酒，伍子胥諫曰：「不可，昔白龍下清泠之淵，化為魚。漁者豫且射中其目。」本句告誡君主行動謹慎，不能大意、輕浮。見《說苑・正諫》。㉒觀羸馬以節無饜　韓宣王的馬很瘦，是由於掌馬者盜竊馬飼料。原缺「馬」字，疑用韓宣王患臞馬事，暫補之。見《韓非子・外儲說左下》。㉓防人彘之變　呂后最恨戚夫人及其子趙王如意。劉邦死後，呂后毒死了趙王如意，又斬斷戚夫人手足、去眼、灼耳、飲瘖藥，使居廁中，名曰「人彘」。㉔汗血之求　漢武帝時，貳師將軍李廣利斬大宛王首，獲汗血馬，號稱一日千里。㉕除惡犬以遏酒酸之患　傳說宋國有酤酒者，酒味甚美，器皿甚潔，酒旗甚高，而至酒酸不售。問之里人其故，里人曰：「公狗之猛，人欲酤酒，狗迎而噬之。此酒所以酸而不售也。」晏子曾引用這一故事將朝中用事大臣比為猛狗，曰：「有道術之士欲干萬乘之主，而用事者迎而齕之，此亦國之猛狗也。國安得無患乎？」酸，原作「醎」，據俞樾《諸子平議補錄・抱朴子》校改。㉖市馬骨以招追風之駿　傳說古代君主有以千金買千里馬者，三年不能得。其近侍乃以五百金買得千里馬之骨，結果一年之內，得到了三匹千里馬。見《戰國策・燕策》。㉗軾怒鼃以勸勇　傳說越王句踐曾因怒鳴之蛙有氣勢而表示敬意，於是越人勇猛而不畏死。軾，在車上伏身撫軾表示敬意。見《韓非子・內儲說上》。㉘避螳螂以勵武　傳說齊莊公出獵，有螳螂舉足擋住車輪。莊公認為此蟲「知進而不知退」是勇士的品格，於是迴車避之，而勇士亦因此前來歸附。見《韓詩外傳・卷八》。㉙聆公廬之讜言　傳說越簡子舉兵攻打齊國，有被甲之士名叫公廬望的人冒死諫阻，趙簡子因而罷師歸去。讜言，直言；善言。見《說苑・正諫》。㉚容保申之正直　保申是楚文王之臣。楚文王荒於畋獵及女色，不聽朝政。保申直言諫止，曰「王之罪當笞」，並象徵地用了刑，使楚文王改正了過錯。見《呂氏春秋・直諫》。㉛腹背無益之毛　傳說背上之毛、腹下之毛，對於鴻鵠的高飛沒有什麼作用。比喻平庸無能的食客。㉜六翮凌虛之用　六翮是翅膀下的六根健羽，比喻奇才異能之士。《韓詩外傳・卷六》曰：「夫鴻鵠一舉千里，所恃者六翮耳。背上之毛，腹下之毳，益一把飛不為加高，損一把飛不為加下。」㉝如簧　又作「茹黃」，楚地所產的一種獵狗。㉞司原之箴　即〈虞人之箴〉，虞人之職，掌原野畋獵之事。周武王時，有朝臣以后羿荒於田獵，終至殺身亡國一事警誡君主，而作此箴。見《左傳・襄公四年》。㉟菀渃　又作「宛路」，楚地出產的一種箭。《呂氏春秋・直諫》曰：「荊文王得茹黃之狗、宛路之矰，以畋於雲夢，三月不反。」㊱梁伯之美　梁伯，即司原。〈虞人之箴〉末有「獸臣司原，敢告僕夫」之語，以為對荒於畋獵之勸戒。㊲丹姬　丹山之姬，楚之美女。㊳退子瑕以杜餘桃之惑　彌子瑕是春秋衛靈公之幸臣。他曾經將吃了一半的桃子給衛靈公吃，當時還受到衛靈公的稱讚。見《韓非子・說難》。

【語　譯】發布文告，就要想到依時而守信。沈溺享樂，就想到提防褒姒、妲己那樣的人迷惑了自己。興兵征伐要量力度時，不使賢臣悲憤而痛哭。刑罰誅殺要依據法律，不要一時情感用事，不要使忠臣含冤被殺。要想到操朱弓而射的杜伯，想到化為大豬的彭生。當廢黜太子之時，就要戒除晉獻公式的蒙蔽。當確立庶子繼嗣時，就要想到劉表斷絕祭祀的教訓。狩獵時，即使未捕獲獵物，只要得遇人才，也要為之快樂，要網開三面使遠人心悅誠服。偏寵偏信，就要耽心受到袖蜂之類詭計的欺騙，記取趙飛燕專寵的教訓。將朝政專任一人，就要想到趙高指鹿為馬的作威作福，弘恭、石顯讒毀正直的禍患。採納臣下的計策，就要記住漢高祖輟食吐哺、漢景帝誅殺晁錯對於後世的啟示。呈進甜美的酒餚，則疏遠儀狄之輩；極力逢迎以取悅君主，則除掉欒激之流。清除蒸殺親子、諂媚君主的人，親近心懷仁慈、惠及麛鹿的人。鑒察白龍被射之事而行動謹慎，考察馬瘦的原因以防止臣下貪得無厭。防範後宮勿使出現『人彘』之事，不向絕域之外尋求汗血之馬。除掉惡狗以防止酒酸不售之弊，買回馬骨以招來千里之馬。軾怒鳴之蛙以激發民氣，避開擋車的螳螂以鼓勵勇士。聆聽公廬的正直之言，容納保中的耿耿忠心。除掉多而無用的食客，發揮賢能的非凡才智，猶如剔除鴻鵠的無用之毛，發揮六翮沖天的效用。烹殺如簧之犬以平息司原的箴言，折斷菀蕗之箭以昭示梁伯之美行。遺放丹姬以消除對於女色的迷戀，斥退彌子瑕之流的弄臣以防止受到他們的迷惑。

藏淵中之魚❶，操利器之柄❷。勿憚徙薪之煩❸，以省焦爛之費。鼓廉恥之陶冶，明考試之準的❹。怒不越法以加虐，喜不踰憲以厚遺❺。割情於所愛，而有犯者無赦。採善於所憎，而有勞者不遺。傾下問以納忠，聞逆耳而不諱❻。廣乞言於誹謗❼，雖委抑而不距❽。

掩細瑕而錄大用❾，忘近惡而念遠功。使夫曹劌❿、孟明⓫，有修來之效；魏尚⓬、張敞⓭，立雪恥之績。射鉤之賊臣⓮，著匡合之弘勳⓯。釋縛之左車⓰，吐止戈之高策⓱。則鴟梟⓲化為鴛鸞⓳，邪偽變成忠貞。芳穎秀於斥鹵⓴，夜光起乎泥濘㉑。剡銳載胥㉒，九功允諧㉓。西面逡巡㉔，以延師友之才㉕。尊事老叟㉖，以敦孝悌之行。是以淵蟠者仰赴，山棲者俯集㉗。炳蔚內弼㉘，虓闞外御㉙。政得於上而物傾於下，惠發乎邇而澤邁乎遠。明哲宣力於攸莅㉚，黔庶讓畔於藪澤㉛。爾乃蠲滋章之法令㉜，振大和之清風。蒲輪玉帛，以抽丘園之俊民㉝。元凱畢集㉞，以究論道之損益㉟。減牧羊之多人㊱，反不酤之至醇㊲。張仁讓之闈，杜華競之津，旌義正之操，弘道素之格。

使附德者，若潛萌之悅甘雨；見歸者，猶行潦之赴大川。黎民安之，若綠葉之綴修柯；左衽㊳仰之，若眾星之繫北辰。是以七政㊴不亂象於玄極，寒溫不謬節而錯集。四靈備覿㊵，芝華灼粲。甘露淋漉㊶以霄墜，嘉穗婀娜而盈箱㊷。丹魃逐於神潢㊸，玄厲拘於廣朔㊹。百川無沸騰之異㊺，南箕謐偃禾之暴㊻。物無詭時之凋，人無嗟慨之響。囹圄虛陳，五刑寢厝㊼。正朔所不加㊽，冕紳所不暨㊾，氈裘皮服㊿，山棲海竄，莫不含歡革面(51)，感和重譯(52)。靈禽貢於彤庭(53)，瑤環獻自西極(54)。員首遽善(55)，猶氤氳之順勁風。要荒承指(56)，若響亮之和絕音。誠升降之盛致，三五之軌躅(57)也。故能固廟祧於罔極(58)，繁本枝乎百世矣。

【章　旨】闡說君主治國的策略，包括掌握刑罰大權，善於使用人才，廢止繁雜的法律，提倡廉正的品節，使國家興盛，百姓歸心。

【注　釋】❶藏淵中之魚　魚比喻朝中的大臣，淵比喻君主的權勢。《韓非子・內儲說下》：「勢重者，人主之淵也；臣者，勢重之魚也。魚失於淵而不可復得也，人主失其勢重於臣而不可復收也。」❷操利器之柄　把握賞賜與刑罰的權柄。《韓非子・內儲說下》：「賞罰者，利器也。君操之以制臣，臣得之以擁主。……故曰：國之利器，不可以示人。」❸勿憚徙薪之煩　傳說齊人淳于髡見鄰人用直煙囪而旁邊堆有柴草，便勸人搬走柴草，以預防火災。鄰人不聽，後來果然發生了火災。救火者或焦頭爛額，得為上客。見《說苑・權謀》。❹準的　標準；原則。❺踰憲以厚遺　超越規章，加重賞賜。憲，法令；典章。❻聞逆耳而不諱　聽見逆耳之言，也不忌諱。❼乞言於誹謗　傳說舜立有誹謗之木，百姓可以將朝政的過失書寫在上面。《呂氏春秋・自知》：「堯有欲諫之鼓，舜有誹謗之木。」❽雖委抑而不距　即使受到委屈、壓抑，也不拒絕批評。❾掩細瑕而錄大用　不計較小毛病，使發揮大的作用。細瑕，玉石上的小斑點。❿曹劌　春秋魯人，在齊魯長勺之戰中，主動請見，並隨軍觀戰，參與謀劃。見《左傳・莊公十年》。⓫孟明　即百里孟明視，百里奚之子。一說孟明即百里奚。百里奚原為虞人，後來被楚人所執。秦穆公以五羖羊皮贖回，委以國政，稱賢相。⓬魏尚　漢文帝時曾任雲中太守，關心士兵，匈奴不敢近雲中塞。因上報所獲敵人首級數目有錯，吏議削爵。文帝赦免了他的過失，復為雲中守。⓭張敞　字子高，漢之大臣。曾因過免為庶人。後來冀州亂起，張敞被任為刺史，歲餘而盜賊禁止。⓮射鉤之賊臣　指管仲。管仲輔佐公子糾時，曾親手射中公子小白的衣帶鉤。公子小白得立為齊桓公，不念舊仇，任命管仲為相，遂成霸業。⓯匡合之弘勳　管仲輔佐齊桓公九合諸侯，建立了宏偉之功績。⓰釋縛之左車　李左車，初仕趙，封廣武君。為趙王謀劃不用。韓信引兵擊破趙，募生得李左車者予千金。李左車至，韓信親解其縛，以師禮待之。用其策，使燕國從風而靡。見《史記・淮陰侯列傳》。⓱止戈之高策　平定武事之策略。這裡指韓信所問北攻燕、東伐齊的計策。⓲鵂鶹　貓頭鷹，古人認為是惡鳥。⓳鸑鷟　鳳凰之屬，古人以為祥瑞之鳥。⓴芳穎秀於斥鹵　貧瘠之地開放出芬芳的鮮花。斥鹵，鹽鹼地。本句暗喻隱逸荒野之賢者得到任用。㉑夜光起乎泥濘　泥沼之中，發現了夜光之珠。㉒剡銳載胥　意謂各種兵器都收藏而不用。剡銳，尖銳鋒利。代指各類兵器。㉓九功允諧　各項事功都和諧而完美。九功，古代以水、火、金、木、土、穀謂之六府，正德、利用、厚生謂之三事，總稱九功。㉔西面逡巡　古代賓主相見，主在東而賓在西，是平等之禮，又有尊重老師的意思。逡巡，形容學生在老師面前小心翼翼，不敢放肆。㉕延師友之才　意謂延請賢士，以為君主之師友。㉖老叟　三老五叟。指老年之賢者。㉗淵蟠者仰赴二句　淵蟠者指龍，山棲者指鳳。隱喻賢者出仕，萃集朝廷。㉘炳蔚內弼　指才華之士居朝為輔佐。炳蔚，文采鮮明。代指君子。弼，輔正。㉙虓闞外御　勇猛的將士防守於外。虓闞，猛虎怒吼。㉚明哲宣力於攸莅　明智之士，任職效力，以立功績。㉛黔庶讓畔於藪澤　耕田種地的人，在田界邊互相謙讓。黔庶，百姓。史載虞舜、周文王治下皆有耕者讓畔之事。㉜蠲滋章之法令　除去繁多的法令。蠲，除去。㉝丘園之俊民　指隱逸在田園的賢者。㉞元凱畢集　才能之士，都聚集於朝廷。古代才士，有八元、八愷之說。㉟以究論道之損益　根據變化了的情勢，探究對於朝廷典章、制度及政策有所增減或改動。㊱減牧羊之多人　楊朱曾經對梁惠王說：百羊合而為群，使五尺童子荷鞭隨之，欲東則東，欲西則西。若使堯牽一羊舜荷鞭隨之，則不能前。意謂統一調度，不要政出多門。見《列子・楊朱》。㊲反不酤之至醇　雖有至醇之美酒，但有惡犬在門咬噬顧客，則酒酸不得售。意謂除去專權用事的大臣，則賢者至矣。參見前章「除惡犬以遏酒酸之患」注。㊳左衽　指古代的少數民族。他們服裝的前襟向左，不同於中原人民的右衽。㊴七政　指日月五星的運行。㊵四靈備覿　意謂麒麟、鳳凰、靈龜、神龍等祥瑞之物都出現了。㊶淋漉　紛紛零落之狀。㊷嘉穗婀娜而盈箱　嘉禾之穗隨風婀娜，其大可裝滿一車。《說苑・辨物》：「成王時，有三苗貫桑而生，同為一秀，大幾盈車。」㊸丹魃逐於神潢　丹魃，傳說中之旱魔。所到之處，赤地千里，若投入溷池中則死，旱災消除。潢，水池。㊹玄厲拘於廣朔　玄厲，災疫鬼魔之屬。廣朔，北方廣漠之地。《論衡・訂鬼》引《山海經》曰：「北方有鬼國。」一說「廣朔」乃「度朔」之訛。度朔之山，萬鬼出入之地。㊺百川無沸騰之異　古人認為百川沸騰是由於小人佔據高位所引起的。《詩經・小雅・十月》「百川沸騰」鄭玄箋曰：「百川沸出相乘陵者，由貴小人也。」㊻南箕謐偃禾之暴　謂君王不懷疑賢臣。南箕即箕星，主風。周公忠誠於朝，受到懷疑，於是大風吹倒了稻禾。對周公的懷疑被澄清後，稻禾又都被風吹起。謐，安寧。參見〈嘉遯〉「激烈風而起斃禾」注。㊼五刑寢厝　五刑，五種輕重不等的刑法。由於無人犯法，各種刑法都閒置無用。寢厝，止息；閒置。㊽正朔所不加　指未奉朝廷正朔的地域。古時改朝換代，必定正朔。㊾冕紳所不暨　朝廷教化未達到的地方。不暨，不至。㊿氈裘皮服　用毛皮製成的衣服。指游牧之民族。(51)含歡革面　樂意接受教化，順從朝廷。(52)感和重譯　有感於天下統一，通過多次翻譯來到朝廷。傳說周成王時，有三苗貫桑而生，同為一秀。成王問周公：「此何也？」周公答曰：「三苗同秀為一，意天下其和而為一乎？」後三年，果有越裳氏重譯而朝。見《說苑・辨物》。(53)靈禽貢於彤庭　傳說周公攝政六年，越裳氏來獻白雉。彤庭，以朱漆飾庭。指朝廷。見《韓詩外傳・卷五》。(54)瑤環獻自西極　傳說黃帝時，西王母乘白鹿來獻白環，舜時復來獻白環。見《太平御覽・卷六九二》引。(55)員首遽善　謂普天之人都趨向於善。員首，指人。遽，趨向。(56)要荒承指　邊遠之國都尊奉朝廷的旨意。要荒，要服、荒服。《尚書・禹貢》以王城以外五百里為甸服，又五百里為侯服，又五百里為綏服，又五百里為要服，又五百里為荒服。(57)三五之軌躅　三皇五帝之作為。軌躅，軌跡；行為。(58)固廟祧於罔極　使朝廷宗廟永存，不至於被毀。廟祧為有國之象徵，故云。

【語　譯】用威勢控制住朝廷的大臣，使他們像魚之不能游出深淵。掌握刑賞的權柄，不至於出現大權旁落的局面。不要嫌麻煩，搬走容易引起火災的柴薪，以免日後為救火而焦頭爛額。用廉恥的觀念陶冶人的精神，昭明考試的標準。當憤怒時，不超越法律以用刑；當高興時，不違反制度去厚賞。即使是所愛的人，違犯法律也不寬赦；即使是所憎的人，建立功績、有善行時也不會遺漏獎賞。傾聽下屬的忠言，遇見不順耳的話也不忌諱。廣泛地徵求百姓的意見，即使感到委屈也不拒絕批評。

不計較小的毛病，使之發揮大的作用。忘記眼前的過失，而想到將來的功績。使得曹劌、孟明，能夠前來效力；使得魏尚、張敞，能夠戴罪立功。使得射中衣鉤的管仲，能夠建立九合諸侯的偉業；使得解除綑縛的李左車，能夠說出平定干戈的妙計。如此則貓頭鷹將變為鳳凰，邪惡將變為忠貞，貧瘠之地將開放出鮮花，污泥之沼將發現夜明珠。各種兵器都收藏了起來，各項事務都處理得完美和諧。以平等而尊重的態度，延請師友之才。尊事三老五叟，以敦厚孝悌之倫理。所以深淵的蛟龍飛騰而上，山林中的鳳鸞翻飛而下。大人君子輔佐於內，猛將精兵防禦於外。政策得當萬民擁戴，恩澤施於近而德化及於遠。使明智之士能夠在職效力，以建功績；普通百姓能夠感染德化以禮相讓。於是除去繁雜的法令條文，提倡清平和諧的風尚。以蒲輪玉帛，禮聘隱逸田園的賢者；才士聚集，探究朝政的因時變通。統一調度，切忌政出多門；除掉專權的大臣，使得賢者紛紛前來。提倡仁德禮讓的風氣，杜絕浮華爭競的路津。表彰正義的操守，弘揚廉潔的品格。

使百姓蒙受教化，好似春天的甘雨催生萬物於無形之間，歸順者如同溝渠水之流向江河。使得百姓安定，如同綠葉排列在長枝之上；四夷嚮往，如同群星之朝向北斗。所以日月星辰的運行正常有序，寒溫季節的變化沒有差錯。各種祥瑞的鳥獸都出現了，各種吉祥的花草燦爛奪目。甘露降臨滋潤大地，嘉穗隨風婀娜大可滿箱。將旱魔驅趕入神潰之池，將玄鬼拘禁在北方廣漠之地。沒有百川沸騰那種異常的現象，沒有暴風吹倒稻禾的災變。萬物沒有不合時序的凋落，人沒有嘆息與怨言。牢房是空著的，刑法都閒置無用。那些未奉朝廷正朔、教化所未及的地方，身穿毛皮衣服、或者棲息山間、或者居住海島的人民，莫不樂意接受教化。他們有感於天下一統，通過幾重翻譯來到王城。南方之國獻上了靈鳥，西極之地貢上了瑤環。普天之人都一心向善，就像勁風吹動雲氣一樣；極邊遠之地也都歸順朝廷，就像響亮的回聲相應和一樣。這的確是天下升平興隆的最高境界，是三皇五帝般的功業與成就。所以能永保宗廟社稷無窮無盡，使本枝繁茂百世不改。

夫根深則末盛矣，下樂則上安矣。馬不調，造父不能超千里之跡；民不附，唐、虞不能致同天之美。馬極則變態生❶，而傾僨惟憂❷矣。民困則多離叛，其禍必振❸矣。可不戰戰以待旦❹乎，可不慄慄而慮危乎！人主不澄思於治亂，不深鑒於亡徵❺，雖目分百尋之秋毫，耳精八音❻之清濁，文則琳琅墮於筆端，武則鉤鉻摧於指掌❼，心苞萬篇之誦，口播濤波之辯，猶無補於土崩，不救乎瓦解也。何者？不居其大而務其細，滯乎下人之業，而闇元本之端❽也。

誠能事過乎儉❾，臨深履冰❿，居安不忘乘奔之戒⓫，處存不廢慮亡之懼⓬。操綱領以整毛目⓭，握道數以御眾才。韓、白⓮畢力以折衝⓯，蕭、曹⓰竭能以經國⓱。介⓲一⓳人之心致其果毅⓴，謀夫協思進其長算㉑。則人主雖從容玉房之內，逍遙雲閣之端，羽爵腐於甘醪㉒，樂人疲於拚儛㉓，猶可以垂拱而任賢，高枕以責成㉔。何必居茅茨之狹陋㉕、食薄味之大羹㉖、躬監門之勞役、懷損命之辛勤，然後可以惠流蒼生、道洽海外哉？

【章旨】君主要把握國家政治的根本，要謙虛謹慎，任用賢能，深思治亂之理，不忘敗亡之禍，不必躬親細務。

【注釋】❶馬極則變態生　將馬力用盡了，就會出現失敗的表象。❷傾僨惟憂　有翻覆的憂慮。僨，僵仆；倒覆。❸其禍

必振　必，疑「不」字之訛。其禍不可拯救。❹戰戰以待旦　恐懼顫抖，坐以待旦。❺深鑒於亡徵　深入地鑒察敗亡的跡象。❻八音　古代以金、石、土、革、絲、木、匏、竹為八音。泛指各種樂器。❼鉤銘摧於指掌　能將鐵鉤或鐵角拉直，或使變形。形容力氣大。❽闇元本之端　不明治國之根本所在。闇，不明。❾儉　自居卑下。謙遜之貌。❿臨深履冰　如臨深淵，畏懼墜下；如履薄冰，畏懼陷落。⓫乘奔之戒　孔子曾經說，治理民眾猶如以腐索駕御奔馬，要十分小心。《說苑・政理》：「子貢問治民於孔子。孔子曰：懍懍焉如以腐索御奔馬。」⓬慮亡之懼　對於亡國的憂慮、恐懼。⓭操綱領以整毛目　提綱之綱，持衣之領，則毛目自然順暢。⓮韓白　韓信、白起，古代之名將。⓯折衝　迫使敵人的軍車後撤，克敵制勝。⓰蕭曹　蕭何、曹參，漢代之名相。⓱經國　管理國事。⓲介　披甲之士。⓳一　一字為衍字。⓴果毅　奮勇殺敵，堅韌不拔。㉑長算　良策；勝算。㉒羽爵腐於甘醪　美酒將酒杯泡腐了。形容飲酒不斷。羽爵，一種酒器，形如鳥雀。㉓抃儛　抃舞；擊手而舞。㉔責成　督責臣下完成任務。㉕居茅茨之狹陋　居住在狹隘、簡陋的茅舍中。傳說堯的居處「茅茨不翦，采椽不斲」。見《韓非子・五蠹》。㉖薄味之大羹　肉汁，不以五味相調和，故曰薄味。

【語　譯】根本深厚則枝葉茂盛，百姓歡樂則在上者平安。駟馬不調和，再好的御者也不能日行千里；百姓不依附，再聖明的君王也不能治理好天下。馬力用盡了，就會生出變態，這時就要耽心傾覆的危險了。百姓窮困，就會經常鬧出叛離之事，其禍患也就不可拯救了。能不日日夜夜、謹慎小心嗎？能不戰戰兢兢、避免禍災嗎？君主若是不認真地思考治亂的道理，不深入地鑒察敗亡的跡象，即使目光敏銳到能夠辨識百丈以外的秋毫，聽力精確到足以分辨八音的清濁，文才則辭藻華美、琳琅滿目，武功則技能絕倫、力大無比，心中能默誦萬篇佳作，發言則滔滔雄辯，出口成章，還是對於土崩瓦解的局面無所幫助。為什麼呢？因為君主沒有把握住國家大政，而去經營細小之務。在本應由臣下操心的事務中耗費了精力，而不明白治理國家的根本所在。

如果確能做到謙虛謹慎，如臨深淵，如履薄冰，在安逸的處境中牢記警惕危險的告誡，在社稷平安的時候不忘敗亡的憂慮。抓住關鍵的環節，使綱舉目張；掌握正確的策略，以駕御眾多的人才。使韓信、白起之流的武將能夠盡力以克敵制勝，使蕭何、曹參之流的文臣能夠竭其才能以管理國事。使被甲之士能夠萬眾一心奮勇殺敵，謀略之士能夠同心協力籌劃良策。若能如此，則君主即使遊樂於玉房之內、逍遙於高閣之上，美酒浸腐了酒杯，樂工疲於舞蹈，還是可以將國事託付給賢臣。君主垂拱而治，高枕無憂，只要督責臣下完成任務就行了。何必要居住在狹隘簡陋的茅屋，食用薄味的大羹，親自從事普通的事務，在辛勤勞累中損害健康，然後才能恩惠普施於百姓、德化遠及於海外呢？

昏惑之君，則不然焉。其為政也，或仁而不斷，朱紫混漫❶，正者不賞，邪者不罰；或苛猛慘酷，或純威無恩❷，刑過乎重，不恕不逮❸。根露基穨，危猶巢幕❹，而自比於天日❺，擬固於泰山。謂克明俊德❻者不難及，小心翼翼者❼未足算也。於是無罪無辜，淫刑以逞❽，民不見德，唯戮是聞。

官人則以順志者為賢，擢才則以近習者為前。上宰鼎列❾，委之母后之族❿；專斷顧問，決之阿諂之徒。所揚引則遠九族外親⓫，而不簡其器幹⓬；所信仗則在於瑣才曲媚，而憎乎方直。所抑退則從雷同⓭，而不察之以情；所寵進則任美談⓮，而不考其績用。掌要治民之官，御戎專征⓯之將，或貪污以壞所在矣，或營私以亂朝廷矣，或懦弱以敗庶事矣，或恇怯⓰以失軍利矣。終於不覺，不忍黜斥，猶加親委⓱，冀其晚效⓲。器小任大，遂及於禍。良才遠量無援之士，或被褐而朝隱⓳，或沈淪於窮否。懷道括囊⓴，展力莫由。陵替之災㉑，所以多有也。

又經典規戒，弗聞弗覽。玩弄褻宴，是耽是務㉒。高樓觀而下道德，廣苑囿而狹招納㉓，深池沼而淺恩信。悅狗馬而惡謇諤㉔，貴珠玉而賤智略。豐綺紈而約惠澤，緩賑濟而急聚斂。勤畋弋㉕而忽稼穡，重兼并㉖而輕民命。進優倡而退儒雅，厚嬖幸㉗而薄戰士。流聲色而忘庶事，先酣遊而後聽斷。數㉘苦役而疏犒賜，工造費好不急之器，圈聚食肉靡穀之物㉙。然則危亡不可以怨天，微弱不可以尤人㉚也。

【章　旨】昏惑之君用人唯親，信任諂佞，沈浸於狗馬遊宴之中，不施恩澤於百姓，導致國勢微弱，社稷危亡，不可以怨天尤人。

【注　釋】❶朱紫混漫　正邪、優劣混雜在一起。舊說朱是正色，紫是雜色，雜色可以亂正色。❷或純威無恩　純用威權，不施恩澤。或，疑衍字。❸不逮　不及。❹危猶巢幕　古人用燕子巢於幕上來形容危險之極。見《左傳・襄公二十九年》。❺自比於天日　傳說夏桀荒淫，伊尹進諫，說社稷「亡無日矣」。夏桀笑著說：「吾有天下，猶天之有日也。日有亡乎？日亡，吾亦亡也。」見《韓詩外傳・卷二》。❻克明俊德　能任用俊德之士。俊德，美德。語見《尚書・堯典》。❼小心翼翼者　指像周文王那樣謹慎恭順者。《詩經・大雅・大明》：「維此文王，小心翼翼。」❽淫刑以逞　濫用刑罰，以圖快意。❾上宰鼎列　宰相、三公、九卿等朝廷重臣。❿母后之族　指外戚。⓫九族外親　外親之九族。外親，即外戚。九族，泛指親戚之族。⓬簡其器幹　選擇其器識才幹。⓭雷同　世俗朋黨隨聲附和、人云亦云之談。⓮美談　為人作稱美、讚揚之語。⓯御戎專征　統率軍隊，指揮征伐。⓰恇怯　膽怯；恐懼畏縮。⓱親委　親近、委任。⓲冀其晚效　希望最終能效力立功。⓳被褐而朝隱　被褐懷玉，隱於朝市。⓴懷道括囊　胸懷道德，而謹慎小心，藏智慧而不用。㉑陵替之災　在下者陵侮其上，在上者廢替其位。指社會動盪或政權更替。㉒是耽是務　沈醉其中，經營其事。㉓招納　招賢、納賢。㉔謇諤　正直之臣，敢於犯顏直諫。

㉕畋弋　獵獸、射鳥。㉖兼并　指佔領、併吞別國的土地。㉗嬖幸　指被君主寵信、溺愛者。㉘數　多；經常。與「疏」相對。㉙食肉靡穀之物　指國君苑囿所養食肉之獸、食粟之鳥。㉚尤人　責怪、歸咎於人。

【語　譯】昏庸迷惑之君則不是如此。他們處理朝政，或者優柔寡斷，使得正邪混淆，忠正之臣得不到獎賞，奸邪之臣受不到懲罰；或者苛猛殘暴，有威而無恩，刑罰過重，對於不該懲罰的也不加寬恕。根部已經暴露，基礎已經崩毀，局勢極為危險，還要自比於太陽，認為穩如泰山。認為聖君任用賢德容易達到，認為審慎謙恭者算不了什麼。為了圖一時的快意，清白無辜的人受到了濫刑的懲處。百姓沒有見到君王的恩澤，聽到的只有殺戮的消息。

這些昏惑之君任用官員，則以順從心意者為賢良，選拔人才則以親近熟悉者為優先。朝廷宰輔、三公九卿之屬，則任用外戚之族；決定朝廷政務，則詢問諂媚之徒。所提拔的遠及外親之九族，而不選擇其器識才幹。所信用的盡是猥瑣曲媚的小人，而憎惡方正耿直之士。所貶退則聽從世俗的雷同之談，而不考察情理；所寵用則聽信一面讚揚之辭，而不審核其政績。掌握權要、治理百姓的文官，統率軍隊、指揮征伐的武將，有的貪贓枉法壞了所轄的地區，有的營私舞弊擾亂了朝廷，有的懦弱無能敗壞了各項事務，有的膽小怕死而打了敗仗。君主始終不能覺悟，不忍心加以貶斥，還要繼續親信委用，希望這些人最終能夠效力立功。然而這些人器識小而受任重，於是招致了禍患。那些有著遠大器識、卓出才幹而無人援引之士，有的被褐懷玉，隱於朝市，有的沈淪不遇。身懷道德，玄默寡言，有心效力，卻報國無門。動亂廢替之事，所以經常發生。

這些昏惑之君又不讀經典，不聽勸戒，只知道沈醉享樂，追求遊宴。樓觀高聳卻道德卑下，苑囿廣大而招賢之路狹窄，池沼深厚而恩信淺薄，喜歡狗馬卻厭惡正直之臣，貴重珠玉卻鄙賤智慧謀略，多的是綺紈而少的是恩澤，救濟來得緩慢聚斂卻很急迫，勤於獵獸射鳥卻忽視農事耕耘，重視兼併土地而輕視百姓的生命，進用優伶樂伎卻貶斥儒雅之士，厚待佞倖而薄待戰士，留戀聲色而忘記了政事，遊宴玩樂在先而處理公務在後，經常興起苦役而又很少犒賞，追求耗費工時又不急用之器，畜養食肉、費糧的鳥獸。如此則招致危亡，不可以埋怨上天；國勢微弱，不可以責怪他人。

夫吉凶由己，湯、武豈一哉？昔周文掩未埋之骨❶，而天下稱其仁。殷紂剖比干之心❷，而四海疾其虐。望在其瞻❸，毀譽尤速。得失之舉，不在多也。凡譽重則蠻貊歸懷❹，而不可以虛索也。毀積即華夏離心，而不可以言救也。是以小善雖無大益，而不可不為；細惡雖無近禍，而不可不去❺也。若乃肆情縱欲，而不與天下共其樂，故有憂莫之恤❻也。削基增峻❼，而不覺下墜則上崩，故傾潰莫之扶也。於是轡策去於我手❽，神物假而不還❾。力勤財匱，民不堪命❿。眾怨於下，天怒於上。田成盜全齊於帷幄⓫，姬昌取有二於西鄰⓬。陳、吳之徒⓭，奮劍而大呼；劉、項之倫⓮，揮戈而飆駭⓯。雲梯乘於百雉之上⓰，皓刃交於象魏之下⓱。飛鋒內荐⓲，禁兵外潰。而乃憂悲以思遐世之大賢，擁篲⓳以延巖棲之智士。慕伊、呂於嵩岫⓴，招孫、吳於草萊㉑。拜昌言㉒而無所，思嘉算㉓而莫問。猶大廈既燔，而運水於滄海；洪潦凌室，而造船於長洲㉔矣。

夫巍巍之稱㉕，不可驕吝構㉖。而東嶽之封㉗，未易以恣欲修也。上聖兼策載馳，猶懼不逮前。而庸主緩步按轡，而自以為過之。或於安而思危，或在嶮而自逸。或功成治定，而匪怠匪荒㉘；或綴旒累卵㉙，而不覺不寤。不有辛、癸之沒溺㉚，曷用貴欽明之高濟哉？念茲在茲，庶乎庶乎！」

【章 旨】君王積累善行，則天下稱仁，四夷歸心。若是肆情縱欲，大權旁落，天下動盪，叛亂四起，然後圖謀補救，則為時已晚。

【注 釋】❶周文掩朽埋之骨　傳說周文王修靈臺，掘池沼時，挖出死人之骨。周文王令重新安葬，有關官吏說：「此無主矣。」周文王說：「有天下者，天下之主也。有一國者，一國之主也。寡人固其主，又安求主？」令吏以衣棺更葬之。於是天下皆曰：「文王賢矣，澤及朽骨，又況於人乎！」見《新序．雜事》。❷殷紂剖比干之心　商紂王淫亂不止，比干據理強諫，紂怒曰：「吾聞聖人心有七竅！」乃剖比干而觀其心。《韓非子．人主》：「王子比干諫紂而剖其心。」❸望在具瞻　地位顯赫的人，其言行舉動為天下所關注。❹譽重則蠻貊歸懷　讚譽的人多了，則邊裔少數民族也會心懷嚮往，前來歸附。蠻貊，泛指少數民族之人民。❺去　捨棄；克服。❻有憂莫之恤　當憂患出現之時，沒有人去救助。恤，同情；救濟。❼削基增峻　削弱基礎，而增加其高峻。增，原作「憎」，據《道藏》本校改。《文子．上義》：「不益其厚而張其廣者毀，不廣其基而增其高者覆。」❽轡策去於我手　失去了對於天下的控制權，猶如御馬的轡策不在自己手中。❾神物假而不還　神物，神器。指朝廷的權柄已經假借於人，大權旁落。❿民不堪命　百姓不堪忍受政令之暴虐。命，政令。⓫田成盜全齊於帷幄　田成子，即田常，春秋齊國之正卿。收買人心，誅除異黨，控制了朝政。三傳之後，正式代齊。帷幄，室內的帷帳；帳幕。⓬姬昌取有二於西鄰　在西方的周文王奪得了三分之二天下的控制權。有二，三分而有其二。西鄰，指西方。周在殷商之西，故云。⓭陳吳之徒　陳勝、吳廣等人。⓮劉項之倫　劉邦、項羽之輩。⓯飆駭　形容風暴興起十分迅疾，天地為之震驚。⓰雲梯乘於百雉之上　雲梯，攻城的器具，高可數丈，以窺視城中。百雉，古城長三丈、高一丈為一雉。春秋侯伯之城，其大不得過百雉。⓱皓刃交於象魏之下　白刃交相廝殺於宮闕之下。象魏，宮廷外之闕門，門在兩旁，中間為道，上作樓觀。⓲飛鋒內荐　箭矢紛飛，射向宮內。荐，集。⓳擁篲　君主為賢士執帚掃除，以迎賓客，表示誠敬。篲，掃帚。⓴慕伊呂於嵩岫　仰慕隱逸於山野巖穴間具有伊尹、呂尚之才能的賢者。㉑招孫吳於草萊　想要招致如孫武、吳起那種善於用兵打仗而又隱在草野之士。㉒昌言　善言；有益之論。《尚書・大禹謨》有「禹拜昌言」語。㉓嘉算　良策；妙計。㉔長洲　在南海中，上多大樹。見《十洲記》。㉕巍巍之稱　孔子曾用「巍巍」稱頌堯、舜、禹的成就。《論語・泰伯》：「子曰：『巍巍乎，舜、禹之有天下也，而不與焉。』」又曰：「子曰：『大哉堯之為君也！……巍巍乎，其有成功也！煥乎，其有文章！』」㉖不可驕吝構　不可以驕傲、吝嗇來實現。㉗東嶽之封　舊說王者功成治定，天下太平，始封泰山，告成功於天。㉘匪怠匪荒　不敢荒忽、怠慢。㉙綴旒累卵　綴旒，旒旗下之飄帶，為人把持，任意西東，形容君主有其位而無其權，為臣下狹持。累卵，形容危險。㉚辛癸之沒溺　癸為夏桀，辛為商紂，都是亡國之君。

【語　譯】或吉或凶，由人自取。商湯王、周武王難道也是如此嗎？從前周文王掩葬了無主的骨骸，於是天下稱頌他的仁慈。商紂王剖比干之心，於是四海都痛恨他的暴虐。君王的作為受到天下的注視，無論贊譽還是非毀都來得很快。導致得失的行為，並不要很多件。讚譽聲多則邊裔少數民族也要歸附朝廷，而不可以用虛辭空言求得；非毀聲眾則中原人民也會離心離德，而不可以用言語去挽救。所以小的善舉雖然沒有大的益處，卻不可以不作；小的惡行雖然沒有近禍，卻不可以不克服。若是放縱荒淫，隨心所欲，不與天下共享歡樂，那就有憂患而無人救助了。削弱基礎，增加高度，而不知基礎坍毀，則上面就會崩塌，所以傾塌時就無人扶持了。於是君主失去了對朝政的控制，賞罰之權被他人操縱，百姓辛勤勞累而窮困貧乏，人民對於暴虐的政令不堪忍受。民眾怨愁於下，蒼天震怒於上。田成子於是運籌於帷幄之內，盜取了整個齊國的政權；西方的周文王因而奪取了天下三分之二地區的控制權。陳勝、吳廣之徒，奮劍大呼，劉邦、項羽之輩，揮戈逐鹿，驚天動地。雲梯登上了百雉的城頭，白刃揮舞在宮闕之下。箭矢紛飛入宮內，禁兵潰敗於宮外。此時才憂愁悲嘆，希望求得才能蓋世的大賢，想要執帛迎接棲息山巖的智士，欽慕才能如伊尹、呂尚的山中隱士，希望招來軍事謀略如孫武、吳起的草野之臣。然而這時想要拜受良言卻無處可得，希望聽到治國之妙策卻無人可問。就好像大廈著火了，然後往滄海運水來撲火；波濤已到屋邊，才開始往長洲去造船一樣。

巍巍盛大的功業，不可靠驕傲與吝嗇來實現；封禪泰山的偉績，也不是靠縱欲來成就的。上聖揮鞭兼程奮進，還耽心不及前代聖主。而平庸之君緩步慢行，還自以為超過了。有的居安思危，有的身處險境卻漫不經心。有的功業成就、天下太平，還是不敢懈怠疏忽；有的大權旁落、危險萬分，還是不覺不悟。如果沒有夏桀、商紂的亡國之禍，又怎麼能夠顯示出聖君治國的英明可貴呢？要經常念記這些，也就大體可以了！」

卷六 臣節

【題解】臣節，即作為人臣應該保持的節操。

本篇首先論述君臣一體，所以必須互相配合。君主如同元首，大臣如同股肱，君臣協調如一，才能建立盛大的功業。文中闡述作為人臣行為的準則：秉持公心，不辭辛勞；謙虛謹慎，有功不居；忠君守節，至死不渝；不得結黨營私，堵塞進賢之路；不能諂媚君主，陷主於惡。並將人臣的作用比為土地：挖掘則出泉水，種植則長百穀。活者立於其上，死者埋入其中。功績眾多而不望報賞，辛勤勞累而不敢怨言。總之，人臣應該盡忠於君，盡力為國，任勞任怨，這是本篇的中心思想。

文中對於大臣總攬文武、專擅朝政表示堅決反對的態度，並且警告說：即使他們專威如趙高、擅朝若董卓，最後還是難以逃脫身首異處、舉家被毀的下場。這種警告，顯然有著現實的針對性。

抱朴子曰：「昔在唐虞，稽古欽明❶，猶俟群后❷之翼亮❸，用臻巍巍之成功。故能熙帝之載❹，庶績其凝❺，四門穆穆❻，百揆時序❼，蠻夷無猾夏之變❽，阿閣有鳴鳳之巢❾也。喻之元首，方之股肱，雖有尊卑之殊邈❿，實若一體之相賴也。君必度能而授者，備乎覆餗之敗⓫。臣必量才而受者，故無流放之禍。

【章　旨】君王猶如元首，大臣猶如股肱，只有君臣共同努力，才能建立巍巍盛大的功業。

【注　釋】❶稽古欽明　推行古道，使普天之下同施教化。《尚書・堯典》中有「稽古」、「欽明」的話。❷群后　指列國之諸侯。❸翼亮　輔成帝業，光大帝德。❹熙帝之載　發揚光大君王的功業。語見《尚書・舜典》。❺庶績其凝　各種事功皆得以完成。凝，成。語見《尚書・皋陶謨》。❻四門穆穆　四方諸侯來朝，皆有美德。語見《尚書・舜典》。❼百揆時序　各種朝廷政務都處理得有條有理，沒有荒廢之事。語見《尚書・舜典》。❽蠻夷無猾夏之變　沒有蠻夷騷擾、侵略中原華夏地域之事件。《尚書・舜典》：「蠻夷猾夏，寇賊姦宄。」❾阿閣有鳴鳳之巢　本句是賢者在朝的意思。阿閣，比喻朝廷。鳴鳳，比喻賢人。❿殊邈　相差懸殊、遙遠。⓫覆餗之敗　鼎折斷了足，中間的食物傾倒在地。比喻朝政出現重大的挫敗，發生嚴重的危機。《周易・鼎卦》：「鼎折足，覆公餗，其形渥，凶。」

【語　譯】抱朴子說：「從前唐堯、虞舜之世，推行古道，普天同被教化，還是有待於各地諸侯輔成帝業，光大帝德，以實現巍巍的成就。所以能夠弘揚君王的業績，完成各種的事功。那時四方諸侯來朝，各有端莊盛美的德容。朝政處理得有條有理，而無荒廢之事。沒有蠻夷侵擾中原的變故，有的是賢者在朝的祥瑞。君王就像首腦，大臣就像四肢。雖然尊卑差距甚遠，實際上又共為一體，互相依賴。君王對待臣下要量才授職，是為了避免朝政出現覆鼎之災。臣下要自度其才再接受任命，這樣才不至於遭到流放之禍。

夫如影如響、俯伏惟命者，偷容之尸素❶也；違令犯顏、蹇蹇匪躬❷者，安上之民翰❸也；先意承指❹者，佞諂之徒也；匡過弼違❺者，社稷之鯁❻也。

必將伏斧鑕而正諫❼，據鼎鑊而盡言❽。忠而見疑、諍而不得者，徒放❾可也。必死無補、將增主過者，去之可也。其動也，匪訓典弗據❿焉；其靜也，匪憲章弗循⓫焉。請託⓬無所容，申繩不顧私⓭。明刑而不濫乎所恨，審賞而不加乎附己。

不專命以招權⑭，不含洿⑮而談潔。進思盡言以攻謬，退念推賢而不蔽⑯。夙興夜寐⑰，慼庶事之不康⑱也。儉躬約志⑲，若策奔於薄冰⑳也。納謀貢士，不宣之於口；非義之利，不棲之乎心。立朝則以砥矢為操㉑，居己則以羔羊為節㉒。當危值難，則忘家而不顧命；擥衡執銓㉓，則平懷而無彼此。

儀蕭、曹之指揮㉔，羨張、陳之奇畫㉕，追周勃之盡忠㉖，準二鮑之直視㉗，蹈嬰、弘之節儉㉘，執恬、毅之守終㉙，甘此離、紀炙身之分㉚，戒彼韓、英失忠之禍㉛。出不辭勞，入不數功。歸勳引過㉜，讓以先下。誠專祗慄㉝，恆若天威之在顏㉞也；宵夙虔竦㉟，有如湯鑊之在側也。負荷寄託，則以伊、周為師表；宣力四方，則以吉、召為軌儀㊱；送往視居㊲，則竭忠貞而不迴；搏噬干紀㊳，則若鷹鸇之鷙鳥雀㊴；蕃扞壃埸㊵，則慕魏絳、李牧之高蹤㊶；涖眾撫民，則希文翁、信臣之德化㊷。

夫忠至者無㊸以為國，況懷智以迷上㊹乎？義督者滅祀而無憚㊺，況黜辱之敢辭乎？故能保勞貴以顯親，託良哉於輿歌㊻。昆吾彝器㊼，能者鐫勳。皋陶、后稷㊽，亦何人哉？」

【章　旨】臣下只有秉持公心，奮不顧私，謙虛謹慎，忠貞不渝，建立功業，貢獻勞績，才能長保富貴、流芳百世。

【注　釋】❶偷容之尸素　尸位素餐，以竊取榮華富貴者。❷蹇蹇匪躬　忠誠正直，不阿諛曲從，奮不顧身。《周易・蹇卦》：「王臣蹇蹇，匪躬之故。」❸安上之民翰　使君王安居上位，乃國民之支幹。翰，通「幹」。❹先意承指　揣摩上司的心意，以迎合奉承博得其歡心。❺匡過弼違　指出過失，糾正錯誤。❻社稷之鯁　朝廷剛直之臣。鯁，正直。❼伏斧鑕而正諫　即使面臨殺身之禍，依然據理進諫。斧鑕，是腰斬的刑具。❽據鼎鑊而盡言　即使酷刑當前，依然把話講完。鼎鑊，古代烹煮之器，用作刑具，烹人至死。❾徒放　處以勞役、流放。❿匪訓典弗據　就是依據古訓典章的意思。⓫匪憲章弗循　就是遵循規章制度的意思。⓬請託　私相請求囑託。⓭申繩不顧私　申明法制之準繩，不徇私情。⓮專命以招權　不待請示批准而行事，是越權的行為。⓯含洿　行為骯髒、不潔。⓰推賢而不蔽　推薦而不埋沒賢者。埋沒賢才，謂之蔽賢。⓱夙興夜寐　早起晚睡，忙於工作。⓲慼庶事之不康　耽心各項公務未能完成。康，舉。⓳儉躬約志　謙遜有禮，自我約束。⓴若策奔於薄冰　好像驅馬奔馳於薄冰之上，形容小心翼翼，不敢放肆。㉑以砥矢為操　堅持正道直行的操守。㉒以羔羊為節　保持高尚的品德及操守。《詩經・召南》有〈羔羊〉之詩，〈毛詩序〉曰：「召南之國，化文王之政，在位皆節儉正直，德如羔羊也。」㉓擘衡執銓　依據標準，以選授官職、評價官員。㉔儀蕭曹之指揮　蕭何，輔佐劉邦定天下，以功封酇侯，為丞相。曹參，繼蕭何為丞相，一遵蕭何所定律令制度。俗稱蕭規曹隨。㉕羨張陳之奇畫　張良，字子房，以功封留侯，劉邦曾稱許他「運籌帷幄之中，決勝千里之外」。陳平，封曲逆侯，多有計謀。㉖追周勃之盡忠　周勃，漢沛人。從劉邦起義，以功封絳侯。呂后死，他與陳平等共誅諸呂，迎文帝即位。㉗準二鮑之直視　東漢鮑永，字君長，上黨人，在朝為司隸校尉。鮑永曾舉薦扶風鮑恢為都官從事。二人皆抗直，不避貴戚。帝嘗曰：「貴戚且宜斂手，以避二鮑。」見《後漢書・卷二九》。㉘蹈嬰弘之節儉　晏嬰，春秋齊國之正卿，「食不重肉，妾不衣帛」。公孫弘，西漢大臣，元朔中為丞相，以節儉而聞名。㉙執恬毅之守終　蒙恬、蒙毅為兄弟，並為秦大臣。趙高陰謀廢太子扶蘇立二世，二人被賜死。當時蒙恬率重兵於外，有力量反叛朝廷，而自殺，故曰「守終」。㉚甘此離紀炙身之分　要離，春秋吳國人。為了替吳公子光刺殺王子慶忌，燒死了自己的妻子。紀信，劉邦手下的將領。為了使劉邦逃出重圍，他自己被項羽燒死。㉛戒彼韓英失忠之禍　韓信、英布，劉邦手下的大將。後來起兵叛亂，被殺。㉜歸勳引過　功績則歸於朝廷，過失則自己承擔。㉝誠專祗慄　誠心專意，心懷恐懼，不敢有所怠慢。㉞天威

之在顏　上天監察不遠，常在顏面之前。天威，天之威嚴。語本《左傳・僖公九年》：「天威不違顏咫尺」。㉟宵夙虔竦　早晚都虔誠、警惕、嚴肅、認真。㊱以吉召為軌儀　以尹吉甫、召公為榜樣。尹吉甫是周宣王時之大臣，曾率師北伐玁狁至太原。見《詩經・小雅・六月》。召公，西周大臣，與周公並稱。㊲送往視居　送走去世的君主，奉事繼任的君主。語見《左傳・僖公九年》。㊳搏噬干紀　掃蕩、鎮壓叛逆者。干紀，違反法紀；犯上作亂。㊴若鷹鸇之鷙鳥雀　就像猛鷹捕捉小鳥一樣。鸇，猛禽。㊵蕃扞彊埸　保衛疆土。埸，邊界。㊶慕魏絳李牧之高蹤　魏絳，春秋晉大夫，力主和戎，使國勢日振。八年之中，九合諸侯，復興霸業。李牧，戰國趙將，屢立軍功，封武安君。㊷希文翁信臣之德化　文翁，漢廬江舒人。曾為蜀郡守，辦學興教，吏民為立祠堂，祭祀不絕。召信臣，字翁卿，九江壽春人。為官視民如子，為民興利，百姓稱為召父，立祠祭祀。㊸無　無字下脫一字。㊹懷智以迷上　胸懷才智而不用，使君王陷於迷誤。㊺滅祀而無憚　不怕滅族亡家之禍。滅祀，全家被誅殺，因而無人祭祀祖先。㊻託良哉於興歌　《尚書・益稷》載歌曰：「元首明哉，股肱良哉，庶事康哉！」興歌，眾人所歌。㊼昆吾彝器　指鐘鼎禮器之類。昆吾山出銅，可鑄為鼎。彝器，宗廟之器，鐘鼎之屬。㊽皐陶后稷　均為舜之臣，皐陶為刑官，后稷為農官。

【語譯】如影隨形、如響隨聲，唯唯諾諾，俯伏聽命，是竊取職權、尸位素餐之臣；敢於犯顏諫諍，奮不顧身，不阿諛逢迎的，是支持朝政、使君王安居上位的骨幹之臣；揣測君王之意、盡力迎合奉承的，是諂媚佞巧之臣；指出錯誤、糾正過失的，是國家的剛直之臣。

即使刀斧在前，也要據理進諫；即使要烹煮而死，也要把話講完。忠誠而受到懷疑，諫諍而不被採納，勞役流放也能接受。死而無補於事，只是加重君主之過，去國遠逝也是可以的。若要行動，則以典章古訓為依據；若要靜處，則以制度法規為準繩。私相請託不能容許，執行法律不循私情。嚴格遵守刑律，不因私人怨恨而濫判；審慎施行獎賞，不因親附於己而加重。不招攬權力，必待請命而後動；不心懷污濁，口頭上卻大談高潔。進則言無不盡以匡正謬誤，退則舉薦賢者不使埋沒無聞。早起晚睡，為公務而操勞不休。謙虛謹慎，兢兢業業，如策馬奔馳於薄冰之上。推賢舉士，不泄露於言辭。不義之錢財，從來沒在心上想過。在朝任事，則堅持正直的操守，平時自處則保持美好的品德。面臨危難之時，則奮不顧身，為國而忘家。評價及任命官員，則公平公正，不分親疏彼此。

學習蕭何、曹參的榜樣，取法張良、陳平的智謀，追步周勃盡忠於朝廷，仿效二鮑的正直不屈，追隨晏嬰、公孫弘的持身節儉，像蒙恬、蒙毅之盡忠到底，像要離、紀信之捨身報主，不要像韓信、英布那樣失去晚節、招致禍患。出朝則不辭辛勞，入朝則不居功自伐。將功勳歸於朝廷，把過失歸於自己，朝廷獎賞則讓給下屬。專心誠意，恭敬謹慎，總像上天神靈就在眼前一樣。忠心耿耿，兢兢業業，好似刑罰就在身邊一樣。擔負總理朝政的重任，則以伊尹、周公為師表；效力於四方，則以尹吉甫、召公為榜樣；送走已逝之君、奉事繼任之主，則竭盡忠誠無所保留；掃蕩犯上作亂者，就像猛鷹捕捉鳥雀；捍衛疆土，則追蹤魏絳、李牧的步武；管理百姓，則效仿文翁、召信臣的德化。

懷著最高忠誠的人則無私無我，專心報國，怎麼會身懷才智而不用，使君主陷於迷亂呢？以節義自勉者族滅家亡而不顧，怎麼敢推辭貶黜之辱呢？所以能夠長保榮華富貴，光門耀祖，百姓也會唱出賢良的讚歌。鐘鼎禮器，將刻上英俊之士的功勳。皋陶、后稷的業績，也是可以做到的。」

抱朴子曰：「人臣勳不弘，則恥俸祿之虛厚也；績不茂，則羞爵命之妄高也。

履信思順❶，天人攸贊。畏盈居謙❷，乃終有慶。舉足則蹈道度，抗手則奉繩墨。褒崇❸雖淹留，而悔辱亦必遠矣。若夫損上以附下，廢公以營私，阿媚曲從，以水濟水❹；君舉雖謬而諂笑贊善❺，數進玩好，陷主於惡；巧言毀政❻，令色取悅❼；上蔽人主之明，下杜進賢之路，外結出境之交❽，內樹背公之黨。雖才足飾非，言足文過❾，專威若趙高❿，擅朝如董卓⓫，未有不身膏斧鋒⓬，家糜湯火⓭

者也。然而愚瞽舍正即邪⑭，違真侶偽⑮，親覽傾僨⑯，不改其軌。殃禍之集，匪降自天⑰也！」

【章旨】人臣不能諂媚君上，陷主於惡，不能結黨營私，專斷朝政，否則必遭禍殃。

【注釋】❶履信思順　講求誠信，順應天道。《周易・繫辭上》：「天之所助者，順也。人之所助者，信也。履信思乎順，又以尚賢也。是以自天祐之，吉無不利也。」❷畏盈居謙　保持謙虛謹慎，力戒驕盈。❸褒崇　聲譽崇高，享受榮華富貴。❹以水濟水　雷同附和，沒有不同的意見。語見《左傳・昭公二十年》。❺諂笑贊善　諂媚君主，對其作為一律稱善。❻毀政　非毀正直。政，通「正」。❼令色取悅　巧言令色，取得君主的歡心。❽外結出境之交　與境外勢力結交。古代認為這是對君主有二心的表現。《禮記・郊特牲》：「為人臣者無外交，不敢貳君也。」❾才足飾非二句　花言巧語，足以掩飾其非。❿趙高　秦之宦官。秦始皇死後，專斷朝政，嘗指鹿為馬，以驗群臣，導致秦末大亂。後亦被殺，夷其三族。⓫董卓　漢末之軍閥。漢靈帝時，任并州牧。率兵入洛陽，廢少帝，立獻帝，專權自恣。西遷長安，自為太師。後亦被殺，夷三族。⓬身膏刎鋒　自身被殺。刎鋒，刀劍之鋒。⓭家糜湯火　舉家被毀。湯火，熱湯、烈火，比喻兵器之屬，致人於死。⓮舍正即邪　放棄正道，趨從邪徑。⓯違真侶偽　離開有道德者，親近奸偽之徒。⓰傾僨　傾覆。比喻敗亡。⓱匪降自天　不是天上降下，而是人之所為。

【語譯】抱朴子說：「人臣沒有巨大的功勳，便恥於享受豐厚的俸祿；沒有燦爛的業績，便羞於獲得高官厚爵。順應天道，講求誠信，便會受到天人共同的贊助。力戒驕盈，保持謙虛，才會有吉祥的結局。一言一行則遵循法度，一舉一動都依據規章。如此則即使身居高位，長享富貴榮華，令人悔恨、身受侮辱的禍患也一定會遠離而去。若是損害國家的利益，附和世俗的意見，違背公共的原則，經營一己的私利，阿諛順從，雷同附和。君主的作為即使錯了，仍然諂笑逢迎，稱為善舉，經常投合君王之所好，貢獻玩物，使君主陷於邪惡之中。以巧言讒毀正直之士，以奴顏令色討得君主的歡心。上則遮蔽君主的聰明，下則堵塞賢者進取的道路。外與異國的勢力相勾結，內則結黨以營私。即使他們的才能足以掩飾惡行，言辭可以遮蓋罪過，像秦之趙高聲威顯赫，像漢之董卓專擅朝政，最後沒有不落得自身被殺、全家被毀的下場的。然而愚昧的人視而不見，他們放棄正道，附從邪惡，背離有道之士，親近奸偽之徒。他們親眼目睹前車傾覆的教訓，卻不肯改變道路。禍殃並非天降，全在人為啊！」

抱朴子曰：「臣喻股肱❶，則手足也。履冰執熱，不得辭焉。是以古人方之於地❷，掘之則出水泉，樹之則秀百穀。生者立焉，死者入焉。功多而不望賞，勞瘁而不敢怨。審識斯術，保己之要也。」

抱朴子曰：「臣職分則可給❸，統廣則多滯❹。非賁、獲❺之壯，不可以舉兼人之重；非萬夫之特❻，不可以總異官之局❼。韓侯所以罪侵冒之典❽，子元所以懼不勝之禍❾也。若乃才力絕倫，文武兼允❿，入有腹心之高算⓫，出有折衝之遠略⓬。雖事殷⓭而益舉，兩循⓮而俱濟。舍之則彝倫斁⓯，委之而無其人者，兼之可也。非此器⓰也，宜自忖引，轅弱載重⓱，尠不及矣⓲。常人貪榮，不慮後患。身既傾溺，而禍逮君親，不亦哀哉？人皆辭斧斤所未開，而莫讓攝官所不堪⓳。嗟乎，陳、李所以作戒於力少⓴，而子房所以高蹈於挹盈㉑也！」

【章旨】臣下應該不辭辛苦，任勞任怨，應該估量自己的器識，盡其本職之責。若非才能卓異，不應總攬文武大權。

【注　釋】❶股肱　四肢。《左傳・昭公九年》：「君之卿佐，是謂股肱。」❷方之於地　比作土地。❸職分則可給　劃分職司、各司其責則可以相互配合、補充。給，相足；互相補充。可給，原作「治」，據《四庫全書》本校正。❹統廣則多滯　一個人總攬的職事太廣，許多事就會無人去辦。滯，遺落。❺賁獲　孟賁、烏獲，是古代傳說的大力士。❻萬夫之特　萬人之中最為優異而特出者。特，卓異；出眾。❼總異官之局　兼攬不同的職司。官，原作「言」，據《道藏》本校改。❽韓侯所以罪侵冒之典　韓昭侯，戰國時韓之國君。傳說他醉而寢，典冠者見他寒冷，加衣其身。他醒後，認為典冠者為自己加衣，是越職的行為，因而辦典冠者之罪。見《韓非子・二柄》。❾子元所以懼不勝之禍　朱博，字子元，曾任漢冀州刺史。有吏民數百人遮道言事，朱博命吏民到所司衙門處理，並且誅殺了教民聚會的官吏。懼不勝之禍，疑指此事。見《漢書・朱博傳》。❿文武兼允　文事、武功，二者兼備。⓫腹心之高算　為君王心腹之臣，為朝廷籌劃良策。⓬折衝之遠略　打退敵軍之雄圖大略。折衝，使敵軍戰車後撤。⓭殷　繁重。⓮循　與「修」通。⓯彝倫斁　倫理頹壞，教化荒廢。斁，敗壞。⓰此器　指才力絕倫、文武兼備之才。⓱轅弱載重　車木脆弱而負載過重。弱，原作「若」，同音而訛。〈知止〉：「轅弱折於載重。」⓲尠不及矣　很少不遭禍患。尠，少。⓳攝官所不堪　才能器識，不足以兼職。攝，兼官。⓴陳李所以作戒於力少　陳蕃被封為高陽鄉侯，上書辭讓，說自己「前後歷職，無它異能」，懇求「哀臣衰老，戒之在得」。作戒於力少，疑指此事。㉑子房所以高蹈於挹盈　挹盈，指修行道術。張良輔佐劉邦，以功封留侯，乃言「願棄人間事，欲從赤松子遊耳」。見《史記・留侯世家》。

【語　譯】抱朴子說：「將臣下比作股肱，也就是人的手足。既然是手足，踏堅冰、執熱物，就是不能推辭的。所以古人將臣下的作用比為土地：挖掘則出泉水，種植則生長百穀。人活著站立其上，死者埋入其中。功績眾多而不望報賞，辛勤操勞而不敢有所怨言。懂得了這一點，就把握了保護自己的關鍵。」

抱朴子說：「劃分臣下的職事範圍則可以互相補充，若不劃分許多事就會無人去辦。如果沒有孟賁、烏獲那種強壯的體力，就不能舉起幾個人才能舉起的重量；如果不是萬裡挑一的英俊之才，就不可以總攬不同職司的事務。這就是為什麼韓昭侯對於典冠者的越職行為要辦罪，朱博為什麼畏懼不勝繁雜的禍患了。如果才力超群絕倫、文武兼備，入朝則為君主的心腹之臣而籌劃良策，出朝又有克敵制勝的宏圖大略。雖然事務繁重，能夠同時順利推展，文德、武功並修而不誤。放棄文事則教化荒廢，委置武職又無人承當，倘若如此則身兼文武也是可以的。若是無此才能，就要自己想一想：轅木脆弱而負載過重，很少有不遇禍患的。世俗貪圖榮華，不考慮後來的災難，不僅自己遭到傾覆滅頂之災，而且禍及君主。這不是令人痛心嗎？人們都推辭說謀官不易，而從來不因力量不堪而辭讓兼職。唉，陳、李所以作戒於力少，而張良所以高蹈出世修行仙術，其道理正在於此啊！」

卷七 良規

【題解】良規，即以良言相規勸，其主要內容是告誡權臣不得放黜君主，妄行廢立之事。

在中國歷史上，人臣代行君權，最早可以追溯到周公攝政當國之事，原因是周成王年少。最早放黜君王之事是伊尹放太甲於桐宮，因為帝太甲「暴虐，不遵湯法，亂德」。這場事變的結局，史書上有兩種不同的記載：一說帝太甲居桐宮三年，悔過自責，於是伊尹將他迎歸並且授之以政，見《史記・殷本紀》；另一說帝太甲居桐宮七年，乃潛回，誅殺伊尹，天為之大霧三日，見《竹書紀年》。漢代霍光廢黜昌邑王，三國時孫綝貶退少帝、司馬懿廢齊王曹芳，雖然情況各異，但是同為輔臣廢君主之例。晉代建國未久，便爆發了歷時達十餘年的「八王之亂」。諸王互相殘殺，戰亂綿延不斷。君主被權臣挾持，帝位如同虛設。正是在這種歷史背景下，〈良規〉就君位廢立之事發出忠言告誡，顯然不是憑空泛泛而論。

文中以伊尹、霍光、孫綝等妄行廢立，禍及自身或子孫事為鑒戒，指出輔臣之責任只能清君側、任忠良、據理直諫、功成身退，而不能廢黜故君、另立新主，並批評了世俗顛倒是非的詭辯之辭。

抱朴子曰：「翔集而不擇木❶者，必有離罻❷之禽矣。出身而不料時❸者，必有危辱之士矣。時之得也，則飄乎猶應龍之覽景雲❹；時之失也，則蕩然若巨魚之枯崇陸❺。是以智者藏其器以有待❻也，隱其身而有為也。若乃高巖將霣❼，非細縷所綴；龍門沸騰❽，非掬壤所遏。則不苟且於乾沒❾，不投險於僥倖矣❿。」

【章旨】智者應該藏器待時，不應熱中榮利，不顧時勢，冒險出仕。

【注釋】❶擇木　鳥選擇樹木而棲息。❷離罻　被網網住。離，遭逢；網住。罻，捕鳥之網。❸出身而不料時　出仕作官，而不審度、考察時局。❹應龍之覽景雲　應龍飛翔於彩雲之上。應龍，一種有翼的龍。景雲，祥雲。❺巨魚之枯崇陸　巨魚失水，枯死於高丘之上。崇陸，高陵；山丘。❻藏其器以有待　身懷才能器識，待時而出。❼霣　同「隕」。墜落。❽龍門沸騰　龍門之水翻騰鼎沸。龍門，即河津，那裡水深流急，即所謂鯉魚跳龍門處。❾乾沒　僥倖、冒險以求取榮利。❿不投險於僥倖矣　此段疑屬上卷，誤錄於此。

【語譯】抱朴子說：「飛翔的鳥如果不選擇棲息的樹木，一定會被網住的。出仕作官如果不審時度勢，一定會遭遇危險屈辱之禍。得勢之時，就像神龍飛翔在彩雲之上；失勢之時，就像巨魚失水，枯死在高丘之頂。所以智者身懷才能，隱逸以待時，然後有所作為。若是時局如同高巖將要墜落，那就不是一根細線所能拴住的；形勢如同龍門之水翻騰鼎沸，那就不是一捧土便能止住的。既知如此，也就不隨意去求取榮利，不僥倖冒險以追逐權勢了。」

抱朴子曰：「周公之攝王位❶，伊尹之黜太甲❷，霍光之廢昌邑❸，孫綝之退少帝❹，謂之舍道用權❺，以安社稷。然周公之放逐狼跋❻，流言載路；伊尹終於受戮❼，大霧三日；霍光幾於及身，家亦尋滅❽；孫綝桑陰未移，首足異所❾。皆笑音未絕而號咷已及矣。夫危而不持，安用彼相？爭臣七人，無道可救❿。致令王莽之徒，生其姦變。外引舊事以飾非，內包豺狼之禍心，由於伊、霍基斯亂也。將來君子，宜深鑒茲矣。

夫廢立之事，小順大逆，不可長也。召王之譎，已見貶抑⓫。況乃退主，惡其可乎？此等皆計行事成、徐乃受殃者耳。若夫陰謀始權⓬，而貪人賣之。赤族殄祀⓭，而他家封者，亦不少矣。

【章旨】伊尹、霍光等代掌君權，放逐或者廢黜國君，既給自己帶來了禍患，又給後代姦邪之徒留下了口實。

【注釋】❶周公之攝王位　周武王卒，成王年少。周公恐怕諸侯叛周，乃代掌君權，攝行政當國。❷伊尹之黜太甲　太甲是商湯王的長孫，即帝位後，暴虐亂德，不遵商湯法典。伊尹於是將太甲放之於桐宮，自己執政當國。待太甲悔過自責後，乃迎歸，並授之以政。見《史記・殷本紀》。❸霍光之廢昌邑　昌邑，指漢武帝之孫劉賀。昭帝無嗣，劉賀被立，因荒淫迷亂，違背禮儀制度，不聽勸阻，大將軍霍光奏明太后，將他廢黜。見《漢書・霍光傳》。❹孫綝之退少帝　少帝，指孫亮，為孫權之少子，立為帝。因見大臣孫綝專權恣肆，圖謀誅之。孫綝乃廢黜孫亮，另立新主。孫亮被廢時年十六，故曰少帝。見《吳書・三嗣主傳》。❺用權　用變通的辦法。權，權宜；變通。❻狼跋　比喻進退兩難。《詩經・豳風》有〈狼跋〉之詩，《毛詩正義》解釋說：「周公攝政之時，其遠則四國流言，其近則成王不知其心，謂周公實欲篡奪己位。周公進退有難如此。」❼伊尹終於受戮　《竹書紀年・卷五》說：伊尹放黜太甲于桐，「七年，王潛出自桐，殺伊尹，天大霧三日。」❽霍光幾於及身二句　霍光死後未久，其子被腰斬，親族多被殺，相連累被誅滅者數千家。見《漢書・霍光傳》。❾孫綝桑陰未移二句　孫亮被廢，孫休為帝。十二月，百僚朝賀，詔武士縛綝，即日伏誅。見《吳書・三嗣主傳》。❿爭臣七人二句　天子有爭臣七人，雖無道不亡其國。爭臣，敢於諫諍之臣。⓫召王之譎二句　晉侯大會諸侯，以尊事天子為名，要周王至河陽之地接受朝拜，古人認為以臣召君，是譎而不正之事。孔子曰：「以臣召君，不可以訓。」見《左傳・僖公二十八年》。⑫陰謀始權 廢立的計畫開始密謀策劃之時。⑬赤族殄祀 全家被殺，宗族滅絕，無人奉祀。

【語 譯】抱朴子說：「周公之代攝王位，伊尹之放逐太甲，霍光之廢黜昌邑王，孫綝之貶退少帝，人們說是為了穩定朝政而採取的變通辦法。然而周公攝政，道塗流言紛紛，使他進退兩難。伊尹終於被殺，天也大霧三日。霍光幾乎禍及自身，不久全族被誅滅。孫綝貶斥少帝，沒過多久便被斬首處死。這些人都是笑聲未停隨之便號啕大哭了。有危險而不扶持，要宰相有何用呢？只要有七個敢於諫諍的直臣，就是君王無道國家仍然不會滅亡。使得王莽之輩萌生奸邪篡奪之意，外則援引舊例以掩飾自己的罪過，內則包藏豺狼般的禍心。這都是由於伊尹、霍光開創了篡亂先例的緣故。未來的君子，應該深入地鑒察到這一點。

廢黜舊主、另立新君之事，雖有小順，卻屬大逆不道的行為，此風不可長。以臣下召君王，譎詭而不正當，孔子對此已有批評。何況廢黜君主，又怎麼能允許呢？上述都是計謀成功，然後慢慢遭受禍殃的。至於陰謀剛開始策劃，便有人告密出賣。自己全家被殺，別人升官晉爵，這樣的事例也不少。

若有姦佞翼成驕亂❶，若桀之干辛、推哆❷，紂之崇侯、惡來❸，厲之黨❹也，改置忠良，不亦易乎？除君側之眾惡，流凶族於四裔❺。擁兵持壃❻，直道守法。嚴操柯斧❼，正色拱繩❽。明賞必罰，有犯無赦。官賢任能，唯忠是與。事無專擅，請而後行。君有違謬，據理正諫。戰戰兢兢，不忘恭敬。使社稷永安於上，己身無患於下。功成不處，乞骸告退❾。高選忠能，進以自代。不亦綽有餘裕乎？何必奪至尊之璽紱❿，危所奉之見⓫主哉？

【章　旨】輔臣的職責，只能清除奸佞，改任忠良，直道守法，據理諫諍，進賢自代，功成不居，不得另行廢立之事。

【注　釋】❶翼成驕亂　助成君王之驕縱荒淫，以亂朝政。❷干辛推哆　夏桀之邪臣。見《墨子．所染》。❸崇侯惡來　商紂之諛臣，善於讒毀。崇侯虎曾讒西伯昌，商紂於是囚西伯昌於羑里。❹厲之黨　此處疑有脫文。《墨子．所染》曰：「夏桀染於干辛、推哆，殷紂染於崇侯、惡來，厲王染於厲公長父。」疑為此語所本。❺流凶族於四裔　將凶惡的人流放到四周荒遠之地，如舜流放四凶之類。❻擁兵持壃　統率軍隊，保衛邊疆。❼柯斧　法則；標準。《詩經．豳風．伐柯》：「伐柯如何？匪斧不克。」❽正色拱繩　嚴肅地遵守法律的準繩。拱，執掌。❾乞骸告退　乞骸骨，要求君王允許退休。❿璽紱　即璽綬。皇帝的印章，繫有彩色的組綬，是君位的象徵。⓫見　同「現」。

【語　譯】若是有奸佞之輩誘使君王驕縱荒淫，擾亂朝政，好像夏桀朝的干辛、推哆，商紂朝的崇侯、惡來，周厲朝的虢公長父，這些邪惡之徒。撤處查辦，改任忠良，不是很容易的事嗎？清除皇帝身邊的壞人，將凶惡之輩流放到偏遠之地。統率軍隊以保衛疆域，正道直行以奉公守法。嚴格掌握行為的法則，認真遵守法律的準繩。有功必賞，有過必罰。作奸犯科，絕不寬赦。任命賢能，忠誠為本。遇事不擅權，請示而後行。君王若有錯誤，則據理諫諍。態度謙卑，恭恭敬敬。使得社稷永保平安，也沒有禍患降臨到自己身上。功業成就則不留戀官爵，上書君王乞請退休。挑選忠誠有才之士，推薦他們代替自己的職位。這樣豈不是輕鬆自如嗎？何必奪去君王的玉璽，危及當朝君王的地位呢？

夫君，天也，父也。君而可廢，則天亦可改，父亦可易也。功蓋世者不賞，威震主者身危❶。此徒戰勝攻取，勛勞無二者，且猶鳥盡而弓棄、兔訖而犬烹❷。況乎廢退其君，而欲後主之愛己！是奚異夫為人子，而舉其所生措之山谷，而取他人養之，而云：『我能為伯瑜❸、曾參❹之孝，但吾親不中奉事，故棄去之。』雖日享三牲❺，昏定晨省❻，豈能見憐信❼邪？霍光之徒，雖當時增班進爵❽、賞賜無量，皆以計見崇❾，豈斯人之誠心哉？夫納棄妻而論前壻之惡，買僕虜而毀故主之暴，凡人庸夫猶不平之。何者？重傷其類，自然情也。故樂羊以安忍見疏❿，而秦西以過厚見親⓫。而世人誠謂湯、武為是，而伊、霍為賢，此乃相勸為逆者也。

【章　旨】君王如天如父，妄行廢立之臣，不可能得到新君的喜愛與信任。

【注　釋】❶威震主者身危　臣下如果威勢過盛，使君王亦為之畏忌，則有生命危險。❷鳥盡而弓棄兔訖而犬烹　鳥射完了，弓箭便因無用而被棄；野兔捕得，獵犬便因無用而被烹。《史記・淮陰侯列傳》：「狡兔死，良狗烹；高鳥盡，良弓藏；敵國破，謀臣亡。」❸伯瑜　韓伯瑜，漢時人，是有名的孝子。傳說伯瑜有過，其母笞之不痛。伯瑜有感於母親年老體衰，流下了眼淚。曹植《鼙舞歌・靈芝》：「伯瑜年七十，綵衣以娛親。慈母笞不痛，歔欷涕霑巾。」❹曾參　孔子之弟子，奉親至孝，贍養父親，必有酒肉。見《孟子・離婁下》。❺日享三牲　每天的食物都有肉類。牛、羊、豬為三牲。❻昏定晨省　晚上為父母安頓床鋪，早上前去問安。❼憐信　喜愛、信任。❽增班進爵　提高官階，晉升爵位。班，位次；等級。❾以計見崇　授以高官厚爵，都只是一種計謀。❿樂羊以安忍見疏　樂羊是戰國時魏的將領，魏文侯令他率軍進攻中山。樂羊之子被中山人俘獲。中山人懸其子以示樂羊，樂羊不顧，攻城愈急。中山人於是烹殺了樂羊之子，將湯及頭送來，樂羊食之盡一杯。最後攻下了中山，魏文侯賞其功而疑其心。安忍，指忍心見親子之死，又飲其羹。見《說苑・貴德》。⓫秦西以過厚見親　秦西巴，魯國孟孫氏之家臣。孟孫打獵捕得小鹿，讓他持歸烹之。母鹿尾隨哀鳴，秦西巴不忍，便將小鹿釋放了。孟孫氏當時驅逐了秦西巴，一年之後又召為太子傅，並說：「秦西巴不忍心於小鹿，又何況人呢？」見《說苑・貴德》。

【語譯】君主像上天一樣、像父親一樣。君主如果可以廢黜，則上天也可以改換、父親也可以易人了。功勳蓋世的人不能得到獎賞，威勢震動君主的人將有殺身之禍。這只是說率軍作戰建立了非常功績的人，他們尚且要落到飛鳥盡而良弓棄、狡兔死而獵狗烹的下場，更何況已行廢立之事，又怎麼能指望得到繼位之君的信任與喜愛！這就好像身為人子卻將親生之父拋棄山谷，再另取他人奉養，卻說：『我能像韓伯瑜、曾參一樣盡孝道，只是我的親生之父不值得奉養，所以將他拋棄。』如此之人，即使每天都獻上美味嘉餚，早晚按時侍奉問安，又怎麼會得到信任呢？霍光等人雖然當時升官進爵，得到無數的賞賜，那只是用計謀以表示尊崇，難道是出自本意嗎？世間倘若有再嫁的女子談論前夫的惡處，買回的奴僕毀謗舊主人的殘暴，一般的凡夫俗子尚且憤慨不平。為什麼呢？因為物傷其類，是自然之情。所以樂羊忍心見親子之死，雖然立功卻被疏遠；秦西巴過於寬仁，犯了過錯卻受到親近。而世俗之人說商湯、周武為是，說伊尹、霍光為賢臣，這就是鼓勵人們去行篡逆之事。

又見廢之君，未必悉非也。或輔翼少主，作威作福，罪大惡積，慮於為後患，及尚持勢因而易之❶，以延近局之禍，規定策之功❷。計在自利，未必為國也。取威既重，殺生決口❸。見廢之主，神器❹去矣。下流之罪❺，莫不歸焉。雖知其然，孰敢形言？無東牟、朱虛❻以致其計，無南史、董狐❼以證其罪。將來今日，誰又理之？獨見者乃能追覺桀、紂之惡，不若是其惡❽；湯、武之事，不若是其美也。

方策所載，莫不尊君卑臣，強幹弱枝❾。《春秋》之義，天不可讎❿。大聖著經，資父事君⑪，民生在三，奉之如一⑫。而許廢立之事，開不道之端，下陵上替，難以訓矣。俗儒沈淪鮑肆⑬，困於詭辯。方論湯、武為食馬肝⑭，以彈斯事者為不知權之為變⑮。貴於起善而不犯順⑯，不謂反理而叛義正也。而前代立言者，不折之以大道，使有此情者加夫⑰立剡鋒之端⑱，登方崩之山，非所以延年長世遠危之術。雖策命暫隆⑲，弘賞暴集，無異乎犧牛之被紋繡⑳，淵魚之愛莽麥㉑，渴者之恣口於雲日之酒㉒，飢者之取飽於鬱肉漏脯㉓也。而屬筆者㉔皆共褒之，以為美談。以不容誅之罪為知變，使人於悒㉕而永慨者也。」

【章旨】被廢黜的君主，乃眾惡所歸，並不像所傳說之壞；行廢立之臣，也不像所傳說之美。而世俗或於詭辯，顛倒是非，令人嘆息。

【注釋】❶尚持勢因而易之　趁著權勢在握，改置君王。❷定策之功　擁戴、確立新的君王，將寫於竹策，告於宗廟，故稱定策。❸殺生決口　誅殺斬首，或動用酷刑對待犯人。❹神器　指君位。❺下流之罪　失去權勢或地位卑下者，各種罪惡都會加到他的頭上。❻東牟朱虛　漢朱虛侯劉章、東牟侯劉興居，在誅除諸呂、擁立漢文帝中建立了功勳。見《史記・呂太后本紀》。❼南史董狐　南史是春秋齊國的史官，董狐是晉國的史官，在權臣弒君時都能不顧個人的安危，直書無諱。❽桀紂之惡二句　《論語・子張》曰：「子貢曰：『紂之不善，不如是之甚也。是以君子惡居下流，天下之惡皆歸焉。』」❾強幹弱枝　加強本幹，削弱枝葉。比喻尊崇中央的權威，削弱地方的勢力。❿天不可讎　天至高無上，不可有二。讎，相等；匹敵。⓫大聖著經二句　大聖，指孔子。傳說孔子作《春秋》後，又作《孝經》。《孝經・士章》曰：「資於事父以事母而愛同，資於事父以事君而敬同。」⓬民生在三二句　意謂每個人生長都離不開父親、老師及君主，三者應當同等奉事。《國語・晉語一》：「民生於三，事之如一。父生之，師教之，君食之。非父不生，非食不長，非教不知。」⓭鮑肆　出售鮑魚的店鋪。鮑魚是鹽漬魚，其味腥臭。《說苑・雜言》：「與善人居，如入蘭芷之室，久而不聞其香，則與之化矣。與惡人居，如入鮑魚之肆，久而不聞其臭，亦與之化矣。」⓮方論湯武為食馬肝　漢景帝時，轅固生曾與黃生爭論湯、武革命一事。轅固生認為夏桀、商紂暴虐昏亂，商湯、周武不得已而立，因此是應天受命。黃生認為桀、紂雖然無道，臣下只能正言匡過，不能弒君。景帝於是說：「食肉不食馬肝，不為不知味。言學者無言湯武受命，不為愚。」見《史記・儒林列傳》。⓯權之為變　權宜、變通之計。⓰起善而不犯順　啟發善心，而不違情叛理。⓱加夫　此下疑有掉字、誤字。⓲立剡鋒之端　站立在鋒刃之頂端。剡，尖銳。⓳策命暫隆　暫時以策書任命以顯赫的職位。⓴犧牛之被紋繡　犧牛，祭祀所用的牛。平時被以紋繡之衣，飼以芻豆，屆時宰殺以供祭祀之用。見《莊子・列禦寇》。㉑淵魚之愛莽麥　莽草，一名鼠莽，有毒。《山海經・中山經》：「(朝歌之山)有草焉，名曰莽草，可以毒魚。」㉒渴者之恣口於雲日之酒　口渴者縱飲鴆酒以求解渴。雲日之酒，即鴆羽之酒。〈登涉〉：「雲日，鴆鳥之別名也。」恣，原作「資」，據《道藏》本校改。㉓鬱肉漏脯　鬱肉，腐臭之肉。漏脯，變質的乾肉。傳說沾了漏水，有毒，食之致死。㉔屬筆者　指「前代立言者」。㉕於悒　憂鬱、悲傷而嘆息。

【語譯】又被廢黜的君主，未必全都不對。妄行廢立之臣，有的輔佐少主，作威作福，犯下許多重大的罪惡，耽心後來禍患降臨，因此趁著尚把握權勢而改換君主，以推遲臨近的禍殃，確立擁立新主的功勳。其目的是為了自己的利益，未必是為國家著想。這種人威勢赫赫，可以隨意誅殺人口。被廢之主，已經失去了君位，各種毀謗都集中在他的身上。即使知道實際的情況，又有誰敢公開地說出來？沒有東牟侯、朱虛侯那樣的人奉命討伐，沒有南史、董狐那樣的史官記下謀逆者的罪行。對於當時的情事，未來誰又能辨別清楚呢？只有具備獨立見識者才能感到夏桀、商紂並不像傳說的那麼凶惡，而商湯王、周武王之事也不像傳說的一切皆美。

典冊記載，莫不以君為尊、以臣為卑，尊崇中央的權威，削弱地方的勢力。《春秋》大義，以君為天，不可有二。孔子著作《孝經》，主張像對待父親一樣奉事君主。人生離不開父親、老師、君主，應該同樣的尊奉。如果允許臣下擅行廢立之事，開創違背大道的端緒，在下者凌侮其上、在上者廢棄其位，就難以為訓了。世俗儒生長期沈淪在荒謬的意見中，受到詭辯的迷惑，將論述湯、武之事比為『食馬肝』，將批評商湯、周武者說成不懂權宜變通之計。立言議論貴於培養向善之心而不違背常理，不是要人們背棄大道、叛離仁義。而前代之著書立說者，不以大道去批判此事，使有此心者猶如立在鋒刃之端，登上將崩之山，這不是能夠延年長世的遠危之術。行廢立之臣即使暫時被任命以顯赫的職位，突然得到大量的賞賜，卻與將用於祭祀的犧牛身被紋繡、淵中之魚吞服莽麥、渴者縱飲鴆羽之酒、飢者大吃有毒之肉沒有什麼不同。而前代著書立說者卻都稱讚這種行為，以為美談。將這種窮凶極惡、死有餘辜的行為說成是懂得變通，這是使人憂傷而為之感慨不已的事。」

或諫余以此言為傷聖人，必見譏貶。余答曰：「舜、禹歷試內外❶，然受終文祖❷。雖有好傷聖人者，豈能傷哉？昔嚴延年廷奏霍光為不道❸，于時上下肅然，無以折也。況吾為世之誡，無所指斥，何慮乎常言哉？」

【章　旨】說明寫作此章的目的在於論說事理，並非傷害聖人。

【注　釋】❶舜禹歷試內外　據說堯在嗣位於舜之前，曾讓舜承當各項工作，對其進行觀察與考驗。《尚書・舜典》：「虞舜側微，堯聞之聰明，將使嗣位，歷試諸難。」❷受終文祖　接受禪讓，登上帝位。文祖，廟名。❸嚴延年廷奏霍光為不道　嚴延年，字次卿，東海下邳人。霍光廢昌邑王，立宣帝。嚴延年曾劾奏霍光「擅廢立，亡人臣禮，不道」，朝廷肅焉敬憚。見《漢書・酷吏傳》。

【語　譯】有人規勸我，認為上述議論傷害聖人，一定會受到世俗的譏諷與貶責。我回答說：「舜、禹歷試內外各項事務，然後接受禪讓，登上帝位。即使有好傷聖人者，又怎麼能夠有所傷害呢？從前嚴延年在朝廷上彈劾霍光為不道，當時上下肅然，沒有人駁斥他。何況我只是警誡世人，沒有具體所指。平常的議論，又有什麼值得憂慮呢？」

卷八 時難

【題解】時難，抒發志士有心盡忠報國而時世難逢的感慨。

歷代正直之士有心報國而壯志莫酬，乃至遭受毀謗、齎志而歿、身陷囹圄、冤屈莫白者，屢見於史冊的記載。其原因，一是明君不世而出，而庸君歷代都有。即使以賢者說聖君，也未必立即被接受，更何況所遭逢的多數是昏昧平庸之君呢？二是奸凶之徒巧言構陷，譖毀正直之臣，其事如李斯之誅韓非、龐涓之刖孫臏、上官之毀屈原、袁盎之害晁錯，令人怵目驚心。

良時難逢，明君難遇，讒臣難避，功業難成。所以有志之士，胸懷王佐之才，置身山野隱逸之中，終身不遇者，一定甚多。這正是作者抒發感慨的緣由。

抱朴子曰：「盡節無隱❶者可為也。若夫使言必納而身必安者，須時❷。時之否❸也，夫姦凶之徒，妬所不逮❹，擁上抑下，惡直醜正❺。憂畏公方之彈擊邪枉❻，是以務除勝己以紓其誅❼。明主不世而出，庸君迷於皂白。既不能受用忠益，或乃宣泄至言❽。於是弘恭、石顯❾之徒，飾巧辭以搆象似，假至公以售私姦。今獻長生之術者，反獲立死之罪；進安上之計❿者，旋受危身之禍。故曰：

非言之難也，談之時難也。

【章旨】正直之臣盡忠朝廷，因為不遇英明的君主，所以常有危身之禍。

【注釋】❶盡節無隱　效忠君主，盡心竭力，而無所保留。❷須時　有待於時。❸時之否　時局不利，朝政昏暗。❹妬所不逮　嫉妒勝過他們的人。不逮，不及。❺惡直醜正　憎惡與毀謗正直之輩。❻邪枉　奸邪不正。❼以紓其誅　以施展其剷除、排擠正人君子的用心。誅，剷除；懲罰。❽宣泄至言　指將出於至誠、祕密進諫的話洩漏了出去。❾弘恭石顯　均為西漢著名之宦官，貴幸傾朝。讒毀、排擠朝廷大臣蕭望之等，蕭望之被迫自殺。❿安上之計　治理好朝政，使君王安居上位之謀略。

【語譯】抱朴子說道：「對待君主竭盡忠誠、無所隱瞞，以盡為臣的職責，這樣的事是可取的。至於希望君主能採納忠言而臣下能平安無虞，就有待於時局了。當朝政昏暗、時勢不利之時，那些奸邪凶狠之徒忌恨超過自己的賢者。他們蒙蔽君上、壓抑下司，憎惡正直之士、醜化毀謗正人君子。他們害怕正直之臣彈劾奸邪之輩，所以一定要排擠勝過自己的人，以實現其剷除正人君子的用心。聖明的君主不是每個朝代都有的，而平庸的君主黑白不分。昏君既不能採納忠誠有用之言，有時還將出於至誠的忠告洩漏出去。於是弘恭、石顯之徒，就能以花言巧語編造些似是而非之事，假藉為公之名以推行個人的詭計。使得向君王獻長生之術者，反而遭受立即處死的罪刑；進呈治國安邦之策者，馬上便受殺身之禍。所以說：不是進言難，而是進言的時機難以遇到。

夫以賢說聖，猶未必即受。故伊尹干湯❶，至於七十也。以智告愚，則必不入。故文王諫紂❷，終於不納也。言不見信，猶之可也。若乃李斯之誅韓非❸、龐涓之刖孫臏❹、上官之毀屈平❺、袁盎之中晁錯❻，不可勝載也。為臣不易，豈一塗也哉？

【章旨】正直之臣不受君主信任，因讒被禍，屢見史冊記載。

【注釋】❶伊尹干湯　伊尹是商湯的輔佐大臣，佐商滅夏，後來又綜理國政，被稱為阿衡。傳說他始為有莘氏媵臣，曾以調和滋味之理解說王道，受到商湯的信任。干，求取任用。❷文王諫紂　周文王曾獻洛西之地，請求商紂王除炮烙之刑。見《帝王世紀》。❸李斯之誅韓非　李斯曾與韓非同學於荀子，自以為不如韓非。秦始皇讀韓非〈孤憤〉、〈五蠹〉之書，嘆曰：「寡人得見此人與之遊，死不恨矣！」後得韓非，李斯、姚賈讒毀之，秦始皇乃治韓非之罪。李斯使人遺藥，強迫韓非自殺。見《史記・老子韓非列傳》。❹龐涓之刖孫臏　龐涓、孫臏均為戰國時人，曾經同學兵法。龐涓後為魏之將軍，因嫉妒孫臏之才，將他誆騙到魏國，處以臏刑，即去膝蓋骨，使孫臏成為殘廢。❺上官之毀屈平　屈原名平，戰國楚之大夫。因受上官大夫靳尚之屬讒毀，被楚懷王疏遠，並遭放逐，終於自沈。❻袁盎之中晁錯　袁盎，一作「爰盎」，與晁錯同為西漢大臣。吳楚叛亂時，袁盎曾建議景帝斬晁錯以退吳兵。

【語譯】以賢良之臣進言聖明之君，尚且未必能立即被採納。所以伊尹七十歲時，才得到商湯的相信與任用。以智慧之臣進言愚昧之君，則忠言一定不會聽進去。所以周文之諫阻商紂王，終究不被採納。進言不被接受，還算說得過去。至於李斯之讒殺韓非、龐涓使孫臏受刖刑、上官大夫譖毀屈原、袁盎之中傷晁錯，這樣的事史書上載錄甚多，難以盡述。所以為臣的不易，難道只是在一個方面嗎？

蓋往而不反❶者，所以功在身後；而藏器俟時❷者，所以百無一遇。高勳之臣，曠代❸而一有；陷冰之徒❹，委積乎史策。悲夫，時之難遇也，如此其甚哉！

由茲以言，吾知渭濱呂尚之儔❺、巖間傅說之屬❻，懷其王佐之器，抱其邈世之材❼，秉竿擁築❽，老死於庸兒之伍，而遂不遇文王、高宗❾者，必不訾❿矣。」

【章　旨】良時難遇，所以高才之士，應該安於隱逸，而不必有所怨言。

【注　釋】❶往而不反　堅持隱逸山林，而不中途退縮。❷藏器俟時　身懷器識才能，待時而起。❸曠代　隔世；歷時長久。❹陷冰之徒　陷害清白正直之臣的那些人。❺渭濱呂尚之儔　呂尚遇周文王之前，曾在渭水之濱垂釣。❻巖間傅說之屬　傅說是商王武丁的大臣。他在被任用之前，曾在傅巖築牆。❼邈世之材　遠遠地超出世俗之上的才能。❽秉竿擁築　秉竿，持竿垂釣。指呂尚。擁築，執杵築牆。指傅說。築，擣土的杵。❾高宗　商王武丁，死後被祀為高宗。❿不訾　為數甚多，無可計量。

【語　譯】因此，那些堅持隱逸山野而義無反顧的人，他們的功績只能卓著於身後；那些身懷才能、隱逸待時之士，極少能夠遇合明主；建立豐功偉績的功臣，世所罕見；那些誣陷忠良之徒，充滿了史策的記載。可悲啊，良好的時局是多麼的難遇啊！由此來說，我知道類似渭水之濱的呂尚、山巖之中的傅說之輩，他們胸懷輔佐帝王的器識，具有超世的才幹，然而持竿垂釣、執杵築牆，只是老死於庸人之伍，而不能得到君王的賞識。這樣的人，一定為數甚多了。」

卷九 官理

【題解】本篇論述朝廷的用人之道。

《尚書・皋陶謨》曰：「知人則哲，能官人。」官，是授予官職的意思。選授官職的正確，靠的是聖明之君能夠識別人才、洞察一切，就像大禹、后稷所以能總領朝政，靠的是堯、舜的英明決斷。如果君主暴虐昏聵，則仁人才士不僅不能得到任用，還會遭遇禍殃。而如果君主器識狹小，則即使有非凡之才，也難以得到充分的信用。

從另一方面看，若是不用正直又有才能之臣而想實現太平興隆之治，那也無異於南轅北轍，是絕無可能的。

抱朴子曰：「騄駬❶之騁逸跡，由造父❷之御也。禹稷之序百揆❸，遭唐虞之主❹也。故能不勞而千里至，揖讓❺而頌聲作。若乃臧獲❻之乘驌驦❼，殷辛❽之臨三仁❾，欲長驅輕騖❿，則轡急轅逼。欲盡規竭忠，則禍如發機⓫。所以車傾於險塗，國覆而不振也。

【章旨】君主聖明，臣下才能建立卓異的功績。君主昏暴，則臣下無所用其忠心。

【注　釋】❶騄駬　即綠耳，良馬之名，周穆王八駿之一。❷造父　周代善於馭馬者。《史記・趙世家》說：造父幸於周穆王，取驥騮、綠耳等八駿，獻之穆王。穆王使造父馭，西巡狩，見西王母，樂之忘歸。❸序百揆　總理朝政，統令百官。❹唐虞之主　唐堯、虞舜為君主。❺揖讓　拱手。垂拱而治的意思。❻臧獲　奴婢。指不懂御馬的僕役。❼驌騻　古之駿馬名，一作「驌驦」。❽殷辛　帝辛，即商紂王。❾三仁　指商紂王時的微子、箕子、比干三人，曾對商紂王的暴虐無道行為多次諫阻。最後比干被殺，箕子佯狂為奴，微子離國出走，故孔子曰：「殷有三仁焉。」見《論語・微子》。❿輕騖　輕快地奔馳。⓫禍如發機　禍患立即來到。發機，引動機關，應聲而至。

【語　譯】抱朴子說道：「駿馬能夠輕鬆自如的奔馳，是由於造父善於駕馭之功。大禹、后稷能夠統領朝政，是由於遇到了堯、舜那樣英明的國君。所以能夠不用操勞而遠人前來歸附，垂拱而治而頌聲四起。如果是由不懂技術的僕隸去駕馭駿馬，由暴虐無道的商紂王統領三仁，駿馬欲待長驅輕馳，然而轡繩拉得很緊，轅木套得很逼仄。正直之臣想要稟忠進諫，則禍殃即刻降臨。所以馬車在危險的路途上翻覆了，國家面臨滅亡的局勢而無法拯救。

故良駿敗於拙御❶，智士躓❷於闇世。仲尼不能止魯侯之出❸，晏嬰不能遏崔杼之亂❹。其才則是，主則非也。夫君猶器也，臣猶物也。器小物大，不能相受矣。髫孺❺背千金而逐蛺蜨❻，越人棄八珍❼而甘鼃黽❽。即患不賞好，又病不識惡矣。

【章　旨】君王器識狹小，便難以任用有大才之賢臣。

【注　釋】❶拙御　笨拙的駕車人。❷躓　跌倒。比喻受挫折。❸仲尼不能止魯侯之出　魯侯，指魯定公。魯定公十三年，齊人陳女樂文馬於魯城南高門外，魯定公往觀終日，怠於政事。孔子於是離開魯國，開始周遊列國。❹晏嬰不能遏崔杼之亂　晏嬰，春秋齊之正卿。曾仕莊公朝，莊公不用其言，後來莊公被齊大夫崔杼所殺。《晏子春秋》有「莊公不用晏子晏子致邑而退後有崔氏之禍」一則。❺髫孺　兒童；小孩子。❻蛺蜨　蝴蝶。❼八珍　指八種烹飪之法，轉指各種美味嘉餚。❽鼃黽　青蛙。

【語　譯】因此在笨拙的車夫手中，駿馬也要失敗；在昏暗的世道，智者也會遭遇挫折。孔子不能阻止魯定公的錯誤舉動，晏嬰不能遏止崔杼之亂。他們雖然有如此的才能，然而卻未遇到虛心納諫的君主。國君猶如器具，臣子如同物件。器具小而物件大，器具便無法容納物件。小孩子放棄千金去追逐蝴蝶，越地之民放棄美味嘉餚而以青蛙為美食。他們的毛病，在於既不能賞識好的，又不能辨別惡的。

夫不用則雖珍而不貴矣，莫與❶則傷之者必至。昔衛靈聽聖言而數驚❷，秦孝聞高談而睡寐❸。而欲緝❹隆平之化❺，收良能之動❻。猶卻行以逐馳，適楚而首燕❼也。」

【章　旨】不用正直才能之臣而想治好天下，實現隆平之化，無異於南轅北轍，絕無可能。

【注　釋】❶與　推許；獎勵。❷衛靈聽聖言而數驚　衛靈公曾經向孔子問及兵陣之事，孔子答覆說：「俎豆之事則嘗聞之，軍旅之事未之學也。」第二天，衛靈公與孔子語，仰視之，色不在孔子。孔子便離開了衛國。❸秦孝聞高談而睡寐　商鞅入秦，對秦孝公談及帝王之道，「孝公時時睡，弗聽」。見《史記．商君列傳》。❹緝　積累；逐步實現。❺隆平之化　使天下興盛、平安之德化。❻良能之動　使才能卓異之臣建立功績。❼適楚而首燕　欲到楚國，卻朝燕的方向前進。即南轅北轍之意。

【語　譯】若是棄而不用，再難得的人才也就不足珍貴了。不加推許，讒言中傷馬上就降臨了。從前衛靈公聽孔子說話而心不在焉，秦孝公聽商鞅高論而瞌睡。如此而想逐步實現普天興隆的德化，使才能非凡之士為之建立功勳，這就好像倒退行走以追逐奔馬、面朝著燕國前進卻想要到達楚國一樣。」

卷一〇　務正

【題　解】本篇繼續闡述朝廷用人之道。

要治理好國家，首先必須得到眾人的支持。就好像眾多的江河才匯聚成南海，眾多的木石才堆積成為崑崙玄圃一樣，只有朝中人才濟濟，才能管理及保衛好國家。然而人才都有其長處，又有其短處。就像劍戟是格鬥的良器，若用來縫衣補履就不行了；錐鑽用來縫衣補履可以得心應手，若拿去作打仗的兵器則毫無用處。牛馬可以負重拉車，卻不可以守門啼曉；雞犬可以啼曉看門，卻不能夠駕車負載。所以朝廷用人之道，在於因人制宜、揚長避短，這是從事政治、執掌權柄者所必須明白的道理。

抱朴子曰：「南溟❶引朝宗❷以成不測之深，玄圃❸崇木石以致極天之峻。大夏凌霄，賴群榱❹之積；輪曲輮直，無可闕之物❺。故元凱❻之佐登，而格天之化❼洽；折衝之才❽周，則逐鹿之姦❾寢。舜禹所以有天下而不與，衛靈所以雖驕恣而不危❿也。眾力并則萬鈞不足舉也，群智用則庶績⓫不足康⓬也。故繁足者死而不弊，多士⓭者亂而不亡。

【章　旨】只有集中眾多的人才才能治理及保衛國家，若遭逢禍亂，朝廷也不會滅亡。

【注　釋】❶南溟　南海。❷朝宗　百川以海為宗，所以百川流向大海，謂之朝宗。❸玄圃　傳說崑崙山頂有玄圃堂。見《十洲記》。❹群橑　眾多的木料。橑是屋椽，一說屋簷前木。❺無可闕之物　沒有棄而無用的木材。❻元凱　八元、八愷，均為古代的才士，用為朝中輔佐之臣。見《左傳・文公十八年》。❼格天之化　天下太平，德化上聞於天。❽折衝之才　能打敗敵軍的人才。❾逐鹿之姦　指分裂國家、奪取政權的陰謀與野心。《史記・淮陰侯列傳》：「秦失其鹿，天下共逐之。」❿衛靈所以雖驕恣而不危　孔子曾經說到衛靈公無道，有人問曰：「夫如是，奚而不喪？」孔子答曰：「仲叔圉治賓客，祝鮀治宗廟，王孫賈治軍旅。夫如是，奚其喪？」意謂衛靈公能用臣下之才，故得以保其國。見《論語・憲問》。⓫庶績　眾多的事務。⓬康　舉起。辦理的意思。⓭多士　朝廷人才眾多。

【語　譯】抱朴子說：「百川奔注成就了深不可測的南海，木石積累使得高峻的玄圃直插雲天。聳入雲霄的大廈，靠的是眾多木料的建築。曲木用作車輪，直木用作車轅，沒有棄而無用的木材。所以才士登上了輔佐之位，就能使舉國太平，德化上聞於天。有英勇善戰的人才保衛朝廷，那些分裂天下、篡奪王權的野心就會止息。這就是虞舜、夏禹所以有天下而不失，衛靈公所以驕傲恣肆而國家不亡的原因。集合眾人之力，再重的東西也能夠舉起；集中大家的智慧，再多的事情也能夠辦好。所以百足之蟲身體被斬斷後仍能逃走，朝中人才濟濟則國家有亂仍不滅亡。

然劍戟不長於縫緝❶，錐鑽不可以擊斷❷，牛馬不能吠守❸，雞犬不任駕乘❹。役其所長，則事無廢功。避其所短，則世無棄材矣。」

【章　旨】物各有用，人各有才。揚長避短，則無荒廢之事，亦無棄置之材。

【注　釋】❶劍戟不長於縫緝　長劍利戟，不擅長於縫衣補履。❷錐鑽不可以擊斷　錐鑽可以用來縫衣補履，卻不能如劍戟用作戰鬥。❸吠守　看門戶，守房舍。吠，狗叫。❹駕乘　駕車、負重。

【語　譯】然而劍戟不擅長於縫衣補履，錐鑽不可用作打仗的兵器，牛馬不能代替狗去守門戶，雞犬不能代替牛馬載重拉車。用其所長，則各種事務都有人去做；避其所短，則各種材料都能派上用場。」

卷一一 貴賢

【題解】本篇闡說治國者必須尊重賢者的道理。

尊賢、尚賢，是我國一貫的傳統。《尚書‧大禹謨》曰：「野無遺賢，萬邦咸寧」，也就是賢者在位，則天下安寧之意。孔子批評臧文仲不薦舉賢者為「竊位」。《墨子‧尚賢上》曰：「古者聖王之為政，列德而尚賢。」《說苑‧尊賢》曰：「人君之欲平治天下而垂榮名者，必尊賢而下士。……夫朝無賢人，猶鴻鵠之無羽翼也。雖有千里之望，猶不能致其意之所欲至矣。是故游江海者託於船，致遠道者託於乘，欲霸王者託於賢。」這些都是闡說賢者對於治理國家的重要性。然而動亂衰敗之世，道義原則不受到朝廷與世俗的尊重，於是賢者受到冷落。

本篇要求君主平時注意招賢任賢，要求賢者盡心竭力報效國家。並且告誡君王，若是平時荒於遊宴、醉於酣樂，等到危局已成、動亂四起、大廈將傾、社稷將亡，然後再想到尊賢用能，就來不及了。這表明了作者對於現實政治的憂慮。

抱朴子曰：「舍輕艘而涉無涯者，不見其必濟也；無良輔而羨隆平者，未聞其有成也。鴻鸞之凌虛❶者，六翮❷之力也；淵虬❸之天飛❹者，雲霧之偕也。故招賢用才者，人主之要務也；立功立事者，髦俊❺之所思也。

若乃樂治定而忽智士者，何異欲致遠途而棄騏騄❻哉？拔丘園之否滯❼，舉遺漏之幽人，職盡其才、祿稱其功者，君所以待賢者也。勤夙夜之在公❽，竭心力於百揆❾，進善退惡、知無不為者，臣所以報知己也。

【章　旨】君主治理國家離不開賢能之士。賢能之士只有盡心竭力、勤於國事，才能報答君主的知遇之恩。

【注　釋】❶淩虛　淩空飛翔。❷六翮　六根健羽。❸淵虯　棲息深潭中的虯龍。❹天飛　飛騰於天。❺髦俊　英俊才能之士。❻騏騄　騏驎、騄耳，古代良馬之名。❼拔丘園之否滯　選拔在野不遇的賢能之士。否滯，閉塞不通。❽勤夙夜之在公　指起早貪黑，忙於公事。❾百揆　百事；各種政務。

【語　譯】抱朴子說：「捨棄輕快的船隻而橫越無際的波濤，未必能渡過到彼岸；沒有良臣輔佐而希望實現興盛太平之治，沒聽說有成功的例證。鳳鸞展翅長空，靠的是腹下六根健羽的力量；潭中神龍騰飛於天，必有雲霧與之相隨。所以招來賢士，任用人才，是君主的首要之務；輔佐君主，建功立業，是才能之士衷心的願望。

至於想要治理好國家而又忽視任用智能之士，與那種想要遠途跋涉而又摒棄駿馬，又有何不同呢？選拔隱淪丘園、有志不遇的賢者，舉用遺漏民間的才能之士，使職務與其才能相當、爵祿與其功績相符，這是君王應有的對待賢者的態度。不分日夜地勤心於公務，盡心竭力地處理好各種政事，進賢善、退邪惡，知無不為，這是臣下應有的報答君主知己之恩的行為。

世有隱逸之民，而無獨立之主❶者，士可以嘉遁❷而無憂，君不可以無臣而致治。是以傅說、呂尚❸不汲汲於聞達者，道德備則輕王公也。而殷高、周文❹乃夢想乎得賢者，建洪勛必須良佐也。

患於生乎深宮之中、長乎婦人之手，不識稼穡之艱難，不知憂懼之何理。承家繼體❺，蔽乎崇替❻。所急在乎侈靡，至務在乎游宴。般于畋獵❼，湎于酣樂。聞淫聲則驚聽，見豔色則改視。役聰用明，止此二事。鑒澄人物，不以經神。唯識玩弄可以悅心志，不知奇士可以安社稷。犀象珠玉無足❽，而至自萬里之外；安傾之器❾能行，而淪乎四境之內。

二豎之疾既據❿，而募良醫；棟橈之禍⓫已集，而思謀夫。何異乎火起乃穿井、覺飢而占田哉？夫庸隸猶不可以不拊循⓬而卒盡其力，安可以無素而暴得其用哉？」

【章　旨】君主倘若平時不注意識別提拔賢能之士，等到危局已成、大廈將傾，再思任用，則為時已晚。

【注　釋】❶獨立之主　孤獨無臣的君主。❷嘉遁　符合正道之退隱。❸傅說呂尚　傅說板築於傅巖，商王武丁訪得，舉以為相。呂尚曾垂釣於磻溪，周文王奉之為師。❹殷高周文　商王武丁，被祀為高宗。傳說武丁夜夢得聖人名曰說，求訪於野，得於傅巖，任用為相，國家大治。周文王曾出獵，行前卜辭曰：「所獲非龍非彲，非虎非羆，所獲霸王之輔」，果遇呂尚於渭之陽。皆所謂「夢想乎得賢」之事。❺承家繼體　繼承國家，世襲帝位。❻蔽乎崇替　不明白國家興隆或是衰亡之理。❼般于畋獵　田獵、遊樂。般，通「盤」。遊樂。❽犀象珠玉無足　《韓詩外傳・卷六》：「夫珠出於江海，玉出於崑山，無足而至者，猶主君之好也。士有足而不至者，蓋主君無好士之意耳。」❾安傾之器　能挽救危難、安定國家之才士。❿二豎之疾既據　指病魔纏身，病情嚴重。《左傳·成公十年》載：晉侯夢疾病化為二豎子，逃於肓之上、膏之下。據，通「劇」。⓫棟橈之禍　棟梁彎曲，房屋有倒塌的危險。比喻政局危機，有傾覆之禍。⓬拊循　安撫；撫慰。

【語　譯】世間有隱逸田園之士，而無孤獨無臣之君，因為士人可以高蹈隱逸而無所憂慮，然而君主卻不能沒有臣子而治理好國家。傳說、呂尚並不急迫地追求顯達的地位與聲譽，因為他們具備了高尚的道德，所以輕視王公的地位。殷高宗、周文王夢想得到賢士，因為建立偉大的功勳必須得到良臣輔佐。

值得憂慮的是君王生於深宮之中，長於婦人之手，不知耕作播種的艱難，不知有何憂懼之事。他們繼承了君主的地位，又不懂社稷興亡的道理。他們追求的是奢華的生活，將遊樂宴飲當作最重要的事務。他們遊樂狩獵，沈醉在享樂之中。他們聽到淫逸的樂聲就精神振作了，看見豔麗的色彩視線就被吸引了。他們的耳目聰明，全都用在這兩個方面，對於鑒識、選拔人才，毫不操心費神。他們只知遊戲玩樂可以賞心悅目，不知奇異之士可以安定朝綱。象牙、珠玉之寶無足，卻可以從萬里之外搜尋而來；挽救危局、安定國家之士能走路，卻棄置沈淪在國境之內。

等到病入膏肓、不可救藥了，然後再尋求良醫；等到凶亂已成，大廈將傾，然後才想起謀略之士。這與火災已經發生再去鑿井、腹中飢餓了再去耕種又有什麼不同呢？即使是平凡的役隸，尚且不可以平時不加愛撫，而猝然事發時使之盡心盡力；對於賢能之士，又怎麼能平素不注意識別提拔，而突然使之發揮巨大的作用呢？」

卷一二 任能

【題解】本篇之主旨，是批評「臣賢於君者不可任」的論調。

封建政治清明之時，君主任命賢能之臣乃是毫無疑義的。這樣的君上，史書稱為聖明之主。到了政治昏暗之世，闇庸之主置社稷蒼生於不顧，任人唯親、唯佞、唯媚。與之相配合，便產生了「臣賢於君者不可任」的論調。

本篇舉出典籍中的記載，從兩個方面對此進行了闡說。一是歷史上的君主任命才能勝過自己的賢能之士，都建立了非凡的功績。而由君主直接管理政務，則未必能取得如此的成功。二是說人臣的器識智能即使超過了君主，像孔子之於魯哀公、晏嬰之於齊景公，也仍然會效忠盡節，而不會與君王比較智力與才能的高下。

或曰：「尾大於身者不可掉❶，臣賢於君者不可任。故口不容而強吞之者必哽，才非匹而安仗之者見輕❷。」

抱朴子曰：「詭哉言乎！昔者荊子總角而攝相事，實賴二十五老❸，臻乎惠康❹；子賤起家而治大邦，實由勝己者多❺，而招其弘益。齊桓殺兄而立❻，鳥獸其行，被髮彝酒，婦閭三百❼。委政仲父❽，遂為霸宗❾。夷吾既終，禍亂亟起。

魯用季子⑩二十餘年，內無粃政，外無侵削。人之亡沒，殄瘁響集⑪。豈非才所不逮⑫，其功如彼；自任其事，其禍如此乎？

【章　旨】舉出歷史上的實例，說明只有善於任用才能勝己的賢士，才能建立功績，管理好國家。

【注　釋】❶尾大於身者不可掉　尾部過大則不能指揮控制。❷見輕　被輕視。❸荊子總角而攝相事二句　荊子，指介子推。年十五而相荊。孔子聞之，使人往視，見廊下有二十五俊士，堂上有二十五老人。孔子曰：「合二十五人之智，智於湯武；并二十五人之力，力於彭祖。以治天下，其固免矣乎？」見《說苑・尊賢》。❹臻乎惠康　實現了天下和諧安樂之治。惠是愛民，康是富庶安樂。❺子賤起家而治大邦二句　孔子之弟子宓不齊，字子賤，曾任單父宰。《孔子家語》云：子賤在單父「所父事者三人，所兄事者五人，所友者十一人」，可知多有勝己者。❻齊桓殺兄而立　公子糾為公子小白之庶兄，二人爭為國君。公子小白立，為齊桓公。公子糾被殺。見《左傳・莊公九年》。❼被髮彝酒二句　傳說齊桓公行為荒淫，經常飲酒，又多內寵。曾披髮與宮女同車，日遊街市。婦閭三百，形容宮女眾多。見《韓非子・難二》。❽仲父　管仲，名夷吾，齊桓公尊稱他為「仲父」。父，同「甫」。❾霸宗　霸主。齊桓公為春秋五霸之一，故云。❿季子　季文子，即季孫行父，春秋魯之正卿，在魯國為相長達二十餘年，廉潔持重。妾不衣帛，馬不食粟，臨死之時，家無餘積。見《左傳・襄公五年》。⓫人之亡沒二句　意謂季文子一死，急難災禍便應聲而至。《說苑・尊賢》曰：「僖公即位而任季子，魯國安寧，外內無憂，行政二十一年。季子之卒後，邾擊其南，齊伐其北，魯不勝其患。」⓬才所不逮　才能超過君主之臣。指前所舉齊之管仲、魯之季子。

【語　譯】有人說：「尾大於身則調動不靈，無法控制，臣下賢能超過君主則不可任用。所以口腔太小而硬性強吞，一定會被哽住。才能無法匹敵而任用為臣，必然會被輕視。」

抱朴子說：「這是詭辯之辭啊！從前介子推十五歲代理荊國丞相之事，實際上靠的是二十五老的輔助，得以實現天下安和太平之治。宓子賤開始出仕為單父宰，靠著許多才能超過他的人的幫助，而得到莫大的好處。齊桓公殺死了自己的庶兄，自立為君，行為如同禽獸。他經常被髮飲酒，宮中宮女數百。然而他將朝政委託給管仲，自己便成為了一代霸主。管仲死後，禍亂便立即出現了。魯國任用季文子為相二十餘年，國家內無弊政，外無敵人的侵略。人死之後，各種災禍便隨之而來。這難道不是由於管仲、季文子有超出君主的才能，因此才有如許的功績；而君主自己執掌朝政，反而有如此的禍患嗎？

漢高決策於玄幃❶、定勝乎千里，則不如良、平❷；治兵多而益善，所向無敵，則不如信、布❸。兼而用之，帝業克成。故疾步累趨，未若託乘乎逸足❹；尋飛逐走❺，未若假伎乎鷹犬。夫勁弩難彀❻，而可以摧堅逮遠；大舟難乘❼，而可以致重濟深；猛將難馭，而可以折衝拓境❽；高賢難臨❾，而可以攸敘彝倫❿。

昔魯哀庸主也，而仲尼上聖，不敢不盡其節；齊景下才也，而晏嬰大賢，不敢不竭其誠。豈有人臣當與其君校智力之多少、計局量之優劣，必須堯舜乃為之役哉？何事非君，何使非民⓫，恥令其君不及唐虞⓬，此亦達者之用心也。」

【章旨】臣下的才能器識即使超過君主，仍然會效忠盡節，輔佐君王，追步堯舜。

【注釋】❶玄幃　帷幄；軍帳。❷良平　張良、陳平。劉邦曾經說：「夫運籌策帷帳之中，決勝於千里之外，吾不如子房。」子房，即張良。見《史記・高祖本紀》。❸信布　韓信、英布。劉邦曾與韓信交談，韓信自說統率軍隊「多多而益善」。見《史記・淮陰侯列傳》。❹逸足　指駿馬。❺尋飛逐走　追逐、獵取飛禽走獸。❻勁弩難彀　強弓硬弩難以上弦。彀，張滿弓弩。❼乘　駕駛。❽折衝拓境　衝鋒陷陣，打敗敵軍，開拓疆宇。❾難臨　難以招致。❿攸敘彝倫　傳布教化倫理。彝倫，常道。⓫何事非君二句　無不可事之君，無不可使之民。見《孟子・公孫丑上》。⓬唐虞　唐堯、虞舜。

【語譯】漢高祖劉邦定策於軍帳之內、決勝於千里之外，則不如張良、陳平；統兵多多益善，所向無敵，則不如韓信、英布。統率、任用這些人才，才得以成就帝業。所以快速行進，不如騎乘駿馬；獵捕飛禽走獸，不如用獵鷹與獵犬。強弓硬弩難以上弦，但可以摧毀堅固而遙遠的目標；大船難以駕馭，但可以裝載重物渡過深水；猛將難以指揮控御，但可以衝鋒陷陣，開拓疆宇；高邁的賢者難以招致，但可以宣傳教化倫理。

從前魯哀公乃是平庸之主，而孔子是傑出的聖人，不敢不盡其為臣的職責；齊景公乃是下等之才，而晏嬰是著名的賢人，不敢不竭盡為臣的忠誠。難道作為人臣，可以與其君主比量智力的高下、計較器識的優劣，必須堯舜之主方能為之效力嗎？世上無不可奉事之君，無不可教化之民。如果不能使君主追步堯舜，則是為臣的恥辱，這便是通達事理者的用心。」

卷一三　欽士

【題解】本篇之主旨，在於說明君主對待士人應該採取尊敬的態度。

封建政體中的君主具有至高無上的地位。而這種地位的維持，卻有賴於廣大士人階層的支持與配合。《說苑・尊賢》引田子方語曰：「人主驕人而亡其國」，「大夫驕人而亡其家」。《新序・君道》曰：「帝者之臣，其實師也；王者之臣，其實友也；霸者之臣，其實僕也；危國之臣，其實虜也。」這些都是從國君對待士人的態度來立言的。君主的品級愈高，對待士人愈謙和、尊敬，國勢愈強盛。反之，君主的品級愈下，對待士人愈粗暴、無禮，國勢愈卑弱。

本篇首論士人對於國家的重要性：在朝則國泰民安，統軍則戰無不勝，生前之隱可以卻敵，死後之名足以威眾。繼而提出君主應該徵舉隱逸之士、禮待四方之士，克恭克敬，以得到士人的贊助，方能建立龍騰虎踞般的業績。

抱朴子曰：「由余在戎而秦穆惟憂❶，楚殺得臣而晉文乃喜❷，樂毅出而燕壞❸，種蠡入而越霸❹。破國亡家，失士者也。豈徒有之者重、無之者輕而已哉？柳惠之墓，猶挫元寇之銳❺，況於坐之於朝廷乎？干木之隱，猶退踐境之攻❻，況於置之於端右❼乎？郅都之象❽，使勁虜振慴❾；孔明之尸❿，猶令大國寢鋒⓫。

以此御侮，則地必不侵矣；以此率師，則主必不辱矣。

【章　旨】得士則國泰民安，失士則國破家亡。賢士統軍，則戰無不勝；賢士在朝，則不會喪失國土、辱沒國君。

【注　釋】❶由余在戎而秦穆惟憂　由余是春秋時的賢士，初仕於西戎。秦穆公曰：「鄰國有聖人，敵國之憂也。」乃設計離間由余與戎王的關係。由余遂入秦，拜為上卿。見《韓非子・十過》。❷楚殺得臣而晉文乃喜　成得臣，字子玉，春秋楚卿，官至令尹。與晉兵戰於城濮，兵敗後被迫自殺。晉文公聞之，喜形於色。見《左傳・僖公二十八年》。❸樂毅出而燕壞　樂毅是戰國燕之上將，曾總領五國兵伐齊，攻佔七十餘城。齊行反間計，燕王派人奪樂毅的兵權。樂毅逃往趙國，燕軍遂敗，所攻佔的齊城又全部丟失。見《史記・樂毅列傳》。❹種蠡入而越霸　文種，字伯禽；范蠡，字少伯；均為楚人。二人輔助越王句踐滅亡吳國，遂稱霸主。❺柳惠之墓二句　春秋魯大夫展禽，世稱柳下惠。傳說秦曾攻齊，下令敢在柳下惠墓五十步內樵采者，死不赦。見《戰國策・齊策》。❻干木之隱二句　段干木，戰國魏之隱士。魏文侯對他十分尊重。秦興兵欲攻打魏國，有人以魏文侯禮待賢者為理由加以諫阻，秦王於是罷兵。見《呂氏春秋・期賢》。❼端右　指朝中之行政首腦。❽郅都之象　郅都是西漢時人，嚴於執法，不避貴戚。曾任雁門太守，匈奴引兵而去。匈奴人或以木刻郅都之人形，射之不能中。見《史記・酷吏列傳》。❾振慴　因恐懼而發抖。❿孔明之尸　諸葛亮，字孔明。「死諸葛走生仲達」事，見於民間傳說。⓫寢鋒　退兵。寢，止息。

【語　譯】抱朴子說：「由余在西戎，秦穆公為之憂慮；楚王逼殺成得臣，晉文公便高興了；樂毅出奔，燕軍就遭到潰敗；文種、范蠡入越，越國就稱霸一方。所以國破家亡，是由於失去了人才。難道只是朝中多士則勢重、朝中無才則勢輕嗎？柳下惠之墓，使得強敵鋒芒受挫。倘若使之在朝，又會怎樣呢？段干木之隱逸，尚且能夠使敵軍停止侵犯，若是使之統理朝政，又會怎樣呢？郅都的木質人像，使得匈奴人畏懼發抖；諸葛孔明之神像，尚且能使大國退兵。用他們來抵禦侵犯之敵，則一定不會喪失國土。用他們來統率軍隊，則君主一定不會蒙受羞辱。

是以明主旅束帛於窮巷❶，揚滯羽❷於瘁林❸，飛翹車❹於河梁，闢四門❺而不倦。不吝金璧，不遠千里，不憚屈己，不恥卑辭，而以致賢為首務，得士為重寶❻。舉之者受上賞，蔽之者為竊位❼。故公旦執贄於白屋❽，秦昭拜昌於張生❾，鄒子涉境而燕君擁篲❿，莊周未食而趙惠竦立⓫。晉平接亥唐⓬，腳痺而坐不敢正⓭。齊侯之造稷丘⓮，雖頻繁而不辭其勞。楚王受笞於保申⓯，趙簡去甲於公盧⓰。彼雖降高抑滿，以貴下賤，終亦并目以遠其明，假耳以廣其聽⓱。龍騰虎踞，宜其然也。」

【章　旨】正因為賢能之才對於朝政興衰至關重要，所以歷代君主舉賢敬士，不遺餘力，方能成就功業。

【注　釋】❶旅束帛於窮巷　派遣使者攜帶禮物前往窮巷徵辟賢者出仕作官。束帛，是古代徵聘的禮物。❷滯羽　指受挫折而未能展翅之鳥。❸瘁林　與窮巷相對。指荒蕪的樹林。❹翹車　古代的一種禮聘賢士的車子。❺闢四門　打開都城的四門，以接待各地的賢者。《尚書・舜典》：「詢于四岳，闢四門。」❻重寶　貴重的珍寶。原作「重實」，據《道藏》本改。❼蔽之者為竊位　遮蔽賢者而不舉薦於朝是竊取職位。《論語・衛靈公》引孔子曰：「臧文仲其竊位者與？知柳下惠之賢，而不與立也。」❽公旦執贄於白屋　傳說周公攝天子位，布衣之士執禮所師見者十二人，窮巷白屋所先見者四十九人。見《說苑・尊賢》。❾秦昭拜昌於張生　張生，即范雎，更姓名曰張祿，以見秦昭王。昭王再拜而聽其言。拜昌，拜受善言。見《史記・卷七九》。❿鄒子涉境而燕君擁篲　戰國鄒衍前往燕國，燕昭王擁篲掃地，以為前驅，表示尊重。⓫莊周未食而趙惠竦立　莊子見趙惠文王，說以劍事。畢，宰人上食，趙惠文王三環之。見《莊子・說劍》。⓬晉平接亥唐　亥唐是春秋時晉國之賢者，隱居於窮巷。晉平公往訪，亥唐言入乃入，言坐乃坐，言食乃食，以禮相待。見《孟子・萬章下》。⓭腳痺而坐不敢正　《太平御覽・卷三七二》載：「晉平公與唐彥坐而出，叔向入，公曳一足。叔向問之，公曰：吾待唐子，腓痛足痺而不敢伸。」

⑭齊侯之造稷丘　傳說齊桓公去見小臣稷，一連去了三次，皆未能見。五往，而後得見。載《新序・雜事》。⑮楚王受笞於保申　春秋時，楚文王荒於畋獵、惑於女色，整年不聽朝。朝臣保申諫之，曰「王之罪當笞」。於是保申束細荊，跪而加之於背。見《呂氏春秋・直諫》。⑯趙簡去甲於公廬　趙簡子，春秋晉之正卿，曾率軍進攻齊國。有披甲之士公廬望諫阻，乃罷師而歸。見《說苑・正諫》。⑰并目以遠其明二句　以士人為耳目，擴大君主的視聽範圍。

【語　譯】所以聖明的君主派遣使者徵辟賢人出仕作官，使得受挫的鳥兒能夠飛出荒林，禮聘的翹車飛馳於河梁，都門四開不倦地迎接各地的賓客。不吝惜金璧財寶，不以千里為遠，不怕降低身分，不怕卑辭謙恭，而以招致賢者為首要之務，以得到人才為珍貴的寶物。舉薦賢者的人受到上等的獎賞，隱瞞不薦的人被認為是竊據職位。所以周公旦攜帶禮品訪問白屋的寒士，秦昭王拜受范睢之善言，鄒衍前往燕國而燕昭王擁篲掃地，莊周未進食而趙惠王肅然侍立。晉平公接見亥唐時腳已痠麻而不敢正坐。齊桓公訪問稷丘，即使往返多次也不辭辛勞。楚文王受保申的鞭笞而改過，趙簡子受公廬的諫阻而罷兵。上述的這些舉動，雖說降低了自己高貴的身分，壓抑著自滿的心理，以尊重卑賤者，終究擴大了自己的視野，豐富了自己的見聞。他們得以宛如龍騰虎躍，稱雄一時，也就是應該的了。」

卷一四 用刑

【題解】本篇討論與刑法相關的問題。

我國古代傳統的政治思想，大體上是提倡德化，亦不廢刑法。以德教化民眾，以刑禁止邪惡。《孔子家語·刑政》曰：「聖人之治化也，必刑政相參焉。太上以德教民而以禮齊之，其次以政焉。……化之弗變，導之弗從，傷義以敗俗，於是乎用刑矣。」這也就是以刑輔政、不得已而用刑之意。

基於這種認識，本文從以下四個方面對此展開了論述：首先，刑法的執行由來久遠，並非衰敗之世才用刑法，因而刑法不可偏廢；其次，刑法的執行必須寬嚴適度，才能收到誅一而救萬、損少以成多的效果；其三，刑罰是治國之利器，必須由君王親自掌握，而刑罰的執行則必須任用忠良之士，才能確保執法準確無誤；其四，討論了恢復肉刑的問題。

抱朴子曰：「莫不貴仁，而無能純仁以致治也；莫不賤刑，而無能廢刑以整民也。或云明后御世，風向草偃❶，道洽化醇❷，安所用刑？」

余乃論之曰：「夫德教者，黼黻之祭服❸也；刑罰者，捍刃之甲胄也。若德教治狡暴，猶以黼黻御剡鋒❹也；以刑罰施平世，是以甲胄升廟堂也。故仁者養物之器，刑者懲非之具。我欲利之，而彼欲害之。加仁無悛❺，非刑不止。刑為仁佐，於是可知也。

譬存玄胎息，呼吸吐納，含景內視，熊經鳥伸❻者，長生之術也。然艱而且遲，為者尠成。能得之者，萬而一焉。病篤痛甚，身困命危，則不得不攻之以鍼石❼，治之以毒烈❽。若廢和、鵲之方❾，而慕松、喬之道❿，則死者眾矣。

仁之為政，非為不美也。然黎庶巧偽，趨利忘義。若不齊之以威，糾之以刑，遠羨義、農之風⓫，則亂不可振，其禍深大。以殺止殺，豈樂之哉？

【章　旨】仁義如廟堂的禮服，刑法如戰場的甲冑；仁義如氣功長生之術，刑法如醫藥針灸之方。仁義與刑法相輔相成，缺一不可。

【注　釋】❶風向草偃　風吹草伏。比喻教化的普及。❷道洽化醇　道德教化的感染與薰陶。洽，霑潤。❸黼黻之祭服　祭祀時的禮服。黼黻是古代禮服上的花紋圖案。❹剡鋒　銳利的鋒芒。指刀槍劍戟之類的兵器。❺加仁無悛　採用寬仁的政策，他們並不會悔改。悛，悔過；停止作惡。❻熊經鳥伸　古代導引養生之術，如熊之攀樹而懸空，鳥之飛空而伸腳。❼攻之以鍼石　用石針去治療疾病。鍼，「針」之本字，醫療之具。❽毒烈　藥效凶猛的烈性藥物。毒，猛烈。❾和鵲之方　醫術、藥方。醫和、扁鵲，均為古代之名醫。❿松喬之道　成仙之道，長生之術。赤松子、王子喬均為古代相傳之仙人。⓫羲農之風　伏羲、神農之世，風氣樸素，純用德化。

【語　譯】抱朴子說：「都推崇仁，然而並不能完全用仁治理好天下；都輕視刑，然而並不能廢除刑法以管理好民眾。有人說聖明的君主統治天下，百姓像風吹草伏一樣受到道德的感染與教化的薰陶，刑法又有何用？」

我於是論說道：「道德教化，就像廟堂祭祀時的禮服；刑罰，就好像防禦兵器傷害的盔甲。若是以道德教化對付狡猾殘暴的人，就好像穿著禮服去抵禦刀槍一樣；若是專用刑罰治理太平之世，就好像穿戴盔甲登上廟堂一樣。所以仁有養育萬物的作用，而刑是懲處非法的手段。我想增進福利，有人卻想危害社會。對他們寬仁，他們不會悔改。若是不用刑罰，他們便不會停止作惡。刑法是仁德的輔佐，由此便可知了。

這就好像存思守一、呼吸吐納、內視返聽、導引肢體，都是長生之方術。然而修煉困難而且收效緩慢，少有成功，能達到目標者只有萬分之一。當人疾病嚴重、疼痛厲害之時，生命垂危，則不得不用針灸去醫療，用烈性的藥物去治理。如果廢棄醫藥之方，而只欽慕長生之術，那就會造成許多人的死亡。

推行仁義政治，並非不好，只是世俗機巧虛偽，見利而忘義。若不用權威去統一治理，不用刑法去糾正偏邪，而只是仰慕遠古伏羲、神農之風尚，則天下必將動亂不休，無可振救，禍害非常之大。以刑殺來制止動亂，難道情願如此嗎？

八卦之作，窮理盡性❶。明罰用獄❷，著於〈噬嗑〉❸。繫以徽纆❹，存乎習坎❺。然用刑其來尚矣！逮於軒轅❻，聖德尤高。而躬親征伐，至於百戰。殭尸涿鹿❼，流血坂泉❽。猶不能使時無叛逆，載戢干戈❾，亦安能使百姓皆良，民不犯罪，而不治者，未之有也。唐虞之盛，象天用刑❿。竄殛放流⓫，天下乃服。漢文玄默，比隆成康⓬。猶斷四百⓭，鞭死者多。

夫匠石不舍繩墨，故無不直之木；明主不廢戮罰，故無陵遲之政⓮也。蓋天地之道不能純仁，故青陽闡陶育之和⓯，素秋厲肅殺之威⓰。融風扇則枯瘁攄藻⓱，白露凝則繁英彫零，是以品物阜焉⑱，歲功⑲成焉。溫而無寒，則蝡動不蟄⑳，根植冬榮㉑。寬而無嚴，則姦宄並作㉒。利器㉓長守，故明賞以存正，必罰以閑邪㉔。勸沮㉕之器，莫此之要。

【章　旨】刑罰由來久遠。黃帝、堯、舜，莫不用刑。天地之道，不能純仁，所以刑法不可荒廢。

【注　釋】❶窮理盡性　窮盡萬物之事理，符合人的本性。❷明罰用獄　〈噬嗑〉卦辭中有「利用獄」的話，〈象傳〉中有「先王以明罰勅法」的話。❸噬嗑　《周易》卦名。噬嗑象上下顎咬合，比喻用刑。❹繫以徽纆　《周易・坎卦》爻辭曰：「上六，係用徽纆，寘于叢棘，三歲不得，凶。」古人認為說的是綑縛、囚執之事。徽纆，綑綁用的繩索。❺習坎　即〈坎卦〉，上下卦均為坎。習，有重的意思。❻軒轅　黃帝，名曰軒轅。❼殭尸涿鹿　傳說黃帝曾與蚩尤戰於涿鹿之野，擒殺蚩尤。❽流血坂泉　傳說黃帝與神農戰於坂泉之野，三戰，然後得其志。見《史記・五帝本紀》。❾載戢干戈　收藏起兵器，不用征伐。❿象天用刑　效法天地，以施刑罰。⓫竄殛放流　驅逐、誅死、流放等刑罰。舜曾流共工於幽州，放驩兜於崇山，竄三苗於三危，殛鯀於羽山，四罪而天下咸服。見《尚書・舜典》。⓬漢文玄默二句　漢文帝以清靜玄默治天下，社會之太平興隆可以與周成王、周康王時比美。《史記・周本紀》曰：「成康之際，天下安寧，刑錯四十餘年不用。」⓭猶斷四百　全國斷案四百例。《漢書・刑法志》曰：「孝文即位，躬修玄默……是以刑罰大省，至於斷獄四百，有刑錯之風。」⓮陵遲之政　衰敗之政。陵遲，衰敗。⓯青陽闡陶育之和　春風和煦，萬物生長發育。青陽，春天。闡，生發。⓰素秋厲肅殺之威　秋風肅殺，萬物蕭索。⓱枯瘁攄藻　枯木敗草，都發芽開花。⓲品物阜焉　各類物種都生長蕃盛。品物，眾多之物。⓳歲功　農事收穫。⓴蝡動不蟄　爬蟲不會冬蟄。蝡動，蟲類蠕動爬行之狀。㉑根植冬榮　植物在冬天開花。榮，花。㉒姦宄並作　違法犯禁、為非作歹之事大批出現。㉓利器　執掌刑罰的權柄，是維護政權的利器。《韓非子・二柄》曰：「明主之所導制其臣者，二柄而已矣。二柄者，刑、德也。」㉔閑邪　防止邪惡。㉕勸沮　勉勵或阻止，進行誘導。

【語　譯】八卦的造作，窮盡萬物之義理，符合人類的本性。明罰、用獄的話，就寫在〈噬嗑〉卦中；繩索綑綁、囚禁之事，就記載在〈坎卦〉中。如此可見，用刑由來久遠了！到了黃帝時，他的聖明的德化尤其高邁。然而他親自率軍征伐，身經百戰。他曾在涿鹿擒殺蚩尤，又曾在坂泉戰勝神農氏。黃帝尚且不能使當時沒有叛逆，免於戰爭，又怎麼能使百姓都善良，人民不犯罪，不必治理。這樣的事從來未曾有過。堯、舜的德化興盛，效法天地以施刑罰。他們流放、誅殺，懲處四罪，於是天下才服從。漢文帝清靜玄默，國家的興盛與安寧可以與周成王、康王之世相媲美，還是斷案四百宗，鞭死者不少。

工匠依據繩墨，所以沒有不可正之木。聖明的君主不廢殺戮，所以沒有衰敗之政。因為天地之道，不能完全施用仁道。春天則陽氣舒散，萬物生長；秋天則風霜肅殺，景象蕭索。春風吹則枯木敗草發芽開花，白露降臨則繁花凋零。所以自然萬物得以生長茂盛，農事耕耘得以收穫成功。如果只有溫暖而無寒冷，則爬蟲不會蟄藏，植物在冬天開花。政治過於寬仁而無威嚴，違法犯禁的事就會成批出現。刑賞的大權在握，就會有功必賞以鼓勵正氣，有罪必罰以杜絕邪惡。勸阻與誘導的手段，沒有比這更為重要的了。

觀民設教❶，濟其寬猛，使懦不可狎❷，剛不傷恩❸。五刑之罪，至于三千❹，是繩不可曲也。司寇行刑，君為不舉❺，是法不可廢也。繩曲則姦回❻萌矣，法廢則禍亂滋矣。亡國非無令也，患於令煩而不行。敗軍非無禁也，患於禁設而不止。故眾慝彌蔓❼而下黷其上❽。

夫賞貴當功而不必重，罰貴得罪而不必酷也。鞭朴廢於家❾，則僮僕怠惰；征伐息於國，則群下不虔。愛待敬而不敗，故制禮以崇之；德須威而久立，故作刑以肅之。班、倕❿不委規矩，故方圓不戾於物⓫；明君不釋法度，故機詐不肆其巧。唐虞其仁如天，而不原四罪⑫；姬公友于兄弟⑬，而不赦二叔⑭。仲尼之誅正卯⑮，漢武之殺外甥⑯。垂淚惜法，蓋不獲已也！故誅一以振萬⑰，損少以成多。方之櫛髮，則所利者眾；比於割疽⑱，則所全者大。是以灸刺慘痛而不可止者，以痊病也；刑法凶醜而不可罷者，以救弊也。

【章旨】只要刑法寬嚴適度，賞罰得當，就可以誅一以振萬、損少以成多，保護眾人的利益，消除社會的弊端。

【注釋】❶觀民設教　觀察民情風俗，以施行適當的教化。語見《周易・觀卦》。❷懦不可狎　懦，柔軟。比喻法令寬鬆。狎，戲弄；輕侮。比喻觸犯法網。❸剛不傷恩　剛正嚴明，又不損傷朝廷之德化與恩澤。❹五刑之罪二句　五刑指墨刑、劓刑（割鼻之刑）、刖刑（斷足之刑）、宮刑、大辟之刑。五刑的條目共計三千條。見《尚書・呂刑》。❺司寇行刑二句　刑官處決人犯用刑之日，國君不舉行盛宴，以示憂傷。見《左傳・莊公二十年》。❻姦回　奸邪；邪惡。❼眾慝彌蔓　各種邪惡行為都蔓延開來。慝，邪惡。❽下黷其上　違法犯上。黷，冒犯；輕侮。❾鞭朴廢於家　家中廢除鞭笞及朴刑的懲罰。朴，朴杖或戒尺之類。❿班倕　班，公輸班，即魯班。倕，古代著名的巧匠。⓫方圓不戾於物　其製品之方圓尺度，均符合物的形狀。⓬四罪　指共工、歡兜、三苗、鯀。舜把共工流放到幽州，把歡兜流放到崇山，把三苗驅逐到三危，誅殺鯀於羽山。見《尚書・舜典》。⓭姬公友于兄弟　姬公，指周公。友于，指兄弟間的友愛。傳說周公作〈常棣〉之詩，寄託兄弟間的情誼。⓮不赦二叔　二叔指管叔、蔡叔，均為周公旦的兄弟。後來管叔、蔡叔興兵反叛朝廷，周公率軍征討，殺了管叔，又將蔡叔流放。⓯仲尼之誅正卯　傳說孔子為魯攝相七日，誅少正卯。門人問之，孔子說少正卯心達而險、行辟而堅、言偽而辯、記醜而博、順非而澤，不可不誅也。見《荀子・宥坐》。⓰漢武之殺外甥　漢武帝之外甥昭平君，驕縱違法，醉殺主傅，武帝垂淚嘆息而斬之。見《漢書・東方朔傳》。⓱誅一以振萬　誅滅一人，救助了萬人。振，援助；幫助。⓲割疽　割除腫瘤、毒瘡。疽，結成塊的瘡、瘤子。

【語譯】觀察民風以實行政治教化，要寬嚴適度。使得法律寬大而不可冒犯，刑條嚴肅而不損傷君王的恩澤。標舉五刑之罪的條目，共有三千之多，說明法律的準繩必須公正無誤。司寇行刑之日，國君不舉行盛宴，表明法律不可以荒廢。準繩不正則奸邪萌生，法律荒廢則禍亂滋長。國破家亡，並不是沒有法令，而是法令繁苛不能實施。潰敗的軍隊並不是沒有禁令，問題是雖有禁令也阻止不住。所以邪惡滋長蔓延，下級也就冒犯上司了。

獎賞貴於與其功績相符而不必過重，懲罰貴於與其罪過相當而不必殘酷。家中如果沒有鞭朴的懲罰，則僮僕就會懶惰懈怠。國家如果不征討有罪，群下就不會虔誠。君主的恩澤必待臣下端肅恭敬方得不敗，所以要用禮儀去加強它。朝廷的德化必須權威才能長久的保持，所以要用刑法去整肅它。巧匠不會拋棄規矩，所以其製品的形狀都方圓相符。明君不會放棄法度，所以邪惡的謀劃不能得逞。堯、舜寬仁如天，但是並不原諒四罪。周公友愛於兄弟，但是並不赦免管叔、蔡叔。孔子誅殺少正卯。漢武帝為了尊重先王之法，垂淚以斬外甥，確實是由於不得已啊！所以誅滅一人，救助了萬人，損傷少數，而成就多數。就好像梳理頭髮一樣，有利於眾多；又好像割除腫瘤一樣，保全了全體。所以針灸雖然痛苦而不可取消，因為可以治癒疾病。刑法雖然嚴厲而不可廢棄，因為它有助於克服社會的弊端。

六軍如林❶，未必皆勇。排鋒陷火，人情所憚。然恬顏以勸之，則投命者尠❷；斷斬以威之，則莫不奮擊。故役❸歡笑者，不及叱咤之速；用誘悅❹者，未若刑戮之齊。是以安于感深谷而嚴其法❺，衛子疾棄灰而峻其辟❻。

夫以其所畏，禁其所翫，峻而不犯，全民之術也。明治病之術者，杜未生之疾；達治亂之要者，遏將來之患❼。若乃以輕刑禁重罪，以薄法衛厚利，陳之滋章，而犯者彌多。有似穿穽以當路，非仁人之用懷也，善為政者，必先端此以率彼❽，治親以整疏。不曲法以行意，必有罪而無赦。若石碏之割愛以威親❾，晉文之忍情以斬頡❿。故仁者為政之脂粉，刑者御世之轡策⓫。脂粉非體中之至急，而轡策須臾不可無也。

肅恭少怠，則慢惰已至。威嚴暫弛，則群邪生心。當怒不怒，姦臣為虎⓬。當殺不殺，大賊乃發。水久壞河，山起咫尺⓭。尋木千丈，始于毫末。鑽燧之火⓮，勺水可滅。鵠卵未孚⓯，指掌可縻⓰。及其乘衝飆⓱而燎巨野，奮六羽以凌朝霞，則雖智勇不能制也。故明君治難於其易，去惡於其微。不伐善以長亂⓲，不操柯而猶豫焉。

然則刑之為物，國之神器。君所自執，不可假人。猶長劍不可倒捉，巨魚不可脫淵⓳也，乃崇替⓴之所由、安危之源本也。田常之奪齊㉑、六卿之分晉㉒、趙高之弒秦、王莽之篡漢，履霜逮冰㉓，由來漸矣。或永歎於海濱㉔、或拊心乎望夷㉕，禍延宗祧㉖，作戒將來者，由乎慕虛名於往古，忘實禍於當己也。」

【章　旨】刑法是領軍治國的利器，不可須臾廢棄，亦不可假手於人，否則將導致嚴重的禍患，甚至危及社稷。

【注　釋】❶六軍如林　形容軍人甚多。周制，天子有六軍，後來統稱軍隊曰六軍。❷投命者尠　奮不顧身者甚少。投命，捨命。❸役　用。❹誘悅　以溫語相誘導。❺安于感深谷而嚴其法　董安于，戰國時趙簡子之家臣。傳說他曾行走在石邑山中，見深澗陡峭如壁，失足者必死。而從來沒有人掉下去。他於是有感地說：「使吾法之無赦，猶入澗之必死也，則人莫之敢犯也。」見《韓非子・內儲說上》。❻衛子疾棄灰而峻其辟　衛子，即商鞅。將灰倒在街道上容易導致爭鬥，傳說商鞅便以斷其手臂這種嚴厲的刑法去禁止。《鹽鐵論・刑德》：「商君刑棄灰於道而秦民治。」❼遏將來之患　防止未生之患。❽端此以率彼　端正法律的尺度，以治理違法的行為。❾石碏之割愛以威親　春秋衛國州吁弒君自立。衛大夫石碏之子石厚從州吁遊，後來石碏派人殺了石厚。見《左傳・隱公四年》。❿晉文之忍情以斬顛　顛頡是晉文公的親信，未按照軍令準時到達指定地點，晉文公垂淚而斬之。見《韓非子・外儲說右上》。⓫轡策　馬籠頭和鞭子。⓬姦臣為虎　《韓非子・二柄》曰：「夫虎之所以能服狗者，爪牙也。使虎釋其爪牙而使狗用之，則虎反服於狗矣。」⓭山起咫尺　積土成山，故高山起於咫尺之土丘。⓮鑽燧之火　上古鑽木取火。此指很小的火。⓯鵠卵未孚　天鵝蛋未孵化之前。孚，孵化。⓰指掌可麋　手掌便可將它打碎。麋，碎；爛。⓱衝飆　猛烈的風；暴風。⓲不伐善以長亂　意謂勿因顧忌行善而對惡勢力下不了手，因而助長了亂象。伐善，誇耀善行。⓳巨魚不可脫淵　《韓非子・內儲說下》將君主之威勢比為淵，將大臣比為大魚，說：「魚失於淵而不可復得也，人主失其勢重於臣而不可復收也」。⓴崇替　興盛或者廢亡。㉑田常之奪齊　田常，一名田成子。以大斗出貸，小斗收進，收買人心。後來殺齊簡公，立平公，自任齊相，齊國之政盡歸於田氏。㉒六卿之分晉　春秋時，晉國有范、中行、知、趙、韓、魏六家世代為晉卿，世稱六卿。後來趙、韓、魏三家分晉而立為諸侯。㉓履霜逮冰　由行走在霜地上到嚴寒冰凍。㉔永歎於海濱　田氏篡奪齊之政權後，遷齊康公於海濱，故云。㉕拊心乎望夷　在望夷宮中捶胸，表示憤怒。趙高弒二世於秦之望夷宮，故云。㉖宗祧　宗廟。

【語　譯】六軍人馬眾多，未必都很勇敢。衝鋒陷陣、赴湯蹈火，是人情所畏懼的。若是用和顏悅色去勸說，則不怕犧牲者為少數。若是用違法斬首的軍令去威脅，則莫不奮勇向前。所以歡言笑語，不及用嚴辭呵叱來得快；規勸誘導，不如用嚴刑懲處對全體有效。所以董安于有感於深澗陡峭而主張用嚴刑峻法，商鞅痛恨傾灰在街道上而用重刑處置。

以人們所畏懼的刑法，禁止人們輕慢的行為。刑法嚴厲，使人民不去冒犯它，這是保全民眾的辦法。懂得醫術的人，在疾病未生之前就防止它。通達治國方略者，在禍患沒有出現時就開始遏阻它。若是以輕刑去禁止嚴重的犯罪，用薄法去保衛重大的利益，則刑法愈是明白，違法者愈是眾多。這就像在道路上挖下陷阱，不是仁人應有的用心。善於治理國家的人，一定先端正法律的尺度，再整肅違法的案件；先管好關係親近的人，再及於疏遠的眾人。不歪曲法律以徇私情，一定要有罪而必懲。就好像衛石碏忍痛殺死親生的兒子，晉文公垂淚將親信顛頡斬首一樣。所以仁是政治的脂粉，而刑法是治國的鞭策。脂粉並不是人體最急迫需要的，而鞭策則是任何時候都不可缺少的。

執法者嚴肅認真的態度稍有懈怠，則懶惰輕忽便出現了；法律的威嚴稍有鬆弛，則邪惡之意便萌生了。當怒不怒，奸臣就變成了老虎；當殺不殺，大盜便出現了。水的長久浸泡能使河堤潰敗，高峻的山岳起於咫尺的土丘，參天大樹是由小樹苗長成的。小小的火苗，一勺水便可以澆滅。天鵝蛋未孵化之前，一巴掌便可以將它打碎。等到火苗趁著狂風燒遍廣闊的原野，天鵝展翅遨翔在雲霄之上，即使是聰明又勇敢的人也拿它沒有辦法了。所以聖明的君主在容易的時候，便將日後難以克服的困難解決了；在邪惡力量微小的時候，便將隱患清除掉了。不要顧忌行善而增長了邪亂的勢力，不要在用刑鎮壓之時猶豫不決。

據此可知刑法乃是國家的神器。君主要自己掌握其權柄，不可假手他人。就像長劍不能倒握、大魚不能離開深淵一樣。這是國家盛衰的關鍵，社稷安危的根本。田常之奪取齊國、六卿之瓜分晉國、趙高之弒二世、王莽之篡漢室，彷彿由微霜逐漸到冰凍，有一個發展的過程。失勢的君主，只能在海濱長嘆，或者在望夷宮中捶胸。禍患延及宗廟，給後世以教訓，就是由於羨慕古代用仁的虛名，而忘記了跟前將要遭受的實禍。」

或人曰：「刑辟之興，蓋存叔世[1]。立人之道，唯仁與義[2]。我清靜而民自正，我無欲而民自樸❸。亨鮮之戒❹，不欲其煩。寬以愛人則得眾，悅以使人則下附。故孟子以體仁為安❺，揚子雲謂申韓為屠宰❻。夫繁策急轡，非造父之御❼。嚴刑峻罰，非三五之道❽。故有虞手不指揮，口不煩言，恭己南面，而治化雍熙❾矣。宓生政以率俗❿，彈琴詠詩，身不下堂，而漁者宵肅⓫矣。必能厚惠薄斂，救之擢滯⓬，舉賢任才，勸穡省用⓭。招攜以禮⓮，懷遠以德。陶之以成均⓯，治之以庠序⓰。化上而興善者，必若靡草之逐驚風。洗心而革面者，必若清波之滌輕塵。朝有德讓之群后⓱，野無犯禮之軌躅⓲。圜土⓳可以虛蕪，楚革可以永格⓴。何必賞罰，可以為國乎？」

【章　旨】有人提出刑法乃是衰亂之世的產物，古代純用教化，天下如風吹草靡，達於大治，最宜效法。

【注　釋】❶叔世　衰亂之世。❷立人之道二句　只有仁義才是治理人世不變的法則。《周易・說卦》：「立人之道，曰仁與義。」❸我清靜而民自正二句　《老子・第五十七章》曰：「我無為而民自化，我好靜而民自正，我無事而民自富，我無欲而民自樸。」❹烹鮮之戒　《老子・第六十四章》：「治大國者若烹小鮮。」河上公注曰：「烹小魚，不去腸，不去鱗，不敢撓，恐其糜也。治國煩，則下亂。」❺孟子以體仁為安　孟子強調推行仁政，曾說：「三代之得天下也以仁，其失天下也以不仁。國之所以廢興存亡者亦然。天子不仁，不保四海。諸侯不仁，不保社稷。卿大夫不仁，不保宗廟。士庶人不仁，不保四體。」又曰：「仁，人之安宅也。」見《孟子・離婁上》。❻揚子雲謂申韓為屠宰　揚雄曾經批評申韓之術是將人當牛羊去屠殺。《法言・問道》曰：「申韓之術不仁之至矣，若何牛羊之用人也！」❼繁策急轡二句　造父是古代善於御馬者。皮鞭不停地抽打，籠頭套得很緊，不是造父御馬之法。❽三五之道　三皇五帝之道。指上古清靜無為之教化。❾治化雍熙　天下太平，德化興隆。⑩宓生政以率俗　宓不齊，字子賤，是孔子的學生。他曾經任單父宰，傳說他彈鳴琴，身不下堂，便將單父治理得很好。政以率俗，正己以為世人的表率。⑪漁者宵肅　傳說宓不齊治理單父三年，境內的居民夜晚捕魚時，將捕得的小魚放回水中，說：「宓生不欲人之取小魚也」，可見教化之深入。見《呂氏春秋・具備》。⑫救乏擢滯　救濟貧乏之民，選拔寒微之士。⑬勸穡省用　勸導節儉，不浪費。穡，通「嗇」。節儉。⑭招攜以禮　依據禮法，招撫背離者。攜，離。⑮成均　傳說是五帝時代的學校。⑯治之以庠序　治，疑「冶」字之訛，與上句「陶」字相對應。庠序，傳說學校在商曰序，在周曰庠。⑰朝有德讓之群后　在朝之諸侯，以德相讓。⑱軌躅　行為；軌跡。⑲圜土　古代之獄城、監牢。⑳楚革可以永格　楚革指鞭扑。代指刑罰。本句意謂刑罰可以永遠廢止。

【語譯】有人說道：「刑法的興起，是衰敗之世的事情。只有仁與義才是治理人世不變的法則。君主清靜則百姓自然端正，君主不追求物欲則百姓自然純樸。『治大國者若烹小鮮』，就是告誡君主為政不要煩雜。寬容愛人，就能得到眾人的擁護。和顏悅色，人們就會歸順依附。所以孟子認為推行仁義最為妥當，揚雄批評申韓之術將人民當作牛羊宰殺。馬鞭抽得很急，籠頭套得很緊，這不是造父的御馬之術。律條很嚴，懲罰很重，這也不是三皇五帝的治世之道。所以舜手不指揮，口不多言，端坐以垂臨天下，而國家太平，德化興隆。宓子賤正己以化俗，他自己彈琴詠詩，身不下堂，然而夜間捕魚者仍然嚴格地遵循他的教導。只要能做到德澤深厚，賦斂輕薄，救濟貧乏，選拔寒微，舉賢用才，勸導節儉，以禮儀對待有背離之心的人，以德化關懷遠方之民，興辦學校，陶冶人才，則教化的施行，一定像風吹草伏一樣。人人向善，洗心革面，就像清波蕩滌去輕塵一樣。諸侯在朝則以德相讓，百姓在野也沒有非禮的行為。監獄可以空虛無人，刑罰可以永遠廢除。何必一定要用賞罰，然後才能治理好國家呢？」

抱朴子答曰：「《易》稱明罰敕法❶，《書》有哀矜折獄❷。爵人於朝，刑人於市❸，有自來矣。豈徒❹叔世？多仁則法不立，威寡則下侵上。夫法不立，則庶事汩❺矣。下侵上，則逆節萌矣。至醇既澆於三代❻，大樸又散於秦漢❼。道衰於疇昔，俗薄乎當今。而欲結繩以整姦欺❽，不言以化狡猾❾，委轡策而乘奔馬於險塗，舍柁櫓而汎虛舟以淩波，盤旋❿以逐走盜，揖讓以救災火，斬鼂錯以卻七國⓫，舞干戈以平赤眉⓬，未見其可也。

蓋三皇步而五帝驟⓭，霸王以來，載馳載騖⓮。當其弊也，吏欺民巧，寇盜公行，髡鉗⓯不足以懲無恥，族誅不能以禁覬覦⓰。重目以廣視，累耳以遠聽⓱。抗燭以理滯事，焦心以息姦源。而猶市朝有呼嗟之音⓲，邊鄙有不聞之枉。作威作福者，或發乎瞻視之下；凶家害國者，或搆乎蕭牆之內⓳。而欲以太昊之道⓴，治偷薄之俗㉑，以畫一之歌㉒，救鼎湧㉓之亂，非識因革之隨時㉔，明損益之變通㉕也。所謂刻舟以摸遺劍㉖，參天而射五步㉗，擐犀兕之甲㉘以涉不測之淵，袗卻寒之裘㉙以御鬱隆之暑，踵之解結㉚，頤之搔背㉛！其為憒憒㉜，莫此之劇矣。

但當先令而後誅，得情而勿喜㉝，使伯氏無怨於失邑㉞，虞、芮知恥而無訟㉟耳。若強暴掩容，操繩而不憚㊱，誘於含垢㊲，草蔓而不除㊳，恃藏疾㊴之大言，而忘膏肓之近急。何異焦喉之渴切身，而遙指滄海於萬里之外；滔天之水已及，而方造舟於長洲之林㊵！安得免夸父之禍㊶，脫淪水之害哉？

【章　旨】時勢發生了變化，不能用太古清靜無為之道，治理當前奸偽盛行、複雜萬狀的社會，所以刑法不可以廢除。

【注　釋】❶明罰敕法　昭明刑罰，端正法律。語見《周易・噬嗑》。❷哀矜折獄　以憐憫、慎重的態度來判案。語見《尚書・呂刑》。❸爵人於朝二句　在朝廷上封官賜爵，在街市中刑戮罪犯。《孔子家語・刑政》：「是故爵人必於朝，與眾共之也；刑人必於市，與眾棄之也。」❹徒　原本作「從」，據《四庫全書》本校改。❺汩　亂。❻至醇既澆於三代　太古淳樸的風尚到了三代便變得浮薄了。三代，指夏、商、周。❼大樸又散於秦漢　質樸的民風在秦漢兩代又被離散了。❽結繩以整姦欺　以太古結繩之治整頓奸詐與欺騙。❾不言以化狡猾　以不言之教感化狡猾之人。❿盤旋　依照禮儀以周旋、應酬。⓫斬晁錯以卻七國　漢景帝時，吳楚七國以誅晁錯為名，興兵反叛朝廷。漢景帝誤聽了別人的主張，斬晁錯於東市。而吳楚七國並不因此而罷兵。見《史記・袁盎晁錯列傳》。⓬舞干戈以平赤眉　傳說舜時，有苗不服。舜乃修德教三年，執干戚而舞之，有苗請服。故舞干戈，即不用武功而修德教之意。赤眉，王莽代漢，瑯琊人樊崇起兵於山東莒縣，聚眾數萬人，以赤色染眉，號赤眉軍。⓭三皇步而五帝驟　三皇步履寬舒，五帝步伐急迫。比喻三皇為政寬鬆，五帝為政嚴急。⓮霸王以來二句　三王五霸以來，政治嚴峻紛亂，馳逐不已。鶩，急速奔跑。《孝經鉤命決》：「三皇步，五帝驟，三王馳，五霸鶩。」⓯髡鉗　一種將罪犯剃去頭髮，以鐵圈束頸的刑罰。⓰覬覦　非分之想。這裡指窺伺王位的野心。⓱重目以廣視二句　假藉眾臣的耳目，以擴大君主的視聽範圍。⓲呼嗟之音　嘆息、嗟怨的聲音。⓳蕭牆之內　宮室門牆之內。⓴太昊之道　指上古清靜無為之道。太昊，即伏羲氏。㉑偷薄之俗　風俗浮薄，不厚道。㉒畫一之歌　意謂繼承原先的規章，不加變化。曹參為漢相國，謹遵蕭何所定之律條規章不變，百姓歌之曰：「蕭何為法，顜若畫一。曹參代之，守而勿失。載其清淨，民以寧一。」㉓鼎湧　鼎中沸騰。㉔因革之隨時　或因襲，或改革，隨時而定。因是繼承，革是創新。㉕損益之變通　根據變化了的情勢，對原有的法規有所增減、改動。㉖刻舟以摸遺劍　傳說楚人乘舟渡江，其劍落入水中，乃刻舟為記。舟止，入水求之。諷刺不顧時勢的變化，而墨守成規。見《呂氏春秋・察今》。㉗參天而射五步　傳說有越人學射箭，朝天而發，落在五步之內，而不知道改變方法。㉘擐犀兕之甲　披著鎧甲。擐，披掛；披戴。㉙袗卻寒之裘　將禦寒的皮襖當作單衣穿。袗，單衣。㉚踵之解結　用腳後跟去解繩結。㉛頤之搔背　用下巴去抓背癢。頤，下頷；下巴。㉜憒憒　昏亂；糊塗。㉝得情而勿喜　意謂以哀憫的心情對待犯法的人，即使查清了案情也不要為之高興。㉞伯氏無怨於失邑　伯氏，春秋齊大夫。齊桓公奪伯氏之駢邑以與管仲，伯氏心服管仲立功，終身無怨言。見《論語・憲問》。㉟虞芮知恥而無訟　虞、芮是周文王時的兩個小國，為爭奪土地，去找周文王公斷。傳說他們的使者入周以後，見耕者讓畔，行者讓路，朝中士大夫相讓，大為感動，兩國便停止了訴訟，以所爭土地為閒田而退。參見《詩經・大雅・緜》及《毛傳》。㊱操繩而不憚　指強暴不畏法律，以身試法。繩，指刑法。㊲誘於含垢　受到國君應該包容廣大之說的誘惑。《左傳・宣公十五年》：「國君含垢。」㊳草蔓而不除　邪惡勢力如草之蔓延，而不加芟除。㊴藏疾　山川草澤包藏各種有毒有害之物。古人用以比喻國君應該容忍包舉廣大之意。《左傳・宣公十五年》：「川澤納污，山藪藏疾。」㊵長洲之林　《十洲記》載：南海中有長洲，上多大樹。一洲之上，專是林木。㊶夸父之禍　夸父與日競走，未至，道渴而死。見《山海經・海外北經》。

【語　譯】抱朴子答道：「《周易》上說要昭明刑罰、端正法律，《尚書》上說以哀憫慎重的態度判案。在朝中封官賜爵，在街市刑殺犯人，由來很久了。難道只有衰世才如此嗎？多仁則法制不立，缺乏威嚴則下屬就要侵犯上級了。法制不立，各項事務便都弄亂了。下屬犯上，則叛逆之心就萌生了。上古淳厚的風尚到了夏商周三代就開始變得浮薄起來，純樸的民俗在秦漢兩朝又遭到離散與破壞。大道在往昔早已衰沒，風俗在當今更趨浮薄。想以太古結繩之治整頓當今的奸詐與欺騙，以不言之教感化狡猾之徒，就像不用韁轡馬鞭放任轅馬在險峻的路途上奔馳，不用船舵船櫓而任憑船隻在波濤中飄蕩。以周旋應酬的禮儀去趕走強盜，用作揖謙讓的動作去撲滅火災，想誅除晁錯消弭七國之亂，修行文教以平定赤眉，看不出其成功的可能。

三皇步履寬鬆而五帝則嚴峻急迫。三王五霸以來，更是馳逐不已。當其弊端顯露之時，官員欺詐，百姓機巧，寇盜公行。髡鉗之刑不足以懲治無恥之徒，誅滅家族不足以禁止非分之想。以臣下為耳目以增加見聞，點起燈燭來處理積壓的公務，用盡心思以剷除奸邪的根源。即使如此，還是在市朝有嗟怨之聲，在邊遠有聽不見的冤屈。作威作福的人，有的就在眼皮底下。禍國害家的行為，有的就發難於宮室之內。要以上古清靜無為之道，治理如此浮薄的世俗，死守早先的陳規舊章，拯救天下動亂不已的局面，這是不明因襲變化、隨時而定之理，不懂或損或益、有所變通之法。這就像楚人不明情勢的發展而刻舟求劍，越人不知時世的變化而朝天射箭一樣，又好像穿戴著鎧甲橫渡無底的深淵，穿著禦寒的皮襖去過炎熱的夏天，用腳後跟去解繩結，用下巴去搔背上的癢一樣！沒有比這種作法更糊塗的了。

但是應當先行號令昭告天下而後執行刑法，審案時即使查清了案情也不值得高興。使伯氏失去了封邑而心無怨恨，虞、芮之君有所羞愧而主動停止訴訟。若有強暴勢力不顧法律的準繩以身試法，而國君受到『國君含垢』之說的誘惑不予以剷除，只記得『山藪藏疾』的大話，忘記了眼前的心腹之患。這與唇焦口燥而遙指萬里之外的大海，滔天的洪水已經到了身邊才到長洲之林去砍樹造船，又有什麼不同！又怎麼能夠避免夸父乾渴而死的禍患，逃脫被水淹沒的災難呢？

世人薄申、韓之實事，嘉老、莊之誕談。然而為政莫能錯刑❶。殺人者原其死，傷人者赦其罪，所謂土柈瓦胾❷、無救朝飢者也。道家之言高則高矣，用之則弊，遼落迂闊。譬猶干將不可以縫線❸，巨象不可使捕鼠，金舟不能淩陽侯之波❹，玉馬不任騁千里之跡也。若行其言，則當燔桎梏❺，隳囹圄❻，罷有司，滅刑書，鑄干戈❼，平城池，散府庫，毀符節❽，撤關梁，掊衡量❾，膠離朱之目❿，塞子野之耳⓫，汎然不繫⓬，反乎天放⓭。不訓不營，相忘江湖⓮。朝廷闃爾⓯若無人，民則至死不往來⓰。可得而論，難得而行也。

俗儒徒聞周以仁興，秦以嚴亡，而未覺周所以得之不純仁，而秦所以失之不獨嚴也。昔周用肉刑，刖足劓鼻⓱。盟津之令，後至者斬⓲。畢力賞罰，誓有孥戮⑲。考其所為，未盡仁也。及其叔世，罔法翫文。人主苛虐，號令不出宇宙⑳，禮樂征伐不復由己。群下力競，還為長蛇㉑。伐本塞源，毀冠裂冕㉒。或沈之於漢㉓，或流之於彘㉔。失柄之敗，由於不嚴也。

秦之初興，官人得才。衛鞅㉕、由余㉖之徒，式㉗法於內。白起㉘、王翦㉙之倫，攻取於外。兼弱攻昧㉚，取威定霸㉛，吞噬四鄰，咀嚼群雄。拓地攘戎，龍變虎視㉜。實賴明賞必罰㉝，以基帝業。降及杪季，驕於得意，窮奢極泰。加之以威虐，築城萬里，離宮千餘。鍾鼓女樂，不徙而具。驪山之役㉞，太半之賦㉟。閭左之戍㊱，坑儒之酷㊲。北擊獫狁㊳，南征百越㊴。暴兵百萬，動數十年。天下有生離之哀，家戶懷怨曠之歎。白骨成山，虛祭㊵布野。徐福出而重號咷之讎㊶，趙高入而屯豺狼之黨㊷。天下欲反，十室九空。其所以亡，豈由嚴刑？此為秦以嚴得之，非以嚴失之也。

【章　旨】分析世俗崇尚老莊、鄙薄申韓的是非，指出周代並非由於純仁而興，秦代也並非由於嚴法而亡。

【注　釋】❶錯刑　措置刑法而不用。錯，同「措」。❷土柈瓦胾　小兒遊戲，以土塊為木盤，以瓦片當肉塊。柈，通「槃」。木盤。胾，大塊肉。❸干將不可以縫線　干將，古代寶劍之名。寶劍不可用以縫補衣裳。線，或為「緝」之訛。〈備闕〉：「縫緝則長劍不及數寸之針。」❹陽侯之波　波濤。陽侯，傳說中的波神。❺桎梏　刑具。腳鐐手銬之屬。❻墮囹圄　剷平監獄。墮，毀壞。❼鑄干戈　銷毀各種兵器。❽符節　古代朝廷用作憑證之信物。以兩片相合為驗。❾棓衡量　將秤、斗折斷或砸亂。❿膠離朱之目　離朱，古之明目者，相傳能視於百步之外，見秋毫之末。莊子認為離朱的視力不利於天賦的本性，故曰：「滅文章，散五采，膠離朱之目，而天下始人含其明矣。」見《莊子・胠篋》。⓫塞子野之耳　子野是古代著名的樂師，即師曠。莊子認為師曠的聽力背離了人類的本性，曰：「擢亂六律，鑠絕竽瑟，塞師曠之耳，而天下始人含其聰矣。」見《莊子・胠篋》。⓬汎然不繫　飄飄然如同沒有繫繩的小船，隨風飄蕩。《莊子・列禦寇》：「汎若不繫之舟，虛而遨遊者也。」⓭反乎天放　返歸自然無心的狀態。《莊子・馬蹄》：「民有常性，織而衣，耕而食，是謂同德。一而不黨，命曰天放。」放，原作「牧」，據《四庫全書》本改。⓮相忘江湖　魚在江湖，則自在而相忘。《莊子・大宗師》：「泉涸，魚相與處於陸，相呴以濕，相濡以沫，不如相忘於江湖。」⓯闃爾　寂靜之貌。⓰民則至死不往來　《老子・第八十章》：「鄰國相望，雞犬之聲相聞，民至老死不相往來。」⓱刖足劓鼻　斷足、截鼻。⓲盟津之令二句　周武王伐紂，會諸侯於孟津。呂尚在誓詞中，有「與爾舟楫，後至者斬」的話。見《史記・齊太公世家》。⓳畢力賞罰二句　視其是否盡力，而用賞罰，不用力者處死。⓴宇宙　代指宮殿。宇是屋簷，宙是棟梁。㉑還為長蛇　如同長蛇，環繞四周。還，環繞。㉒伐本塞源二句　砍伐樹幹，堵塞源頭，毀裂冠冕。隱喻君王權威被破壞。㉓或沈之於漢　傳說周昭王南巡，渡越漢水，船至中流而壞，周昭王被淹死。㉔或流之於彘　周厲王暴虐無道，民不堪命，被流放於彘地。見《國語・周語上》。㉕衛鞅　即商鞅，出身衛之公族。入秦，輔佐秦孝公，變法圖強，以功封於商。是著名的政治家。㉖由余　春秋時之賢士，初仕於西戎，入秦，拜為上卿。助秦兼國十二，開地千里，遂霸西戎。㉗式　用。㉘白起　戰國時秦之大將，屢立戰功，封武安君。㉙王翦　戰國末秦之大將，以功封武成侯。㉚兼弱攻昧　兼併弱小的國家，攻打昏暗無道的國家。語見《左傳・宣公十二年》。㉛取威定霸　建立威勢，確立霸權。語見《左傳・僖公二十七年》。㉜龍變虎視　意謂興盛發展，變得如同龍虎。㉝明賞必罰　有功則明賞，有過則必罰。㉞驪山之役　指秦始皇用吏徒數十萬，歷時十年，花費大量財力修驪山墓宮一事。㉟太半之賦　收入的大半交了賦稅。㊱閭左之戍　徵發平民為戍卒。閭左，里門左側。指平民居住的地方。㊲坑儒之酷　秦始皇曾焚《詩》、《書》百家之言，坑儒生四百六十餘人。見《史記・秦始皇本紀》。㊳獫狁　古代北方之少數民族。㊴百越　古代越族居住江、浙、閩、粵之地，統稱百越，亦名百粵。㊵虛祭　親人從軍，戰死邊疆，其家人遙望而祭之，謂之虛祭。㊶徐福出而重號咷之讎　徐福，齊之方士，言海中有三神山，神仙居之，有延年益壽之藥。秦始皇乃派遣徐福帶童男女數千人，入海求仙人。徐福得平原廣澤，止而不歸。

百姓悲痛相思，人心思亂。見《史記・淮南衡山列傳》。㊷趙高入而屯豺狼之黨　趙高，秦之宦官。秦始皇死後，他專權用事，刑政苛暴，導致秦末大亂。

【語　譯】世人鄙薄申子、韓非之注重實際，而推崇老子、莊子之浮誇空談。然而為政不能廢除刑法而不用。如果殺人者不償命，傷人者不受刑，那就像以土塊為盤、以瓦片為肉，只是不能填飽肚子的兒童遊戲。道家的論說的確高妙，然而實行起來就會出現弊病。它空曠迂闊，不切實際，就像寶劍不可用以縫補衣裳，大象不可用來捕捉老鼠，黃金之船不可以渡越波濤，寶玉之馬不能馳騁千里一樣。如果照道家的言論去實行，就要燒掉刑具，剷平牢獄，取消府門，除去刑書，銷毀兵器，蕩平城池，取消府庫，破壞符節，撤除關防，砸碎斗秤，黏住離朱的眼睛，塞住師曠的耳朵，飄飄然若不繫之舟，返歸自然無心的境況。不訓導、不經營，像魚兒相忘於江湖。朝中一片寧靜，寂然恍若無人。百姓則至死不相往來。這些可以談論，卻難以施行。

世俗儒生只聽說周朝推行仁政而興盛，秦朝因為嚴刑而滅亡，而沒有認識到周朝所以興盛並非純然用仁，而秦朝所以滅亡也不完全是嚴於用刑的緣故。從前周用肉刑，斷足截鼻。盟津誓師，下令後至者斬。盡力立功者有賞，不盡力者殺戮處死。考察其作為，並非完全用仁。等到周之末世，敗壞法律，輕忽典章，君主暴虐，朝廷的號令不能傳達到宮廷之外，禮樂征伐不再由君王所決定。諸侯以武力相爭逐，如同長蛇環繞四周。就像砍伐樹幹、堵塞源頭、撕毀冠冕，君王有的沈沒入漢水，有的被放逐到彘地。失去權柄之禍，是由於執法不嚴而引起的。

秦國初興之時，任命了一批才能之士。商鞅、由余等人，執法於內；白起、王翦等人，攻取於外。兼併弱小之國，攻打昏暗之國。取得威勢，確立霸權。侵吞四鄰的土地，戰勝強大的敵國。開拓疆土，打敗西戎。國家愈來愈強盛，靠的就是有功必賞，有過必罰，以建立帝國的基業。降至末世，秦始皇驕縱得意，窮奢極欲，以專制暴虐統治天下。築起萬里長城，修起千餘所離宮。鐘鼓女樂，每座離宮都有。修建驪山之墓宮，強收大半的資產為賦稅，徵調平民為戍卒，殘酷地坑殺儒生。北則攻擊獫狁，南則征伐百越。陳兵百萬，動輒數十年。天下處處有生離的悲哀，家家都有夫妻隔絕的嘆息。白骨堆積成山，虛祭布滿田野。徐福出海加重了百姓的痛苦怨恨，趙高專權使得朝中豺狼成群。天下人心思反，十室九空。秦朝之所以亡，難道是由於刑法嚴厲嗎？上述表明，秦以嚴法得天下，卻不是因嚴法而失天下的。

且刑由❶刃也，巧人以自成，拙者以自傷。為治國有道，而助之以刑者，能令慝偽❷不作，凶邪改志。若綱絕網紊❸，得罪於天，用刑失理，其危必速。亦猶水火者所以活人，亦所以殺人，存乎能用之與不能用。

夫癥瘕❹不除，而不修越人之術❺者，難圖老彭之壽也。姦黨實繁，而不嚴彈違❻之制者，未見其長世之福也。但當簡于、張之徒❼，任以法理❽；選趙、陳之屬❾，委以案劾。明主留神於上，忠良盡誠於下。見不善則若鷹鸇之搏鳥雀❿，睹亂萌則若薙田⓫之芟蕪薉⓬。慶賞不謬加，而誅戮不失罪⓭。則太平之軌不足迪⓮，今而不犯可庶幾。廢刑致治，未敢謂然也。」

【章旨】刑法猶如鋒刃，關鍵在於運用得當。只要任用忠良，執法嚴明，就可以幫助國家走上太平的軌道。廢刑致治，是不可能的。

【注釋】❶由　猶。❷慝偽　邪惡、虛偽。❸綱絕網紊　綱是提網的繩索。綱繩一斷，網目就亂了。比喻政治混亂，朝廷失去控制力。❹癥瘕　腹中的結塊、腫瘤之類。❺越人之術　醫術。戰國時之名醫扁鵲，原名秦越人，故云。❻彈違　彈劾邪惡。❼于張之徒　于定國，字曼倩，東海郯人。其父曾為郡縣刑官，執法公平，百姓為立生祠，號于公祠。後于定國亦為郡縣刑官，積年為廷尉，執法審慎，哀憐鰥寡，朝廷稱之。張釋之，字季，堵陽人。任廷尉，執法公平。當時人曰：「張釋之為廷尉，天下無冤民；于定國為廷尉，民自以不冤。」❽法理　原本此下衍一「世」字，據崇德書院本刪。❾趙陳之屬　趙禹、陳萬年，漢時曾任御史大夫，時人稱廉平。❿若鷹鸇之搏鳥雀　若猛禽之捕捉小鳥一樣。鸇，一種猛禽。⓫薙田　除去田中的雜草。⓬蕪薉　荒廢，雜草叢生。⓭誅戮不失罪　有罪必懲。⓮迪　開導；實行。

【語譯】再說刑法就像鋒刃一樣，靈巧的人能夠用它為自己辦事，笨拙的人卻可能割傷自己。如果治國有道，而以刑法為輔助，就能使奸偽之事不再出現，使凶暴之人改邪歸正。如果國家綱紀崩壞，政治混亂，天降懲罰，而又亂用刑法，必然加速危亡。也就像水火一樣，能夠養活人，也能夠致人於死地。這就在於能否正確地加以運用了。

如果腹中有腫瘤，不用醫術將其消除，是難以企望彭祖之高壽的。如果奸邪黨徒眾多，而又不嚴格執法以彈劾邪惡，這樣的社會是難以長治久安的。只有選擇于定國、張釋之這些人，將法理之事交由他們去辦；挑選趙禹、陳萬年這些人，將審問斷案之事交給他們去處理。聖明之主留神於上，忠良之臣效力於下。見不善的行為，就像猛禽迅起搏擊鳥雀一樣；見動亂的萌生，就像農夫剷除田中的雜草一樣。賞賜不加於無功之人，而有罪者必定要受到懲處。如此則不只是能為國家開闢太平的道路，有令不犯的局面也可望實現。若要廢除刑法以治理好國家，我就不敢贊同了。」

或曰：「然則刑罰果所以助教興善，式遏軌忒❶也。若夫古之肉刑❷，亦可復與？」

抱朴子曰：「曷為而不可哉？昔周用肉刑，積祀七百。漢氏廢之❸，年代不如。至於改以鞭笞，大多死者。外有輕刑之名，內有殺人之實❹也。及於犯罪，上不足以至死，則其下唯有徒謫❺鞭杖。或遇赦令，則身無損。且髡❻其更生之髮，撾其方愈之創❼，殊不足以懲次死之罪。今除肉刑，則死罪之下無復中刑在其間，而次死罪不得不止於徒謫鞭杖，是輕重不得不適❽也。又犯罪者希❾而時有耳，至於殺之則恨重，而鞭之則恨輕，犯此者為多。今不用肉刑，是次死之罪常不見治也。

今若自非謀反大逆，惡於君親，及用軍臨敵犯軍法者，及手殺人者，以肉刑代其死，則亦足以懲示凶人。而刑者猶任坐役❿，能有所為，又不絕其生類之道⓫。而終身殘毀，百姓見之，莫不寒心。亦足使未犯者肅慄，以彰示將來，乃過於殺人。殺人非不重也，然辜之三日⓬，行埋棄之，不知者眾、不見者多也。若夫肉刑者之為摽戒⓭也多。

昔魏世數議此事，諸碩儒達學、洽通殷理者⓮，咸謂宜復肉刑。而意異者駮之，皆不合也。魏武帝亦以為然⓯，直以二陲未賓⓰，遠人不能統至理者，卒聞中國⓱刖人肢體，割人耳鼻，便當望風謂為酷虐。故且權停，以須四方之并⓲耳。通人揚子雲亦以為肉刑宜復⓳也。但廢之來久矣，坐而論道者⓴未以為急耳。」

【章　旨】肉刑可以減少死者，又可以警戒世人，因此主張恢復肉刑。

【注　釋】❶式遏軌忒　阻止動亂與邪惡。軌，通「宄」。內亂。忒，邪惡。❷肉刑　殘害人的身體之刑法，如斷足、截鼻之類。❸漢氏廢之　漢文帝即位十三年五月，文帝有感於齊太倉公之女請求沒身為婢、贖父刑罪之事，決定廢除三種肉刑。見《史記・孝文本紀》。❹內有殺人之實　肉刑折為鞭笞，或三百，或五百，往往鞭笞至死。《漢書・刑法志》：「外有輕刑之名，內實殺人。斬右止者又當死，斬左止者笞五百，當劓者笞三百，率多死。」❺徒謫　罰作苦役，流放邊地。❻髡　剃去頭髮的刑罰。❼摑其方愈之創　木杖、皮鞭抽打所留下的創傷，將可痊癒。方愈，將平復、癒合。❽不適　「不」字疑衍。❾犯罪者希　「犯」下疑脫一「死」字。❿猶任坐役　意謂受斷足之肉刑者尚能坐著勞動。⓫不絕其生類之道　尚有謀生之手段，因而可以存活。⓬辜之三日　斬首後，陳屍三天。辜，分裂肢體。⓭摽戒　警戒之標誌。摽，通「標」。標誌；象徵。⓮碩儒達學洽通殷理者　指學問達於精微、博通而又深於事理之大儒。⓯魏武帝亦以為然　魏武帝曹操下令評議恢復肉刑，並對主張恢復肉刑的言論表示贊同。見《三國志・魏書・陳群傳》。⓰二陲未賓　指西蜀、東吳尚未平定。陲，邊遠之地。賓，是來朝的意思。⓱中國　中原之國；中原。⓲四方之并　平定吳、蜀，天下統一。⓳揚子雲亦以為肉刑宜復　揚雄《法言・先知》曰：「肉刑之刑，刑也。……刑也者，與眾棄之。」是對肉刑亦有所肯定。⓴坐而論道者　王公之類。

【語　譯】有人說道：「刑罰的確可以輔助教化振興善良風氣，制止內亂與邪惡。至於古代的肉刑，也可以再恢復嗎？」

抱朴子答道：「為什麼不可以呢？當年周用肉刑，有七百年的歷史。漢代廢除了肉刑，不如周享國長久。至於改為鞭笞，大多因而致死。外有輕刑之名，內有殺人之實。犯罪的人，倘若不足以處死刑，其下則只有徒刑、流放、鞭笞了。若是遇上朝廷下令大赦的機會，則身體無損。再說剃去會再生長的頭髮，鞭撻的創傷也容易痊癒，這都不足以懲處稍輕於死刑的犯罪行為。如今廢除肉刑，則死刑之下沒有中等的刑罰在其間。因而稍輕於死罪者只能處以徒刑、流放或鞭笞，這就輕重失當了。又犯死罪者偶爾才有，比較少見。至於犯下死刑則嫌重、鞭笞又嫌輕的罪行的人則較多。如今不用肉刑，則稍輕於死刑之罪時常得不到應有的懲罰。

如今若是除去犯上作亂、大逆不道，以及臨戰違反軍令，或者親手殺人者之外，其他死罪犯以肉刑代其死，則仍然足以懲治壞人。而受刑者還可以坐著勞作，能夠有所作為，又未斷絕其生活的手段。而終身殘廢，使百姓見到後，莫不為之驚心，足以使未犯法者感到恐懼，以此警戒後來人，其作用勝過將人處死。殺人的刑罰並非不重，然而斬首後陳屍三天，就要將人掩埋掉，多數人並不知道，許多人未曾見到。至於肉刑，則警戒世人的機會為多。

從前魏代時曾經多次討論過此事。很多學識廣博、深通事理的大儒都說應該恢復肉刑，而不同意者予以反駁，觀點不一致。魏武帝曹操也認為應該恢復肉刑。只是因為東吳、西蜀尚未平定，遠方未能通達事理的人，倉猝間聽說中原斷人肢體、割人耳鼻，便會望風而稱為殘酷暴虐。所以暫停議論此事，以待天下的統一。通人揚子雲也認為應該恢復肉刑。只是由於肉刑廢除已久，王公大臣認為此事並不急迫罷了。」

卷一五 審舉

【題解】本篇討論貢舉之事。

漢代的人才，大抵出於選舉、徵辟兩途。由於接受徵辟者人數甚少，選舉便顯得尤為重要。漢初詔舉賢良、方正，州郡察孝廉、秀才。東漢以後，復增名目。漢末政治昏暗、風氣衰敗。欺世盜名者侍候權門，賄賂公行，人事請託，弊端叢生。靈帝、獻帝之世，朝廷公然賣官鬻爵，小人結為朋黨，而正人君子無法進用，以致最後導致了漢室的傾覆。

本篇分析了上述的弊病，並提出了應對的措施：一是舉薦之前，先要認真調察尋訪，防止虛假不實；二是嚴格試經及策問，防止舞弊的行為；三是禁止行賄受賄，官員因為接受賄賂而貢舉不當的，終身禁錮，不許再作官，行賄者與之同罪；四是官員應該明白法律，可在在職良吏中舉行考試，隨才品敘用。

抱朴子曰：「華、霍所以能崇極天之峻者，由乎其下之厚也。唐、虞所以能臻巍巍之功者，實賴股肱之良也。雖有孫陽❶之手，而無騏驎之足，則不得致千里矣。雖有稽古之才❷，而無宣力之佐❸，則莫緣凝❹庶績矣。人君雖明並日月，神鑒未兆❺，然萬機不可以獨統❻，曲碎不可以親總。必假目以遐覽，借耳以廣聽⑦，誠須有司是康是贊⑧。

故聖君莫不根心招賢，以舉才為首務。施玉帛於丘園⑨，馳翹車於巖藪⑩。勞於求人，逸於用能⑪。上自槐棘⑫，降逮皁隸⑬，論道經國，莫不任職。恭己無為，而治平刑措⑭，而化洽無外⑮，萬邦咸寧。

【章旨】君主要建立巍巍的業績，離不開臣佐的輔佐效力，所以聖明之君都以舉才用人為首務。

【注釋】❶孫陽　伯樂，姓孫名陽，善於駕馭良馬。❷稽古之才　推廣古道、施行教化之能力。❸宣力之佐　為之效力、用力之臣佐。❹凝　完成。❺神鑒未兆　神明足以鑒察一切。未兆，未顯露跡象。❻萬機不可以獨統　朝中紛繁萬端之政務，不可一人統管。萬機，又作萬幾。指朝廷政事。❼假目以遐覽二句　以群臣為耳目，以擴大君主之視聽。❽是康是贊　輔持、贊助君主。康，辦理。贊，輔佐。❾施玉帛於丘園　派遣使者，攜帶禮品，徵辟隱居田園之賢者。❿馳翹車於巖藪　驅駕翹車前往山野徵召隱士。翹車，指禮聘隱士的車。⓫逸於用能　意謂君王恭己無為，讓臣下展現才能。⓬槐棘　朝中之公卿大臣。周時朝廷內種植三槐九棘，故云。⓭皁隸　差役、小吏。⓮治平刑措　天下太平，因為無人犯法，因而刑法閒置無用。措，閒置。⓯化洽無外　普天之下，無處不染君王之德化。化洽，教化之普及。

【語譯】抱朴子說：「華山、霍山所以能高聳雲天，是由於它的基礎深厚。堯、舜所以能夠建立巍然的功績，實在是有賴於輔佐之臣的優良。即使有伯樂那樣善於駕馬的人，但是如果沒有駿馬，也就不能日行千里了。即使有推行古道、普施教化的能力，但是如果沒有為之效力的群臣，則事功也就無法完成。君主即使如同日月光明，普照一切，然而紛煩萬端的政務不能由一人去處理，細碎曲折的小事不能要君主親自去辦。一定要假借群臣的耳目，豐富君主的見聞，必須要有百官協助辦理各項事務。

所以聖明之君莫不誠心求賢，以推舉賢才為首要之務。派遣使者帶著禮品、駕著車馬前往徵辟賢者。將辛勞用在求得賢能之士上，然後君主無為，讓賢臣展現才能。上自公卿大臣，下到差役僕隸，論道經國，莫不各任其職。君主以嚴明的態度恭臨天下，無為而治，而天下太平，刑法措置，而普天之下同被教化，萬邦安寧。

設官分職，其猶構室，一物不堪，則崩橈❶之由也。然未貢舉之士，格以四科❷。三事❸、九列❹，是之自出，必簡標穎拔萃之俊❺。而漢之末葉，桓、靈之世，柄去帝室，政在姦臣。網漏防潰❻，風頹教沮❼。抑清德而揚諂媚，退履道而進多財。力競成俗❽，苟得無恥❾。或輸自售之寶，或賣要人之書。或父兄貴顯，望門而辟命❿。或低頭屈膝，積習而見私⓫。夫銓衡⓬不平，則輕重錯謬；斗斛不正，則少多混亂；繩墨不陳，則曲直不分；準格傾側⓭，則滓雜實繁。以之治人，則虐暴而狼貪，受取聚斂，以補買官之費。立之朝廷，則亂劇於棼絲，引用駑庸，以為黨援。而望風向草偃⓮、庶事之康，何異懸瓦礫而責夜光⓯、絃不調而索清音哉？何可不澄濁飛沈⓰，沙汰臧否⓱，嚴試對之法，峻貪夫之防哉？殄瘁攸階⓲，可勿畏乎？

古者諸侯貢士，適者謂之有功，有功者增班進爵。貢士不適者謂之有過，有過者黜位削地。猶復不能令詩人謐〈大車〉⓳、『素餐』⓴之刺，無伐檀、罝兔之賢㉑。況舉之無非才之罪，受之無負乘之患㉒！衡量一失其格，多少安可復損乎？

夫孤立之翹秀㉓，藏器㉔以待賈㉕。瑣碌之輕薄，人事以邀速㉖。夫唯待價，故頓淪於窮瘁㉗矣。夫唯邀速，故佻竊而騰躍㉘矣。蓋梟鴟屯飛㉙，則鴛鳳幽集；豺狼當路，則麒麟遐遁。舉善而教，則不仁者遠矣；姦偽榮顯，則英傑潛逝。高概恥與闒茸為伍㉚，清節羞入饕餮之貫㉛。舉任並謬，則群賢括囊㉜。群賢括囊，則凶邪相引。凶邪相引，則小人道長。小人道長，則檮杌㉝比肩。頌聲所以不作，怨嗟所以嗷嗷㉞也。高幹長材，恃能勝己。屈伸、默語㉟，聽天任命；窮通、得失，委之自然。亦焉得不墮多黨者㊱之後，而居有力者之下乎？逸倫之士，非禮不動。山峙淵渟㊲，知之者稀。馳逐之徒，蔽而毀之。故思賢之君，終不知奇才之所在。懷道之人，願效力而莫從。雖抱稷、卨之器㊳，資邈世之量，遂沈滯詣死，不得登敘㊴也。而有黨有力者紛然鱗萃㊵，人乏官曠㊶，致者又美，亦安得不拾掇而用之乎？

【章旨】漢末之世，舉薦人才失去標準，奸邪在朝，結為朋黨，政治昏暗，風氣敗壞，使得正直獨立之士，至死不得進用。

【注釋】❶崩橈　梁柱折斷，房屋傾塌。❷四科　漢章帝建初八年，詔書以四科取士：一曰德行高妙，志節清白；二曰經明行修，能行博士；三曰明曉法律，足以決疑，能案章覆問，文任御史；四曰剛毅多略，遭事不惑，明足照姦，勇足決斷，才任三輔令。❸三事　這裡指三公、丞相。❹九列　九卿之列。❺簡標穎拔萃之俊　選擇優秀傑出的人才。簡，選拔。❻綱漏防潰　法網疏漏，堤防潰決。❼風積教沮　風俗頹廢，教化敗壞。❽力競成俗　盡力追名逐利，成為一時之風氣。❾苟得無恥　苟且追求而得，亦不以為恥。苟得，不當得而得。❿望門而辟命　因其父兄佔據高位，門第尊榮，而薦舉其子弟。⓫見私　視為私人，而舉薦之。私，一作「收」。⓬銓衡　權衡輕重的器物，指秤。⓭準格傾側　標準、法式不端正，發生傾斜。⓮風向草偃　比喻教化的普及如風吹草伏。⓯懸瓦礫而責夜光　懸掛瓦石而求其發出夜明珠的光輝。夜光，寶珠名。⓰澄濁飛沈　澄清高下。⓱沙汰臧否　如沙中淘金，分清善惡。⓲殄瘁攸階　意謂漢末之動亂傾覆就是因此而引起的。殄瘁，困病、敗亡。⓳大車　《詩經・王風》有〈大車〉之詩，〈毛詩序〉認為是諷刺周大夫的作品。⓴素餐　《詩經・魏風》有〈伐檀〉之詩，中有「彼君子兮，不素餐兮」之句，〈毛詩序〉認為旨在諷刺「在位貪鄙，無功而受祿」。㉑伐檀罝兔之賢　〈毛詩序〉認為〈伐檀〉中砍伐檀樹者乃是一位隱逸而未能出仕的賢人，又解釋《周南・兔罝》為求賢的詩。㉒負乘之患　小人居君子之位所致的禍患。㉓翹秀　才能特出、卓異之士。㉔藏器　身懷才能，等待時機。㉕待賈　待價而沽之。子貢曾以美玉為喻問孔子，孔子曰：「沽之哉，沽之哉，我待賈者也。」見《論語・子罕》。㉖人事以邀速　用請託、送禮等手段以求得薦舉。㉗頓淪於窮瘁　淪落潦倒，窮困不堪。頓淪，困厄、淪落。㉘俛竊而騰躍　竊取聲名，飛黃騰達。俛，竊。㉙梟鴟屯飛　惡鳥群集而飛。梟鴟，貓頭鷹。古人認為是惡鳥。梟，原本作「烏」，據《道藏》本校改。屯，聚集。㉚高概恥與闒茸為伍　高概指品節高尚者，闒茸指卑劣平庸者。㉛饕餮之貫　貪婪殘暴者之列。㉜括囊　閉口不言，行為謹慎。㉝檮杌　惡人。㉞噭噭　眾聲嘈雜。㉟屈伸默語　或者屈而隱逸，或者伸展抱負，或者沈默不語，或者發表言談。㊱多黨者　結為朋黨，多相援引者。㊲山峙淵渟　像高山之聳峙，像廣淵之深沈。形容人品端莊穩重。㊳稷卨之器　像稷、契一樣的器識與才能。稷是舜的農官，商之先祖。卨，即契，協助禹治水有功，封為司徒，是商的先祖。㊴登敘　官職升遷。㊵鱗萃　形容如鱗之多，比比皆是。㊶官曠　缺乏稱職的官員。

【語　譯】設官分職，就像構建房屋，一個物件不行，就會導致房屋倒塌。因此尚未被舉薦的士人，先試以四科。三公九卿，都從其中產生，因此必須挑選出類拔萃的俊才。然而漢代的末葉，桓帝、靈帝之世，帝室大權旁落，政柄由奸臣把握。法網廢弛，道德淪落，風俗頹喪，教化敗壞，節操清廉者受壓抑，諂媚附勢者受到提拔。遵循道德者被斥退，富裕多財者得進用。追逐競取，成為風尚。苟且而得，不以為恥。或者自我炫耀標榜，或者求人書信吹噓。有的人父兄佔據高位，便因為門第高貴而被推薦。有的人長年卑躬屈膝，便被當作私人而加以任用。如果秤不準，則輕重的判斷就有差錯；如果斗斛不正，則多少的度量就會混亂。不用繩墨丈量，曲直就分不清；標準發生了傾斜，就會雜亂紛陳。用這種人來治理百姓，他們就會殘暴而貪婪，用搜括、聚斂的財物來補充買官的費用。讓這種人留在朝中，他們就會將事情弄成一團亂絲，並且引用平庸無能之輩，結為同黨。舉薦這種人，而希望教化的推行如同風吹草伏，希望各項事務處理得當，這與懸掛著瓦片而要求它發出夜明珠的光輝、琴絃不調而想奏出清美的樂聲，又有什麼不同呢？為什麼不澄清高下、分別善惡，嚴格考試的辦法，防止貪婪者的行為呢？漢朝的敗亡就是由此而引起的，能夠不謹慎小心嗎？

古代諸侯舉薦士人，適當的就是有功。有功的便提升官職，晉升爵位。舉薦不當的就是有過，有過的便免官降職，削減封地。如此還是不能使詩人平息〈大車〉、『素餐』的諷刺，使得山林中沒有伐檀、捕兔的賢者。何況後世舉薦不當朝廷並不治罪，被舉薦者以小人居君子之位也沒有禍患！判斷失去了標準，優劣又怎麼能正確地衡量呢？

獨立卓異之士，他們身懷器識，待價而沽。平庸輕浮之輩，他們用請託、送禮的手段以求得舉薦。正因為待價而沽，所以卓異之士窮困潦倒，淪落不遇。正因為請託鑽營，所以平庸之士得以竊取聲名，飛黃騰達。惡鳥群集而飛，鳳鸞就會躲進幽深的林中；豺狼布滿路途，麒麟就會遠遠地離去。舉薦賢者推行教化，不仁者就遠走了；如果奸偽之輩佔據高位，英俊之才就潛藏了。品德高尚的人恥與卑劣平庸者為伍，節操清廉的人不屑與貪婪殘暴者同列。察舉與任命都發生了錯誤，群賢就會沈默不語。賢者沈默，邪惡勢力就會相互勾結。邪惡勢力勾結，小人之道就會得勢。小人道長，惡人就會成群。這就是為什麼頌聲不作、怨聲四起的原因啊！高才之士，憑著卓異的才能而忘懷自我。或隱逸或大展抱負，或沉默不語或大發言論，一切聽天由命。個人的榮辱得失，由著自然的安排。又怎麼能不落在多朋黨相援者之後，而處在有權有勢者之下呢？出類拔萃之士遵循禮法，非禮不動。像高山之沈穩，廣淵之深厚，了解的人不多。追逐奔競之徒，掩蓋住他們，進而加以毀謗。所以思賢之君，終究不知奇才之士何在。懷道者想要報效朝廷，而又不知所從。即使胸懷稷、契之器識，具有超世的才能，還是沈淪至死，不能晉升官職。而那些結為朋黨、依憑權勢者比比皆是，官場缺乏稱職的人才，贈與又美，又怎麼會不加以提攜而任用呢？

靈、獻之世，閹官用事❶，群姦秉權，危害忠良。臺閣❷失選用於上，州郡輕貢舉於下。夫選用失於上，則牧守❸非其人矣。貢舉輕於下，則秀孝❹不得賢矣。故時人語曰：『舉秀才，不知書。察孝廉，父別居。寒素清白濁如泥，高第良將怯如雞。』又云：『古人欲達勤誦經，今世圖官免治生❺』。蓋疾之甚也！于時懸爵而賣之❻，猶列肆也。爭津者❼買之，猶市人❽也。有直者無分而徑進❾，空拳者望途而收跡。其貨多者其官貴，其財少者其職卑。故東園積賣官之錢❿，崔烈有銅臭之嗤⓫。上為下傚，君行臣甚。故阿佞幸⓬，獨談親容。桑梓議主⓭，中正吏部⓮，並為魁儈⓯，各責其估。清貧之士，何理有望哉？

是既然矣。又邪正不同，譬猶冰炭。惡直之人，憎於非黨。刀尺顛到⓰者，則恐人之議己也。達不由道者，則患言論之不美也。乃共搆合虛誣，中傷清德，瑕累橫生，莫敢救拔。於是曾、閔⓱獲商臣之謗⓲，孔、墨⓳蒙盜跖之垢⓴。懷正居貞者，填笮㉑乎泥濘之中。而狡猾巧偽者，軒翥乎虹霓之際㉒矣。而凡夫淺識，不辯邪正，謂守道者為陸沈㉓，以履徑者㉔為知變。俗之隨風而動、逐波而流者，安能復身於德行、苦思於學問哉？是莫不棄檢括之勞㉕，而赴用賄之速矣。斯誠有漢之所以傾，來代之所宜深鑒也。」

【章　旨】漢靈帝、獻帝之時，朝廷賣官鬻爵，貢舉賄賂成風，正人君子受到誣陷、打擊，終於導致了漢室的傾覆。

【注　釋】❶閹官用事　宦官控制朝政。❷臺閣　指尚書臺。東漢以尚書輔佐皇帝，總攬政務。❸牧守　州官稱牧，郡官稱守。泛指州郡的長官。❹秀孝　秀才與孝廉。州舉秀才，郡舉孝廉。❺今世圖官免治生　免，當作「勉」。謂今世求官，當勉力經營，多蓄財富。❻懸爵而賣之　漢靈帝光和元年，初開西邸賣官，公千萬，卿五百萬。又賣關內侯，假金印紫綬，入錢五百萬。見《後漢書‧靈帝紀》。❼爭津者　指追求出仕當官的人。❽市人　顧客。❾有直者無分而徑進　有錢人即使無作官之才能也可以直接出仕為官。直，通「值」。財貨。❿東園積賣官之錢　據《後漢書‧羊續傳》載：當時拜三公者，「皆輸東園禮錢千萬」。又桓範《世要論》：「靈帝置西園之邸賣爵，號曰禮錢。」⓫崔烈有銅臭之嗤　名士崔烈歷位郡守、九卿，時因傅母入錢五百萬，得為司徒。於是聲譽衰減，論者嫌其銅臭。見《後漢書‧崔寔傳》。⓬故阿佞幸　孫星衍曰：「『故阿』以下數句，有脫字。」⓭桑梓議主　鄉閭主持清議及品評人物者。桑梓，故鄉；鄉閭。⓮中正吏部　指州郡辦理貢舉的官吏。魏始立九品中正制，郡置中正，平人才高下。此為借用。⓯魁儈　巨商。儈是居間買賣的商人。⓰刀尺顛到　評價人物，顛倒錯亂。⓱曾閔　曾參、閔子騫，孔子之弟子，以孝行著名。⓲商臣之謗　春秋楚成王之子商臣，生性殘忍。率軍包圍王宮，逼迫其父楚成王自殺，乃自立為王。見《史記‧楚世家》。⓳孔墨　孔子，提倡仁義、禮智。墨子，提倡兼愛，摩頂放踵，以利天下。⓴盜跖之垢　《史記‧伯夷列傳》說，盜跖日殺不辜、暴戾恣睢，聚黨數千人橫行天下。㉑填笮　受排擠、壓迫。笮，迫。㉒軒翥乎虹霓之際　高飛於雲霄之上。軒翥，飛翔。㉓陸沈　愚昧、迂腐。《論衡‧謝短》：「夫知古不知今，謂之陸沈。」㉔履徑者　走邪徑小路不由正道的人。徑，小路。㉕檢括之勞　勤於自我約束，遵守法度。

【語　譯】漢靈帝、獻帝之世，宦官把持著朝政，群姦掌握了大權，正直忠良受到迫害。上則朝廷沒有選擇合適的官員，下則州郡輕視貢舉之事。上面選授官員有所失誤，則州郡長官不是適當的人選。下面輕視貢舉，則秀才、孝廉不能薦舉賢者。所以當時有民謠說：『舉秀才，不知書。察孝廉，父別居。寒素清白濁如泥，高第良將怯如雞。』又說：『古人欲達勤誦經，今世圖官免治生。』因為對這種現象痛恨至極啊！

當時朝廷賣官鬻爵，猶如店鋪一樣。爭著當官的人輸錢買官，就像顧客一樣。有錢人即使無此才能也可以直接作官，而無錢的人只能望途而止步。財貨多的人官爵高貴，財貨少的人職事卑下。所以東園聚集的是賣官之錢，而司徒崔烈被人嗤責為有銅臭味。上行而下效，朝臣甚至變本而加厲。朝中的宦官佞臣，當面商談賣官之事。鄉里主持品評人物，州郡經辦貢舉人才，有關人員都成了市儈巨商，都要按價收錢。清貧之士，又有何希望呢？

事情已是如此，加上正邪不同，就像冰炭不能相容。邪惡之徒，憎惡不與他們結黨的人。顛倒尺度、品評不當者，又恐怕別人議論自己。不由正道追求進取者，又耽心品評不美。於是他們一起虛構誣陷，中傷德操清廉的人，使他們渾身都是傷痕，沒有人敢於幫助他們。於是篤孝的曾參、閔子騫被誹謗為弒父的商臣，講求仁義的孔子、墨子被污蔑為凶惡的盜跖。正直耿介者被排擠入泥濘之中，而虛偽狡猾的人高處於雲天之上。而凡夫俗子見識浮淺，不能辨別正邪，他們將遵守道德者說成迂腐愚昧，將趨赴邪徑者說成懂得變通。世俗那些順風而動、隨波逐流者，怎麼能夠再去修養道德、研究學問呢？所以他們莫不放棄修煉約束的辛勞，而追求用行賄的手段以迅速地達到目的。這就是漢朝所以傾覆的原因，後來者應該深入地認識到這一點。」

或曰：「吾子論漢末貢舉之事，誠得其病❶也。今必欲戒既往之失，避傾車之路，改有代之絃調，防法翫之或變。今濮上〈巴人〉❷，反安樂之正音❸；腠理之疾❹，無退走之滯患❺者。豈有方乎？士有風姿豐偉，雅望有餘，而懷空抱虛❻，幹植不足。以貌取之，則不必得賢。徐徐先試，則不可倉卒。將如之何？」

抱朴子答曰：「知人則哲，上聖所難❼。今使牧守皆能審良才於未用，保性履之始終❽，誠未易也。但共遺其私情，竭其聰明，不為利慾動，不為屬託屈❾。所欲舉者，必澄思以察之，博訪以詳之，修其名而考其行❿，校同異以備虛飾。令親族稱其孝友，邦閭歸其信義。嘗小仕者，有忠清之效、治事之幹，則寸錦足以知巧⓫，刺鼠足以觀勇也。

又秀、孝皆宜如舊試經答策⓬，防其罪對之姦⓭，當令必絕。其不中者勿署，吏加罰禁錮。其所舉書不中者⓮，刺史、太守免官，不中左遷⓯。中者多不中者少，後轉不得過故。若受賕⓰而舉所不當，發覺有驗者除名，禁錮終身，不以赦令原，所舉與舉者同罪。今試用此法治一二歲之間，秀、孝必多不行者⓱，亦足以知天下貢舉不精之久矣。過此，則必多修德而勤學者矣。

又諸居職，其犯公坐者以法律從事。其以貪濁贓汙為罪、不足至死者，刑竟及遇赦皆宜禁錮終身，輕者二十年。如此，不廉之吏必將化為夷、齊矣。若乃臨官受取，金錢山積，發覺則自恤得了⓲，免退則旬日復用者，曾、史⓳亦將變為盜跖矣。如此則雖貢士皆中，不辭於官長之不良。」

【章　旨】只要在貢舉之前認真察訪，並恢復考試，嚴格懲處收受賄賂的官吏，就能解決漢末貢舉之弊病。

【注　釋】❶病　弊端；弊病。❷濮上巴人　指淫靡、庸俗之樂。春秋時，濮水之上流行侈靡之樂。巴人，〈下里巴人〉，古代楚地之俗樂。❸安樂之正音　指正樂、雅樂。《禮記・樂記》：「治世之音安以樂，其政和。」❹腠理之疾　肌膚表面之疾病。腠理，皮膚肌肉之間。❺退走之滯患　病入骨髓，藥石所不及，扁鵲亦無法救治而退走。《史記・扁鵲倉公列傳》載：扁鵲過齊，見齊桓侯，曰：「君有疾在腠理，不治將深。」桓侯曰：「寡人無疾。」後五日，扁鵲復見曰：「疾在血脈」，桓侯不悅。又後五日，扁鵲復見曰：「疾在腸胃間」，桓侯不應。又後五日，扁鵲見桓侯而退走，桓侯使人問其故，扁鵲曰：「疾在骨髓，臣是以無請也。」又後五日，桓侯死。❻懷空抱虛　言空有其名，而無真實才能。❼知人則哲二句　《尚書・皋陶謨》載皋陶與禹的對話，皋陶說為政「在知人、在安民」，禹則感嘆曰：「吁，咸若時，惟帝其難之。知人則哲，能官人。安民則惠，黎民懷之。」❽保性履之始終　堅持高尚的性情節操，始終不渝。❾不為屬託屈　不因為私相請託而放棄公正的原則。屬託，請託。❿修其名而考其行　循其名聲以考察其行為。修，通「循」。⓫寸錦足以知巧　一寸之錦，足見織工之精巧。⓬皆宜如舊試經答策　東漢順帝陽嘉元年始，各郡國舉孝廉，諸生試章句，文吏課牋奏。先試之於公府，又覆之於端門。見《後漢書・卷六一》。⓭罪對之姦　罪，一作「所」，或疑作「置」。⓮所舉書不中者　書，或疑作「盡」。⓯左遷　降職；貶官。⓰受賕　接受賄賂。⓱多不行者　意謂耽心考試，多不敢赴京者。⓲自恤得了　自己安置、料理，得以了結。⓳曾史　曾參、史魚。曾參是孔子的學生，曾說過「君子無悒悒於貧，無勿勿於賤」的話。史魚，又作「史鰌」，衛之賢大夫，以正直而著名。

【語　譯】有人說道：「先生論述漢末貢舉之事，確實揭示出它的弊病所在。如今若是要克服往昔的這種失誤，避免社稷傾覆之禍，改變前代之舊調，防止法制的敗壞。使得淫放的俗曲，轉變為治世之正樂；肌膚的小毛病，不致成為骨髓之痼疾。是否有辦法呢？有的士人風姿魁偉，儀容嚴正有餘，然而並無真實的德操，能力不足。若是以貌取人，不一定能得到賢者。慢慢試驗其才能，倉猝之間又不可以。又該怎麼辦呢？」

抱朴子回答說：「認識人需要智慧，對於上等聖人這也是困難的事情。如今若要州郡長官能在未加任用之前便識別良才，保持高尚的性情操守而始終不渝，確實不容易。只要大家都排除私心，發揮各自的聰明智慧，不為利欲所動，不因請託而放棄原則。對於所薦舉的人，必定認真考察、廣泛了解、全面掌握。依據聲名而核察實際，比較同異以防止虛假。讓親族評價他是否孝於父母、友於兄弟，讓街坊鄰居評價他是否講究信義。曾經擔任細小職務的人，如果有忠誠廉潔的實績，有治事的才幹，則可以由小見大，寸錦可知織者的工巧，刺鼠可知行為的勇敢。

又秀才、孝廉都應該像從前那樣試經、回答策問。防止奸邪舞弊行為，一定要使之絕跡。考試不中者不予官職，有關官吏不准作官。所舉薦都不中的，刺史、太守免官，有所不中的降職。所舉薦中者多不中者少，下次考核不得通過。如果因為受賄而舉薦不當，發現確有其事的除名，終身不准作官，不因朝廷赦令而原諒，舉者與被舉者同罪。如今試用此法，一兩年之間，各地舉薦的秀才、孝廉一定多數不敢來到京城。由此可知天下貢舉之粗率不精，已經很久了。過了這一段時間，一定會有較多的人修持道德、勤奮學習的。

又對於那些身居官職而又違法犯罪的人，要依法處理。其中因為貪贓枉法而犯罪又不足死刑的人，執刑完畢或得遇朝廷大赦都應禁錮終身，輕者二十年不准作官。倘若如此，則那些貪婪的官員也將變為像伯夷、叔齊一樣的廉潔之士。如果任職時接受財物賄賂，金錢堆積如山，事情暴露則設法料理使之了結，即使免官十天半月又重加任用，如此則廉潔正直如曾參、史魚者也將變為盜賊了。如此即使貢舉之士都符合要求，官員不良的問題也還是無法解決。」

或曰：「能言不必能行。今試經、對策雖過，豈必有政事之才乎？」

抱朴子答曰：「古者猶以射擇人❶，況經術乎？如其舍旃❷，則未見餘法之賢乎此也。夫豐草不秀瘠土，巨魚不生小水，格言❸不吐庸人之口，高文不墮❹頑夫之筆。故披〈洪範〉而知箕子有經世之器❺，覽九術而見范生懷治國之略❻，省夷吾之書❼而明其有撥亂之幹，視不害之文❽而見其精霸王之道也。

今孝廉必試經無脫謬，而秀才必對策無失指❾，則亦不得闇蔽也。良將高第取其膽武，猶復試之以策，況文士乎？假令不能必盡得賢能，要必愈於了不試也。今且令天下諸當在貢舉之流者，莫敢不勤學。但此一條，其為長益風教❿，亦不細矣。若使海內畏妄舉之失，凡人息僥倖之求，背競逐之末，歸學問之本，儒道將大興，而私貨⓫必漸絕。奇才可得而役，庶官可以不曠⓬矣。」

【章　旨】說明恢復試經及對策考試有利於選擇人才，促進世風的轉變，其作用遠勝過不加考試。

【注　釋】❶以射擇人　《禮記・射義》認為從一個人射箭的姿勢可以看出他的德行，所以可以藉此以擇人。❷舍旃　捨棄。❸格言　寄寓教益、可為準則之言。❹墮　降；落。❺披洪範而知箕子有經世之器　周武王討伐商紂王後，向箕子請教天道之事，箕子講述了一番有關的原則，著為《尚書・洪範》。箕子，紂之庶兄，封於箕。紂為暴虐，箕子諫不聽，為紂所囚。武王滅商，釋箕子之囚。見《史記・殷本紀》。❻覽九術而見范生懷治國之略　范生，范蠡。《越絕書・卷一二》載大夫種所上滅亡吳國之九條計策，即九術。此歸於范蠡，當為葛氏誤記。❼夷吾之書　即《管子》。管仲，名夷吾。齊桓公任以上卿，輔佐齊桓公九合諸侯，一匡天下，成為一代霸主。今本《管子》，或認為多後人假託。❽不害之文　即《申子》。申不害，相韓昭侯，其學主於刑名，主張尊君卑臣，崇上抑下，著書號《申子》。❾失指　意旨有錯語。指，通「旨」。❿長益風教　有益於改良世風，增進教化。⓫私貨　私行賄賂。⓬曠　才能不稱其職。

【語譯】有人說道：「能言談者未必能實行。那些通過了試經、對策的人，難道一定會有處理政事的才能嗎？」

抱朴子回答說：「古代尚且以考察射箭來選擇人才，何況是經術呢？如果不用此法，亦未見有其他更好的辦法。貧瘠的土地上不會長出豐茂的青草，小水坑中不會生長出大魚，平庸之徒說不出能成為準則的格言，愚頑之人寫不出高妙的文章。披閱〈洪範〉就知道箕子有經世的器識，閱讀九術就知道范蠡懷有治國的謀略，讀管仲之書就知道他有撥亂反正的才幹，看申不害的文章就知道他精於霸王之道。

如今若使孝廉試經無脫謬，使秀才對策無失誤，那麼也就不會暗昧糊塗了。高第良將用其膽略武功，尚且還要試以策問，何況文士呢？即使不能肯定全部得到賢能之士，而勝過不加考試則是必定無疑的。如今使當今屬於貢舉之列的人，都不敢不勤奮學習。只此一條，對於改善風氣、補益教化，功勞也不算小。若能使海內畏懼違法貢舉的錯誤，使凡人平息非分的追求，背離競爭追逐的末事，返歸學問之根本，則儒道將大為振興，而私行賄賂必將逐漸斷絕。卓異之士能為朝廷所用，各種官員也就才能與職務相稱了。」

或曰：「先生欲急貢舉之法，但禁錮之罪苛而且重，懼者甚眾。夫急轡繁策，伯樂所不為。密防峻法，德政之所恥❶。」

抱朴子曰：「夫骨填肉補之藥❷，長於養體益壽，而不可以救暍溺之急❸也。務寬含垢❹之政，可以蒞敦御朴❺，而不可以拯衰弊之變也。虎狼見逼，不揮戈奮劍，而彈琴詠詩，吾未見其身可保也。燎火及室，不奔走灌注，而揖讓盤旋❻，吾未見其焚之自息也。今與知欲賣策者論此，是與跖❼議捕盜也。」

【章旨】對於在貢舉中貪贓受賄的人，一定要嚴格懲處，不能寬大。

【注釋】❶密防峻法二句　用周密的防範、嚴峻的刑法治國，是德政的恥辱。❷骨填肉補之藥　指滋補之藥物。❸暍溺之急　中暑、溺水之危險急迫。暍，暴熱中暑。❹含垢　意謂國君器量宏大，能包容污垢。《左傳・宣公十五年》：「國君含垢。」❺蒞敦御朴　管理純樸敦厚之世。蒞，通「莅」。臨。❻揖讓盤旋　講求禮儀，周旋謙讓。❼跖　盜跖。傳說中的大盜。

【語譯】有人說：「先生急於端正貢舉之法，但是禁錮的懲罰苛刻嚴重，害怕的人多。將馬籠頭套得很緊，馬鞭抽得很急，這樣的駕馭方法是伯樂所不取的。用周密的防範、嚴峻的刑法治國，這是德政的恥辱。」

抱朴子說道：「填骨補體之藥，其作用在於滋養身體，延年益壽，卻不可以解救中暑、溺水之急禍。國君寬大容忍以處理政事，可以統御一個純樸敦厚的世道，卻不能夠拯救一個變得衰弊沒落的社會。面對著虎狼的威脅，不揮槍舞劍、奮力抵抗，卻彈琴詠詩，我不知道怎麼可以保住自己的生命。大火燒到了屋前，不奔走灌水撲火，卻按照禮儀周旋謙讓，我不知道火災怎麼能夠自動熄滅。如今若是與貪贓枉法的人討論這件事，那就無異於跟盜跖商量捕盜一樣。」

抱朴子曰：「今普天一統，九垓同風❶。王制政令，誠宜齊一。夫衡量小器，猶不可使往往而有異。況人士之格❷，而可參差而無檢乎？江表❸雖遠，密邇海隅，然染道化、率❹禮教，亦既千餘載❺矣。往雖暫隔❻，不盈百年。而儒學之事，亦不偏廢也。惟以其土宇褊❼於中州，故人士之數不得鈞其多少耳。及其德行才學之高者，子游、仲任❽之徒，亦未謝上國❾也。

昔吳土初附，其貢士見偃❿以不試。今太平已近四十年矣，猶復不試，所以使東南儒業衰於在昔也。此乃見同於左衽⑪之類，非所以別之也。且夫君子猶愛人以禮⑫，況為其愷悌之父母⑬邪！法有招患，今有損化，其此之謂也。今貢士無復試者，則必皆修飾馳逐，以競虛名。誰肯復開卷受書哉？所謂饒之⑭適足以敗之者也。

自有天性好古，心悅藝文，學不為祿，味道忘貧⑮，若法高卿⑯、周生烈⑰者。學精而不仕，徇乎榮利者⑱，萬之一耳。至於甯越⑲、倪寬⑳、黃霸㉑之徒，所以強自篤勵於典籍者，非天性也，皆由患苦困瘁，欲以經術自拔耳。向使非漢武之世，則朱買臣㉒、嚴助㉓之屬，亦未必讀書也。今若取富貴之道幸有易於學者，而復素無自然之好，豈肯復空自勤苦，執灑埽為諸生，遠行尋師問道者乎？兵興之世，武貴文寢㉔。俗人視儒士如僕虜，見經誥如芥壤者，何哉？由於聲名背乎此也。夫不用譬猶售章甫於夷越㉕，徇髯蛇於華夏㉖矣。今若遐邇一例㉗明考課試，則必多負笈㉘千里，以尋師友。轉其禮賂之費以買記籍者，不俟終日矣。」

【章旨】吳地接受中原之禮樂文明有一千餘年的歷史，只要恢復試經、策問，遠行求師、勤奮向學的人一定會日益增多。

【注釋】❶九垓同風　天下九州同被教化。九垓，九州。❷格　標準；尺度。❸江表　長江以南地區，此指原東吳之地。

❹率　遵循；服從。❺亦既千餘載　吳之歷史，上溯至吳太伯、仲雍南奔，自號「句吳」。至晉世，已有一千餘載。❻往雖暫隔　指孫權自立江東至孫皓降晉這一段時期，江東與中原阻隔不通。❼編　狹小。❽子游仲任　子游，吳人，孔子之弟子，習於文學。仲任，王充之字，會稽人，《論衡》的作者。❾未謝上國　與中原人士相比，並不遜色。上國，指中原。❿見偃　被停止。⓫左袵　即左衽。指未蒙受中原教化的少數民族。衣襟向左，不同於中原人民之右衽。⓬君子猶愛人以禮　君子愛人，以禮儀為教化。⓭愷悌之父母　指慈祥平易之君子教化百姓，猶如民之父母。《詩經・大雅・泂酌》：「愷悌君子，民之父母。」⓮饒之　補益；施以恩惠。⓯味道忘貧　體會道德，忘記了貧賤。⓰法高卿　法真，字高卿，漢扶風郿人。恬靜好學，博通內外圖典。公府辟舉，朝廷徵召，皆不就。⓱周生烈　敦煌人。《三國志》說他「歷注經傳，頗傳於世」。⓲學精而不仕徇乎榮利者　或疑「仕」字衍。徇乎榮利，捨棄生命以追求榮名利祿。⓳甯越　中牟之農民，因苦於耕稼之勞而刻苦學習，夜以繼日，後來成為周威公之師。見《呂氏春秋・博志》。⓴倪寬　西漢人，家貧無資用，常為人傭賃以給衣食。行常帶經，休息則誦習之。見《史記・儒林列傳》。㉑黃霸　字次公。少學律令，喜為吏。因事繫獄當死，黃霸向夏侯勝受《尚書》於獄中。見《漢書・循吏傳》。㉒朱買臣　字翁子，吳人。家貧，不治產業。常擔束薪，行且誦書。嚴助薦買臣，召見說《春秋》、言《楚辭》，漢武帝甚悅之，任為中大夫。㉓嚴助　會稽吳人。郡舉賢良，漢武帝任用為中大夫，為漢武帝所親信。㉔文寢　文人不受重視，被棄置。㉕售章甫於夷越　章甫是古代的一種帽子。越人斷髮文身，不戴帽子，所以章甫難以售出。比喻動亂之世，文人的才能無所用。㉖徇髯蛇於華夏　髯蛇，大蛇，可以製為美味食物。《淮南子・精神》：「越人得髯蛇以為上肴，中國得而棄之無用。」㉗遐邇一例　遠近一樣。遐，遠。邇，近。㉘負笈　揹著書箱，求師問學。笈，書箱。

【語　譯】抱朴子說道：「當今天下統一，九州同被教化。典章政令，的確應該整齊歸一。像斗、秤之類的度量衡器，還不能讓各地有所差異。何況評價人才的標準，豈可以參差不齊而不加統一呢？吳地雖然遠離中原，靠近海邊，然而感染道化、遵從禮教，已經有一千多年了。前一段時期雖然曾經暫時與中原隔離，而為時不滿百年。儒學的傳播，也並未偏廢。只是由於其疆域比中州狹小，故所出的人才不能與中州一樣多。至於吳地人士德行、才學之高，如子游、王充等人，也並不比中原差一些。

當初吳地剛歸附中原，被貢舉之士停止考試，如今太平已經將近四十年，還未恢復考試，所以東南的儒學比起過去衰落了。這就將吳地視同未開化地區，而未加以區別。況且君子愛人，必然施之以禮儀教化，又何況為民父母的朝廷官員呢？法律會有不便之處，命令會有損於德化，也就是說的這種情況。如今貢舉仕人不用考試，人們必定都去修飾追逐以競取虛名，誰又肯再開卷讀書呢？這就是本想施以恩惠，結果反而將事情辦糟了。

自然會有一些本性好古，喜愛藝文，學習不為利祿，沈浸道德而忘記了貧賤，就像法高卿、周生烈這樣的人。然而學業精深而不求榮利者，不到萬分之一。至於像甯越、倪寬、黃霸之徒，他們所以勉力勤奮地學習典籍，並非天性自然好學，而是由於不願意過困苦勞累的生活，想要學習經術以自拔於困境。倘若不逢漢武帝之世，則朱買臣、嚴助之流也未必就讀書。如今獲取富貴之道若有比鑽研學業容易些的，而又不是平素自然好學的人，又豈肯空自勤苦地承擔門生灑掃之務、遠行尋師以求學問道呢？兵荒馬亂的年代，習武的人尊貴，文人被棄置不用。世俗將儒生視同奴僕、異族，視經書如同草梗、塵土，為什麼呢？因為輿論不傾向學文的緣故。這就像在不戴帽子的越地出售帽子，向不吃蛇肉的中原推薦大蛇一樣。如今若是遠近一樣，貢舉之士都要通過考試，則揹著書箱、千里求師的人一定會增多起來。將送禮賄賂的錢財用作購買書籍的人，也就立刻出現了。」

抱朴子曰：「才學之士堪秀、孝者，已不可多得矣。就令其人，若如桓、靈之世，舉吏不先以財貨便安臺閣主者❶，則雖諸經兼本解❷，於問無不對，猶見誣枉，使不得過矣。常追恨于時執事，不重為之防。

余意謂新年❸當試貢舉者，今年便可使儒官才士豫❹作諸策。計足周用，集上，禁其留草❺，殿中封閉之。臨試之時，亟賦之，人事因緣於是絕。當答策者，皆可會著一處。高選臺省之官親監察之，又嚴禁其交關出入，畢事乃遣。違犯有罪無赦。如此，屬託之冀窒❻矣。夫明君恃己之不可欺，不恃人之不欺己也。亦何恥於峻為斯制❼乎？若試經法立，則天下可以不立學官，而人自勤樂❽矣。

案四科亦有明解法令之狀❾。今在職之人，官無大小，悉不知法令。或有微言難曉，而小吏多頑，而使之決獄，無以死生委之❿，以輕百姓之命，付無知之人也。作官長不知法，為下吏所欺而不知。又決其口筆者，憒憒⓫不能知合法與不合⓬，不問不⓭以付主者。或以意斷事，蹉跌⓮不慎法令。亦可令廉良之吏，皆取明律令者試之如試經，高者隨才品敘用。如此，天下必少弄法之吏⓯、失理之獄矣。」

【章　旨】要嚴格考試規章以防止請託及舞弊，官員要通曉法律以防受到蒙騙，方能杜絕各種弊端。

【注　釋】❶便安臺閣主者　安置好臺閣主事的官吏。便安，安頓。指賄賂。❷諸經兼本解　「兼本解」疑作「無不解」，形近而訛。❸新年　明年。❹豫　通「預」。❺禁其留草　意謂禁止命題者留下草稿，以防止洩漏。❻屬託之冀窒　請託說情之事可望杜絕。窒，堵塞；制止。❼峻為斯制　嚴格考試的制度。❽勤樂　樂於勤奮學習；以勤學為樂。❾四科亦有明解法令之狀　漢章帝建初八年詔書以四科辟士，第三曰「明曉法律，足以決疑，能案章覆問，文任御史」。❿無以死生委之　以，疑當作「異」。委，付託。⓫憒憒　當作「憒憒」，形近而訛。⓬合法與不合　二「合」字原本均作「食」，此據《四庫全書》本校改。⓭不　此字疑衍。⓮蹉跌　失足；失誤。⓯弄法之吏　玩弄法律、營私舞弊之官吏。

【語　譯】抱朴子說道：「符合秀才、孝廉標準的才學之士，已是不可多得了。然而即使有這樣的人，若是處在漢桓帝、靈帝之世，不先用錢財賄賂買通臺閣主事官吏，那麼就算是諸經無不通，有問必能答，還是會被誣蔑受屈，使得不能通過。我時常追恨當時主持朝政者，未能認真防止這些現象。

我想明年若要考試被貢舉者，今年就可以讓儒官才士預先擬好試題，估計夠用並上報朝廷。不要留下草稿，在宮殿上當場密封。考試之時，要抓緊時間，使送禮說情都無法進行。參加考試的人，都集中在一處。認真選擇朝廷臺省官員親自監考，又嚴禁考試者來往出入，考試完畢然後放出。違犯規定的處以罪罰，絕不赦免。若能如此，則請託說情也就可望杜絕了。聖明之君憑靠的是自己不會受欺騙，而不能指望別人不欺騙自己。又何必以嚴格貢舉考試制度為恥呢？如果試經的法制得以建立，則天下可以不必設立學官，而世人自己也就樂於勤學了。

據朝廷辟士之四科，其中也有明解法令的規定。如今在職者，無論官位高低，都不懂法令。有些法律規定精細而難以明晰，而小吏多有愚妄貪婪之人。讓這些小吏判案，無異將生死之事相託付，輕視百姓的生命，將之交付給無知之人。當長官而不知法，就會受到下屬小吏的蒙騙，自己還不知道。又完全信任下吏的所言與所寫，糊裡糊塗的不知其是否符合法令律條，不加詢問，便交付下吏主辦。或者只憑主觀臆斷，不慎重執法，以致造成了失誤。也可召集廉潔賢良之吏進行考試，由通曉法律者主持其事，就像朝廷試經一樣，其成績高者量才任用。若能如此，天下必少弄法舞弊的官吏、判斷失理的冤案了。」

卷一六 交際

【題解】本篇論述朋友交往之道。

我國傳統的交友之道，推重朋友間的忠實、誠信、互相幫助。孔子說：「友直、友諒、友多聞，益矣。友便辟、友善柔、友便佞，損矣。」認為結交正直、誠懇、博識的朋友有益於人，結交品行不端、逢迎諂媚、花言巧語的朋友則對人有損害。《周易・繫辭下》曰：「君子上交不諂，下交不瀆」，提倡朋友間平等相待。然而世俗不論志向、不顧道義，以交友作為追逐權勢、獵取榮利的手段。他們或者侍候高門以求結交權貴，或者德薄位高鄙棄才士。只認官位而不看品德，重視財貨而輕忽人才，種種情態，不可盡舉。

針對世俗之弊，作者主張交友不宜浮雜，應該審慎地選擇德性深厚、學業精湛、忠於友誼、志同道合的人結為朋友。同時指出世俗交遊雖然多有弊端，然而朋友之道仍然不能荒廢。那種與世絕交之論，乃是無力匡正世風的憤慨之辭，矯枉過正，不足為訓。

抱朴子曰：「余以朋友之交，不宜浮雜。面而不心，揚雲攸譏❶。故雖位顯名美，門齊年敵❷，而趨舍異規❸、業尚乖互❹者，未嘗結焉。或有矜其先達❺，步高視遠，或遺忽陵遲之舊好❻，或簡棄後門之類味❼，或取人以官而不論德。其不遭知己、零淪丘園者，雖才深智遠、操清節高者不可也。其進趨偶合、位顯官通者，雖面牆庸瑣[8]必及也。如此之徒，雖能令壤蟲雲飛[9]，斥鷃戾天[10]，手捉刀尺[11]，口為禍福，得之則排冰吐華[12]，失之則當春彫悴，余代其踧踖[13]，恥與共世。窮之與達，不能求也。

然而輕薄之人、無分之子，曾無疾非俄然之節[14]，星言宵征[15]，守其門庭。翕然[16]諂笑，卑辭悅色。提壺執贄[17]，時行索媚[18]。勤苦積久，猶見嫌拒，乃行因託長者以搆合之。其見受也，則踊悅過於幽繫之遇赦；其不合也，則懊悴劇於喪病之逮己也。

通塞有命，道貴正直。否泰[19]付之自然，津塗[20]何足多咨！嗟乎細人，豈不鄙哉？人情不同，一何遠邪！每為慨然，助彼羞之。昔莊周見惠子從車之多，而棄其餘魚[21]。余感俗士，不汲汲於攀及至也[22]。瞻彼云云[23]馳騁風塵者，不懋建德業[24]，務本求己，而偏徇[25]高交以結朋黨，謂人理莫此之要，當世莫此之急也。以嶽峙[26]獨立者為澀吝疏拙[27]，以奴顏婢睞者為曉解當世。風成俗習，莫不逐末，流遁遂往[28]，可慨者也。

或有德薄位高、器盈志溢[29]，聞財利則驚掉[30]，見奇士則坐睡。繿縷杖策、被褐負笈者，雖文豔相、雄[31]，學優融、玄[32]，同之埃芥，不加接引。若夫程鄭、王孫、羅裒之徒㉝，乘肥衣輕、懷金挾玉者，雖筆不集札㉞，菽麥不辨，為之倒屣㉟，吐食握髮㊱。

余徒恨不在其位，有斧無柯㊲，無以為國家流穢濁於四裔㊳，投畀於有北㊴。彼雖赫奕㊵，刀尺決乎㊶勢力足以移山拔海，吹呼能令泥象登雲，造其門庭，我則未暇也。而多有下意怡顏、匍匐膝進，求交於若人，以圖其益。悲夫，生民用心之不鈞，何其遼邈之不肖也哉！余所以同生聖世而抱困賤，本後顧而不見者，今皆追瞻而不及，豈不有以㊷乎？然性苟不堪，各從所好。以此存亡，予不能易也。」

【章旨】世俗或者自恃先達凌忽舊好，或者只認官職而不看道德學問，或者奴顏卑膝以求交權勢，或者德薄位高鄙棄才學之士。種種弊病，不一而足。

【注釋】❶面而不心二句　朋友以面相交而不推心置腹，是揚雄所譏刺的。《法言．學行》：「朋而不心，面朋也；友而不心，面友也。」❷門齊年敵　門戶相當，年齡相彷彿。❸趨舍異規　志趣、追求各異。規，準則。❹業尚乖互　學問與品德不合。乖互，違背；抵觸。❺矜其先達　因為在學業上是前輩而態度高傲。先達，學界之前輩。❻遺忽陵遲之舊好　遺忘、忽略境況衰落之舊友。陵遲，地位下降；衰落。❼簡棄後門之類味　怠慢、冷落寒素之士。後門，指寒微之士。類，不平；偏頗。❽面牆庸瑣　不學無術，平庸猥瑣。❾壤蟲雲飛　壤蟲是比蝗蟲略小的一種昆蟲，有薄膜狀的直翅，但飛不高。❿斥鷃戾天　斥鷃是鵪鶉、麻雀類的小鳥，飛不過數丈。戾天，飛而至天。⓫刀尺　裁量、評價人物的尺度。⓬排冰吐華　隆冬冰寒之天，使鮮花開放。⓭代其踧踖　踖，疑「蹐」之訛，代其慚愧不安。踧踖，局促；不安。⓮疾非俄然之節　疾非，痛恨邪惡。俄然，即峨然。高邁特立之貌。⑮星言宵征　星夜奔波。宵征，夜行。⑯翕然　聚合、趨附之狀。⑰提壺執贄　提著酒壺，帶著禮物。⑱時行索媚　按時前往，討其歡心。⑲否泰　世間遭遇順利與否。指窮達。⑳津塗　勢利之途；仕途。㉑昔莊周見惠子從車之多二句　傳說惠施仕梁為相，身後從車百乘以過孟諸，意尚未足。莊周見之，便棄其餘魚。惠施從車百乘，榮利如此尚不滿足。莊子棄其餘魚，表示不慕榮華、安分自足。事見《淮南子・齊俗》。㉒不汲汲於攀及至也　此處疑有脫誤。㉓云云　眾多。云，通「芸」。㉔懋建德業　建立盛大的德化、功業。懋，盛大。㉕偏徇　四處尋求。偏，通「遍」。㉖嶽峙　像山岳之巍然高聳，無所依傍。㉗澀吝疏拙　吝澀、粗疏而笨拙。㉘流遁遂往　放逸、縱情，任意取樂。㉙器盈志溢　器量狹小，志氣局促。若擔負重任，則難以承當，猶如器滿而溢出。㉚驚掉　驚顫、發抖。形容關注之迫切。㉛相雄　司馬相如、揚雄，均為漢代著名的辭賦家。㉜融玄　馬融、鄭玄，均為漢代著名的學者。㉝程鄭王孫羅裒之徒　指富商及其子弟。程鄭、卓王孫、羅裒，均為漢代蜀中之富商，家僮數百人，資產鉅萬。㉞筆不集札　不能提筆寫文章。《論衡・超奇》：「心思為謀，集札為文，情見乎辭，意驗於言。」㉟倒屣　急於迎接客人，把鞋子穿倒了。形容興奮、熱情。㊱吐食握髮　正在用餐、洗髮時客人來訪，便吐出食物、握著頭髮迎接客人。表示熱情。㊲有斧無柯　不在其位，未能掌握權柄。柯，斧柄。㊳流穢濁於四裔　將污濁之輩流放至邊遠之地。四裔，四方極遠之地。㊴投畀於有北　棄之於北方不毛之地。《詩經・小雅・巷伯》：「取彼譖人，投畀豺虎；豺虎不食，投畀有北。」㊵赫奕　盛大、顯赫。㊶刀尺決乎　孫星衍校語：「有脫文。」㊷有以　有原因。

【語　譯】抱朴子說：「我認為朋友之交，不應該浮泛而雜亂。以面相交而不是推心置腹地交朋友，這是揚雄所諷刺過的。所以即使是地位顯要、名聲美好、門戶相當、年齡相仿的人，若是志趣追求各異、學問品德不同，我也未曾與之結交。有的人自恃前輩的身份而待人傲慢，高視闊步、目中無人。或者遺忘忽略境況衰微的昔日舊友，或者怠慢冷落出身寒素之士，或者認人只看官職而不論德操。對於不遇知己、沈淪田園者，即使他們才智卓異、節操清高，也不與之交往；對於投機鑽營、官位顯赫者，即使不學無術、平庸猥瑣，也一定前往聯絡。上述這種人，即使其勢力能使壤蟲升上雲空，使斥鷃飛而即天；即使權勢在握，張口便能給人帶來禍福，得之則嚴冬冰封也能開花，失之則陽春時節也要凋謝憔悴，我還是代為羞愧，恥於跟這種人在一起。命中的窮與達，都不是靠求索而得到的。

然而輕薄之人、無分之輩，沒有巍然獨立、疾恨邪惡的節操。他們星夜奔波，守候在別人的門前，聚在一起諂笑獻媚、奴顏卑辭。他們提著酒壺、攜帶禮物，按時拜訪，以討得權勢者的歡心。有的長期辛勤奔波，還是遭到嫌棄與拒絕，於是轉而拜託長者從中搆合說情。被同意交往，就歡欣跳躍勝過囚犯遇到大赦；若是不同意往來，就垂頭喪氣比起重病死亡降臨還要嚴重。

人生的窮達都是命中注定的，道德貴於正直。或者仕途通達，或者沈淪不遇，都付之於自然。世俗之事，何必多憂愁呢？可嘆世間的小人，他們的行為不是太卑下了嗎？人情之不同，相距是多麼遙遠啊！我時常因此而感慨，為他們而羞愧。從前莊子見惠施從車百乘，於是丟棄了多餘的魚。我有感於世俗之士的行為，而不願意汲汲以追求攀附高位。看世俗芸芸眾生，馳騁於風塵之中，不致力於建立盛大的德業，不務根本，不求諸自己，而是遍求交遊權勢者以結成朋黨，認為人間沒有比這更重要的了，當代沒有比這更迫切的了。世俗認為如山嶽巍然獨立者是粗疏笨拙，認為低聲下氣、諂媚奉承的人是懂得世情。風俗形成，人們莫不捨本逐末，放逸享樂，真是令人感慨。

有的人德性淺薄卻身據高位，器量狹小因而難當重任。這種人聽說財利便激動萬分，會見奇異之才則坐著打瞌睡。對於衣衫襤褸、手拄木杖，或者身穿粗衣、揹負書箱之士，即使來者有司馬相如、揚雄的文才，有馬融、鄭玄的學問，他們也視如塵土與草梗，不予接見。至於像程鄭、卓王孫、羅裒之流的富人，乘坐肥馬、身穿輕裘、懷揣金玉寶物前來，即使來者不能提筆作文，又不辨菽麥，他們還是急忙停下別的事情，甚至吐食握髮，不待穿好鞋子就前往迎接。

我空恨不在其位，沒有掌握權柄，不能為國家清除污穢，將這些人流放四裔，投之於北方不毛之地。這些人即使地位顯赫，大權在握，勢力足以移山拔海，吹噓能使泥象登天，若要我前去登門拜訪，我還沒有空閒哩。然而還是有許多人奴顏婢膝、諂媚討好，求得與這些人交往，以貪圖利益。可悲啊，人類之間用心之不同，相差是多麼的遙遠！我之所以生於聖明之世而長抱困頓貧賤，那些才學本來與我相差很遠的人，現在都超過了我，追也追不上，豈不是有緣由的嗎？然而如果稟性不堪忍受，則還是順從自己的志向為是。我將堅持這一原則，直至生命的終結，絕不改變。」

或又難曰：「時移世變，古今別務。行立乎己，名成乎人。金玉經於不測❶者，託於輕舟也；靈鳥萃於玄霄❷者，扶搖❸之力也；芳蘭之芬烈者，清風之功也；屈士起於丘園❹者，知己之助也。今先生所交必清澄其行業，所厚必沙汰其心性❺。孑然隻跱❻，失棄名輩，結讎一世，招怨流俗。豈合和光以籠物、同塵之高義❼乎？若比智而交，則白屋不降公旦之貴❽；若鈞才而遊，則尼父必無入室之客❾矣。」

抱朴子曰：「吾聞詳交❿者不失人，而泛結者多後悔。故曩哲先擇而後交，不先交而後擇也。子之所論，出人⓫之計也；吾之所守，退士之志也。子云玉浮鳥高，皆有所因。誠復別理，一家之說也。吾以為寧作不載之寶、不飛之鵬、不颺之蘭、無黨之士，亦損於夜光之質、垂天之大⓬、含芳之卉、不朽之蘭⓭乎？且夫名多其實、位過其才，處之者猶尠免於禍辱，交之者何足以為榮福哉？由茲論之，則交彼而遇者，雖得達不足貴。芘⓮之而誤者，譬如蔭朽樹之被笮⓯也。彼尚不能自止其顛蹷⓰，亦安能救我之碎首哉！

吾聞大丈夫之自得而外物者，其於庸人也，蓋逼迫不獲已而與之形接，雖以千計，猶蚤蝨之積乎衣、而贅疣之攢乎體也。失之雖以萬數，猶飛塵之去嵩、岱⑰、鄧林⑱之墮朽條耳。豈以有之為益、無之覺損乎？且夫朋友也者，必取乎直諒多聞⑲，拾遺斥謬。生無請言，死無託辭，終始一契⑳，寒暑不渝㉑者。然而此人良未易得，而或默語殊塗㉒，或憎愛異心，或盛合衰離，或見利忘信。其處今也，譬猶禽魚之結侶、冰炭之同器。欲其久合，安可得哉？夫父子天性，好惡宜鈞。而子政、子駿，平論異隔㉓；南山、伯奇㉔，辯訟有無。面別心殊，其來尚矣。總而混之，不亦難哉？

世俗之人，交不論志。逐名趨勢，熱來冷去。見過不改，視迷不救。有利則獨專而不相分，有害則苟免而不相恤㉕。或事便則先取而不讓，值機會則賣彼以安此。凡如是，則有不如無也。

【章旨】君子審慎地選擇那些正直、誠信、能互相幫助的人交朋友，而世俗交友不論志，追逐勢利，如此則有不如無。

【注釋】❶不測　代指江河、湖泊，深不可測也。❷靈鳥萃於玄霄　大鵬飛翔於天空。北冥鯤魚，化為大鵬，故曰「靈鳥」。❸扶搖　海中飆風；自下而上的旋風。《莊子・逍遙遊》說，大鵬南徙，「水擊三千里，摶扶搖而上者九萬里」。❹屈士起於丘

園　隱於丘園之賢者，得以徵辟起用。屈士，指隱士。❺沙汰其心性　淘汰心性與己不合的人，不與交往。❻子然隻跱　孤單、獨立。❼和光以籠物同塵之高義　才華內蘊、混同世俗。《老子・第五十六章》：「和其光，同其塵，是謂玄同。」❽白屋不降公旦之貴　周公旦禮遇窮巷白屋之士。見《說苑・尊賢》。白屋，茅草屋。❾尼父必無入室之客　孔子之弟子，號稱入室升堂者七十餘人。尼父，孔子。❿詳交　審慎交友。⓫出人　出世求仕之人。⓬垂天之大　鯤鵬之翅膀，大如垂天之雲，故云。⓭含芳之卉不朽之蘭　與前之「不颺之蘭、無黨之士」相對應，疑有誤。⓮芘　通「庇」。遮蔽。⓯蔭朽樹之被笮　在朽木下歇蔭，樹木折斷，因而被壓住。笮，壓；擠。⓰顛躓　跌倒；顛仆。⓱嵩岱　嵩山、泰山。⓲鄧林　神話傳說中的樹林。⓳直諒多聞　正直、誠實、學識廣博。《論語・季氏》：「益者三友……。友直，友諒，友多聞，益矣。」⓴終始一契　始終堅持友誼，情投意合。契，投合。㉑寒暑不渝　無論境遇順利與否，都不改變。寒暑，指境況之盛衰。㉒默語殊塗　或仕或隱，或語或默，人生道路不同。《周易・繫辭上》：「君子之道，或出或處，或默或語。」㉓子政子駿二句　劉向，字子政。其少子歆，字子駿。劉向治《穀梁傳》，劉歆治《左傳》，二人學術見解不同。㉔南山伯奇　《詩經・節南山》有「節彼南山，維石巖巖。赫赫師尹，民具爾瞻」語。南山，疑代指尹吉甫，則此用尹吉甫放逐其子伯奇一事。㉕相恤　互相救濟。恤，顧惜；救濟。

【語　譯】有人辯論說：「時間在推移，社會在變化，古今的情勢不同。行為由自己建立，名聲卻要靠別人成就。金玉所以能渡越不測的深淵，是由於託載在輕舟之上。大鵬飛翔在高空之中，是由於借助了旋風的力量。蘭草濃郁的芳香播向四方，是靠著清風的功勞。隱逸之士離開田園為朝廷所用，有賴於知己的推薦幫助。如今先生之交遊必先考察對方的節操學業，締結友誼定要排除志趣不合之徒。這樣必然只能孤身獨立，沒有朋友。既不能與名流相交往，又與舉世之人結仇，招來世俗的怨恨。這難道符合老子關於和光同塵、混同世俗的玄妙之旨嗎？若是智慧相等方能來往，才能相同方可交遊，則周公之尊貴不會降臨到貧士的茅屋，孔子的堂前也就沒有入室的弟子了。」

抱朴子說道：「我聽說交往審慎者不會認錯人，而泛泛交結者多有後悔。所以從前的賢哲先選擇好對象而後交往，而不是先交往後加選擇。你所論述的，是出仕者的打算；我所堅持的，是隱逸者的志向。你說金玉渡越深淵、大鵬高飛空中都有所憑藉，確有此理，是一家之說。但是我以為寧肯作不被託運的金玉、不高飛於天的大鵬、不飄散香氣的蘭草、不結成朋黨的士人，對於晶瑩夜光的璧玉、雙翼如雲垂天的大鵬、蘊藏芬芳的香草、不朽的蘭花，又有什麼損害呢？再說名過其實、位過其才，其本人尚且難以免除禍患與羞辱，與之相交遊者又怎能得到榮耀福分呢？由此而論之，則與之交往而得到好處的人，即使一時仕途通達亦不足貴。想得其庇護反而遭遇禍患者，就好像在朽樹下歇蔭而被折倒的樹幹壓著了一樣。他們不能免除自己顛仆的下場，又怎麼能救助別人的碎首之禍呢？

我聽說能夠自得於心而不受外物誘惑的高士，對於庸人，只是迫不得已而與之表面應酬。即使以千計數的庸人，不過就像蚤蝨積於衣中、贅瘤附在身上一樣。失去的即使以萬計數，不過就像飛塵離開了高山、樹林中墜落朽枝一樣。難道會以與庸人交往為有益，不能交往便覺得有損嗎？再說所謂朋友，就是要正直、誠信、博學多識，互相幫助以防止缺失、糾正錯誤。生則不謀私利，死則不相屬託。始終如一，無論境況如何變化都能堅持不渝。然而這樣的人不容易找到。有的或仕或隱，走著不同的人生道路；有時或憎或愛，性情差異；有的在興盛時交往，衰落時便走開了；有的為物利誘惑，而忘記了信義。在當今，這就好像讓天上的飛鳥與水下的沈魚結為朋友、將寒冰與火炭放在一起一樣。想要它們長久相處，又怎麼可能呢？父子之稟性，應該好惡相同，然而劉向、劉歆父子之評論不同，尹吉甫、伯奇父子亦發生了糾紛。容貌不一、心神相異，長久以來就是如此。混雜在一起，要找到真正的朋友不是很困難嗎？

世俗之人，交往不論志趣。趨附勢利，富貴時就來了，窮困時便離開了。看見朋友的過錯不幫助改正，發現朋友迷惑時不為之救助。有好處就獨自佔有而不共享，有危險就只求自己免禍而不互相救濟。事情順利取得好處而不相讓，遇到機會就出賣朋友以安頓自己。如此的朋友，則有不如無。

天下不為盡不中交也，率❶於為益者寡而生累者眾。知人之明，上聖所難❷。

而欲力厲近才、短於鑒物者，務廣其交，又欲使悉得，可與經夷險而不易情❸、歷危苦而相負荷❹者，吾未見其可多得也。雖搜琬琰於培塿之上❺、索鸞鳳乎鷦鷯之巢❻，未為難也。吾亦豈敢謂藍田❼之陽、丹穴❽之中，為無此物哉？亦直言其稀已矣。夫操尚不同，猶金沈羽浮也。志好之乖次❾，猶火升而水降也。苟不可同，雖造化之靈、大塊之匠❿，不可使同也。何可強乎！

余所稟訥騃⓫，加之以天挺篤嬾⓬。諸戲弄之事，彈棊博弈，皆所惡見。及飛輕走迅⓭、游獵傲覽⓮，咸所不為。殊不喜嘲褻。凡此數者，皆時世所好，莫不耽⓯之，而余悉闕焉。故親交所以尤遼⓰也。加以挾直⓱，好吐忠蓋⓲。藥石所集，甘心者尠⓳。又欲勉之以學問，諫之以馳競，止其摴蒱⓴，節其沈湎㉑，此又常人所不能悅也。毀方瓦合㉒，違情偶俗㉓，人之愛力甚所不堪，而欲好日新，安可得哉？知其如此而不辯㉔改之，可不謂之闇於當世、拙於用大㉕乎？

夫交而不卒、合而又離，則兩受不弘之名，俱失克終之美㉖。夫厚則親愛生焉，薄則嫌隙結焉，自然之理也。可不詳擇乎？為可臨觴拊背㉗，執手須臾，欲多其數，而必其全，吾所懼也。」

【章旨】人們的志趣愛好不同，若是廣泛交結，不可能求得始終如一的朋友。

【注釋】❶率 大概；一般。❷知人之明二句 《尚書・皋陶謨》載皋陶與禹的對話，皋陶說為政「在知人，在安民」，禹感嘆說：「吁，咸若時，惟帝其難之。知人則哲，能官人。」❸經夷險而不易情 經歷險阻，友情不改。夷險，險惡之境，亦可兼指順境與逆境。❹歷危苦而相負荷 經歷危難困苦之境，而能互相幫助，共擔困難。❺搜琬琰於培塿之上 琬琰，美玉名。培塿，小土丘。土丘非生產寶玉之地，言極為困難。❻索鸞鳳乎鷦鷯之巢 鷦鷯，一種小鳥，大如雞卵，以茅葦毳毛為巢。鷦鷯之巢非鳳鸞所能棲息，言絕無可能。❼藍田 古之藍田山，以出產美玉而聞名於世。❽丹穴 丹穴山，傳說產鳳凰之地。《山海經・南山經》：「丹穴之山，……有鳥焉，其狀如雞，五采而文，名曰鳳皇。」❾乖次 雜亂無序，互相抵觸。❿大塊之匠 自然、造化，陶鈞萬物。⓫訥騃 愚笨，不善言語。訥，語言遲鈍。⓬天挺篤嬾 天生懶散。指疏於交結應酬。天挺，天生。⓭飛輕走迅 輕指獵鷹，迅指獵狗。⓮遊獵傲覽 遊覽、打獵。傲，通「遨」。嬉遊。⓯耽 沈醉；迷於。⓰遼 通「寥」。寥落。指來往稀少。⓱挾直 胸懷耿直，毫無曲隱。⓲忠藎 進忠誠之言。藎，進。⓳甘心者尠 甘心忍受者少。⓴樗蒱 博戲名。以擲骰決定勝負。㉑沈湎 沈溺於酒。㉒毀方瓦合 毀去棱角以與瓦器相合。比喻君子收斂起方正的態度以便合於世俗之眾人。㉓違情偶俗 違背自己的本心，以求合於世俗。㉔辯 一本作「便」。㉕拙於用大 不善於發揮大的作用。大，原作「人」，據《道藏》本改。㉖克終之美 能保持到底的美德。㉗臨觴拊背 在酒宴中拍肩撫背，表示親切。拊背，輕拍肩背。

【語譯】天下之人並非全都不可交往，只是大體上能有所補益者少而生出負累者多。能夠明白地認知人才，即使對於上等的聖人也是件困難的事情。要讓那些目光短淺、不善於鑒別的人廣泛地交結，而又全都得當，找到遭遇風險而不變心、經歷危苦能相互幫助的真朋友，這樣的事情是不可多得的。即使是在小土丘上搜求美玉，在鷦鷯巢中尋找鳳凰，其困難也不足以與之相比。我又怎麼敢說藍田之陽沒有美玉、丹穴之山沒有鳳凰呢！我不過是說它非常稀少罷了。人們的操守愛好不同，就像金玉沈於水、羽毛浮於空一樣。志趣的差異，就像火苗向上而流水向下一樣。倘若不可同一，則即使造化之神靈、自然之陶鈞，還是不可使之同一。怎麼可以強求呢？

我本性愚笨，言語遲鈍，加上天生懶散，疏於應酬。各種遊戲之事如彈棋、博弈，都不願意去觀看。驅使飛鷹走犬，射獵遊樂，也都不參加。又不喜歡開些骯髒無聊的玩笑。上述幾件事，都是世俗之所好，人們莫不沈醉迷戀其中，而我全都不參加。所以親戚朋友來往稀少。加上性格直率，喜歡忠言規勸。以藥石治療疾病，受之者很少有高興的。我又要勉勵人們勤修學業，勸阻人們追逐名利，要人們不去賭博，節制飲酒。這又是平常人所不高興的。若要改變自己方正的節操、違背自己的真實情感，以求合於世俗，而人們的愛好之多難以滿足，並且欲望日新月異，怎麼能夠一一附和呢？知道如此而不改正，不就是闇於應世、不善於發揮大的作用嗎？

朋友交往有始無終、合而又離，則雙方都落得不寬宏大量的名聲，都失去了堅持到底的美德。本性敦厚則待人有親近友愛之心，性情浮薄則容易產生隔閡糾紛，這是自然的道理。怎麼能夠不認真地挑選朋友呢？世人在酒席上互相拍肩撫背，短時間的拉拉手，想要多交朋友。若是要始終保全友誼，這正是我耽心難以做到的。」

或曰：「然則都可以無交乎？」

抱朴子答曰：「何其然哉？夫畏水者何必廢舟楫，忌傷者何必棄斧斤？交之為道，其來尚矣。天地不交則不泰❶，上下不交即乖志❷。夫不泰則二氣隔并矣，志乖則天下無國❸矣。然始之甚易，終之竟難。患乎所結非其人，敗於爭小以忘大也。《易》美金蘭❹，《詩》詠百朋❺。雖有兄弟，不如友生❻。切思❼三益❽，大聖所嘉。門人所以增親❾，惡言所以不至❿。管仲所以免誅戮而立霸功⓫，子元所以去亭長而驅朱軒[12]者，交之力也。

單絃不能發〈韶〉〈夏〉之和音[13]，孑色[14]不能成袞龍[15]之瑋燁[16]，一味不能合伊鼎之甘[17]，獨木不能致鄧林之茂[18]。玄圃極天[19]，蓋由眾石之積。南溟浩瀁[20]，實須群流之赴。明鏡舉則傾冠見矣，羲和照則曲影覺矣，隱括修則枉刺之疾消[21]矣，良友結則輔仁之道弘[22]矣。達者知其然也，所企及則必簡乎勝己[23]，所降結則必料乎同志[24]。其處[25]也則講道進德，其出[26]也則齊心比翼。否[27]則鈞魚釣之業，泰[28]則協經世之務。安則有以精義[29]，危則有以相恤。恥令譚、青專兩地之篤[30]，不使王、貢擅彈冠之美[31]。夫然，故交道可貴也。

然實未易知。勢利生去就[32]，積毀壞刎頸之契[33]，漸漬釋膠漆之堅。於是有忘素情之綢歎[34]，或睚眥而不思[35]。遂令元伯、巨卿之好[36]，獨著於昔；張耳、陳餘之變[37]，屢構於今。推往尋來，良可歎也。夫梧禽[38]不與鴟梟同枝，麟虞[39]不與豺狼連群，清源不與濁潦混流，仁明不與凶闇同處。何者？漸染積而移直道，暴迫則生害也。」

【章　旨】雖然世俗交遊多有弊端，然而朋友之道仍然不可荒廢。只是應該選擇志同道合者，窮則一起隱逸，達則齊心經世。

【注釋】❶天地不交則不泰　〈泰卦〉上為坤，下為乾，是天地交通之象。《周易．泰卦》：「天地交，泰。」❷上下不交即乖志　上下不溝通，就不能志同道合。《周易．泰卦》：「天地交而萬物通也；上下交而其志同也。」❸志乖則天下無國　上下不同心，國家就難以生存。《周易．否卦》：「上下不交而天下無邦也。」❹易美金蘭　《周易．繫辭上》說：「二人同心，其利斷金；同心之言，其臭如蘭。」意謂二人同心協力，其鋒利足以切斷金屬；而同心之言，其味芬芳如蘭花。❺詩詠百朋　《詩經．小雅．菁菁者莪》有「既見君子，錫我百朋」語，與交誼無關。百朋，疑「宴朋」之訛。〈毛詩序〉：「〈伐木〉，燕朋友故舊也。……親親以睦，友賢不棄，不遺故舊，則民德歸厚矣。」《後漢書．朱穆傳論》：「《易》明斷金之義，《詩》載宴朋之謠。」❻雖有兄弟二句　語見《詩經．小雅．常棣》。❼切思　思，疑作「偲」。切磋；相互勸勉。《論語．子路》：「朋友切切、偲偲，兄弟怡怡。」❽三益　正直、誠信、博學多識的三種益友。《論語．季氏》：「益者三友……友直，友諒，友多聞，益矣。」❾門人所以增親　顏回死後，孔子曾哭著說：「自吾有回，門人益親。」見《史記．仲尼弟子列傳》。❿惡言所以不至　仲由，字子路，為孔子之侍衛，侮慢之人不敢有惡言。仲由死後，孔子說：「自吾得由，惡言不聞於耳」。見《史記．仲尼弟子列傳》。⓫管仲所以免誅戮而立霸功　管仲輔佐公子糾時，曾射中公子小白的衣帶鉤。公子小白後為齊君，即齊桓公。管仲經鮑叔牙推薦，被任為上卿，輔佐齊桓公九合諸侯，成就了霸業。⓬子元所以去亭長而驅朱軒　漢代朱博，字子元，曾為杜陵亭長。與士大夫之子蕭育、陳咸交結為友，蕭育、陳咸曾舉薦朱博，朱博後來官至宰相。⓭單絃不能發韶夏之和音　〈韶〉，傳說舜之樂曲。〈夏〉，傳說禹之樂曲。《文心雕龍．情采》：「五音比而成〈韶〉〈夏〉。」⓮子色　單獨一種顏色。⓯袞龍　帝王公侯之禮服上有龍的圖案。⓰瑋燁　斑斕、美麗。⓱伊鼎之甘　傳說伊尹曾經負鼎俎、說滋味，求得商湯王的任用，故云。⓲鄧林之茂　茂密的森林。傳說夸父逐日，棄其杖化為鄧林。⓳玄圃極天　傳說崑崙山頂有玄圃堂。見《十洲記》。⓴南溟浩瀁　南海浩瀚無際。㉑檃括修則枉刺之疾消　檃括是矯正竹木彎曲的器具。枉刺，彎曲不正。刺，原本作「剌」，據《道藏》本校改。㉒良友結則輔仁之道弘　結交好的朋友，就能相輔相成，達於仁的境界。《論語．顏淵》：「君子以文會友，以友輔仁。」㉓簡乎勝己　挑選勝過自己的人，以便交往中得到教益。㉔料乎同志　選擇志同道合的人。料，估量。㉕處　退隱；隱居。㉖出　入世；出仕。㉗否　閉塞不通。指隱居時。㉘泰　順暢；通達。㉙精義　精研義理。㉚恥令譚青專兩地之篤　言亦將如譚、青，雖分處兩地，而篤於友情。譚、青友情事，不詳。兩，原本作「面」，據《四庫全書》本校改。㉛不使王貢擅彈冠之美　漢代王吉，字子陽。貢禹，字少翁。二人趨舍相同，交結為友，互相舉薦。世稱「王陽在位，貢公彈冠」，言其互相推薦。彈冠，整潔其冠。意謂將出來當官。㉜勢利生去就　勢利興盛則來依附投靠，勢利衰落則離而它去。㉝刎頸之契　生死之交，可以同生死、共患難。㉞忘素情之綢繆　忘記昔日之舊情，其事令人嘆息。綢，一本作「惆」。㉟睚眥而不思　切齒怒目，不思舊誼。睚眥，指因小怨小忿怒目而視。㊱元伯巨卿之好　漢代張劭字元伯，范式字巨卿，二人結交為友。信守約言，歷年不渝。張劭死，范式往悼，留次塚墓，為修墳樹而去。見《後漢書・獨行列傳》。㊲張耳陳餘之變　張耳、陳餘，俱為秦末大梁人，結為刎頸之交。秦末大亂中，他們都參加了起義軍。後來互相攻伐，成為了仇敵。見《史記・張耳陳餘列傳》。㊳梧禽　指鳳凰。《莊子・秋水》說：鳳凰由南海飛往北海，沿途非梧桐不止，非練實不食，非醴泉不飲，故名。㊴麟虞　麒麟、騶虞。都是傳說中的祥瑞之獸。

【語　譯】有人問道：「那麼是否可以不與人交往呢？」

抱朴子回答說：「怎麼能這樣呢？害怕淹死的人何必要廢除舟船，耽心砍傷的人何必要禁棄斧斤？相交之事，由來久遠了。天地不交則不通暢，上下不交就不能同心協力。不通暢則陰陽二氣阻隔，不同心協力國家就要滅亡。然而朋友之交開始時是容易的，堅持到底就困難了。使人憂慮的是結交了不適合的對象，就會因為小的爭執而忘記了大的道理，因此敗壞了友誼。《周易》讚美同心之力可以斷金、同心之言芳香如蘭，《詩經》有宴請朋友的歌詠，又有『雖然有兄弟，不如朋友』的詩句。互相切磋、勸勉，結交正直、誠信、博學的朋友，這些是聖人孔子所讚美的。因為有了好的學生，門人更加親近，惡言從此不聞於耳。管仲所以免除了殺身之禍而建立了輔佐霸主的功績，朱博所以不擔任亭長而擢升為大臣，依靠的就是朋友的力量。

一根琴絃不能奏出和諧動人的樂曲，一種顏色不能製成璀璨奪目的禮服，一種味道不能調配成甘甜可口的嘉餚，一棵樹木不能成為茂密的森林。玄圃高聳極天，是由眾石堆積而成。南海浩蕩無際，是由群流灌注而成。舉起明鏡就可以發現帽子歪了，陽光映照就可以覺察到影子斜了。經過檃括之後彎曲的竹木就被矯正了，有了好的朋友就可以相輔相成達到仁的境界。通達者懂得這一層的道理，所以他們向上結交就一定選擇勝過自己的人，向下結交就一定挑選志同道合的人。他們隱逸則一起講道修德，用世則齊心協力，比翼高翔。不遇之時一同垂釣，乘時而起則共同經營世務。平安時一同精研義理，危急時則互相幫助。恥於讓譚、青專有兩地同心的深厚友情，不使王吉、貢禹獨有互相薦舉的美德。若能如此，交道就是可貴的了。

然而認識人並非易事。有的人勢利興盛時前來趨附，勢利衰落時便離開了。非毀的言語多了，刎頸之交也會破裂。浸泡的時間長了，膠漆之固也會分開。於是有的遺忘了舊情，使人為之感嘆。有的人怒目切齒，而不念記昔日的友誼。使得張劭、范式般的友誼之佳話，只見諸於歷史；而張耳、陳餘反目成仇之變故，經常發生在當今之世。推想過去，尋思現在，真是令人嘆息。鳳凰不會與鴟梟同枝，麒麟、騶虞不會與豺狼同群，清泉不會與濁流混合，仁明之人不會與凶愚之輩同處。為什麼呢？因為長期受到邪惡的浸染會改變正直的德行，急迫之間又會受到傷害的緣故。」

或人曰：「敢問全交之道，可得聞乎？」

抱朴子答曰：「君子交絕猶無惡言，豈肯向所異辭乎？殺身猶以許友，豈名位之足競乎？善交狎而不慢❶，和而不同❷。見彼有失，則正色而諫之；告我以過，則速改而不憚。不以忤彼心而不言，不以逆我耳而不納。不以巧辨飾其非，不以華辭文其失。不形同而神乖，不匿情而口合❸。不面從而背憎，不疾人之勝己。護其短而引其長❹，隱其失而宣其得。外無計數之諍❺，內遺心競❻之累。夫然後〈鹿鳴〉之好❼全，而〈伐木〉之刺❽息。若乃輕合而不重離，易厚而不難薄，始如形影，終為參辰❾。至歡變為篤恨，接援化成讎敵。不詳之悔，亦無以❿……。

往者漢季陵遲⑪，皇綱不振⑫。在公之義替⑬，紛競之俗成。以違時⑭為清高，以救世為辱身。尊卑禮壞，大倫遂亂⑮。在位之人不務盡節，委本趨末，背實尋聲⑯。王事廢者其譽美，姦過積者其功多。莫不飛輪兼策⑰，星言假寐⑱，冒寒觸暑，以走權門。市虛華之名於秉勢之口，買非分之位於賣官之家。或爭所欲，還相屠滅。

於是公叔⑲、偉長⑳疾其若彼，力不能正，不忍見之。爾乃發憤著論，杜門絕交。斯誠感激有為而然㉑，蓋矯枉而過正，非經常之永訓也。徒當遠非類之黨，慎諂黷之源。何必裸袒以詭彼己㉒、斷粒以刺玉食㉓哉？夫交㉔之為非，重諫而不止，遂至大亂。故禮義之所棄，可以絕矣。」

【章　旨】正確的交友之道，是審慎擇友，和而不同，不文過飾非，不阿附權勢。也不要矯枉過正，完全斷絕與世人的交往。

【注　釋】❶狎而不慢　親近而不侮慢。狎，親密。❷和而不同　心情親和，又有自己獨立的意見，不隨聲苟同。❸匿情而口合　掩藏住真實的感情，口頭上表示贊成。❹護其短而引其長　明知某人有短處，要以愛護的態度不去觸動它，而引導發揚其長處。❺計數之諍　在諫諍之前，先權衡一番利害輕重。❻心競　心中暗自爭勝。❼鹿鳴之好　意謂朋友嘉賓之間情意和諧。《詩經・小雅》首篇即〈鹿鳴〉。〈詩序〉：「〈鹿鳴〉，宴群臣嘉賓也。既飲食之，又實幣帛筐篚，以將其厚意，然後忠臣嘉賓得盡其心矣。」❽伐木之刺　《詩經・小雅》有〈伐木〉之詩，《毛詩說》解為「燕朋友故舊」之詩，《韓詩說》、《魯詩說》解為刺詩。《魯詩說》:「周德始衰,〈伐木〉有鳥鳴之刺。」❾參辰　參星、辰星,分別在東方、西方,出沒互不相見。比喻斷絕往來。辰星,即商星,故又作「參商」。❿亦無以　此下有脫文。⓫漢季陵遲　漢末之世,朝政混亂,國勢衰落。陵遲,衰微;沒落。⓬皇轡不振　皇帝不能駕馭朝政,綱紀崩壞。⓭在公之義替　忠實於職責、勤力於公務的觀念淡漠。替,衰敗。⓮違時　避世;隱逸。違,避開。⓯大倫遂亂　意謂出世隱逸,放棄了社會責任,擾亂了倫理。⓰背實尋聲　不務實際而追求虛名。⓱兼策　不斷揮動馬鞭馳逐。⓲星言假寐　披星戴月,不解衣冠而眠。形容專意鑽營,不分晝夜。⓳公叔　東漢大臣朱穆,字公叔,南陽宛人。曾因觸犯宦官罰作刑徒,後來釋歸鄉里,憂憤而死。曾著〈絕交論〉。⓴偉長　徐幹,字偉長,建安七子之一。所著《中論》中有〈譴交〉篇,批評世俗「不脩道藝,不治德行,講偶時之說,結比周之黨,汲汲皇皇,無日以處」的不良風氣。㉑感激有為而然　意謂朱穆、徐幹感於世俗之弊,有激而發,因而著論絕交、譴交。㉒裸袒以詭彼己　彼己是《詩經・曹風・候人》中「彼其之子,不稱其服」的省語,「己」與「其」音同,謂服飾尊貴而德行不相稱。因為他人德行與服飾不相稱,便故意赤身露體以為諷刺。㉓斷粒以刺玉食　因為他人飲食奢侈,便絕食以為譏刺。玉食,食物珍貴、精美。㉔交　一本作「反」。

【語　譯】有人說道:「敢問保全友誼之道,能否為我們講述呢?」

抱朴子回答說:「君子絕交尚且不吐惡言,怎麼會背後說人家的壞話呢?對待朋友情願殺身相許,怎麼肯為名位而競爭呢?善於交結者對待朋友親近而有禮貌,和善而各有主見。看見朋友有失誤,就嚴肅地進行規勸。若是朋友指出了自己的過錯,也迅速地改正而不畏難。不因為違反了對方的心願而閉口不言,也不因為批評的意見不中聽而不採納。不用巧言辯解掩蓋其失誤,不用華辭麗藻文過飾非。不表面上同意而內心持有異議,不掩藏真情而口頭上附和。不當面順從而背後憎惡,不嫉恨別人勝過自己。不觸動朋友的短處而要引導發揚其長處,不張揚其失誤而要宣傳其成績。外則不計較利害得失以進規諫之言,內則排除暗中爭強好勝的心思。然後就可以顯現〈鹿鳴〉所描述嘉賓歡宴的美好情誼,就可以平息〈伐木〉對於朋友之道荒廢的諷刺。若是將友情聚散看得很輕,容易交好情深又容易淡漠,開始時如影隨形,最終是斷絕往來,勢如參商。情歡意好轉變為深重的怨恨,互相援助的朋友成為了仇敵。這就是不審慎結交朋友所造成的悔恨,也無法……。

從前漢末時綱紀敗壞，君主不能主宰朝政，大權旁落。努力為公的風氣衰微了，追逐榮利的習俗形成了。人們以隱逸避世為清高，以匡救時世為羞辱。尊卑之禮被破壞，倫理原則被擾亂。在位的官員不是盡心竭力以保全節操，而是放棄根本，追求枝葉，背離實際，追求虛名。荒廢王事的人獲得了美好的聲譽，過失累累的奸邪之輩被說成立下眾多的功勞。人們莫不駕著車子，快馬加鞭，日夜不寧，冒著嚴寒酷暑，奔走權貴之門。以求從權勢者之口買得虛假的美名，從賣官之家得到非分的官職。有的為了爭奪利益，互相置對手於死地。

於是朱穆、徐幹等人疾恨世風如此，而又沒有匡正的力量，不忍心見之，便發憤撰寫文章，閉門而不與世人交往。這確實是由於世風頹喪，有激而發，是矯枉過正之談，而不是經常適用的論說。只是應當遠離與自己志趣不同之輩，謹慎對待那些對上諂媚而對下輕慢的人。何必因為別人德不稱服便故意赤身露體，因為別人飲食奢侈便絕食表示諷刺呢？交往上的這些不良風氣，經過反覆勸阻仍然未能制止，終於導致了天下大亂。所以不顧禮儀的行為，應該斷絕了。」

卷一七 備闕

【題解】本篇闡述全面認識人才的道理。

備闕，備是完備，闕是缺陷。任何事物，有其長必有其短，不可能面面俱備，毫無缺陷。從物來說，寶劍用以縫補衣裳，就笨拙不堪了；巨象用以捕捉老鼠，其效果不如一頭小貓；大鵬用以啼明報曉，還不及一隻公雞。從人來說，有安定社稷之才不一定能夠駕船划槳，有統軍作戰之才不一定能夠經營農商。《史記・高祖本紀》載劉邦說：「夫運籌策帷帳之中，決勝於千里之外，吾不如子房。鎮國家、撫百姓、給餽饟、不絕糧道，吾不如蕭何。連百萬之軍，戰必勝、攻必取，吾不如韓信。此三人皆人傑也，吾能用之，此吾所以取天下也。」所以，無論人或物，都各有其長，亦各有其短。

本篇通過這些闡述，說明用人必須揚長避短，方能使雄才大略之士施展抱負，建立起豐功偉業。

抱朴子曰：「騕褭❶能奮蘭筋以絕景❷，而不能履冰以乘深。猛虎能似雷霆以搏噬❸，而不能躡雲霧以凌虛。鴻鶤❹不能振翅於籠罩之中，輕鷂❺不能雷擊於几案之下。物既然矣，人亦如之。故能調和陰陽者❻，未必能兼百行、修簡書也。能敷五❼、邁九❽者，不必能全小潔、經曲碎也。惠子，上相之標❾也，而不能役舟楫以淩陽侯⑩。漢高，神武之傑也，而不能治產業、端檢括⑪。淮陰，良將之元也，而不能修農商、免飢寒⑫。周勃，社稷之鯁也，而不能答錢穀、責獄辭⑬。

【章　旨】有大用者未必能全小節，故英俊之士亦有其所短。

【注　釋】❶騕褭　良馬之名，傳說此馬能日行萬里。❷奮蘭筋以絕景　傳說駿馬目上有筋豎起，叫蘭筋。絕景，其迅速超過雷光。❸搏噬　搏，原為「博」，據《道藏》本改。❹鴻鸛　鴻雁一類的大鳥。❺輕鷂　鷂是一種猛禽，飛翔於高天之上。❻調和陰陽者　指丞相、三公。輔佐天子、調理陰陽，乃是丞相、三公之事。❼敷五　推廣教化，弘揚五常之倫理。《尚書・君牙》：「弘敷五典。」❽邁九　奉行九項持身的美德，即寬而栗、柔而立、愿而恭、亂而敬、擾而毅、直而溫、簡而廉、剛而塞、彊而義。見《尚書・皋陶謨》。❾惠子二句　惠施，戰國時人，《莊子・秋水》說他曾任梁相。標，模範。❿不能役舟楫以淩陽侯　不能駛小舟淩駕波濤之上。陽侯，傳說中的波神，代指波濤。傳說惠施要前往梁國為相，渡河時不慎落入水中，船人救起了他。船人說：「子居船楫之間而困，無我則子死矣。何能相梁乎？」惠施答曰：「子居船楫之間，則吾不如子。至於安國家、全社稷，子之比我，蒙蒙如未視之狗耳。」見《說苑・雜言》。⓫漢高三句　《史記・高祖本紀》說劉邦「常有大度，不事家人生產作業」，又說他「好酒及色」。⓬淮陰三句　韓信，封淮陰侯，不能經營農商，常寄人飲食，人多厭之。見《史記・淮陰侯列傳》。⓭周勃三句　周勃，隨劉邦建立漢朝，封絳侯。呂后死後，他與陳平等滅諸呂，擁立漢文帝，任右丞相。據載漢文帝曾問天下一年決獄幾何及錢穀出入數目，周勃都回答不出來。見《史記・陳丞相世家》。

【語　譯】抱朴子說：「駿馬能奮力奔馳，追光躡景，卻不能行進在深淵薄冰之上。猛虎能以雷霆之勢搏擊撕咬，卻不能竦身飛騰在雲霄之上。鴻雁不能展翅於籠罩之內，輕鷂不能疾如雷電飛擊於桌案之下。物是如此，人也一樣。能輔佐天子、調和陰陽的人，未必兼有各方面的才能，未必能修書函。能弘揚五常之教化、奉行九項持身美德的人，不一定能保全小節、經營細小的事務。惠施有傑出的宰相之才，卻不能駕駛小船橫越波濤。漢高祖劉邦是英武的俊傑，卻不能治產業、守小節。淮陰侯韓信是首屈一指的良將，卻不能經營農商、免於飢寒。周勃是國家的棟梁，卻不能回答一年決獄多少及錢穀的數目。

若以所短棄所長，則逸儕拔萃❶之才不用矣。責其體而論細禮，則匡世濟民❷之動不著矣。天不能平其西北，地不能隆其東南❸。日月不能摛光於曲穴❹，衝風不能揚波於井底。擿齒則松檟不及一寸之筳❺，挑耳則棟梁不如鷦鷯之羽。彈鳥則千金不及丸泥之用，縫緝則長劍不及數寸之針。何必伏巨象而捕鼠、制大鵬以司晨乎？故姜牙賣傭無所售❻，而見師於文、武❼；蔣生憒慢於百里❽，而獨步三槐❾。」

【章　旨】不能因其所短而棄其所長，要知其所短而用其所長，使雄才大略之士得以顯露才能、施展抱負。

【注　釋】❶逸儕拔萃　超群；出類拔萃。❷匡世濟民　治理國家、救濟蒼生。❸天不能平其西北二句　古代傳說共工與顓頊爭為帝，怒而觸不周之山，折天柱，絕地維。天傾於西北，故日月星辰就焉；地不滿東南，故百川水潦歸焉。見《列子・湯問》。❹摛光於曲穴　將光芒照射入曲折的洞穴之內。摛，傳布。❺擿齒則松檟不及一寸之筳　挑剔齒縫之食物殘渣，則大樹不及一寸之牙籤。松檟，都是木質堅硬的樹。筳，小竹枝，後世易為牙籤。❻姜牙賣傭無所售　呂尚，姜姓，一說字子牙。傳說他未遇周文王時，曾替人打工，無人雇用。傭，原作「煦」，〈逸民〉曰：「呂尚之未遇文王……賣傭不售」，據改之。❼文武　周文王、周武王。❽蔣生憒慢於百里　三國蔣琬，字公琰，隨劉備入蜀，被任命為廣都長。蔣琬眾事不理，時常醉酒，劉備將加罪戮。諸葛亮說：「蔣琬，社稷之器，非百里之才也。」憒慢，昏亂；糊塗。百里，這裡指縣長之任。❾三槐　三公之類的朝廷重臣。諸葛亮去世後，蔣琬被任命為尚書令、領益州刺史，遷大將軍，錄尚書事。

【語　譯】若是因其所短而不用其所長，那麼超群拔萃之士就得不到任用了。若是在具體的小事上求全責備，那麼治國經邦、救濟蒼生的功績就不能建立了。天不能使西北低平，地不能使東南隆起。日月不能將光芒照進曲洞之中，大風不能揚起井底的波浪。挑牙齒則松櫝之樹不如一寸長的小竹籤，掏耳朵則棟梁之材不如小鳥的羽毛。彈射鳥雀則千金不及一粒泥丸，縫補衣裳則長劍不如數寸之針。何必要讓大象去捕捉老鼠、用大鵬去啼明報曉呢？所以呂尚未遇文王時，替人打工都無人雇用，卻被周文王、周武王尊奉為師傅；蔣琬當廣都長時昏亂糊塗，後來卻位列三公，獨自擔當起朝廷的重任。」

卷一八　擢才

【題解】擢才，要求朝廷正確地提拔及任用人才。

社會離不開人才，這是人所共知之理。而傑出之士不為世所用，又是古今之通病。翻開史冊，才能之士遭受壓抑、寂寞終身乃至受到打擊迫害、含冤覆盆之下的，歷代不乏其人。分析其原因，一是傑出之士懷才不露，他們尊重自己的人格而不求世俗之榮名，因而難以為世所知；二是即使出仕在朝，亦難逃奸邪之輩的讒毀、陷害，不能為國家而效其忠誠，竭盡其才。

文中感嘆和氏之璧不為世人所知，元凱之才不為朝廷所用。並寄希望於聖明之主，希望君主能辨明賢愚，努力拔擢及任用才能之士。

抱朴子曰：「華章藻蔚❶，非矇瞍❷所玩。英逸之才，非淺短❸所識。夫瞻視不能接物，則袞龍❹與素褐同價矣。聰鑒不足相涉❺，則俊民❻與庸夫一槩矣。眼不見則美不入神焉，莫之與❼則傷之者至焉。且夫愛憎好惡，古今不均。時移俗易，物同價異。譬之夏后之璜❽，曩直連城，鬻❾之於今，賤於銅鐵。故昔以隱居求志為高士，今以山林之儒為不肖。故聖世之良幹❿，乃闇俗之罪人也；

往昔之介潔⓫，乃末葉之羸劣⓬也。

【章　旨】目光短淺之輩，不能鑒別非凡之才，所以古代的高士，卻成了今天的罪人。

【注　釋】❶華章藻蔚　指袞衣上龍章、華蟲之圖案，鮮明美麗。藻蔚，圖飾華美。❷矇瞍　盲者；瞎子。❸淺短　目光短淺之人。❹袞龍　袞衣。帝王之禮服。上面繡有日月、星辰、華蟲、龍章諸圖案。❺聰鑒不足相涉　意謂才智、能力都相差太遠。相涉，相接；互相了解。❻俊民　賢明之人。❼莫之與　不同類。即前所謂「聰鑒不足相涉」。❽夏后之璜　夏王之美玉。半璧為璜。《左傳・定公四年》載：周王賜魯公夏后氏之璜。❾鬻　出賣。❿良幹　良才。⓫介潔　高潔之士。⓬羸劣　低劣無用。

【語　譯】抱朴子說：「袞衣上圖案華美、色彩鮮明，不是盲人所能欣賞的。英俊超群之才，不是鼠目寸光者所能識別的。如果眼睛看不見物品，那麼天子的龍衣與百姓的短襖便沒有區別了。如果智慧能力相距太遠，那麼在他們眼中賢士與庸人便是一樣的了。

如果看不見，心中就不會感到它的美好。不是同類，則傷害便隨之而來了。再說愛憎好惡，古今是不同的。時間的推移、風尚的改變，同一件事物便有了不同的評價。譬如夏后氏的美玉，從前價值連城，若是今天出售，卻比銅鐵還賤。所以從前以隱居求道者為高士，今天卻認為隱居山林是沒有出息。所以聖明之世的賢者，卻被世俗愚昧之輩當作罪人；從前的耿介高潔之士，被末世之人視為低劣無用。

弘偉之士，履道之生❶，其崇信非徒重仞之牆，其淵澤不唯呂梁之深❷也。故短近不能賞，而淺促不能測焉。因以異乎己而薄之矣，以不求我而疾❸之矣。不貴不用，何足言乎？乃有播埃塵於白珪❹、生瘡痏於玉肌❺。訕疵雷同，攻伐獨立。曾參蒙劫剽之垢❻，巢、許獲穿踰之謗❼。自非明並懸象❽，玄鑒表微❾者，焉能披泥抽淪玉、澄川掇沈珠哉？

夫珪璋居肆❿而不售，矧⓫乃翳於槃璞⓬乎？奇士扣角而見遏⓭，況乃潛於皋藪⓮乎？孫臏忠騁其祕略，而司馬刖之⓯；韓非願建治績，而李斯殺之⓰；賈誼慷慨，懷經國之術，而武夫排之⓱；子政忠良，有匡危之具，而恭、顯陷之⓲。和氏所以抱璞而泣血⓳，禽息所以發憤而碎首⓴也！

夫玉石易別於賢愚，愛寶情篤於好士。以易別之寶，合篤好之物，猶獲罪截趾㉑，歷世受誣。況乎難知之賢，非意所急！讒人畫蛇足於無形㉒，姦臣畏忠貞之害己。體曲者忌繩墨之容，夜裸者憎明燭之來。是以高譽美行，抑而不揚，虛構之謗，先形生影。又無楚人號哭之薦，萬無一遇，固其宜矣。

【章旨】才能弘偉之士受到世俗的非毀與諂害，不能實現其抱負，甚至招來禍害，乃是自然的事。

【注釋】❶履道之生　遵循道德原則之人。❷呂梁之深　呂梁有飛瀑深潭，懸水三十仞，流沫四十里，魚鱉所不能游。見《列子·黃帝》。❸疢　痛恨。❹播埃塵於白珪　在白玉上留下灰塵。比喻玷污人的潔白名聲。❺生瘡痏於玉肌　使美好的肌膚上留下創傷或疤痕。❻曾參蒙劫剽之垢　曾參是孔子的弟子，字子輿，以孝著稱。曾參搶劫，是絕不可能之事。❼巢許獲穿踰之謗　巢父、許由，是古代著名的隱士。堯、舜曾以天下相讓，他們辭而不受。穿踰，穿壁翻牆以行盜竊。❽明並懸象　光明如同日月。《周易·繫辭上》：「縣象著明，莫大乎日月。」❾玄鑒表微　能鑒察一切的細微之跡。❿居肆　在貿易之店鋪中。⑪矧　況且。⑫翳於槃璞　隱藏在巨石之中。翳，掩藏；隱藏。璞，未琢之玉；涵玉之石。⑬奇士扣角而見遏　傳說甯戚為商旅，暮宿於城門外，擊牛角而歌，聲調悲涼。齊桓公感到甯戚不是平常人，與之交談。將要加以任用，群臣阻止。見《呂氏春秋‧舉難》。⑭潛於皋藪　隱居於山野、湖澤之間。⑮孫臏思騁其祕略二句　孫臏，戰國齊人，孫武的後代，有奇才。與龐涓同學兵法。龐涓事魏為將軍，忌孫臏之才，乃以法斷其雙足。刖，斷足之刑。⑯韓非願建治績二句　韓非，戰國韓之公子，喜刑名法術之學，著有〈孤憤〉、〈五蠹〉諸書。秦王悅之，欲加任用。李斯、姚賈讒毀之，使韓非入獄。李斯派人送去毒藥，迫其自殺。見《史記‧老子韓非列傳》。⑰賈誼慷慨三句　賈誼，洛陽人，十八歲即通諸子百家之書，漢文帝召以為博士。朝廷議事，賈生盡為之對。文帝欲以賈誼任公卿之位，周勃、灌嬰表示反對，於是被疏遠，出以為長沙王太傅。見《史記‧屈原賈生列傳》。⑱子政忠良三句　劉向，字子政，本名更生。漢元帝時，曾與朝官蕭望之、周堪等同心輔政，為宦官弘恭、石顯所譖毀，劉向下獄，後來又被免為庶人。蕭望之被迫自殺。見《漢書‧楚元王傳》。⑲和氏所以抱璞而泣血　傳說楚人和氏得到一塊璞玉，獻給楚厲王，被認為是石頭，和氏被砍去左足。楚武王即位，和氏又獻其璞玉，又被認為是石頭，被砍去右足。文王即位，和氏抱其璞哭了三日三夜，淚盡而繼之以血。楚文王派人琢之，果然得到寶玉，便命名為「和氏之璧」。見《韓非子‧和氏》。⑳禽息所以發憤而碎首　禽息，一作黔息，秦大夫。曾向朝廷舉薦百里奚，未被採納。伺秦穆公出，禽息乃當車以頭擊門，並說：「臣生無補於國，不如死也！」秦穆公因之感動，而用百里奚。見《論衡‧儒增》。㉑截趾　斷其左右足。㉒讒人畫蛇足於無形　蛇本無足，讒人無中生有，造出禍患，故云。

【語　譯】宏偉之士，循道之人，器宇之高不只如數仞之牆，學識之深不只如呂梁之水，所以目光短淺者不能欣賞，而知識浮淺者不能鑒識。又因為他們與自己不同而加以鄙薄，因為不求於自己而為之痛恨。只是不重視、不任用，又算得什麼呢？還有的人憑空污損人的聲譽，就像在白玉上留下污點、使玉肌留下傷痕一樣。世俗人云亦云，異口同聲地攻擊獨立的高士。所以曾參蒙上了殺人搶劫的惡名，巢父、許由得到了翻牆偷盜的誹謗。如果不是光明如同日月、能夠察覺一切細微之跡的人，怎麼能披開污泥得到美玉、澄清河水以拾起沈珠呢？

珪璋陳列在店鋪中尚且賣不出去，何況掩藏在巨石之中呢？才能卓異之士扣角而歌以干國君，尚且受到阻撓，又何況隱居在山林湖澤之野呢？孫臏想要施展其軍事謀略，龐涓便使他雙腿殘廢；韓非想要建功立業，李斯便迫使他自殺身死；賈誼壯志慷慨，又有治國之術，一幫武夫便出來排擠他；劉向是忠良之臣，有匡救時亂的才能，於是宦官弘恭、石顯便出來陷害他。這就是為什麼和氏抱著璧玉痛哭不止、禽息為了舉薦賢者而撞得頭破血流啊！

寶玉與石頭比起賢者與愚人來要容易識別，君主愛好寶物的心情又勝過了愛好賢士。獻上容易識別的玉，加之又是君主愛好強烈的寶物，和氏尚且因此而獲罪，被斬斷雙足，經歷幾個朝代的冤屈。更何況難以鑒識的賢者，又非君主意中急切希望得到的寶物！讒人無中生有的陷害，姦臣害怕忠貞之士不利於自己。身體彎曲者忌諱體態端直的人，夜間裸體者憎惡燈光的到來。所以有著崇高操守、美好行為的人，總是遭受壓抑，志氣不伸。虛構誹謗之辭，像影子一樣在成形之前便出現了，又沒有和氏那樣的人痛哭不止以推薦。賢者萬無一遇，也就是自然的了。

夫以玉為石者，亦將以石為玉矣。以賢為愚者，亦將以愚為賢矣。以石為玉，未有傷也。以愚為賢者，亡之診❶也。蓋診亡者，雖存而必亡，猶脈死❷者，雖生而必死也。可勿慎乎？於戲❸，悲夫，莫之思者也！昔仲尼上聖也，東受累於齊人❹，南見塞於子西❺。文種❻大賢也，初不齒於荊俗，末癰游於鈞如❼。競年立功，不亦難乎？

【章　旨】君主以賢為愚、以愚為賢，將會導致亡國之禍。而聖賢立功於世，亦因之而困難。

【注　釋】❶診　症狀；病況。❷脈死　脈搏出現死亡的跡象。❸於戲　同「嗚呼」。感嘆詞。❹東受累於齊人　傳說孔子執政於魯，使道不拾遺，齊景公患之。有人便勸齊景公給魯君送去女樂。魯君得到女樂後，荒怠於朝政。孔子進諫，魯君不聽。於是孔子離開魯國而去。見《韓非子・內儲說下》。❺南見塞於子西　子西，即楚公子申。楚昭王召孔子，將使執政而封以書社七百里之地，子西阻止說：「以孔子之賢，而有書社七百里之地，而三子（指子路、宰予、子貢）佐之，非楚之利也。」楚昭王便打消了這一念頭。見《說苑・雜言》。❻文種　春秋越大夫，字少卿，本為楚國人。傳說他在楚平王時曾任宛令，不治官職，有若顛狂。後來輔佐句踐，功績甚偉。❼雍游於鈞如　鈞如，疑「純鈎」之訛。純鈎，寶劍名。指文種遭遇讒言被賜劍自殺一事。

【語　譯】將寶玉當作石頭者，也就會將石頭認為是寶玉了。將賢明認作愚昧，也就會將愚昧當作賢明了。將石頭認作寶玉，尚沒有什麼損害。將愚昧當成賢明，就是滅亡的徵兆了。出現了滅亡的徵兆，即使暫時存在最終必將滅亡。就好像脈搏出現了死亡之象的人，雖然暫時活著而必死無疑。能夠不慎重嗎？嗚呼，那些不想一想此事的人，真是可悲啊！昔日之孔子是超凡的聖人，還是東方受到齊人的牽制，南方受到子西的阻撓。文種是著名的賢人，初則為楚民所不齒，最後則遭遇讒言被賜劍自殺。才能之士要想積極進取以建立功業，不是很困難嗎？

夫結綠、玄黎❶，非陶、猗❷不能市也；千鈞之重，非賁、獲❸不能抱也；〈白雪〉❹之絃，非靈素不能徽❺也；邁倫❻之才，非明主不能用也。然耀靈、光夜之珍❼，不為莫求而虧其質，以苟且於賤賈；洪鍾、周鼎❽，不為委淪❾而輕其體，取見舉於侏儒；嶧陽、雲和❿，不為不御⓫而息唱，以競顯於淫哇⓬；冠群之德，不以沈抑而履徑⓭，而剸節於流俗⓮。是以和璧變為滯貨，柔木廢於勿用⓯，赤刀之鑛⓰不得經歐冶⓱之鑪，元凱之疇⓲終不值四門之闢⓳也！」

【章　旨】只有聖明之主才能賞識並任用超群之才，而傑出之士即使不為世所用，亦絕不會放棄其人生原則以迎合世俗。

【注　釋】❶結綠玄黎　均為美玉之名，是天下著名的寶物。❷陶猗　陶朱、猗頓，古代著名的富人。❸賁獲　孟賁、烏獲，古代之勇士。❹白雪　是琴瑟樂調名，傳說為師曠所作。《淮南子．覽冥》：「昔者師曠奏〈白雪〉之音，而神物為之下降。」❺非靈素不能徽　非神靈之素女不能演奏。傳說素女為黃帝時人，善鼓五十絃瑟。徽，鼓琴；彈奏。❻邁倫　超群；出類拔萃。❼耀靈光夜之珍　光耀如同日月之寶珠。耀靈，指日。光夜，指月。❽洪鍾周鼎　傳說洪鐘重達萬鈞。鍾，通「鐘」。又周有九鼎，傳說一鼎須九萬人輓之。❾委淪　棄置、淪落。❿嶧陽雲和　指能彈奏優美樂聲的琴瑟。嶧陽之桐，是製琴的名貴木料。雲和，地名，以出產琴瑟而著名。⓫不御　不用；不為人欣賞。⓬淫哇　指世俗放蕩的歌曲、樂調。⓭履徑　走小路。《論語．雍也》說澹臺滅明「行不由徑」，意謂舉動方正。⓮剸節於流俗　附和流俗。剸，通「專」。⓯柔木廢於勿用　柔木指椅、桐、梓、漆樹之類，都是有用於人之善木。⓰赤刀之鑛　傳說昆吾之山出銅，色赤如火，以之作刀，切玉如泥。⓱歐冶　歐冶子，春秋時著名的工匠。曾經鑄造龍淵、湛盧等寶劍。⓲元凱之疇　八元、八愷，是古代著名的才士。疇，通「儔」。⓳四門之闢　開闢四門，廣求賢者。《尚書．舜典》：「詢于四岳，闢四門。」

【語　譯】結綠、玄黎這些天下聞名的美玉，不是陶朱、猗頓之富是不能買的；千斤的重器，不是孟賁、烏獲是不能舉起的；〈白雪〉之樂調，不是素女是不能彈奏的；超群之才，不遇明主是不能得到任用的。然而如同日月光華的寶珠，不會因為無人尋求而損害其晶瑩的本質，馬馬虎虎便賤賣出去；洪鐘、周鼎之寶器，不會因為被棄置而變輕，使得矮小的侏儒便能將它舉起；嶧陽、雲和之琴瑟，不會因為無人欣賞而停止奏出高雅的樂章，去與世俗放蕩的樂曲比賽高下；有著超凡道德的人，不會因為受到壓抑便走邪徑，而附和於流俗。所以和氏之璧不受賞識，有用之材遭到廢棄，昆吾之礦不能得到歐冶子的冶煉鑄為寶刀，八元八愷之士沒有遇到朝廷廣泛求賢的機會啊！」

卷一九　任命

【題　解】本篇設為居泠先生與翼亮大夫之問答，闡說隱者順應自然、藏器待時的人生態度。任命，即聽從命運的安排。漢代班彪〈王命論〉曰：「窮達有命」，魏代李康〈運命論〉曰：「窮達，命也」，這裡的「命」，專指個人仕途之窮達。居泠先生對此的態度是：窮則隱於田野，遊神墳典，著述立言，樂以忘憂；達則乘運而起，高步天衢，建功立業。靜為逸民的榜樣，動為朝臣的表率。榮辱窮通，一任自然，無所繫懷。這就是居泠先生的處世態度與人生準則。

抱朴子曰：「余之友人有居泠先生❶者，恬愉靜素❷，形神相忘。外不飾驚愚之容，內不寄有為之心❸。遊精墳誥❹，樂以忘憂。晝竟羲和之末景❺，夕照望舒之餘耀❻。道靡遠而不究，言無微而不研。然車跡不軔權右之國❼，尺牘不經貴勢之庭❽。是以名不出蓬戶，身不離畎畝❾。

【章　旨】居泠先生身居田野，精神恬淡，專心研讀古籍，不慕人間榮華。

【注　釋】❶居泠先生　假名，意謂其人甘於寂寞，不慕榮華。❷恬愉靜素　精神平靜、歡悅而沖淡。❸不寄有為之心　即無為，順應自然，不求世俗之作為。❹墳誥　指古代之典籍。古史有三墳、五典，《尚書》有〈大誥〉、〈康誥〉諸篇。❺晝競

羲和之末景　白天抓緊最末的一縷陽光學習。羲和，駕御太陽者，代指太陽。❻夕照望舒之餘耀　晚上就著月亮的餘光讀書。望舒，駕御月亮者，代指月亮。❼車跡不軔權右之國　意謂從來不與權貴交遊。軔，剎住車輪的木轄，轉為停車拜訪。權右，權貴。❽尺牘不經貴勢之庭　意謂從無書信送達權勢富貴人家。❾畎畝　田間。

【語譯】抱朴子說：「我的友人中，有一位居泠先生。他的心情恬靜，精神淡遠，遺形而忘神。在外沒有令愚人驚異的飾容，在內不抱世俗有為之心。他潛心研讀古籍，樂而忘憂。他白天抓緊最末的一道日光學習，晚上就著月亮的餘輝讀書。為了學業，道路再遙遠也要探究明白，語意再精微也無不研討清楚。然而他從來不驅車拜訪權勢人家，也沒有信函送達富貴門第。所以身居田野之間，默默無聞於世。

於是翼亮大夫❶候而難之❷，曰：『余聞淵蟠起則玄雲赴❸，道化霑則逸才奮❹。故康衢有角歌之音❺，鼎俎發淩風之跡❻。沽之則收不貲之賈❼，踊之則超在天之舉❽。耀逸景於暘谷❾，播大明乎九垓❿。勳蔭當世，聲揚罔極。故尋仞之塗⓫，甚近而弗往者，雖追風之腳⓬不能到也。楹棁之下⓭，至卑而不動者，雖鴻鶤之翅⓮未之及也。況乎寢足⓯於大荒之表，斂羽⓰於幽梧之枝。安得效迅以尋景⓱、振輕乎蒼霄⓲哉？年期奄冉⓳而不久，託世飄迅⓴而不再。智者履霜，則知堅冰之必至，處始則悟生物之有終。六龍促軌於大渾㉑，華顛㉒倏忽而告暮。古人所以映順流而顧歎㉓、眄過隙而興悲㉔矣！

先生資命世之逸量，含英偉以邈俗。銳翰汪濊以波涌㉕，六奇抑鬱而淵稸㉖。

然不能淩扶搖以高竦，揚清耀於九玄㉗。器不陳於瑚簋㉘之末，體不免於負薪之勞。猶奏和音於聾俗之地，鬻章甫於被髮之域㉙。徒忘寤於翰林，銳意以窮神。崇琬琰於懷抱之內㉚，吐琳瑯於毛墨之端㉛。躬困屢空之儉㉜，神勞堅高之間㉝。譬若埋尺璧㉞於重壤之下，封文錦於沓匱㉟之中。終無交易之富，孰賞堙翳之珍㊱哉？

夫龍驥維縶，則無以別乎蹇驢㊲。赤刀韜鋒㊳，則曷用異於鈆刃㊴？鱣鮪不居牛跡㊵，大鵬不滯蒿林。願先生委龍蛇之穴，升利見之塗㊶。釋戶庭之獨潔，覽二鼠而遠寤㊷。越窮谷以登高，襲丹藻以改素㊸。競驚飆於清晨㊹，不盤旋以錯度㊺。收名器於崇高㊻，響鍾鼎之慶祚㊼。柏成㊽一介之夫，採薇㊾何足多慕乎？』

【章　旨】翼亮大夫認為窮居山野，白白地浪費了寶貴的生命，勸告居泠先生及時入世，展露才華，建功立業，以垂名後世。

【注　釋】❶翼亮大夫　假名。翼亮，輔佐、光大帝業。❷候而難之　候，探望；訪問。難，責問；詰難。❸淵蟠起則玄雲赴　淵龍騰空則風雲隨之。以龍喻君，以雲喻群臣。❹道化霑則逸才奮　德化普施，則英才奮起。道化，教化；德化。霑，潤澤。❺康衢有角歌之音　春秋時，甯戚欲得齊桓公任用，而窮困無以自進，於是為商旅隨車至齊。暮宿城門外，擊牛角而歌，其聲甚悲。齊桓公知道甯戚非常人，於是將他帶回去，加以任用。見《呂氏春秋．舉難》。❻鼎俎發淩風之跡　傳說伊尹想求得商湯的任用，乃為有莘氏媵臣，負鼎俎，以滋味說湯，致於王道，得到商湯的重用。見《史記．殷本紀》。❼沽之則收

不貲之賈　意謂展露才能則能得到君王無限的重用。不貲之賈，不可估量的價值。❽踊之則超在天之舉　奮起則能取得巨大的成績。《周易·乾卦》：「飛龍在天，利見大人。」❾耀逸景於暘谷　燦爛的光芒從暘谷出現。暘谷，神話傳說中太陽升起的地方。❿九垓　九州；天下。⓫尋仞之塗　很近的路。尋仞，一丈左右。⓬追風之腳　指駿馬。其奔馳之快如風馳電掣。⓭楹梲之下　屋內梁柱之下。形容很矮。⓮鴻鶤之翅　鴻雁、鶤雞，均為大鳥。傳說鶤雞一次能飛行八百里，又以之代稱鳳凰。⓯寢足　止足。寢，止息。⓰斂羽　收束起羽翼。⓱效迅以尋景　形容駿馬之馳騁，可以追逐光景。⓲振輕乎蒼霄　振動輕翼，飛翔於蒼天之上。⓳奄冉　荏苒；時光逐漸消逝。⓴託世飄迅　人生在世，如飄風之迅疾。㉑六龍促軌於大渾　六龍拉著日車，很快就到了夜晚。比喻生命短暫，死亡在即。㉒華顛　白了頭髮。㉓映順流而顧歎　《論語·子罕》：「子在川上曰：逝者如斯夫，不舍晝夜！」㉔眄過隙而興悲　《莊子·知北遊》曰：「人生天地之間，若白駒之過隙，忽然而已。……已化而生，又化而死，生物哀之，人類悲之。」㉕銳翰汪濊以波涌　文筆浩蕩，滔滔不休。銳翰，健筆。汪濊，深廣之貌。㉖六奇抑鬱而淵稸　謀略蘊藏在胸，如積淵之深厚。六奇，出奇制勝的謀略。淵稸，蓄積深厚。㉗九玄　九天。㉘瑚簋　古代朝廷祭祀時盛糧食的貴重器皿，商代叫六瑚，周代用八簋。代指朝廷的人才。㉙鬻章甫於被髮之域　在以披髮為習俗的地域去賣布帽，故無人需要。章甫，商代的布冠。㉚崇琬琰於懷抱之內　意謂通過閱讀學習，豐富自己的知識。琬琰，美玉名。㉛吐琳瑯於毛墨之端　筆下文采璀璨，琳瑯滿目。琳瑯，美玉名。㉜躬困屢空之儉　親身經受衣食不周的困苦。孔子曾經說顏回「屢空」。見《論語·先進》。㉝神勞堅高之間　意謂繼承孔子的學說，以儒家風範來修養身心。顏回曾用「仰之彌高，鑽之彌堅，瞻之在前，忽焉在後」形容孔子的思想及人格。見《論語·子罕》。㉞尺璧　直徑一尺之璧。㉟沓匱　密封數層的櫃子。沓，重複。㊱堙翳之珍　埋沒、隱藏的寶物。㊲蹇驢　跛足之驢。㊳赤刀韜鋒　赤刀，寶刀。即昆吾刀。相傳切玉如泥。韜鋒，將鋒芒掩藏起來。㊴鉛刃　以鉛為刀，其刃遲鈍。㊵鱣鮪不居牛跡　大鯉魚不會生活在小水坑中。牛跡，牛腳踏出的水坑。㊶升利見之塗　《周易·乾卦》初九爻是「潛龍，勿用」，含有潛藏的意思。九二爻是「見龍在田，利見大人」，含有積極出世、有為的意思。㊷覽二鼠而遠寤　本句謂觀察日月之運化，領悟其中的寓意。二鼠是佛教用語，以白鼠比如白天、日，以黑鼠比喻夜晚、月。㊸襲丹藻以改素　本句說脫下百姓的服裝，換上官員的禮服。丹藻是官服上的紋飾，如藻火之類。㊹競驚飆於清晨　勢如驚風之起，及時建功立業。驚飆，形容迅猛。㊺不盤旋以錯度　不致錯過時機，在隱逸中白白地浪費了生命。盤旋，優遊逍遙。錯度，一作「詣夜」。㊻收名器於崇高　獲得崇高的地位與聲譽。名器，等級；地位。㊼嚮鍾鼎之慶祚　嚮，通「享」。鍾鼎，鐘鳴鼎食。慶祚，幸福。㊽柏成　柏成子高，堯、舜時為諸侯。夏禹時，辭諸侯之位而退耕於野。一本作「伯夷」。㊾採薇　伯夷、叔齊隱於首陽山，採薇而食。

【語　譯】於是有一位翼亮大夫前往採訪，並且責難說：『我聽說潛龍騰空升天則風雲緊隨，德化普施則英才奮起。所以甯戚在通道上扣角而歌，伊尹背負鼎俎以求施展淩雲的抱負。展露才能則能得到無限的任用，奮然而起則能收到巨大的功績。就像燦爛的陽光從暘谷升起，將光輝照遍九州。其功績造福於當代，其聲名將流傳久遠。

即使只有很近的路程，然而如果不走的話，駿馬也仍然不能抵達。即使只在室內梁柱之下那樣很低的高度，但是如果不動的話，鴻鶤的翅膀也還是不能飛到。何況隱居原野而止足不前，棲息深林而收束起羽翼，怎麼能夠騰足以馳騁、展翅於長空呢？人生短暫，稍縱即逝，歲月如同驚風，不會再來。智者踏著薄霜，就知道冰凍時節必將到來，一開始就領悟生命將會終結。六龍拉著日車，很快便是夜晚。人生易老，轉眼已是白髮之暮年。所以古人對著滔滔的流水而嘆息，看見日影一閃即逝而悲傷啊！

先生您具有非同尋常的器量，有著遠超世俗的英偉之才。文筆雄健，如同波濤洶湧。胸懷韜略，如同積淵深厚。然而不能淩風扶搖而高上，將清輝播揚於九天。不能像瑚簋之器為朝廷所用，身體不免於親自揹柴的辛勞。這就如同在聾子的地域彈奏美妙的音樂，在披髮的地域去賣帽子一樣。您為了寫作而忘記了睡覺，為此費盡了精神。用美好的知識豐富自己的胸襟，將琳瑯的文章傾吐在自己的筆下。親身經受衣食不周的困苦，只以孔子的思想學說來修養身心。就好像將貴重的尺璧埋在深土之下，將美麗的彩錦放在層層密封的櫃子中。終究不能賣出高價，寶物被深埋、掩藏著，誰又能欣賞呢？

將駿馬拴住，便與跛足之驢沒有區別了。將寶刀的鋒芒掩藏起來，與遲鈍的鉛刀又有何不同呢？鯉魚不會生活在牛腳踩出的水坑裡，大鵬不會久留在蓬蒿灌木之林裡。希望先生放棄隱逸，走上出世有為的道路。不要在門庭之內獨善其身，而要面對日月的流逝，領悟其中的寓意。走出窮谷，登上高山。脫下百姓的服裝，換上官員的禮服。要趁著年輕建立一番驚天動地的功業，不至於在隱逸逍遙中錯過了機遇。獲得崇高的地位聲譽，以享受人間的富貴榮華。柏成子高只是一介之徒，採薇首陽又豈值得過多羡慕？」

居泠先生應曰：『蓋聞靈機冥緬❶，混芒眇昧❷。禍福交錯乎倚伏之間❸，興亡纏綿乎盈虛之會❹。迅遊者不能脫逐身之景❺，樂成者不能免理致之敗❻。匡流末者未若挺治乎無兆之中❼，整已然者不逮反本乎玄朴之外❽。是以覺尺蠖者❾甘屈以保伸，識通塞者不慘悅於否泰❿。

且夫洪陶範物，大象流形⓫。躁靜異尚，翔沈殊情⓬。金寶其重，羽矜其輕。篤隘者⓭執束於滓涅，達妙者逍遙於玄清。潢洿納行潦而潘溢⓮，渤澥⓯吞百川而不盈。鮋鰕⓰踊悅於泥濘，赤螭⓱淩厲乎高冥。嚼香餌者快嗜欲而赴死，味虛淡者含天和⓲而趨生，識機神者瞻無兆而弗惑⓳，闇休咎者觸強弩而不驚。各附攸好⓴，安肯改營？

【章旨】居泠先生答以仕途險惡，禍福相依，人各有志，不能強求。

【注釋】❶靈機冥緬　萬物運化的契機玄奧而遙遠，難以測知。❷混芒眇昧　渺茫不清。昧，訛作「眛」，據《道藏》本校改。❸禍福交錯乎倚伏之間　禍福相依，來去無定，往往禍中有福，福中有禍。❹盈虛之會　有盈有虛，有興有亡，交織糾纏在一起。會，交會。❺迅遊者不能脫逐身之景　遊，諸本或作「逝」。《莊子・漁父》載：人有逃其影者，走愈疾而影不離身，最終絕力而死。用於此謂敗亡迅速，難逃如影逐身之禍患。❻理致之敗　事理必然之敗亡。孫星衍曰：「疑有誤。舊寫本理字空白。」❼挺治乎無兆之中　治之於尚未顯露跡象以前。❽反本乎玄朴之外　返歸純樸的本性。❾覺尺蠖者　能體悟尺蠖屈伸、進退之理的人。尺蠖是一種幼蟲，其行進先屈後伸。《周易・繫辭下》：「尺蠖之屈，以求信（伸）也。」❿不慘悅於否泰　不為困頓而悲傷，不因仕途順暢而高興。⓫大象流形　自然造化賦萬物以形體。⓬翔沈舛情　天上的飛鳥、水中的魚鼈，其性情是不同的。⓭篤隘者　器識狹小而又保守固執的人。⓮潢洿納行潦而潘溢　溝渠水流入池塘，池塘便滿溢了。潢洿，積水坑；池塘。潘，水溢出。⓯渤澥　渤海、東海。⓰鮋鰕　小魚蝦。⓱赤螭　龍之類。⓲天和　先天自然之和氣。⓳瞻無兆而弗惑　察見細微未現之跡，而不為迷惑。⓴各附攸好　各附本性之所好。攸，是。結構助詞。

【語　譯】居泠先生回答說：『萬物運化的契機玄奧莫測，遙遠難知，渺茫不清。禍福交錯一體，禍中藏福，福中有禍。有盈有虛，有興有亡，糾纏交會在一起。走得再快的人也逃不脫隨身而至的影子，希望成功的人也免不了必然的失敗。匡正末流的弊端，不如治之於無形之中。整治已成的事實，不如返歸純樸的本性。所以領悟尺蠖進退之理者，能夠甘心於以屈求伸；認識通塞之道者，能夠不為榮辱而動心。

再說自然造化了萬物，使得各具形體。有的性躁，有的性靜，好尚不同。或翔於天，或沈於水，情性各異。金屬以重質為寶，羽毛以輕盈為貴。器識狹隘者拘束於殘渣糟粕，通達精微者逍遙於玄妙之境。小池塘中流入渠水便四溢了，渤海、東海吞吐百川仍未漲滿。小魚細蝦在泥坑中歡悅跳躍，赤龍卻在高天淩空飛翔。吞食香餌者為了滿足口腹之欲而丟掉生命，體味玄虛者蘊涵自然之和而生命永在。能洞察機微的人，觀照未現的跡象而不受迷惑；不明禍福的人，中了箭弩仍然愚昧不驚。各人都依據稟性之所好，又怎麼肯改變呢？

吾聞五玉❶不能自剖於嵩岫，騰蛇❷不能無霧而電征❸，龍淵❹不能勿操而斷犀兕，景鍾❺不能莫扣而揚洪聲。金芝須商風而激耀❻，倉庚俟煙熅而修鳴❼。騏騄❽不苟馳以赴險，君子不詭遇❾以毀名。運屯❿則沈淪於勿用，時行則高竦乎天庭⓫。士以自衒為不高⓬，女以自媒為不貞⓭。何必委洗耳之峻標⓮，效負俎之干榮⓯哉？

夫其窮也，則有虞婆娑而陶鈞⑯，尚父見逐於愚嫗⑰，范生來辱於溺簣⑱，弘、式匿奇於耕牧⑲。及其達也，則淮陰投竿而稱孤⑳，文種解屩而紆青㉑，傅說釋築而論道㉒，管子脫桎為上卿㉓。蓋君子藏器以有待㉔也，稸德以有為㉕也。非其時不見也，非其君不事㉖也。窮達任所值，出處無所繫。其靜也，則為逸民之宗；其動也，則為元凱之表㉗。或運思於立言，或銘勳乎國器㉘。殊塗同歸，其致一焉。

【章　旨】君子藏器待時，不能自衒自媒。或者隱逸立言，以助教化；或者奮然出仕，建功立業，都只能聽其自然。

【注　釋】❶五玉　黃琮、青珪、赤璋、白琥、玄璜等各色玉石。❷騰蛇　即螣蛇。傳說中的神蛇，是一種龍，能興雲霧而遊於其中。❸電征　疾行如同閃電。電，原本作「雷」，據《道藏》本校改。❹龍淵　寶劍之名。❺景鍾　晉景公之鐘，以銘勳紀功而著名。❻金芝須商風而激耀　金芝，仙草名。商風，秋風；西風。❼倉庚俟煙熅而修鳴　黃鶯在春天才長鳴。倉庚，即黃鶯。煙熅，春煙繚繞瀰漫狀。❽騏騄　騏驥、騄耳，均為良馬名。❾詭遇　通過不正當的手段獵取名利、地位。❿運屯　時運不佳，遭遇困頓。⓫高竦乎天庭　高居朝廷，任重要官職。⓬士以自衒為不高　士人自我薦舉，不是高尚的行為。⓭女以自媒為不貞　女子不待媒妁而自求婚姻，則不貞潔。⓮委洗耳之峻標　放棄隱逸不仕之高潔。洗耳，據說堯欲招許由為九州長，許由便到潁水去洗耳。峻標，高尚的節操。⓯效負俎之干榮　效倣伊尹背負鼎俎以求得榮華富貴的行為。伊尹負鼎操俎，調和五味，以求商湯任用。見《韓詩外傳・卷七》。⑯有虞婆娑而陶釣　傳說舜未登帝位之前，曾在河濱製作陶器，在雷澤釣魚。婆娑，忙碌於曲碎小事之狀。《呂氏春秋・慎人》：「舜耕于歷山，陶于河濱，釣于雷澤。」⑰尚父見逐於愚嫗　尚父，指呂尚。《說苑・尊賢》曰：「太公望，故老婦之出夫也。」⑱范生來辱於溺簀　范雎，戰國時人。初事魏中大夫須賈，因事受誣，被打斷肋骨，打折牙齒。范雎裝死，被捲以葦席，置於廁中。賓客飲酒醉，將尿灑在范雎身上。後逃於秦，被任為相，權重一時。簀，葦狄之席，原本作「簣」，形近而訛。見《史記・范雎蔡澤列傳》。⑲弘式匿奇於耕牧　公孫弘，漢菑川薛人。家貧，牧豕海上。年四十，乃學《春秋》。後為博士，元朔中為丞相，封平津侯。卜式，河南人。以耕種放牧為事，曾入山牧羊十餘年。後為齊王太傅，轉為相。⑳淮陰投竿而稱孤　韓信為布衣時，曾垂釣淮水，後來追隨劉邦征戰，被立為齊王，降為淮陰侯。㉑文種解屩而紆青　文種，春秋越大夫。解屩，脫下麻布草鞋。紆青，披上青色之綬帶。意謂文種初則卑微於荊楚，終則顯赫於越國。㉒傳說釋築而論道　傳說傳說被褐帶索，為人築版於傅巖，商王武丁得之，舉以為三公。見《墨子・尚賢中》。㉓管子脫桎為上卿　管仲，曾輔佐公子糾與公子小白爭奪君位。公子小白立為齊桓公，管仲被囚。經鮑叔牙推薦，齊桓公任命管仲為上卿。脫桎，解除囚禁。㉔君子藏器以有待　君子身懷器識才能，待時而起。㉕稸德以有為　增進學識，積累道德，爭取有所作為。稸，通「蓄」。㉖非其君不事　即擇君而事之意。㉗元凱之表　八元、八愷，古代著名之才士。高辛氏用八元於朝，高陽氏用八愷於朝，使得國泰民安。㉘銘勳乎國器　將功績銘刻在鐘鼎之上。國器，指鐘鼎禮樂之器。

【語譯】我聽說寶玉不會從高山巖石中自剖而出，神龍不會沒有雲霧而如閃電之飛騰，寶劍不能無人揮動而斬斷犀甲，景鐘不能無人敲打而發出洪亮的聲音。金芝要等到秋風吹起才燦爛地開放，黃鶯要等到煙春時節才長鳴。良馬不會隨意馳赴危險之地，君子不會用不正當手段來敗壞名聲。遭遇困頓便隱逸藏跡，不求任用；時勢有利則騰身而起，建功立業。士人以自我舉薦為不高尚，女子以自求婚姻為不貞潔。何必要放棄高蹈隱逸的節操，仿效伊尹負俎以求得榮華富貴的行為呢？

當窮困不達之時，則虞舜忙碌於製陶、釣魚，呂尚被愚婦趕出了家門，范雎被捲在葦席中、丟進廁所裡，公孫弘、卜式胸懷奇能藏身於耕種放牧。當尊榮顯達時，則韓信丟下釣魚竿便稱孤道寡，文種脫下草鞋便成為高官，傅說放下築版便談治國之道，管仲解除囚禁便拜為上卿。因為君子的人生原則是懷抱才能待時而起，積累道德以求有為。擇時而出之，擇君而事之。至於窮達榮辱，則聽任自然，進退出處，無繫於懷。靜則為逸民的榜樣，動則為良臣的表率。或者著述以立言，或者紀功於鐘鼎。殊途同歸，其最終目的都是一致的。

士能為可貴之行，而不能使俗必貴之也；能為可用之才，而不能使世必用之也。被褐茹草❶、垂綸罝兔❷，則心歡意得，如將終身。服冕乘軺❸、兼朱重紫❹，則若固有之，常如布衣❺。此至人之用懷❻也。

若席上之珍不積❼、環堵之操不粹❽者，予之罪也。知之者稀、名位不臻❾、以玉為石、謂鳳曰鷃者，非余罪也。夫汲汲於見知❿、悒悒於否滯⓫者，裳⓬民之情也。浩然而養氣⓭、淡爾而靡欲者，無悶⓮之志也。時至道行，器大者不悅。天地之間，知命者不憂⓯。若乃徇萬金之貨、以索百十之售⓰，多失骭毛⓱，我則未暇⓲矣。」

【章　旨】士人的本分在於修養學識與道德，而不是索取名利。名位不至，以玉為石，責任在於社會。

【注　釋】❶被褐茹草　穿著百姓之短襖，服用粗惡之食物。❷垂綸罝兔　垂竿釣魚，以網捕兔。❸服冕乘軺　頭戴官帽，乘坐官車。軺，一種輕便的車。❹兼朱重紫　朱、紫均指官員綬帶的顏色。❺常如布衣　雖然居朝為官，如同百姓一樣自然。❻至人之用懷　具有至高道德者所持之胸襟與態度。❼席上之珍不積　道的積累不深厚。席上之珍，比喻道。《禮記・儒行》：「儒有席上之珍以待聘。」❽環堵之操不粹　節操德行不純粹、不完美。環堵，四圍土牆之內。隱者之居，故云。❾名位不臻　得不到官職地位。臻，至。❿汲汲於見知　汲汲追求，希望為人所知。⓫悒悒於否滯　沈淪不遇，仕途不暢，則悒悒不安。⑫裳　通「常」。⑬浩然而養氣　培養體內剛正博大之氣。⑭無悶　雖不遇而沒有煩悶。《周易・乾卦》：「龍德而隱者也，不易乎世，不成乎名，遯世無悶。」⑮知命者不憂　樂天知命者不會憂愁。⑯徇萬金之貨以索百十之售　所獻者多而所售者少，失者多而得者少。萬金之貨，比喻人之生命。百十之售，比喻名利之得。⑰骭毛　腿上之毛。主人主張全性保真，不以物累形，以不拔一毛為喻。⑱未暇　沒有閒暇，無意為之。

【語　譯】士人能夠有可貴的行為，而不能使世俗一定貴重自己；能夠具有可用的才華，而不能使世俗一定任用自己。穿著短襖，吃著粗食，垂竿釣魚，張網捕兔，則心歡意得，好像將要以此終身一樣。頭戴官帽，乘著官車，身上披著彩色的綬帶，又好像本來就有的，如同身為百姓時一樣自然。這就是具有最高道德者的胸懷啊！

如果道的積累不深厚，德的修煉不純粹，那是我的過錯。若是知之者少，名位不至，將寶玉認作石頭，將鳳凰說成是鷃鳥，那就不是我的過錯。汲汲不倦地追求以希望為人知曉，名位不遂便憂鬱不安，那是普通人的感情。培養自己的博大剛正之氣，清心寡欲，不因仕途阻滯而煩悶，才是高士的情懷。時勢順利，建功立業，器識廣大者並不特別歡悅；而天地之間，唯有樂天知命者不會憂愁。若是要獻上寶貴的生命，以求得微小的名利，對於人的本性損傷太大，那就不是我所願意的了。』

卷二〇 名實

【題解】本篇論東漢末世名實背反之弊及其危害。

名與實，是我國傳統學術思想中一組對立的概念。名指名分，乃外在的聲譽；實指實際，乃內在之本質。孔子要求「正名」；荀子曰：「修名而督實，按實而定名」，「名當實則治，不當則亂」；莊子曰：「名者，實之賓也」。他們都要求名實相符、內外一致。然而漢末則不然，世俗結為朋黨互相標榜，而賢能之士恥於脅肩低眉、阿附權貴。躬行道德者沒沒無聞，乃至遭受讒毀；而行為污濁者得享虛譽、佔據要津。這就導致了政治的腐敗與王朝的崩潰。

文中揭發了這種朋黨比周、名實顛倒的現象，要求打破朋黨，勤於舉薦無名的賢者，曲折地表達了作者對於現實政治的希望。

門人問曰：「聞漢末之世，靈、獻之時，品藻乖濫❶，英逸窮滯❷，饕餮❸得志。名不準實，賈不本物❹。以其通者為賢，塞者為愚。其故何哉？」

抱朴子答曰：「夫雷霆輷磕❺，而或不聞焉。七曜❻經天，而或不見焉。豈唯形器有聾瞽哉？心神所蔽，亦又如之❼。是以聞格言而不識者，非無耳也。見英異而不知者，非無目也。由乎聰不經妙，而明不逮奇也。夫智大量遠者，盤桓以山峙❽；器小志近者，蓬飛而萍浮❾。夫唯山峙，故莫之能動焉；夫唯萍浮，故流而不滯焉。方之貨也，則緘連以待賈❿者，雖至珍而難售；鳴鼓以徇之⓫者，雖凡蔽而易盡。比之材也，則結根於嵩、岱者，雖竦蓋千仞⓬、垂蔭萬畝，而莫之知也；插株於塗要者，雖鉤曲戾細而速朽⓭，而猶見用也。故廟堂有枯楊之瑚簋⓮，窮谷多不伐之梓豫⓯也。

是以竊華名者，螻蜥騰於雲霄⓰；失實賈⓱者，翠虬淪乎九泉⓲。於是斥鷃凌風以高奮，靈鳳卷翮以幽戢⓳，鉛鋒充太阿之寶⓴，犬羊佻虎狼之資㉑矣。

【章　旨】才識非常之士藏器待時，所以不為人知，猶如蛟龍潛於深淵；追求淺近功利者四處推銷，所以為世所用，猶如斥鷃乘風高翔。

【注　釋】❶品藻乖濫　品評人物，是非混亂。品藻，鑒定人物的等級高下。❷英逸窮滯　英逸之士，沈淪不遇。❸饕餮　貪婪凶邪之徒。❹名不準實二句　名不副實，事物與其身價不合。賈，通「價」。❺雷霆輷磕　巨雷轟鳴。輷磕，象聲詞，形容聲響巨大。❻七曜　日月及金、木、水、火、土五星。❼心神所蔽二句　心神被蒙蔽，亦如前面所言之瞎子、聾子。❽盤桓以山峙　如山岳之廣大，巍然聳峙。❾蓬飛而萍浮　像飛蓬隨風飄轉，像浮萍隨波而流。❿緘連以待賈　封藏起來，待價而沽。緘連，藏在篋笥中，以繩索束縛之。⓫鳴鼓以徇之　搖著小鼓，向四方推銷貨物。⓬竦蓋千仞　樹冠高達千仞之上。竦，聳立。⓭鉤曲戾細而速朽　樹的枝幹細小而彎曲，木質也不堅固。戾，曲。⓮瑚簋　古代朝廷祭祀時裝粟稷的器皿，被認為是貴重之物。⓯梓豫　文梓、豫樟，都是名貴的樹木。⓰螻蜥騰於雲霄　螻，螻蛄，穴居土中，一名土狗。蜥，蜥蜴，爬行動物。⓱賈　通「價」。⓲翠虯淪乎九泉　神龍潛藏於深淵之下。翠虯，青龍之類。⓳靈鳳卷翮以幽戢　鳳凰捲起翅膀，藏身於幽僻之地。戢，斂；藏。⓴鉛鋒充太阿之寶　鉛刀冒充寶劍。鉛鋒，即鉛刀，言其鈍。太阿，著名的寶劍，相傳為歐冶子所鑄造。㉑犬羊佻虎狼之資　犬羊冒充虎狼之質。佻，竊取。

【語　譯】門生問道：「聽說漢末之世，靈帝、獻帝之時，品評人物是非混淆，英逸之士窮困不遇，貪婪凶邪之輩乘勢得志。名聲與實際不符，事物與其身價不合。世俗以仕途通達者為賢良，以坎壈不遇者為愚蠢。這是為什麼呢？」

抱朴子回答說：「雷聲轟轟隆隆，有的人卻什麼也聽不到；日月星辰在天，有的人卻什麼也看不見。豈只是人的器官殘廢，有聾子、瞎子嗎？人的心神受到蒙蔽，也是同樣的。所以聽到格言而不明白者，並不是沒有長耳朵；見到英俊特出的人才而不知者，並不是沒有長眼睛。這是由於他們沒有聽過精妙之言，沒有見過奇異之才的緣故。富有才華與智慧者，像山岳一樣廣大而巍然聳峙；器識狹小、目光短淺者，像飛蓬隨風飄蕩、浮萍隨波逐流一樣游移不定。正因為前者像山岳一樣聳峙，所以沒有什麼能夠搖動它；正因為後者像浮萍一樣游移，所以經常流動而不會停滯在一個地方。比如出賣貨物，封藏在篋笥中待價而沽，即使再珍貴的物品也難以售出；搖著貨郎鼓四處推銷，即使平常的物品也容易賣完。又比如木材，植根於嵩山、泰山上的大樹，即使樹幹有千仞之高，樹蔭覆蓋萬畝之廣，也沒有人知道。插一棵小樹在路口上，即使樹枝彎彎曲曲，樹幹細小，木質不佳，還是會派上用場。所以廟堂之中，有枯楊製成的寶器，而深山窮谷有許多名貴的木材未被採伐。

所以竊得天下之美名的人，就像穴居土中的螻蜥騰空天上；其真實的才能價值不被承認者，就像蛟龍潛伏在深淵之下。於是麻雀乘風在高空奮飛，而鳳凰卷起翅膀藏身於幽僻之所。遲鈍的鉛刀被當成了寶劍，犬羊冒充了虎狼之質。

夫佞者鼓珍賂為勁羽，則無高而不到矣；乘朋黨為舟楫，則無遠而不濟矣。持之以夙興側立❶，加之以先意承指❷。其利口諛辭❸也似辨，其道聽塗說也似學，其心險貌柔也似仁，其行污言潔也似廉，其好說人短也似忠，其不知忌諱也似直，故多通焉。且亦奉望我者，欲我益之。不求我者，我不能愛，自然之理也。

夫賢常少而愚常多。多則比周而匿瑕❹，少則孤弱而無援。佞人相汲引而柴❺正路，俊哲處下位而不見知。拔茅之義圮❻，而負乘之群興❼。亢龍高墜❽，泣血漣如❾。故子西逐大聖之仲尼❿，臧倉毀命世之孟軻⓫。二生不免斯患，降茲亦何足言？斯禍蓋與開闢竝生，苦之匪唯一世也。歷覽振古⓬，多同此疾。

至於駑蹇矯首於琱輦⓭，駥騠委牧乎林坰⓮。彼己尸祿⓯，邦國殄瘁⓰。下淩上替⓱，實此之由。或蟲流而莫斂⓲，或逆竄於申亥⓳，或擢筋於廟梁⓴，或絕命於望夷㉑。蓋所拔之非真，而忠能之不用也！

【章　旨】諂佞之徒結為朋黨獵取虛譽，而賢能之士孤弱無援受到譖毀，最後導致下陵上替，邦國傾覆。

【注　釋】❶夙興側立　很早就起床，在一旁侍立。側立，傍立。表示尊敬。❷先意承指　揣測上司的意思，曲意逢迎，以博得上司的喜愛。❸利口諛辭　口齒伶俐，阿諛奉承。❹比周而匿瑕　結夥營私，互相掩飾錯誤。❺柴　指堵塞道路的柵欄、籬障。❻拔茅之義圮　相互提攜、引進同道的風習廢棄了。《周易・泰卦》：「初九：拔茅茹，以其彙，征吉」，意謂拔茅草須將同類一起連根拔起，引申為同道相互引進之意。❼負乘之群興　小人而居君子之位的越來越多。舊說背負物品為小人之事，乘坐在車上乃君子之事，若背負物品之小人乘坐在車上，將招來強盜的掠奪。《周易．繫辭上》：「負也者，小人之事也；乘也者，君子之器也。小人而乘君子之器，盜思奪之矣！」❽亢龍高墜　意謂帝王因無人輔佐，喪失了王位，若龍從高空墜落。❾泣血漣如　意謂賢者處在閉塞不通之位，因無人援助，暗自落淚。漣如，垂淚之貌。《周易．屯卦》：「上六：乘馬班如，泣血漣如。」❿子西逐大聖之仲尼　子西，即楚公子申。楚昭王欲召孔子，將使執政，而封以書社七百里之地。子西認為這樣做對楚國不利，使楚昭王打消了這一念頭。見《說苑．雜言》。⓫臧倉毀命世之孟軻　臧倉，魯平公寵幸之小臣。魯平公曾經備好車駕將見孟子，臧倉進譖言非毀孟子，魯平公因而取消了與孟子的會見。見《孟子．梁惠王下》。⓬振古　自古至今。振，自；從。⓭駑蹇矯首於琱輦　駑蹇，跛足的劣馬。琱輦，即雕玉之輿，君王所乘之車。⓮駿驥委牧乎林坰　駿驥，駿馬，馬八尺為駥。林坰，野外；郊野。⓯彼己尸祿　《詩經．曹風．候人》有「彼其之子，不稱其服」二句，省作「彼其」，或寫作「彼己」，言服飾尊貴，而德不相稱。尸祿，空食俸祿而不治事。⓰邦國殄瘁　國家遭到災禍。殄瘁，困病。⓱下淩上替　上下失序，下則犯上，上則廢棄職事。淩，通「陵」。逾越。⓲或蟲流而莫斂　管仲死後，齊桓公信用佞臣易牙、豎刁等。後來豎刁、易牙等發動叛亂，齊桓公身死三月，未收殮殯葬，屍體上長了蛆蟲。見《韓非子．十過》。⓳或逆竄於申亥　楚靈王剛愎自用，不聽諫阻，最後眾叛親離，失去王位。楚靈王三日不食，吊死於申亥氏之地。見《左傳．昭公十三年》。⓴或擢筋於廟梁　《韓非子．姦劫弒臣》曰：「卓齒之用齊也，擢湣王之筋，懸之廟梁，宿昔而死。」擢筋，抽筋。㉑或絕命於望夷　望夷，秦宮名。趙高殺二世胡亥於此。見《史記．秦始皇本紀》。

【語譯】諂佞之徒以財寶賄賂為羽翼，所以再高的地方也能到達；以朋黨援引為舟楫，所以再寬的水面也能夠渡過。他們早早地起身，謙恭地侍立在一旁，揣摩上司的心思，曲意地加以逢迎。他們巧言阿諛奉承，似乎很善辯。講些道聽塗說的東西，似乎有學識。他們心思陰險，容貌柔順，似乎有仁善之心。他們行為骯髒而口頭上清白，似乎品行廉潔。他們喜歡議論別人的短處，似乎忠誠於上。他們不知忌諱又似乎稟性正直，所以他們多能仕途通達。再說侍奉我的人總是希望得到我的幫助，而無所求於我的人我不能有所偏愛，這是自然的道理。

世間的賢人總是少數而愚人總是多數。多數的人則結為朋黨互相掩飾過失，少數的人孤單而沒有援助。佞邪之輩互相牽引而佔據著要津，俊傑之士被壓抑在下位而無人知曉。正直的人相互幫助、提拔同道的風習衰落了，小人佔據君子之位的事愈來愈多。於是神龍從高空墜落，皇權發生危機，而賢者在下閉塞不通，暗自飲泣。所以子西排斥了偉大的聖人孔子，臧倉毀謗著名的賢者孟軻。孔、孟尚且免除不了這一禍患，在他們之下的人又有什麼好說的呢？這種禍患自從天地開闢便發生了，痛苦不止是一世。歷覽古今，這樣的事情屢見不鮮。

至於跛足的劣馬昂首駕著帝王的雕玉之車，駿馬卻被棄置於荒林野外而不用。掌握權勢者服飾華貴卻無德行，空享俸祿而不管事，使得國家遭遇禍殃。於是綱紀廢弛，上下失序，實在都是由此引出的。齊桓公身死後蛆蟲亂爬而不殮葬，楚靈王到處逃竄吊死在申亥氏之地，齊湣王被抽筋懸在廟梁上，秦二世被殺死在望夷宮中。這些都是由於所提拔的不是名實相符的賢士，而忠誠才幹之士不能被任用所致啊！

故明君勤於招賢，而汲汲於擢奇❶。導達凝滯❷，而嚴防壅蔽❸。才誠足委❹，不拘於屠釣。言審可施，抽❺之於戎戍。或舉於牛口之下❻，而加之於群僚之上；或拔於桎梏之中❼，而任以社稷之重。故能動業隆濟，拓境服遠，取威定功，垂統長世也。

夫直繩者，枉木❽之所憎也。清公❾者，姦慝之所讎❿也。人主不能運玄鑒以索隱⓫，而必須當塗之所舉⓬。然每觀前代專權之徒，率其所舉皆在乎附己者也，所薦者先乎利己者也。毀所畏而進所愛，所畏則至公者也，所愛則同私者也。至公用則姦黨破，眾私立則主威奪矣。姦黨破則昇泰之所由也，主威奪則危亡之端漸矣。毀所畏則恐辭之不痛，雖刖劓⑬之猶未愜意⑭焉，故必除之而後快也。彼進所愛則苦談之不美，雖位超之猶未逞心⑮焉，故必危彼以安此也。是故抱枉而死、無愆而黜者，有自來矣。

【章　旨】聖明之君勤於招賢，故能建立盛大的功勳與偉業；而當塗之臣大都結黨營私，竭力非毀賢者。自古至今，莫不如此。

【注　釋】❶擢奇　選拔奇能之士。擢，選拔。❷導達凝滯　引進沈淪不遇之士，以為朝廷所用。凝滯，不流動。❸壅蔽　遮蓋。指壓抑、埋沒人才。❹足委　值得委用。委，任用。❺抽　提拔。❻舉於牛口之下　百里奚，傳為南陽宛人。曾在秦國為人餵牛。秦穆公知道後，任以為相，建立了盛大的功業。❼拔於桎梏之中　用管仲事。管仲輔佐公子糾爭奪王位，失敗被囚。經鮑叔牙推薦，被齊桓公任為上卿。❽枉木　彎曲的木料。❾清公　清廉公正。❿姦慝之所讎　為奸邪之輩所仇視。姦慝，奸詐邪惡。⓫運玄鑒以索隱　如水如鏡，照見一切幽隱之跡象。⓬必須當塗之所舉　必待當權之臣所舉薦。當塗，當權執政之臣。⓭刖劓　斷足、割鼻之酷刑。⓮愜意　甘心；滿意。愜，同「慊」。⓯逞心　快意。

【語　譯】所以聖明之君勤心招賢，而努力於提拔奇異之才，引進沈淪不遇之士，而嚴防人才遭到掩蓋與埋沒。如果才能的確足以委用，則即使屠釣之徒也加以任用。如果言論的確可以施行，即使是軍中的士兵也要提拔。有的原本飼牛，擢升而居群僚之上；有的本是囚犯，卻被託付以社稷的重任。所以能夠建立功勳與偉業，開拓疆域，使遠人臣服。取得威勢，奠立功績，保住江山社稷永世長存。

彎曲的木料憎恨正直的繩墨，奸詐邪惡之徒仇視清廉公正之士。君主不能以英明的鑒識洞察幽微，而必待當權之臣的舉薦。然而每觀前代專權之臣，大體上他們所舉薦的都是依附於自己的人，所引進的首先是有利於自己的人。毀謗自己所畏懼的人，舉薦自己所親愛的人。然而所畏懼的正是至公無私的人，所親愛的卻是與自己同懷私情的人。至公無私者進用則奸邪之朋黨便被打破了，懷著私情的人多了則君主的權威便受到損害。朋黨破除國家便走上了太平的道路，君主的權威受到損害便是社稷危亡的開端。毀謗所畏懼的人唯恐用辭不能傷害對方，即使處以重刑還是覺得不甘心，所以務必除之而後快。引進自己所親愛的人則苦於言辭之不美，即使破格提拔還是覺得不快意，所以務必除掉對手以保平安。所以有人懷抱冤屈而死，沒有過錯而遭到貶黜，這是有原因的。

所以體道合真❶，嶷然特立❷。才遠量逸，懷霜履冰❸。思綿天地，器兼亢凱❹。執經衡門❺，淵渟嶽立❻。寧潔身以守滯，恥脅肩以苟合❼。樂飢陋巷，以勵高尚之節❽；藏器全真❾，以待天年之盡。非時不出，非禮不動。結褐嚼蔬，而不悒悒❿也；黃髮終否⓫，而不恨恨⓬也。安肯慼⓭太山之峻，以適鑿枘⓮之中；斂垂天之羽⓯，為戒旦之役⓰？編於仕類，而抑鬱庸兒之下；捨鸞鳳之林，適枳棘之藪⓱；競腐鼠於踞鴟⓲，而枉尺以直尋⓳哉？

且大賢之狀也至拙，其為味也甚淡。蕭然⓴自足，泊爾無知㉑。知之者稀而不慼㉒，時不能用而不悶㉓。雖并日無藜藿之糝㉔，不以易不義之太牢㉕也。雖縕袍無卒歲之服㉖，不肯樂無道之狐白㉗也。獨可散髮高枕，守其所有已；絕不曲躬低眉，求其所未須也。德薄位厚弗交也，名與實違弗親也，榮華馳逐弗務也，豪俠姦權弗接也，俗說細辨不答也，脅肩所赴弗隨也。貌愚而志遠，面垢而行潔。

確乎若嵩、岱㉘，銓衡㉙所不能測也。浩乎若滄海，斗斛所不能校㉚也。峻其重仞之高，隱其百官之富㉛。觀彼佻竊㉜，若草莽也。邈世之操，眇焉冠秋雲之表㉝；遺俗之神，緬焉棲九玄之端㉞。雖窮賤而不可脅以威，雖危苦而不可動以利。其所業尚可聞而不可盡㉟也，其所執守可見而不可論也。

故疾之者齊聲而側目，愛之者寡弱而無益。亦猶撮壤不能填決河，升水不能殄㊱原火。於是鼖鼓戢雷霆之音㊲，鞉鞞恣喋鼛之響㊳。芳蕙艾夷㊴，臭鮑佩御㊵。玄鬯傾棄而不羞㊶，醨酪專灌於圓丘㊷。汗血驅放而垂耳㊸，跛蹇馳騁於鑾軒㊹。此古人所以懷沙負石、赴流魚葬㊺，而不堪與之同世也！已矣，悲夫！

【章　旨】賢者懷著非凡的才識，堅持高潔的操守，安貧樂道，淡泊寡欲，恥於脅肩低眉，阿附權貴。他們不為眾人所知，還受到世俗的嫉恨與誹謗，因而不能為世所用。

【注　釋】❶體道合真　躬行道德，順應天賦之本性。體，行；實踐。❷嶷然特立　有獨立而高邁的人格。嶷然，山峰之貌。❸懷霜履冰　堅持節操之高潔。霜、冰，形容清潔。❹器兼元凱　兼有元凱之器識才能。元凱，八元、八凱，古代著名之才士。❺衡門　橫木為門。代指簡陋的房舍。❻淵渟嶽立　形容人品像淵水一樣深沈，像山嶽一樣巍然聳立。渟，水匯聚而靜止。❼脅肩以苟合　縮著肩膀，裝出順從諂媚的姿態，以求合於世俗。❽高尚之節　隱逸者高尚之志。❾藏器全真　懷抱才能而不顯露，保全天性而不喪失。❿悒悒　心情憂鬱，不舒暢。⓫黃髮終否　意謂終生不仕。黃髮，老人；老年。否，不遇；不通。⓬悢悢　惆悵、悲痛。⓭蹙　縮小；減縮。⓮鑿枘　鑿是在木上打出的孔眼，枘是榫頭。⓯垂天之羽　指大鵬的翅膀。《莊子·逍遙遊》說：鯤鵬之翼「若垂天之雲」。⓰戒旦之役　指公雞啼明報曉之事。⓱枳棘之藪　長滿了枳木、荊棘的林藪。

枳木、棘木都有刺。比喻艱難險惡的環境。⑱競腐鼠於踞鴟　與態度倨傲的貓頭鷹爭奪一隻腐鼠。鴟得腐鼠，恐怕鳳鸞奪去。事見《莊子·秋水》。⑲枉尺以直尋　一尋為八尺。本意謂所屈者小，所獲者大，乃是計較利益的行為。《孟子·滕文公下》：「枉尺而直尋者，以利言也。」⑳蕭然　蕭閒；蕭散。也指環境的淒清、冷落。㉑泊爾無知　淡泊寡欲，清心無為。㉒慼　憂愁；悲傷。㉓不悶　不憤懣。《周易·乾卦》：「遯世無悶。」㉔藜藿之糝　野菜羹，加入米糝。㉕太牢　古代宴會或者祭祀時，並用牛、羊、豕三牲，名太牢。㉖縕袍無卒歲之服　歲末嚴冬，無禦寒之衣。縕袍，以亂麻襯入袍中，為貧窮者之寒衣。㉗狐白　精美之狐裘。以狐腋白毛部分製成的皮裘，最為珍貴。㉘確乎若嵩岱　像嵩山、泰山之堅不可拔。確，堅固；不可動搖。㉙銓衡　衡量輕重的器具，秤之類。㉚校　計量；較量。㉛峻其重仞之高二句　子貢曾經對人說：「譬之宮牆……夫子之牆數仞，不得其門而入，不見宗廟之美、百官之富。」意謂孔子之器識才智深藏不露，世人不得其門，則難以窺見其內在之美。見《論語·子張》。㉜佻竊　竊取虛名者。㉝眇焉冠秋雲之表　形容節操高邁，遠出世俗，若在雲端之上。眇，高遠。㉞緬焉棲九玄之端　精神所寄，遠在九天之上。九玄，九天。㉟業尚可聞而不可盡　意謂賢者之學問志趣有所耳聞，卻未可盡知。尚，原作「耳」，據《道藏》本校改。㊱殄　撲滅；熄滅。㊲蕢鼓戢雷霆之音　長八尺的大鼓謂之蕢。不為世用，故不能發出雷鳴之響。戢，止息。㊳鞉鞞恣喋轚之響　鞉鞞，有柄的搖鼓；小鼓。喋轚，鼓聲響個不停。㊴芳蕙芰荑　香草被割除。蕙，香草名，又名佩蘭。芰荑，割除。㊵臭鮑佩御　把臭魚當作香草，佩帶在身上。鮑，鹽漬魚，有臭味。㊶玄鬯傾棄而不羞　玄鬯，以香草合黑黍釀製成的酒，味道芳香。不羞，不用以祭祀神靈。㊷醨酪專灌於圓丘　用薄味的酒漿祭祀天地。醨，薄酒。圓丘，祭天的圓形高壇。㊸汗血驅放而垂耳　汗血之馬放之於野而不用。汗血馬，相傳產於大宛的一種駿馬，能日行千里。㊹跛蹇馳騁於鑾軒　跛足劣馬拉著君王之車，在道路上馳騁。鑾軒，天子的車駕。㊺懷沙負石赴流魚葬　相傳申徒狄負石自沈於淵，又屈原作〈懷沙〉之賦，自投汨羅以死。

【語　譯】所以賢者躬行道德，順應自然之本性，有著高邁獨立的人格。他們見識遠大而氣量寬宏，品行純粹而節操高潔，思緒開闊，才能非凡。在簡陋的房舍內研讀經書，人品如淵水之深沈，似山嶽之聳峙。寧願沈淪不遇，以保持立身的清白，恥於縮著肩膀，裝出樣子以求與世俗一致。雖然身居陋巷、忍飢挨餓，還是心情歡悅，以激勵隱逸者高尚不仕的節操。懷抱才能而不顯露，保全天性而不喪失，以度過有生之年。不是合適的時機不苟且出仕，不符合禮義的事情絕不去作。穿著粗布短褐，吃著粗茶淡飯，不為貧窮而憂慮；終身不仕，也不會感到悲傷。怎麼肯將雄偉高峻的泰山，縮減到小鼇眼之中；收斂起鯤鵬垂天的翅膀，去擔當公雞啼明報曉的差事？又怎麼會列名於仕人之類，處在平庸之輩之下而心情抑鬱不快；捨棄鸞鳳棲身的樹林，到那荊棘遍布的林藪；與傲慢的貓頭鷹爭奪腐鼠，而去計較利益的得失呢？

再說傑出的賢者看上去十分樸拙，其表情也很平淡，蕭散閒適，淡泊無欲。即使了解他的人稀少也不悲傷，不能為時所用也不憂悶。即使連摻入米粒的野菜羹也連日不備，也不換取不義而得的盛大宴席；即使歲末沒有禦寒的粗麻袍，也不會接受不合道義的狐白之裘。只可以散髮高枕，守住自己應得的本分；絕不彎腰低眉，追求自己所無須之物。德性淺薄而佔據高位的人，不與他結交；名聲與實際不相符合的人，不與他親近；為了榮華勢利而馳逐奔競的事，不會去經營；豪俠權奸之輩，不與之往來；訴說世俗瑣碎的小事，不予以回答；縮著肩膀、成群地奔赴權門，不去隨從。貌似愚樸實則志向遠大，面有垢塵而行為高潔。像嵩山、泰山一樣堅不可拔，衡器不可測其輕重；像滄海一樣浩瀚無際，斗斛不可量其多少。將門牆修築高達數仞，使宮室內在的豐富盛美深藏不露。看那些竊取虛名的人，就像野生的草莽一樣。他們的節操高邁，若在雲端之上；神思脫俗，遠寄九天之外。即使窮賤，也不可以憑威勢使之屈服；即使境況危苦，也不可以用利欲使之動心。他們的學問志趣世人有所耳聞，卻不能完全領會；他們的品德操守世人有所目見，卻不能完全理解。

所以痛恨他們的人異口同聲，側目而視。愛護他們的人為數甚少，又無力相助，就像一撮土塞不住黃河的決口、一升水澆不熄燎原的大火一樣。於是巨鼓不能發出雷鳴般的聲音，而小搖鼓卻響個不停；香草被芟割了，世俗卻將臭魚佩帶在身上；芳香的美酒被倒掉而不能供奉神靈，薄味的醨酒卻得以祭祀天地；汗血之馬被棄置於野外，跛足的劣馬卻拉著帝王的車駕。這就是古人所以懷沙負石、自沈江流、葬身魚腹，而不堪忍受與世俗共存的緣由啊！算了吧，真是可悲啊！

然捐玄黎❶於汙濘❷，非夜光❸之不真也，由莫識焉；投彤盧❹而不彎❺，非繁弱❻之不勁也，坐❼莫賞焉。故瓊瑤俟荊和而顯連城之價❽，烏號❾須逢門❿而著陷堅之功，飛菟⓫待子豫⓬而飆騰⓭，俊民值知己而宣力。若夫美玉不出重岫⓮、良弓不鑿百札⓯、驥騄不服朱軒⓰、命世不履爵勢⓱，則孰知其能攄符彩之耀曄⓲、頓雲禽於千仞⓳、騁逸跡以追風⓴、康庶績於百揆㉑乎？夫其不遇，亦得不雜糅於瓦石、鈞賤於朽木、列鑣於下乘㉒、等望於凡瑣㉓哉！嗟乎，曠㉔棘矢而望高手於渠、廣㉕，策疲駑而求繼軌於周穆㉖，放斧斤而欲雙巧於班、墨㉗，忽良才而欲彝倫之攸敘㉘，不亦難乎？

名實雖漏於一世，德音㉙可邀乎將來。樂天知命㉚，何慮何憂？安時處順㉛，何怨何尤哉？」

【章旨】賢者無名，為世所棄，不能建立功績，展現才能，只能希望傳播美名於未來。

【注釋】❶玄黎　即懸黎，美玉之名。❷洿濘　污泥沼澤。❸夜光　璧玉名。《戰國策·楚策》載有「夜光之璧」。❹彤盧　紅色之寶弓名彤弓，黑色之寶弓名盧弓。❺不彎　不用。❻繁弱　古之良弓名。❼坐　因為；由於。❽瓊瑤俟荊和而顯連城之價　瓊瑤，指和氏之璧。荊和，即卞和。戰國時，秦王欲以十五城以換取和氏璧，故云。❾烏號　古之良弓。❿逢門　古代之善射者，即逢蒙。⓫飛菟　古之駿馬。⓬子豫　古之善御者，其事不詳。⓭飆騰　飛奔如風。⓮重岫　重山。⓯不鑿百札　不射穿重重的鎧甲葉片。古代鎧甲上用皮革或金屬製成的葉片名曰札。⓰驥騄不服朱軒　赤驥、騄耳，均為古之良馬。朱軒，古代王侯或朝廷使者之車。⓱命世不履爵勢　命世之才卻無官職爵位。命世，著名於一世之人。⓲攄符彩之耀曄　散發出耀目之光彩。照應前面之美玉而言。攄，散布；散發。⓳頓雲禽於千仞　射落千仞之上的飛禽。照應前面之良弓而言。

⑳騁逸跡以追風　馳騁起追風的迅足。照應前面之駿馬而言。㉑康庶績於百揆　完成朝廷的各項事功。百揆，百官。照應前面之俊民而言。㉒列鑣於下乘　與劣馬並列，拴在一起。下乘，下等的劣馬。㉓等望於凡瑣　與平凡猥瑣之人平等看待。㉔彍　拉開弓。㉕望高手於渠廣　希望像熊渠、李廣一樣能將箭射入石中。熊渠，楚人，傳說他夜行見寢石，以為伏虎，彎弓射之，箭頭沒入石中。見《韓詩外傳・卷六》。李廣事略同。見《史記・李將軍列傳》。㉖求繼軌於周穆　周穆王駕八駿周遊天下。見《穆天子傳》。㉗雙巧於班墨　與魯班、墨子比巧。班，魯班，即公輸般，古代著名之巧匠。墨子曾經刻木為鳶，飛三日不落，亦以巧著稱。㉘彝倫之攸敘　講述天地之常道，宣傳倫理教化。彝倫，常道；倫理。㉙德音　美好的聲譽。㉚樂天知命　安於天命而不憂愁。語見《周易・繫辭上》。㉛安時處順　安心隨時，順應自然。

【語譯】然而將碧玉拋入污泥池沼之中，並不由於夜光之璧不是真的，只是由於人們不認識的緣故。將寶弓棄置而不用，並不是由於繁弱之弓不強勁有力，只是由於人們不欣賞罷了。所以荊山之瓊玉必待卞和才顯出連城的價值，烏號之弓等到逢蒙才能表現無堅不摧的功力，駿馬飛菟必待子豫才能奔馳如風，賢能之士遇到知己方能貢獻力量、建立功績。若是美玉仍在重山之中、良弓不用它射穿百重的皮甲、駿馬不為朝廷拉車、命世之才沒有官職爵位，誰又能知道美玉能散發燦爛的光彩、良弓能射落千仞高空的飛禽、駿馬能風馳電掣的飛奔、人才能建立各項的功績呢？當他們不遇之時，怎麼能不混雜於瓦石、視同於朽木、與下等劣馬並列、與平庸猥瑣之輩同樣看待呢！唉，用棘木之箭希望像熊渠、李廣一樣將箭頭射入石中，趕著疲憊的劣馬想要追蹤周穆王的車跡，不用斧斤卻想與魯班、墨子比賽工巧，忽視人才卻想要宣傳教化，不是困難的事嗎？

賢者雖然在當時沒有相應的聲譽，但是可以希望得到未來的美名。樂天而知命，又有什麼可憂慮的呢？順應時勢，聽其自然，又有什麼可以怨天尤人的呢？」

卷二一 清鑒

【題解】本篇討論鑒識人才的難易問題。

漢代有一種流行的觀點，認為人的「性命繫於形體」，以人的性情命運與其形體骨相有著必然內在的聯繫。王充《論衡．骨相》曰：「案骨節之法，察皮膚之理，以審人之性命，無不應者。」由此生出了兩種不同的認識：一種認為觀察人物外在的聲色氣貌可以測定人的性情品格，可以瞻形而得神，並非難事；另一種認為表面的認識未必準確，即使聖人也難免發生失察謬任之事，因此並非易事。

本篇贊成後一種認識，其宗旨在於告誡當權者認真地鑒別人物，任用官員則要慎重地考察其履歷及政績，以免為虛偽的假象所蒙騙。

抱朴子曰：「或❶謂勇力絕倫者，則上將之器；洽聞❷治亂者，則三九之才❸也。然張飛❹、關羽❺萬人之敵，而皆喪元❻辱主，授首非所。孔融❼、邊讓❽文學邈俗，而並不達治務，所在敗績。鄧禹❾、馬援❿田間諸生，而善於用兵。蕭何⓫、曹參⓬不涉經誥，而優於宰輔。爾則知人果未易也。欲試可乃已，則恐成折足覆餗⓭。欲聽言察貌，則或似是而非，真偽混錯。然而世人甚以為易，經耳過目，謂可精盡。余甚猜⑭焉，未敢許也。區別臧否⑮，瞻形得神，存乎其人，不可力為。自非明並日月⑯、聽聞無音⑰者，願加清澄，以漸進用。不可頓任⑱，輕假利器⑲，收還之既甚難，所損者亦已多矣。無以一事闇保⑳其餘。同乎己者，未必可用；異於我者，未必可忽也。」

【章旨】鑒識人才並不容易，所以應該細緻觀察，再逐漸加以委任。

【注釋】❶或　原作「咸」，據崇德書院本改。❷洽聞　見聞廣博，知識豐富。❸三九之才　三公、九卿之才器。三公、九卿，朝廷之重臣。❹張飛　三國蜀之大將。字翼德，與關羽俱事劉備，誓共生死。隨劉備取益州，拜右將軍，旋遷車騎將軍，封西鄉侯。章武元年，隨從劉備伐吳，為部將所殺。❺關羽　三國蜀之大將。字雲長，與劉備、張飛誓同生死。劉備入蜀，他留守荊州，軍威赫赫。後來孫權襲取荊州，他因驕傲輕敵，兵敗被殺。❻喪元　被砍頭；喪失生命。❼孔融　字文舉，孔子二十世孫，建安七子之一。幼有奇才，曾任北海相，故又稱「孔北海」。抨擊時政，為曹操所忌，被殺。史書說他「才疏意廣，迄無成功」。❽邊讓　字文禮，陳留浚儀人。善屬文，曾作〈章華賦〉，辭采華麗。曾任九江太守，時人不以為能。初平時，去官還家。恃才氣，多輕侮之言，被殺。❾鄧禹　字仲華，南陽新野人。年十三，能誦《詩》。後從光武帝，領軍破敵，名震關西。授前將軍，拜大司徒，封高密侯。❿馬援　字文淵，扶風茂陵人。少有大志，曾受《齊詩》。又嘗田牧，有牛馬羊數千頭，穀數萬斛。後歸光武帝，拜伏波將軍，封新息侯。⓫蕭何　沛人，曾任沛主吏掾。佐劉邦起事，以功封酇侯，為丞相，《史記》說他「位冠群臣，聲施後世」。⓬曹參　沛人，秦時為沛獄掾。從劉邦起兵，屢立戰功，後繼蕭何任相國，時人稱為賢相。⓭折足覆餗　《周易．鼎卦》：「九四：鼎折足，覆公餗，其形渥，凶。」意謂力不勝任，而職責重大，因而導致失敗，就像折斷了鼎足，將鼎中的美食傾倒出來了一樣。⓮猜　懷疑。⓯區別臧否　分清人的善惡，品評人的品質。⓰明並日月　像日月一樣照見一切。⓱聽聞無音　能聽見一切細微之音。⓲頓任　立即委以重任。⓳輕假利器　輕易地將國家之重權委託於人。利器，比喻國家權力。⓴闇保　盲目地信任、擔保。

【語譯】抱朴子說：「有人說勇力冠世超群的人，乃是上將的材料；治亂興衰的知識廣博的人，則有三公九卿的才幹。然而張飛、關羽有力敵萬夫之勇，而最後都喪身辱主，在本不應失敗的地方被人殺掉了。孔融、邊讓的學識才華都遠超世俗，然而卻不通世務，所在之處都失敗了。鄧禹、馬援都是田間書生，卻都善於用兵打仗。蕭何、曹參沒有讀過經書，卻都是優秀的丞相。這些事實說明，鑒識人才不是一件容易的事情。若是先經試用，又恐怕力不勝任，造成人為的禍亂。若是觀察言行，又恐怕似是而非，真假難分。然而世人卻認為很容易，認為耳目觀察便能一目了然。我對此很是懷疑，不敢贊同。

鑒識人物、區別優劣，透過外在的容貌以察知內在的精神，只有相當的人才能夠做到，不是勉強可以實現的。如果不是像聖人能普照萬物、察知一切細微之跡，就應該認真觀察辨識，逐漸進用，不可以立即託付以重任。輕易地將國家重權假手於人，將來收回既很困難，所損失也很眾多。不要因為一件事而盲目相信其他的事。贊同自己的人，未必可以任用；不同意自己的人，未必可以忽視。」

或難曰：「夫在天者垂象，在地者有形❶。故望山度水，則高深可推；風起雲飛，則吉凶可步❷。智者睹木不瘁，則悟美玉之在山❸；覿岸不枯，則覺明珠之沈淵❹。彗星出，則知鱣魚之方死❺；日月蝕，則識騏驎之共鬥❻。華、霍不須稱，而無限之重可知矣。江河不待量，而不測之數已定矣。鴻鵠之翼，騄騏❼之足，雖未飛走，輕迅可必也。豪曹之劍❽，徐氏匕首❾，雖未奮擊，其立斷無疑也。駮子有吞牛之容❿，鶚鷇⓫有淩鷙之貌。卉茂者土必沃，魚大者水必廣。虎尾不附狸身，象牙不出鼠口。

叔魚無厭之心，見於初生之狀⑫；食我滅宗之徵，著乎開胞之始⑬。申童覺竊妻之巫臣⑭，張負知將貴之陳平⑮。范子所以絕跡於五湖者，以句踐蜂目而鳥喙⑯也。趙人所以息意於爭鋒者，以白起首銳而視直⑰也。文王之接呂尚，桑陰未移，而知其足師⑱矣。玄德之見孔明，晷景未改，而腹心已委⑲矣。郭泰中才，猶能知人⑳。故入潁川則友李元禮㉑，到陳留則結符偉明㉒，入外黃則親韓子助㉓，至蒲亭則師仇季知㉔，止學舍則收魏德公㉕，觀耕者則拔茅季偉㉖，奇孟敏於擔負㉗，戒元艾之必敗㉘，終如其言，一無差錯。

必能簡精鈍於符表㉙，詳舒急乎聲氣㉚，料明闇於舉厝㉛，察清濁於財色㉜，觀取與於宜適，謂虛實於言行，考操業㉝於閨閫㉞，校始終於信效㉟，善否之驗，不其易乎？」

【章旨】駁難者舉出事例，說明通過觀察外在的聲色氣貌、言行舉止可以測定人的性情操守，認為鑒別人物並不困難。

【注釋】❶在天者垂象二句　日月星辰是在天之象，山川原野是在地之形。❷步　推步；計算。❸睹木不瘁二句　看見草木繁茂而不凋瘁，就知道山間埋藏有美玉。❹覿岸不枯二句　看見岸邊木石潤澤有光，則知水中有寶珠。❺彗星出二句　鱣，疑為「鯨」之訛。古人傳說有鯨魚死，則天上就會出現彗星。《淮南子・天文》：「鯨魚死而彗星出。」❻日月蝕二句　騏驎，即麒麟。古人傳說麒麟相鬥則天上就會出現日蝕、月蝕。《淮南子・天文》：「麒麟鬥而日月食。」❼騄騏　騄耳、騏驥，駿馬之名。❽豪曹之劍　相傳越王句踐有五把寶劍，其一曰豪曹，歐冶子所鑄。❾徐氏匕首　傳說趙之徐夫人有匕首極為鋒利。見《戰國策・燕策》。❿駮子有吞牛之容　駮是一種猛獸，傳說能食虎豹之類。駮子，駮之幼子。《尸子》：「虎豹未成文，而有食牛之氣。」⓫鶚鷇　鶚是一種猛禽，鷇是待哺食的幼鳥。⓬叔魚無猒之心二句　叔魚，即羊舌鮒，春秋晉人。傳說他初生時，「虎目而豕喙，鳶肩而牛腹」。其母斷言他長大後是個貪得無厭之徒。叔魚攝司馬，曾要衛國向他貢獻財貨。叔向當時便說他「瀆貨無厭，亦將及矣」，後被殺。見《左傳・昭公十三年》。⓭食我滅宗之徵二句　食我，又名伯石，春秋晉大夫叔向之子。傳說他始生時，便作豺狼之聲。叔向之母當時便預言他將帶來滅族之禍。後來伯石與祁盈作亂，被殺，家族被滅。見《左傳・昭公二十八年》。⓮申童覺竊妻之巫臣　申童，指申叔跪。巫臣，屈氏，名巫臣，曾任申縣縣尹，故又稱申公巫臣。申公巫臣用計策，攜帶夏姬逃奔晉國。見《左傳・成公二年》。⓯張負知將貴之陳平　陳平少時家貧，本地富人張負知陳平不會長期貧賤，乃以孫女妻之。陳平後隨劉邦起事，官至丞相。見《史記・陳丞相世家》。⓰句踐蜂目而鳥喙　范蠡輔佐越王句踐滅亡吳國之後，泛舟五湖而去。據說他自齊寫信給大夫種說：「越王為人長頸鳥喙，可與共患難，不可與共樂。」見《史記・越王句踐世家》。⓱趙人所以息意於爭鋒者二句　趙人，指平原君。白起，秦之大將，封武安君。平原君曾說：「臣察武安君小頭而面銳，瞳子白黑分明，視瞻不轉。小頭而面銳者，敢斷決也。瞳子白黑分明者，見事明也。視瞻不轉者，執志強也。可與持久，難與爭鋒。」見《世說新語・言語》劉孝標注引嚴尤〈三將敘〉。⓲文王之接呂尚三句　《說苑・尊賢》：「堯舜相見，不違桑陰；文王舉太公，不以日久。」⓳玄德之見孔明三句　劉備三顧茅廬，隆中一對，已傾心矣。⓴郭泰中才二句　郭泰，字林宗，後漢之名士。家世貧賤，少好學，與李膺等相友善，為世敬仰。黨錮之禍起，他閉門教授，弟子數千。史書說他「性明知人，好獎訓士類」。㉑李元禮　李膺，字元禮，潁川襄城人。為當世之名士，時有「天下模楷李元禮」之語。因反對宦官專權，黨錮之禍中死於獄中。㉒符偉明　符融，字偉明，陳留浚儀人。與李膺、郭泰等交遊，因此知名。㉓韓子助　韓卓，字子助，陳留外黃人，有知人之明。㉔仇季知　仇覽，字季智，一名香。年四十，選為蒲亭長。郭泰曾曰：「君，泰之師，非泰之友。」㉕魏德公　事跡不詳。《太平御覽・卷四四四》引《郭林宗別傳》：「郭泰……止學舍則收魏德公。」㉖茅季偉　茅容，字季偉。年四十，耕種於野。避雨樹下，危坐謹恭，又孝敬母親。郭泰勸令學問，卒以成德。㉗奇孟敏於擔負　孟敏，字叔達，曾荷擔買甑，甑墮地，孟敏徑去而不顧。郭泰知有德性，勸使讀書，知名當世。㉘戒元艾之必敗　黃允，字元艾，郭泰曾預言他「守道不篤，將失之矣」，後來欲結親權貴，廢棄當世。見《後漢書・郭太傳》。㉙簡精鈍於符表　透過容貌，以考察稟性之精粗與善惡。《中論・法象》：「容貌者，人之符表也。」㉚詳舒急乎聲氣　通過聲色氣度，觀測性情之緩急。詳，審察。㉛料明闇於舉厝　觀察其一舉一動，測定其心性聰明還是暗昧。厝，同「措」。㉜察清濁於財色　考察對於財利及女色的態度，以確定其性格之清濁。㉝操業　品德操守。㉞閨閫　婦女的居室，也借指女子。㉟校始終於信效　從平時是否誠實守信而看其能否善始善終。

【語　譯】有人駁難說：「天上的日月垂象，地上的山川有形，所以看見山可以推測其高，看見水可以估測其深。風起雲飛，可以預測所兆示的吉凶。智者看見草木茂盛，就知道山間埋藏有美玉；看見岸石晶瑩潤澤，就知道深淵中有明珠。看見彗星出來，就知道有鯨魚剛死；看見日月之蝕，就知道是麒麟在爭鬥。華山、霍山不必秤量，其無限之重已經是可知的了；長江、黃河不用斗測，其無限的容積已是肯定的了。鴻鵠的翅膀即使未在天上飛，騄耳、騏驥之雙足即使未在地上奔馳，其輕快迅捷也是肯定的。豪曹之寶劍、徐氏之匕首，即使沒有奮然出擊，其立即斬斷之鋒芒也是毫無疑問的。駮之幼子有吞牛的氣勢，鶚之幼雛有淩飛捕擊的容貌。草木茂盛之地土壤必定肥沃，有大魚之處積水一定深廣。狐貍身上長不出虎尾，老鼠口中吐不出象牙。

羊舌鮒貪得無厭的品質，剛出世時的容貌就表現出來了；伯石將要滅亡家族的徵兆，初生時的聲音就顯露出來了。中叔跪才見面就知道中公巫臣將要竊妻逃奔別國，張負初相識就知道陳平會榮華富貴。范蠡所以泛舟五湖而去，就是因為句踐長著蜂般的眼睛、鳥喙一樣的嘴。趙國所以不與秦軍爭一時的鋒芒，就是因為白起頭部尖銳而兩眼直視。周文王見到呂尚，樹蔭未移就知道值得奉以為師；劉備見到諸葛亮，陽光未落就已經推心置腹了。郭泰只有中人之才，尚且有知人之明。所以他入穎川則與李膺為友，到陳留則與符融結交，入外黃則與韓卓親近，至蒲亭則師事仇覽，到學舍則推重魏德公，觀耕種則唯獨賞識茅容，能從挑擔人中發現孟敏的奇才，能事先警戒黃允之必敗。一切都像郭泰所預言的，沒有一點差錯。

所以若能透過外在的容貌以識別稟性的精細與遲鈍，通過聲色氣度以推知性情的緩急，觀察舉動以判斷其聰明與否，考核對於財色的表現以估量其格調的清濁，察考取捨是否適當，言行是否真實可靠，從對待妻室婦女看其品德操守，從交結朋友是否誠實守信看其能否善始善終，如此則檢驗一個人的善與不善，不是容易的事嗎？」

抱朴子答曰：「余非謂人物了不可知，知人挺無形理也。徒以斯術存乎大明❶，非夫當❷人自許。然而世士各謂能之，是以有云，以警付任耳。夫貌望豐偉者不必賢，而形器尪瘁者❸不必愚，咆哮者不必勇，淳淡者不必怯。或外候❹同而用意異，或氣性殊而所務合。非若天地有常候，山川有定止❺也。

物亦故有遠而易知，近而難料。譬猶眼能察天衢，而不能周項領之間；耳能聞雷霆，而不能識蠛蠓❻之音也。唐❼、呂❽、樊❾、許❿善於相人狀，唯知壽夭、貧富、官秩尊卑，而不能審情性之寬剋、志行之洿隆⓫。惟帝難之⓬，況庸人乎？而吾子舉論形之例，詰精神之談，未修其本，殆失指矣。

夫亡射之箭，皆破秋毫⓭，然準的恆不得為工⓮。叔向之母⓯、申氏之子⓰非不一得，然不能常也。陶唐稽古而失任⓱，姬公欽明而謬授⓲。尼父遠得崇替於未兆⓳，近失澹臺於形骸⓴。延州審清濁於千載之外㉑，而蔽奇士於咫尺之內㉒。知人之難，如此其甚。郭泰所論，皆為此人過上聖乎？但其所得者顯而易識，其所失者人不能紀㉓。

且夫所貴，貴乎見俊才於無名之中，料逸足㉔乎吳坂㉕之間。掇懷珠之蚌於九淵之底㉖，指含光之珍於積石之中㉗。若伯喈識絕音之器於煙燼之餘㉘，平子剔逸響之竹於未用之前㉙。六軍之聚，市人之會，暫觀一睹，無所眩惑。探其潛生之心計，定其始終之事行，乃為獨見不傳之妙耳。若如未論㉚，必俟考其操蹈之全毀㉛，觀其云為之好醜㉜。此為絲線既經於銓衡，布帛已歷於丈尺，徐乃說其斤兩之輕重，端匹之修短㉝。人皆能之，何煩於明哲哉？」

【章　旨】進一步闡說常人的認知總有一定的限制，而即使聖人也難免錯察謬任的過失，以再論鑒識人才之不易。

【注　釋】❶大明　日月。這裡代指聖明之君。❷當　疑為「常」字，形近而訛。❸形器尪瘁者　身體瘦弱多病的人。形器，指人的身體。尪，瘦弱。❹外候　指外表。❺天地有常候二句　意謂天地山川皆有一定之外形。常候、定止，確定的形狀、外貌。❻螘蝨　螞蟻、蝨子。❼唐　指唐舉，戰國時人，善於看相。見《荀子・非相》。❽呂　指呂公，漢呂后之父。據說他見劉邦隆準、龍顏、美髯，儀態非常，便以其女妻之，即呂后。見《論衡・骨相》。❾樊　樊氏，事跡不詳。《藝文類聚・卷一七》有《樊氏相法》。❿許　指許負，西漢人，善於為人看相，屢見記載。⓫志行之洿隆　志向、操行之高下。洿，卑下。隆，盛大；崇高。⓬惟帝難之　鑒識人才對於聖明之君也是一件難事。《尚書・皋陶謨》：皋陶說到知人、安民時，禹曰：「吁！咸若時，惟帝其難之。知人則哲，能官人；安民則惠，黎民懷之。」⓭亡射之箭二句　沒有目標、隨便射出的箭，也能擊中秋毫。亡射，失去方向或者沒有目標而射的箭。⓮準的恆不得為工　意謂換上確定的箭靶，就射不中了。⓯叔向之母　見本篇「食我滅宗之徵」注。⓰中氏之子　即中童，中叔跪。見本篇「中童覺竊妻之巫臣」注。⓱陶唐稽古而失任　唐堯推行古道，卻錯誤地任用了四凶。〈行品〉曰：「若令士之易別……則四凶不得官於堯朝」，與此相應。⓲姬公欽明而謬授　姬公，指周公。欽明，誠敬、英明。謬授，意謂周公當初封叔鮮於管、封叔度於蔡，而管叔、蔡叔後來反叛朝廷，是周公當初的任命錯了。⓳尼父遠得崇替於未兆　意謂孔子能在形跡未現之前，洞察興亡之理。《論語・季氏》載：季氏將伐顓臾，孔子曰：「吾恐季孫之憂，不在顓臾，而在蕭牆之內也。」其後形勢發展，果如孔子所料。⓴近失澹臺於形骸　澹臺滅明，字子羽，孔子之弟子。狀貌醜陋，孔子以為才薄。其後行為方正，名聞諸侯。孔子曰：「以貌取人，失之子羽。」㉑延州審清濁於千載之外　延州，指吳公子季札。曾觀樂於魯，評論商、周以來的樂舞，為史所稱。《淮南子・主術》：「延陵季子聽魯樂，而知殷、夏之風，論近以識遠也。」㉒蔽奇士於咫尺之內　據說吳季札遊於齊，見路上有遺落之金。季札呼牧者取之，牧者回答說：「吾當夏披裘而牧，豈是取金者哉？」季札知其為賢者，請問姓字，牧者不告而去。見《韓詩外傳・卷一〇》。㉓其所失者人不能紀　意謂郭泰鑒識之失誤未曾記錄下來。〈正郭〉曰：郭泰「名稱重於當世，美談盛於既沒。故其所得者，則世共傳聞；而所失者，則莫之有識爾」。㉔逸足　駿馬。㉕吳坂　即虞坂，又稱顛軨坂，道狹而險。㉖掇懷珠之蚌於九淵之底　從深淵之下撿出藏有明珠的蚌蛤。㉗指含光之珍於積石之中　從積石之中發現美玉。含光之珍，指美玉。㉘伯喈識絕音之器於煙燼之餘　蔡邕，字伯喈。傳說在吳地時，有人燒桐木以炊。蔡邕聞火烈之聲，知為良木，請製為琴，果有美音。因琴尾被燒焦，故時人名曰「焦尾琴」。㉙平子剔逸響之竹於未用之前　張衡，字平子。《搜神記・卷一三》載：蔡邕宿於柯亭，見亭以竹為椽。邕仰眄之，曰：「良竹也。」取以為笛，發聲嘹亮。此歸於張衡，或為傳聞之異辭。㉚未論　未，疑「來」字之訛。㉛考其操蹈之全毀　考察其行為履歷是否完美。全，保全。毀，敗壞。㉜觀其云為之好醜　觀察其言行之善惡。云為，言談行止。㉝修短　長短。

【語譯】抱朴子回答說：「我並不是說人物完全不可以認知，不能從形貌察其本質。只是因為僅有聖明之君方能如此，不是一般的人能夠達到的。然而世間人士都說自己能夠做到，所以我有上述的一番言辭，以警告不要輕易相信人。有的人容貌魁偉卻不一定賢良，有的人身體瘦弱多病卻不一定愚蠢。大聲咆哮吼叫者不一定勇敢，性情淳厚平淡者不一定膽怯。有的人外貌相同心性氣質卻不同，有的人性格氣質不同卻有著同樣的追求。不像天地有一定的氣象，山川有一定的形態。

有些物事遠處容易知曉，近處反而難以明白。就像眼睛能察見天上的街道，卻不能看清自己脖子的四周。耳朵能夠聽見驚雷，而不能識別螞蟻、蝨子的聲音。唐舉、呂公、樊氏、許負善於為人看相，然而他們只能預測人的年齡、貧富，及官職的尊卑，而不能得知人的性情是否寬厚、志向操守是否完美。察知人才，對於聖明之君尚且困難，何況平庸之輩呢？而你卻舉出一些形似之例，駁難關於人之精神氣質預測不易的論述。

這沒有抓住問題的根本，不符合我論說的意旨。

沒有目標射出的箭矢，落下時也能擊中秋毫，但是換上固定的箭靶，就射不中了。叔向的母親、申氏的童子，並不是說得不對，但是不能經常如此。唐堯能推行古道，卻錯誤地任用了四凶。周公英明洞察，卻錯誤地任用了管叔、蔡叔。孔子在徵兆未顯露之前便能察見興亡之跡，然而近在眼前的澹臺子羽，卻因為外在之形貌便錯認了他的為人。吳季札能辨識千載之上樂聲的清濁，卻未能認清咫尺之內的高士。知人之事，是如此的不容易！所論郭泰之事，難道他還勝過古代的聖人嗎？只是郭泰所識得，是明顯而容易辨識的。而他的失誤，人們沒有記錄下來罷了。

再說可貴的是在英俊之才無名之時便識別他，在駿馬負重險坡之間便知道牠能日行千里，從深淵之下撿拾出含珠的蚌蛤，在積石之中指出蘊藏美玉的璞石。就像蔡伯喈在煙火之中發現了可製琴的桐木，張平子在未用之前就識別出製笛的良竹。六軍聚集在一起，集市上人群眾多，只要去看一眼，心中就一清二楚，不會迷惑。知道人們心中想的什麼，能確定其終身的行為節操，這才能算是不可傳授的獨得之妙。如果像你所闡說的，一定要等到考察其行為履歷是否完善，觀察其言談舉止是否美好。這就像絲線已經稱過了輕重，布帛已經量過了長短，然後再慢慢講述它是幾斤幾兩、多長多短。這樣的事，普通人都能做到，何必要麻煩明哲之人呢？」

卷二二 行品

【題解】行品，即人的行為品格。其表現不外善惡兩端。從善的一面說，如忠於國家、明於治亂、堅持節操、忠於友誼、克勤克儉、任勞任怨、臨危不亂、處變不驚、不畏強暴、不貪多欲，這些都是傳統優良的品質，是應該大力提倡的；從惡的一面說，如不孝父母、危害他人、追逐財貨、阿附勢利、驕傲自恣、貪得無厭、好進讒言、望風承旨、沈醉聲色、懶惰荒淫、口是心非、不納忠言等，這些都是惡劣的品行，是應該引為鑒戒而徹底根除的。

然而善惡的辨識並不容易，因為有時真偽混淆、似是而非。有貌者未必有實，善辯者未必能行，五兵畢習者未必勇敢，外貌謙恭者未必能秉持國柄。而有的士人容貌卑陋、不善言辭，卻又心懷韜略、文武咸宜。正因為如此，所以朝廷必須審慎鑒察，認真選擇，任用賢能，摒除奸佞，才能治理好國家。

抱朴子曰：「擬玄黃之覆載❶，揚明並以表微❷，文彪昺而備體❸，獨澄見以入神者，聖人也。稟高亮之純粹❹，抗峻標以邈俗❺，虛靈機以如愚❻，不貳過❼而諂黷❽者，賢人也。居寂寞之無為，蹈修直而執平者，道人也。盡烝嘗於存亡❾，保髮膚以揚名❿者，孝人也。垂惻隱於有生⓫，恆恕己以接物⓬者，仁人也。端身命以徇國⑬，經險難而一節者，忠人也。覿微理於難覺，料倚伏於將來⑭者，明人也。量理亂以卷舒⑮，審去就以保身者，智人也。順通塞而一情⑯，任性命而不滯⑰者，達人也。不枉尺以直尋⑱，不降辱以苟合⑲者，雅人也。據體度以動靜⑳，每清詳而無悔㉑者，重人㉒也。體冰霜之粹素㉓，不染潔於勢利者，清人也。篤始終於寒暑㉔，雖危亡而不猜㉕者，義人也。守一言於久要㉖，歷歲衰而不渝者，信人也。摛銳藻以立言㉗，辭炳蔚而清允㉘者，文人也。奮果毅之壯烈㉙，騁干戈以靜難㉚者，武人也。甄墳索之淵奧㉛，該前言以窮理㉜者，儒人也。銳乃心於精義㉝，吝寸陰以進德㉞者，益人㉟也。識多藏之厚亡㊱，臨祿利而如遺㊲者，廉人也。不改操於得失，不傾志於可欲者，貞人也。卹急難而忘勞，以憂人為己任者，篤人也。潔皎分以守終，不遜避而苟免㊳者，節人也。飛清機之英麗㊴，言約暢而判滯㊵者，辯人也。每居卑而推功，雖處泰而滋恭者，謙人也。崇敦睦於九族，必居正以赴理者，順人也。臨凝結而能斷，操繩墨而無私者，幹人也。拔朱紫於中構㊶，剖猶豫以允當者，理人㊷也。步七曜之盈縮㊸，推興亡之道度㊹者，術人也。赴白刃而忘生，格兕虎於林谷者，勇人也。整威容以肅眾，仗法度而無二者，嚴人也。創機巧以濟用，總音數而竝精者，藝人也。凌強禦而無憚㊺，雖險逼而不沮者，黠人㊻也。執匪懈於夙夜㊼，忘勞瘁於深峻㊽者，勤人也。蒙謗讟而晏如㊾，不慴懼於可畏㊿者，勁人也。聞榮譽而不歡，遭憂難而不變者，審人也。知事可而必行，不猶豫於群疑者，果人也。循繩墨以進止，不乾沒於僥倖(51)者，謹人也。奉禮度以戰兢(52)，及親疏而無尤(53)者，良人也。履道素而無欲，時雖移而不變者，朴人也。凡此諸行，了無一然，而不躋善人之跡者，下人也。」

【章　旨】歷述各種善良之行為品格，及其表現形態。

【注　釋】❶擬玄黃之覆載　玄黃，指天地。像天之廣闊，無所不覆；地之深厚，無所不載。❷揚明並以表微　意謂聖明如同日月，能照見一切幽微之跡。《孔子家語・五儀解》：「孔子曰：『所謂聖者，德合於天地……明並日月，化行若神。』」❸文彪昺而備體　文采燦爛，德才完備。彪昺，文采煥發。昺，同「炳」。備體，有完備的道德與才能。❹稟高亮之純粹　稟性誠信正直，德性純粹不雜。❺抗峻標以邈俗　節操高邁，遠超出世俗之上。抗，高出；使高尚。❻虛靈機以如愚　心靈洞明，大智若愚。靈機，心靈；精神。❼貳過　重犯同樣的過失。❽諂黷　對上阿諛討好，對下傲慢無禮。❾盡烝嘗於存亡　孝敬父母及祖輩，生死如一。生則進獻四時之鮮物，死則不廢祭祀之禮。秋祭曰嘗，冬祭曰烝。❿保髮膚以揚名　愛惜髮膚而不毀傷，立身揚名以顯父母。都是孝道的表現。《孝經・開宗明義》：「身體髮膚，受之父母，不敢毀傷，孝之始也。立身行道，揚名於後世，以顯父母，孝之終也。」⓫垂惻隱於有生　愛惜一切有生之物。惻隱，同情；愛惜。⓬恆恕己以接物　常以恕己之心待物。⓭端身命以徇國　竭盡生命以報效國家。端，或引作「竭」。⓮料倚伏於將來　推測未來之禍福。倚伏，隱伏之禍福。《老子・第五十八章》：「禍兮，福之所倚；福兮，禍之所伏。」⓯量理亂以卷舒　依據社會政治狀況以決定進退出處。理亂，即治亂。卷舒，隱逸或者出仕。⓰順通塞而一情　順應時勢，個人之窮達不縈掛於懷。⓱任性命而不滯　任性命之自然，而不固執不通。滯，拘泥；固執。⓲不枉尺以直尋　不計較個人之利益得失。一尋為八尺。枉尺直尋，是說所屈者小，所獲者大，乃是計較利益的行為。《孟子・滕文公下》：「枉尺而直尋者，以利言也。」⓳不降辱以苟合　不降志辱身，以苟合於當世。⑳據體度以動靜　一動一靜，依據體式法度而行事。㉑每清詳而無悔　認真思考，態度審慎，因而不至於後悔。㉒重人　穩重、老成持重者。㉓體冰霜之粹素　操守如冰霜之潔白而純粹。㉔篤始終於寒暑　無論境遇盛衰，始終不渝地堅持友誼。寒暑，指失勢與得勢。㉕雖危亡而不猜　即使遭遇危亡的形勢，亦忠於友情，而無猜疑。㉖守一言於久要　信守諾言，歷久不渝。要，約言。㉗擒銳藻以立言　鋪陳輕捷的辭采，以著述立言。擒，舒布；鋪陳。㉘辭炳蔚而清允　辭藻璀璨、清麗而允當。㉙奮果毅之壯烈　英勇殺敵，奮不顧身。果毅，堅韌、果敢，以戰勝敵人。㉚靜難　平定戰亂，安定國家。㉛甄墳索之淵奧　闡發古籍所蘊藏深厚之奧祕。甄，彰明。墳索，三墳、五典、八索、九丘，相傳為古代書名。㉜該前言以窮理　遍覽前人之說以窮究物理。該，齊備；包容。㉝銳乃心於精義　集中心神，研究義理之精微。《周易．繫辭下》：「精義入神，以致用也。」㉞吝寸陰以進德　珍惜每寸光陰，以增進道德。㉟益人　不斷地充實自身的道德，以追求精神完美者。㊱識多藏之厚亡　《老子．第四十四章》：「多藏必厚亡。」㊲臨祿利而如遺　不戀功名利祿，臨之毫不動心。㊳不遜避而苟免　不臨危退避以苟且免禍。遜避，退避。㊴飛清機之英麗　抒發清巧之思緒，展露英麗之才華。㊵判滯　辨析疑難之義。㊶拔朱紫於中構　在複雜交結之處能辨明是非。朱紫之色相近而容易混淆，以喻難辨之是非。中構，交合、連結處。㊷理人　有條理、能辨識的人。㊸步七曜之盈縮　推步日月五星的盈縮變化。七曜，指日、月及水、火、木、金、土五星。㊹推興亡之道度　計算星辰出沒的軌跡。㊺淩強禦而無憚　面對橫暴，無所畏懼。強禦，強大而橫暴者。㊻黠人　堅強的人。《說文解字》：「黠，堅黑也。」清王筠《說文句讀》：「古籍用黠字，祇有堅義也。」㊼執匪懈於夙夜　起早睡晚，堅持不懈。㊽深峻　深川峻嶺。形容旅途艱難。㊾蒙謗讟而晏如　蒙受誹謗，毫不在意。謗讟，非毀；誹謗。晏如，安然。㊿不慴懼於可畏　在可怕的事物面前，並不畏懼。慴，恐懼。(51)不乾沒於僥倖　不僥倖以取得財利。乾沒，貪污、冒險，以獲得財利。(52)奉禮度以戰兢　謹慎小心，以遵守禮法。(53)無尤　無過失；無怨言。

【語譯】抱朴子說：「像天一樣無所不覆，像地一樣無所不載，像日月照見一切細微之跡，文采燦爛而德才齊備，洞察一切而出神入化，這樣的是聖人。有誠信正直、純粹美好之稟性，有高尚脫俗之節操，心靈洞明而大智若愚，不重犯同樣的過失，不諂上而傲下，這樣的是賢人。隱居無為，甘守寂寞，修行正直的品德，保持心情的平和，這是修行道德的人。孝敬父母，按時祭祀，愛護髮膚，揚名以顯親，這是講孝道的人。對於有生之物懷著惻隱之心，常以恕己之心對待別人，這是仁慈之人。竭盡生命以報效國家，經歷艱難險阻而保持氣節堅定不移者，這是忠誠的人。在難以預料的時候，能察見一切細微之跡，在徵兆隱伏未現之時，能預測未來的禍福，這是明白的人。依據社會政治狀況以決定進退出處，審慎地選擇去就以保護自身，這是智慧之人。順應時勢，無論仕途窮達都不縈掛於懷，任性命之自然而不固執，這是通達之人。不追求功利、計較得失，不降志辱身以苟合於世俗，這是高雅之人。依據體式法度為行動的準則，認真思考、審慎從事而不致後悔，這是穩重之人。保持如同冰霜般純淨的操守，不追逐勢利以致玷污了自己潔白的品質，這是清白的人。無論境遇盛衰都堅持對友情的忠誠，即使面臨危亡之禍也不猜疑動搖，這是講義氣的人。一言既出，歷久不渝，無論情勢如何變化也堅持不改，這是有信用的人。鋪陳輕捷暢達的筆墨以著述立說，辭藻璀璨而文思清麗允當，這樣的是文人。奮不顧身，英勇殺敵，馳騁干戈，為國家平定動亂，這樣的是武人。闡明典籍豐富的蘊涵與奧祕，遍覽總括前人的論說以窮盡義理，這是儒雅之人。集中心力窮研精微之義理，珍惜每寸光陰以豐富自身的道德修養，這是求進步的人。能懂得『多藏必厚亡』的道理，面臨利祿而毫不動心，這是廉潔的人。不因為利益的得失而改變節操，不汲汲追求欲望的滿足，這是持身端正的人。幫助救濟別人的困難而忘記了辛勞，以替他人操心辦事為自己的職責，這是厚道之人。保持潔白的本性直至終結，不臨危退避以苟且免禍，這是守節操的人。抒展清新靈巧的思緒，語辭要約暢達而能解析疑難之義，這是善辯之人。經常自居不爭之地，將功勞歸於別人，即使處境平安而態度愈益謙恭，這是謙虛的人。對待親戚九族講究和睦親近，行為端正而遵循道理，這是溫順的人。事務紛紜繁雜而能決斷，遵從準繩而不徇私情，這是幹練的人。在複雜交錯的情況下能夠明辨是非，在疑似之間仍能作出正確的判斷，這是有條理的人。推步日月五星的盈縮變化，計算星辰隱現出沒的方位及軌跡，這是方術之人。面對刀劍奮不顧身，敢於在荒林野谷中與犀牛老虎搏鬥，這是勇敢的人。威風凜凜，能使眾人畏服，嚴格執行法令毫無二致，這是嚴肅的人。創製巧妙的機械以為世所用，掌握各項技術都能造詣精到，這是有技藝的人。遭受強暴侵凌而不畏懼，即使境況危險仍然不喪氣，這是強毅之人。起早睡晚堅持不懈，忘記了旅程奔波的困苦勞累，這是勤勞的人。蒙受誹謗也全不在意，處之泰然，在可畏的事物面前並不害怕，這是雄勁之人。聽到贊譽、得到榮耀不為之歡欣，遇到憂愁困難之事也態度不變，這是謹慎周密的人。知道事情可行就一定去做，即使許多人表示懷疑他也毫不猶豫，這是果敢的人。進退行止都遵循繩墨，不僥倖冒險以追求財利，這是謹慎誠實的人。小心翼翼地遵奉禮法，無論對待親疏都沒有過失，這是善良的人。修煉道德沖淡寡欲，即使時世變遷也志趣不移，這是抱朴之人。凡是以上各項行為一件都沒有，而未能行善人之事，這樣的是下等的人。」

門人請曰：「善人之行，既聞其目矣。惡者之事，可以戒俗者，願文垂誥❶焉。」

抱朴子曰：「不致養於所生❷，損道而危身❸者，悖人❹也。懷邪偽以偷榮，豫利己而忘生者，逆人也。背仁義之正途，苟危人以自安者，凶人也。好爭奪而無猒，專醜正而害直者，惡人也。出繩墨以傷刻，心好殺而安忍者，虐人也。飾邪說以浸潤❺，構謗累於忠貞者，讒人也。雖言巧而行違，實履濁而假清者，佞人也。不原本於枉直，苟好勝而肆怒者，暴人也。措細善以取信，陰挾毒而無親者，姦人也。承風指以苟容❻，揆主意而扶非❼者，諂人也。言不計於反覆，好輕諾而無實者，虛人也。睹利地而忘義，棄廉恥以苟得者，貪人也。覿豔逸而心蕩，飾誇綺而思邪者，淫人也。見成事而疑惑，動失計而多悔者，闇人也。背訓典而自任❽，恥請問於勝己者，損人❾也。知善事而不逮，雖多為而無成者，劣人也。委德行而不修，奉權勢以取媚者，弊人⑩也。履蹊徑以僥速⑪，推貨賄以爭津⑫者，邪人也。既傲很⑬以無禮，好凌辱乎勝己者，悍人也。被抑枉而自誣⑭，事無苦而振懾⑮者，怯人也。治細辯於稠眾，非其人而盡言者，淺人也。闇事宜之可否，雖企慕而不及者，頑人也。知事非而不改，聞良規而增劇者，惑人也。無濟恤之仁心，輕告絕於親舊者，薄人也。既疾其所不逮，喜他人之有災者，妬人也。專財穀而輕義，覩困匱而不振⑯者，吝人也。冒至危以僥倖，值禍敗而不悔者，愚人也。情局碎而偏黨⑰，志唯務於盈利者，小人也。騁鷹犬於原獸⑱，好博戲而無已者，迷人也。忘等威之異數⑲，快飾玩之誇麗⑳者，奢人也。耽聲色於飲讌，廢慶弔於人理者，荒人也。既無心於修尚，又怠惰於家業者，嬾人也。無抑斷之威儀㉑，每脫易㉒而不思者，輕人也。覩道義而如醉，聞貨殖而波擾㉓者，穢人也。杖淺短而多謬㉔，闇趨舍之臧否㉕者，笨人也。憎賢者而不貴，聞高言而如聾者，嚚人㉖也。睹朱紫而不分，雖提耳而不悟者，蔽人也。違道義以趦趄㉗，冒禮刑而罔顧者，亂人也。每動作而受嗤，言發口而違理者，拙人也。事酋豪㉘如僕虜，值衰微而背惠者，慝人㉙也。捐貧賤之故舊，輕人士而踞傲者，驕人也。棄衰色而廣欲，非宦學而遠游者，蕩人也。無忠信之純固，背恩養而趨利者，叛人也。當交顏而面從，至析離而背毀者，偽人也。習強梁而專己㉚，距忠告而不納者，剌人㉛也。」

【章旨】歷述各種惡劣之行為品格，及其表現形態。

【注釋】❶詰 告誡。❷不致養於所生 不奉養父母。❸損道而危身 古人認為身體髮膚受之父母，故違背道義而傷害了身體，乃是不孝之舉。❹悖人 忤逆、不孝之人。❺浸潤 經常進讒言，日久則產生效果，使人聽信，如水之滲透浸潤。❻承風指以苟容 望風承旨，阿諛奉迎，以討主子的歡心。❼揆主意而扶非 揣測主子的意思，助其為非。揆，揣度；估量。❽背訓典而自任 違背常規法則而隨心所欲。訓典，法則；典章。❾損人 與「益人」相對。指不知學習以增進道德，反而損傷自己本性的人。❿弊人 卑陋、下賤的人。⓫履蹊徑以僥速 走邪徑小路，以求僥倖獲利。⓬推貨賄以爭津 送禮行賄以求得官職。津，渡口。比喻重要的官職。⓭傲很 驕傲而凶狠。⓮自誣 本來無罪卻承認自己有罪。⓯振慴 心神驚惶而恐懼。⓰振 通「賑」。救濟。⓱偏黨 偏私、勾結朋黨。⓲原獸 在原野打獵。⓳忘等威之異數 忘記了不同的身分有與之相等的服飾、威儀的規定。《左傳．宣公十二年》：「君子小人，物有服章。貴有常尊，賤有等威。」⓴快飾玩 以裝飾玩物之華麗為快意。㉑無抑斷之威儀 沒有鎮服眾人的威嚴、儀態。㉒脫易 輕易；輕浮。㉓聞貨殖而波擾 聽說到錢財便激動不安。貨殖，經商以謀財利。波擾，像波浪起伏，不得安寧。㉔杖淺短而多謬 憑著淺見短才，所以常犯錯誤。杖，通「仗」。㉕闇趨舍之臧否 不明是非，莽撞行事。趨舍，趨向或捨棄。㉖嚚人 愚笨之人。㉗趦趄 趄，疑當作「睢」。趦睢，狂妄、凶暴之貌。㉘酋豪 有權勢的首領、權貴。㉙慝人 指反覆變化無常的人。㉚習強梁而專己 強暴而隨心所欲。強梁，憑藉暴力，不講道理。㉛剌人 乖戾之人。剌，原作「刺」，據《道藏》本改。

【語譯】門人請教說：「善人的行為，已經聽到其條目了。惡人的行為事跡，可以警戒世俗的，亦希望垂示告誡於人。」

抱朴子說：「不奉養親生的父母，損害道義而危及身體，這是悖逆不孝的人。胸懷奸邪虛偽以騙取榮華富貴，貪圖財利而不顧安危，這是忤逆之人。不走仁義之正路，危害別人以保全自己，這是凶狠之人。喜愛爭奪而無休無止，專門非毀、陷害正直之士，這是邪惡之人。超出繩墨而傷害過度，心中好殺而安於殘忍，這是暴虐之人。編造邪說以漸進讒言，設謀陷害忠貞之臣，這是讒人。雖然言辭乖巧而行為卻與之相反，假作清白實則行為污濁，這是佞邪之人。不管事情的是非曲直，爭強好勝而肆意發怒，這是暴躁之人。假作些細小的善事以騙得信任，暗中卻居心狠毒而無親愛之心，這是奸詐之人。對上望風承旨以討得歡心，揣測主上的心意而助其為非，這是諂媚之人。輕易應答而隨便反悔，隨口承諾而無實際打算，這是虛假之人。見利而忘義，不顧廉恥以求苟得，這是貪婪之人。看見豔美的容色便神魂顛倒，服飾華麗奢侈而心思不正，這是荒淫之人。看見已成之事便產生懷疑，動輒發生錯誤以招致後悔，這是闇昧之人。違背常規而放任恣肆，恥於向勝過自己的人請教，這是損傷自己本性的人。知道善事而不能去做，雖然多有行動卻無一成功，這是拙劣的人。放棄道德而不勤行修煉，尊奉權貴以求取媚於人，這是卑陋下賤之人。專走邪路以希望僥倖獲利，送禮行賄以爭取得到重要的職位，這是不正派的人。傲慢凶狠而不講禮儀，喜歡凌辱勝過自己的人，這是蠻橫強悍的人。被壓抑受冤屈而自認有罪，還未受折磨就先自畏懼，這是膽怯的人。在稠人廣眾面前，辯說些細小的事情，不看對象而喋喋不休，把話說盡，這是浮淺之人。不明白事情是否可行，雖然心中嚮往羨慕卻不能做到，這是愚頑之人。明知事情不對也不改正，聽到善意批評反倒變本加厲，這是惑亂之人。沒有救難濟困的仁慈之心，輕易地拒絕對親朋故友的幫助，這是薄於友情之人。既嫉妒勝過自己的人，又為別人遭遇災害而暗自高興，這是妒忌之人。重視財貨而輕視仁義，看見別人困乏而不救濟，這是吝嗇之人。冒著極大的危險以僥倖求利，遇到禍敗而不知悔悟，這是愚人。專心於細小之事而又偏私朋黨，一心只是追求積累財富，這是小人。驅趕著獵犬飛鷹在原野田獵，喜歡博戲而毫無節制，這是迷惑的人。忘記了服飾威儀因為身分的不同而有不同的規定，盡量裝飾華麗以求快意，這是奢華的人。沈醉於聲色宴飲之中，連人間正常的慶賀弔唁也廢棄了，這是荒廢之人。既無心於修身上進，又懈怠於經營家業，這是懶散之人。沒有鎮服眾人的威嚴、儀態，動作輕浮而不加思索，這是輕浮的人。面臨道義之事如同醉酒毫無感覺，聽說到錢財便躁動不安，這是污穢的人。憑藉著淺識短才所以常犯錯誤，不知行為趨捨之孰是孰非，這是笨拙之人。厭惡賢者而不知尊重，聽見精妙之談卻置若罔聞，這是愚昧的人。不能分清正邪、善惡，即使耳提面命也不能覺悟，這是被蒙蔽的人。違背道義而狂妄凶暴，觸犯刑法而置之不顧，這是叛亂之人。每有動作便受嗤笑，開口講話就違反道理，這是拙劣的人。侍奉權貴如同僕人奴隸，在勢力衰落時則背之而去，這是反覆無常之人。捐棄貧窮的故友，輕視才學之士而傲慢無禮，這是驕傲之人。喜新厭舊，欲望無邊，不為求學、作官而到遠處遊玩，這是浪蕩之人。沒有堅固純一的忠誠與信義，為了利益而忘恩負義，這是叛離之人。當著朋友的面滿口答應，分開之後便背著朋友說壞話，這是虛偽之人。憑藉暴力，隨心所欲，拒絕忠告，不納善言，這是乖戾之人。」

抱朴子曰：「人技未易知，真偽或相似。士有顏貌修麗，風表閑雅，望之溢目❶，接之適意。威儀如龍虎，盤旋成規矩❷。然心蔽神否❸，才無所堪，心中所有，盡附皮膚。口不能吐片奇，筆不能屬半句。入不能宰民，出不能用兵。治事則事廢，銜命則命辱❹。動靜無宜，出處❺莫可。蓋難分之一也。

士有貌望樸悴❻，容觀矬陋❼，聲氣雌弱，進止質澀。然而含英懷寶❽，經明行高，幹過元凱❾，文蔚春林❿。官則庶績康用，武則克全獨勝。蓋難分之二也。

士有謀猷淵邃⓫，術略入神，智周成敗，思洞幽玄。才兼能事，神器無宜⓬。而口不傳心，筆不盡意。造次⓭之接，不異凡庸。蓋難分之三也。

士有機辯清銳⓮，巧言綺粲⓯，擥引譬喻，淵湧風厲。然而口之所談，身不能行，長於識古，短於理今，為政政亂，牧民民怨。蓋難分之四也。

士有外形足恭[16]，容虔言恪，而神疏心慢，中懷散放。受任不憂，居局不治。蓋難分之五也。

士有控弦命中，空拳入白[17]，倒乘立騎，五兵畢習[18]。而體輕慮淺，手勦[19]心怯。虛試無對[20]，而實用無驗。望塵奔北[21]，聞敵失魄。蓋難分之六也。

士有梗槩簡緩[22]，言希貌樸，細行闕漏，不為小勇。跼蹐拘檢[23]，犯而不校[24]。握爪垂翅[25]，名為弱愿[26]。然而膽勁心方，不畏強禦。義正所在，視死猶歸。支解寸斷，不易所守。蓋難分之七也。

士有孝友溫淑，恂恂平雅[27]，履信思順[28]，非禮不蹈，安困潔志，操清冰霜。而疏遲迂闊，不達事要，見機不作，所為無成。居己梁倡[29]，受任不舉。蓋難分之八也。

士有行己高簡，風格峻峭，嘯傲偃蹇[30]，凌儕慢俗[31]，不肅檢括[32]，不護小失。適情率意，旁若無人。朋黨排讒，談者同敗[33]。士友不附，品藻所遺[34]。而立朝正色，知無不為。忠於奉上，明以攝下。蓋難分之九也。

士有含弘曠濟[35]，虛己受物[36]。藏疾匿瑕[37]，溫恭廉潔。勞謙沖退[38]，救危全信。寄命㊴不疑，託孤可保。而純良暗權㊵，仁而不斷。善不能賞，惡不忍罰。忠貞有餘，而幹用不足。操柯猶豫㊶，廢法效非。枉直混錯㊷，終於負敗。蓋難分之十也。

【章旨】士人品質的正邪、才能的高下、任事的成敗，有十種情況令人真偽難辨。

【注釋】❶溢目　容光煥發，望之滿目。❷盤旋成規矩　進退周旋之禮儀，都符合規定。❸心蔽神否　心神受蒙蔽而不通達。否，閉塞不通。❹銜命則命辱　出使則辱沒君命。銜命，奉君命而出使。❺出處　出仕作官與退歸隱逸。❻貌望樸悴　容貌樸拙、衰弱。悴，憔悴；衰弱。❼容觀矬陋　儀表醜陋，身材矮小。矬，身短；矮小。❽含英懷寶　懷有傑出的道德與才能。❾幹過元凱　才幹勝過古代之八元、八凱。❿文蔚春林　筆下之文章如春林花木的爛漫有光彩。蔚，文采華美。⓫謀猷淵邃　計畫謀略博大而深遠。猷，謀劃。⓬才兼能事二句　疑當作「才能兼事，神器兼宜」。後一「無」乃「兼」字之訛。無宜，《四庫全書》本作「咸宜」，《百子全書》本作「無疑」。⓭造次　急遽；倉促。⓮機辯清銳　思路清新、語鋒銳利，擅長辯論。辯，原本作「變」，據《道藏》本校改。⓯綺粲　華美。⓰足恭　十分謙恭、恭敬。⓱空拳入白　赤手空拳，以對白刃。⓲五兵畢習　各種兵器都操練熟習。五兵，泛指各類兵器。⓳勦　輕捷；靈巧。⓴虛試無對　無，與「兼」字形近而訛，言演習之時皆能對付。㉑望塵奔北　望敵塵而奔逃、敗北。㉒梗槩簡緩　風概閒散而舒緩。梗槩，指風神之大略。㉓跼蹐拘檢　彎著腰、小步走路，一舉一動都自我檢束。形容小心畏懼。㉔犯而不校　被侵犯而不報復、不計較。語見《論語·泰伯》。㉕握爪垂翅　意謂嚴格的自我檢束，如虎之握爪、鵰之垂翼。㉖弱愿　謹慎、善良的弱者。愿，樸實；善良。㉗恂恂平雅　溫良、謙恭、平和而雅致。㉘履信思順　講求誠信、順應天道。㉙梁倡　進退失據；左右為難。㉚嘯傲偃蹇　狂放自得，傲視世俗，不受世俗的拘束。㉛淩儕慢俗　淩駕世俗之上，在同輩面前態度傲慢。淩儕，不講輩分、等級。㉜不肅檢括　不嚴格遵守法度。㉝同敗　異口同聲地講他的壞話。敗，毀敗。㉞品藻所遺　品評人物時，將他忽略遺漏。㉟含弘曠濟　心胸開闊，包容弘厚。㊱虛己受物　虛心對待一切事物。㊲藏疾匿瑕　意謂能包容、諒解他人的缺點與錯誤。㊳勞謙沖退　勤勞、謙虛、退讓、兢兢業業。㊴寄命　將輔佐幼君的職責相託付。㊵暗權　不明權術之變通。㊶操柯猶豫　掌握國家之權柄，而猶豫不能決斷。柯，比喻權柄。㊷枉直混錯　正邪、曲直混淆。

【語　譯】抱朴子說：「人的技能不容易察知，有時真偽混淆相似。有的士人容貌美麗，風態閒靜文雅，一眼望去光彩滿目，與之交接也感覺舒適。其儀表堂堂，威風凜凜，如龍如虎，進退揖讓都符合禮儀規矩。然而心神不明，沒有突出的才能，這種人的學識都顯現在外表上。口中不能吐片言之奇，筆下不能寫半句文章。入朝不能治理民眾，出朝不能領兵作戰。管理事務則曠廢了職事，銜命出使則有辱主命。或動或靜皆不當，進退出處都不可。這是第一件難以分辨的事。

有的士人容貌樸拙，身材短小，說話聲音細弱，動作質樸無華。然而懷瑾握玉，德才非凡，熟讀經典，行為高尚。處理世事的才幹卓異，筆下文章如同春華爛漫。作官能夠處理好各項政務，統率軍隊則能保全自己以打敗敵人。這是第二件難以分辨的事。

有的士人謀慮深遠，策略方術出神入化。其智慧足以預料成敗，其才思能夠洞悉幽微，其才幹可以綜理政事，其器識則能適宜各種公務。然而心中想的卻說不明白，筆下所述不能盡意。倉促之間應對，與平庸之輩沒有區別。這是第三件難以分辨的事。

有的士人談吐清美，巧言善辯，辭藻華麗。時而引證，時而比喻，如風起浪湧，滔滔不絕。然而口中所談的，卻不能去實行。長於認識古代之事，短於料理今世之務。管理政事則政務混亂，治理民眾則怨聲載道。這是第四件難以分辨的事。

有的士人外表十分謙恭，容貌虔誠，言語畢恭畢敬。然而心神怠慢，稟性疏放，性格懶散，擔任職事不為之操心，執掌政務不從實際辦理。這是第五件難以分辨的事。

有的士人射無不中，能夠赤手空拳，與手執刀槍的人對打，能夠倒掛在奔馬之上，各種兵器無不熟習。然而動作輕快卻見識短淺，手腳靈巧卻心中膽怯。演習之時什麼都能對付，到實際戰場上卻無所效用。望見敵塵便逃跑，聽說到敵人便喪魂失魄。這是第六件難以分辨的事。

有的士人風概閒散，動作緩慢，沈默少語，容貌樸實。細小的行為有所缺失，不爭小的勇敢。平時彎著腰、小步行走，十分小心謹慎。即使被欺負也不圖報復，像虎握著爪子、像鵬垂著翅膀，被稱為是軟弱的善人。然而有雄勁的膽略、方正的心田，不畏強暴，正義所在，視死如歸。即使粉身碎骨，也不改變自己的操守。這是第七件難以分辨的事。

有的士人孝敬父母、友善兄弟，待人溫和善良，恭順文雅。順應天道，講究誠信，非禮不行。安於貧困，保持純潔的志向與高尚的操守。然而卻稟性疏遲迂闊，不通達事理。不能抓住時機，見機而作，所以自己作事不能成功。進退失據，無法完成他人的負託。這是第八件難以分辨的事。

有的士人立身高尚，風格超邁。他們放曠自得，不受拘束，不講輩分等級，凌駕世俗之上。不嚴格遵守法度，不拘小節，隨心任情，旁若無人。世俗之朋黨對這種人排斥譴責，談論者異口同聲說他們的壞話。士林友人不與之交往，人物品評也忽略了他們。然而他們在朝廷立身正直，知無不為，對上忠於君主，對下明於統率下屬。這是第九件難以分辨的事。

有的士人胸懷寬闊，虛心待物，能包含容忍他人的缺點錯誤，待人溫恭廉潔，勤謹謙虛，拯救危難，堅守信義。可以將輔佐幼主、攝理朝政的重任託付給他們，而不必懷疑其忠誠。然而卻忠良篤實、不明權變，寬仁而不能決斷，有善不能賞，有惡不忍罰。忠貞有餘，而才幹不足。手握政柄，心懷猶豫，使得法律廢弛，正邪混淆，最後終於失敗。這是第十件難以分辨的事。

夫物有似而實非，若然而不然。料之無惑，望形得神，聖者其將病諸❶，況乎常人？故用才取士、推昵❷結友，不可以不精擇，不可以不詳試也。若乃性行之惑變❸，始正而終邪，若王莽初則美於伊、霍❹，晚則劇於趙高❺，又非中才所能逆盡❻也。

若令士之易別，如鵂鶹❼之與鴻鵠❽、狐兔之與龍麟❾者，則四凶不得官於堯朝❿，管、蔡不得幾危宗周⓫，仲尼無澹臺之失⓬，延陵無捐金之恨⓭，伊尹無七十之勞⓮，項羽無嫌范之悔⓯矣。所患於其如碔砆之亂瑾瑜⓰、鷦螟之似鳳皇⓱、凝冰之類水精⓲、煙熏之疑雲氣，故令不謬者尠也。惟帝難之⓳，矧乎近人哉？

夫惟大明⓴玄鑒幽微，靈銓揣物，思灼沈昧㉑，瞻山識璞，臨川知珠。士於難分之中，而無取舍之恨者，使臧否區分㉒，抑揚咸允。武丁、姬文㉓不獨治，而傅說、呂尚㉔不永棄，高、莽、宰嚭㉕不得成其惡，弘恭、石顯㉖無所容其偽矣。斯蓋取士之較略，選擇之大都㉗耳。精微以求，存乎其人，固非毫翰之所備縷㉘也。」

【章　旨】總結士人行品，有時似是而非，難以辨識。因此必須審慎鑒察，認真選擇，以任用賢能，摒棄奸佞，治理好國家。

【注　釋】❶聖者其將病諸　即使是聖者，猶患其難。病諸，感到困難。諸，之也。❷推昵　親近；親密相待。❸惑變　因迷惑而蛻變。❹伊霍　指商之伊尹、漢之霍光。伊尹曾放逐太甲，霍光曾廢昌邑王，故以為喻。❺趙高　秦之宦官，逼扶蘇自殺，又弒秦二世，導致天下大亂。❻逆盡　完全預料。❼鵂鶹　是一種小鳥，大如雞卵，飛行樹叢間。❽鴻鵠　體型大的鳥，飛行雲際。❾狐兔之與龍麟　狐貍、野兔與神龍、麒麟，其差別極易辨識。❿四凶不得官於堯朝　《尚書・舜典》說：

舜「流共工於幽州，放驩兜於崇山，竄三苗於三危，殛鯀於羽山，四罪而天下咸服。」⓫管蔡不得幾危宗周　周公攝政時，管叔、蔡叔興兵作亂，反叛朝廷。周公東征三年，方討平叛亂。⓬仲尼無澹臺之失　澹臺滅明，字子羽，孔子之弟子。狀貌甚惡，而有德行。孔子初以為才薄，後曰：「以貌取人，失之子羽。」⓭延陵無捐金之恨　延陵，即吳季札。據說吳季札遊於齊，見路有遺金。季札呼牧者取之，牧者不取。吳季札知其為賢者，請問姓字，牧者不告而去。⓮伊尹無七十之勞　傳說伊尹干湯，至於七十。見〈時難〉。⓯項羽無嫌范之悔　范增，項羽之主要謀士，被尊為亞父。後來劉邦用反間計，使項羽懷疑范增有二心，削其權力。范增憤而離去，病死於途。見《史記・項羽本紀》。⓰碔砆之亂瑾瑜　碔砆是一種赤地白采的石頭，顏色似玉。瑾瑜，美玉名。⓱鷦螟之似鳳皇　鷦螟，即焦明，相傳為南方之神鳥，形狀似鳳。⓲凝冰之類水精　水精，即水晶，冰則與之相類似。⓳惟帝難之　《尚書・皋陶謨》載皋陶與禹的對話，皋陶說為政「在知人，在安民」，禹則感嘆曰：「吁，咸若時，惟帝其難之。」⓴大明　指日月。喻聖明之君。㉑思灼沈昧　意謂洞明潛藏、深隱之事。灼，明白；洞明。㉒臧否區分　品評人物，區分善惡優劣。《人物志・流業》：「好尚譏訶，分別是非，是謂臧否。」㉓武丁姬文　指商高宗、周文王。㉔傳說呂尚　傳說是武丁的輔佐大臣，傳說原來版築於傅巖，武丁舉以為相。呂尚曾釣於渭水，周文王尊奉為師尚父。㉕高莽宰嚭　高，趙高。莽，王莽。宰嚭，春秋吳之大臣。夫差即位，擢任太宰。為人諂佞，貪受重賄，敗壞國事，陷害伍子胥致死。吳亡，被殺。㉖弘恭石顯　均為漢元帝時之宦官，貴幸傾朝，譖害正直之臣蕭望之、張猛等至死。㉗大都　大體；總體之大略。㉘備縷　一一細述。

【語譯】有些事物似是而非，好像是的又實則不然。正確的預測而不迷惑，透過外形而得其精神，這樣的事聖人尚且感到為難，何況平常之人呢？所以選才取士、交結朋友，不可不認真選擇，不可不審慎試驗。至於行為品質中道發生變化，以忠正開始，而以邪惡終結，如王莽開始時名聲如同伊尹、霍光之美，最後則比趙高還要壞。這又不是中等之才的人所能預先料到的了。

如果士人的差異，就像鷦鷯與鴻鵠，狐兔與神龍、麒麟那樣容易鑒別，那麼四凶就不會登上堯的朝廷，管叔、蔡叔就不會幾乎危及周朝，孔子就不會誤認了澹臺子羽，吳季札就不會錯過了不拾遺金的奇士，伊尹就不會有七十說湯的辛勞，項羽就不會有懷疑范增的後悔。使人憂慮的是碔砆之石相混於美玉，焦明之鳥相像於鳳凰，凝冰相似於水晶，薰煙相彷彿於雲氣，所以少有不認錯的人。聖明之帝對此尚且感到為難，何況淺近之人呢？

只有聖君能洞察幽微，其心靈能銓衡眾物，其神思能明察深隱之事，看到山便知璞玉之所在，臨近江河便知道是否有明珠。這樣則士人雖則難以辨識，也能取捨得當，沒有遺憾。使得善惡優劣，抑揚公允。如此就會出現商高宗、周文王那樣的治世，而傅說、呂尚之類的賢者就不會長久被遺棄了，趙高、王莽、宰嚭不能實現其凶惡的野心，弘恭、石顯的奸偽也就會被揭露了。這是鑒識士人的大致情況，是選擇任用之概略。至於具體的求士任賢，在於其人，就不是筆墨能一一細述的了。」

卷二三　弭　訟

【題解】本篇討論如何平息婚姻糾紛的問題。

我國古代的倫理思想，特別重視男女婚姻之義。《禮記・郊特牲》曰：「天地合而後萬物興焉。夫昏禮，萬世之始也，取於異姓，所以附遠厚別也。」又〈昏義〉曰：「昏禮者，將合二姓之好，上以事宗廟，而下以繼後世也，故君子重之。」其宗旨是希望達成社會及家庭的和諧。漢末之時，由於倫理綱紀的崩壞，婚姻糾紛增多。狡黠之徒，為了貪圖財物，甚至以一女應許數家（見《潛夫論・斷訟》）。這是婚姻訴訟大量出現的社會原因。

文中討論了消除這種婚姻訴訟的辦法：一是加倍地退還聘禮，使貪圖財物者不能從中得到好處；二是女方接受聘禮時有多人公證，使後來難以變悔。作者顯然傾向於後一種的意見。

姑子劉君士由之論曰：「人綱始於夫婦，判合擬乎二儀❶。是故大婚之禮，古人所重。將合二姓之好，以承祖宗之基。主人❷拜迎於門，聽命於廟❸。玄纁執幣❹，親御授綏❺。壻有三年之喪，致命女氏❻，女氏許諾而不敢改。大喪既沒❼，請命於壻，壻有辭❽焉，然後乃嫁❾。所以崇敬讓也。豈有先訟後婚❿之謂乎？

而末世輕慢，傷化敗俗，舉不修義，許⑪而弗與。訟鬩⑫穢辱，煩塞官曹。今可使諸爭婚者，未及同牢⑬，皆聽義絕。而倍還酒禮，歸其幣帛。其嘗已再離者，一倍裨娉⑭。其三絕者，再倍裨娉。如此，離者不生訟心，貪吝者無利重受。乃王治之要術，不易之永法也。」

【章旨】劉君士由認為社會風俗衰敗，所以婚姻訴訟增加，主張用加倍退還聘禮的辦法以解決婚姻的糾紛。

【注釋】❶判合擬乎二儀　判合，兩半配合。指男女之結為夫婦。二儀，天地。《周易‧序卦》：「有天地，然後有萬物；有萬物，然後有男女；有男女，然後有夫婦。」❷主人　指女方之父母。❸聽命於廟　在廟堂上聽取使者傳達男方之家的意見。❹玄纁執幣　指所贈送的財物。玄纁是黑色或淺紅色的繒帛。執幣，即贄幣。❺親御授綏　新郎親自駕車，在新娘上車時，將挽手的繩索送上，以表示尊敬。❻壻有三年之喪二句　男方的父母親去世，要通告女方。❼沒　期滿；結束。❽辭　推辭。❾嫁　指另擇他人而嫁。❿婚　原作「壻」，據《道藏》本校改。⓫許　原本作「訐」，據《道藏》本校改。⓬訟鬩　爭訟；訴訟。⓭同牢　古代婚禮中新郎新娘同食的儀式。牢，指作為食物的牲畜。⓮裨娉　男方訂婚所送女方的聘禮、彩禮。

【語譯】姑母之子劉君士由議論說：「人倫綱紀由夫婦開始，其結合被比擬為天地。所以男女之婚禮，是古人所看重的，因為將使兩姓結為親戚，以繼承祖宗的基業。舉行婚禮的儀式，女方的父母先要拜迎於門，在廟堂上聽取使者傳達男方的意見，男方要獻上繒帛財物為聘禮。親迎之時，新郎要親自駕車。新娘上車時，新郎要親自遞送挽手的繩索。如果男方的父母親去世，須居喪三年，一定要通告女方之家，女方許諾而不敢更改。居喪期滿，女方請命於男方之家。如果男方推辭，然後才能另外擇婿出嫁。所以如此，是為了發揚敬讓的美德。怎麼會有先訴訟後結婚的事呢？

而末世教化衰頹，風俗敗壞。人們的舉動不遵循禮儀，先答應後又反悔。種種訴訟骯髒羞辱之事煩雜叢積，塞滿官府之中。如今可使那些為婚姻而訴訟的人，只要尚未舉行共食一牲的儀式，都可以斷絕關係，而加倍退還酒禮，歸還束帛財物。其中第二次離異的，加倍退還聘禮。其中第三次離異的，再加一倍退還聘禮。如果這樣作，則離異者不會生出訴訟之心，貪吝的人得不到錢財的好處。這是治理社會的妙計，可以永不更改的辦法。」

抱朴子答曰：「劉君愍德讓之淩替❶，疾民爭之損化❷。雖速我訟，室家不足❸。用和之貴❹，將遂淪胥❺。創讜言以拾世遺❻，建嘉謀以拯流遁❼。紛誹❽之俗，將以此而易。無恥之風，將由茲而移。彌綸情偽❾，固難閒矣。誠經國之永法，至益之篤論❿也。

洪以不敏⓫，不識至理。造次承問⓬，竊有疑焉。夫婚媾之結，義無逼迫。彼則簡擇而求⓭，此則可意乃許⓮。輕諾後悔，罪在女氏。食言棄信，與奪任情⓯，嚴防峻制未之能弭⓰。今猥恣⓱之，唯責裨娉倍⓲，貧者所憚也，豐於財者，則適其願矣。後所許者，或能富殖⓳，助其裨娉，必所甘心。然則先家拱默⓴，不得有言。原情㉑論之，能無怨歎乎？

夫不伏之人，視死猶歸。血刃之禍㉒，於是將起。今苟惜其辭訟之小醜，而搆其難忍之大恨，所謂愛其僦覽之煩㉓，忘其凋殞之酷㉔也。夫買物於市者，或加價而奪之，則尠忍而不忿然矣。況乎見奪待告之妻哉！

【章　旨】抱朴子認為當婚姻糾紛出現時，若不由官府審理裁定而只是加倍退還聘禮，將可能引出血刃之禍。

【注　釋】❶愍德讓之淩替　憂傷德讓之風遭到廢弛。淩替，紀綱廢弛，上下失序。❷損化　有損於教化、德化。❸雖速我訟二句　語見《詩經・召南・行露》。❹用和之貴　提倡以和為貴，以行禮法。《論語・學而》：「有子曰：禮之用，和為貴。」❺淪胥　沈淪；喪失。❻創讜言以拾世遺　提出善言以補世事的遺缺。讜言，善言；正直之談。❼流遁　世俗放任，隨波逐流。❽紛譁　七嘴八舌。指爭訟之事。❾彌綸情偽　彌補、調和人情倫理。彌綸，彌縫補合。❿篤論　正確的議論。⓫不敏　不才。是謙虛的話。⓬造次承問　冒昧、莽撞地請教。造次，急遽之間。⓭彼則簡擇而求　指男方有所選擇，然後向女方求婚。⓮此則可意乃許　指女方同意，然後答應男方的求婚。⓯與奪任情　指女方或同意、或翻悔，隨心所欲。⓰未之能弭　未能禁止、杜絕。⓱猥恣　苟且、放縱。猥，曲從。⓲唯責裨娉倍　只是責以加倍地退還聘禮。裨娉，聘禮；彩禮。⓳富殖　財物充足。⓴拱默　沈默；無話說。㉑原情　設身處地，揆以人情。㉒血刃之禍　意謂相互以刀劍格鬥殘殺，生出禍患。㉓愛其僦覽之煩　不願送閱案卷的麻煩。愛，捨不得；吝嗇。僦覽，送覽案件。㉔凋殞之酷　因為格鬥引出的命案。

【語　譯】抱朴子回答說：「劉君憂念德讓之風遭到廢弛，痛恨百姓之間的婚姻訴訟有損教化。正如《詩經》所云：『即使召來訴訟，也不能違背禮儀結成婚姻。』以和為貴的禮法，將因此喪失。所以發出善言以補世事的遺缺，設計良謀以拯救風俗的頹敗。爭訟不休的風尚，將因此而改觀。不顧羞恥的習俗，將由此而變易。彌補倫理，調和人情，這固然無所非議，的確是治理國家的不易之法，是有益社會的正確之論。

然而我稟性愚鈍，不明至理，冒昧地請教，因為心中有些疑惑。男女結為婚姻，應該自願而不強迫。男方經過挑選而求婚，女方同意後才會應許。輕易應承而後又反悔，責任是在女方。自食其言，不講信用，同意與否隨心所欲，這種風尚連嚴刑峻法尚且不能禁止。如今對此苟且放縱，只要求加倍償還聘禮，只有貧窮的人對此有所畏懼。家財富足的人，則正好滿足了他們的願望。後來所應許的人家，可能富有錢財，幫助女方償還聘禮，是他所甘心情願的。如此則先前所應許的人家，只能沈默，而無話可說。設身處地說，能沒有怨言嘆息嗎？

內心感到不平的人，就會將生命置於度外，而視死如歸。相互格鬥殘殺之禍，便要發生了。如今倘若不願意出現訴訟之類的小的醜事，從而造成難以忍受的大的仇恨，這就是所謂捨不得送覽案卷的小麻煩，而忘記了釀出人命血案的嚴重後果。在街市購買物品，若有人提高價格將商品奪走，很少有人能不憤怒的。何況被奪去的是待告之妻呢？

此法遂用者，將使結婚者雖納敬❶、親迎❷，猶抱有見奪之慮。何者？劉君之論，以同牢為斷❸，固❹也。爾則女氏雖受幣積年，恆挾在意❺之威，恃可數奪，必惰❻於擇壻。壻小不得意，便得改悔。結讎速禍❼，莫此之甚矣。曩人畫法❽，慮關終始，杜漸防萌❾，思之良精。而不關❿恣奪之路，斷以報板之制⓫者，殆有意乎？

儻今女有國色，傾城絕倫⓬，而值豪右權臣之徒，目玩冶容，心忘禮度。貲累千金，情無所吝。十倍還娉，猶所不憚，況但一乎？華氏不難於殺孔父而取其妻⓭，楚人為子迎婦以其美而自納之⓮。以此論之，豈惜傾竭居產，以助女氏還前家之直⑮哉！小人輕薄，睚眥⑯成怨，又喜委衰逐盛，蹋冷趨熱⑰。此法之行，則必多奪貧賤而與富貴者矣。不審吾君何方以防弊乎？」

或曰：「可使女氏受娉禮，無豐約，皆以即日報板。後皆使時人署姓名於別板，必十人已上，以備遠行及死亡。又令女之父兄若伯叔，答壻家書必手書一紙。若有變悔而證據明者，女氏父母兄弟皆加刑罪。如此，庶於無訟者乎！」

【章旨】世俗嫌貧愛富，而富人為了美色不吝惜千金之財，因此加倍退還彩禮更不利於貧賤人家。

【注釋】❶納敬　或疑當作「納徵」，即送錢幣彩禮以訂婚姻，是古代婚姻六禮之一。❷親迎　古代婚姻六禮之一，即新郎到女方家，迎接新娘入室之禮儀。❸以同牢為斷　以同食一牲為界限。同牢，新郎新娘同食一牲的儀式。❹固　固陋；鄙陋。❺在意　在，疑為「任」字之訛。❻惰　不敬。❼速禍　招來禍患。❽曩人畫法　前人籌劃確立婚姻之禮法。曩，從前；往昔。❾杜漸防萌　防患於未然。❿關　疑當作「開」字，涉上而訛。⓫報板之制　指在官府的戶籍冊上登記的制度。板，指戶籍冊簿。⓬傾城絕倫　美貌絕世，有傾城之色。⓭華氏不難於殺孔父而取其妻　春秋宋華督氏在路上看見孔父之妻姿色豔美，後來便殺了孔父，將孔妻據為己有。見《左傳・桓公二年》。⓮楚人為子迎婦以其美而自納之　據《史記・楚世家》記載：春秋楚平王派少師費無忌前往秦國，為太子取婦。秦女美，費無忌乃勸平王自娶秦女。⓯直　指聘禮。⓰睚眥　怒目而視。借指小的怨忿。⓱蹋冷趨熱　趨附權勢，對於無權無勢者加以欺壓。蹋，踩；踢。

【語譯】這種辦法如果採用了，會使婚姻中的男方即使交納了聘禮、親迎之後，還是懷有新娘被人奪去的憂慮。為什麼這樣說？因為劉君的主張，是以新郎新娘同食一牲的儀式作為結婚的標誌，這就失於固陋了。如此則女方即使接受聘禮很久了，還是會懷有隨心任意的威風。仗著婚姻可以變化，一定不會敬重所選擇的對象。男方稍有不使她趁意之處，她便可以翻悔。結成冤讎，招來禍患，沒有比這更嚴重的了。前人設立婚姻的禮法，考慮其起始與結束，為了防患於未然，將它設想安排得非常的精細。採用登記在冊的制度，而不開隨心變更之路，不是有意如此嗎？

如果女方姿色非常美麗，有傾城絕世的容貌，遇上高門望族或者權臣子弟迷戀其美色，而忘記了禮度。他們家財萬貫，捨得花錢。十倍退還彩禮，尚且在所不惜。何況只是加倍地償還，難道會有問題嗎？華氏不難於殺死孔父而娶其妻，楚國有人為兒子娶妻因為女色之美而自娶。從這些事例看，即使幫助女方退還前家的聘禮要耗盡其全部的家產，又有什麼吝惜呢？世俗小人行為輕薄，因為小的忿怒就能結成仇怨，又喜歡趨炎附勢，欺壓打擊無權無勢的人家。若是執行劉君的辦法，一定會出現許多將貧賤人家聘定之妻奪去給富貴人家的情況。不知道劉君有什麼方法防止弊病的出現？」

有人說：「可以讓女方在接受聘禮之時，無論財禮的多少，都在當天登記名冊。並將當時見證人的姓名登錄在另外一本簿冊上，見證人必須十人以上，以免其中有人遠行或者死亡。又讓女方的父兄及叔伯等人，將答覆男方的家書一定手抄一紙。若有翻悔變故而證據確實的，對於女方的父母兄弟都要加以處罰。如果這樣作，大約便不會因為婚姻而鬧出訴訟來吧！」

卷二四 酒誡

【題解】 本篇的宗旨，是告誡人們要節制飲酒，以免醉後造成各項禍端。

我國有數千年的釀酒史，因為飲酒不節、招致災禍的事例很多。傳說夏桀「為酒池，可以運舟，糟丘足以望十里，一鼓而牛飲者三千人」（《新序・節士》）。殷商的末年酗酒成風，「腥聞在上，故天降喪于殷」（《尚書・酒誥》）。這些是飲酒荒亂、招致亡國之例。魏晉之際，飲酒更成為士林的風尚，名士以縱酒任誕相標榜。據說竹林七賢中的阮籍曾大醉六十日，當時又有劉伶醉死的傳聞。另一位名士畢卓曾說：「一手持蟹螯，一手持酒杯，拍浮酒池中，便足了一生。」可見當時的風氣，多以縱酒為曠達。〈酒誡〉所批評的就是這種社會現實。

文中指出飲酒對於國家、社會以及個人身體的嚴重危害，主張約束身心的欲望，節制乃至禁絕飲酒，以杜絕因酒引起的各種禍患。

抱朴子曰：「目之所好，不可從也；耳之所樂，不可順也；鼻之所喜，不可任也；口之所嗜，不可隨也；心之所欲，不可恣也。故惑目者必逸容鮮藻❶也，惑耳者必妍音淫聲❷也，惑鼻者必茝蕙芬馥❸也，惑口者必珍羞嘉旨也，惑心者必勢利功名也。五者畢惑，則或承之禍，為身患者，不亦信哉？

是以智者嚴隱括❹於性理❺，不肆神以逐物❻。檢之以恬愉❼，增之以長算❽。其抑情也，劇乎隄防之備決；其御性也，過乎腐轡之乘奔❾。故能內保永年，外免釁累❿也。蓋飢寒難堪者也，而清節者不納不義之穀帛⓫焉；困賤難居者也，而高尚者不處危亂之榮貴⓬焉。蓋計得則能忍之心全矣，道勝則害性之事⓭棄矣。

【章　旨】只有嚴格地檢束自己，不放縱耳、目、鼻、口、心五種欲望，才能免除禍累，永保生命的平安。

【注　釋】❶逸容鮮藻　美貌之人、鮮麗之色。❷妍音淫聲　豔歌俗曲、靡靡之音。淫聲，指浮靡的樂調。❸茝蕙芬馥　指香草、香料濃烈的香氣。茝蕙，香草之名。❹隱括　矯正竹木彎曲的工具。❺性理　指情感與理智。❻不肆神以逐物　不放縱心神，以追求物欲的滿足。肆神，肆心縱意。❼檢之以恬愉　檢束自己，保持心情的恬靜歡愉。❽增之以長算　以長遠的謀劃堅定其決心。長算，長久的考慮、謀略。❾腐轡之乘奔　以腐朽的轡繩駕馭奔馬。❿外免釁累　免除外在的禍患、危難。釁，過失；罪過。⓫清節者不納不義之穀帛　節操高尚的人不接受取之不義的糧食、布帛。如列子拒絕鄭相子陽之粟。見《列子・說符》。⓬高尚者不處危亂之榮貴　〈守塉〉曰：「列子不以其乏而貪鄭陽之祿，曾參不以其貧而易晉楚之富」，與此同意。⓭害性之事　指追求享樂、物欲之事。

【語　譯】抱朴子說：「眼睛所愛看的，不可以依從；耳朵所愛聽的，不可以順從；鼻子所愛聞的，不可以放任；口所愛吃的，不可以隨心所欲；心所希望得到的，不可以恣意。迷惑眼睛的，一定是美麗的容貌、鮮豔的色彩；迷惑耳朵的，一定是豔歌俗曲、靡靡之音；迷惑鼻子的，一定是蘭花香草濃烈的香味；迷惑嘴巴的，一定是珍貴的美味嘉餚；迷惑心神的，一定是高官厚爵、功名利祿。五個方面都受到迷惑，就可能遭遇禍患、危害生命，這不是確信無疑的嗎？

所以智者嚴格地約束自己的情緒及行為，不放縱心神以追逐物欲的滿足。他們保持心情的恬靜歡悅，以深遠的謀略來堅定其信念。他們抑制自己的感情，就像預防堤防崩決一樣認真嚴肅；他們約制著自己的稟性，就像用腐朽的繩索套著奔馬一樣小心翼翼。所以他們能夠內則保持生命的永存，外則免除世上的禍患。飢寒是難以忍受的，然而節操清廉的人卻忍受飢寒而不接受不義的穀物布帛；貧賤困苦是難以堅持的，然而高尚的人卻寧願貧困而不接受危難之國的榮華富貴。因為主意已定就能甘心去忍受而不改變，道德在心中取得勝利就能摒棄為害本性的欲望的誘惑。

夫酒醴之近味，生病之毒物，無毫分之細益，有丘山之巨損。君子以之敗德，小人以之速罪❶。耽之惑之，尠不及禍。世之士人亦知其然，既莫能絕，又不肯節。縱心口之近欲，輕召災之根源。似熱渴之恣冷，雖適己而身危❷也。小大亂喪，亦罔非酒，然而俗人是酣是湎❸。其初筵也，抑抑濟濟❹，言希容整，詠〈湛露〉之『厭厭❺』，歌『在鎬』之『愷樂』❻，舉『萬壽』之觴❼，誦『溫克❽』之義。日未移晷❾，體輕耳熱。

夫琉璃海螺之器❿竝用，滿酌罰餘之令遂急⓫。醉而不止⓬，拔轄投井⓭。於是口涌鼻溢，濡首及亂⓮。屢舞躚躚，舍其坐遷⓯。載號載呶⓰，如沸如羹⓱。或爭辭尚勝，或啞啞⓲獨笑，或無對而談，或嘔吐几筵，或值蹶良倡⓳，或冠脫帶解。貞良者，流華督⑳之顧眄；怯懦者，效慶忌㉑之蕃捷；遲重者，蓬轉而波擾；整肅者，鹿踊而魚躍；口訥於寒暑者，皆搖掌而諧聲㉒；謙卑而不競者，悉裨膽以高交㉓。

【章　旨】世人沈醉於酒，酒後禮儀廢弛，行動失常，醜態百出。

【注　釋】❶速罪　招致過失。速，招來。❷熱渴之恣冷二句　在炎熱口渴之時恣意喝冷水，雖然一時適意，卻對身體有危害。❸俗人是酣是湎　意謂世俗之人沈醉於飲酒之中，酣，飲酒而樂。湎，沈醉。❹抑抑濟濟　舉動縝密、嚴謹，都講究威儀。❺厭厭　形容歡樂、安和。《詩經・小雅・湛露》中有「厭厭夜飲，不醉無歸」二句。❻歌在鎬之愷樂　《詩經・小雅・魚藻》有「王在在鎬，愷樂飲酒」二句。鎬，指西周都城鎬京。愷樂，和樂；陶然自得。❼舉萬壽之觴　《詩經・小雅・楚茨》有「報以介福，萬壽無疆」二句。觴，酒杯。❽溫克　溫和，有涵養，能自我克制。《詩經・小雅・小宛》：「人之齊聖，飲酒溫克。」❾日未移晷　日影尚未移動。形容時間不長。晷，日影。❿琉璃海螺之器　琉璃之杯、海螺之器。均指酒具。⓫滿酌罰餘之令遂急　意謂斟滿酒後乾杯，未飲盡者受罰。行令以飲酒，急於執法。⓬醉而不止　止，一本作「出」。《詩經・小雅・賓之初筵》：「醉而不出，是謂伐德。」⓭拔轄投井　傳說漢代陳遵好客嗜酒，每次邀客宴飲，都取客之車轄投入井中，使客不能中途離去。⓮濡首及亂　意謂飲酒沒有節制，以至於醉亂。濡首，頭髮被酒打濕了。⓯屢儛躚躚二句　形容酒醉後多次起舞，動作輕浮，違背禮儀，隨便移動。⓰載號載呶　又是號叫，又是喧鬧。呶，喧譁。⓱如沸如羹　如同沸水，如同滾湯。形容嘈雜不休。⓲啞啞　笑聲。⓳傎蹷良倡　形容顛倒錯亂，進退失據。傎，顛倒。良倡，即「梁倡」。處境狼狽，進退失據。⓴華督　春秋之宋人。曾見孔父嘉之妻於路，目逆而送之，曰：「美而豔。」見《左傳・桓公元年》。㉑慶忌　春秋吳王僚之子，以矯捷勇武著稱，傳說他能「走追奔獸，手接飛鳥」。㉒搖掌而諧聲　搖掌，一作「撫掌」。諧聲，言辭滔滔不絕。㉓裨膽以高交　鼓起膽量與高貴者交談。裨，增益。

【語　譯】美酒之味，近於使人生病的毒物，沒有絲毫的補益，卻對人有巨大的損害。君子因為它而敗壞德行，小人因為它而招致過錯。沈醉迷戀於酒中，少有不遭禍患的。世間的士人也知道這一道理，但是他們既不能完全禁絕，又不肯加以節制。放縱對於美酒的貪欲，輕忽招災惹禍的根源。這就好像炎熱口渴時恣意喝冷水，雖然暫時適意卻對身體有所危害。

大大小小的喪亂，沒有不是酒所引起的，然而世俗之人沈醉於酒中。當酒宴初開始時，他們還是儀態嚴肅，彬彬有禮。或者歌詠〈湛露〉『厭厭夜飲，不醉無歸』之詩，或者歌詠〈魚藻〉『王在在鎬，愷樂飲酒』之句，舉杯則誦『報以介福，萬壽無疆』的祝願，答以『人之齊聖，飲酒溫克』的義理。然而為時不久，他們就兩耳發熱，舉止輕浮了。

於是酒席上琉璃之杯與海螺之器並用，舉酒乾杯，飲不盡者受罰，酒令的執行愈加急迫。飲酒已醉還不准離開，更有拔下客人車轄投入井中之事。飲酒的人滿口滿鼻都是酒氣，頭髮也被酒液沾濕，完全醉成一團。他們頻頻起舞，隨便移動坐位。又是歡呼號叫，又是大聲喧鬧，場面如同沸水、如同滾湯一樣。或者以言辭爭勝，或者獨自啞啞發笑。或者自言自語，或者嘔吐在筵席之上。有的顛倒狼狽，進退失據；有的帽子脫了，帶子解了。平常舉止正派的人變得像華督一樣目光淫邪了，平常膽小怕事的人變得像慶忌一樣行動矯捷了，平常動作遲緩穩重者變得輕浮好動了，平常道貌岸然者也變得動搖不定了，平常不善於寒暄的人如今都撫掌侃侃而談，平常態度謙卑的人如今也都壯起膽子與地位高尚者攀談交往。

廉恥之儀毀，而荒錯之疾發；闒茸❶之性露，而傲佷❷之態出。精濁神亂，臧否顛倒。或奔車走馬赴阬谷而不憚，以九折之阪❸為蛭封❹；或登危蹋頹雖墮墜而不覺，以呂梁之淵❺為牛跡❻也。或肆忿於器物，或酗醟❼於妻子。加枉酷於臣僕，用剡鋒❽乎六畜。熾火烈於室廬，掊寶玩於淵流。遷威怒於路人，加暴害於士友。褻嚴主以夷戮者有矣，犯凶人而受困者有矣。

言雖尚辯，煩而叛理。拜伏徒多，勞而非敬。臣子失禮於君親之前，幼賤悖慢於耆宿之坐❾。謂清談為詆詈❿，以忠告為侵己。於是白刃抽而忘思難之慮，棒杖奮而罔顧乎前後。搆漉血之讎⓫，招大辟之禍⓬。以少凌⓭長，則鄉黨加重責矣；辱人父兄，則子弟將推刃⓮矣；發人所諱，則壯士不能堪矣；計數深剋⓯，則醒者不能恕矣。起眾患於須臾，結百痾於膏肓⓰。奔駟不能追既往之悔⓱，思改而無自反之蹊。蓋智者所深防，而愚人所不免也。其為禍敗，不可勝載。

然而歡集，莫之或釋。舉白⓲盈耳，不論於能否。計灑霤於小餘⓳，以稽遲⓴為輕己。傾匡㉑注於所敬㉒，殷勤變而成薄㉓。勸之不持，督之不盡，怨色醜音所由而發也。

【章旨】世人酒醉之後，神經錯亂，因而發生衝突格鬥，結下冤仇，釀成無窮的禍患。

【注釋】❶闒茸　卑賤；惡劣。❷傲佷　倨傲凶狠，蠻橫無理。❸九折之阪　指險峻崎嶇的山路，須九折方能登上山頂。❹螘封　螞蟻洞外的土堆。❺呂梁之淵　傳說呂梁懸水三千仞，流沫四十里，魚鼈不能游。代指深淵。❻牛跡　牛足踏出的水坑。❼酗醟　酗酒；酒後迷亂。❽剡鋒　指刀劍等鋒利之物。❾幼賤悖慢於耆宿之坐　晚輩、身分卑下的人在長者老師面前違逆傲慢無禮。悖慢，狂悖傲慢。耆宿，老師、長者。❿謂清談為詆詈　清談，指議論。詆詈，詆毀、辱罵。⓫搆漉血之讎　結下深仇大恨。搆，結怨。漉血，流血。⓬大辟之禍　殺身之禍。⓭凌　通「陵」。欺侮。⓮推刃　以刀劍刺殺。⓯計

數深剋　心思曲深、計謀尖刻。計數，謀劃。⑯結百痾於膏肓　病在膏肓之間，則難以醫治。百痾，百病。膏肓，古稱心臟下部為膏，膈膜為肓。⑰奔駟不能追既往之悔　意謂言行有所失誤，奔馬也不能將它追回。⑱舉白　進酒乾杯。⑲計瀝霤於小餘　計較點滴的殘酒。瀝霤，指未喝盡的酒。計，一作「料」。⑳稽遲　耽誤、行動遲緩。㉑傾匡　盡其所有。指酒。㉒所敬　指被勸酒的人。㉓殷勤變而成薄　意謂一番殷勤美意反倒鬧出糾紛，破壞友情。

【語譯】講究廉恥的禮儀被破壞了，荒唐錯亂的毛病出現了。惡劣的本性顯露出來，而表現出傲慢凶狠的態度。精神糊塗混亂了，是非善惡也顛倒了。有的駕著奔車、乘著快馬入深坑山谷也無所畏懼，將險峻陡峭的九折之阪當成螞蟻洞外的小土堆；有的攀登危險的山崖，即使掉落下去也沒有知覺，將水激浪險的呂梁之淵當作牛腳踩出的小水坑。有的發洩憤怒毀壞器物，有的在妻兒面前發酒瘋，有的無理地虐待奴僕，有的用刀劍亂刺牲畜，有的使房屋燒起了大火，有的將珍寶玩物沈入河底，有的遷怒於行路之人，有的加害於同輩之友人。因為辱及了威嚴的主人而被殺戮的，有了；因為冒犯了凶狠的人而狼狽不堪的，也有了。

言談雖說崇尚言辭，但是如果過於繁瑣就違反了理致。酒後跪拜的次數再多，雖然辛勞卻不能表達尊敬之意。臣下失禮於君主之前，後輩在師長面前違逆傲慢。將清談議論當作辱罵自己，將忠言勸告當作傷害自己。於是抽出了刀劍而不作認真考慮，揮起了棍棒而不顧及前前後後。結下了深仇大恨，招來了殺身之禍。晚輩如果欺陵長輩，就會引來鄉鄰的嚴重譴責；如果侮辱了他人的父兄，其子弟就會拿起刀槍拼鬥；冒犯別人的忌諱，雄壯之士就難以忍受了；心思狡猾而剋薄寡情，一旁清醒的人就不能寬恕了。眾多的禍患一起萌生，各種疾病都生於膏肓。言行失誤所造成的悔恨，奔馬也不能將它追回；將來想要改正，卻已經無路可走、為時已晚了。這是聰明人所要認真提防，是愚蠢的人所難以避免的。它所造成的禍難與失敗，簡直寫也寫不完。

然而人們歡聚在一起時，還是沒有不飲酒的。乾杯的聲音不絕於耳，而不管人們能否飲酒。計較一點一滴的殘餘，稍有遲緩就認為輕視自己。將酒傾其所有以招待尊敬的客人，結果一番美意反倒引起糾紛、損害友情。面對勸酒而不端起酒杯，督促乾杯而飲之不盡，於是惡言怨語就產生了。

夫風經府藏❶，使人惚怳❷，及其劇者，自傷自虞❸。或遇斯疾，莫不憂懼。吞苦忍痛，欲其速愈。至於醉之病性，何異於茲？而獨居密以逃風❹，不能割情以節酒。若畏酒如畏風，憎醉如憎病，則荒沈之咎❺塞，而流連❻之失止矣。

夫風之為疾，猶展攻治，酒之為變，在乎呼噏❼。及其悶亂，若存若亡❽。視泰山如彈丸❾，見滄海如盤盂。仰嚾天墮❿，俯呼地陷。臥待虎狼，投井赴火，而不謂惡也。夫用身之如此，亦安能惜敬恭之禮⓫、護喜怒之失哉？

【章　旨】酒醉對於人體的危害同於風疾，因此應該以防止風疾的態度防止醉酒。

【注　釋】❶風經府藏　風，指邪氣。風疾，指狂疾，患者精神恍惚、迷亂。府藏，五臟六腑。❷惚怳　心神迷糊不清。怳，通「恍」。❸自傷自虞　自己傷害自己的身體，不覺痛楚，反以為樂。虞，通「娛」。❹居密以逃風　嚴密防範，不染上狂疾。❺荒沈之咎　荒廢事務、沈醉於酒之過失。❻流連　指迷戀於酒，樂而忘返。❼呼噏　呼吸。❽若存若亡　神志迷糊，若生若死。❾視泰山如彈丸　將泰山視同彈丸之小。❿仰嚾天墮　嚾，大叫。天墮，天塌。這是酒醉後的錯覺。⓫惜敬恭之禮　恭恭敬敬，謹守禮儀規範。

【語　譯】邪氣侵襲了人的五臟六腑，就會使人精神恍惚，染上風疾。病情嚴重的患者，就會自己傷害自己的身體以為娛樂。如果染上此病，沒有不為之憂愁恐懼的。人們吞食苦藥，忍受針灸之痛，想使疾病迅速痊癒。至於醉酒之傷害人的本性，跟風疾又有什麼不同呢？而人們只是願意嚴密防範邪氣的侵襲，卻不能割捨嗜欲以節制飲酒。如果懼怕醉酒就像懼怕邪氣一樣，憎惡酗酒就像憎惡疾病一樣，那麼荒淫沈醉的過錯就會杜絕，而迷戀忘返的失誤就會消除了。

風疾帶來的病痛，猶有待於治療；飲酒之變化，在於呼吸間的決心。酒醉之人精神錯亂，若生若死，將泰山看得如同彈丸之渺小，將滄海看得如同盤盂之狹窄。仰則大叫天塌下來了，俯則呼喊地陷下去了。躺在那裡不避虎狼，有的掉進井內，有的投入火中，卻不認為是壞事。酒後對自己的身體如此，怎麼能謹慎地遵守禮儀、防止喜怒過當的錯誤呢？

昔儀狄既疏，大禹以興❶；糟丘酒池，辛癸以亡❷。豐侯得罪，以戴尊銜盃❸；景升荒壞，以三雅之爵❹；劉松爛腸，以逃暑之飲❺；郭珍發狂，以無日不醉❻。信陵之凶短❼，襄子之亂政❽，趙武之失眾❾，子反之誅戮❿，漢惠之伐命⓫，灌夫之滅族⓬，陳遵之遇害⓭，季布之疏斥⓮，子建之免退⓯，徐邈之禁言⓰，皆是物也。

世人好之樂之者甚多，而戒之畏之者至少。彼眾我寡，良箴⓱安施？且願君子節之而已。曩者既年荒穀貴，人有醉者相殺，牧伯因此輒有酒禁⓲。嚴令重申，官司搜索。收執榜徇者相辱⓳，制鞭而死者太半。防之彌峻，犯者至多。至乃穴地而釀，油囊懷酒。民之好此，可謂篤矣。余以匹夫之賤，託此空言之書，未如之何矣！

又臨民者雖設其法，而不能自斷斯物，緩己急人⓴，雖令不從。弗躬弗親，庶民弗信㉑。以此而教，教安得行；以此而禁，禁安得止哉？沽賣之家，廢業則困。遂修飾賂遺㉒，依憑權右㉓，所屬吏不敢問。無力者獨止，而有勢者擅市。張壚專利㉔，乃更倍售。從其酤買，公行靡憚。法輕利重，安能免乎哉？」

【章　旨】引用歷史上因酒致禍的教訓，告誡世人節制飲酒，並說明官府禁酒無效的緣由。

【注　釋】❶儀狄既疏二句　儀狄，夏禹之臣。傳說帝女令儀狄作酒而美，獻給夏禹。夏禹飲而甘之，遂疏儀狄，絕旨酒。並曰：「後世必有以酒亡其國者！」見《戰國策・魏策》。❷糟丘酒池二句　傳說夏桀、商紂之時，酒糟成山，酒液成池。辛，即商紂。癸，即夏桀。❸豐侯得罪二句　豐侯，周成王時之諸侯，其國君以酒被黜。後世酒器，作豐侯之形，上承杯盂，以為告誡。❹景升荒壞二句　劉表，字景升，初平元年任荊州刺史，後為荊州牧。其子弟驕貴，以可受七升之酒器為伯雅，可受六升為仲雅，可受五升為季雅。爵，指酒器。❺劉松爛腸二句　劉松，三國時人，曾官光祿大夫。嘗以盛夏三伏之際，與袁紹子弟晝夜酣飲，至於極醉，云以避一時之暑。見《初學記・卷三》引《典論》。❻郭珍發狂二句　郭珍，曾官洛陽令，家財巨億。盛暑招客飲，使侍婢盛妝飾、被羅縠，以進酒。見《太平御覽・卷四七二》引《典論》。❼信陵之凶短　信陵君因為長年醉酒而短壽。信陵，指戰國魏公子無忌，因受讒毀，乃謝病不朝。與賓客為長夜之飲，如此四年，病酒而卒。見《史記・魏公子列傳》。❽襄子之亂政　傳說趙襄子飲酒，五日五夜不廢酒，國內朝政混亂。見《新序・刺奢》。❾趙武之失眾　趙武，春秋晉人，又稱趙孟，曾任晉正卿。亦曾沈醉於酒，被批評曰：「神怒民叛，何以能久。」見《左傳・昭公元年》。❿子反之誅戮　子反，春秋楚公子側，字子反，嗜酒。楚共王與晉厲公戰於鄢陵，楚師敗。酣戰之時，子反飲酒而醉，因此被斬。見《韓非子・十過》。⓫漢惠之伐命　漢惠，呂后之子。因不滿意呂后對待戚夫人的殘暴，每日飲酒以為淫樂，二十三歲便因病而死。見《史記・呂太后本紀》。⓬灌夫之滅族　灌夫，西漢潁陰人，以功封中郎將，後任太僕，徙燕相。為人剛直好酒，嘗使酒罵坐，以不敬罪被族誅。見《史記・魏其武安侯列傳》。⓭陳遵之遇害　陳遵，字孟公，漢杜陵人，以功封奮威侯。好客嗜酒，家中車騎滿門，酒肉相屬。後使匈奴，在朔方酒醉後被殺。見《漢書・游俠傳》。⓮季布之疏斥　季布，楚人。漢文帝時任河東郡守，治郡有聲譽。欲召為御史大夫，左右或毀言酗酒，見罷。見《史記・季布欒布列傳》。⓯子建之免退　曹植，字子建，曹操之子。任性而行，飲酒不節。曹操嘗欲以曹植為南中郎將、行征虜將軍，曹植醉而不能受命，曹操悔而罷之。見《三國志・魏書・陳思王植傳》。⑯徐邈之禁言　徐邈，字景山，三國魏人。當時曹操頒令禁酒，而徐邈私飲至於沈醉。有人問他，答以「中聖人」，猶言中酒。曹操聞之，甚怒。禁言，不能明言而用隱語。見《三國志・魏書・徐胡二王傳》。⑰良箴　善意規諫之辭。箴，告誡；規諫。⑱酒禁　禁止釀酒、飲酒。《後漢書・孔融傳》：「時年飢兵興，(曹)操表制禁酒。」⑲相辱　孫星衍校曰：「『辱』當作『屬』」。⑳緩己急人　寬以責己，嚴以待人。指禁止百姓飲酒，官員卻自己不禁酒。㉑弗躬弗親二句　意謂不親自實行，則百姓不會信從。㉒賂遺　贈送禮物、金錢賄賂。遺，贈予。㉓權右　權門；顯貴。㉔張壚專利　設酒店，壟斷其利益。壚，酒店中放置酒罈的土臺。此指酒店。

【語　譯】從前夏禹疏遠了造酒的儀狄，於是他的國家就興盛了；夏桀、商紂使酒糟成山、酒液成池，於是他們的國家就滅亡了。豐侯因酒得罪，便以他的形象頂杯盂以為警誡。劉表的統治崩潰了，因為他的子弟以三雅給酒杯命名，沈溺其中。劉松爛腸，因為他在盛夏狂飲以至於爛醉而不省人事。郭珍發狂，因為他沒有一天不醉酒的。信陵君之短命而亡，趙襄子之朝政混亂，趙武之喪失民心，子反之遭受誅戮，漢惠之危害生命，灌夫之舉族被誅，陳遵之被人殺害，季布之遭到疏斥，曹植之黜退貶廢，徐邈之不能明言，都是由於酒這個東西的緣故。

世俗喜愛而沈湎於酒的人很多，而害怕由酒惹禍因而戒酒的人非常的少。他們的人多而我們的人少，善意的規諫又怎麼能施行呢？我只希望天下之君子節制飲酒罷了。從前因為發生災荒糧食昂貴，民間有人醉酒後相互殘殺，州郡長官因此而禁止飲酒。官府下達了嚴厲的命令，反覆重申。有關衙門搜索、抓人、拷打，接連不斷，其中被鞭撻至死的佔了大半。然而防之愈嚴，犯者愈多。乃至於有人在地下挖洞釀酒，用盛油的袋子裝酒。百姓之愛酒，可謂深厚了。我以一介匹夫之卑賤，寫此空言之書，又能怎麼樣呢！

再說管理百姓的官員雖然制定了禁酒的法令，然而他們自己不能做到斷酒不飲。嚴於責人而寬以待己，即使有命令也無人聽從。不親身去實行，庶民百姓就不會相信。用這種辦法推廣教化，教化怎麼能普及呢；用這種辦法實行禁令，禁令怎麼會有效呢？那些賣酒的人家，若是停業就會發生困難。於是他們攀附賄賂，依靠有權有勢的豪門貴族，下屬的官吏不敢過問。沒有勢力的只好停業，有勢力的就操縱了市場。這種人家開設酒店，壟斷利益比起從前賣得更多。人們公然前去買酒，毫無顧忌。法令輕而利益重，怎麼能夠禁酒呢？」

或人難曰：「夫夏桀、殷紂之亡，信陵、漢惠之殘，聲色之過，豈唯酒乎？以其生患於古，而斷之於今，所謂以褒姒喪周❶，而欲人君廢六宮❷；以阿房之危秦❸，而使王者結草菴也。

蓋聞昊天表酒旗之宿❹，坤靈挺空桑之化❺。燎柴員丘❻，瘞薶折澤❼，祼鬯儀彝❽，實降神祇，酒為禮也❾。

千鍾百觚，堯舜之飲❿也；唯酒無量，仲尼之能⓫也。姬旦酒肴不徹，故能制禮作樂⓬；漢高婆娑巨醉，故能斬蛇鞠旅⓭。于公引滿一斛，而斷獄益明⓮；管輅傾仰三斗，而清辯綺粲⓯。揚雲酒不離口，而《太玄》乃就⓰；子圉醉無所識，而霸功以舉⓱。一瓶之醪傾，而三軍之眾悅⓲；解毒之觴行，而盜馬之屬感⓳。消憂成禮，策勳飲至⓴，降神合人，非此莫以也。內速諸父㉑，外將嘉賓㉒。如淮如澠，《春秋》所貴㉓。由斯言之，安可識㉔乎？」

【章旨】有人提出酒乃是天地所生之物，有消憂成禮、降神合人的特殊功能，因而不能禁絕。

【注　釋】❶褒姒喪周　褒姒，周幽王之后。幽王惑於褒姒，終至國破身亡。❷六宮　皇后、妃嬪居住的宮室。代指后妃之輩。❸阿房之危秦　因為修築了阿房宮，加速了秦朝的滅亡。❹昊天表酒旗之宿　傳說軒轅星座右角南三星名曰酒旗星，主饗宴飲食。昊天，指天空。❺坤靈挺空桑之化　坤靈，地之神化。指大地。空桑，指枯桑樹，其中空心。傳說最初有人將剩飯置於空桑中，無意釀成了酒。江統〈酒誥〉：「酒之所興，乃自上皇。或云儀狄，一曰杜康。有飯不盡，委餘空桑。本出於此，不由奇方。」❻燎柴員丘　意謂在圓丘之上焚柴以祭天。祡，通「柴」。員丘，圓形之高丘。❼瘞薶折澤　意謂在澤中之方丘上祭祀地神。瘞薶，祭地祇。薶，是「埋」的本字。折，封土為丘，以祭地神。折，原本作「圻」，形近而訛。❽裸鬯儀彝　意謂將祭祀的香酒裝在器皿之中。裸，灌酒獻神之禮。鬯，以鬱金香合黍釀造的香酒，作祭祀用。儀彝，指祭祀用的青銅器皿。❾酒為禮也　意謂酒使禮儀得以完備。❿千鍾百觚二句　鍾、觚，均為古代之酒器。孔融〈與曹操書〉：「堯不千鍾，無以建太平。」⓫唯酒無量二句　意謂孔子飲酒不計數量，又能不亂。《論語・鄉黨》：「惟酒無量，不及亂。」⓬姬旦酒肴不徹二句　姬旦，即周公。《韓詩外傳・卷四》：「周公酒肴不離於前，鐘石不解於懸，以輔成王，而宇內亦治。」⓭漢高婆娑巨醉二句　婆娑，形容酒後步履不穩，如同舞蹈狀。鞠旅，誓言告語。這裡為宣布舉兵起師的意思。傳說劉邦酒後行澤中，有大蛇當道，劉邦遂斬蛇起事。見《史記・高祖本紀》。⓮于公引滿一斛二句　于公，指于定國，西漢之大臣。他曾任廷尉，執法審慎而寬大。傳說他飲酒至數石不亂。孔融〈與曹操書〉：「定國不酣飲一斛，無以決其法。」⓯管輅傾仰三斗二句　管輅，字公明，三國魏人，明《周易》，善於清談。嘗酒後與人論難，「文采葩流，枝葉橫生，少引聖籍，多發天然」。綺粲，文采燦爛貌。見《三國志・卷二九》裴松之注引《管輅別傳》。⓰揚雲酒不離口二句　揚雄，字子雲，西漢學者、辭賦家。家貧而嗜酒，以為經莫大於《易》，乃仿而作《太玄》。⓱子圉醉無所識二句　子圉，當為「重耳」之訛。重耳在齊國時，一度貪圖安逸，後來在醉酒中被送出了齊國，最終成就了霸業。《左傳・僖公二十三年》：「姜與子犯謀，醉而遣之」。⓲一瓶之醪傾二句　傳說古代之良將用兵，有一瓶之酒，則傾之於江，令將士迎流而飲之。見《黃石公記》。⓳解毒之觴行二句　傳說秦穆公的服馬被野人宰殺偷食。秦穆公曰：「食駿馬之肉而不還飲酒，余恐其傷女也。」於是賜酒，使遍飲而去。盜馬之人受到感動，在後來的韓原之戰中盡力為秦穆公而戰，終於反敗為勝。見《呂氏春秋・愛士》。⓴策勳飲至　策勳，紀功於策。飲至，古代締約或征伐後，歸飲於宗廟。《左傳・桓公二年》：「凡公行，告于宗廟。反行，飲至、舍爵、策勳焉，禮也。」㉑內速諸父　內則招待同族之長者。諸父，指同姓、同族的親屬。㉒外將嘉賓　對外則款待嘉賓。將，奉。㉓如淮如澠二句　《左傳》有「有酒如淮」、「有酒如澠」之祝辭，故云。見《左傳・昭公十二年》。㉔識　孫星衍曰：「當作誠。」

【語　譯】有人辯駁說：「夏桀、商紂之所以滅亡，信陵君、漢惠帝之所以短命，是由於他們沈浸於聲色之過。難道只是由於飲酒嗎？因為古代發生過禍患，便斷絕於今天，這就好像因為褒姒導致周的喪亂便要後世帝王廢除六宮后妃，因為修築阿房宮導致秦的危亡，便要後世帝王住在茅屋中一樣。

聽說天上有酒旗之星宿，地上有空桑釀酒之變化。在圓形高丘上焚柴以祭天神，在澤中之方丘埋下繒帛以祭地神，將美酒灌在器皿中以祈請天神地祇降臨。酒可以幫助完成必備之禮儀。

傳說堯能飲酒千鍾，舜能飲酒百觚；飲酒無量而又不迷亂，孔子有此能力。周公面前酒餚不斷，所以能制禮作樂；漢高祖劉邦酒後大醉，所以能夠斬白蛇而起兵。于定國飲酒一斛，而判案就愈加精明；管輅飲酒三斗，然後清談就言辭華美。揚子雲酒不離口，方能寫成《太玄》；重耳大醉無所知覺，而終於建成了霸業。一瓶酒倒在流水之中，三軍之眾就歡喜了；賞給了解毒的美酒，那些偷馬的人就被感動了。要消除憂傷、成就禮儀、紀功簡策、合飲宗廟、降臨神祇、團結眾人，沒有酒是不行的。酒的作用，內則招待同族的親屬，外則款待四方的嘉賓。『有酒如淮』、『有酒如澠』，這是《左傳》所贊美的。由這些來看，酒怎麼可以戒除呢？」

抱朴子答曰：「酒旗之宿，則有之矣。譬猶懸象著明❶，莫大乎日月，水火之原於是在焉❷。然節而宣之，則以養生立功；用之失適，則焚溺而死。豈可恃懸象之在天，而謂水火不殺人哉？宜生之具，莫先於食，食之過多，實結癥瘕❸。況於酒醴之毒物乎！

夫使彼夏桀、殷紂、信陵、漢惠荒流於亡國之淫聲、沈溺於傾城之亂色❹，皆由乎酒熏其性，醉成其勢，所以致極情之失，忘修飾之術❺者也。我論其本，子識其末，謂非酒禍，禍其安出？是獨知猛雨之霑衣，而不知雲氣之所作；唯患飛埃之瞇目❻，而不覺飆風之所為也。

千鍾百觚，不經之言，不然之事，明者不信矣。夫聖人之異自才智，至於形骸，非能兼人，有七尺❼三丈之長、萬倍之大也。一日之飲，安能至是？仲尼則畏性之變，不敢及亂。周公則終日百拜❽，肴乾酒澄❾。上聖戰戰，猶且若斯。況乎庸人，能無悔乎？

漢高應天，承運革命，向雖不醉，猶當斬蛇❿。于公聽達，明於聽斷，小大以情⓫，不失枉直⓬。是以刑不濫加，世無怨民。但其健飲，不即廢事。若論大醉，亦俱無知。決疑之才，何賴於酒？未聞皋繇⓭、甫侯⓮、子產⓯、釋之⓰，醉乃折獄也。管輅年少，希當劇談⓱，故假酒勢以助膽氣。若過其量，亦必迷錯。及其刺毫釐於爻卦⓲，索鬼神之變化⓳，占氣色以決盛衰⓴，聆鳴鳥以知方來㉑，候風雲而剋吉凶㉒，觀碑柏而識禍福㉓，豈復須酒，然後審之？

揚雲通人，才高思遠。英贍之富，稟之自天。豈藉外物，以助著述？及其數飲，由於偶好。亦或有疾，以宣藥勢耳。子圉肆志㉔，蓋亦素定，雖復不醉，亦於終果。瓶醪悅眾，寓言之喻。誠能賞罰允當，威恩得所，長算縱橫㉕，應機無方。則士思果毅㉖，人樂奮命。其不然也，雖流酒淵，何補勝負？繆公飲盜，造次之權㉗。舍法長惡㉘，何足多稱哉？豈如慎之邪？」

【章　旨】分析世人反對戒酒的各項論據，指出飲酒過量，必致失誤。

【注　釋】❶懸象著明　懸掛在空中的發光物體。❷水火之原於是在焉　古人以陽燧對著太陽可以取火，以方諸在月下可以得水，因而認為日月是水火的本源。《淮南子・天文》：「陽燧見日，則燃而為火；方諸見月，則津而為水。」❸癥瘕　腹中的結塊，腫瘤之類。❹傾城之亂色　指容貌傾城的美色。與前之「淫聲」相對，故曰「亂色」。❺修飾之術　指以禮法約束、矯正行為之方法。❻飛埃之糝目　飛起的塵埃進入眼睛中。糝，紛散。❼七尺　孫星衍校曰：「當有誤。」古人以身長為七尺，此二字或為寫者旁注，誤入正文。❽終日百拜　《禮記・樂記》曰：「壹獻之禮，賓主百拜，終日飲酒而不得醉焉。此先王之所以備酒禍也。」❾肴乾酒澄　意謂菜餚乾、酒澄清，而不敢濫飲，一定要遵照禮儀。《禮記・聘義》：「酒清，人渴而不敢飲也。肉乾，人飢而不敢食也。日暮人倦，齊莊正齊，而不敢解惰，以成禮節。」❿斬蛇　傳說劉邦所斬白蛇為白帝之子，象徵秦。劉邦為赤帝子，劉邦斬白蛇，寓意漢當滅秦。見《史記・高祖本紀》。⓫小大以情　對於大小各種案件，都能認真審理，合情合理。⓬枉直　是非；曲直。⓭皋繇　即皋陶，傳說是舜之臣，掌刑獄之事。⓮甫侯　呂侯，周穆王之臣，為司寇，據夏禹贖刑之法，從輕以布告天下。呂侯之後代為甫侯。《尚書》有〈呂刑〉，又稱〈甫刑〉。⓯子產　春秋鄭之正卿，曾鑄刑書於鼎，以為國之常法。⓰釋之　張釋之，漢文帝時曾任廷尉，執法公平，天下稱之。⓱管輅年少二句　管輅十五歲時，曾飲酒三升，與賓客眾人論辯，文采斐然，為時所稱。劇談，辯論；論爭。⓲刺毫釐於爻卦　探究爻卦的寓意，能辨析入微，毫釐不差。刺，探求。⓳索鬼神之變化　傳說管輅卜筮，能料見鬼神之事。參見《搜神記・卷三》。⓴占氣色以決盛衰　傳說管輅嘗會見二位客人，見其天庭及口耳之間有凶氣，預言二人不久當死。後數十日，二人飲酒醉，乘車翻覆入水而死。見《三國志》本傳。㉑聆鳴鳥以知方來　傳說管輅曾見鳴鵲飛來閣屋上，其聲甚急，預言東北有婦殺人，告者將來，果然應驗。見《三國志》本傳。㉒候風雲而剋吉凶　傳說管輅曾見飄風在庭中回轉，良久乃止，便預言將有父哭子之事，亦應驗。見《三國志》本傳。㉓覿碑柏而識禍福　傳說管輅過毋丘儉父之墓，倚樹哀吟說：「林木雖茂，無形可久；碑誄雖美，無後可守。……四危以備，法當滅族。」不過兩年，毋丘儉反叛朝廷，兵敗被殺。㉔肆志　指施展抱負、建立霸業之志向。㉕長算縱橫　指策略正確，縱橫變化，計謀得當。算，謀略。㉖士思果毅　戰士有心奮勇殺敵。㉗造次之權　倉猝之間的權宜之計。權，計謀。㉘舍法長惡　放棄法律的準繩，助長醜惡的行為。

【語譯】抱朴子回答說：「名叫酒旗的星宿，的確是有的。這就好比天上發光的物體，沒有比日月更大的。水火的本原，也就在日月之上。如果有節制的利用水火，就可以養育生命，建立四時之功。用之不當，就會被火燒死、被水淹死。難道可以因為日月懸掛於天，就說水火不能殺人嗎？養生之物，首先是食品。然而吃得太多，就會在腹中出現結塊。更何況酒是有毒性之物呢！

使夏桀、商紂、信陵君、漢惠帝沈浸於靡靡的亡國之音樂，迷戀於傾城絕世的美色，都是由於酒力熏亂了其本性，濫飲促成了其態勢，所以招致了荒淫的過失，忘記了自我約制的道理。我談論的是問題的根本，你卻只看到了它的末節。說他們不是飲酒致禍，那麼禍害出自何處呢？這就好像只知道大雨淋濕了衣裳，卻不知道雨是雲氣變化而成；只耽心飄動的塵埃迷住了眼睛，卻不知道飛塵是大風吹起的一樣。

說堯能飲酒千鍾、舜能飲酒百觚，這是荒唐不經之談，事實並非如此，聰明的人不會相信。聖人與凡人不同之處是在才能與智慧方面。至於聖人的體形，並不能兼有數人之量，不能有數丈之長、萬倍之大。一天之內，怎麼能飲酒那麼多呢？孔子只是耽心酒力擾亂了性情，因此不敢醉酒迷亂。周公則每天拜伏百次，即使菜餚變乾、酒變澄清，也要遵循禮儀，不敢濫飲。上聖之人尚且謹慎恐懼如此，何況平凡之人，怎能不翻然悔悟呢？

漢高祖順應天命的運化，革除舊朝，建立新朝。當時即使他不醉，也會斬蛇起兵。于定國聰穎通達，明於斷案。大大小小的案件，都能處理得符合情理，不違背是非的準繩，所以刑法不會濫加於無辜，百姓都毫無怨言。只因為他酒量大，所以飲後不會荒廢事務。若是大醉，他也會失去知覺。判斷疑案的才能，與酒又有什麼關係呢？沒有聽說皐陶、甫侯、子產、張釋之等，醉後方能判案之事。管輅年輕，很少與人論辯，所以假藉酒勢以鼓氣壯膽。若是飲酒過量，他也會迷糊錯亂。至於他能辨析爻卦的寓意不差分毫，能準確的料見陰陽鬼神之事，透過面容氣色預知盛衰，聽見鳥鳴便能推斷將來，看見風氣變化便知隱伏的吉凶，觀察墓碑柏樹便知以後的禍福。難道都要飲酒之後，才能審察判斷嗎？

揚雄是一代通人。他有高邁的才調、深遠的思維、豐富的學識，這些都是自然天生的。難道要借助外物，幫助他著述嗎？他之經常飲酒，乃是由於偶然的愛好。也可能有病，需要借酒以發散藥力。重耳有建立霸業的壯志這是早已確定了。即使他不醉酒，也一定會實現這一目標。將一瓶酒倒入水中使三軍都歡悅，這只是一個寓言。如果能夠作到賞罰公允，恩威得當，謀略正確，變化莫測，那麼戰士都樂意奮勇殺敵，人人都不怕犧牲。如果不是如此，即使傾倒的酒再多，對於戰事的勝敗又有什麼幫助呢？秦穆公賞酒給盜馬之人，這不過是一時的權宜之計。放棄法律的原則，助長罪惡的行為，有什麼值得稱道的呢？又豈能與謹慎從事相比較？」

卷二五 疾謬

【題解】本篇的主旨，是批判世俗風習中種種荒謬醜陋的社會現象。

漢末以來，綱紀廢弛，禮教敗壞。魏晉之世，雖然國步維艱，民生疾苦，而世風漸趨浮華。淺近之徒，阿附權貴，對上則低眉翕肩以奉望之，對下則作威作福以控御之。而子弟則無復檢束，或集會宴飲，則相互嘲戲，上及於祖考，下逮於妻女；或者結伙遨遊，入人堂室，觀人婦女，評論美醜；或有婚娶之家，則於親屬之前，問以醜言。種種窮鄙極黷之事，不一而足。

作者要求人們「尊其辭令，敬其威儀」，以杜絕嘲戲；「推蔭讓路，勞謙下士」，以克服橫暴之習；要求君子之交，以道義相合，共同矯正世俗之弊，恢復禮制，以養成良好的社會風氣。

抱朴子曰：「世故繼有❶，禮教漸頹。敬讓莫崇，傲慢成俗。儔類飲會❷，或蹲或踞。暑夏之月，露首袒體。盛務唯在摴蒱彈棋❸，所論極於聲色之間。舉足不離綺繻紈袴之側❹，游步不去勢利酒客之門。不聞清談講道之言，專以醜辭嘲弄為先。以如此者為高遠，以不爾者為騃野❺。於是馳逐之庸民，偶俗之近人❻，慕之者猶宵蟲之赴明燭，學之者猶輕毛之應飆風。嘲戲之談，或上及祖考❼，或下逮婦女❽。往者務其必深焉，報者恐其不重焉。倡之者不慮見答之後患，和之者恥於言輕之不塞。周禾之芟，溫麥之刈❾，實由報恨，不能已也。利口者扶強而黨勢❿，辯給者借鎒⓫以刺瞂⓬。以不應者為拙劣，以先止者為負敗。如此交惡之辭，焉能默哉？

其有才思者之為之也，猶善於依因機會，準擬體例，引古喻今，言微理舉⓭。雅而可笑，中而不傷。不棖⓮人之所諱，不犯人之所惜。若夫拙者之為之也，則枉曲直湊⓯，使人愕然妍之與媸⓰。其於宜絕，豈唯無益而已哉！

乃有使酒之客，及於難侵之性，不能堪之。拂衣拔棘⓱，而手足相及。醜言加於所尊，歡心變而成讎，絕交壞身，構隙致禍。以杯螺相擲者有矣，以陰私相訐⓲者有矣。昔陳靈之被矢⓳，灌氏之泯族⓴，匪降自天，口實為之。樞機之發，榮辱之主㉑，三緘之戒㉒，豈欺我哉？

【章旨】世間禮教崩壞，傲慢成俗。有的人相互以醜辭相嘲戲，有的人酗酒鬧事，引出無數的禍患。

【注釋】❶世故繼有　變故相繼，歷代都有。世故，事變；變故。❷儔類飲會　同輩之人在一起聚會宴飲。儔類，同輩。❸摴蒱彈棋　晉代盛行一種博戲，以擲骰決定勝負，名曰摴蒱。彈棋，兩人對局下棋，也是一種博戲。❹舉足不離綺繻紈袴之側　意謂只與富貴子弟相交往。綺繻紈袴，富貴人家所穿，故云。❺騃野　愚笨、粗野。❻偶俗之近人　投合世俗的淺近之徒。❼祖考　祖先。父生曰父，死曰考。❽婦女　妻子、女兒。❾周禾之芟二句　據載周、鄭有矛盾，隱公三年，鄭祭足率師踐踏了溫地之麥，秋天又糟踏了成周之禾，當時麥、禾皆未成熟。見《左傳‧隱公三年》。❿扶強而黨勢　依託強者，憑藉其聲勢。⓫鍒　柔鐵。此為「鍒」之假借，即矛。⓬瞂　即盾。⓭言微理舉　以精微不露的言辭闡明道理。⓮棖　觸犯。⓯枉曲直湊　意謂不論枉曲，不管情況如何，直接說出來。直湊，如車輻直指而會於車轂。⓰妍之與媸　美之與醜。⓱拂衣拔棘　拂衣而起，拔戟而鬥。棘，通「戟」。⓲相訐　發人陰私，以相攻擊。⓳陳靈之被矢　陳靈公飲酒於夏氏，夏徵舒將他射殺。見《左傳‧宣公十年》。⓴灌氏之泯族　灌夫，西漢潁陰人。以功封中郎將，曾任太僕。為人剛直，嘗使酒罵坐，得罪了丞相武安侯田蚡，以不敬罪被族誅。見《史記‧魏其武安侯列傳》。㉑樞機之發二句　意謂人當控制自己的言行，因為它將決定給人帶來的是榮譽還是恥辱。㉒三緘之戒　緘，封口。是不說話的意思。據載孔子觀於周之太廟，見右陛之前，有金人焉，三緘其口。而銘其背曰：「古之慎言人也。戒之哉！戒之哉！無多言，多言多敗；無多事，多事多患。」見《說苑‧敬慎》。

【語　譯】抱朴子說：「變故歷代都有，禮教逐漸崩毀。人們不再崇尚恭敬與謙讓，傲慢的言行成為習俗。同輩飲酒聚會之時，有的曲腿蹲著，有的叉腿坐著。盛夏炎熱時不戴冠帽，赤身露體。將最重要的事情認作是博戲與對棋，所談論的焦點是音樂與女色。舉足只在富貴子弟的旁邊，行步不離有權有勢的酒友之門。沒有聽見他們談過道義之事，而專門以醜言嘲戲為先。世俗以如此之人視為卓異高遠，而將不如此之人視為愚蠢粗野。

於是追逐勢利的平庸之輩，迎合世俗的淺近之徒，羨慕者如同夜間的飛蛾撲向火燭，效仿者猶如羽毛追隨大風而飄起。嘲戲的談話，有時上及祖先、父輩，有時下及妻子、女兒。嘲弄的人務求尖刻，應答的人唯恐不重。先行發難者不考慮被反擊的禍患，繼而回答者恥於言辭過輕不能堵住對方的嘴巴。當年鄭國之師踐踏成周的稻禾，糟蹋溫地的麥苗，實在是因為心懷讎恨，圖謀報復而不能自已。在嘲戲辯論時，口齒伶俐的人依附強者而假託其聲勢，能言善辯的人則借其矛以攻其盾。以不作回答者為拙劣，以先行停止者為失敗。以如此惡劣的言辭相應答，又怎麼能沈默呢？

那些有才思之士進行論辯時，他們善於抓住時機，遵循一定的體例，引古以喻今，言語精微而能闡明道理，雅致而有樂趣，批駁而不傷人。不觸犯他人的忌諱，不傷害他人的感情。而那些笨拙的人當此之時，則不看時機，直接說出，使人感到愕然，不知其是美是醜。這些都應該杜絕，因為它們不只是無益而已！

還有些酗酒任性的人，遇到那種天生不喜被侵犯的人，感到難以忍受。甚至拂衣而起，持物相鬥，手腳相加。用難聽的話對待尊敬的客人，一番好心好意反而結成了冤家。破壞友情，危害身體，鬧起矛盾，引出禍患。以酒器相投擲的是有的，以揭露陰私攻擊對方的也是有的。從前陳靈公被箭射殺，灌夫舉族被誅，不是天上降下的災禍，實在是言語不慎所造成的。言行是人生的關鍵，它決定給人帶來的是榮譽還是恥辱，關於三緘其口的告誡，難道是欺騙我們的嗎？

激雷不能追既往之失辭❶，班輸不能磨斯言之既玷❷。雖不能三思而吐清談，猶可息謔調以防禍萌也。尊其辭令，敬其威儀，使言無口過❸，體無倨容❹。可法可觀，可畏可愛❺，蓋遠辱之良術，全交之要道也。

且夫慢人者不愛其親者❻也，輕鬥者不重遺體者❼也。皆陷不孝，可不詳❽乎？然而迷謬者無自見之明，觸情者諱逆耳之規❾。疾美而無直亮之鍼艾❿，群惑而無指南以自反⓫。諂媚小人，歡笑以贊善；面從之徒，拊節以稱功⓬。益使惑者不覺其非，自謂有端、晏之捷⓭，過人之辯。而不悟斯乃招患之旌，召害之符，傳非之驛，傾身之車也。豈徒減其方策之令聞⓮，虧其沒世之德音⓯而已哉？蓋雖有偕老之慎⓰，不能救一朝之過；雖有陶朱之富⓱，不能贖片言之謬。故毫氂之失，有千里之差⑱；傷人之語，有劍戟之痛⑲。積微致著，累淺成深。鴻羽所以沈龍舟，群輕所以折勁軸⑳。寸飆所以燔百尋之室，蠹蝎所以仆連抱之木也。古賢何獨跼蹐㉑悁悁㉒之如彼，今人何其憒慢傲放之如此乎？

是以高世之士望塵而旋跡，輕薄之徒響附而影集㉓。謀事無智者之助，居危無切磋之益㉔。良史懸筆，無可書之善；談者含音，無足傳之美。今聞不著㉕，醜聲宣流。沒有餘敗㉖，貽譏將來。始無可法，終無可紀，斯亦志士之恥也，安忍為之？

過而不改，斯誠委夷路而陷叢棘，舍嘉旨而咽鉤吻㉗者也。豈所謂以小善為無益而不為，以小惡為無損而不止，以至惡積而不可掩，罪大而不可解者邪？余願世人改其無檢之行，除其驕吝之失，遣其誇矜尚人之疾㉘，絕息嘲弄不典之言㉙，則趙勝之門無去客㉚，黃祖之梏無所用㉛矣。」

【章　旨】傲慢無禮者傷人害己，既有損於孝道，又敗壞了歷史上的聲譽，造成的危害追悔莫及。

【注　釋】❶激雷不能追既往之失辭　激雷，當作「激電」。意謂言辭之失誤，雖閃電之飛速，亦不能追回。❷班輸不能磨斯言之既玷　班輸，古之巧匠，即魯之公輸班。意謂話說錯了，雖如公輸班之巧匠，亦不能磨去其缺點。《詩經・大雅・抑》：「白圭之玷，尚可磨也；斯言之玷，不可為也。」❸口過　言語之缺失。❹倨容　傲慢之表現。❺可法可觀二句　意謂處理事務值得效法，容貌莊重可觀，在位嚴正可畏，施捨恩德則可親可愛。《左傳・襄公三十一年》：「君子在位可畏，施舍可愛……容止可觀，作事可法，德行可象，聲氣可樂，動作有文，言語有章，以臨其下，謂之有威儀也。」❻慢人者不愛其親者　慢人，對人傲慢無禮。《孝經・天子》：「子曰：愛親者，不敢惡於人；敬親者，不敢慢於人。」❼輕門者不重遺體者　古人認為身體髮膚受之父母，不能隨意損傷。《荀子・榮辱》：「鬥者忘其身者也，忘其親者也。」❽詳　審慎；詳察。❾觸情者諱逆耳之規　縱欲任情的人忌諱逆耳的忠言規勸。觸情，放縱情欲。❿疾美而無直亮之鍼艾　身有疾病，而自以為美，又無針灸以醫療之。直亮，正直、誠實。鍼艾，針刺或艾灼穴位。疾，或作「疢」。〈勸求〉：「惜美疢而距惡石。」⓫群惑而無指南以自反　群行迷道，而無指南之車以確定方位，故不能返回原處。指南，古以司南之車指示方向。反，通「返」。⓬拊節以稱功　以手拍膝關節，稱頌功績。拊，拍。⓭端晏之捷　端，端木賜，字子貢，孔子之弟子，善於言辭。晏，即晏嬰，習於禮儀，善於應對。捷，指口齒敏捷而善辯。⓮令聞　美名。⓯德音　美好的聲譽。⓰偕老之慎　畢生謹慎，一直到老。⓱陶朱之富　春秋范蠡，佐越王句踐成就霸業，然後棄官遠去，至陶，稱朱公，以經商致富，家資巨萬。⓲毫氂之失二句　意謂其始則失誤只在毫氂之間，其終則相距千里之遠。氂，通「釐」。⓳傷人之語二句　惡語中傷，如同利劍長戟刺傷之痛苦。⓴鴻羽所以沈龍舟二句　羽毛之積累，可以使大船沈沒；輕微之物集聚在一起，可以使結實的車軸折斷。㉑跼蹐　曲身彎腰，小步走路，形容謹慎戒懼之貌。㉒恂恂　恭順之貌。㉓響附而影集　形容紛紛聚集，如回聲之相應，如影之隨形。㉔居危無切磋之益　處於危險的境地而無朋友與之切磋。㉕令聞不著　美名不顯。㉖沒有餘敗　死後猶有壞名聲。沒，通「歿」。㉗鉤吻　毒草名，又名野葛、毒根。傳說入口立死。㉘誇矜尚人之疾　驕傲自大、爭強好勝的毛病。㉙嘲弄不典之言　嘲戲過當之言辭。不典，違反常道；不合規則。㉚趙勝之門無去客　趙勝，戰國趙武靈王子，號平原君，為戰國著名之公子。傳說趙勝嘗與美人登樓，嘲笑跛足之士，於是其門下之士紛紛離去。後來趙勝斬此美人，離去的士人才又慢慢回來。見《史記・平原君虞卿列傳》。㉛黃祖之棓無所用　黃祖，後漢人，任江夏太守。禰衡有才辯，而傲物恣肆，曾當眾羞辱曹操。曹操因禰衡有虛名，乃送之荊州劉表，劉表又送之江夏黃祖。禰衡侮慢如故，黃祖欲杖之，而禰衡辱罵不止，遂令絞殺。棓，杖；棍棒。

【語　譯】閃電也追不回既往言辭的失誤，巧匠也磨不去不當言辭留下的污點。即使不能在反覆思考之後發出清雅的高論，總可以杜絕嘲戲以防止禍患的萌生。保持言談的謹慎，保持威儀的莊敬，使言語沒有過失，行為沒有傲慢的表現。處事值得效法，容貌莊重可觀，在職嚴正可畏，施予恩德令人可親。這是遠離羞辱的好辦法，是保全交誼的要道。

而且對人傲慢無禮的人就是不熱愛自己的父母的人，輕易格鬥的人就是不重視父母所遺傳的身體的人，都是不孝的行為。怎麼能不審慎呢？然而迷惑其間的人缺乏自知之明，縱欲任情的人忌諱別人忠言逆耳的規勸。有了疾病卻沒有實在的針灸以為治療，眾人迷路卻沒有指南之車確定方位以返回原處。而那些諂媚之人，滿面堆笑連聲叫好；當面附和之徒，拍著膝蓋稱贊功勞。這就愈加使迷惑者感覺不到自己的錯誤，自認為有子貢、晏子一樣的敏捷，有超人的辯論之才。而未能領悟這種嘲戲乃是招致禍患的旗幟，是引來危害的標記，是運載糾紛的驛乘，是導致翻覆之災的車輛。難道只是損害其流傳史冊的美名，敗壞其身後的聲譽嗎？所以即使畢生謹慎，也不能挽救一時的過失；即使有陶朱公的財富，也贖不回隻言片語的錯誤。所以失之毫釐，差之千里。惡語傷人，如同利劍長戟刺人的痛苦。積小以成大，積淺而成深。羽毛堆積多了，足以使大船沉沒；輕微之物聚集多了，足以使結實的車軸折斷。小的火苗可以燒毀高大的房屋，蠹蟲能夠將數人合抱的大樹蛀空而使之倒仆。為什麼唯獨古代的賢者那樣的謹慎恭順，而今人卻是如此的傲慢放縱呢？

所以卓異的高士望塵卻步，轉身而去了。而輕薄之徒卻如影隨形，紛紛聚集。謀劃事務沒有智者相幫助，處在危險的局勢下沒有朋友相切磋。史官為之懸筆，因為沒有善事可記；談者閉口無語，因為沒有美名可傳。沒有高尚的聲譽，只有醜惡之事流傳。死後猶有壞名聲，留給後人譏笑。始則不足效法，終則無功可記。這些都是有志之士所引以為恥的，哪忍心去做呢？

有錯而不改，就像放著平路不走而陷於荊棘叢中，捨去美味嘉餚不吃而去吞食毒藥是一樣的。這不就是前人所說認為小善無益而不去做，認為小惡無損而不停止，以至於罪大惡極不可掩蓋、不能解脫嗎？我希望世人改掉違背禮法的行為，除去驕傲鄙陋的過失，克服爭強好勝的毛病，杜絕嘲戲過當的言辭。這樣就可以使平原君的門客不離之而去，黃祖的棍棒也就沒有用處了。」

抱朴子曰：「或有不治清德以取敬，而仗氣力以求畏。其入眾也，則亭立不坐，爭處端上，作色❶誥聲❷，逐人自安。其不得意，恚懟❸不退。其行出也，則逼狹之地，恥於分塗，振策長驅，推人於險。有不即避，更加摅頓❹。嗚呼，悲哉！此云古之卑而不可踰❺，推陰讓路❻，勞謙下士❼，無競於物，立若不勝衣❽，行若不容身❾者，何其緬然❿之不肖哉！

夫德盛操清，則雖深自挹降⓫，而人猶貴之。若屐蹈不高，則雖行凌暴，而人猶不敬。假令外服人體，內失人心，所謂見憎惡，非為見尊重也。昔莊生未食，趙王側立⓬，騶衍入壇，燕君擁篲⓭；康成之里，逆虜望拜⓮；林宗之庭，莫不卑肅⓯，非力之所服也。夫以抄盜致財，雖巨富不足嘉；凶德脅人，雖見憚不足榮也。然而庸民為之不惡。故聞其言者，猶鴟梟⓰之來鳴也；睹其面者，若鬼魅之見形也。其所至詣，則如妖怪之集也；其在道塗，則甚逢虎之群也。愚夫行之，自矜為豪；小人徵之，以為橫階⓱。亂靡有定⓲，寔此之由也。

然敢為此者，非必篤頑也，率多冠蓋之後⓳，勢援之門⓴。素頗力行善事，以竊虛名。名既粗立，本情便放。或假財色以交權豪，或因時運以佻㉑榮位。或以婚姻而連貴戚，或弄毀譽以合威柄㉒。器盈志溢㉓，態發病出。黨成交廣㉔，道通步高。清論所不能復制，繩墨所不能復彈，遂成鷹頭之蠅，廟垣之鼠㉕。所未及者，則低眉埽地以奉望之；居其下者，作威作福以控御之。故勝己者則不得聞，聞亦陽㉖不知也；減己者則不敢言，言亦不能禁也。

夫災蟲害穀，至降霜則殄矣；佞雄亂群，值嚴時則敗矣。獨善其身者，唯可以不肯事之，不行傚之而已耳。有斧無柯㉗，其如之何哉？」

【章　旨】有的人憑藉暴力，行為粗魯；有的人竊取虛名之後，言行放肆，傲慢無禮。這些都不足效法。

【注　釋】❶作色　改變臉色；生氣。❷諧聲　其意不詳，疑有訛字。❸恚懟　發怒；怨恨。❹攄頓　逞其威風而陷人於困頓之境地。❺此云古之卑而不可踰　云，疑當作「去」。《周易·謙卦》有「卑而不可踰」之語，意謂君子在卑賤時，也不背離謙而守禮的原則。❻推蔭讓路　將樹蔭、大道讓給別人。❼勞謙下士　勤謹謙和，禮賢下士。❽立若不勝衣　形容站立時態度謙和之神情。❾行若不容身　形容行走時小心翼翼、身體斂縮的神態。❿緬然　遙遠之貌。⓫挹降　抑制；貶低。⓬莊生未食二句　據載：莊周往見趙惠文王，說以寶劍之事。語畢，宰人上食，趙惠文王環繞一旁，走了三圈。見《莊子·說劍》。⓭騶衍入境二句　戰國騶衍前往燕國，燕昭王擁篲埽地，以為前驅，表示尊重。騶衍，亦作「鄒衍」。見《史記·孟子荀卿列傳》。⓮康成之里二句　漢代學者鄭玄，字康成，北海高密人。不受朝官，有盛譽。建安元年，鄭玄自徐州還高密，道遇黃巾軍數萬人，見玄皆拜，相約不入縣境。見《後漢書·鄭玄傳》。又〈獻帝紀〉載：「黃巾賊數萬人經玄廬，皆為之拜。」⓯林宗之庭二句　漢末名士郭泰，字林宗，有重名。《太平廣記·卷一六九》引《世說》曰：「郭泰秀立高峙，澹然淵渟。九州之士，悉凜凜宗仰，以為覆蓋。」⓰鴟梟　惡聲之鳥，發聲則為人所厭惡。⓱橫階　橫暴之階梯，由此而漸行橫暴非禮之事。⓲亂靡有定　天下動亂，紛紛不止。⓳冠蓋之後　高官貴族之後代。冠蓋，官員的禮帽與車蓋。代指高官。⓴勢援之門　指權門勢族。《晉書·王隱傳》：「隱以儒素自守，不交勢援。」㉑佻　竊取。㉒弄毀譽以合威柄　以言辭毀譽以求投合有權勢的人。威柄，有威勢、掌權柄。㉓器盈志溢　志得意滿、驕傲無禮。㉔黨成交廣　結成朋黨，交遊廣泛。㉕廟垣之鼠　即社鼠。社廟之鼠，出竊於外，入託於社廟。以水灌之恐壞牆，以煙薰之恐燒梁柱。比喻君王身邊的壞人，處理時有所顧忌。

這裡是因其曾行善事，頗有虛名，故難以制約之意。㉖陽　通「佯」。假作。㉗有斧無柯　不在其位，未能掌握權柄。柯，斧柄。喻權柄。

【語　譯】抱朴子說：「有的人不培養清廉正直的道德以取得人們的尊敬，而是憑仗氣力使別人畏服。他們來到人群中，就站立著而不肯就座，爭處眾人之上，故意作出非常的神色與聲音，以與人爭吵而自安。當他們不得意時，就大發脾氣，怨恨不止。這種人外出之時，遇到狹窄之地，以讓路為恥辱。他們揮鞭馳驅，毫無顧忌，將別人逼到危險之地。有不立即躲避的，更逞其威風而陷人於困頓之境。唉，真是可悲啊！這與古人處在卑賤的環境中也不違背原則，將樹蔭與坦途讓給別人，勤謹謙虛以禮待士人，與世無所爭，站立時神情遜讓、若不勝衣，行走時態度卑順、若不容身等美德比較起來，他們行為之惡劣，與古人相距何其遙遠啊！

那些德行崇高、節操清廉的人，即使深切地自我貶抑，然而人們還是尊重他們。如果品行節操不高尚，即使用暴力欺凌他人，人們還是不會尊敬他們。假如使人在形體上表示服從，卻失去其內心的好感，這是被憎惡，而不是受尊重。從前莊周未用餐，趙惠文王就侍立一旁；騶衍進入燕國，燕昭王親自手執掃帚掃地；鄭玄的里巷，逆虜也望而禮拜；郭林宗的門庭前，人們無不表情嚴肅而態度卑恭。這些，都不是靠著暴力而使人佩服的。因為搶劫偷盜而發財，即使再富有也不值得稱許；以凶暴的力量相威脅，即使被人畏懼也並不光榮。然而平庸之輩如此作為，卻不知其非。所以人們聽到他們的言語，就像聽到鴟梟刺耳的叫聲。人們看到他們的面孔，就像看到鬼魅現形一樣。他們所到之處，就像是集中了一群妖怪。在路上遇到他們，就像遇到了一群老虎。愚夫採取這種行為，自以為豪強而洋洋自得；小人們追求這種風尚，以之作為橫暴的階梯。天下動亂不已，實在就是由於這個緣故。

然而敢於這樣做的人，不一定都是冥頑無知之徒，其中多有高官顯爵的後裔，權門世族的子弟。這些人一度努力行善事，以得到虛假的美譽。而名聲大體確立之後，便顯露出本來的性情。有的憑藉財物美色以結交權貴，有的乘著機會以竊取要職，有的通過婚姻與王公貴戚結親，有的以言辭毀譽以求投合掌權有勢者。

一旦獲得了名位，也就志得意滿，原形畢露，表現出固有的毛病來。一經勾結朋黨，廣泛交遊，門路暢通，也就目空一切。正當的輿論不能再對他們有所限制，法律的準繩也不能再有所約束。於是他們成為了猛鷹頭上的蒼蠅，成了社廟中的老鼠。對於高於他們的人，他們就低眉順眼、伏伏貼貼地奉事著；對於不及他們的人，他們就作威作福，加以控制。所以勝過他們的人則聽不到對他們的批評，即使聽到了也假裝不知道；不及他們的人則不敢有所批評，即使有所批評也不能禁止他們的作為。

為害稻穀莊稼的害蟲，到嚴霜降落時也就滅絕了；擾亂社會的邪佞、奸雄之徒，遇到嚴明之世也就失敗了。獨善其身的人，只能做到不趨附奉事、不仿效世俗而已。手中未能掌握權柄，又能夠怎麼樣呢？」

抱朴子曰：「《詩》美雎鳩，貴其有別❶。在《禮》：男女無行媒，不相見，不雜坐，不通問，不同衣物，不得親授。姊妹出適而反，兄弟不共席而坐。外言不入，內言不出❷。婦人送迎不出門❸，行必擁蔽其面❹。道路男由左，女由右❺。此聖人重別杜漸之明制❻也。

且夫婦之間可謂昵矣，而猶男子非疾病不晝居於內❼，將終不死婦人之手❽。況於他乎？昔魯女不幽居深處，以致扈犖之變❾；孔妻不密潛戶庭，以起華督之禍❿。史激無防，有污種之悔⓫；王孫不嚴，有杜門之辱⓬。而今俗婦女休其蠶織之業⓭，廢其玄紞之務⓮。不績其麻，市也婆娑⓯。舍中饋之事⓰，修周旋之好。更相從詣之適親戚，承星舉火，不已于行。多將侍從，暐曄盈路⓱。婢使吏卒，錯雜如市。尋道褻謔，可憎可惡。或宿於他門，或冒夜而反。游戲佛寺，觀視漁畋。登高臨水，出境慶弔⑱。開車褰幃，周章⑲城邑。盃觴路酌，絃歌行奏。轉相高尚，習非成俗。生致因緣⑳，無所不肯㉑。誨淫之源，不急之甚。刑于寡妻㉒，家邦乃正。願諸君子，少可禁絕。婦無外事㉓，所以防微矣。」

【章旨】男女之別，聖人有明確的規定，而世俗婦女違背禮儀，漫遊成俗。這種不良的風氣應當禁絕。

【注釋】❶詩美雎鳩二句　《詩經・周南・關雎》以「關關雎鳩，在河之洲」開篇，《鄭箋》解釋說雎鳩「雌雄情意至，然而有別。」《孔子家語・好生》：「〈關雎〉興于鳥，而君子美之，取其雌雄之有別。」❷男女無行媒十句　《禮記・曲禮》：「男女不雜坐，不同椸枷，不同巾櫛，不親授。嫂叔不通問，諸母不漱裳。外言不入於梱，內言不出於梱。」❸婦人送迎不出門　語見《左傳・僖公二十二年》。❹行必擁蔽其面　擁蔽，遮蔽。《禮記・內則》：「女子出門，必擁蔽其面。」❺道路男由左二句　疑當作「男由右，女由左」。《禮記・王制》：「道路：男子由右，婦人由左，車從中央。」❻聖人重別杜漸之明制　聖人重視男女之別，為了防患於未然，作出了明確的規定。杜漸，杜絕隱患。❼男子非疾病不晝居於內　《禮記・檀弓上》曰：「夫晝居於內，問其疾可也」，「非疾也，不晝夜居於內。」❽將終不死婦人之手　《儀禮・既夕禮》：「男子不絕於婦人之手。」❾魯女不幽居深處二句　魯女，指魯莊公之女、子般之妹。圉犖，名叫犖的養馬人。據載魯女曾往梁氏家觀看演習雩祭，受到養馬人犖的調戲。子般發怒，讓人鞭打犖。莊公死後，子般即立，在魯大夫黨氏家中被犖所殺。見《左傳・莊公三十二年》。❿孔妻不密潛戶庭二句　孔妻，宋司馬孔父嘉之妻。華督，宋之太宰。華督在路上看見孔父嘉之妻姿色豔美，後來便殺了孔父嘉，將其妻據為己有。見《左傳・桓公二年》。⓫史激無防二句　史激，當作「史敫」，春秋莒之太史。齊湣王被殺後，其子法章隱姓埋名為莒太史敫家的傭人，與史敫之女私通。法章後為齊襄王，立史敫之女為王后。史敫曰：「女不取媒因自嫁，非吾種也，污吾世。」見《史記・田敬仲完世家》。⓬王孫不嚴二句　王孫，指漢臨邛富商卓王孫。有女寡居在家，司馬相如過飲，以琴心挑之，卓文君乃夜奔相如，沽酒於市。卓王孫聞而恥之，為杜門不出。見《史記・司馬相如列傳》。⓭休其蠶織之業　古人認為養蠶紡織，是女子分內的功事。《詩經・大雅・瞻卬》：「婦無公事，休其蠶織。」⓮廢其玄紞之務　意謂廢棄紡織之事。玄紞，古代禮冠前後的絲織裝飾物。⓯不績其麻二句　婆娑，舞態美妙輕柔。二句出自《詩經・陳風・東門之枌》。⓰中饋之事　指婦女所操持的飲食之事。中饋，酒食之類。⓱暐曄盈路　光彩紛雜，塞滿了道路。暐曄，指女子服飾光彩閃耀。⓲出境慶弔　古人認為婦女越境弔唁是非禮的行為。《禮記・檀弓下》：「婦人不越疆而弔人。」⓳周章　周流；遨遊。⓴生致因緣　意謂憑空生出糾紛、事端。㉑肯　疑「有」字之訛。㉒刑于寡妻　意謂妻室能奉行禮法。刑，通「型」。示範。寡妻，正妻。《詩經・大雅・思齊》：「刑于寡妻，至于兄弟，以御于家邦。」㉓婦無外事　意謂婦女不參與家室以外之事。

【語　譯】抱朴子說：「《詩經》推重睢鳩，讚美牝的雌雄有別。據《禮記》記載：男女未經媒人介紹，不相見面，不混雜而坐，不通問訊，不同衣物，不直接相授受。姊妹出嫁後回家，兄弟不同席而坐。外言不入於內，內言不出於外。婦人迎送賓客不出門，出行在外時要遮住臉面。道路上，男子在右，女子在左。這是古代的聖人重視男女之別，為了防患於未然而作出的明確規定。

再說夫妻之間可說是親密無間了，而男子若無疾病則白天不居住內室，臨終不死於婦人之手。又何況其他呢？從前魯莊公之女不幽居深宮，以致引出了扈犖的事變；孔父嘉之妻不密藏在家中，以致引出孔父被華督所殺的災禍；莒太史敫未加防範，結果有家族受到玷污的悔恨；卓王孫管家不嚴，結果蒙受了閉門不出的羞辱。而當今的世俗婦女，她們不從事養蠶、紡績，廢棄家務之事，不務正業，而是遊蕩市中，婆娑起舞。擱置應該操辦的家庭飲食之事，到各家周旋以聯絡感情。有時更互相追隨，走親訪友，晚上頂著星星，打著火把，奔走不已。帶著許多侍從，光彩紛雜，塞滿了路途。婢女與吏卒混在一起，像街市上一樣。各種下流骯髒之事，令人可憎可惡。有的在別人家中寄宿，有的夜間往返。或者前往佛寺遊戲玩耍，或者到野外去觀看捕魚打獵，或者登山臨水，或者出境慶賀弔唁。打開車門，掀起車帷，在城中到處遨遊。或者在路邊設宴飲酒，奏樂唱歌。互相推崇宣揚，以致這種不良的習氣成為了風俗。平白地生出許多糾紛，無所不有。這是教導荒淫的根源，是毫無必要的事情。

如果國君的妻子能遵奉禮儀，國家的風氣也就端正了。我希望各位君子，可以禁絕此種不良之風。婦女不參預外事，就能夠從細微處防止各種災禍了。」

抱朴子曰：「輕薄之人，跡廁高深❶。交成財贍，名位粗會，便背禮叛教，託云率任❷。才不逸倫，強為放達。以傲兀無檢者❸為大度，以惜護節操者為澀少❹。於是臘鼓垂❺無賴之子，白醉耳熱之後，結黨合群，遊不擇類。奇士碩儒，或隔籬而不接；妄行所在❻，雖遠而必至。攜手連袂，以遨以集。入他堂室，觀人婦女，指玷修短❼，評論美醜。不解此等，何為者哉？或有不通主人，便共突前。嚴飾未辦，不復窺聽❽。犯門折關❾，踰垝穿隙❿，有似抄劫之至也。其或妾媵藏避不及，至搜索隱僻，就而引曳，亦怪事也！夫君子之居室，猶不掩家人之不備⓫，故入門則揚聲，升堂則下視⓬。而唐突他家，將何理乎？

然落拓之子⓭，無骨骾而好隨俗者，以通此者為親密，距此者為不恭，誠為當世不可以不爾。於是要呼憒雜⓮，入室視妻，促膝之狹坐，交杯觴於咫尺。絃歌淫冶之音曲，以誂文君之動心⓯。載號載呶⓰，謔戲醜褻，窮鄙極黷，爾乃喧笑⓱。亂男女之大節，蹈〈相鼠〉之無儀⓲。

夫桀傾紂覆⑲，周滅陳亡⑳，咸由無禮。況匹庶㉑乎？蓋信不由中，則屢盟無益㉒。意得神至，則形器可忘㉓。君子之交也，以道義合，以志契親，故淡而成焉；小人之接也，以勢利結，以狎慢密，故甘而敗焉。何必房集內讌，爾乃款誠㉔；著妻妾飲會，然後分好昵哉？

古人鑒淫敗之曲防㉕，杜傾邪之端漸㉖，可謂至矣。修之者為君子，背之者為罪人。然禁疏則上宮有穿窬之男㉗，網漏則桑中㉘有奔隨之女。縱而肆之，其猶烈猛火於雲夢，開積水乎萬仞。其可撲以箒篲㉙、遏以撮壤㉚哉？」

【章旨】輕薄無賴之男子，成群結伙地入人堂室，評論婦女的美醜，擾亂男女之大防，對於社會風氣為害極大。

【注釋】❶跡廁高深　置身於高才深學之士的行列。跡廁，插足；置身於。❷託云率任　藉口自然、坦率。率任，直率；不做作。❸傲兀無檢者　高傲輕慢，行為不加檢束的人。❹澀少　不通達的少年。❺臘鼓垂　意義不明，疑有錯訛。❻妄行所在　行為狂妄不端者所在之處。妄行，行為輕慢放肆者。❼指玷修短　指指點點，說長說短。指玷，猶指點。修短，指人的高矮。❽窺聽　指觀察情況、諦聽聲音，能入則入，不能入則止。《禮記・曲禮上》曰：「戶外有二屨，言聞則入，言不聞則不入。」❾犯門折關　強行進門，因而折斷了門拴。關，拴門的橫木。❿踰埳穿隙　不由正門進入，而從破牆間隙穿入。埳，敗牆。⓫夫君子之居室二句　君子不趁家人不備之時，進入室中。據載孟子之妻獨居內室，態度不莊敬。孟子白其母曰：「婦無禮，請去之。」孟母曰：「今汝往燕私之處，入戶不有聲，令人踞而視之。是汝之無禮也，非婦無禮也。」見《韓詩外傳・卷九》。⓬入門則揚聲二句　揚聲，揚起聲音，以告室內之人。下視，目光向下，恐怕看見了別人的隱私。《禮記・曲禮上》：「將上堂，聲必揚；……將入戶，視必下。」⓭落拓之子　行為放蕩不羈之人。⓮要呼慣雜　吆呼喧鬧，一片煩雜。

要呼，猶吆呼。⑮誂文君之動心　誂，引誘。文君，指卓文君。司馬相如飲於卓王孫家，以琴聲挑動卓文君之心，於是卓文君夜奔司馬相如。⑯載號載呶　又是號叫，又是喧鬧。呶，喧譁。⑰爾乃喧笑　然後才喧鬧笑語。喧，聲音大而繁雜。⑱蹈相鼠之無儀　無儀，沒有威儀。《詩經．鄘風．相鼠》：「人而無儀，不死何為！」⑲桀傾紂覆　夏桀、商紂的覆滅。〈酒誡〉篇：「糟丘酒池，辛癸以亡。」⑳周滅陳亡　周指周幽王，寵愛褒姒，飲酒流湎，夜以繼晝，上下相諛，百姓乖離，後被殺。陳指陳靈公，與夏姬私通，飲酒於夏氏，被夏徵舒射殺。見《左傳．宣公十年》。㉑匹庶　平民；普通百姓。㉒信不由中二句　內心不信，則雖多次盟誓，亦無益處。㉓意得神至二句　精神志意相合，則可忘記形體。形器，指人的身體。㉔款誠　真誠；懇摯。㉕鑒淫敗之曲防　鑒於前代淫邪無禮、招致禍亂的教訓，故多方面地加以防範。曲防，委曲以防範。㉖杜傾邪之端漸　杜絕邪曲的苗頭，防患於未然。㉗上宮有穿窬之男　上宮，地名。或曰城樓、館名。穿窬之男，翻牆穿壁，淫邪之男子。㉘桑中　地名，或曰桑林之中。《詩經．鄘風．桑中》：「期我乎桑中，要我乎上宮。」㉙撲以箒篲　用掃帚撲滅它。指雲夢澤之烈火。箒篲，即掃帚。㉚遏以撮壤　用一小撮土去塞住它。指萬仞而下的激流。

【語　譯】抱朴子說：「輕薄之人，置身於具有高才深學者之列。交遊既廣，錢財亦富，剛剛有了地位與聲譽，便背叛禮教，藉口說是自然任達。沒有超眾的才能，卻強作放達之態。以態度傲慢、行為放肆為大度，以行為嚴謹、講究節操為滯澀不通。於是無賴之子，酒醉耳熱之後，成群結伙，混雜交遊。才能超凡的學者，即使近在身邊也不往來；狂妄不端之徒，即使再遠也必然前去會見。攜手並肩，聚集遨遊。深入他人的堂室之內，觀看別人家的女子，指長說短，評論美醜。不知道這些作為，到底為了什麼？有的不通告主人，便突然來到面前。人家尚未穿戴停當，不察看形勢，傾聽聲音，就突然入內。或者強力推門折斷了門拴，或者越牆穿洞，好像強盜來了一樣。有時妻妾女子，也躲避不及。甚至從隱蔽之處，將她們拉出來，真是奇怪的舉動！有道德的君子不在家人未備之時進入內室，所以進門就提高說話的聲音，升堂就目光下視。然而上述的那些人卻突然闖進別人的家中，這又是什麼道理呢？

而那些放蕩不羈的人，沒有獨立見地而喜歡追隨世俗的人，卻以為這樣才算得親密，認為拒絕如此的人便不恭。他們當真以為當今之世只能如此。於是眾人雜處，吆喝喧鬧，入室視人妻妾。男女促膝而坐，一起飲酒作樂。以豔冶的音樂曲調，挑動女子的春心。又是呼叫，又是喧鬧，用下流的言辭相調笑。卑鄙之極，骯髒之極，然後才歡聲笑語。擾亂了男女之大節，這就像《詩經・相鼠》所諷刺的『人而無儀，不死何為』了。夏桀、商紂的傾覆，周幽王、陳靈公的滅亡，都是由於毫無禮儀。又何況普通的百姓呢？如果不是心中立志守信，盟約的次數再多也沒有益處。而如果精神意氣相合，則可以忘記形體。君子之友誼，是在道義基礎上的結合，是志趣一致情況下的親近，所以清淡而能保持成功。小人之交往，是在勢利基礎上的聯繫，是違背禮儀的親暱，所以甘甜而容易腐敗變質。何必要在內室舉行宴飲，然後才算誠懇；讓妻妾都出來陪酒，然後才算親切呢？

古人有鑒於荒淫導致敗亡的教訓，因而多方加以防範，以杜絕邪曲的端倪，可以說非常周到了。修持禮儀者為君子，違背禮儀者為罪人。然而禮法的禁令不嚴，則上宮便有了翻壁穿洞的放蕩的男子；禮法的網羅疏闊，則桑中就有了追隨淫奔的女子。放縱這種不良的風氣，就好像在雲夢澤中點燃了猛火，讓萬仞高堤的積水破堤而下。這時，怎麼能夠用一把掃帚去撲滅大火、用一撮土去塞住激流呢？」

然而俗習行慣，皆曰：「此乃京城上國❶，公子王孫貴人所共為也。」

余每折之曰：「夫中州，禮之所自出也。禮豈然乎？蓋衰亂之所興，非治世之舊風也。夫老聃清虛之至者❷也，猶不敢見乎所欲，以防心亂❸。若使柳下惠潔□高行❹，屢接褻讌❺，將不能不使情生於中，而色形于表。況乎清淡者萬未一，而抑情者難多得。如斯之事，何足長乎？

窮士雖知此風俗不足引進，而名勢並乏，何以整之？每以為慨。故常獲憎於斯黨❻，而見謂為野朴之人，不能隨時之宜。余期於信己❼而已，亦安以我之不可，從人之可乎？可歎非一，率如此也。已矣夫，吾未如之何也。彼之染入邪俗、淪胥以敗❽者，曷肯納逆耳之讜言❾，而反其東走之遠迷❿哉？」

【章　旨】批駁世俗以學習中原風尚而行非禮的藉口，感嘆世人不肯接受忠言規勸，迷途而返。

【注　釋】❶上國　指西晉。地處中原，相對東吳而言，故稱上國。❷老聃清虛之至者　李耳，字聃，稱老子，道家之始祖。《漢書・藝文志・諸子略》：「道家者流……清虛以自守。」❸不敢見乎所欲二句　《老子・第三章》：「不見可欲，使民心不亂。」❹柳下惠潔□高行　柳下惠，春秋魯之高士，即展禽。食邑柳下，謚曰惠，故名。古代有關於他坐懷不亂的傳說。孫星衍曰：「潔」下疑脫一字。❺褻讌　指格調下流的宴會。❻斯黨　指上述不守禮儀、行為醜惡之人。❼期於信己　決心依照自己的信念行事。期，決定；必。❽淪胥以敗　相互影響、牽連，以至於失敗。❾讜言　忠正之言；正直的勸告。❿反其東走之遠迷　意謂從遙遠的迷途中返回。《韓非子・說林上》有「狂者東走，逐者亦東走」之語，即「東走」所出。

【語　譯】然而世俗習慣了這種風尚，都說：「這是京城中原一帶，公子王孫貴人的作風哩！」

我經常批駁這種觀點，說：「中原，是禮儀制度所產生的地方。難道禮會是這樣的嗎？這是衰亂之世所興起的習俗，而不是太平之世原有的風尚。老子李耳是稟性至為沖虛澹遠的人，尚且不敢多見所欲之物，以防止內心受到迷惑。如果以柳下惠的品行高潔，而多次參加格調下流的宴會，他也難免會產生類似的感情，而表現出非禮的顏色。何況情調沖澹者不到萬分之一，而能抑制情感者又難以多得。像這種非禮的風氣，怎麼能讓它長久下去呢？

窮困之士雖然知道這種風俗不值得引進，然而缺少名分及權勢，又怎麼能加以整肅呢？我時常為此而感嘆。也正因為如此，我受到那些人的憎恨，被稱為不能隨從時世的粗野樸拙之士。我決心遵照自己的信念，又何必放棄自己的反對態度，去附和世俗的作為呢？這樣令人嘆息的事情不止一件，大體都是如此。算了吧，我對此也無可奈何！那些受到這種惡風邪俗的污染，相互牽連以至於失敗的人，又怎麼肯聽取逆耳的忠言規勸，從遠離正道的迷途之中返回來呢？」

抱朴子曰：「俗間有戲婦之法❶，於稠眾之中，親屬之前，問以醜言，責以慢對❷。其為鄙黷❸，不可忍論。或蹙以楚撻❹，或繫腳倒懸。酒客酗醟❺，不知限齊❻。至使有傷於流血，踒折支體❼者，可歎者也！古人感離別而不滅燭，悲代親而不舉樂❽，禮論娶者羞而不賀❾。今既不能動蹈舊典❿，至於德為鄉閭之所敬，言為人士之所信。誠宜正色矯而呵之，何謂同其波流，長此弊俗哉？然民間行之日久，莫覺其非。或清談所不能禁，非峻刑不能止也。

遂誂周而疵孔⓫，謂傲放為邈世⓬矣。或因變故，佻竊榮貴，或賴高援，翻飛拔萃，於是便驕矜誇驁，氣淩雲物，步視高遠，眇然自足⓭。顧瞻否滯失群之士⓮，雖實英異，忽焉若草。或傾枕而延賓，或稱疾以距客。欲令人士立門以成林，車騎填噎於閭巷，呼謂尊貴不可不爾。

夫以勢位言之，則周公勤於吐握⓯；以聞望⓰校之，則仲尼恂恂善誘⓱。咸以勞謙為務⓲，不以驕慢為高。漢之末世，則異於茲。蓬髮亂鬢，橫挾不帶。或褻衣以接人，或裸袒而箕踞。朋友之集，類味之遊，莫切切進德⑲，誾誾修業⑳，攻過弼違㉑，講道精義㉒。其相見也，不復敘離闊，問安否。賓則入門而呼奴，主則望客而喚狗㉓。其或不爾，不成親至，而棄之不與為黨。及好會則狐蹲牛飲，爭食競割，掣撥淼摺㉔，無復廉恥。以同此者為泰，以不爾者為劣。終日無及義之言，徹夜無箴規之益。誣引老莊，貴於率任，大行不顧細禮㉕，至人不拘檢括㉖。嘯傲縱逸，謂之體道。嗚呼惜乎，豈不哀哉！

於是嘲族以敘歡交，極黷以結情款㉗。以傾倚申腳㉘者為妖妍標秀，以風格端嚴者為田舍朴騃㉙。以蚩鎮抗指者為剿令鮮倚㉚，以出言有章者為摺答猝突㉛。

【章　旨】繼續揭示漢末以來社會上存在的種種下流醜惡及傲慢非禮的現象。

【注　釋】❶戲婦之法　即後世鬧新房習俗所由來。❷責以慢對　要對方以下流的言辭作回答。慢對，以醜言對答。❸鄙黷　卑鄙、骯髒。❹蹙以楚撻　以拷打相逼迫。蹙，迫；逼迫。楚，痛苦。❺酗醟　酗酒；醉酒。❻限齊　限度。齊，界限。❼踒折支體　折斷手腳。踒，折斷。支體，四肢。❽感離別而不滅燭二句　《韓詩外傳・卷二》：「嫁女之家，三夜不息燭，思相離也。取婦之家，三日不舉樂，思嗣親也。」❾娶者羞而不賀　意謂對於婚娶之家進獻禮物，而不祝賀。《禮記・郊特牲》：「昏禮不賀，人之序也。」❿動蹈舊典　遵循舊的典章制度而行動。⓫詆周而疵孔　貶低周公，指責孔子。案：此句與前文意不屬，當有闕文。⓬邈世　遠超世俗之上。⓭眇然自足　目視高遠，志得意滿。⓮否滯失群之士　指沈淪不遇的獨立之士。⓯周公勤於吐握　傳說周公一飯三吐哺，一沐三握髮，停下來接待客人，而不敢稍有怠慢。⓰聞望　名聲；名望。⓱恂恂善誘　態度恭敬慎重，以誘導後學。恂恂，恭順貌。《論語・鄉黨》：「孔子於鄉黨，恂恂如也。」⓲以勞謙為務　意謂以勤謹謙虛的態度處世待人。《周易・謙卦》：「勞謙君子，有終吉。」⓳切切進德　相互切磋、勉勵，以增進道德。⓴闇闇修業　莊重謙和，以研修學業。闇闇，莊敬和悅。㉑攻過弼違　指出過失，糾正錯誤。弼，矯正。違，錯誤；過失。㉒講道精義　講說道德，精研義理。㉓主則望客而喚狗　《禮記・曲禮上》：「尊客之前不叱狗。」㉔掔撥淼摺　掔，拉；拽。撥，分開。掔、撥，形容分割食物之狀態。淼、摺，形容飲酒之狀態。㉕大行不顧細禮　有大的舉動、辦大事的人不顧細小的禮儀。《史記・項羽本紀》：「大行不顧細謹，大禮不辭小讓。」㉖至人不拘檢括　至高無上的人不受法度的約束。檢括，遵守法度，約束身心。㉗極黷以結情款　以極為骯髒的方式締結融洽的情意。黷，污濁；輕慢。情款，情意誠摯而融洽。㉘傾倚申腳　形容動作輕佻，不端正。申腳，一作「屈申」。㉙田舍朴騃　樸拙愚蠢，土裡土氣。騃，呆板；愚蠢。㉚以蚩鎮抗指者為剿令鮮倚　嗤笑正論、離經叛道者被認為矯捷通美。鎮，疑當作「正」。剿，輕捷。㉛以出言有章者為摺答猝突　出口言語合於法度文章者被認為雜亂無序，不能通達。摺，折。猝，通「蹙」。皺縮。

【語　譯】抱朴子說：「世俗有調戲新媳婦之法，在眾人之中，親屬之前，提些卑鄙的問題，要她以骯髒的言語來回答。所用言辭的卑鄙骯髒，令人不能出口。有的用毒打來逼迫，有的拴住腳踝倒掛起來。醉酒之後，不知限度，以至於有流血受傷、折斷手腳的，真是令人嘆息！古人嫁娶之時，有感於親人離別而三日不熄燈燭，有感於繼嗣老親而三日不奏音樂。《禮記》上說對於新婚送禮而不致賀。如今既不能遵照舊典去行動，使得德行受到鄉里的尊敬，言論為人們所信賴，也應該嚴肅地糾正制止上述非禮的行為。怎麼能夠隨波逐流，增長這種不良的風習呢？然而這種風俗流行已久，民間不知其非。這種風俗或許不是清談所能改變的，卻並非嚴刑峻法所不能制止的。

　　於是有的人貶低周公，指責孔子，將傲慢放肆之徒視為遠超世人之上。有的人因為時事變化，竊得了榮華富貴。或者有賴於高門勢族的援引，得到提升，超出常人。於是便驕傲自負，盛氣凌雲，高視闊步，志得意滿。那些孤立無援、沈淪不遇之士，即使有卓異超群的才能，在他們的眼中也是不值一顧，輕如草芥。他們有時就躺著靠著來接待賓客，有時假稱有病不會見客人。要使來訪者成群地站在門口，要使車騎塞滿里巷之中，說這是地位尊貴者不可不取的態度。

若以擁有權勢地位來說，則周公能夠一飯三吐哺、一沐三握髮，勤謹以待天下之士；若就名望崇高來說，則孔子能夠態度恭謹慎重，誘導後學之輩。他們都能勤謹謙遜地待人處世，而不以驕傲輕慢為高。漢朝的末年，則與此不同。人們蓬頭亂髮，衣帶不繫，有時穿著內衣接待客人。有時打著赤膊，叉腿而坐。趣味相投的朋友聚會之時，不是互相勉勵、切磋以增進道德，不是以莊敬的態度修習學業，不是相互糾正錯誤缺失，不是潛心研討道德義理之精微。他們相見時，不是敘別離之情，問候身體安否，而是賓客入門則呼奴，主人望客而喚狗。如果不是如此，就認為不夠親近，再不與之相交往。在聚會宴飲時則像狐狸般地蹲著，像牛一樣接口而飲。爭吃食物，又割又拉，不再講究廉恥。以參與這種行為者為高，以不參加者為劣。整天在一起卻沒有涉及仁義的言辭，整夜相聚卻沒有相互規勸的幫助。曲解老莊之意，認為直率放任最為可貴，說做大事者不顧小禮，至高無尚者不拘法度。將肆意放縱，稱為體行道德。唉，可惜啊，這不是可悲嗎！

於是用互相嘲笑親屬來表達歡樂的友誼，用極為污濁的方式來締結融洽的交情。將舉動輕浮不端者說成是風格俊秀，高出常人；將舉動端正嚴肅者說成是樸拙呆板，土裡土氣。將離經叛道者說成是矯捷鮮美，將出言有法者說成是雜亂無章。

凡彼輕薄之徒，雖便辟偶俗❶，廣結伴流，更相推揚，取達速易。然率皆皮膚狡澤❷，而懷空抱虛，有似蜀人瓠壺之喻❸。胸中無一紙之誦❹，所識不過酒炙之事。所謂傲很明德❺、即聾從昧❻、冒于貨財、貪于飲食❼，左生❽所載不才之子❾也。

若問以墳索之微言❿，鬼神之情狀⓫，萬物之變化，殊方之奇怪，朝廷宗廟之大禮⑫，郊祀禘祫之儀品⑬，三正四始之原本⑭，陰陽律歷之道度⑮，軍國社稷之典式⑯，古今因革之異同，則恍悸自失⑰，喑嗚俛仰⑱，蒙蒙⑲焉，莫莫⑳焉。雖心覺面牆之困㉑，而外護其缺乏之病，不肯謐已㉒，強張大談曰：『雜碎故事㉓，蓋是窮巷諸生，章句之士㉔，吟詠而向枯簡，匍匐以守黃卷㉕者所宜識，不足以問吾徒也。』

誠知不學之弊，碩儒之貴，所祖習之非，所輕易之謬，然終於迷而不返者，由乎放誕者無損於進趨㉖故也。若高人以格言彈而呵之，有不畏大人而長惡不悛者㉗，下其名品，則宜必懼然，冰泮而革面㉘，旋而東走之迷㉙矣。」

【章　旨】世俗輕薄之徒不學無術，應當給以嚴厲呵責，使之能夠翻然改悔。

【注　釋】❶便辟偶俗　阿諛諂媚，逢迎世俗。便辟，迎合；討好。❷狡澤　美好、潤澤。狡，通「姣」。❸蜀人瓠壺之喻　瓠壺，葫蘆中空製成的壺。三國蜀張裔，字君嗣，曾被任為益州太守，當時有人說：「張府君如瓠壺，外雖澤而內實粗」。見《三國志・蜀書・張裔傳》。❹胸中無一紙之誦　意謂不學無術，胸無點墨。❺傲很明德　在具有美好德性者的面前，態度傲慢而凶狠。《左傳・文公十八年》：「顓頊氏有不才子……傲很明德，以亂天常，天下之民謂之檮杌。」❻即聾從昧　《左傳・僖公二十四年》曰：「耳不聽五聲之和為聾，目不別五色之章為昧，心不則德義之經為頑，口不道忠信之言為嚚。」又曰：「即聾從昧，與頑用嚚，奸之大者也。」❼冒于貨財貪于飲食　貪求財物，喜歡吃喝。❽左生　指左丘明。❾不才之子　即前所引檮杌、饕餮。❿墳索之微言　三墳、五典、八索、九丘，均為傳說中之古籍。微言，精微之言。⓫鬼神之情狀　指幽明、生死、陰陽變化之理。《周易・繫辭上》：「仰以觀於天文，俯以察於地理，是故知幽明之故。原始反終，故知死生之說。

精氣為物，游魂為變，是故知鬼神之情狀。」⓬大禮　指朝廷盛大的祭典及禮儀。⓭郊祀禘祫之儀品　指在郊野祭天、祭祖的秩序儀式之規定。郊祀，祭天之禮。禘祫，王者祭祖之典禮。⓮三正四始之原本　三正，謂夏以建寅之月為正月，殷以建丑之月為正月，周以建子之月為正月，三代正朔不同。四始，舊以正月旦日為歲之始、時之始、月之始、日之始，故云四始。⓯陰陽律歷之道度　樂律及曆法之度數。⓰典式　典範；樣式。⓱怳悸自失　忽然受驚，恍恍然若有所失。怳悸，忽然受驚之貌。⓲喑嗚俛仰　俯仰作態，支支吾吾，無言以對。喑，緘默。⓳蒙蒙　蒙昧無知。⓴莫莫　無語之貌。㉑面牆之困　因為不學而造成的困境。面牆，對牆而立，目無所見。喻不學。㉒謐已　沈默無言。謐，靜。㉓故事　指舊日之典章、典故。㉔章句之士　分章析句之儒生。《漢書・夏侯勝傳》：「所謂章句小儒，破碎大道。」㉕匍匐以守黃卷　形容小心翼翼，謹守書本。黃卷，指書籍。古代以黃蘗汁染紙防蠹蟲，故云。㉖進趨　進取。指仕途升遷。㉗不畏大人而長惡不悛者　不畏懼在上者的警告而不停止其惡行的人。大人，指居上位之君子。長惡不悛，長期作惡，而不肯悔改。《論語・季氏》：「君子有三畏：畏天命，畏大人，畏聖人之言。」㉘冰泮而革面　如冰之融化，改變劣習以順上向善。泮，冰融解。革面，指變化其容貌顏色。㉙旋而東走之迷　「旋而」疑誤倒。意謂從迷途中返歸正道。《韓非子・說林上》：「狂者東走，逐者亦東走。」

【語譯】那些輕薄之人，儘管諂媚迎合，討好世人，廣泛交遊，互相宣揚，可以輕易地取得仕途的升遷，然而他們大都是外表華美，而中心空虛，就好似蜀人所比喻的瓠壺。胸中沒有半點學識，所知道的不過是酒肉之事。這就是古書所說的對待明德者傲慢凶狠、不聽和聲、不辨五色、貪圖財物、喜歡吃喝，是左丘明所記載的那種不才之子了。

如果向他們問及古籍中的精微之言，生死幽明的轉化之理；問及萬物之變化，各地奇怪之物類；問及朝廷宗廟盛大的典禮規則，郊祀祭天的秩序儀式；問及三正四始的本原，樂律曆法的度數；問及軍國社稷的樣式，古今因革的異同。他們就像突然受驚，恍然若失，俯仰支吾，蒙然無知，無言以對。即使內心知道這是不學習造成的困境，然而對外還是要為學識短乏而辯護，不能沈默，故意說大話道：『這些瑣碎的典章故事，是窮巷中的章句之士，那種吟誦古書、死守黃卷的人所應掌握的，不值得問我們這號人。』

有的人確實知道不學的弊端，宏儒的可貴，知道從來奉行的錯誤，舉動輕佻的荒謬。然而終究沈迷不改，是由於放縱任誕的行為對於他們的仕途進取沒有什麼損害的緣故。若是有高人以精闢的言語加以批評制止，對於那種不聽勸告、不肯悔改的人，則貶低其聲名品第。他們就應該有所驚醒、畏懼，改變容顏，順從向善，從迷途中返歸正道了。」

卷二六 譏惑

【題解】本篇的宗旨，是諷刺吳地人士盲目追隨、效仿中原文化與習俗的風氣。

京城洛陽一帶的文化、藝術、風俗習慣之影響其他地區，是一種值得重視的文化現象。《後漢書．馬廖傳》引長安語曰：「城中好高髻，四方高一尺；城中好廣眉，四方且半額」，是說長安的裝飾迅速傳播到四周地區。本篇又舉出中原書法藝術、衣著服飾、居喪方式乃至北方聲調語言對於吳地文化風氣的影響，可見這種交流與傳播是一種普遍的現象。

本篇文中承認中原眾事勝過江南的不少，也不反對學習北方的長處。作者實際上提出了兩個問題：一是在這種地域文化的滲透中如何保持各地方的特色，二是在民間風俗的互相影響中如何維持禮制的原則。

抱朴子曰：「澄濁剖判❶，庶物化生❷，羽族或能應對❸焉，毛宗或有知言❹焉。干玃識往❺，歸終知來❻。玄禽解陰陽❼，蛇螘遠泉流❽，蓍龜❾無以過焉，甘石❿不能勝焉。夫唯無禮，不廁貴性⓫。

厥初邃古⓬，民無階級⓭。上帝悼混然之甚陋，愍巢穴之可鄙，故構棟宇以去鳥獸之群，制禮數以異等威之品⓮。教以盤旋⓯，訓以揖讓，立則磬折⓰，拱則抱鼓。趨步升降之節，瞻視接對之容，至於三千⑰。蓋檢溢之隄防，人理之所急也。故『儼若』冠於《曲禮》⑱，『望貌』首於五事⑲。出門有見賓之肅，閒居有敬獨之戒⑳。顏生整儀於宵浴㉑，仲由臨命而結纓㉒。

恭容暫廢，惰慢㉓已及。安上治民，非此莫以㉔。蓋人之有禮，猶魚之有水矣。魚之失水，雖暫假息，然枯糜可必待也。人之棄禮，雖猶靦然㉕，而禍敗之階也。魯秉周禮㉖，暴兵不加；魏式干木，銳寇旋旆㉗。大楚帶甲百萬，而有振槁之脆㉘；強秦殽函襲嶮，而無折柳之固㉙。豈非棄三本㉚而喪根柢之攸召哉？

【章旨】為人之本在於知禮，人之失禮猶如魚之失水，所以前賢聖哲對於禮儀制度有著具體的規定。

【注釋】❶澄濁剖判　天地開闢。澄指天，濁指地。❷庶物化生　萬物蘊化而生成。❸羽族或能應對　指鸚鵡之類。羽族，鳥屬。禰衡〈鸚鵡賦〉：「性辯慧而能言兮，才聰明以識機。」❹毛宗或有知言　指猩猩之類，古人認為猩猩會講話。《禮記・曲禮》：「猩猩能言，不離走獸。」❺干玃識往　干玃，即乾鵲。此謂乾鵲知道往者的情況。〈對俗〉篇作「乾鵲知來」，當為異說。《淮南子・氾論》高誘注：「乾鵠，鵲也。人將有來事憂喜之徵則鳴，此知來也。」❻歸終知來　歸終，神獸之名。〈對俗〉篇作「歸終知往」，當為傳聞之異說。❼玄禽解陰陽　玄禽，指灰鶴、燕子。傳說鶴夜半時，感受到生氣的萌動而啼鳴。〈至理〉篇：「鶴知夜半，燕知戊己。」❽虵螘遠泉流　虵，即「蛇」。螘，螞蟻。〈博喻〉篇：「蛇螘知潛泉之所居。」❾蓍龜　蓍草和龜，皆古代卜筮之具。❿甘石　戰國時齊人甘德與魏人石申，精於天文。⓫夫唯無禮二句　意謂上述鳥獸蟲類不懂禮儀，所以不能與人並列。貴性，指人。《說文解字》：「人，天地之性最貴者也。」⓬厥初邃古　指遠古原始社會。邃古，遠古。⓭民無階級　民無長幼尊卑之別。⓮等威之品　與其身分相稱的禮儀品級。《左傳・宣公十二年》：「貴有常尊，賤有等威。」⓯盤旋　指周旋禮讓的動作。⓰磬折　身體彎曲如磬之背，表示恭敬。《禮記・曲禮》：「立則磬折垂佩。」⓱接

對之容二句　具體應對之禮儀規定，有三千條之多。《禮記・禮器》：「禮有大有小，有顯有微……故經禮三百，曲禮三千。」⑱儼若冠於曲禮　儼若，態度莊重嚴肅之貌。《禮記・曲禮》開篇即曰「毋不敬，儼若思」，故云。⑲望貌首於五事　《尚書・洪範》以貌、言、視、聽、思為修身的五件事，對貌的要求是「恭」。《說苑・修文》：「書曰五事，一曰貌。貌若男子之所以恭敬，婦人之所以姣好也。行步中矩，折旋中規，立則磬折，拱則抱鼓。」⑳閒居有敬獨之戒　獨處時亦能謹慎不苟。《禮記・中庸》：「莫見乎隱，莫顯乎微，故君子慎其獨也。」㉑顏生整儀於宵浴　顏回即使夜晚洗浴，亦講求容貌的整肅。《劉子・慎獨》：「顏回不以夜浴改容。」㉒仲由臨命而結纓　仲由，即子路，孔子之弟子。衛之蒯聵與孔悝為難，子路的帽帶被擊斷。子路曰：「君子死，而冠不免。」遂結纓而死。見《史記・仲尼弟子列傳》。㉓惰慢　輕薄下流。㉔安上治民二句　使君王安處上位，治理民眾，非禮則不行。㉕靦然　容貌為人、徒具人之外貌。㉖魯秉周禮　魯是周公的封國，遵照周公的典禮制度行事，故云。《左傳・昭公二年》：「晉侯使韓宣子來聘……曰：『周禮盡在魯矣。吾乃今知周公之德，與周之所以王也。』」㉗魏式干木二句　段干木是戰國魏之賢者，著名的隱士，魏文侯對他十分尊重。秦國欲興兵攻打魏國，因為魏文侯禮待段干木之故，因而罷兵。式，通「軾」。車前的扶手板。傳說魏文侯經過段干木居住的陋巷，總要俯身按軾表示敬意。見《呂氏春秋・期賢》。㉘振槁之脃　就像搖落枯葉一樣的容易。槁，指枯葉。脃，「脆」的本字。《荀子・議兵》：「(楚人)汝潁以為險，江漢以為池，限之以鄧林，緣之以方城，然而秦師至而鄢郢舉，若振槁然。」㉙折柳之固　像折斷柳枝一樣毫不費力。㉚三本　指三項禮儀之根本。《荀子・禮論》：「禮有三本：天地者，生之本；先祖者，類之本；君師者，治之本也。」

【語　譯】抱朴子說：「天地開闢，萬物化生。有的鳥類也能與人應答，有的野獸也能懂得言語；乾鵲知道既往之事，歸終懂得前來之事；玄鶴知道陰陽的分界，蛇蟻懂得遠離地下的泉流。這些鳥獸判斷的準確連人類的卜筮也趕不上，精於觀察星象的甘德、石申也不能超過。然而這些鳥獸不懂得禮，所以不能與人並列。

遠古之時，初民沒有長幼尊卑的區別。天帝悲傷人類混沌無禮的卑陋，憫念人們住在山洞樹巢中的鄙賤。於是設計了房屋使人類脫離與鳥獸為群的生活，制定了禮儀使人類有了尊卑長幼的區別。教導人們周旋之禮，使人們懂得作揖禮讓，站立則如同磬折，拱手則如同抱鼓。行走步履的快慢，升降臺階的禮儀，會見應對的儀容，具體的規定有三千項之多。這是因為建立禮儀規範，防止非禮行為，是人類非常迫切的事情。所以《禮記・曲禮》首先就要求人們態度莊重嚴肅，而《尚書・洪範》將恭敬的儀容作為修身五事的頭一件。出門會見賓客有態度肅穆的規定，獨自閒處有謹慎莊重的告誡。顏回即使夜間洗浴也儀態嚴肅，子路臨死之際也要繫好帽帶。

恭敬的態度稍有荒廢，輕薄下流的習氣便出現了。安定君主，治理民眾，沒有禮法是不行的。因為人之有禮，就像魚之有水一樣。魚離開了水，即使暫時還能呼吸存活，但是最終一定會乾枯而死。人若是放棄了禮法，即使還有一副人的面目，卻是一步一步地臨近災禍與失敗。魯國保存了周禮，強暴的軍隊便不侵犯它；魏文侯禮待段干木，精銳的敵師便回兵而去。楚國有帶甲之師百萬之眾，卻像樹上的枯葉搖一搖就飄落了。秦國有險要的殽山、函谷關作為屏障，卻不如一根柳枝而被輕輕地折斷了。這難道不是拋棄禮儀、喪失根基所招來的後果嗎？

矧❶乎安逸觸情❷，喪亂日久，風頹教沮❸。抑斷之儀❹廢，簡脫之俗成。近人值政化之蚩役❺，庸民遭道綱之絕紊❻，猶網魚之去水罟❼，圍獸之出陸羅❽也。喪亂以來，事物屢變。冠履衣服，袖袂財制❾，日月改易，無復一定。乍長乍短，一廣一狹，忽高忽卑，或粗或細，所飾無常，以同為快。其好事者朝夕放效，所謂『京輦貴大眉，遠方皆半額』❿也。余實凡夫，拙於隨俗。其服物變不勝，故不變無所損者，余未曾易也。雖見指笑，余亦不理也。豈苟欲違眾哉？誠以為不急耳。

上國⓫眾事，所以勝江表者多，然亦有可否者。『君子行禮，不求變俗』⓬，謂違本邦、之他國，不改其桑梓之法⓭也。況其在於父母之鄉，亦何為當事棄舊而強更學乎？

【章　旨】近世綱紀崩壞，禮儀廢弛，吳地之人紛紛效法中原，而不論其是否合於禮制。

【注　釋】❶矧　況且；又。❷安逸觸情　隨心所欲，放縱享樂。❸風積教沮　風氣頹喪，教化敗壞。❹抑斷之儀　莊重、嚴肅的威儀。❺政化之蚩役　政治之教化頹敗、廢弛。蚩役，一本作「衰微」。❻道綱之絕紊　意謂道德倫理的綱繩斷絕、混亂了。紊，亂。❼罟　捕魚的網。❽羅　捕鳥獸的網。❾財制　裁製。財，通「裁」。❿京輦貴大眉二句　京城時髦畫廣眉，四方亦紛紛仿效，畫眉寬達半額。京輦，指京城。大眉，即廣眉。《後漢書・馬廖傳》引長安語曰：「城中好高髻，四方高一尺；城中好廣眉，四方且半額。」⓫上國　指北方中原之地。⓬君子行禮二句　君子奉行禮儀，不務改變其故俗。語見《禮記・曲禮》。⓭桑梓之法　家鄉之禮儀制度。

【語　譯】何況人們沈溺享樂，縱情貪欲，喪亂已久，風俗教化已經崩壞。莊重的威儀荒廢了，輕脫的風氣形成了。遇到這種政治教化廢弛、道德綱紀紊亂之際，普通平庸的人們就像魚兒脫網、就像野獸離開網羅一樣，不遵守禮法的約束了。

喪亂以來，各種事物一變再變。帽子、鞋子、衣服、衣袂、衣袖的樣式，每日每月都有變化，不再有一定之規。忽而長忽而短，一時寬一時窄，有時高有時低，或者粗或者細。所裝飾沒有一定，以同於中原的標準為快意。那些好事之人，更是早晚仿效。這就是所說的『京城流行廣眉，遠方也畫眉半額』了。我實在是一個平凡的人，不善於隨俗變化。看到世俗衣物變化無窮，而只要不變無所損害的，我也就不變了。即使被人指點嘲笑，我也不加理睬。難道我是有意與眾不同嗎？我的確只是覺得這些都是不急之務。

中原的各項事務，勝過江南的很多，然而也有未必如此的。『君子奉行禮法，不務改變故俗』，說的就是離開故土，前往他國，仍然不改變家鄉的風俗禮儀。何況本來在自己的家鄉，又何必放棄固有的風俗而勉強去學習外地的呢？

吳之善書，則有皇象❶、劉纂、岑伯然、朱季平，皆一代之絕手。如中州有鍾元常❷、胡孔明❸、張芝❹、索靖❺，各一邦之妙。並用古體，俱足周事。余謂廢已習之法，更勤苦以學中國之書，尚可不須也。況於乃有轉易其聲音，以效北語，既不能便良似，可恥可笑，所謂不得邯鄲之步，而有匍匐之嗤❻者。

此猶其小者耳。乃有遭喪者而學中國哭者，令忽然無復念之情❼。昔鍾儀❽、莊舄❾，不忘本聲，古人韙之❿。孔子云：『喪親者，若嬰兒之失母』，其號豈常聲之有！寧令哀有餘而禮不足。哭以洩哀，妍拙何在？而乃治飾其音，非痛切之謂也。

又聞貴人在大哀，或有疾病，服石散⓫以數食，宣藥勢以飲酒。為性命疾患危篤，不堪風冷，幃帳茵褥，任其所安。於是凡瑣小人之有財力者，了不復居於喪位。常在別房，高床重褥，美食大飲。或與密客引滿投空⓬，至於沈醉，曰『此京洛之法也』。不亦惜哉！

余之鄉里先德君子⓭，其居重難，或並在衰老，於禮唯應縗麻在身。不成喪致毀者，皆過哀啜粥，口不經甘。時人雖不肖者，莫不企及自勉。而今人乃自取如此，何其相去之遼緬乎！

又凡人不解，呼謂中國之人居喪者多皆奢溢⑭，殊不然也。吾聞晉之宣、景、文、武四帝⑮，居親喪皆毀瘠踰制⑯，又不用王氏二十五月之禮⑰，皆行七月服。于時天下之在重哀者，咸以四帝為法。世人何獨不聞此，而虛誣高人，不亦惑乎！」

【章旨】舉出書法、語言、哀哭、居喪四事，批評世俗盲目倣效中原的不良風氣。

【注釋】❶皇象　字休明，三國吳人，官至侍中。工章草，時人謂之「書聖」。❷鍾元常　鍾繇，字元常，三國魏人，官至太傅。鍾繇書法有三體：一曰銘石之書，謂正書；二曰章程書，謂八分；三曰行狎書，謂行書，皆世人所善。❸胡孔明　胡昭，字孔明，三國魏人，養志不仕。尺牘之蹟，動見楷模。衛恆曰：「胡昭與鍾繇並師於劉德升，俱善草行，而胡肥鍾瘦。」❹張芝　字伯英，三國魏人，善草書，時人或謂之草聖。❺索靖　字幼安，曾官尚書郎，以善草書而知名，又善八分書。❻不得邯鄲之步二句　《莊子・秋水》載：有壽陵少年學步於邯鄲，結果未學到邯鄲的步法，又忘記了自己的步法，只有爬著回去。❼忽然無復念之情　意謂完全沒有懷念死者的情味。忽然，毫無；完全沒有。❽鍾儀　春秋楚人。嘗為鄭所獲，獻之於晉。景公令為樂，鼓琴操南音，不忘舊也。見《左傳・成公九年》。❾莊舄　戰國越人，仕於楚。雖富貴，不忘舊國，病中思越而吟越聲。見《史記・張儀列傳》。❿古人韙之　得到古人的肯定與讚揚。韙，稱善。⓫石散　五石散之類的藥物。五石散，又名寒食散，魏晉人服者甚眾。《晉書・裴秀傳》說「服寒食散，當飲熱酒。」⓬引滿投空　指飲酒遊戲。引滿，注酒滿杯。投空，投壺之戲，即賓主投矢壺中，負者飲酒。⓭先德君子　有德行的前輩君子。⓮奢溢　過分；超越規定的要求。⓯宣景文武四帝　宣帝，指司馬懿。景帝，指司馬師。文帝，指司馬昭。武帝，指司馬炎。⓰毀瘠踰制　哀傷過度，因而消瘦，超越了常制。⑰不用王氏二十五月之禮　王氏，疑指王肅。晉人居喪，用王肅之說，二十五月為斷。

【語　譯】吳地善於書法的，則有皇象、劉纂、岑伯然、朱季平，都是超絕一代的書法名家。猶如中原之地有鍾繇、胡昭、張芝、索靖，都是一方的妙筆。上述之人並用古體，都值得奉以為師。我認為廢棄自己熟悉的書法，再去辛辛苦苦地學習中原的書法，尚不必如此。更何況還有改變聲調，仿效北方的語言，又不能學得很像，真是可恥可笑，這就與所謂沒有學得邯鄲的步法，因而只能爬著回去的人是一樣的。

這還只是小的事例。還有人居喪期間仿效北方中原人哀哭的聲調，使得哭聲中毫無懷念親人之情。從前有鍾儀、莊舄，不忘本土的樂調、聲音，受到古人的讚揚。孔子說：『喪失親人，就像嬰兒失去母親一樣』，其哭聲難道有通常不變的聲調！寧可使哀傷的情感有餘而禮的形式不足。因為哭聲是發洩悲哀的，有何美醜呢？而有人故意地裝飾哭的音調，這不是內心深切悲痛的表現。

又聽說中原貴人在居喪時，可能有疾病，經常服用五石散，為了發散藥力因而飲酒。因為疾病嚴重，不能感受風寒，所以帷帳茵褥，只求得身體安適。於是有些富有錢財的猥瑣小人，在居喪期間也完全不住在守喪的地方。他們常在別的房中，睡著高床，蓋著層層的被褥，有美味食品供他們大吃大喝。或者與密友飲酒遊戲，以至於大醉。他們還說『這是京城洛陽一帶的風習』，不是可悲嗎！

我的家鄉有德行的前輩君子，他們居喪期間，或者父母衰老，按照禮制只穿粗麻的衣裳。只要不是因過度哀傷因而身體太差的，都只吃稀粥，口不嚐美食。當時人即使是不才之輩，也沒有不努力向他們學習的。而今人乃採取如此的態度，相差是多麼的遙遠啊！

又普通人不懂，說中原人居喪都超越規定，完全不是如此。我聽說晉宣帝、景帝、文帝、武帝四位帝王，居喪時都過分悲傷因而身體瘦弱，非同尋常，然而不用王肅主張居喪二十五個月的禮制，皆行七月服。當時天下之居喪者，都用這四位帝王的禮法。世人為什麼唯獨不知此事，而錯怪了非凡的高人。這不是糊塗嗎！」

卷二七 刺驕

【題解】本篇批判上層官僚中驕傲恣肆、違背禮儀的不良風氣。

任誕之風，起於漢末，而盛於魏晉。當時名士，多不拘禮儀。客人來訪，拒而不納；車駕往尋，答以嘲諷。阮籍更以青白眼分別待人，又云「禮豈為我輩設也」。然揆其本心，乃書生意氣，有為而發。後世浮靡，得其皮相，自標高人，故作狂態，亦如東施效顰之類也。

本篇特別要求當權者禮待地位卑微、出身貧寒之士人。因為寒微之士雖然懷有卓異的才能，而外貌樸拙，不黨於俗，容易受到忽略。所以刺驕的宗旨，又仍然歸結為禮賢與求士。

抱朴子曰：「生乎世貴之門，居乎勢列之勢❶，率多不與驕期而驕自來❷矣。非夫超群之器，不能免於盈溢之過❸也。蓋勞謙虛己❹則附之者眾，驕慢倨傲則去之者多。附之者眾，則安之徵也；去之者多，則危之診❺也。存亡之機，於是乎在。輕而為之，不亦蔽哉？

亦有出自卑碎❻，由微而著。徒以翕肩斂跡❼，偓伊側立❽，低眉屈膝，奉附權豪。因緣運會❾，超越不次❿。毛成翼長，蟬蛻泉壤⓫。便自軒昂，目不步足⓬。

器滿意得⑬，視人猶芥。或曲宴密接，管絃嘈囋⑭，後賓填門，不復接引。或於同造之中偏有所見，復未必全得也。直以求之差勤，以數接有情，苞苴繼到⑮，壺榼不曠⑯者耳。孟軻所謂愛而不敬，豕畜之⑰也。

而多有行諸，云是自尊重之道。自尊重之道，乃在乎以貴下賤，卑以自牧⑱，非此之謂也。乃衰薄之弊俗、膏肓之廢疾⑲，安共為之？可悲者也。

【章　旨】或因門第高貴而驕縱，或因超越拔擢而傲慢，都是世風衰薄的現象，是危險的徵兆。

【注　釋】❶熱烈之勢　權勢顯赫，炙手可熱。❷率多不與驕期而驕自來　大都不想驕傲而自然養成傲慢的習氣。不期，不希望。❸盈溢之過　指驕傲自滿之過失。盈溢，過滿而溢出。❹勞謙虛己　勤謹而謙虛。❺診　通「症」。病象；病症。❻出自卑碎　指出身卑微，並非名門貴族。❼翕肩斂跡　垂著肩、縮著腳。形容卑順之狀。翕，收縮。斂跡，因內心有所顧忌而行動小心。❽偓伊側立　側立在一旁，故意裝作笑顏，以求取悅於人。偓伊，同「喔咿」。《楚辭・卜居》：「喔咿儒兒以事婦人乎？」❾因緣運會　因為關係與機會。❿超越不次　不循常規，破格提拔。⓫蟬蛻泉壤　如蟬之脫殼於地下，而飛升於天空。蟬之幼蟲居土中，故云。⓬目不步足　目不視足。形容高傲之貌。⓭器滿意得　志得意滿。形容小人得志輕脫之貌。⓮嘈囋　喧鬧之聲。⓯苞苴繼到　不斷地送禮。苞苴，指贈送之財物。⓰壺榼不曠　經常饋送酒食。壺榼，盛酒之器。曠，缺。⓱愛而不敬二句　僅僅以食物接待而無恭敬之心，就像養六畜一樣。《孟子・盡心上》：「孟子曰：食而弗愛，豕交之也；愛而不敬，獸畜之也。」⓲卑以自牧　以謙卑的態度，修養自己的精神品格。牧，修養。⓳膏肓之廢疾　病入膏肓之疾病。膏肓，形容病情嚴重，難以治療。

【語　譯】抱朴子說：「生在世代尊貴的家族，處於權勢顯赫的境地，許多不想驕傲的人也就自然養成驕傲的習氣。如果不具有超群的器識，就不可能避免驕縱自滿的過失。如果勤勞而謙虛，那麼依附的人就會眾多；

如果驕縱而傲慢，那麼離開的人就會眾多。依附的人多，這是平安的徵兆；離開的人多，這是危亡的症狀。存亡的關鍵，也就在此了。輕易為之，豈不是不明事理的行為嗎？

也有的人原本出身低微，由卑賤而升到顯要的地位。在此之前，他們只是縮著肩膀，小心翼翼，侍立一側，低眉順眼，卑躬屈膝，奉事權貴之家。憑藉關係，遇著機會，獲得超越常規的提拔。一旦羽毛豐滿，就像蟬脫殼於土壤之下，就變得氣概軒昂，態度傲慢，一副志得意滿的樣子，將別人看得如同草芥。有時舉行私人宴會，管絃喧鬧嘈雜，後來之賓客滿門，也不再以禮接待。或者在同訪的賓客中，只見某人，而並不全部相見。所接見的只是平常拜訪求見次數多，接觸較勤，因而有情，禮物相繼，酒食不斷而已。這就是孟軻所說的『愛而不敬，待之如畜牲』。

然而許多人這樣做，他們說這是自我尊重之道。然而自我尊重之道，乃在於以尊貴的身分而親近卑賤之人，修養自己謙遜的品德，而並非這種驕傲的態度。這種作法，乃是末世衰薄風氣之表現，是嚴重的社會弊病。怎麼可以採取這種行為呢？真是可悲。

若夫偉人巨器❶，量逸韻遠，高蹈獨往，蕭然自得。身寄波流之間，神躋九玄之表❷。道足於內❸，遺物於外。冠摧履決❹，藍縷帶索❺。何肯與俗人競幹佐之便僻❻，修佞幸之媚容；效上林喋喋之嗇夫❼，為春蜩❽夏蠅❾之聒耳❿。求之以貌，責之以妍，俗人徒睹其外形之粗簡，不能察其精神之淵邈⓫。務在皮膚，不料心志⓬。雖懷英抱異，絕倫邁世，事動可以悟舉世之術，言發足以解古今之惑。含章括囊⓭，非法不談。而茅蓬不能動萬鈞之鏗鏘⓮，侏儒不能看重仞之弘麗⑮。因而蚩⑯之，謂為凡憒⑰。

夫非漢東之人，不能料明珠於泥淪之蚌⑱；非泣血之民，不能識夜光於重崖之裡⑲。蟭螟屯蚊眉之中⑳，而笑彌天之大鵬。寸鮒游牛跡之水㉑，不貴橫海之巨鱗。故道業不足以相涉㉒，聰明不足以相逮㉓，理自不合，無所多怪。所以疾之而不能默者，願夫在位君子，無以貌取人，勉勖謙損㉔，以永天秩㉕耳。」

【章　旨】奉勸當權在位的君子，要善於識別處境貧寒、外形樸拙的才能之士，而不可以貌取人。

【注　釋】❶偉人巨器　器識廣大的非凡之士。❷神躋九玄之表　心神寄託，遠在九天之上。九玄，九天。❸道足於內　以道德為心，故能自足於內。❹冠摧履決　鞋帽都已經破舊。摧，破爛。決，破裂。❺藍縷帶索　衣衫破爛，用草繩作帶子。❻競幹佐之便僻　跟輔佐辦事的官員競爭，向上司逢迎諂媚。幹佐，主掌具體事務的官員。便僻，迎合諂媚之貌。❼上林喋喋之嗇夫　上林，指上林苑。嗇夫，這裡指上林苑中掌管虎圈的小吏。據載漢文帝嘗入上林苑，問苑中諸禽獸情況，丞尉不能對，有虎圈嗇夫能言善對，言辭紛紛。漢文帝欲任為上林令，為張釋之勸阻。見《史記・張釋之馮唐列傳》。❽春蜩　春蟬。❾夏蠅　夏天的蒼蠅。❿聒耳　聲音嘈雜、擾耳。⓫淵邈　深厚、遠大。⓬不料心志　不理解其精神、胸懷。料，估量。⓭含章括囊　意謂隱藏才華，閉口不言。括囊，閉束袋口，比喻不言。⓮茅蓬不能動萬鈞之鏗鏘　茅草蓬蒿上不能懸掛萬鈞的樂器，彈奏鏗鏘之樂調。萬鈞之鏗鏘，編鐘之樂聲。⓯侏儒不能看重仞之弘麗　身材短小的人不能欣賞數仞門牆之內弘麗的宮殿之美。⓰蚩　通「嗤」。譏笑。⓱凡憒　平凡、糊塗。憒，昏亂；糊塗。⓲夫非漢東之人二句　漢東，漢水以東。指隨。意謂非隨人，不能識別泥中蚌蛤所涵之明珠。古代有隨侯之珠，故云。⓳非泣血之民二句　泣血之民，指荊人卞和。獻其璞玉，被刖雙足，哭於楚山之下三日三夜，泣盡而繼之以血。夜光，即和氏之璧。見《韓非子・和氏》。⓴蟭螟屯蚊眉之中　蟭螟，寓言中極小的蟲子。《列子・湯問》：「焦螟群飛而集於蚊睫，弗相觸也。」㉑寸鮒游牛跡之水　寸鮒，一寸長的小魚。牛跡之水，牛腳踩出的小水坑。㉒道業不足以相涉　各自的理想、學業互不相干。道業，道德追求與學問事業。㉓聰明不足

以相逮　或愚昧、或聰明，相去甚遠，不足以相及。㉔勉勖謙損　努力做到謙虛、退讓。勉勖，盡力。㉕天秩　即天爵。儒家以道德修養為自然不變的爵位。《孟子・告子上》：「仁、義、忠、信，樂善不倦，此天爵也；公、卿、大夫，此人爵也。」

【語　譯】至於見識非凡的偉大人物，他們氣量超逸，韻調高遠，高蹈出世，離群獨往，意趣清遠。他們聽任自然，和光同塵，心神寄託卻遠在九天之外。道德自足於心，而遺落外在之事。他們破帽爛履，衣衫藍縷，將草繩當作繫腰的帶子，卻自得其樂。怎麼肯充任掌管俗務的官吏，在上司面前爭相作出諂佞獻媚的臉色；又怎麼肯仿效上林嗇夫伶牙俐齒、喋喋不休，發出如同春日鳴蟬、夏天蒼蠅一樣嘈雜的聲音！世俗之人只知表面，喜歡華美，只看到他們的外形粗率簡易，卻不能體察其精神的廣闊與深遠，只看到皮膚，而不知其心神志氣。這種人，即使懷抱卓異之才，器識超群絕世，行動可以使舉世醒悟，發言足以解釋古今之惑。然而他們懷瑾握玉，藏而不露，違背禮法則閉口不言。就像茅草蓬蒿上不能懸掛重達萬鈞、樂調鏗鏘的編鐘一樣，又像身材矮小的侏儒不能欣賞數仞門牆之內弘麗的景色一樣，世俗之輩譏笑這些高才之士，說他們只是平常的糊塗之人。

不是漢東隨國之人，就不能知曉泥下蚌蛤中所蘊藏的明珠；不是卞和，就不能認識重崖之內包涵的璧玉。焦螟住在蚊蟲的眼睫裡，卻嘲笑兩翼垂天的大鵬；小魚兒游在牛腳踩出的小水窪中，卻看不起橫越滄海的大魚。所以如果志向學業不相符，聰明愚昧相距太遠，道理也就說不到一起，這沒有什麼奇怪的。我所以深有所感而不能保持沈默，就是希望在位君子不要以貌取人，努力做到謙虛退讓，以長久地保有美好的道德。」

抱朴子曰：「世人聞戴叔鸞❶、阮嗣宗❷傲俗自放，見謂大度，而不量其材力非傲生之匹❸，而慕學之。或亂項科頭❹，或裸袒蹲夷❺，或濯腳於稠眾，或溲便於人前，或停客而獨食，或行酒而止所親。此蓋左衽❻之所為，非諸夏❼之快事也。

夫以戴、阮之才學，猶以跣踔自病❽，得失財❾不相補。向使二生敬蹈檢括❿，恂恂以接物⓫，兢兢以御用⓬，其至到何適但爾哉？況不及之遠者，而遵修其業，其速禍危身，將不移陰⓭？何徒不以清德見待而已乎？

昔者西施心痛⓮，而臥於道側，姿顏妖麗，蘭麝芬馥⓯。見者咸美其容而念其疾，莫不躊躇⓰焉。於是鄰女慕之，因偽疾伏於路間，形狀既醜，加之酷臭。行人皆憎其貌而惡其氣，莫不睨面⓱掩鼻，疾趨而過焉。今世人無戴、阮之自然，而效其倨慢，亦是醜女闇於自量⓲之類也。

【章旨】世人無戴叔鸞、阮嗣宗的才學性情，而模仿其傲慢放誕，只能適得其反，增添其醜陋，引起公眾的厭惡。

【注釋】❶戴叔鸞　戴良，字叔鸞，後漢人，放達任誕，不拘小節。其母去世，兄伯鸞居廬啜粥，非禮不行。而叔鸞食肉飲酒，哀至乃哭。而二人俱有毀容。州郡辟舉，俱不至，優遊不仕，以壽終。見《後漢書・逸民列傳》。❷阮嗣宗　阮籍，字嗣宗，竹林七賢之一。處魏晉易代之際，名士少有全者，遂醉酒任誕，不拘禮法。嘗曰：「禮豈為我輩設也！」見《世說新語・任誕》。❸其材力非傲生之匹　意謂世俗之輩，其器具學力不能與戴良、阮籍相匹敵。❹亂項科頭　不戴冠帽，頭髮很亂。科頭，束髮而不戴冠。❺裸袒蹲夷　赤身露體，又開腿坐著。蹲夷，張開腿坐。是傲慢無禮的行為。❻左衽　古代指未開化的少數民族，前襟左向，與中原人民不同。❼諸夏　指周代分封的諸侯國，後代用指中原。❽以跣踔自病　因為舉動無常，自以為不妥當。跣踔，無常之貌。❾財　通「纔」。僅。❿敬蹈檢括　舉動謹慎，遵守法度。敬蹈，行為恭敬而慎重。⓫恂

恂以接物　以恭順的態度待人接物。恂恂，恭敬而順從。⑫兢兢以御用　以小心戒懼的態度料理世事。兢兢，原本作「競競」，形近而訛。⑬將不移陰　比喻降臨之迅速。移陰，樹陰移動。形容為時短暫。⑭昔者西施心痛　《莊子・天運》載，西施病心而顰，其里之醜人見而美之，亦捧心而顰。富人見之，閉門而不出；貧人見之，挈妻子而去之。⑮蘭麝芬馥　意謂氣味芬芳，香氣四溢。蘭草、麝香，皆香料。⑯莫不躊躇　都徘徊在她的身邊，不忍離去。⑰睨面　斜面；側面。睨，斜視。⑱闇於自量　沒有自知之明。

【語譯】抱朴子說：「世人聽說戴良、阮籍傲視流俗，行為放誕，被稱為氣度宏大，而不揣測自己的器識學力不能與戴良、阮籍相比，而羨慕、效仿。有的人不戴帽子，披頭散髮；有的人赤身露體，踞坐無禮，有的當著眾人之面洗腳，有的在人前小便，有的不理睬客人而獨自進食，有的不給親友斟酒。這些是未蒙教化之蠻夷的行為，不是中原華夏值得稱道的好事。

以戴良、阮籍之才學，尚且因為行為放誕無常而自以為不足，影響他們的成就。倘若他們二人能遵守法度，舉動謹慎，以謙恭的態度待人接物，兢兢業業以應付世事，他們又何止於目前取得的一點成就？何況自身的才學與他們相距甚遠的人，卻去仿效他們的行為方式，其招致禍患、危害生命，不是很迅速的嗎？為何不自己堅持培養清正的德行呢？

從前西施心口發疼，因而臥在道路旁邊。她的容姿美麗，氣息芬芳，見到的人都感覺到她的美麗並耽心她的疾病，都徘徊而不忍心離去。於是鄰近的醜女很羨慕西施，便假裝有病而伏在路中間，形狀既醜，加上氣味又很臭。行路之人都憎惡其容貌並討厭其氣味，沒有不側面看別的方向，掩著鼻子，急忙跑過去的。如今世人缺乏戴良、阮籍之自然，卻仿效他們的傲慢，這與上述醜女缺乏自知之明是同類的事情。

帝者猶執子弟之禮於三老五更❶者，率人以敬也。『人而無禮』❷，其刺深矣。

夫慢人必不敬其親❸也，蓋欲人之敬之，必見自敬焉。不修善事，則為惡人。無事於大，則為小人❹。紂為無道，見稱獨夫❺。仲尼陪臣，謂為素王❻。則君子不在乎富貴矣。

今為犯禮之行，而不喜聞『遄死』之譏❼，是負豕而憎人說其臭，投泥而諱人言其污也。昔辛有見被髮而祭者，知戎之將熾❽。余觀懷、愍之世❾，俗尚驕褻，夷虜自遇❿。其後羌胡猾夏⓫，侵掠上京⓬，及悟斯事乃先著之妖怪⓭也。

今天下向平，中興有徵，何可不共改既往之失，脩濟濟之美⓮乎？夫入虎狼之群，後知賁育⓯之壯勇；處禮廢之俗，乃知雅人之不渝。道化凌遲⓰，流遁遂往⓱，賢士儒者，所宜共惜。法當扣心同慨⓲，矯而正之。若力之不能，末如之何，且當竹柏其行，使歲寒而無改也。何有便當崩騰競逐其闒茸之徒⓳，以取容於若曹邪？去道彌遠，可謂為痛歎者也。

其或峨然守正⓴，確爾㉑不移，不蓬轉以隨眾，不改雅㉒以入鄭㉓者，人莫能憎而知其善㉔，而斯以不同於己者，便共仇讎而不數㉕之。嗟乎，衰弊乃可爾邪？君子能使以亢亮方楞㉖、無黨於俗，揚清波以激濁流，執勁矢以厲群枉㉗，不過當不見容與不得富貴耳。天爵㉘苟存於吾體者，以此獨立不達，亦何苦何恨乎？而便當伐本瓦合㉙、餔糟握泥㉚、剸足適屨㉛、毀方入圓㉜，不亦劇㉝乎？

夫節士㉞不能使人敬之，而志不可奪也；不能使人不憎之，而道不可屈也；不能使人不辱之，而榮猶在我也；不能令人不擯之，而操不可改也。故分定計決，勸沮不能干㉟；樂天知命，憂懼不能入㊱。困瘁而益堅，窮否而不悔。誠能用心如此者，亦安肯草靡萍浮㊲，以索鑿枘㊳，傚乎禮之所棄者之所為哉？」

【章　旨】當今天下趨向太平，君子應該同心合力，矯正衰弊的風俗，而不能毀方入圓，投合世俗。

【注　釋】❶三老五更　相傳古代設有三老、五更之位，以禮待年老之士，天子以對待父兄的態度對待他們。《後漢書・明帝紀》：「尊事三老，兄事五更。」❷人而無禮　《詩經・鄘風・相鼠》：「相鼠有體，人而無禮，人而無禮，胡不遄死。」❸慢人必不敬其親　慢人，傲慢無禮者。《孝經・天子》：「子曰，愛親者，不敢惡於人；敬親者，不敢慢於人。」❹無事於大二句　意謂小者奉事大者是禮的要求，不能遵從禮法，則為小人。《左傳・昭公三十年》：「禮也者，小事大、大字小之謂。」❺紂為無道二句　商紂行為無道，眾叛親離，被稱為「獨夫」。《尚書・泰誓》：「獨夫受，洪惟作威。」❻仲尼陪臣二句　諸侯國大夫對天子自稱陪臣，大夫的家臣亦可稱陪臣。素王，指有帝王之德而未居其位的人。《論衡・定賢》：「孔子不王，素王之業在《春秋》。」❼遄死之譏　遄死，快死。參見注❷。❽昔辛有見被髮而祭者二句　辛有，春秋周大夫。被髮而祭，不符合禮制，類似夷狄的行為。據載辛有前往伊川，見有被髮祭於野者。辛有曰：「不及百年，此其戎乎？其禮先亡矣。」見《左傳・僖公二十二年》。❾懷愍之世　晉懷帝司馬熾，在位七年。晉愍帝司馬鄴，西晉末代皇帝，在位四年。懷、愍之世，正值八王之亂，天下紛擾，動亂不已。❿夷虜自遇　意謂世俗不遵守禮制，自同於四夷。夷虜，指未蒙開化、不明禮法之民。⓫羌胡猾夏　指邊疆少數民族擾亂中原。猾，亂。⓬上京　京城。⓭先著之妖怪　禍患降臨之前先出現的怪異現象。《呂氏春秋・制樂》：「妖者，禍之先者也。」⓮濟濟之美　指遵循禮儀之興隆、盛大場面。濟濟，盛大的禮儀。⓯賁育　指孟賁、夏育，皆古之勇士。⓰淩遲　衰落。⓱流遁遂往　指隨俗逐流，放蕩而不守禮法之行為。⓲扣心同慨　同心合力，一心一德。⓳闒茸之徒　指世俗平庸之輩、惡劣之人。闒茸，猥賤、卑劣。⓴峨然守正　立身正直，高邁不群。峨然，高峻獨立之貌。

㉑確爾　堅定、堅固之貌。㉒雅　雅樂；正樂。㉓鄭　俗樂；淫樂。㉔人莫能憎而知其善　疑當作「人莫能知而憎其善」。㉕數　道理；禮數。㉖亢亮方楞　行為方正，忠誠高尚。㉗執勁矢以厲群枉　意謂立身正直如矢，以矯正世俗之邪曲。群枉，世俗之眾行為不正，違背禮法。㉘天爵　指道德、仁義、禮智。《孟子・告子》：「仁、義、忠、信，樂善不倦，此天爵也；公卿、大夫，此人爵也。」㉙伐本瓦合　違背根本，以求合於世俗。瓦合，磨去圭角，以投合世俗。《禮記・儒行》：「毀方而瓦合。」㉚餔糟握泥　意謂混同世俗，隨波逐流。餔糟，食其酒糟。握泥，疑當作「淈泥」。混濁；攪混其泥。《楚辭・漁父》：「世人皆濁，何不淈其泥而揚其波；眾人皆醉，何不餔其糟而啜其釃？」㉛剸足適履　比喻為了迎合世俗，而放棄自身之準則。剸，刻斷；削減。㉜毀方入圓　毀棄方正，以求與世俗相合。參見注㉙。㉝劇　極；甚。㉞節士　有節操之士。㉟勸沮不能干　勸導、阻止都不能改變其決心。㊱樂天知命二句　順應天命，保持自然的歡樂，憂患恐懼不能侵入其胸懷。㊲草靡萍浮　如草之隨風而靡，如萍之隨波而流。㊳以索鑿枘　以求合於世俗。鑿是圓孔，枘是方形的榫頭，本不相合。

【語　譯】從前帝王尚且對三老五更修弟子之禮，這是為了率領天下人奉行敬重謙恭的禮法。『人而無禮，何不遄快去死』，這一諷刺意味深切，那種傲慢的人一定不尊重自己的雙親，因為想要別人敬重自己的人，必然要自己敬重自己。不行善事的，就是惡人。不奉事尊長的，就是小人。商紂行為無道，所以被稱為獨夫。仲尼只是陪臣，卻被推許為素王。所以君子不在乎是否有富貴的地位。

如今若有違背禮制的行為，卻不願意聽到『遄快去死』的譏刺，這就像身揹著豬卻憎惡別人說他臭，身上有泥巴卻忌諱別人說他髒是一樣的。從前周大夫辛有見人披頭散髮去祭祀，就知道戎夷的力量將要興盛起來。我看到晉懷帝、愍帝之世，風氣崇尚驕縱而又猥褻卑劣，自同於夷狄。後來羌胡擾亂中原，侵犯都城，我才領悟到那些非禮之事乃是禍患降臨之前先顯露的怪異現象啊。

如今天下逐漸恢復太平，中興的跡象開始出現。為何不一起糾正既往的失誤，培養興盛有禮的局面呢？只有進入虎狼之群，然後才能顯出勇士的英武雄壯；只有處在禮法廢弛的風俗中，才能顯出雅人節操的堅定不移。道德教化衰微，世俗隨波逐流，賢士儒者理應感到惋惜。應當同心協力，矯正世俗。如果力量不夠，沒有辦法，也當保持個人高尚的操守，如同青竹翠柏經歷歲末的嚴寒而不凋謝。哪可以爭相追逐那些猥賤之輩，以求討好於他們呢？附和世俗，離道愈遠，這是令人痛惜感嘆的事情。

那些節操高邁獨立、行為正直、堅貞不二的人，他們不願像無根的飛蓬一樣隨風飄轉，不願改變自己的雅調以附和世俗的淫樂。世俗之人不能理解，憎惡正直之士的奉行善道，因為正直之士不與自己相合而視為仇敵，不以禮數對待。可嘆啊，世風衰弊，怎麼能這樣呢？正人君子若能保持高尚的道德與方正的行止，不與世俗之眾結為朋黨，宣揚清正之氣而斥抑貪濁之風，堅持正直的準則以矯正世俗之邪曲，不過會不為世俗所容、得不到榮華富貴而已。若是道德仁義存在於自身，因為正直獨立而不得顯達，又有什麼值得痛苦遺憾呢？而若是捨本逐末，隨從流俗，放棄準則，削足適履，磨去楞角，背離方正，這不是太過分了嗎？

有節操之士不能使人一定尊重自己，然而其志向不可以剝奪；不能使人不憎恨自己，然而道德的準繩不可以歪曲；不能使人不侮辱自己，然而人格的尊榮卻保存在我的自身；不能使人不排斥自己，然而節操卻不可以改變。所以決心下定，任何的勸導與阻止都不能有所干擾。順應天命，保持樂觀，憂愁與恐懼都不能侵入其心胸，境遇愈是困頓，志向愈益堅定，貧苦不遇也絕不後悔。若是確能用心如此，又怎麼肯像小草隨風而倒，像浮萍隨波而流，以求符合世俗的標準，效仿那些不守禮儀之人的作為呢？」

抱朴子曰：「聞之漢末，諸無行❶自相品藻❷次第，群驕慢傲，不入道檢❸者，為都魁雄伯❹、四通八達❺。皆背叛禮教而從肆邪僻❻，訕毀真正❼，中傷非黨❽。口習醜言，身行弊事❾。凡所云為，使人不忍論也。夫古人所謂通達者，謂通於道德、達於仁義耳。豈謂通於褻黷、而達於淫邪哉？有似盜跖自謂有聖人之道五者❿也。此俗之傷破人倫，劇於寇賊之來，不能經久，豈所損壞一服而已！

若夫貴門子孫，及在位之士，不惜典刑⑪，而皆科頭袒體⑫，踞見賓客。既辱天官⑬，又移染庸民⑭。後生晚出，見彼或已經清資⑮，或佻竊虛名，而躬自為之。則凡夫便謂立身當世，莫此之為美也。夫守禮防者苦且難，而其人多窮賤焉。恣驕放者⑯樂且易，而為者皆速達焉。於是俗人莫不委此而就彼矣。

世間或有少無清白之操業，長以買官而富貴。或亦其所知足以自飾也，其黨與足以相引也。而無行之子，便指以為證曰：『彼縱情恣欲而不妨其赫奕⑰矣，此敕身履道⑱而不免於貧賤矣。』而不知榮顯者有幸，而頓淪⑲者不遇，皆不由其行也。

然所謂四通八達者，愛助附己。為之履不及納，帶不暇結，攜手升堂，連袂入室。出則接膝，請會則直致，所惠則得多。屬託則常聽，所欲則必副。言論則見饒⑳，有患則見救。所論薦則蹇驢蒙龍駿之價㉑，所中傷則孝己受商臣之談㉒。故小人之赴也，若決積水於萬仞之高隄，而放烈火乎雲夢之枯草焉。欲望肅雍濟濟㉓，後生有式㉔，是猶炙冰使燥、積灰令熾矣。」

【章旨】漢末之世，上層無行之徒相互標榜，背叛禮教，傲慢放縱。影響所及，使得教化衰弊，風俗敗壞。

【注　釋】❶無行　一本作「無徒」，疑當作「無行之徒」。❷品藻　品評人物，鑒定其等級。❸不入道檢　不受道德的檢束；不守道德。❹都魁雄伯　指一方豪傑、首領。❺四通八達　疑當作「四聰八達」，流傳異辭而成。魏明帝時，散騎常侍夏侯玄、尚書諸葛誕、鄧颺之徒，互相標榜，以玄、疇四人為四聰，以誕、備八人為八達。明帝以為構長浮華之風，皆免官禁錮。見《三國志・卷二八》裴松之注引《世語》。又晉代光逸，字孟祖，行為不羈，與胡毋輔之、謝鯤、阮放、畢卓、羊曼、桓彝、阮孚等人散髮裸裎，閉室酣飲，不捨晝夜，時人謂之八達。見《晉書・卷四九》。❻從肆邪僻　肆意違背禮法，乖戾不正。從，通「縱」。❼真正　正直有德之人。❽非黨　指不與世俗勾結，行為獨立之士。❾弊事　敗壞禮法、風俗之事。❿盜跖自謂有聖人之道五者　據載盜跖之徒問盜跖：「盜亦有道乎？」跖曰：「何適而無有道邪？猜測室中所藏，就是聖；率先入室，就是勇；最後出室，就是義；判斷行之可否，就是智；分財均衡，就是仁。五者不備而能成大盜者，天下未之有也。」見《莊子・胠篋》。⓫典刑　規範；典範。⓬科頭袒體　不戴冠帽，赤身露體。⓭既辱天官　既辱沒了官員的身分。天官，泛指官員。⓮移染庸民　影響於一般的民眾，改變了世俗的風氣。⓯已經清資　已經擔任過清美的職位，有了地位、聲望。⓰恣驕放者　恣意驕傲、放縱的人。⓱赫奕　指官職顯赫，地位崇高。⓲敕身履道　謹慎以立身，據道以行事。敕身，約束自身，遵循禮法。⓳頓淪　處境困頓，沈淪不遇。⓴饒　恕；讓。㉑蹇驢蒙龍駿之價　本為跛足之驢，卻有了駿馬的身價。龍駿，指駿馬。馬八尺以上為龍馬。㉒孝己受商臣之談　孝己，殷高宗武丁之子，有賢孝之行，被放而死，天下哀之。商臣，春秋楚成王之子，生性殘忍，弒父自立，是為楚穆王。㉓肅雍濟濟　恭敬、盛大之禮儀局面。《詩經・大雅・思齊》：「雍雍在宮，肅肅在廟。」㉔後生有式　使後世之人得以奉為楷模。式，楷式；榜樣。

【語　譯】抱朴子說：「我聽說漢末之世，一些無行之徒互相品題標榜，排定次第，驕慢放縱、不受道德檢束的人，被奉為地方的豪傑、英雄，譽為通達之士。這些人背叛禮教，行為乖戾放肆，毀謗正人君子，中傷獨立之士，口中說著醜惡之言，幹著敗壞禮法之事。他們的作為，真是使人不忍去談論。古人所說的通達，是說通於道德、達於仁義的意思，難道是要通於骯髒醜惡、達於邪僻荒淫嗎？這就好似盜跖自稱盜賊有五個方面的聖人之道一樣。這種風氣之敗壞倫理，比盜賊還要厲害。因為盜賊為害不能長久，而這種風氣的損壞又豈只是一件衣服而已！

至於貴族子孫，以及在位的官員，不珍惜榜樣的作用。他們都是不戴冠帽、赤身露體，在客人面前又開雙腿，既辱沒了官員的身分，又影響到一般的民眾。年輕後生之輩，見他們有的已經擔任過清貴的職務，或者竊得了虛名，尚且有這些舉動。於是平凡百姓之輩便認為立身處世，沒有比這更美的了。遵守禮法的事情既苦又難，而且如此之人多數窮賤；驕縱放肆的事情既享樂又容易，而且這樣的人很快就有了顯赫的地位。所以世俗之人沒有不捨棄禮法而趨向驕縱的。

世上還有一種人，他們自幼並無清白的操行，長大之後買官以得到富貴。或者其才智足以裝飾自己，其同黨足以相互提攜。而那些無行之子，便指為證明說：『他隨心所欲，行為放縱，而不妨礙地位顯赫；某人謹慎謙恭、依道行事，仍然不免於貧賤。』而不知道尊榮顯達的人有幸成功，窮苦困頓的人沈淪不遇，都不是由於他們的品行節操。

而那些被稱為四通八達的人，又樂於幫助依附自己的人。他們甚至來不及穿好鞋履，來不及繫好帶子，就與依附者攜手升堂，並肩入室。外出則同坐接膝，聚會則直接前往，使之得到的好處甚多。依附者有所請託必定會聽從，有所欲望必定會滿足。使之隨心地發表言論，出現禍患則予以救助。依附者所推薦的人，即使跛驢也有了駿馬的身價；依附者所中傷的對象，即使是賢良的孝己也會被誣蔑成弒父的商臣。所以小人紛紛前往依附，就像萬仞高隄潰決，流水奔泄而下。又像雲夢澤中的枯草，引燃了一把烈火。希望實現盛大的禮制的局面，給後代留下遵循的楷模，這就猶如要將冰塊烤乾燥，要將積灰燃燒一樣。」

卷二八 百里

【題解】古代一縣之地約方圓百里，所以百里逐漸成為縣及縣官的代稱。本篇以「百里」為題，討論改善縣級政治的辦法。

文中指出：縣令不得其人，造成了縣級政治的敗壞。這些縣官有的苛虐殘暴，有的昏憒糊塗，有的潦倒懶惰，有的人整天遊獵博戲，有的人一味沈浸酒色，還有的人窩藏亡命之徒，淩暴百姓。他們蒞政則政荒，牧民則民散，百姓苦難不堪，被逼起而為盜，從而造成社會的嚴重危機。

作者強調縣級政事繁重，是朝政的基礎，即使上面有賢明的郡守，但是若縣令不得其人，亦「國事不舉，萬機有闕」。從而要求朝廷選用賢能之才擔任縣官，改善縣級政治，以建立非凡的業績。

抱朴子曰：「三臺九列❶，坐而論道❷；州牧郡守，操綱舉領❸。其官益大，其事愈優❹。煩劇所鍾，其唯百里❺。眾役於是乎出，誅求之所叢赴❻。牧守雖賢，而令長不堪❼，則國事不舉，萬機❽有闕❾。其損敗豈徒止乎一境而已哉？令長尤宜得才，乃急於臺省之官也。

【章旨】說明縣令之職事務繁重，關係國事的成敗，應該重視。

【注釋】❶三臺九列　泛指朝中之公卿。漢代以尚書為中臺，御史為憲臺，謁者為外臺，合稱三臺。九列，九卿之位。❷坐而論道　意謂公卿的職事是陪侍帝王，議論朝政。《周禮・考工記》：「坐而論道，謂之王公。」❸操綱舉領　掌握大綱及要領，負責全局之事，而不必躬親細務。❹優　優閒；輕鬆。❺百里　古代一縣所轄土地約百里，遂以百里代縣，亦代指縣令。❻誅求之所叢赴　意謂大量的徵收、調集財物，都要通過縣令來完成。誅求，徵求、上調財貨。❼令長不堪　縣令、縣長不能勝任其職事。秦漢之制，萬戶以上之縣長官為令，萬戶以下之縣長官為長。❽萬機　指帝王所處理之紛繁政務，這裡指朝廷政事。❾有闕　有缺陷。

【語譯】抱朴子說道：「朝廷中的公卿，他們的職事是坐而論道；各地的州牧郡守，他們的職務是掌握大政，把握全局。官員的地位越高，其職事也越優裕輕閒。許多繁重的事項，都集中在縣一級的政務中。眾多徭役要由縣裡調派，許多財物要由縣裡來徵收。州牧郡守雖然賢良，但是如果縣令不稱職，則國事不能完成，朝廷政務就有缺陷。其損失又豈只一個地方而已呢？所以縣令尤其應當選擇合適的人才，這比朝廷臺省之官更為急迫。

用之不得其人，其故無他也，在乎至公之情不行，而任私之意不違也。或父兄貴重，而子弟以聞望見選❶；或高人屬託，而凡品以無能見敘❷。或是所宿念，或親戚匪他，知其不可而能用❸。此等亦時有快者❹，不為盡無所中也，要於不精者率多矣。其能自效立，勉修清約❺，夙夜在公❻，以求眾譽，懼風績❼之不美，恥知己之謬舉，尠矣。

庸猥之徒，器小志近，冒于貨賄❽，唯富是圖，肆情恣欲，無止無足。在所司官知其有足賴主人，舉劾彈糾終於當解❾。慮其結怨，反見中傷，不敢犯觸，而恣其貪殘矣。如此黎庶亦安得不困毒而離判❿？離判者眾，則不得不屯聚而為群盜矣。

【章　旨】縣官不稱其職的原因，是由於選官者違背公心，以徇私情，使得小人充職，得以貪財枉法，殘害百姓。

【注　釋】❶以聞望見選　因為名譽聲望而被選中。見選，被選。❷見敘　被錄用。敘，以次第而授予官職。❸知其不可而能用　疑有錯訛顛倒。❹快者　賢能之人、好的。❺清約　清廉儉約。❻夙夜在公　無論早晚，都盡力於公務。夙夜，早晚；朝夕。❼風績　政績、德化。❽冒于貨賄　貪婪於金錢財物。❾舉劾彈糾終於當解　對於這種人的彈劾糾察最後都會被其後臺主人所化解，不會有效果。❿困毒而離判　百姓受到傷害困苦，因而叛離而去。毒，受傷害。離判，叛離官府的控制。

【語　譯】縣官不得其人，沒有別的原因，是由於選授官員者不是出以公心、而聽任私人感情的緣故。有的是父兄地位尊貴，其子弟因為名望的顯赫而被選中；有的是高尚之人從中拜託，因而平凡無能之輩就被錄用了。有的是平素相識的朋友，有的是親戚而非外人，明知不可以還是加以任用。這些人有時也有好的，並非完全不行，只是不稱職的佔多數罷了。能夠效力立功，努力修持清廉儉約的節操，日夜為公事操勞以求博得眾人的贊譽，耽心德化政績欠佳而辜負了知己的舉薦之意，這樣的人是很少的。

　那些平庸猥瑣之徒，他們的器量狹小，沒有遠大的志向，只知貪財納賄，一心想到發財。他們縱欲貪婪，沒有止足。所在的上司長官知道他們有可供依靠的主人保護，因此對他們的彈劾糾察最終總會化解無事，耽心由此結怨，反而受到中傷，所以不敢冒犯他們。他們也就得以肆無忌憚地逞其貪殘了。事情如此，百姓怎麼能不困頓受害因而生出叛離之心呢？叛離的人多了，就會自然地屯聚為盜賊了。

夫百尋之室❶，焚於分寸之飆❷；千丈之陂❸，潰於一蟻之穴。何可不深防乎，何可不改張❹乎？而秉斤兩者或舍銓衡而任情❺，掌柯斧❻者或曲繩墨於附己。選之者既不為官擇人，而求之者又不自謂不任。於是莅政而政荒，牧民而民散。或有穢濁驕奢而困百姓者矣，或有苛虐酷烈而多怨判❼者矣，或有闇塞退憒而庶事亂者矣，或有潦倒疏緩❽而致弛壞者矣，或有好興不急而疲人力者矣，或有藏養逋逃❾而行淩暴者矣，或有不曉法令而受欺弄者矣，或有以音聲酒色而致荒湎者矣，或有圍棋摴蒱❿而廢政務者矣，或有田獵遊飲而忘庶事者矣，或有不省辭訟而刑獄亂者矣。

百姓不堪，起為寇賊，釁咎發聞⓫，寘于叢棘⓬，虧君上之明，益刑書之煩。而民之荼毒⓭，亦已深矣。

【章　旨】縣官不得其人，造成政治敗壞，釀出多種弊端，百姓被逼為盜，受害甚重。

【注　釋】❶百尋之室　指高大的宮室建築。古代八尺為一尋。❷焚於分寸之飆　因為小火星而被焚燒。❸千丈之陂　指長堤、湖澤之岸。陂，堤岸。❹改張　重新作起；改絃更張。❺舍銓衡而任情　捨棄標準，而放任私情。銓衡，衡量輕重的器具。❻柯斧　斧柄。代指權柄、法則。❼判　分離。❽潦倒疏緩　散漫、拖沓、疏闊，不將政務放在心上。❾藏養逋逃　窩藏、收養亡命之徒。逋逃，指逃亡的罪犯。❿摴蒱　一種博戲遊樂，以擲骰決定勝負。⓫釁咎發聞　罪行暴露。釁咎，罪過；罪行。⓬寘于叢棘　意謂被囚禁，關進牢房。寘，通「置」。叢棘，關押人犯之處。⓭民之荼毒　指人民所受到的殘害。

【語 譯】高大的宮室建築，能夠被一點火星引起的大火燒毀；千丈的堤岸，能夠因為一個螞蟻洞穴而潰決。怎麼可以不認真防範呢，怎麼可以不改絃更張呢？然而掌握衡量的人，有的放棄標準而隨心任意；掌握斧柄的人，有時對於依附自己的人就違背了繩墨。選官者既不為朝廷而挑選適當的人才，而求官者又沒有認為自己不勝任其職務的。於是執政則政務廢弛，管理百姓則民心離散。有行為污濁、驕奢淫逸而困擾百姓的，有暴虐殘酷、引起民怨沸騰的，有昏暗不明、政務荒廢而使得百事混亂的，有散漫鬆懈、懶惰遲鈍以致風紀弛壞的，有興起不急之務以使得民力疲憊的，有窩藏逃犯、欺負百姓、為害地方的，有不懂法令而受到欺弄的，有迷戀於音樂酒色之中以致荒淫不返的，有整天下棋博戲而荒廢政事的，有因為遊獵飲酒而忘記各項公務的，有不懂刑法訴訟以致刑政牢獄之事一片混亂的。

百姓無法忍受下去，於是被逼而為盜賊。等到罪行暴露，便將他們抓進牢獄之中，損害了君主的英明，增添了刑政的繁雜。而人民所受的殘害，也就非常深重了。

夫用非其人，譬猶被木馬以繁纓❶，何由騁跡於追風❷；以壤龍❸當雲雨，安能耀景於天衢❹哉？若秉國之鈞❺、出納王命者，審良樂之顧眄❻，不令跛蹇廁騏騄❼；冒昧苟得、闇於自量者，慮中道之顛躓❽，不以駑薾服鸞衡❾，則何患庶績之不康❿，何憂四凶⓫之不退？三皇豈足四⓬、五帝豈難六⓭哉？」

【章 旨】只要朝廷任用賢能之才任縣官，則不難建立非凡之業績。

【注 釋】❶繁纓 古代諸侯所用馬腹上的飾帶。❷騁跡於追風 放足奔馳，以追風逐電。❸壤龍 即土龍。古代摶土為龍以求雨。❹耀景於天衢 指神龍飛騰於天。耀景，閃耀龍的身影。❺秉國之鈞 執掌國政。指宰相之類的重臣。❻審良樂之

顧眄　意謂認真觀察，以識別人才。良，王良。樂，伯樂。都是古代善於識別駿馬者。❼跛蹇廁騏騄　劣馬與駿馬混雜在一起。跛蹇，跛足之劣馬。廁，雜置。騏騄，騏驥、騄駬。指駿馬。❽顛躓　跌倒、翻覆。❾不以駑藾服鑾衡　不以劣馬駕君主之車。藾，劣弱。鑾衡，即鑾車，行則鈴聲如鑾鳴。指人君所乘之車。❿康　舉；建立。⓫四凶　虞舜曾流放四凶，代指凶殘暴虐之臣。⓬三皇豈足四　意謂其成績可與三皇並列而四也。⓭五帝豈難六　意謂所建之功業可與五帝相比美。

【語　譯】如果所用的不是合適的人選，就好像給木製的馬披上鞍轡纓帶，怎麼可能使之奔馳迅疾、追風逐電呢？又好像用土摶之龍祈求雲雨，怎麼能使之飛騰於天呢？如果秉持朝政、宣傳王命的重臣，能夠認真審慎地鑒識人才，不使劣騎與駿馬混雜；使那些貪於進取、沒有自知之明的人，能耽心途中翻覆，因而不以駑馬來駕王車，則又何必操心各項功績不能建立，何必憂慮凶殘之輩不遭貶退呢？那麼建立可與三皇比美、可與五帝齊功的偉大業績，又有何困難呢？」

卷二九 接疏

【題解】本篇的宗旨，是要求當權者大膽提拔任用出身寒門之士。接，引進；拔擢。疏，疏賤之士，指那些與當權者關係疏遠而又身分卑賤的平民子弟。《韓非子・主道》曰：「是故誠有功，則雖疏賤必賞。」本篇所用即此義。

魏晉之世，門閥勢力日益強盛，逐漸控制了九品中正之權，形成「上品無寒門，下品無世族」的局面。當時人段灼曾說：「今臺閣選舉，涂塞耳目；九品訪人，唯問中正。故據上品者，非公侯之子孫，即當途之昆弟也。二者苟然，則華門蓬戶之俊，安得不有陸沈者哉？」（《晉書・段灼傳》）

針對這種現象，文中舉出歷史上出身寒微之士建功立業的事例，要求晉代當權者不計小過，不拘一格，大膽任用寒門賢能之士，使他們得以施展抱負、建立宏業。

抱朴子曰：「以英逸❶而遭❷大明❸，則桑蔭未移❹，而金蘭之協❺已固矣；以長才而遇深識，則不待歷試，而相知之情已審矣。飄乎猶起鴻之乘勁風，翩乎若騰鱗❻之躡驚雲也。

【章旨】英俊之才得遇聖明之主，便可乘運而起，施展抱負。

【注　釋】❶英逸　指超逸之才士。❷遭　遇。❸大明　日月。指聖明之君。❹桑蔭未移　陽光下桑樹之蔭未移。形容時間很短。《說苑・尊賢》:「堯舜相見,不違桑陰。」❺金蘭之協　情投意合,同心協力。《周易・繫辭上》:「二人同心,其利斷金;同心之言,其臭如蘭。」❻騰鱗　指神龍。騰,原本作「勝」,形近而訛。

【語　譯】抱朴子說道:「以英俊卓異之士得遇聖明之君,則陽光下之桑蔭未移,而兩心相合已經牢不可破了;以非凡之才得遇見識深遠之主,則不須一一試用,而兩情相知已經確定無疑的了。才士乘運而起就像鴻鵠駕著勁風一樣,翩然高翔就像神龍登上疾飛之雲一樣。

若以沈抑而可忽乎,則姜公❶不用於周矣;若以疏賤而可距乎,則毛生❷不貴乎趙矣;若積素行乃託政,則甯戚❸不顯於齊矣;若貴宿名❹而委任,則陳韓❺不錄於漢矣。

【章　旨】不可因為出身地位寒微卑賤,便將才能之士棄置不用。

【注　釋】❶姜公　姜尚,又作呂尚,即太公望。相傳釣於渭濱,周文王出獵相遇,立為師。周武王時,尊為師尚父,輔佐武王滅商。成王時封於齊,為齊國之始祖。❷毛生　毛遂,戰國趙平原君的食客,無所著名。後來平原君前往楚國,毛遂自薦隨往,立功而返。❸甯戚　春秋衛人,因為家貧為人挽車,至齊國,扣牛角而歌,齊桓公用為上卿。❹宿名　久有聲譽。宿,平素;久。❺陳韓　陳平、韓信,均出身貧寒,後來隨劉邦,屢立功績,陳平封曲逆侯,韓信封淮陰侯。

【語　譯】如果因為沈淪在下就可以忽視,那麼姜尚就不會受到周朝的重用了;如果因為地位卑下便棄之不理,那麼毛遂就不會立功於趙而地位顯貴了;如果要積累清廉的行操然後才任以政事,則甯戚就不會顯耀於齊國了;如果看重平時的聲譽而後再加以委用,那麼陳平、韓信就不會得到漢的重用了。

明者舉大略細，不忮不求❶，故能取威定功❷，成天平地。豈肯稱薪而爨、數粒乃炊❸，并瑕棄璧，披毛索黶❹哉？」

【章　旨】聖明之主應該不拘一格，不因小廢大，任用賢能之才，才能建立巨大的業績。

【注　釋】❶不忮不求　意謂不忌恨殘害，不求全責備。❷取威定功　取得威勢，奠定功業。❸稱薪而爨數粒乃炊　稱柴薪以燒火、數米粒以為食。形容氣量狹小。❹披毛索黶　分開毛髮，尋找黑痣。黶，皮膚上的黑色印記。

【語　譯】聖明之主要從大處著眼，而忽略細微，不忌恨殘害，不求全責備，所以能確立權威，建立功業，統一天下。又豈能稱柴生火、數米做飯，因為瑕疵而棄璧玉、分開毛髮去尋黑痣呢？」

卷三〇 鈞世

【題解】本篇的宗旨，是反對文學上厚古薄今的思想。

文學上厚古薄今的觀念由來久遠，其緣由一是尊崇先人、重視傳統之意，二是由於對某些問題的錯誤理解所致。漢代王充在《論衡・案書》中，批評世俗「好珍古、不貴今」的思潮，他說：「才有淺深，無有古今；文有偽真，無有故新。」

本篇繼承了王充的論點，對這種厚古薄今的思想進行了分析與批評。首先，針對有人認為「古之著書者才大思深，故其文隱而難曉」的說法，認為古書隱晦難讀，乃是因為語言古今及地域的差別，因為簡策文字的殘闕脫訛所致。其次，認為古代詩文不及後代詩文之華美。最後，作者強調社會在進化中，既然後世之罽錦、舟車、文墨勝過古代的蓑衣、椎車、結繩紀事，為什麼唯獨文章不及古人呢？

或曰：「古之著書者才大思深，故其文隱而難曉。今人意淺力近，故露而易見。以此易見，比彼難曉，猶溝澮之方江河❶、蟻垤之並嵩岱❷矣。故水不發崐山❸，則不能揚洪流以東漸❹；書不出英俊❺，則不能備致遠之弘韻❻焉。」

【章旨】有人認為古籍難以讀懂是由於古人才大思深，當今之作容易理解是由於今人才思淺近。

【注　釋】❶溝澮之方江河　小溝小渠與長江、黃河相比。澮，田間的排水渠溝。❷螘垤之並嵩岱　小土堆與嵩山、泰山並列。螘垤，螞蟻洞外的小土堆。❸崐山　崑崙山。❹揚洪流以東漸　洪流浩蕩，東注入大海。❺英俊　才智傑出者。此指古人。❻備致遠之弘韻　具備流傳久遠之雅韻。弘韻，指宏大非常之韻調。

【語　譯】有人說道：「古代著書者文才廣大，思緒深沈，所以他們的文章內容隱晦，難以讀懂。當代著書者意思淺近，才力平凡，所以文意顯露，容易理解。將今人容易理解之文，對比古人難以讀懂之文，就像田間的小水溝之比長江黃河、蟻穴旁的小土堆之比嵩山泰山一樣。所以流水不是發源於崑崙山，就不能洪波浩蕩一直流向東海；著作若非出自英俊之才的筆下，就不可能具有流傳久遠的雅韻。」

抱朴子答曰：「夫論管穴❶者，不可問以九陔❷之無外；習拘閡❸者，不可督以拔萃之獨見❹。蓋在古之士匪鬼匪神，其形器雖冶鑠於疇曩❺，然其精神布在乎方策❻。情見乎辭，指歸❼可得。

且古書之多隱，未必昔人故欲難曉。或世異語變，或方言不同。經荒歷亂，埋藏積久，簡編朽絕❽，亡失者多。或雜續殘缺，或脫去章句❾，是以難知，似若至深耳。

且夫《尚書》者，政事之集也，然未若近代之優文❿、詔策、軍書、奏議之清富贍麗⓫也。《毛詩》者，華彩之辭也，然不及〈上林〉⓬、〈羽獵〉⓭、〈二京〉⓮、〈三都〉⓯之汪濊博富⓰也。然則古之子書，能勝今之作者，何也？

【章　旨】抱朴子認為古籍之深隱，乃是由於語言變異、方言差別、簡策朽爛、篇章殘損所造成，並非一定勝過後人之作。

【注　釋】❶管穴　比喻所見狹小。❷九陔　九天。比喻極高遠。❸拘閡　拘泥、不通達。❹拔萃之獨見　超越世俗，出類拔萃之見識。❺形器雖冶鑠於疇曩　古人的身體雖然在過去的歲月裡已經消亡。形器，指人的身體。冶鑠，消亡。疇曩，往日。❻方策　簡策；典籍。❼指歸　意旨；意向。❽簡編朽絕　竹簡腐朽，繩索斷絕。❾脫去章句　章節或句子脫落。❿優文　朝廷褒獎朝臣的文書。⓫清富贍麗　語言清麗，辭藻繁富。贍，豐富。⓬上林　〈上林賦〉，漢司馬相如撰。⓭羽獵　〈羽獵賦〉，漢揚雄撰。⓮二京　〈西京賦〉、〈東京賦〉，漢張衡撰。⓯三都　〈蜀都賦〉、〈吳都賦〉、〈魏都賦〉，晉左思撰。⓰汪濊博富　深廣浩瀚。形容結構博大，辭藻富麗。

【語　譯】抱朴子回答說：「見識狹小的人，不可以問及高遠無外的寬闊之事。習慣於拘泥而不通達之人，不可以要求他有卓越超群的見識。因為往古之士並非神靈，其形體雖然在過去的歲月中消逝了，然而他們的精神卻記錄在典冊書籍之中。情感表現於文辭，其意旨是可以明白的。

再說古書中多隱晦之處，未必是古人故意使之難以讀懂。或者是歷史發展，語言變化；或者是地區不同，方言互異。或者是經歷災荒動亂，埋藏地下歷時久遠，竹簡腐朽，繩索斷絕，因而多有散失。或者是錯綜殘缺，或者是脫落章句，所以難懂，好像非常深隱的樣子。

再說《尚書》，是古代政事文告所匯集而成，然而卻沒有近代之褒獎文書、詔策、軍書、奏議之富麗清美；《詩經》是辭采華麗的文字，然而不及〈上林賦〉、〈羽獵賦〉、〈二京賦〉、〈三都賦〉之深廣博大。然而說古代諸家之著作，能勝過今天的作者，又是為什麼呢？

然守株之徒❶，嘍嘍所翫❷，有耳無目❸，何肯謂爾！其於古人所作為神，今世所著為淺。貴遠賤近❹，有自來矣。故新劍以詐刻加價，弊方以偽題見寶也。

是以古書雖質樸，而俗儒謂之墮於天也；今文雖金玉，而常人同之於瓦礫也。

然古書者雖多，未必盡美，要當以為學者之山淵，使屬筆者❺得采伐漁獵其中。然而譬如東甌❻之木、長洲❼之林，梓豫❽雖多，而未可謂之為大廈之壯觀、華屋之弘麗也。雲夢之澤❾、孟諸之藪❿，魚肉之⓫雖饒，而未可謂之為煎熬之盛膳、渝狄⓬之嘉味也。

【章　旨】古書未必盡美，不宜貴古賤今。正確的態度應是學習、借鑒、汲取其營養，然而並不能代替自己的創作。

【注　釋】❶守株之徒　拘泥守舊而不知變通的人。❷嘍嘍所翫　反覆誦念、沈醉於日常所賞玩熟習的作品中。所翫，指古人的作品。❸有耳無目　《論衡・齊世》：「世俗之性，賤所見、貴所聞也。」❹貴遠賤近　即厚古薄今之意。❺屬筆者　寫作、著述者。❻東甌　浙東沿海地區之別稱，東晉於此置永嘉郡。❼長洲　《十洲記》載：南海中有長洲，上饒山川，又多大樹。一洲之上，專是林木，一名青丘。❽梓豫　文梓、豫樟，均為名貴的樹木。❾雲夢之澤　古有雲夢澤，在楚國境內。❿孟諸之藪　孟諸，古澤名，故址在今河南商丘境。藪，大澤。⓫之　疑為衍文。⓬渝狄　渝，渝兒，一作「俞兒」，黃帝時人。狄，狄牙，即易牙，齊桓公之膳夫。皆古代善識味者。

【語　譯】然而拘泥守舊的人，整天誦習賞玩的都是古人之書，貴耳賤目，怎麼肯這樣看呢！他們認為古人所作是神聖的，今人所寫是淺近的。推崇遠古，鄙薄當今，由來很久了。所以新鑄之劍假刻上古代的年號就值錢了，並無效驗的藥方託名古人就寶貴了。所以古書雖然質樸無華，而俗儒說成是自天而落的；今人之文即使美如金玉，而世俗卻將它等同於瓦石。

古代之書雖然很多，未必盡美，還是應當以它們作為學者的深山大淵，使寫作者得以從中獲得知識、汲取營養，猶如樵夫、漁人、獵者在深山大淵中採薪、伐木、捕魚、打獵一樣。然而又如東甌的樹木、長洲的森林，其中名貴樹木即使很多，也不可以說它們就是壯麗的大廈、華美弘大的宮殿。雲夢之澤、孟諸之藪，其中的魚鼈、野味即使很豐富，也不可以說它們就是俞兒、易牙調製成功了的美味盛宴。

今詩與古詩俱有義理，而盈於差美❶。方之於士，並有德行，而一人偏長藝文，不可謂一例❷也。比之於女，俱體國色❸，而一人獨閑百伎❹，不可混為無異也。

若夫俱論宮室，而奚斯路寢之頌❺，何如王生之賦靈光❻乎？同說游獵，而〈叔畋〉、〈盧鈴〉❼之詩，何如相如之言〈上林〉❽乎？並美祭祀，而〈清廟〉、〈雲漢〉❾之辭，何如郭氏〈南郊〉❿之豔乎？等稱征伐，而〈出車〉、〈六月〉⓫之作，何如陳琳〈武軍〉⓬之壯乎？則舉條可以覺焉。近者夏侯湛⓭、潘安仁⓮並作補亡詩⓯，〈白華〉、〈由庚〉、〈南陔〉、〈華黍〉之屬。諸碩儒高才之賞文者，咸以古詩三百⓰未有足以偶二賢之所作⓱也。

且夫古者事事醇素⓲，今則莫不彫飾，時移世改，理自然也。至於罽錦⓳麗而且堅，未可謂之減於蓑衣；輜軿⓴妍而又牢，未可謂之不及椎車㉑也。

【章 旨】古今之詩賦作品，一者厚重樸素，一者文采華美，乃是自然變化所致，不可以說今人之作就一定不如古人。

【注 釋】❶盈於差美 意謂今詩之華美，比較而言勝過古詩。盈，增長。差美，略美。❷一例 一概；等同。❸俱體國色 同樣姿容極美，勝於一國之眾。❹獨閑百伎 唯獨她熟練地掌握各種藝術技能。閑，嫻熟。❺奚斯路寢之頌 奚斯，指魯大夫公子魚。《詩經・魯頌・閟宮》一詩末有「路寢孔碩，新廟奕奕，奚斯所作」數句，故云。❻王生之賦靈光 東漢王延壽，作有〈魯靈光殿賦〉。該賦序中曰：「奚斯頌僖，歌其路寢。而功績存乎辭，德音昭乎聲。」是該賦對於〈閟宮〉一詩有所取法，而體製言辭，更為弘麗。傳說蔡邕亦有意作此賦，未成，及見王生所作，甚奇之，遂輟翰而止，說明該賦為當時人所推許。❼叔畋盧鈴 《詩經・鄭風》有〈叔于田〉、〈大叔于田〉二詩，〈齊風〉有〈盧令〉詩，均詠遊獵之事。❽相如之言上林 司馬相如有〈上林賦〉，鋪敘天子遊獵之事，廣博閎麗，卓絕當代。❾清廟雲漢 〈清廟〉，見《詩經・周頌》，為祭祀周文王之樂歌。〈雲漢〉，見《詩經・大雅》，描述周宣王祭祖祀神禳災祈雨之詩。❿郭氏南郊 指郭璞〈南郊賦〉，史稱晉元帝見而嘉之，以為著作佐郎。⓫出車六月 均見《詩經・小雅》，是率軍征伐、平定邊患、凱旋班師的詩。⓬武軍 建安四年，陳琳為袁紹作〈武軍賦〉。《三國志・吳書》載張紘見陳琳作〈武庫賦〉，深嘆美之。「庫」即「軍」字之訛。⓭夏侯湛 西晉文學家，字孝若，譙縣（今安徽亳縣）人。與潘岳友善，時人譽為連璧。⓮潘安仁 潘岳，字安仁，西晉文學家，詩賦與陸機齊名。⓯並作補亡詩 《詩經・小雅》中〈南陔〉、〈白華〉、〈華黍〉、〈由庚〉、〈崇丘〉、〈由儀〉六篇，有目無辭，即所謂「笙詩」。夏侯湛想補足其辭，而作〈周詩〉。潘岳見後，稱讚說：「此非徒溫雅，乃別是孝悌之性。」潘岳也因此而寫作了〈家風詩〉。見《世說新語・文學》。⓰古詩三百 指《詩經》。⓱未有足以偶二賢之所作 謂夏侯湛、潘岳之補亡詩勝過了《詩經》之作。偶，同等。⓲醇素 樸質無華。⓳罽錦 毛織品與絲織品。⓴輜軿 指後世有帷帳遮蔽的車子。㉑椎車 原始簡陋的車子，用整塊的圓木為車輪。

【語 譯】今詩與古詩都具有義理，然而今人之詩更為華美一些。比方兩位士人都有良好的德行，而其中一人偏長於文藝的才能，因而不可等同起來。又比方兩位女子都有絕世的容貌，而其中一人卻熟習各種技藝，因而也不可以將她們混為一談。

至於同為描述宮室，奚斯描寫宗廟宮殿的〈閟宮〉，怎麼能與王延壽的〈魯靈光殿賦〉相比呢？同為描寫遊獵，而〈叔于田〉、〈盧令〉之詩，怎麼能與司馬相如的〈上林賦〉相比呢？同為讚美祭祀之作，〈清廟〉、〈雲漢〉之辭怎麼比得上郭璞〈南郊賦〉的豔麗呢？同為記述征伐之篇，〈出車〉、〈六月〉之作怎麼比得上陳琳〈武軍賦〉的雄壯呢？列舉一些例子可以說明此點。近來夏侯湛、潘岳都有補亡詩，也就是〈白華〉、〈由庚〉、〈南陔〉、〈華黍〉諸篇。一些才高識廣、欣賞文學的大儒，都認為《詩經》中的篇章，還不足以與夏侯湛、潘岳二位的補亡之詩相比。

而且古代的各項事物都樸實無華，當今則無不雕飾。時代在推移，世風在改變，乃是自然的道理。至於毛織及錦繡的衣裳漂亮而又耐用，不可以說不如蓑衣；輜軿之車美觀而又牢固，不可以說不如原始的椎車。

書猶言也，若入談語故為知❶。有❷胡、越之接❸，終不相解，以此教戒，人豈知之哉？若言以易曉為辨❹，則書何故以難知為好哉？若舟車之代步涉、文墨之改結繩❺，諸後作而善於前事，其功業相次❻千萬者，不可復縷舉❼也。世人皆知快於曩❽矣，何以獨文章不及古邪？」

【章　旨】口頭的言語以明曉為是，書面語言亦應如此。後世的許多事情都勝過古人，為什麼唯獨文章不及古人呢？

【注　釋】❶若入談語故為知　意謂能如口語才有溝通的作用。此句疑有誤字或脫漏。❷有　或連上讀，改字作「音」，未必如是。❸胡越之接　胡地在北，越地在南，方言不同，語不相通。❹以易曉為辨　以明白易懂為是。辨，正。❺文墨之改結繩　傳說上古結繩以記事，後世改用文字。《周易・繫辭下》：「上古結繩而治，後世聖人易之以書契。」❻功業相次　世代相承，服務人類，以立功績。❼縷舉 一一詳細列舉。❽曩 往昔。指古代。

【語 譯】寫在書上的文字就像人的言語一樣，若如口語般易懂就能有溝通的作用。有北方胡地與南方越地的人遇到一起，各自的言語對方最終還是不懂。若用這種方式教導世人，會有什麼作用呢？如果承認口頭言語應該以明白易懂為是，為什麼書面語言要以難懂為好呢？比如以舟船車輛代替步行及涉水，以文字書契代替結繩之治。這些後人之作勝過前人的事，世代相承而功績流傳，可以舉出成千上萬，不必一一詳細列出。世人都知道這些事情優於往古，為什麼唯獨後世的文章不及古人呢？」

卷三一 省煩

【題解】本篇主張刪繁就簡，重新修定禮儀。

我國歷來重視禮樂教化的作用，其目的在於敦厚倫理，調和人際關係，使社會趨於和諧有序。《禮記・昏義》說：「夫禮，始於冠，本於昏，重於喪祭，尊於朝聘，和於鄉射，此禮之大體也。」古籍中對於冠禮、婚禮、喪禮、祭禮、朝聘禮、鄉射禮的儀式、動作、物品、時間、言語等都有詳細的描述與規定。

隨著歷史的演進，這些禮儀有的變得不適合了，於是有了修禮之事。本文強調禮儀的情感內涵，認為禮樂的形式應隨時代而變化，要求朝廷修正古禮，刪其煩重，務使簡約，去其浮靡，力求節儉，以使得傳統的禮儀容易為眾人所接受與施行。

抱朴子曰：「安上治民，莫善於禮。彌綸人理❶，誠為曲備❷。然冠婚飲射❸，何煩碎之甚邪！人倫雖以有禮為貴，但當令足以敘等威而表情敬❹，何在乎升降揖讓之繁重、拜起俯伏之無已邪？

往者天下乂安❺，四方無事，好古官長，時或修之。至乃講試累月，督以楚撻❻，晝夜修習，廢寢與食，經時學之，一日試之。執卷從事，案文舉動❼。黜謫之罰❽，又在其間。猶有過誤，不得其意。而欲以此為生民之常事，至❾難行也。此墨子所謂累世不能盡其學、當年不能究其事❿者也。

古人詢于蒭蕘⓫，博採童謠⓬，狂夫之言猶在擇焉，至於墨子之論，不能非也。但其張刑網⓭、開塗徑⓮、浹人事⓯、備王道⓰，不能曲述⓱耳。至於譏葬厚⓲、刺禮煩⓳，未可棄也。自建安之後，魏之武文，送終之制務在儉薄⓴，此則墨子之道有可行矣。

【章旨】禮儀的宗旨在於彌合人際倫理，表達欽敬之情，不在於繁瑣的形式。墨子譏厚葬、刺禮煩，其說有理，不可否定。

【注釋】❶彌綸人理　意謂彌補、調和人際倫理。彌綸，彌縫、補合。❷曲備　涉及到各個方面，無所不至。❸冠婚飲射　《儀禮》中有冠禮、婚禮、鄉飲酒禮、鄉射禮、燕禮、聘禮、喪禮等名目，各有細緻的規定。❹敘等威而表情敬　區別等級的差別，表達尊敬之情。等威，與身分相稱的威儀。❺乂安　太平無事。❻督以楚撻　用鞭撻、體罰為督促。楚撻，拷打。❼案文舉動　一舉一動，都依照文字記載。案，依據；按照。❽黜謫之罰　意謂對於不認真習禮者，給以貶職降級的處罰。❾至　非常；極為。❿墨子所謂累世不能盡其學句　《墨子・非儒》有「絫壽不能盡其學，當年不能行其禮」的話，意謂儒家之禮法繁多，終身到老不能窮盡。⓫詢于蒭蕘　詢，諮問；請教。蒭蕘，割草、砍柴的人。代指微賤的百姓。《詩經・大雅・板》：「先民有言，詢于蒭蕘。」⓬博採童謠　《說苑・辨物》記載：孔子曾聽見兒童唱道：「楚王渡江得萍實，大如拳、赤如日，剖而食之美如蜜。」從而增長了見識。又曾見兩小兒屈足而跳，唱道：「天將大雨，商羊起舞。」從而知道了商羊與風雨的關係。⓭張刑網　墨子主張依據國家百姓人民之利益，以用刑政。見《墨子・非命》。⓮開塗徑　指墨子之徒四處奔走，所謂「摩頂放踵，以利天下。」⓯浹人事　浹，周。人事，指天下事。墨子主張兼愛，多為天下事而奔走。⓰備王道墨子推崇夏禹之為天下，認為仁人「必興天下之利，除去天下之害。」見《墨子・兼愛》。⑰不能曲述　不能一一遵照實行。述，遵循。⑱譏葬厚　墨子主張節葬，認為厚葬是浪費財富，久之「國家必貧，人民必窮」。見《墨子・節葬》。⑲刺禮煩　《淮南子・要略》曰：「墨子學儒者之業，受孔子之術，以為其禮煩擾而不說，厚葬靡財而貧民。」⑳魏之武文二句　《三國志》載：曹操臨死，有遺令曰：「天下尚未安定，未得遵古也……斂以時服，無藏金玉珍寶。」

【語　譯】抱朴子說道：「使君王安處於上、治理民眾於下，沒有比提倡禮更好的了。禮調和人際之倫理，的確遍及到生活的各個方面。然而冠禮、婚禮、飲酒之禮、鄉射之禮，又是多麼繁細瑣碎啊！人間倫理固然以有禮為可貴，但是只要足以表明身分等級、傳達敬重之情就足夠了。又難道在於重複繁多的升降揖讓、無窮無已的拜起俯伏嗎？

從前天下太平，四方安定無事，愛好古風的官長，有時也修習過古代的禮儀。乃至於講解練習數月，以鞭撻體罰為督促的手段，晝夜排練，連吃飯睡覺都耽誤了。學習很長時間，然後在某一天演練。手中拿著書卷操練，一舉一動都依據書本文字去作，其間又以貶職降級為處罰，還是免不了出現過錯失誤，不能得其本意。如果想以這種古禮為百姓日常奉行的常事，是非常難以推行的。這就是墨子所說『畢生不能盡其學、到老不能通其事』的意思。

古人虛心聽取割草砍柴者的意見，廣泛地學習童謠，即使狂夫之言，聖君也有所擇取。至於墨子的議論，是不能否定的。他之主張張刑網、開塗徑、奔走人事、實施王道，雖然不能完全遵循推行，至於他反對厚葬、譏刺繁瑣的禮儀，其說不可棄之不顧。自從建安之後，魏武帝曹操及文帝曹丕臨終之葬禮，都務求節儉。這說明墨子之道，有值得推行的地方。

余以為喪亂既平❶，朝野無為，王者所制，自君作古❷。可命精學洽聞之士，才任損益、免於拘愚❸者，使刪定三禮❹。割棄不要，次其源流❺，總合其事，類集以相從。其煩重遊說❻、辭異而義同者，存之不可常行、除之無所傷損，卒可斷約而舉之，勿令沈隱❼，復有凝滯❽。其吉凶器用之物，俎豆❾、觚觶❿之屬，衣冠、車服⓫之制，旗章采色⓬之美，宮室尊卑之品⓭，朝饗賓主之儀⓮，郊祀禘祫之法⓯，社稷山川之禮⓰，皆可減省，務令約儉。

夫約則易從，儉則用少。易從則不煩，用少則費薄。不煩則涖事者⓱無過矣，費薄則調求者⓲無苛矣。拜伏⓳揖讓之節、升降盤旋⓴之容，使足敘事，無令小碎。條牒各別，令易案用㉑。

【章旨】喪亂既平，天下安寧，君王可使博學通達之士修定古禮，刪其煩重，務令簡約，去其浮靡，力求節儉，使得禮儀容易施行。

【注釋】❶喪亂既平　喪亂，死喪禍亂。此指戰亂。❷自君作古　意謂君王不必拘泥前例，可以自己開創新制。古，通「故」。成例。❸才任損益免於拘愚　有貫通古今之才，而不拘束、愚昧。損益，增減或改動。❹三禮　古人稱《周禮》、《儀禮》、《禮記》為三禮。❺次其源流　編列其源流、本末。次，順序；條理。❻遊說　遊移、牽引之說。❼沈隱　因無人繼承而失傳。❽凝滯　意義不明、晦澀難懂。❾俎豆　古代祭祀、宴客之禮器。❿觚觶　古代宴會、祭祀所用的酒器。一升曰爵，二升曰觚，三升曰觶。⓫車服　車馬與章服。古代臣下有功，朝廷或賜車服以為表彰。⓬旗章采色　古代不同的旂旗顏色及服飾，表示主人不同的身分等級。⓭宮室尊卑之品　古代帝王諸侯之宮室，視主人地位各有規定。品，品第。⓮朝饗賓主之儀　君主群臣宴飲時，賓主之禮儀有詳細的要求。饗，大宴賓客。⓯郊祀禘祫之法　古代至郊外祭天以及祭祀宗廟之禮儀。禘祫，祭祀宗廟。⓰社稷山川之禮　社稷，土穀之神。《周禮・春官・大宗伯》：「以血祭祭社稷、五祀、五嶽，以貍沈祭山林川澤。」⓱涖事者　執掌其事的人。涖事，履行該項事物。⓲調求者　指徵集財物的官員。⓳伏　原本作「休」，此據《道藏》本。

⑳盤旋　指進退周旋的禮儀動作。㉑案用　依據以實行之。

【語　譯】我以為戰亂平定、朝野太平無事之時，君王不必拘泥於往古之例，可以自我開創新的禮儀制度。可命學識精深、見聞廣博之士，讓那些才能足以修定古禮而不拘束愚昧者刪定三禮。捨棄那些不重要的，編列出其本末源流，總括而概述其事，分門別類地排列出來。對於其中那些重複冗長、牽引遊移、言辭雖異而意思相同的內容，對於那些保存下來不能常用、刪除之後也沒有什麼損害的內容，可以簡略地列舉大要，使之不至於沈淪失傳，因而又有疑惑不明之義。對於吉慶或凶喪禮儀所用的器物，俎豆、酒具之類別，衣冠車服之制度，旗幟服飾之樣式，宮室尊卑之品第，宴飲賓客之儀則，郊祀天地宗廟之法規，祭祀社稷山川之禮式，都可以進行刪減，務必使之簡約而儉省。

簡約則容易遵從，儉省則費用較少。容易遵從就不麻煩，費用較少則節省了開支。不麻煩則主事者就不會有過失了，節省開支則理財之官就不會用嚴厲的手段徵求財物了。至於拜伏揖讓之禮節，進退周旋之儀式，只要足以區別次第就行了，不必瑣碎。修定禮儀時要逐條規定明確，使得容易依照執行。

今五禮❶混撓，雜飾紛錯❷，枝分葉散，重出互見，更相貫涉。舊儒尋案❸，猶多所滯❹。駁難漸廣，異同無已。殊理兼說❺，歲增月長。自非至精，莫不惑悶。躊躇歧路之衢❻，愁勞群疑之藪❼。煎神瀝思❽，考校判例，嘗有窮年竟不豁了❾。治之勤苦，決嫌❿無地。呻吟尋析，憔悴決角⓫，修之華首不立。妨費日月，廢棄他業。愁困後生，真未央矣。長致章句⓬，多於本書。

今若破合雜俗，次比種類⓭，刪削不急，抗其綱⓮，較其令⓯，炳若日月之著明⑯，灼若五色之有定⑰。息學者萬倍之役⑱，弭諸儒爭訟之煩。將來達者觀之，當美於今之視周矣。此亦改燒石⑲、去血食之比。無所憚難，而恨恨⑳於惜懷推車㉑，遲於去巢居㉒也？

【章　旨】當今禮儀混雜，學者勞心費神，窮年歷月，未能解釋疑惑，故刪定禮儀，垂範後世，功績甚鉅。

【注　釋】❶五禮　泛指各類禮儀。古代祭祀之事為吉禮，冠婚之事為嘉禮，賓客之事為賓禮，軍旅之事為軍禮，喪葬之事為凶禮，合稱五禮。又天子、諸侯、卿大夫、士、庶民五種等級的禮儀，亦稱五禮。❷紛錯　紛雜而交錯。❸尋案　探究；查考。❹所滯　滯義；晦澀難解之義。❺殊理兼說　不同的觀點，互相歧異的說法。❻歧路之衢　十字路口。衢，可以四通八達的路口。❼群疑之藪　疑惑眾多，猶如泥沼。❽煎神瀝思　勞心費神，苦苦思索。瀝思，形容思緒之艱澀。瀝，滴。❾窮年竟不豁了　成年累月，竟不明瞭。豁了，豁然明白。❿決嫌　解決疑惑。嫌，疑惑。⓫憔悴決角　為了校正、計量禮器形狀或儀式動作而容貌憔悴。⓬章句　對古書的分析、注釋。⓭種類　原本作「種稷」，此據《四庫全書》本。⓮抗其綱　舉其綱；確定其綱要。抗，舉也。⓯較其令　校正、確定其要領。令，疑「領」字之脫訛。⓰炳若日月之著明　如日月之光明、顯著。炳，明顯；光明。⓱灼若五色之有定　若青、黃、赤、白、黑五色明確，不相混淆。⓲萬倍之役　學者所耗費之心力，萬倍於此。⓳燒石　石，疑「食」之訛。古人茹毛飲食，傳說燧人氏鑽木取火，教民熟食。⓴恨恨　疑當作「悢悢」。眷念、惆悵也。㉑推車　疑當作「椎車」。一種原始、簡陋的車子。㉒巢居　傳說遠古有巢氏，棲宿於樹上。

【語　譯】如今各種不同的禮儀混雜在一起，紛繁交錯，像枝葉一樣散漫而無條理。它們重複貫穿，相互交叉。舊儒探索考察，還是有許多不明之義。辯論駁難的情況逐漸增多，贊成與反對的意見無休無止。各種不同的觀點與歧異的說法，隨著時間越來越多。如果不是對此十分精深的人，沒有不感到迷惑的。人們徘徊於十字路口，面對著許多的疑難憂慮操心。他們苦苦思索，對照考察不同的例子，有時成年累月也弄不明白。勤苦的研治，卻無法解決疑難；吟誦探究，為了確定器物形狀及動作規範而容貌憔悴。從年輕直至滿頭白髮，還未能確定。為此而浪費了歲月，荒廢了其他的事業，給後輩學子留下了愁困，真是沒有盡頭。長使章句注釋，比本文還多。

如今若將世俗錯雜的禮儀形式全部打亂，然後分門別類，刪去不急用的內容。確立其綱要，校正其要領，使得禮儀如同日月之明白，好像五色之一清二楚。使得學者不再浪費無窮的心力，使得繁瑣的爭論從此消散。後世之達者看待這一行動，將如同當今看待周朝之制禮作樂一樣的盛美。這一舉動的意義，可以與將茹毛飲血之生食改為熟食一事相比。不畏其難，卻留戀古禮，不就像眷懷簡陋的椎車與原始巢居的生活一樣嗎？

然守常之徒，而卒❶聞此義，必將愕然創見，謂之狂生矣。夫三王不相沿樂、五帝不相襲禮❷，而其移風易俗、安上治民，一也。或革或因❸，損益壞善❹。何必當乘船以登山、策馬以涉川、被甲以升廟堂❺、重裘以當隆暑❻乎？若謂古事終不可變，則棺椁❼不當代薪埋❽、衣裳不宜改裸袒❾矣。」

【章　旨】三王不相襲禮，五帝不相沿樂。時代改變了，禮樂也應該隨之而變化。

【注　釋】❶卒　猝然；突然。❷三王不相沿樂五帝不相襲禮　意謂三王、五帝各有其禮樂，不相沿襲。《禮記・樂記》：「五帝殊時，不相沿樂；三王異世，不相襲禮。」❸或革或因　或變革創新，或繼承因襲。❹壞善　壞，原本作「懷」，此據《四庫全書》本。❺被甲以升廟堂　廟堂是祭祀禮樂之所，穿戴盔甲，則不合宜。❻重裘以當隆暑　盛夏隆暑，身穿重重皮裘之衣，與時令不符。❼棺椁　棺木。古代棺木有兩重，內曰棺，外曰椁。❽薪埋　裹以草席而掩葬屍體。❾裸袒　赤身露體。

【語　譯】守舊之人，突然之間聽到我的這些論述，一定會感到驚訝，為之愕然，將我稱為狂生。然而古代三王之樂不相沿襲，五帝之禮有所損益。而其移風易俗、安定君王、治理民眾，都達到了同樣的效果。或是加以變革創新，或是加以因襲繼承，有所增損，有所改動，何必要駕著舟船去爬山、趕著馬匹去渡水、穿戴盔甲登上廟堂、套著皮襖去過盛夏呢？如果說古事不能更改，那麼就不應該用棺槨代替草席去安葬死者、不應該穿著衣裳去代替上古的赤身露體了。」

卷三二　尚博

【題解】本篇的宗旨，是告誡人們廣泛地閱讀各種古籍，而不可輕視諸家之子書。

輕視子書的思想，大約從漢代就產生了。由於董仲舒「罷黜百家，獨尊儒術」，一些思想僵化固陋的人便批評子書「小道不足觀」，或曰「廣博亂人思」。其實諸家子書從不同的角度闡述了不同人物對於廣泛社會問題的意見，有助於學術的發展與文化的進步，具有重要的價值。文中批評世俗「忽薄深美富博之子書」，認為子書與經典在弘揚教化上目標是一致的。

文中特別推崇漢魏以來出現的各家子書，認為這些著作「義深於玄淵，辭贍於波濤」，若能付諸實施則可以「近弭禍亂之階，遠垂長世之祉」。這些，表現了作者不迷信經典以及注重實用的文學觀。

抱朴子曰：「正經❶為道義之淵海，子書為增深之川流。仰而比之，則景星❷之佐三辰❸也。俯而方之，則林薄❹之裨嵩嶽❺也。雖津塗殊闢，而進德同歸；雖離於舉趾，而合於興化。故通人總原本以括流末，操綱領而得一致焉。

古人歎息於才難❻，故謂百世為隨踵❼。不以璞非崐山而棄耀夜之寶❽，不以書不出聖而廢助教之言❾。是以閭陌之拙詩❿、軍旅之鞠誓⓫，或詞鄙喻陋，簡不盈十，猶見撰錄，亞次典誥⓬。百家之言，與善一揆⓭。譬操水者，器雖異而救火同焉。猶針灸⓮者，術雖殊而攻疾均焉。

【章　旨】儒家之經典著作如同大海與日月，諸家之子書如同江河與群星，雖然作用有別，而其弘揚教化的目標是一致的。

【注　釋】❶正經　指《詩》、《書》、《禮》、《易》、《春秋》等儒家公認的經典著作。❷景星　雜星名。又稱瑞星、德星。《史記・天官書》說：「其狀無常，常出於有道之國。」❸三辰　日、月、星。❹林薄　山際叢林及草木綿延之地。❺嵩嶽　中嶽嵩山。❻古人歎息於才難　《論語・泰伯》載孔子曰：「才難，不其然乎？唐虞之際，於斯為盛。有婦人焉，九人而已。」❼謂百世為隨踵　《戰國策・齊策》曰：「千里而一士，是比肩而立；百世而一聖，若隨踵而至也。」意謂才士極為稀少，百世而出一人，猶可謂隨踵而至。❽耀夜之寶　夜光之璧，產於璞玉中。❾助教之言　有助教化的言論。❿閭陌之拙詩　指〈五子之歌〉。《左傳・哀公六年》引〈夏書〉，載歌曰：「惟彼陶唐，帥彼天常，有此冀方。今失其行，亂其紀綱，乃滅而亡。」今歌載於《尚書・五子之歌》，文辭有異。⓫軍旅之鞫誓　鞫誓，打敗仗後的誓辭。指《尚書・秦誓》。秦穆公伐鄭，不聽蹇叔、百里奚的勸告，兵敗諸崤，乃作〈秦誓〉，以悔其過。鞫，窮也。⓬亞次典誥　列於典誥之末。〈秦誓〉列為《尚書》的最後一篇，故云。⓭與善一揆　同為推廣教化，有益興善，是一樣的道理。一揆，同理；同樣。⓮針灸　針是以針刺穴位，灸是以艾葉製為艾炷燒灼穴位，同為治療疾病之法。

【語　譯】抱朴子說道：「正經就像道義的海洋，子書就像使大海加深的江河。以天上作比，就像群星環繞著日月一樣。以地上作比，就像綿延的叢林輔助襯托著嵩嶽一樣。雖然所開闢的途徑不同，而增進德化的歸宿是一樣的；雖然行為的步驟不同，而弘揚教化的目標是一致的。所以通達的人能總括其源流，能把握住綱領而將正經與子書統一起來。

古人嘆息才士難得，所以說百世得一聖若『隨踵而至』。不因為璞玉不是產自崑崙山，就將寶貴的夜光之璧拋棄了；不因為子書並非出自聖人之手，便廢棄了它的輔助教化之言。所以閭陌之間的拙詩、敗師歸來的誓辭，或者詞藻凡鄙，或者比喻卑陋，或者篇章短小，還是被採錄，編列在典誥之末尾。百家之言，同樣起著興善進德的作用。就像運水的人，雖然盛水的器物不同而救火的目的是一樣的。又像醫生或是針刺穴位、或是用艾炷烤灼穴位，技術雖然不同而治療疾病的目的是一樣的。

漢魏以來，群言彌繁。雖義深於玄淵❶，辭贍❷於波濤。施之可以臻徵祥於天上❸，發嘉瑞於后土❹。召環雉於大荒之外❺，安圜堵於函夏之內❻。近弭禍亂之階❼，遠垂長世之祉❽。然時無聖人目其品藻❾，故不得騁驊騄之跡❿於千里之塗，編近世之道於三墳⓫之末也。

拘繫之徒⓬，桎梏淺隘之中⓭，挈瓶訓詁之間⓮。輕奇賤異⓯，謂為不急。或云小道不足觀，或云廣博亂人思。而不識合錙銖可以齊重於山陵，聚百十可以致數於億兆⓰，群色會而袞藻麗⓱，眾音雜而〈韶〉〈濩〉和⓲也。或貴愛詩賦淺近之細文，忽薄深美富博之子書。以磋切之至言為騃拙⓳，以虛華之小辯為妍巧⓴，真偽顛倒，玉石混淆。同〈廣樂〉於〈桑間〉㉑，鈞龍章於卉服㉒。悠悠皆然，可歎可慨者也。」

【章旨】漢魏以來，出現了眾多的子書，其寓意深富、辭采華美，足以治理國家、造福後世。而世俗妄加貶抑，令人感慨。

【注釋】❶玄淵 深淵。❷贍 豐富；富足。❸臻徵祥於天上 使天呈吉祥之徵兆。徵祥，吉祥之預兆。古人認為天上出現景星、卿雲，為吉祥喜慶之兆。❹發嘉瑞於后土 使地上出現祥瑞之兆。古人認為出現瑞草、瑞獸，是天下太平的顯示。❺召環雉於大荒之外 天下太平，則邊遠之民，重譯來朝，敬獻珍寶異物。傳說舜時，西王母曾來獻白環；又周公時，越裳氏來獻白雉。❻安圜堵於函夏之內 意謂安定華夏之生民。圜堵，門戶。代指百姓。函夏，整個中原華夏之地。❼弭禍亂之階 平定禍亂之根源。弭，消除；平定。階，由來。❽祉 幸福。❾時無聖人目其品藻 史載孔子曾經刪《詩》、序《易》、整理《尚書》、作《春秋》、定禮樂，傳為經典。此則慨嘆世無孔子，未能評定、鑑識漢魏以來之群言。品藻，評定；鑑識。❿騁驊騄之跡 騁駿馬之足，盡力奔馳。驊騄，驊騮、騄耳，古之駿馬名。⓫三墳 上古之圖籍有三墳、五典之說。⓬拘繫之徒 受束縛、行為保守的人。⓭桎梏淺隘之中 其思想舉動，均被限制在狹隘、浮淺之境界中。⓮挈瓶訓詁之間 以其淺才小智，耗於章句訓詁之間。挈瓶，汲水之瓶。比喻小智。⓯輕奇賤異 輕視奇異之士。⓰億兆 古以十萬為億，或萬萬為億，十億為兆。極言其多。⓱群色會而袞藻麗 飾以五色方能成就袞服上華麗的文采。袞服，古代王公之禮服，上面飾以日月星辰等多種色彩圖案。⓲眾音雜而韶濩和 眾音參錯配合方能奏出動聽的音樂。〈韶〉〈濩〉，古樂曲名，或曰舜樂與湯樂。⓳以磋切之至言為騃拙 磋切之至言，指子書之言。騃拙，愚笨、拙劣。⓴以虛華之小辯為妍巧 虛華之小辯，指前面所稱「淺近之細文」。妍巧，華美、巧妙。㉑同廣樂於桑間 〈廣樂〉是傳說中天上之仙樂，〈桑間〉是鄭衛之俗曲。㉒鈞龍章於卉服 龍章是王公之禮服，上面繡以龍紋圖案。卉服，用草編織的衣服。

【語譯】漢魏以來，諸家子書愈益繁多。雖然這些著作寓意之厚有如深淵，辭藻之富有如波濤不絕。若是將其主張付諸實施，可使天上呈現吉慶之象，地上生出祥瑞之兆，可使遠方之民重譯來朝，貢獻珍禽異寶，可使中原之百姓安居樂業。可以消除眼前的禍患，並給後世留下永遠的福祉。然而因為當今之世沒有聖人出來鑑識評介，所以如同駿馬不能騁其逸足於千里之途，近代的各家子書不能被編列於經典之後。

那些行為拘束而不知變通的人，他們限於浮淺狹小的境界，只能在章句訓詁中表現淺近的才智。他們輕視奇異之士，認為不切世事。或者說旁門小道不值得一看，或者說內容廣博擾亂了人意。他們不知道聚合輕微之物可以重於山陵，積累一十一百可以達到億兆之數。只有飾以五色才能有袞服華麗的紋彩，只有群音合奏才能成就樂曲之美。有的人看重詩賦及意思淺近的短文，而忽視深厚閎美的子書。他們認為研討至理之論說是愚蠢而拙劣，認為虛有其表的短文華美而巧妙。真偽顛倒，美玉與凡石被混為一團。將天上的仙樂與人世的俗曲同樣看待，將龍章袞服與草織之衣等量齊觀。這樣的人天下到處都有，真是令人感慨而嘆息。」

或曰：「著述雖繁，適可以騁辭耀藻❶，無補救於得失❷。未若德行不言之訓，故顏、閔❸為上，而游、夏❹乃次。四科之格，學本而行末❺，然則綴文❻固為餘事。而吾子不褒崇其源，而獨貴其流，可乎？」

抱朴子答曰：「德行為有事，優劣易見；文章微妙，其體難識❼。夫易見者粗也，難識者精也。夫唯粗也，故銓衡有定❽焉。夫唯精也，故品藻難一❾焉。吾故捨易見之粗，而論難識之精❿，不亦可乎？」

【章　旨】有人主張德行為本源，文章為末事，抱朴子則答以德行之事易見，而文學精妙難識，故文學論述之事，自有其意義。

【注　釋】❶騁辭耀藻　鋪陳辭藻，展露才華。❷得失　指政教之得失。❸顏閔　指孔子的弟子顏淵、閔子騫。在孔門四科中，他們屬於德行一科。❹游夏　指子游、子夏，均為孔子之弟子，屬於文學一科。❺學本而行末　學指文學，行指德行。「本」、「末」二字疑相錯置，當作「學末而行本」。❻綴文　撰寫文章。❼其體難識　意謂文章之體式格調，精妙而難以鑒識。❽銓衡有定　衡量、評價，俱有一定之規。銓衡，量其輕重。❾品藻難一　品評論文，難以劃一。品藻，鑒定文采、品級。

⑩難識之精　指文章論述之事。

【語　譯】有人說道：「著述的內容雖然繁多，但是只能鋪張辭采，顯露才華，而無益於補救政教的得失，不像德行有無言的教化作用。所以孔門四科之中，顏淵、閔子騫為上，而子游、子夏乃為其次。四科的風格，文學為末而德行為本，如此可知文章為餘事。而先生不推崇其本源，唯獨貴重其支流，這是可以的嗎？」

抱朴子回答說：「德行表現為具體的事情，其優劣容易察見；文章微妙，其體式格調難以認識。容易察見的是粗淺的現象，難以認識的是精妙的現象。正因為前者是粗淺的，所以評價高下有一定之規；正因為後者是精妙的，所以品評鑒賞難以劃一。我捨棄容易察見的粗淺之事，而論說難以辨識的精妙之事，不也是可以的嗎？」

或曰：「德行者本也，文章者末也。故四科之序，文不居上❶。然則著紙者糟粕之餘事❷，可傳者祭畢之芻狗❸。卑高之格，是可識矣。文之體略❹，可得聞乎？」

抱朴子答曰：「荃可以棄❺，而魚未獲則不得無荃；文可以廢，而道未行則不得無文❻。若夫翰跡韻略之宏促，屬辭比事之疏密，源流至到之修短，蘊藉汲引之深淺，其懸絕也，雖天外毫內❼，不足以喻其遼邈。其相傾也，雖三光熠燿❽，不足以方其巨細。龍淵❾鉛鋌❿，未足譬其銳鈍。鴻羽積金⓫，未足比其輕重。清濁參差⓬，所稟有主。朗昧⓭不同科，強弱各殊氣。而俗士唯見能染毫畫紙者，便槩之一例。斯伯牙所以永思鍾子⑭，郢人所以格斤不運⑮也。蓋刻削者比肩，而班狄擅絕手之稱⑯；援琴者至眾，而夔、襄⑰專知音之難；廄馬千駟，而騏驥有邈群之價⑱；美人萬計，而威、施⑲有超世之容。蓋有遠過眾者也。

且文章之與德行，猶十尺之與一丈。謂之餘事，未之前聞。夫上天之所以垂象⑳，唐虞之所以為稱㉑，大人虎炳、君子豹蔚㉒，昌旦定聖謚於一字㉓，仲尼從周之郁㉔，莫非文也！八卦生鷹隼之所被㉕，六甲出靈龜之所負㉖。文之所在，雖賤猶貴。犬羊之鞟，未得比焉㉗。且夫本不必皆珍，末不必悉薄。譬若錦繡之因素地㉘，珠玉之居蚌石㉙，雲雨生於膚寸㉚，江河始於咫尺。爾則文章雖為德行之弟，未可呼為餘事也。」

【章　旨】文章體式格調差異甚大，不可視同一律。且文之所在，雖賤猶貴，所以不可輕視文章著述，將之呼為餘事。

【注　釋】❶四科之序二句　孔門四科，以德行為上，其次言語，其次政事，其次文學。見《論語・先進》。❷著紙者糟粕之餘事　留在紙上的，是古人所殘餘的糟粕。❸祭畢之芻狗　芻狗是用草紮成的狗，供祭祀時使用，祭畢之後便沒有作用了。這裡比喻過時的經籍、文章。❹體略　體式、格調。❺荃可以棄　荃，一作「筌」。捕魚的竹器。《莊子・外物》：「荃者所以在魚，得魚而忘荃。」❻道未行則不得無文　意謂文章是為了傳道，道未行則不能廢棄文章。❼天外毫內　九天之外，言其大；毫芒之內，言其小。❽三光熠耀　三光，指日月星。熠耀，指螢火蟲。❾龍淵　著名的寶劍。❿鉛鋌　鉛製的箭頭，極為遲鈍。⓫鴻羽積金　鴻毛與金塊，形容輕重相差十分懸殊。⓬清濁參差　意謂人的氣質有清濁的差異。⓭朗昧　聰明與愚昧。⓮伯牙所以永思鍾子　伯牙是春秋時人，善於鼓琴。友人鍾子期，知其琴聲寄意所在。鍾子期死後，伯牙破琴絕絃，終身不復鼓琴。見《呂氏春秋．本味》。⓯郢人所以格斤不運　傳說郢人將蠅翼般薄的白土黏在鼻尖上，匠石能揮動斧頭將白土削掉而不損傷鼻子。然而郢人死後，匠石便不再這樣做了。見《莊子．徐无鬼》。⓰班狄擅絕手之稱　只有魯班、墨翟才能有絕手的美稱。〈辨問〉曰：「夫班、狄機械之聖也。」⓱夔襄　均為古代之善琴者。⓲騏驥有邈群之價　騏驥是古代良馬名。邈群之價，其價遠超於凡馬。⓳威施　南威、西施，相傳是古代的美人。⓴上天之所以垂象　日月懸於天而成文章，所謂天文也。㉑唐虞之所以為稱　《論語．泰伯》載孔子語曰：「大哉堯之為君也！巍巍乎，唯天為大，唯堯則之。……煥乎，其有文章！」㉒大人虎炳君子豹蔚　意謂大人君子應該隨時變化，使之富於文采，炳然蔚然。《周易．革卦》中有「大人虎變，其文炳也」、「君子豹變，其文蔚也」的話。㉓昌旦定聖謚於一字　昌旦，即周文王姬昌與周公姬旦。上古有號無謚，周初始制謚法。㉔仲尼從周之郁　《論語．八佾》載孔子語曰：「周監於二代，郁郁乎文哉！吾從周。」㉕八卦生鷹隼之所被　《周易．繫辭下》曰：「古者包犧氏之王天下也，仰則觀象於天，俯則觀法於地，觀鳥獸之文，與地之宜，近取諸身，遠取諸物，於是始作八卦。」㉖六甲出靈龜之所負　傳說大禹治水時，有神龜負文而出，大禹因之以成九疇。㉗犬羊之鞟二句　意謂虎豹有文，則非犬羊之皮所能比。鞟，去毛之皮。㉘錦繡之因素地　錦繡是繡在白絹之上。素地，指白色的絹。㉙珠玉之居蚌石　明珠出於蚌蛤，美玉產自璞石。㉚雲雨生於膚寸　膚寸，指小的雲片。古以一指寬為寸，四指為膚。《說苑．辨物》：「雲觸石而出，膚寸而合，不崇朝而雨天下。」

【語譯】有人說道：「德行是人生的根本，文章是人生的末事。所以孔門四科的順序，文學被擺在後面。因此留在紙上的，只是殘餘的糟粕；可傳於後世的，只是祭祀陳列之後所留下的草狗。德行的高低是可以認識的，有關文章的體式格調，能否講給我們聽呢？」

抱朴子回答說：「魚簍可以棄置，然而沒有捕到魚之前，不能沒有魚簍。文章可以廢置，然而未能傳道之前，不能沒有文章。至於文章的風度神韻是宏闊抑或拘束，遣辭用事是縝密抑或疏略，義理源流是深長抑或短近，包藏意蘊是豐厚抑或浮淺，它們之間的距離相差甚遠。即使一個在九天之外，一個在毫芒之內，不足以比喻其相隔的遙遠。它們的差距，用日月星與螢火蟲不能形容其大小之別，用龍淵之寶劍與鉛製的箭頭不足以形容其利鈍的差異，用鴻毛與金塊不足以比喻其輕重的區別。人的稟性不同，清濁有異，或聰明或愚昧不同類別，或強或弱氣質各異。而世俗之士看見能在紙上提筆寫字的，便等同一律的同樣看待。這就是伯牙之所以懷念鍾子期、匠石在郢人去世之後不再運斤的緣由所在了。世上雕刻製作的人比比皆是，而只有魯班、墨翟被稱絕世的高手；彈琴的人非常眾多，而只有夔、襄被譽為難得的知音；馬廄中轅馬千匹，其中唯有騏驥的價值超群；美人成千上萬，只有南威、西施有絕世的容貌。在文章上，也的確有著遠遠超出世俗之眾的人。

再說文章之與德行，就像十尺與一丈一樣。稱文章為餘事，以前從來沒有聽說過。上天垂示燦爛的日月之象，唐堯被稱為『煥乎其有文章』，《周易》上說『大人虎炳』、『君子豹蔚』，文王、周公確定君王一字之謚號，孔子讚美周代文德之盛而發出『吾從周』的感嘆，這些都莫非文啊！八卦是觀察鷹隼之飛而產生的，六甲是靈龜馱負而出來的。只要文之所在，即使卑賤之物也變得貴重了。去掉毛色的犬羊之皮，是不能與之相比的。再說本不一定都是珍貴的，末不一定都是淺薄的。比如錦繡是繡在白絹底子上的，明珠、寶玉是出自蚌蛤、璞石之中的；雲雨起自細微之跡，江河始於咫尺之水。據此則文章雖然只能算德行之弟，但是不可以呼為餘事的。」

或曰：「今世所為，多不及古。文章著述，又亦如之。豈氣運衰殺❶，自然之理乎？」

抱朴子答曰：「百家之言，雖有步起❷，皆出碩儒之思，成才士之手。方之古人，不必悉減也。或有汪濊玄曠❸，合契作者❹。內闢不測之深源，外播不匱之遠流。其所祖宗也高❺，其所紬繹也妙❻。變化不繫滯於規矩之方圓❼，旁通不凝閡於一塗之逼促❽。是以偏嗜酸鹹者莫能知其味，用思有限者不能得其神也。

夫應龍徐舉，顧眄凌雲❾；汗血緩步，呼吸千里❿。而螻蛭怪其無階而高致⓫，駑蹇患其過己之不漸⓬也。若夫馳騁於詩論之中⓭，周旋於傳記之間⓮，而以常情覽巨異，以褊量測無涯⓯，以至粗求至精，以甚淺揣甚深，雖始自髫齔⓰，訖于振素⓱，猶不得也。夫賞其快者，必譽之以好；而不得曉者，必毀之以惡，自然之理也。於是以其所不解者為虛誕，慺誠以為爾⓲，未必違情以傷物⓳也。

又世俗率神貴古昔而黷賤同時。雖有追風之駿⓴，猶謂之不及造父之所御㉑也；雖有連城之璧，猶謂之不及楚人之所泣㉒也；雖有疑斷之劍㉓，猶謂之不及歐冶之所鑄㉔也；雖有起死之藥，猶謂之不及和鵲㉕之所合也；雖有超群之人，猶謂之不及竹帛之所載㉖也；雖有益世之書，猶謂之不及前代遺文也。是以仲尼不見重於當時，《大玄》見蚩薄於比肩㉗也。俗士多云今山不及古山之高，今海不及古海之廣，今日不及古日之熱，今月不及古月之朗。何肯許今之才士，不減古之枯骨㉘！重所聞、輕所見，非一世之所患矣。昔之破琴剿弦㉙者，諒有以而然乎！」

【章　旨】子書為才士所寄心，其內容深厚，辭藻華美，變化旁通，有益教化。世俗淺陋，不能理解，又貴古賤今，所以子書受到輕視。

【注　釋】❶氣運衰殺　時運衰落，如同愁冬氣候之肅殺凋落。❷步起　一本作「步趨」。徐行曰步，疾行曰趨。❸汪濊玄曠　深廣闊大，蘊藏豐厚。汪濊，形容水面深廣貌。❹合契作者　與古代聖人之意相合。作者，創始者。這裡指古之聖賢。《禮記·樂記》：「作者之謂聖，述者之謂明。」❺其所祖宗也高　子書所尊奉之宗旨，其義甚高。祖宗，尊奉；祖述。❻其所紬繹也妙　子書之分析論述十分精妙。紬繹，引其端緒。指分析闡說。❼變化不繫滯於規矩之方圓　文筆變化，不受已有規矩的限制。繫滯，固執不通。❽旁通不凝閡於一塗之逼促　其論述能包容旁通，不拘限於一家之說。凝閡，拘泥；阻隔不通。❾應龍徐舉二句　應龍徐徐飛舉，而瞬間已凌雲空。應龍，古代傳說中有翼的龍。❿汗血緩步二句　汗血之馬即使緩步而行，而一呼一吸之間已行千里。汗血，古代的一種駿馬。⓫螻螘怪其無階而高致　螻蟻對於應龍不由階梯而升入雲空感到奇怪。螘，螞蟻。⓬駑蹇患其過己之不漸　劣馬對於汗血馬不漸進而超越自己感到憂慮。駑蹇，跛足之劣馬。⓭馳騁於詩論之中　其活動之範圍僅僅局限於儒家之詩說及論著之中。⓮周旋於傳記之間　涉獵所及，只在解釋經義的文字。傳記，指《左傳》、《公羊傳》、《毛傳》、《禮記》等。⓯以褊量測無涯　以狹小之器測量無際之大海。褊，狹小；狹隘。⓰髫齔　童年；幼年。髫，兒童下垂的頭髮。⓱振素　白髮。指老年。⓲慺誠以為爾　真心誠意認為如此。慺，謹慎；謹敬。⓳違情以傷物　有意加以傷害。⓴追風之駿　追風，駿馬名，其行疾速能追風而躡景也。㉑造父之所御　造父是周穆王時御馬者，所御有驊騮、騄耳等，合稱八駿。㉒楚人之所泣　指和氏之璧。楚人，指卞和。相傳他獻璞楚厲王、武王，被認為欺詐，先後被砍去雙腳。楚文王時，卞和抱璞泣於荊山下，楚王使人理之，果得寶玉，名之曰和氏璧。㉓疑斷之劍　疑，一作「擬」，或為「立」字之訛。立斷，形容鋒利。㉔歐冶之所鑄　歐冶子是春秋時著名的鑄冶工匠，曾鑄造湛盧、純鈎、龍淵諸寶劍。㉕和鵲　醫和、扁鵲，均為古代之名醫。㉖竹帛之所載　指史冊所載錄之古代名人。㉗大玄見蚩薄於比肩　據《漢書》載：揚雄作《太玄》，觀之者難知，學之者難成，不為眾人所好。劉歆曾謂雄曰：「空自苦！……吾恐後人用覆醬瓿也。」㉘古之枯骨　指已死之古人。㉙破琴剿弦　將琴毀壞，以報答知音者。剿，斷絕。《呂氏春秋·本味》：「鍾子期死，伯牙破琴絕弦，終身不復鼓琴。」

【語　譯】有人說道：「今人所作為，多不如古人。文章著述，也是如此。這難道不是由於時運的衰落，出自自然之理嗎？」

抱朴子回答說：「諸子百家之言，雖然有高下緩急的不同，然而都是出自學者大儒的思維，成於才華之士的筆下。與古人相比，不一定都比不上古人。有的子書內蘊豐厚，境界開闊，符合古代聖賢立言的宗旨。內則開闢深厚的淵源，外則傳播不盡的川流。所尊奉的宗旨甚高，所闡述分析的筆墨甚妙。文章變化不受已有陳規的限制，內涵包容兼通不局限於一家之說。所以喜好世俗之味者不能欣賞其高尚的格調，思慮有限者不能領會其內在的精神。

應龍徐徐高舉，瞬間已經升至雲霄之上；駿馬緩步而行，呼吸之間已經遠到千里之外。而螻蟻卻為應龍憑空升天而驚異，跛足的劣馬為駿馬疾速超越自己而憂慮。這就像有些人只是在儒家論說的小範圍內馳騁，只知道在解釋經義的書籍中周旋。他們用常情去推測神異之事，用小器皿去測量無際的海洋，用至為粗糙的心理去考索至為精微的文章，用十分浮泛的學識去揣想深妙的道理。即使這種人始自兒童少年，一直到滿頭白髮，還是體會不得的。當人欣賞一件事物時，必然會發出讚美稱譽。而不能理解的人，必然會惡言誹謗。這是自然的道理。所以有些人將自己所不懂的事物說成虛誕，他們是真心認為如此，未必是有意地加以傷害。

又世俗大都將往時古代看得神聖尊貴，而將現世當時看得污濁卑賤。即使眼前有追風躡景的好馬，還是要說不及造父所駕馭的八駿；即使眼前有價值連城的寶玉，還是要說不及楚國的和氏之璧；即使眼前有鋒利無比的寶劍，還是要說不及歐冶子所鑄造的古劍；即使眼前有可以起死回生的靈藥，還是要說不及古代名醫所配的藥方；即使眼前有超群拔萃的俊才，還是要說不及史冊所載的古人；即使面對有益社會的著作，還是要說不及前代流傳下來的古書。所以孔子不為他的同時代人所看重，《太玄》受到當時許多人的輕視與嘲諷。世俗多說今山不如古山之高，今海不如古海之廣，今世的太陽不如古代炎熱，今世的月亮不如古代明亮。怎麼會贊同當今的才士，認為不比古人差！看重所聞、輕視所見，這種弊病不只是一代了。古人破琴絕絃以報答知音，的確是有原因的啊！」

卷三三 漢過

【題解】本篇探討漢朝滅亡的教訓。

漢末政治的嚴重敗壞，始於宦官、外戚對於政權的壟斷與爭奪，而終於黨錮之禍。《後漢書·黨錮列傳》形容當時的政局是「主荒政謬，國命委於閹寺，士子羞於為伍，故匹夫抗憤，處士橫議」。隨之而來的嚴酷的暴力鎮壓更使得「正直廢放，邪枉熾結」，最終導致天下大亂，漢室傾覆。

本篇從兩個方面分析了漢末政治的失誤：一是奸佞當朝，任人唯親，這是使得世風衰弊、綱紀崩壞的重要原因；二是非原則與價值標準完全顛倒錯亂，社會的公正性喪失殆盡。

總結漢末政治的失誤，目的在於提醒晉的統治者記取歷史教訓，以免重蹈覆轍。

抱朴子曰：「歷覽前載，逮乎近代，道微俗弊，莫劇漢末也。當塗端右閹官之徒❶，操弄神器❷，秉國之鈞❸，廢正興邪，殘仁害義。蹲踏背憎❹，即聾從昧❺。同惡成群，汲引姦黨。吞財多藏，不知紀極❻。而不能散錙銖之薄物，施振清廉之窮儉焉。進官則非多財者不達也，獄訟則非厚貨者不直也。官高勢重，力足拔才，而不能發毫釐之片言，進益時之翹俊❼也。其所用也，不越於妻妾之戚屬；

其惠澤也，不出乎近習之庸瑣❽。莫戒臧文竊位之譏❾，靡追解狐忘私之義❿。分祿以擬王林⓫，致事以由方回⓬。故列子比屋，而門無鄭陽之恤⓭；高概成群，而不遭暴生之薦⓮。抑挫獨立，推進附己。此樊姬⓯所以掩口，馮唐⓰所以永慨也。干時⓱率皆素湌偷容⓲，掩德蔽賢。忌有功而危之，疾清而排之，諱忠讜而陷之⓳，惡特立而擯之。柔媚者受崇飾之祐，方稜者蒙訕棄之患⓴。養豺狼而殲騶虞㉑，殖枳棘而翦椒桂㉒。

【章　旨】漢代末年，朝廷奸佞當道，任人唯親，賄賂公行，忠正之士遭排擠，世風衰弊至極。

【注　釋】❶當塗端右閹官之徒　指朝廷當權之大臣及宦官之輩。端右，指尚書省長官。閹官，指宦官。❷神器　指朝廷之重權。❸秉國之鈞　掌握國家之政柄。國鈞，亦作「國均」，主持朝政，以安定四方。❹蹲踏背憎　聚則笑語，背則相憎。蹲踏，即「噂沓」。聚合而語貌。❺即聾從昧　聽從、依從愚昧無知者。聾昧，指愚昧無知的人。❻紀極　終極；限度。❼益時之翹俊　有益時世之傑出人才。翹俊，才能卓異之士。❽庸瑣　平庸猥瑣之人。❾臧文竊位之譏　臧文仲，魯之大夫。他秉持朝政時，沒有舉薦賢者柳下惠，因此孔子批評說：「臧文仲其竊位者與？知柳下惠之賢，而不與立也。」見《論語・衛靈公》。❿解狐忘私之義　解狐，春秋趙人。傳說他曾薦舉自己的仇人為相。見《韓非子・外儲說左下》。⓫分祿以擬王林　王林，王莽之侄。居攝元年十二月，受封為說德侯。⓬致事以由方回　事，一本作「士」。〈詰鮑〉：「方回叩頭以致士。」⓭故列子比屋二句　據載：列子窮困，容貌有飢色，鄭相子陽聽說後，便派人送去糧食。見《列子・說符》。⓮暴生之薦　暴，疑「鮑」字之訛，用春秋齊大夫鮑叔牙薦舉管仲之事。⓯樊姬　春秋楚莊王夫人。楚莊王曾稱虞丘子為賢相，樊姬掩口而笑，曰：「虞丘子為相數十年，未嘗進一賢。知而不進，是不忠也；不知，是不智也。安得為賢？」見《新序・雜事》。⓰馮唐　西漢安陵人，漢文帝時任中郎署長，直言敢諫。曾指出漢法「賞太輕，罰太重」，並為雲中守魏尚伸冤。見《史記・張釋之馮唐列傳》。⑰干時　干，疑「于」字之訛。⑱素飡偷容　素飡，空虛無德，食人俸祿。偷容，苟且偷安。⑲諱忠讜而陷之　對於忠誠正直之士加以壓制與陷害。諱，禁忌。讜，正直。⑳方稜者蒙訕棄之患　立身方正嚴肅的人有被訕謗、棄置之禍患。方稜，指立身態度端正而嚴肅。㉑驎虞　麒麟、騶虞，均為傳說中祥瑞仁義之獸。㉒殖枳棘而翦椒桂　種植多刺的枳棘，而翦除芳香之椒桂。枳棘，指惡木。椒桂，指善木。

【語譯】抱朴子說：「歷覽往古，直至近代，道德衰微、風俗頹壞沒有比漢代末期更嚴重的了。當權的大臣、宦官之徒，操縱朝綱，秉持政柄，廢棄正直，興起邪惡，殘害仁義，聚則笑語，背則相憎，任用愚昧，拉幫成群，為非作歹，勾結為奸黨。侵吞財物，不知休止。而不能將些微的財物，施與救助清廉窮困之人。要想仕途進取，沒有豐厚的錢財是不行的；要想官司訴訟，不送禮行賄便得不到公正的判決。那些官位崇高、權勢顯赫之人，有提拔才士的力量，卻不肯為提攜有用於時的俊逸之士說半句好話。他們所任用的，不外乎妻妾的親戚之輩；他們所施以恩惠的，不外乎眼前熟悉的平庸之徒。他們沒有記取臧文仲被譏諷為竊位的教訓，不學習解狐為公舉薦私仇的榜樣。封官則擬於王林，致士則由於方回。所以貧困的士人比比皆是，卻沒有鄭相子陽那樣的人前去幫助救濟；傑出的人才觸目皆有，卻沒有鮑叔牙那樣的人去推薦。壓制獨立之士，提攜附和自己的人。這就是樊姬為什麼要掩口而笑，馮唐為什麼感慨長嘆的緣由了。當時執政的人都是尸位素餐、苟且偷榮之輩。他們掩蓋有德之士，壓抑賢能之才。嫉妒別人的功績而加以暗算，厭惡別人的清白而加以排擠，忌諱別人的忠直而加以陷害，憎恨別人的獨立不群而加以擯棄。柔順諂媚之徒受到誇獎與推崇，方正不苟的人遭遇到嘲笑誹謗與棄置之禍。培養的是凶狠的豺狼，消滅的是仁義的麒麟與騶虞；種下的是刺人的枳棘，翦除的是芳香的椒桂。

於是傲兀不檢①、丸轉萍流②者，謂之弘偉大量；苛碎峭嶮③、懷螫挾毒④者，謂之公方正直；令色警慧⑤、有貌無心者，謂之機神朗徹⑥；利口小辯⑦、希指巧言⑧者，謂之標領清妍⑨；猝突萍鷟⑩、驕矜輕侻⑪者，謂之巍峨瑰傑⑫；嗜酒好色、闒茸無疑⑬者，謂之率任不矯；求取不廉、好奪無足者，謂之淹曠遠節⑭；蓬髮褻服、遊集非類者，謂之通美汎愛⑮；反經詭聖、順非而博⑯者，謂之莊老之客；嘲弄嗤妍、凌尚侮慢者，謂之蕭豁雅韻⑰；毀方投圓⑱、面從響應者，謂之絕倫之秀；憑倚權豪、推貨履徑⑲者，謂之知變之奇；嬾看文書、望空下名⑳者，謂之業大志高；仰賴強親、位過其才者，謂之四豪之匹㉑；輸貨權門、以市名爵者，謂之輕財貴義；結黨合譽、行與口違者，謂之以文會友；左道邪術、假託鬼怪者，謂之通靈神人；卜占小數㉒、誑飾禍福者，謂之知來之妙；盤馬弄矟㉓、一夫之勇者，謂之上將之元；合離道聽、偶俗而言者，謂之英才碩儒。

若夫體亮行高㉔，神清量遠，不諂笑以取悅，不曲言以負心，含霜履雪㉕，義不苟合，據道推方㉖，嶷然不群㉗。風雖疾而枝不撓，身雖困而操不改。進則切辭正論、攻過箴闕㉘，退則端誠杜私㉙、知無不為者，謂之闇騃徒苦㉚；夙興夜寐，退食自公㉛，憂勞損益，畢力為政者，謂之小器俗吏。

【章旨】漢末之世，一切衡量是非的原則都被歪曲了，一切評價善惡的標準都被顛倒了。

【注 釋】❶傲兀不檢 傲慢淩厲，行為不檢點。❷丸轉萍流 形容隨心任意，舉動如丸之轉、如萍之流。❸苛碎峭嶮 嚴峻繁瑣，居心險惡。峭嶮，峻峭、高險。❹懷螫挾毒 如毒蜂害蟲，有刺人傷人之意。螫毒，毒害傷人。❺令色警慧 和顏悅色，機敏聰慧。令色，面容和悅。❻機神朗徹 心神聰穎澄澈。朗徹，明朗、澄清。❼利口小辯 伶牙俐齒，能言善辯。❽希指巧言 迎合在上者的意旨，花言巧語。希指，同「希旨」。❾標領清妍 風度清美、俊逸。標領，風範；風格。❿猝突萍鶩 浮萍飄泊，行止不定，鶩鳥起落突然。猝突，舉動突然。⓫驕矜輕侻 驕傲自負，行動輕率。輕侻，輕率簡易。⓬巍峨瑰傑 舉動行為雄偉卓傑，不同凡俗。瑰傑，瑰異、傑出。⓭闒茸無疑 舉動卑賤，行之不疑。闒茸，卑下；下賤。⓮淹曠遠節 廣博曠達，不拘小節。淹曠，廣博、達觀。⓯通美汎愛 通脫自然，博愛於眾。⓰順非而博 巧言詭辯而又博聞廣識。孔子治少正卯罪，其四曰記醜而博，其五曰順非而澤。⓱蕭豁雅韻 瀟灑豁達，韻調高雅。⓲毀方投圓 毀棄方正，以投合世俗。⓳推貨履徑 以財貨賄賂，不行正道。徑，邪曲的小路。⓴望空下名 魏晉時，稱官員不理政務，只在文牘空白處署名為望空。㉑四豪之匹 戰國時，齊有孟嘗君，趙有平原君，楚有春申君，魏有信陵君，為著名之四公子，人稱四豪。㉒卜占小數 只能占卜之類的小方術。小數，小技能。㉓盤馬弄矟 騎在馬上，耍槍弄矛。盤，屈足。矟，同「槊」。是一種長矛。㉔體亮行高 正直誠信，行為高尚。體，實踐；實行。亮，忠誠正直。㉕含霜履雪 謂節操清白，純潔不染。㉖據道推方 依據道德，舉動方正。㉗嶷然不群 行為高邁，不同流俗。嶷然，高峻之貌。㉘攻過箴闕 批評錯誤，糾正缺失。箴，規諫；告誡。㉙端誠杜私 正心誠意，杜絕私心雜念。端誠，端莊、誠實。㉚闇騃徒苦 糊塗、愚昧，自找苦吃。騃，愚；呆。㉛退食自公 離開公府後回家進食。表示廉潔。語出《詩經・召南・羔羊》。

【語 譯】於是那種行為唐突傲慢不加檢束、行動隨便如同丸轉萍流的人，被稱作弘偉大量；用心細碎陰險、喜歡刺人害人的，被稱作正直為公；表情機警聰明而有貌無心的，被稱作心神澄澈；伶牙俐齒、花言巧語以迎合上面的意旨的，被稱作風格清美俊逸；舉動輕率無常、驕矜任意的，被稱作雄偉傑出、不同凡俗；嗜酒好色、行為卑下而行之不疑的，被稱作自然放任、不矯揉做作；在財物方面貪得無厭、不知滿足的，被稱作廣博曠達、不拘小節；蓬頭散髮、衣衫不整、與不三不四的人遊玩聚會的，被稱作通脫之美、博愛於眾；違反經典、巧辭詭辯而又博聞多識的，被稱作莊老之客；嘲弄諷刺、輕忽長者、侮辱同輩的，被稱作瀟灑豁達、韻調清高；毀棄方正、投合世俗、當面附和應承的，被稱作超群之才；依靠豪門權貴、以財物行賄的，被稱作隨時應變的奇士；懶看文書、只是簽署名字的，被稱作器具遠大；仰賴家庭親戚的後臺、職位超過其才能的，被稱作戰國四公子之類；經常輸送財貨給權貴之家、以換取官職爵位的，被稱作是輕財貴義；結黨營私、互相吹捧、言行不一的，被稱作是以文會友；耍弄左道邪術、假託鬼怪的，被稱作是通靈神人；只會些占卜之類的小技能、預言禍福以行騙術的，被稱作能預知未來之妙；能騎在馬上耍弄刀槍、僅有一夫之勇的，被稱為上將之首；散布道聽塗說、附和世俗的，被稱為英俊之才、飽學之士。

至於行為忠實、節操高尚、精神清明、器識遠大，不以諂言取悅於人，不口是心非隨聲附和，行為純潔不染，堅持仁德不苟，依據道德，舉動方正，行止高尚，超邁不群。風雖大而枝不彎，處境困窮而節操不改。進則言辭懇切，正言進諫，批評錯誤，糾正缺失；退則正心誠意，不謀私利，有利於國，知無不為。這樣的人，卻被說成是愚昧不明、徒然自苦。早起晚睡，廉潔奉公，憂勞職事，斟酌損益，竭盡全力以操持政務者，被稱作是器量狹小的俗吏。

於是明哲色斯而幽遁❶，高俊括囊而佯愚❷，疏賤者奮飛以擇木❸，縶制者曲從而朝隱❹。知者❺不肯吐其祕算，勇者不為致其果毅❻。忠謇❼離退，姦凶得志。邪流溢而不可遏也，偽塗❽闢而不可杜也。以臻乎淩上替下❾，盜賊多有。宦者奪人主之威，三九❿死庸豎⓫之手。忠賢望士，謂之黨人⓬，囚捕誅鋤，天下嗟嗷⓭。無罪無辜，閉門遇禍。微煙起於蕭牆⓮，而飆焚徧於宇宙。淺隙⓯發於膚寸⓰，而波濤漂乎四極⓱。金城⓲屠於庶寇，湯池航於一葦⓳。勁銳望塵而冰泮⓴，征人倒戈而奔北㉑。飛鋒薦於宸闥㉒，左衽掠於禁省㉓。禾黍生於廟堂㉔，榛莠秀於玉階㉕。

雲觀㉖變為狐兔之藪，象魏㉗化為虎豹之蹊。東序煙燼於委灰㉘，生民燋淪於淵火㉙。凶家害國，得罪竹帛㉚。良史無褒言，金石無德音㉛。夫何哉？失人故也。」

【章　旨】總結漢朝滅亡的教訓，根源在於用人不當，而終於釀成黨錮之禍。

【注　釋】❶明哲色斯而幽遁　明哲之士見狀則隱逸而去。色斯，見顏色不善則離去。❷高俊括囊而佯愚　高邁俊逸者則假作愚昧之狀，閉口不言。括囊，結束袋口。比喻不說話。❸奮飛以擇木　鳥擇木而棲息。比喻士人擇主而事之。❹縶制者曲從而朝隱　被迫在朝為官者曲從時政，雖居朝廷而懷隱退之志。縶制者，受束縛、限制的人。指朝廷的官員。朝隱，雖然在朝任官而恬退淡泊如同隱居。❺知者　有智慧者。知，通「智」。❻致其果毅　奮勇殺敵。❼忠謇　忠誠、正直。❽偽塗　虛偽、欺詐之途。❾淩上替下　紀綱廢弛，上下失序。淩，通「陵」。侵侮。替，廢棄。❿三九　指三公九卿。⓫庸豎　對於卑賤者的鄙稱。⓬忠賢望士二句　東漢桓帝時，宦官專權，指正直之士大夫及太學遊士為朋黨，逮捕二百餘人，禁錮終身。漢靈帝時，李膺與大將軍竇武謀誅宦官，事敗，李膺等百餘人被處死，死徙廢禁者六七百人，史稱黨錮之禍。⓭嗟嘆　嗟嘆、不平。⓮蕭牆　指宮牆之內。⓯淺隙　指山石縫隙。⓰膚寸　指小的雲片。古以一指之寬為寸，四指為膚。⓱四極　指天下、四野。一作「無極」。⓲金城　城牆之堅固，如用金鑄成。⓳湯池航於一葦　湯池，護城池之水如沸湯，不可接近。航於一葦，一束葦草即可渡越。言其易也。⓴勁銳望塵而冰泮　號稱精銳之師，望見敵軍之煙塵便潰散了。冰泮，如冰之融解、分散。㉑倒戈而奔北　拖著槍矛而敗逃。奔北，敗逃。㉒飛鋒薦於扆闥　箭矢紛飛，射向宮門之內。飛鋒，指箭。薦，集。扆闥，指王宮之門。㉓左衽掠於禁省　邊疆四夷之人，掠奪於皇帝宮殿之中。左衽，指居在邊疆之少數民族。禁省，皇帝宮中。㉔禾黍生於廟堂　宗廟宮室之上，生長了禾黍之苗，是亡國的象徵。㉕榛薉秀於玉階　王宮臺階之上，長滿了灌木雜草。榛，叢木。薉，雜草。㉖雲觀　高聳入雲的樓觀。觀，宮門兩邊的望樓。㉗象魏　宮廷外之闕門。門在兩旁，中間為通道，上面建有樓觀。㉘東序煙燼於委灰　學校被焚燒而化為灰燼。東序，夏代之大學。通指學校。㉙生民燋淪於淵火　人民陷於水深火熱之中。燋於火、淪於淵，形容生活的痛苦。㉚得罪竹帛　意謂將其罪惡記載於史冊之上。竹帛，史書。㉛德音　美好的聲譽。

【語　譯】於是明哲之人見狀則隱逸於山林，俊逸之士則假作愚昧閉口不言，疏遠卑賤者如同飛鳥遠去擇木而棲，居官任職者則曲從時勢隱於朝廷。有智慧者不肯吐露其謀略，有勇力者不肯奮勇殺敵。忠直之士被貶黜斥退，姦凶之徒則志得意滿。歪風邪氣蔓延而不可收拾，虛偽欺詐之途暢通而不可堵塞。以至於綱紀廢弛，上下失序，盜賊眾多。宦官剝奪了君王的威勢，公卿大臣死於卑下賤人之手。忠誠賢善的名士，被稱為黨人，逮捕囚禁，誅殺消滅，使得天下嗟嘆憤恨不已。無罪之人，閉門在家也會有禍患降臨。就像微小的煙火起於宮牆之內而大火便燒遍了天下，石縫中生出的膚寸之雲降下了大雨，使得四野波濤氾濫。堅固的金城之內寇賊橫行肆虐，難以逾越的湯池卻輕易地便渡過了。朝廷的精銳之師未見敵軍的影子便自行潰散，出征的士兵倒拖著戈矛臨陣脫逃。箭矢紛紛射進宮牆之內，邊裔四夷在皇帝宮殿內任意掠搶。昔日的宗廟宮室荒廢成了生長禾黍的農田，昔日的宮殿玉階上長滿了雜草與灌木。高聳入雲的樓觀如今變成了狐貍野兔的巢穴，雄壯的宮闕門道如今成了虎豹出沒的地方。學校被焚燒而化為灰燼，百姓在水深火熱之中受著煎熬。使得國破家亡、社稷傾覆，其罪惡記錄於史冊上。正直的史官不會說它的好話，金石銘刻沒有留下其美好的聲名。這都是為了什麼呢？就是因為用人不當的緣故。」

卷三四 吳失

【題 解】本篇引述鄭隱、左慈之語，探討吳國末世政治失誤的教訓。

吳國自從孫權稱帝武昌（今湖北鄂州），至孫皓投降晉朝，有國的時間僅五十多年。孫權去世，朝政趨於混亂。末代之君孫皓即位後，更是殘暴無道、驕縱荒淫，史書形容其時「忠諫者誅，讒諛者進，虐用其民，窮淫極侈。」（《三國志・吳書・三嗣主傳》）所以吳國的滅亡實為必然的結果。

本篇探討有吳失國的教訓，可歸為三端：一者風氣敗壞，朝廷官員貪污腐化，賄賂公行；二者任人唯親，官員不稱其職，賢者不用，而用者不賢；三者君主沉浸聲色享樂，不以社稷為重。

這些分析，都有諷諭現實的意義。

抱朴子曰：「吳之杪季❶，殊代同疾。知前失之於彼，不能改弦於此❷。鑒亂亡之未遠，而躡傾車之前軌❸。睹枳首❹之爭莓❺，而忘同身之禍。笑蟣蝨之宴安❻，不覺事異而患等。見競濟之舟沈，而不知殊塗而溺均也。

【章 旨】吳國不從前代的滅亡中汲取教訓，以致遭到了同樣的災禍。

【注 釋】❶杪季　末世。❷不能改弦於此　不能改弦更張於此時。此，指吳世。❸躡傾車之前軌　前車已經傾覆，而重蹈其軌跡。躡，緊隨在後；踩。❹枳首　兩頭蛇。亦名弩弦。❺苺　同「莓」。❻蟣蝨之宴安　蟣蝨處於褌褲中，飢則嚙人，安於一時，然遇大火焦邑滅都，則死於褌褲而不能出。見阮籍〈大人先生傳〉。

【語譯】抱朴子說：「吳之末世，雖則朝代不同卻犯了同樣的毛病。雖然知道前代的失誤何在，卻不能使眼前的事情改弦更張。眼見前代的敗亡為時未遠，然而卻重蹈前車的覆轍。眼見枳首蛇雙頭爭莓，卻忘記本身的處境和牠們一樣。嘲笑蟣蝨在褌中苟安一時，卻不知道當前的情況雖然不同禍患卻完全一樣。看見競渡的船隻沈沒，卻不知道滅亡的途徑雖異而翻覆淹沒卻並無區別。

余生於晉世，所不見，余師鄭君，具所親悉。每誨之云：『吳之晚世，尤劇之病，賢者不用，滓穢充序❶，紀綱弛紊，吞舟多漏❷。貢舉以厚貨者在前，官人以黨強者為右❸。匪富匪勢，窮年無冀❹。德清行高者，懷英逸而抑淪❺；有財有力者，躡雲物以官躋❻。主昏於上，臣欺於下，不黨不得，不競不進。背公之俗彌劇，正直之道遂壞。於是斥鷃因驚風以凌霄，朽舟託迅波而電邁，鴛鳳卷六翮於叢棘❼，鷁首滯潢污而不擢❽矣。

秉維之佐❾，牧民之吏，非母后之親❿，則阿諂之人也。進無補過拾遺之忠，退無聽訟之幹。虛談則口吐冰霜，行己則濁於泥潦。莫媿尸祿之刺⓫，莫畏致戎之禍⓬。以毀譽為蠶織，以威福代稼穡。車服則光可以鑒，豐屋則群烏爰止⓭。

叱吒疾於雷霆，禍福速於鬼神，勢利傾於邦君⑭，儲積富乎公室。出飾翟黃之衛從⑮，入遊玉根之藻棁⑯。僮僕成軍，閉門為市。牛羊掩原隰，田池布千里。有魚飡⑰、濯裘⑱之儉，以竊趙宣⑲、平仲⑳之名；內崇陶侃㉑、文信之訾㉒，實有安昌㉓、董鄧㉔之污。雖造賓不沐嘉旨之俟㉕，飢士不蒙升合之救，而金玉滿堂，妓妾溢房。商販千艘，腐穀萬庾㉖。園囿擬上林㉗，館第僭太極㉘。粱㉙肉餘於犬馬，積珍陷於帑藏㉚。其接士也，無葭莩之薄㉛；其自奉也，有盡理之厚㉜。

【章　旨】引用鄭君之語，指出吳之末世朝中任人唯親，賄賂公行，官員貪污腐化，奢侈享樂，正直才能之士不為所用。

【注　釋】❶滓穢充序　意謂品行污濁之人充滿朝廷。滓穢，污濁。❷吞舟多漏　指法網廢弛使重大罪犯得不到懲罰。吞舟，可吞舟之大魚。❸官人以黨強者為右　任用官員以勢力強大者為上。黨，指親族、門第的勢力。❹窮年無冀　畢生沒有希望。冀，希望。❺懷英逸而抑淪　懷英俊超逸之才，而遭壓抑，沈淪不遇。❻躡雲物以官躋　意謂乘雲霧以登上高位。躡，登。雲物，天象雲氣之色。❼鴛鳳卷六翮於叢棘　鳳凰捲翅，陷身於荊棘之叢。鴛，通「鵷」。鳳一類的鳥。六翮，六根勁羽。❽鷁首滯潢污而不擢　大船停滯在小水坑中無法航行。鷁首，船頭畫以鷁鳥之首。代指船。潢污，小水坑。擢，疑「櫂」字之訛。❾秉維之佐　指執掌朝政的輔佐之臣。❿母后之親　指帝王的母族或妻族。即外戚。⓫尸祿之刺　尸位素餐之諷刺。尸祿，官員空受俸祿而不理事。⓬致戎之禍　古人認為不講禮儀就會導致外族或少數民族的入侵。據載周大夫辛有在伊川見人被髮而祭於野，曰：「不及百年，此其戎乎！其禮先亡矣。」⓭豐屋則群烏爰止　房屋寬敞，群烏集於其上。豐屋，高大寬敞的房室。⓮邦君　國君；君主。⓯飾翟黃之衛從　翟黃，戰國時魏之大臣。《說苑・臣術》云：「翟黃乘軒車、載華蓋，黃金之勒，約鎮簟席，如此者其駟八十乘。」則其場面盛大、侍從眾多、裝飾華麗可知。⓰遊玉根之藻棁　玉根，疑「王根」之訛。

王根，漢人，元后庶弟，封曲陽侯，官驃騎將軍。其居所赤墀青瑣，驕奢僭上。藻棁，繪有藻紋的柱子，是天子才用的廟飾。庾信〈小園賦〉：「綠墀青瑣，西漢王根之宅。」⑰魚飧　魚做的食物。春秋晉靈公曾派勇士往刺殺大夫趙盾，時趙盾方食魚飧，勇士以為儉。見《公羊傳·宣公六年》。⑱濯裘　將皮衣洗過再穿，是儉樸的行為。據說晏子一件狐裘穿了三十年，故云。⑲趙宣　春秋晉之大夫趙盾，屢立戰功，執政二十年，諡宣子。⑳平仲　春秋齊晏嬰，字平仲，在齊執政數十年，以節儉力行、謙恭下士著稱於時。㉑陶侃　晉大臣，封長沙郡公，都督八州軍事。《晉書》本傳稱他「媵妾數十，家僮千餘，珍奇寶貨，富於天府」。㉒文信之訾　呂不韋，本為陽翟富商，後為秦相，食邑十萬戶，有家僮萬人，封文信侯。訾，通「資」。㉓安昌　漢張禹，字子文，曾封安昌侯，廣置田產，買田至四百頃，皆極膏腴之地，財物無數。㉔董鄧　董賢，漢哀帝時人，以貌美受寵，賞賜鉅萬，貴傾一朝。鄧通，漢文帝時人，受寵幸，得賜銅山鑄錢，鄧氏錢滿天下。㉕造賓不沐嘉旨之俟　來訪的客人得不到食物的招待。造賓，來訪之客。沐，蒙受。㉖腐穀萬庾　許多糧食因過剩而腐爛變質。庾，糧倉；糧堆。㉗上林　秦漢有上林苑，漢武帝擴建後，周圍三百里，離宮數十所，是帝王遊玩打獵之所。㉘太極　宮殿名。魏明帝時，於洛陽南宮修建了太極殿，為天子所居之正殿。㉙粱　疑「梁」字之訛。㉚帑藏　指倉庫、金庫。㉛葭莩之薄　極為輕薄；一點兒。葭莩，蘆葦中的薄膜。㉜盡理之厚　盡量的豐厚；極為豐厚。

【語　譯】我生活在晉代沒有看到當時的情況，我的師傅鄭君是親身經歷過的。他時常教導我說：『吳國末世最大的毛病，是賢者不用，而下流骯髒之徒卻充滿朝廷。國家的綱紀廢弛而混亂，大魚也時常漏網而去。官員舉薦人才，以所送財貨多者在前。朝中任命官員，以門第勢力強者為優先。既無財物又無權勢之人，到老也沒有希望。道德高尚而行為正直者，即使身懷卓異之才也遭到壓抑而沈淪在下；有財富有後臺者，則乘風凌雲登上高位。君主昏聵於上，臣僚欺瞞於下。不結黨成派，就不會得到官職；不盡力去競爭，就沒有進取的可能。背公為私的風氣愈加嚴重，正直不苟的原則便遭到破壞。於是小鳥斥鷃乘著大風飛上雲霄，朽船託著快浪像電光一樣迅速航行，鳳凰在荊棘叢中捲起翅膀，大船在小水坑中無法航行。

那時掌握朝政的輔佐之臣，各地管理百姓的官吏，不是母后的親族，就是阿諛諂媚之徒。這些人進無糾正失誤、防止缺漏之忠誠，退無聽訟斷獄、處理公務之才幹。口頭空談則冰清玉潔，立身行事則濁如污泥。

面對尸位素餐的諷刺毫不慚愧，不耽心喪失禮儀、陷於夷狄的禍患。將相互的吹捧或攻訐當作養蠶織布，用作威作福來代替農事耕種。車馬服飾則光亮能照見人影，屋宇寬大則群烏飛集其上。叱咤的聲威勝過了雷霆，禍福之迅速超過了鬼神，權勢威風壓倒了君主，儲積的財富勝過了公室。外出有類似翟黃裝飾繁盛的侍從，入內有如同王根雕飾華麗的宮室。僮僕差役成群結隊，家中門戶之多就像街市一樣。牛羊布滿了原野，田地池塘遍及千里之廣。作出吃魚為食、濯裘為衣的儉樸舉動，以竊得趙盾、晏子之美名；家中積累有陶侃、呂不韋那樣豐厚的家財，實則有張禹、董賢、鄧通之污濁。雖則來訪的賓客得不到美味食物的招待，飢餓的寒士得不到點滴的救濟，而他們自己卻是金玉財寶滿堂，妻妾樂伎滿屋。販運的商船成百上千，腐爛的穀物千箱萬倉。園林之富麗開闊可與上林苑相比，府館超越禮制可與太極殿媲美。美味食物連犬馬也食用不盡，金庫中財寶堆積不計其數。他們對待士人，連一點微薄的幫助也沒有；而對待自己，卻是自奉甚厚、應有盡有。

或有不開律令之篇卷，而竊大理❶之位；不識几案❷之所置，而處機要之職；不知五經之名目，而饗儒官之祿❸；不閑尺紙之寒暑❹，而坐著作之地；筆不狂簡❺，而受駮議之榮❻；低眉垂翼，而充奏劾之選；不辨人物之精粗，而委以品藻之政❼；不知三才❽之軍勢，而軒昂節蓋之下❾；屢為奔北之辱將❿，而不失前鋒之顯號；不別菽麥之同異，而忝叨⓫顧問之近任。

夫魚質龍文，似是而非。遭水而喜，見獺⓬即悲。雖臨之以斧鉞之威⓭，誘之以傾城之寶，猶不能奮鉛鋒⓮於犀兕，騁駑蹇⓯以追風。非不忌重誅也，非不悅美賞也。體不可力，無自奈何。而欲與之輯熙⑯百揆⑰，弘濟大務⑱，猶託萬鈞於尺舟之上，求千鍾於升合之中，紲芻狗而責盧鵲之效⑲，緱⑳雞鶩而崇鷹揚㉑之功。其不可用，亦較然㉒矣。

【章　旨】吳之末世官員不稱其職，有名無實，因而不能建立功績，治理好國家。

【注　釋】❶大理　掌刑法的官員。❷几案　桌子。几案間事，指公文書牘之事。❸饗儒官之祿　充任儒官，享其俸祿。饗，通「享」。儒官，指學官。❹不閑尺紙之寒暑　意謂不熟悉書信的格式寫法。尺紙，指書信。❺狂簡　志向宏大而處事疏略。意謂不阿權勢，而敢於直言。❻受駮議之榮　指享受充任諫議之官的榮耀。駮議，對朝廷決策提出異議。❼委以品藻之政　魏晉推行九品中正制度，設中正之官以評定士人的等級。品藻，鑒定等級。❽三才　指天、地、人。古兵家以天陣、地陣、人陣為三陣，故云。❾軒昂節蓋之下　昂首於將帥旌旗之下。軒昂，形容氣勢非凡。節蓋，指將帥之車蓋旌旗。❿奔北之辱將　敗軍之將。奔北，指逃跑。⓫忝叨　不稱職而據有其位。忝，有愧於。叨，貪。⓬獺　指水獺，居在水邊，以魚為食。⓭臨之以斧鉞之威　以斧鉞刑罰之威為督促。斧鉞，兩種兵器，代指刑罰、殺戮。⓮鉛鋒　鈍刀。⓯駑蹇　跛足之劣馬。⓰輯熙　當作「緝熙」。光明之意。⓱百揆　各項朝廷政務。⓲弘濟大務　廣泛地處理好天下大事。弘濟，廣泛救助、料理。⓳紲芻狗而責盧鵲之效　拴住草紮的芻狗，要它像獵狗一樣奔跑逐獵。芻狗，祭祀用的草狗。盧鵲，戰國時韓地之良犬名「韓盧」，春秋時宋國良犬名「宋鵲」。⑳緱　通「鞲」。皮革製的臂衣，打獵時讓獵鷹停在上面。㉑鷹揚　雄鷹飛翔搏擊之英姿。㉒較然　明明白白、毫無疑義。

【語　譯】有的人不閱讀法令律條的篇卷，卻竊據刑法之官的地位；不曉得公文書案如何擺放，卻佔據了機要的職務；不知道五經的名目，卻享受學官的俸祿；不熟悉書信的寫法格式，卻處身在著作的地位；不能堅持大義秉筆直書，卻享受充任諫議官的殊榮；低眉垂翼，一味順從，卻充當彈劾官員的人選；不能識別人物的精粗優劣，卻委以鑒別評定人物的職事；不知道天陣、地陣、人陣的陣列，卻氣概軒昂地站在將帥車蓋之下；

屢為敗軍之將，卻不失先鋒的尊號；不能分別豆麥的同異，卻充當親近的顧問之職。

本是魚的實質，卻有龍的紋鱗，即使外形像龍卻畢竟不是真龍。所以遇水就歡喜，見到獺就悲傷。對於這種人，即使用嚴厲的刑罰去督促，用傾城之寶為獎賞去引導，還是如同遲鈍的鉛刀不能斬決犀兕，如同跛腳的劣馬不能追風逐影一樣。他們並不是不害怕誅戮的懲罰，並不是不喜愛財寶的獎賞，只因為本身不具備這種力量，因此而無可奈何。而想要跟這種人一道實現光明的朝廷政治，治理好天下大事，那就好像將萬鈞的重物負載在小舟之上，好像要在只能裝升合的小器皿中求得千鍾的糧食，好像拴起草狗卻要它像良犬一樣去奔馳逐獵，好像架起雞鴨卻要牠們如同雄鷹飛翔搏擊一樣。這些之不可能奏效，是一清二楚、明明白白的事情。

吳主不此之思，不加夕惕❶。佞諂凡庸，委以重任。危機急於彍弩❷，亡徵著於日月❸。而自謂安於峙嶽❹，唐虞可仰❺也。目力疲於綺粲❻，而不以覽庶事之得失；耳聰盡於淫音，而不以證獻言之邪正❼；穀帛靡於不急，而不以賑戰士之凍餒；心神悅於愛媚，而不以念存亡之弘理❽。蓋輕乎崇替之源❾，而忽乎宗廟之重者也。』

【章旨】吳末之君主沉浸於聲色享樂，任用諂佞平庸之輩，不以社稷為重，導致亡國之禍。

【注釋】❶夕惕　謹慎、恐懼，不敢怠慢。❷危機急於彍弩　時局危險如同箭搭在弦上，弓已拉滿，一觸即發。彍弩，弓弩已拉滿。❸亡徵著於日月　國家將要滅亡的徵兆就像日月在天一樣明白。❹安於峙嶽　平安如同山嶽聳立。❺唐虞可仰　可望追步唐堯、虞舜。❻綺粲　華美燦爛的顏色。❼證獻言之邪正　考察所貢獻意見之是非、正邪。證，驗證；考察。❽存

亡之弘理　指國家興亡之理。弘理，深刻廣大之理。❾崇替之源　指社稷滅亡的根本原因。崇，終盡。替，廢。

【語譯】吳之君主不想到這些，不謹慎從事、恐懼小心。對於諂佞之徒、平庸之輩，都委以重任。形勢危急如同箭在弦上、張弓待射，國家滅亡的先兆就像日月在天一樣明明白白。而君王還自以為穩如山嶽，認為可以建立追步堯、舜的業績。

吳末世的君主目力疲憊於欣賞美色，而不去觀察朝政的得失；聽力消耗於欣賞靡靡之音，而不去驗證諫言的是非；財富在不急之務中浪費了，卻不去救濟戰士的飢寒；心神迷戀於嬌媚的女色，卻不去思考社稷存亡的大道理。這是由於他們輕視了導致國家滅亡的根源，忽略了朝廷重要政務的緣故。』

鄭君又稱其師左先生❶，隱居天柱山❷，不營祿利，不友諸侯。然心願太平，竊憂桑梓❸。乃慨然永歎❹於蓬屋之下，告其門生曰：『漢必寢耀❺，黃精載起❻。纘❼樞紐於太微❽，迴紫蓋❾於鶉首❿。聯天理物，光宅東夏⓫。惠風被於區外⓬，玄澤洽乎宇內⓭。重譯接武⓮，貢楛盈庭⓯。蕩蕩巍巍⓰，格于上下⓱。承平守文⓲，因循甚易。而五弦謐響⓳，南風不詠⓴。上不獲恭己之逸㉑，下不聞康哉之歌㉒。飛龍㉓翔而不集㉔，淵虯蟠而不躍㉕。騶虞翳於冥昧㉖，朱華㉗牙㉘而未秀㉙。陰陽相沴㉚，寒燠繆節㉛。七政㉜告凶，陵谷易所。殷雷輷磕於龍潛之月㉝，凝霜肅殺乎朱明之運㉞。玉燭㉟不照，沈醴不涌㊱。郊埸多壘㊲，嘉生不遂㊳。夫豈他哉？誠由四凶不去㊴，元凱不舉㊵，用者不賢，賢者不用也。

然高概遠量㊶，被褐懷玉，守靜潔志，無欲於物。藏器淵洿㊷，得意遺世。非禮不動，非時不見。困而無悶，窮而不悔。樂天任命，混一榮辱，進無悅色，退無戚容者，固有伏死乎甕牖㊸，安肯沽衒以進趨㊹，揭其不貲之寶㊺，以競燕石之售㊻哉？

孔墨之道，昔曾不行。孟軻、揚雄，亦居困否。有德無時，有自來耳。世無離朱，皁白混焉㊼；時乏管青，騏蹇糅焉㊽。磧礫積於金匱㊾，瑾瑤委乎溝洫㊿，匠石緬而遐淪(51)，梓豫(52)忽而莫識。已矣悲夫，我生不辰，弗先弗後，將見吳土之化為晉域、南民之變成北隸也。』言猶在耳，而孫氏輿櫬(53)。」

【章旨】引用左慈語，指出吳之末世國運不振，亂象畢現，根本原因在於朝廷用者不賢，而賢者不用。

【注釋】❶左先生　左慈，字元放，廬江人，漢末著名術士。❷天柱山　灊山，亦稱天柱山，又名霍山。左慈曾入此山石室中精思，而神人授之金丹仙經。見〈金丹〉篇。❸竊憂桑梓　為故鄉百姓而憂慮。桑梓，指故鄉。❹永歎　長嘆息。❺漢必寢耀　意謂漢朝必定滅亡。寢耀，熄滅。劉向「三統曆」認為漢以火德王，故云。❻黃精載起　意謂土德將起，以代漢室。黃精，指以土德而王者。❼纘　繼承。❽太微　星垣名。以五帝座為中樞，外有列星呈屏藩之狀，象徵天子之宮廷。❾紫蓋　紫色車蓋狀的雲氣，古人認為是帝王之氣。❿鶉首　星次之名。指朱鳥七宿中之井、鬼二宿，古以為秦之分野。⓫東夏　指東南吳國一帶的地域。⓬惠風被於區外　意謂朝廷之恩德及於疆域之外。惠風，和風。比喻朝廷之恩惠仁德。⓭玄澤洽乎宇內　意謂朝廷之德化如同雨露灑遍天下。玄澤，指皇帝或朝廷的恩澤。⓮重譯接武　遠方之民族通過多重翻譯前來朝拜，步履相接。接武，接連而至。形容多。⓯貢楛盈庭　各地貢獻的特產、方物擺滿了朝廷。貢楛，指楛矢。《國語・魯語》載：肅慎氏曾獻楛矢石砮。⑯蕩蕩巍巍　形容德化廣遠、偉大。⑰格于上下　謂德化、美名傳遍天地之間。⑱承平守文　指太平之世，國君遵守成法，繼承帝位。⑲五弦謐響　意謂天下沒有治理好，舜的五絃之琴絕響。《淮南子・泰族》：「舜為天子，彈五絃之琴，歌〈南風〉之詩，而天下治。」⑳南風不詠　意謂不像舜之關心百姓，以修德化。傳說舜曾詠〈南風〉之詩曰：「南風之薰兮，可以解吾民之慍兮；南風之時兮，可以阜吾民之財兮。」見《孔子家語・辯樂解》。㉑上不獲恭己之逸　指國君不是以端恭嚴肅的態度約束自己，任用賢臣，無為而治。㉒下不聞康哉之歌　指下無賢良之臣使各項事務處理得當。《尚書・益稷》載賡歌曰：「元首明哉，股肱良哉，庶事康哉！」㉓飛龍　比喻非凡之人。㉔翔而不集　不為朝廷效力，如飛鳥翔而不集於木。㉕淵虯蟠而不躍　潛龍蟠屈深淵之下而不飛躍。比喻隱逸之賢者不出仕於朝。㉖騶虞翳於冥昧　意謂賢者沈淪，不為世所知。騶虞，指天子掌鳥獸之官。漢代《齊詩》解釋《詩經・召南・騶虞》「于嗟乎騶虞」有「樂得賢者眾多」之意，故以為比喻。㉗朱華　疑「朱草」之訛。朱草，傳說中的祥瑞之草。㉘牙　通「芽」。㉙秀　開花。㉚陰陽相沴　陰陽之氣雜亂不調。沴，反常、災異之事。㉛繆節　節令、氣候反常。㉜七政　指日、月及金、木、水、火、土五星。㉝殷雷輷磕於龍潛之月　冬天雷聲轟鳴。殷雷，巨大的雷鳴。輷磕，轟隆聲。龍潛之月，指冬月。㉞凝霜肅殺乎朱明之運　夏天降下了嚴霜。朱明之運，指夏季。㉟玉燭　四季氣候調和，謂之玉燭。古人認為君德美如玉，可致四時和氣。㊱沈醴不涌　地下不湧出甘泉。古人認為德化盛美，地下會有甘泉湧出。㊲郊埸多壘　意謂天下不安寧，郊野邊界有許多防守工事及壁壘。埸，邊界。㊳嘉生不遂　嘉生，即嘉禾。生長茁壯茂盛的禾稻，古人認為是祥瑞之兆。遂，成。㊴四凶不去　指朝廷中的壞人沒有清除。四凶，指被舜流放的渾敦、窮奇、檮杌、饕餮四個凶人。㊵元凱不舉　指賢能之人未蒙舉薦，任用於朝廷。傳說高辛氏有才子八人，稱八元；高陽氏有才子八人，稱八愷。見《左傳・文公十八年》。㊶高概遠量　節操高邁，器量宏大。㊷藏器淵洿　處在卑下的地位，將自己的器識才能隱藏不露。淵洿，指低下之位。㊸伏死乎甕牖　意謂窮苦終生。甕牖，以破甕口為窗戶。代指窮苦人家。㊹沽衒以進趨　自我炫誇與推薦，以謀求進用。㊺不貲之寶　無比珍貴之寶。貲，通「資」。㊻燕石之售　推銷虛假的寶物。燕石，燕山之石。傳說宋有愚人得一燕石，以為大寶，歸而藏之。有人告訴他是燕石，宋人以為欺詐，藏之愈固。㊼世無離朱二句　意謂世無明目者，故黑白莫辨。離朱，古之明目者。㊽時乏管青二句　意謂當世沒有善於識馬的人，故駿馬劣馬混雜不分。管青，古代善於相馬者。騏蹇，騏驥是駿馬，蹇是跛足之劣馬。㊾磧礫積於金匱　將碎石當作珍寶裝在金櫃中。磧礫，河灘上的碎石。㊿瑾瑤委乎溝洫　將珍寶美玉丟棄在田溝中。瑾瑤，美玉名。溝洫，田間水道。(51)匠石緬而遐淪　意謂能識別木料的匠人都遠離而隱去了。匠石，工匠名。遐淪，遠逝而去。(52)梓豫　文梓、豫章，名皓。孫氏，指東吳的末代君主孫皓。❺❸言猶在耳二句　這是鄭隱的話。意謂左慈先生的話沒說過多久，吳國就滅亡了。貴的木料。輿櫬，用車子載著棺木。表示就死之意。

【語　譯】鄭君又說他的老師左慈先生曾經隱居天柱山，不追求功名利祿，也不與官府往來聯絡。然而他內心希望天下太平，暗中為家鄉百姓而憂心。他身居茅屋之下，曾經感慨地對其門生弟子說：『漢朝的火德必定熄滅，有土德的君王將會興起。有人會繼承太微星垣中樞的地位，終將調轉紫蓋之雲朝向鶉首之分野。新的君主將治理萬物，光明照亮中國的東部。仁愛之風吹到域外，朝廷之恩澤周遍天下。遠方之人通過重重翻譯接連不斷地前來朝拜，各地貢獻的禮品方物擺滿了宮廷。此時朝廷的德化崇高而廣大，充滿了天地之間。

繼承太平的天下，遵循已有之成法，這是很容易的事情。然而朝廷不修教化，不施恩德於百姓。在上之國君不是以端恭嚴肅的態度任用賢臣，垂拱而治。下又無忠良之臣將各項政務處理得當。飛龍翔於空中不肯落下，潛龍蜷屈在淵不跳躍而起，騶虞隱蔽在暗處，朱草萌芽了卻不開花。陰陽之氣錯亂不和，四時寒暑節令失常，天上的日月星辰顯現凶象，地上山崩地塌、陵谷變遷。陽氣潛伏的冬天響起了轟隆的雷聲，夏天又降下了肅殺的嚴霜。四季的氣候不調和，地下沒有甘泉湧出，郊野邊界有許多工事壁壘，吉祥的嘉禾也未能長成。這難道是其他原因嗎？就是由於朝中的壞人沒有清除，賢良之才未能登朝，由於用者不賢、賢者不用的緣故。

然而那些節操高尚、器識遠大的人，他們身懷非凡的才識，保持寧靜而高潔的志向，沒有世俗的那些欲念。他們懷才不露，甘居下位，志得意滿，忘懷世事。不符合禮節則不行動，時機未到則不顯露。處境困苦而不憂悶，遭遇貧窮而不後悔。安於天命，自得其樂，將寵榮與屈辱視為一體。地位提升既無歡悅之色，遭到貶退也無憂傷之容。這樣的人寧肯貧窮終身，又怎麼會自我炫耀以求任用，標舉自己的無價之寶，去同那些冒牌的假貨競爭求售呢？

孔丘、墨翟的主張，以前曾經不為世人所重視；孟軻、揚雄，也曾處境窮苦、困頓不遇。有德之人不逢其時，從來都是如此的。世上沒有了離朱，所以黑白難以分辨了；世上沒有了管青，所以駿馬與劣馬就混在一起了。碎石被當作珍寶裝在金櫃中，而真正的美玉卻被丟棄在田溝裡。識別木料的匠人遠逝而去，所以優質的文梓、豫章之木便沒有人認得了。算了吧，真是可悲啊，我生不逢時，不先不後，恰巧看到吳國的領土將歸入晉的疆域，南方的人民將變成北方的奴隸啊！』左先生的話沒說過多久，吳之國君孫皓便投降晉國了。」

抱朴子聞之曰：「二君❶之言，可為來戒❷，故錄于篇。欲後代知有吳失國，匪降自天❸也。若苟諱國惡❹，纖芥不貶，則董狐❺無貴於直筆、賈誼❻將受譏於〈過秦〉乎！」

【章　旨】總結鄭、左二君之言，指出吳國滅亡之禍非降自天，而是朝政失誤所致。

【注　釋】❶二君　指鄭隱、左慈二人。❷來戒　後來者之戒鑒。❸匪降自天　意謂災殃並非自天而降，實由人為之。語見《詩經・小雅・十月之交》。❹苟諱國惡　意謂將國家醜惡之事隱瞞不說。諱，隱諱。❺董狐　春秋時晉之史官，記錄史事直書不諱，孔子稱他為良史。❻賈誼　西漢學者，曾撰〈過秦論〉，揭露秦國朝政的失誤，分析其滅亡的原因。

【語　譯】抱朴子聽後說：「兩位先生的論說，可以為後來者的戒鑒，所以記錄成篇。使後代的人知道吳國所以滅亡，其禍並非自天而降。倘若苟且隱瞞國家的醜惡之事，不加以絲毫的批評，那麼董狐的直筆不諱就不可貴了，而賈誼的〈過秦論〉就要受到譏諷了！」

卷三五 守塉

【題解】本篇設為潛居先生與客人相問答之辭，闡說居在貧瘠之地，安貧樂道的人生理想。

塉，指貧瘠的土地。古人有意選擇居在貧瘠之地，以春秋楚令尹孫叔敖事最為著名。孫叔敖生前，楚王多次要封賜給他土地，他都謝而未受。臨死時，孫叔敖又告誡其子不要貪圖肥美之地，說楚、越之間有寑之丘，「其地不利，其名甚惡」，可以長久保有。孫叔敖死後，其子謝絕了美地，選擇了寑之丘，果然長久不失。〈嘉遯〉篇中的懷冰先生，也是「讓膏壤於陸海，爰躬耕乎斥鹵」，安於居在貧瘠的地方。

文中客人的責難與潛居先生的回答，其實代表了兩種人生態度：一種是追求功名利祿及物質財富，所謂「仕必霸王，居必千金」、「出連騎以遊畋，入侯服而玉食」就是；另一種是安於艱苦的境遇，潛心典籍，以求有助於社會的教化。潛居先生的態度，實際上代表了作者自己的理想。

抱朴子曰：「余友人有潛居先生❶者，慕寑丘❷之莫爭，簡塉土以葺宇❸。銳精藝文，意忽學稼。屢失有年❹，飢色在顏。

或人難曰：『夫知禮在於廩實❺，施博由於貨豐，高出於有餘，儉生乎不足。故十千美於詩人❻，食貨首乎八政❼。躬稼基克配之業❽，耦耕有不改之樂。奇士之居也，進則侶鴻鸞以振翮⑨，退則參陶白之理生⑩。仕必霸王⑪，居必千金。是以昔人必科膏壤以分利，勤四體以稼穡。播原菽之與與⑫，茂嘉蔬之翼翼⑬。收麰秬⑭之千倉，積我庾之惟億⑮。出連騎以遊畋⑯，入侯服而玉食⑰。

而先生之宅此也，亢陽則出谷颺塵⑱，重陰則滔天淩丘。陸無含秀之苗，水無吐穗之株。稗糲曠於圖廩⑲，薪爨廢於庖廚⑳。怡爾執待兔之志㉑，坦然無去就之謨㉒。吾恐首陽之事㉓必見於今，丹山之困可立而須㉔。人為子寒心，子何晏然而弗憂也？

夫睹機而不作㉕，不可以言明；安土而不移㉖，眾庶之常事。豈翫飽者忘蘭㉗，而大迷者易性乎？何先生未寤之久也！鄙人惑焉，不識所謂。夫袞冕非禦鋒鏑之服㉘，典誥非救飢寒之具也。胡不眎沃衍於四郊㉙，躬田畯之良業㉚，捨六蓺㉛之迂闊，收萬箱以賑乏乎？』

【章　旨】潛居先生在貧瘠之地建起房舍，專心藝文，忽略稼穡，連年歉收，飢色在顏，因而受到人們的責難。

【注　釋】❶潛居先生　假名，意謂隱居而不慕榮華也。❷寢丘　春秋楚國有寢丘，土地貧瘠。《呂氏春秋・異寶》載：楚令尹孫叔敖臨死告誡其子，死後勿受美地，請求封在土地貧瘠的寢丘，可以長久保有。❸簡墝土以葺宇　挑選土地貧瘠的地方，蓋起了茅舍。簡，選擇。葺宇，用茅草覆蓋房舍。❹屢失有年　連年歉收。有年，豐收之年。❺知禮在於廩實　糧食豐收、衣食富足了，就懂得禮儀了。《管子・牧民》：「倉廩實則知禮節，衣食足則知榮辱。」❻十千美於詩人　詩人讚美斗酒十千之豪放。曹植〈名都〉篇：「歸來宴平樂，美酒斗十千。」❼食貨首乎八政　箕子曾向周武王講述八政，一曰食，二曰貨。八政，八個方面的政務。見《尚書・洪範》。❽躬稼基克配之業　農事稼穡，其德可以與天相配。❾侶鴻鸞以振翮　與鳳鸞比翼，展翅高翔。比喻施展抱負，建立功業。❿參陶白之理生　像陶朱公、白圭一樣經營產業，發財致富。陶朱公、白圭，都是古代有名的富商。⓫仕必霸王　出仕則輔佐君主，建立王業或霸業。古代稱有天下者為王，諸侯之長為霸。⓬播原菽之與與　在原野播種菽豆，都生長繁茂。與與，繁盛之貌。⓭翼翼　生長繁盛。⓮麰秬　麰是大麥，秬是黑黍。⓯積我庾之惟億　意謂露天的糧倉也是滿的。庾，露天穀囤。億，滿；盈。⓰遊畋　田獵，野遊。⓱侯服而玉食　穿王侯的衣服，享用珍貴的食物。⓲亢陽則出谷飈塵　太陽曝曬，則灰塵滿天。亢陽，烈日。⓳稗糲曠於囷廩　家中連粗糧也沒有。稗糲，粗米、雜糧。曠，空；缺。囷廩，裝糧食的器物、倉庫。⓴薪爨廢於庖廚　廚房斷炊，沒有飯吃。薪爨，燒火做飯。㉑怡爾執待兔之志　心情歡悅，抱定守株待兔的志向。㉒坦然無去就之謨　心情坦蕩，沒有遷移他處的計畫。去就，去留。這裡用作遷徙之意。謨，謀劃。㉓首陽之事　伯夷、叔齊，孤竹君之二子，隱於首陽山，採薇而食之，遂餓而死。㉔可立而須　立刻就會來到。須，待。㉕睹機而不作　不能見機行事。機，機微。㉖安土而不移　安於原地，不願遷移。㉗翫鮑者忘蘭　長久習慣於鮑魚的臭味，而忘記了蘭蕙的芳香。㉘袞冕非禦鋒鏑之服　禮服禮帽不是盔甲，不能抵禦兵器的攻擊。袞冕，古代帝王士大夫穿戴的官服、禮帽。鋒鏑，刀刃箭鏃。泛指兵器。㉙眎沃衍於四郊　在四郊尋找平坦肥沃之地。眎，視。沃衍，肥沃又平坦。㉚田畯之良業　指農稽耕種之事。㉛六藝　指儒家之六經。

【語譯】抱朴子說：「我有一位名叫潛居先生的友人，他羨慕孫叔敖選擇無人爭奪的寢丘為封地的作法，挑選在貧瘠的地方修建了房舍。他專心鑽研藝文學術，忽略了農事耕作。連年歉收，食不果腹，面有飢色。

有人責難他說：『倉庫中糧食充實、生活有了保障，然後就懂得禮儀了。財物充足了，就可以廣泛施與了。高邁的節操是由於有餘，儉省的習慣是由於不足。所以詩人讚美斗酒十千的豪放，而食貨擺在八政首要的位置。躬親農事的德化可以與上天相配，田園耕種有著不改之樂趣。奇異之士之居在人間，進取則與鴻鸞比翼高飛，退隱則像陶朱公、白圭一樣經營產業。出仕則必能輔佐君王成就王霸之業，退居則必定擁有殷實的家業。所以前人一定選擇肥田沃土以獲利，勤勞四體以經營農事。使原野上莊稼發育繁榮，各種蔬菜生長茂盛。穀物豐收裝滿千倉萬箱，連露天的穀堆也是滿的。出門則與朋友並騎高馬，四處遊獵，進門則穿著華麗的衣服，吃著精美的食物。

然而先生居住的這個地方，天晴則烈日似火，灰塵瀰漫山谷，連日陰雨則洪水氾濫，淹沒了山丘。陸地上沒有抽穗的莊稼，水面上沒有結實的禾苗。家中沒有充飢的糧食，廚房已經停火斷炊。而先生仍然容色歡悅，抱著守株待兔的決心，心情坦然沒有離開此地的打算。我恐怕像伯夷、叔齊那樣飢餓而死的事情，會再現於今天。莊稼顆粒無收的困擾，馬上就會到來。別人都為你耽心害怕，你為何若無其事，一點也不憂愁呢？

見機而不作，不能算通曉事理；安於原地而不願遷徙，這是普通百姓的想法。難道是長期習慣了鮑魚的腥臭而忘記了蘭蕙的芳香，因為迷惑深重而改變了人的本性嗎？你為什麼如此長久尚未醒悟呢！在下我很感迷惑，不知道到底為了什麼。冠冕禮服不是抵禦刀刃箭鏃的盔甲，典誥藝文不是解飢救寒的衣食。你為什麼不在城市四郊選擇平坦肥沃之地，親自從事農耕之業，拋棄迂闊不實的六經，收穫千倉萬箱的糧食，以解救困乏呢？』

潛居先生曰：『夫瞶者❶不可督之以分雅鄭❷，瞽者❸不可責之以別丹漆❹，井鼃不可語以滄海❺，庸俗不可說以經術。吾子苟知老農之小功，未喻面牆之巨拙❻。何異拾瑣沙而捐隋和❼，向烱燭❽而背白日也？

夫好尚不可以一概杚❾，趨舍不可以彼我易也。夫欲隮閬風❿、陟嵩華⓫者，必不留行於丘垤⓬；意在乎游南溟、泛滄海者，豈暇逍遙於潢洿⓭？是以注清聽於〈九韶〉⑭者，〈巴人〉之聲⑮不能悅其耳；烹大牢⑯、饗方丈⑰者，荼蓼之味⑱不能甘其口。鵾鵬戾赤霄以高翔，鶺鴒傲蓬林以鼓翼⑲。洿隆殊途⑳，亦飛之極。晦朔甚促，朝菌不識㉑。蜉蝣㉒忽忽於寸陰，野馬六月而後息㉓。鯈鮒汎濫以暴鱗㉔，靈虯勿用乎不測㉕。行業乖舛㉖，意何可得？

余雖藜湌之不充㉗，而足於鼎食矣。故列子不以其乏而貪鄭陽之祿㉘，曾參㉙不以其貧而易晉楚之富。夫收微言於將墜㉚者，周孔之遐武㉛也。情孳孳以為利㉜者，孟叟之罪人也。造遠者莫能兼通於岐路，有為者莫能竝舉於耕學。體瘁而神豫㉝，亦何病於居約？

【章旨】潛居先生闡說有遠大抱負者不留心於細務，有高尚志向者不貪圖於利祿。

【注釋】❶聵者　聾子。❷雅鄭　古人認為雅為正聲，鄭為俗樂。❸瞽者　瞎子；盲人。❹丹漆　紅色與黑色。❺井鼃不可語以滄海　井底之蛙，不能理解大海的浩瀚開闊。❻面牆之巨拙　不學無術，則陷於拙劣，損失巨大。面牆，形容不學，如面對牆壁一無所見。❼隋和　隨侯之珠、和氏之璧，均為天下之至寶。❽炯燭　燭火；燈燭之光亮。❾杚　平；相同。❿躋閬風　登上閬風之仙山。⓫陟嵩華　登上嵩山與華山。⓬丘垤　螞蟻洞外的小土堆，亦指小山丘。⓭潢洿　積水坑；淺水池。⓮九韶　相傳舜之樂曰〈簫韶〉，反覆演奏九遍，謂之九成，又曰〈九韶〉。⓯巴人之聲　指古代楚國民間俗曲〈下里巴人〉。⓰大牢　即太牢，並用牛、羊、豕之盛大宴會。⓱方丈　美味嘉餚可陳列一丈見方的宴席。⓲荼蓼之味　荼是陸地上的苦菜，蓼是水中的野菜，味道辛辣。⓳鶺鴒傲蓬林以鼓翼　鶺鴒在蓬蒿灌木叢間鼓翼而飛，亦志滿而意得。鶺鴒，一種小鳥，大小如鷃雀。《莊子．逍遙遊》載斥鷃笑鯤鵬曰：「我騰躍而上，不過數仞而下，翱翔蓬蒿之間，此亦飛之至也。」⓴洿隆殊途或崇高，或卑下，所活動之境地各異。㉑晦朔甚促二句　晦朔，一個月中，月始為朔，月終為晦。朝菌朝生而暮死，因而沒有月的概念。㉒蜉蝣　小蟲之名。生命短者數小時，長者不過數日。㉓野馬六月而後息　意謂鯤鵬等待六月之風而騰飛。野馬，鯤鵬所憑藉之游氣，代指鯤鵬。六月而後息，語本《莊子・逍遙遊》：「鵬之徙於南冥也，水擊三千里，摶扶搖而上者九萬里，去以六月息者也。」㉔儵鮒汎濫以暴鱗　小魚在淺水坑中游來游去，然而水坑乾涸後，小魚便失水而死。儵鮒，小白魚、鯽魚之類。汎濫，隨意浮游。暴鱗，形容魚失水後，曝曬於陽光下。㉕靈虬勿用乎不測　神龍潛藏於不測之淵。《周易・乾卦》：「初九：潛龍，勿用。」㉖行業乖舛　行為事業，互相背離。㉗蔾湌之不充　連野菜都吃不飽。蔾，通「藜」。一種野菜。㉘列子不以其乏而貪鄭陽之祿　列子，列禦寇。鄭陽，鄭國之相子陽。傳說列子貧窮，面有飢色。鄭子陽派人送去糧食，列子再三辭謝不受。後來，果然國內有人作難而殺了子陽。見《列子・說符》。㉙曾參　孔子之弟子，以孝聞名。㉚收微言於將墜　在聖人精微之言將要失傳時，將其繼承下來。㉛周孔之遐武　周公、孔子遙遠的足跡。武，步武；足跡。㉜情孳孳以為利　辛勤勞累，以追求利欲。《孟子・盡心上》曰：「雞鳴而起，孳孳為利者，蹠之徒也。」蹠，指盜蹠。㉝體瘁而神豫　身體辛苦困頓，而精神歡悅。

【語譯】潛居先生回答說：『對於聾子，不能要求他辨別音樂的正與俗；對於瞎子，不能要求他認識顏色的紅與黑。對於井底之蛙，不能跟牠去談論大海的廣闊；對於世俗平庸之輩，不能跟他們講說經學之義。你只知道老農耕耘的微小收穫，而不明白不學無術的巨大損失。這與那種拾得沙石而捐棄了隨侯珠、和氏璧，面向著燭火而背對著太陽的人，又有什麼不同呢？

人的喜愛追求不能完全相同，或趨或捨彼此不必改變。想要升上閬風、登上嵩山與華山的人，一定不會為了小土丘而停下腳步；意在於浮游南溟、渡越滄海者，又怎麼會在小水池中逍遙自得？所以想要欣賞〈簫韶〉之美的人，〈下里巴人〉的俗樂必定不會使之悅耳；有意享用美味嘉餚之盛宴的人，苦辣的野菜自然不能適合其口味。鯤鵬飛抵雲天，展翅高翔；鷯鴒在蓬蒿灌木叢中鼓翼而飛，志得意滿。雖然高下不同，卻都在盡力飛翔。一個月的時間並不長，而朝菌卻不知道。蜉蝣的生命短暫，很快就消逝了；鯤鵬卻要等到六月的季風才能起飛。魚兒在小水坑游來游去，因為水涸而乾死；神龍潛藏於不測之淵，等待時機。行為事業各不相同，怎麼能理解對方的心意呢？

我雖然連野菜羹也吃不飽，卻比鐘鳴鼎食的富貴人家更感到滿足。所以列子不因為貧窮而貪圖鄭子陽的糧食，曾參不因為困乏而接受晉、楚的富貴。在微言將絕之時繼承聖人的學說，是為了追蹤周公、孔子的足跡。如果只是孳孳不休地追逐利欲，那就是孟子所說的罪人。有著遠大目標者不能同時走著不同的道路，有所作為者不能做到務農與學業同時並舉。如此雖然身體困頓，精神卻感到歡悅。生活簡約，又有什麼關係呢？

且又處塉則勞❶，勞則不學清而清至矣。居沃則逸❷，逸則不學奢而奢來矣。清者，福之所集也；奢者，禍之所赴也。福集，則雖微可著❸，雖衰可興焉。禍赴，則雖強可弱，雖存可亡焉。此不期而必會，不招而自來者也。故君子欲正其末，必端其本；欲輟❹其流，則遏其源。故道德之功建，而侈靡之門閉矣。

姜望至德而佃不復種❺，重華❻大聖而漁不償網❼，然後玉璜❽表營丘❾之祚，大功有二十之高❿。何必識之以惰嬾，而察才以相士乎？夫二人分財，取少為廉。余今讓天下之豐沃，處茲邦之褊塉⓫，舍安昌之膏腴⓬，取北郭之無欲⓭。誠萬物之可細，亦何往而不足哉？北辰以不改，為眾星之尊；五嶽以不遷，為群望之宗⓮。蟋蟀屢移而不貴，禽魚屢深則逢患。方將墾九典之蕪穢⓯，播六德⓰之嘉穀。厥田邈於上土之科⓱，其收盈乎天地之間。何必耕耘為務哉？昔被衣以弃財止盜⑱，庾氏以推璧厲貪⑲，疏廣散金以除子孫之禍⑳，叔敖取墝以弭可欲之憂㉑，牛缺以載珍致寇㉒，陶谷以多藏召殃㉓。得失較然，可無鑒乎？』

【章　旨】潛居先生繼續闡說居住貧瘠之地可以保持清廉的品格，避免世間的災禍，可以專心鑽研典籍，以弘揚教化。

【注　釋】❶處墝則勞　居住在貧瘠之地，生活就會困頓、勞累。❷居沃則逸　居住在土壤肥沃之所，生活就會清閒、放逸。❸著　顯著。指發展壯大。❹輟　停止；中止。❺姜望至德而佃不復種　姜望，即呂尚，周文王之師。傳說他遇文王之前，種田連種子都收不回來。《說苑・雜言》：「太公田不足以償種，漁不足以償網，治天下有餘智。」❻重華　即舜，登帝位之前，曾在雷澤捕魚。❼漁不償網　意謂收穫甚少，不足以補償魚網之損耗。❽玉璜　半圓之璧，傳說呂尚遇文王之前，曾釣得玉璜。❾營丘　呂尚的封地。❿大功有二十之高　《藝文類聚・卷一一》引《帝王世紀》曰：舜舉八凱，使佐后土，以揆百事；舉八元，使布五教於四方。舜於是有大功二十。堯乃賜舜以昭華之玉，老而命舜代己攝政。⓫褊墝　狹窄而貧瘠之地。墝，土地貧瘠。⓬安昌之膏腴　漢代張禹，字子文。漢成帝時，為丞相，封安昌侯。據史書記載，張禹多置田產，皆涇渭間極膏腴肥沃之地，多至四百頃。⓭北郭之無欲　北郭，疑指漢代之廖扶。廖扶絕志世外，專精經典，公府辟召，皆不應。常居先人塚側，未曾入城市。時人稱為北郭先生。⓮群望之宗　為各地所祭祀、尊崇。望，受祭祀的山川。⓯墾九典之蕪穢　意謂研讀被世人拋棄的典籍，猶如開墾被荒廢的田地。九典，指《尚書》、《詩經》、《周易》等九種經典著作。⓰六德　指智、仁、聖、義、忠、和等美德。⓱厥田邈於上土之科　厥田，指九典之經籍。上土之科，上等的良田。⓲被衣以弃財止盜　被衣，堯時隱士之名。弃財止盜，事不詳。⓳庾氏以推璧厲貪　庾氏，疑當作「虞舜」。傳說虞舜接受禪讓即帝位後，曾推璧於谷。⓴疏廣散金以除子孫之禍　疏廣，漢東海蘭陵人，宣帝時為太傅。在位五年，謝病免歸。故人或勸為子孫買田宅，疏廣說：「賢而多財，則損其志；愚而多財，則益其過。且夫富者，眾之怨也。吾既亡以教化子孫，不欲益其過而生怨。」㉑叔敖取墝以弭可欲之憂　楚令尹孫叔敖將死，告誡其子曰：「楚越之間有寢之丘者，此其地不利，而名甚惡。可長有者，甚唯此也。」墝，指寢之丘。見《呂氏春秋・異寶》。㉒牛缺以載珍致寇　《呂氏春秋・必己》曰：牛缺是上地之大儒，在往邯鄲途中遇盜，強盜搶走了他的車馬、衣被以及全部物品，又將牛缺殺死。又見《列子・說符》。㉓陶谷以多藏召殃 谷，一本作「穀」，其事不詳。後漢陶謙嘗領徐州牧，史載「百姓殷盛，穀米封贍」，後為曹操所攻，謙兵死者萬數，泗水為之不流。未知即此事否。

【語　譯】再說處在貧瘠之地，人就會辛勤勞苦，勞苦則不學也能養成清廉的品格。居住在肥沃之地，人就會閒散放逸，閒逸則奢華的習氣不學而自來。清廉，幸福就自然而至；奢華，災禍也就隨之而來。幸福所集則微小可以壯大，衰弱可以興旺；災禍所至則強大可以變得弱小，存在可以走向消亡。這是不必預期而必然實現，不必招求而自動來到的。所以君子要扶正其末事，首先要端正其根本；要停止流水，首先要切斷其源頭。所以建立了道德的功績，也就關閉了侈靡的門戶。

姜尚有至高無上的道德，而他種田連種子都收不回來；虞舜是大聖人，而他打魚連魚網錢也換不回來。然而姜尚後來釣得玉璜，表明他將有被封營丘之福；虞舜後來建立了二十件大的功勞。何必要譏刺他們原先種田打魚太懶惰，還是應該考察他們的實際才能，而加以任用呢？兩個人分財物，取得少的則為廉潔之人。我如今將天下肥沃之地讓給別人，而自己卻處在偏僻貧瘠的地方，捨棄安昌侯張禹的肥田沃土，採用北郭先生廖扶淡泊無欲的態度。如果能將世間萬物視為渺小細微、不足縈懷，又在何處而不能滿足呢？北斗星固定不移，所以被尊奉為眾星之尊；五嶽永不遷移，所以是各地受人祭祀的宗主。蟋蟀經常移動住處而不貴，烏魚不願意深藏因而遭到禍患。我將要鑽研遭到世俗荒棄的九種傳統經典，播種下六種美德的種子。這一領域之肥沃遠遠勝過上等的良田，其收穫可以充滿天地之間。何必要耕作世間之田呢？從前被衣捨棄錢財以防止被偷盜之事，虞舜將璧玉丟進山谷中以反貪婪，疏廣分散錢財以免除子孫之禍，孫叔敖選擇貧瘠之地以預防未來爭奪之憂，牛缺因為載有珍寶而被暴徒殺害，陶谷因為收藏豐富而招來禍殃。或得或失，一清二楚，能不引以為鑒嗎？』

於是問者抑然良久❶，口張而不能嗑❷，首俛而不能仰。慨而嗟乎，始悟立不朽之言者，不以產業汩和❸；追下帷之績❹者，不以窺園涓目❺。子以臭雛之甘呼鵷鳳❻，擗蟹之計要猛虎❼，豈不陋乎？鄙哉，子之不夙知也！」

【章　旨】指出世俗鄙陋，見識狹小，不能理解潛居先生遠大的志向與抱負。

【注　釋】❶抑然良久　神情沮喪，長久沈默無語。❷嗑　合。❸不以產業汩和　不因為經營產業擾亂內心的平和。汩，通「汩」。弄亂。❹下帷之績　指教授生徒，培養人才之事。下帷，放下室內懸掛的帷幕，意謂上課、講學。❺不以窺園涓目　傳說董仲舒專心講學，三年未到園中遊覽。涓，疑「滑」字之訛。滑，擾亂。見《史記・儒林列傳》。❻以臭雛之甘呼鵷鳳　意謂鴟鳥以腐鼠為美味，而招呼鳳凰同享之。臭雛，即鴟鳥，一種貓頭鷹。鵷鳳，即鵷雛，一種鳳凰。鴟鳥得腐鼠，見鵷雛飛過，仰頭出聲以嚇阻之。事見《莊子・秋水》。此用其典而微有不同。❼擗蟹之計要猛虎　剖開螃蟹，約猛虎來食之。擗，剖開。古代傳說猛虎不食蟹，有民食大蟹，明日出行則為虎所食。見《太平御覽・卷九四二》。

【語　譯】於是責問者神色沮喪，長久沈默無語，張開的嘴巴不能合上，低著的頭抬不起來。我於是感慨而嘆息，方才明白決心立言、傳之不朽的人，不會為了經營產業而擾亂精神的淳和；有志於研究典籍、教育人才的人，不會為了遊賞風景而弄亂自己的注意力。你用貓頭鷹所喜歡的臭老鼠去招呼鳳凰，用螃蟹去約猛虎來食，這豈不是太淺陋了嗎？可鄙啊，你怎麼不能早些明白呢！」

卷三六 安貧

【題解】本文是〈守塉〉的姊妹篇。文中通過樂天先生與偶俗公子的對話，進一步闡說了安貧樂道的人生原則。

晉代元康之後，綱紀廢弛，世俗貪鄙成風。當時人魯褒曾著〈錢神論〉，形容社會情勢是：「錢之所在，危可使安，死可使活；錢之所去，貴可使賤，生可使殺。」「忿諍辯訟，非錢不勝；孤弱幽滯，非錢不拔；怨仇嫌恨，非錢不解；令問笑談，非錢不發。」這與本文所述「握黃白者排金門而陟玉堂，誦方策者結世讎而委泥濘。贄幣濃者，瓦石成珪璋；請託薄者，龍駿弃林坰」是完全一致的。

文中的樂天先生「言高行方，獨立不群」；雖然境況困窘，衣食不周，依然研討六藝，揮筆著述，表現了不重金錢財富而追求精神人格完美之人生理想。

抱朴子曰：「昔漢火寢耀❶，龍戰虎爭。九有幅裂❷，三家鼎據❸。有樂天先生❹者，避地蓬轉，播流岷益❺。始處昵於文休❻，未見知於孔明❼。而言高行方，獨立不群。時人憚焉，莫之或與❽。時二公之力不能違眾，遂令斯生沈抑衡蓽❾。齒漸桑榆❿，而韋布不改⓫。而時主思賢，不聞不知。當途之士，莫舉莫貢。潛側武之陋巷⑫，窶繩樞之蓬屋⑬。進廢經世之務，退忘治生之事。蔾湌屢空⑭，朝不謀夕。

【章　旨】樂天先生有高尚的操守、獨立的人格，而不為世用，故沈淪窮巷，生計窘迫。

【注　釋】❶漢火寢耀　秦漢方士以金、木、水、火、土五行相生相剋之理附會王朝之興亡，稱五德。漢劉向「三統曆」認為漢以火德王，故曰漢火。寢耀，熄滅。指漢朝滅亡。❷九有幅裂　天下大亂，四分五裂。九有，九州；全國。幅裂，如布帛之分裂。❸三家鼎據　指魏、蜀、吳鼎足三分天下。❹樂天先生　假名。取《周易・繫辭上》「樂天知命故不憂」之義，謂安於天命，貧賤不改其樂也。❺岷益　泛指蜀中之地。岷，岷山。益，益州，漢武帝時設，治蜀中地。❻文休　許靖，字文休，與從弟劭臧否人物，俱有名於世，後入蜀為廣漢太守，劉備任為太傅。愛樂人物，誘納後進，清談不倦。事見《三國志・卷三八》。❼孔明　即諸葛亮。❽莫之或與　沒有人幫助他。❾沈抑衡蓽　淪為窮苦之貧民。衡蓽，以橫木為門，以荊條竹編列為牆。代指貧窮者的住所。❿齒漸桑榆　年紀逐漸老了；漸近暮年。桑榆，日暮時，陽光照在桑榆之上。比喻晚年。⓫韋布不改　依舊是貧民百姓。韋布，韋帶布衣，為貧賤者所服。⓬側武之陋巷　形容所居小巷簡陋，僅可側足。側武，置足；插足。⓭繩樞之蓬屋　茅草小屋，以繩子繫門軸。形容貧窮者的居所。⓮蔾湌屢空　用野菜羹充飢，家中一無所有。蔾，通「藜」。屢空，因貧窮而衣食不給。

【語　譯】抱朴子說道：「昔日漢朝滅亡之時，各地龍爭虎鬥，戰亂不休。天下分裂，形成了魏、蜀、吳三家鼎足而立之勢。當時有一位樂天先生，為躲避戰亂而四處遷移，後來流落到了蜀地。開始時他與許文休關係親近，卻不為諸葛孔明所認識。他的言談高妙，行為方正，獨立不群。當時眾人敬畏他的威嚴，沒有人幫助他。諸葛亮、許靖二公也不能違背眾人的意志，因此樂天先生淪為窮苦的貧民。隨著年齡漸進老年，他依然窮困不改。而君王思慕賢者，又無從得知他。當權的官員，也不舉薦他。他居住在狹窄的陋巷之中，棲身於茅草小屋內。進則不能經營世務，退又不能治理產業。家中一無所有，衣食不周，顧了早上顧不了晚上。

於是偶俗公子❶造而詰之曰：『蓋聞有伊呂❷之才者，不久滯於窮賤，懷猗頓❸之術者，不長處於飢寒。達者貴其知變，智士驗乎不匱。故范生❹出則滅吳霸越，為命世之佐；入則貨殖營生，累萬金之貲❺。天貧在六極❻，富在五福❼。《詩》美「哿矣」❽，《易》貴「聚人」❾。垂餌香則鱣鮪❿來，懸賞厚則果毅⓫奮。長卿所以解犢鼻而擁朱旌⓬，曲逆所以下席扉而享茅土⓭，不韋所以食十萬之邑⓮，絳侯所以拔囹圄之困⓯也。故下鄉儉而獲悔吝之辰⓰，漂媼豐而蒙千金之報⓱。

【章　旨】偶俗公子認為金錢財富對於人生不可缺乏，因此有才華者應該盡力追求，不可安於貧困。

【注　釋】❶偶俗公子　假名，意謂合於世俗之公子。❷伊呂　伊尹、呂尚。俱有輔佐君主、治理國家之才。❸猗頓　春秋魯人，經營畜牧與鹽業，成為豪富。❹范生　指范蠡，字少伯。仕越為大夫，輔佐句踐滅亡了吳國。❺貨殖營生二句　范蠡泛舟五湖而去，嘗至陶地稱朱公，經商致富，世稱陶朱公。❻天貧在六極　天，疑為「夫」，形近而訛。《尚書・洪範》說人有六極，其四曰貧。六極，六種懲罰。❼富在五福　《尚書・洪範》說人有五福，其二曰富。❽詩美哿矣　哿是歡樂的意思。《詩經・小雅・正月》：「哿矣富人，哀此惸獨。」❾易貴聚人　《周易》認為財富可以使人聚集在一起。《周易・繫辭下》：「何以聚人，曰財。」❿鱣鮪　兩種大魚。鱣是鯉魚，鮪是鱘魚。⓫果毅　指奮勇殺敵效命。⓬長卿所以解犢鼻而擁朱旌　司馬相如，字長卿。犢鼻，短褲、圍裙之類。朱旌，使臣所持的紅色旗幟，以旄牛尾為飾物。司馬相如家貧，曾與卓文君賣酒臨邛，使文君當鑪，自著犢鼻褌與奴傭雜作於市中。後來卓王孫分給文君奴僮百人、錢百萬，及其他財物，司馬相如乃與文君歸成都，買田宅，為富人。曾獻賦漢武帝，又曾作為朝廷使者出使西南。見《史記・司馬相如列傳》。⓭曲逆所以下席扉而享茅土　陳平貧窮時，曾以弊席為門。後來娶張氏女而富足，交遊益廣。隨劉邦反秦，以功封曲逆侯，曾任丞相。見《史記・陳丞相世家》。⓮不韋所以食十萬之邑　呂不韋，原為陽翟富商，以重金結交秦公子子楚，復以財物賄賂使立子楚為秦太子。後來子楚即位為莊襄王，任用呂不韋為相，食邑十萬戶。見《史記・呂不韋列傳》。⓯絳侯所以拔囹圄之困　絳侯，指周勃。周勃被免相後，有人上書誣告周勃欲反，下廷尉，受到獄吏的侮辱。周勃以千金贈獄吏，獄吏教他「以公主為證」，得以出獄，並恢復爵位、封邑。見《史記・絳侯周勃世家》。⓰下鄉儉而獲悔咎之辰　韓信為布衣時，因貧窮而乞食於人。嘗寄食於下鄉南昌亭長家數月，亭長之妻厭之。韓信知其意，乃離去。後來韓信被封為楚王，都於下邳，乃召下鄉南昌亭長，賜以百錢，並說：「公，小人也，為德不卒。」⓱漂媼豐而蒙千金之報　漂媼，漂絮洗衣之老婦。韓信釣於城下，有漂母見韓信飢，與之食數十日。後來韓信為楚王，賜漂母千金。見《史記・淮陰侯列傳》。

【語　譯】於是有一位偶俗公子前去拜訪，並且責問道：『聽說有伊尹、呂尚之才的人，不會長久陷於窮困貧賤；懷有猗頓經營致富之術的人，不會長久處於飢寒。通達的人貴於適應時局而變化，聰明的人由於財物豐足不匱而得到驗證。所以范蠡用世就使吳國滅亡、使越國稱霸，成為著名的輔佐之臣；棄官隱逸則經營產業，積累了萬金的資財。《尚書》說貧窮是六種懲罰之一，富有在五種福分之中，《詩經》讚美富人的歡樂，《周易》說財富可以使人團結在一起。垂下芬芳的餌食大魚就游來了，懸有豐厚的獎賞就有人為之效命。司馬相如所以能夠脫掉犢鼻褌而代表朝廷執節出使，陳平所以能夠脫離以破席為門的貧窮而成為諸侯，呂不韋所以能享有十萬戶的封邑，周勃所以能夠免除牢獄之困，都是憑藉金錢財富之力。所以下鄉亭長家招待韓信不周到就有了後悔的一天，漂母招待韓信飯食豐足就得到了千金的報償。

先生無少伯❶之奇略，專銳思乎六經。忽絕粻❷之實禍，慕不朽之虛名。恥詭遇以干祿，羞衒沽以要榮❸。冀西伯之方畋❹，俟黃河之將清❺。甘列子之菜色❻，邈全神而遺形。何異圖畫騏驥以代徒行之勞，遙指海水以解口焦之渴？張魚網於峻極之巔，施釣緡於修木之末❼，雖自以為得所，猶未免乎迂闊也。

事無身後之功，物無違時之盛。今海內瓜分，英雄力競，象恭滔天❽，猾夏放命❾。駑蹇❿星馳以兼路⓫，豺狼奮口而交爭。當途投袂以訟屈⓬，素士蒙塵以履徑⓭。純儒釋皇道⓮而治五霸之術⓯，碩生弃四科而恤月旦之評⓰。筐篚實者進於草萊⓱，乏資地者退於朝廷⓲。握黃白⓳者排金門⓴而陟玉堂㉑，誦方策㉒者結世讎㉓而委泥濘。贄幣㉔濃者，瓦石成珪璋；請託㉕薄者，龍駿弃林坰㉖。黨援多者，偕鸞飆以凌雲；交結狹者，侶跛鱉以沈泳。夫丸泥已不能遏彭蠡之沸騰，獨賢亦焉能反流遁之失正？

今先生入無儋石之儲㉗，出無束脩㉘之調㉙。徒含章如龍鳳㉚，被文如虎豹㉛，吐之如波濤，陳之如錦繡，而凍餓於環堵㉜，何計疏之可弔㉝？奚不汎舟以託迅，御飛帆以遠之，交瑰貨㉞於朔南，收金碧㉟於九疑。迪崔烈之遐武㊱，縻好爵於清時。徒疲勞於述作㊲，豈蟬蛻㊳之有期也？獨苦身以為名，乃黃老之所嗤㊴也！』

【章旨】偶俗公子指出當今追逐金錢權勢成為一世之風尚，建議樂天先生亦與時沈浮，求得榮華富貴。

【注釋】❶少伯　即范蠡。❷粻　米；糧食。❸羞衒沽以要榮　羞於自我誇耀，以求取榮華富貴。衒沽，自薦以求得進用。要，求取。❹冀西伯之方畋　希望能有周文王畋獵遇呂尚那樣的機遇。冀，希望。西伯，指周文王，商紂曾封他為西伯。❺俟

黃河之將清　古代相傳黃河千年一清，因喻時機難遇。❻甘列子之菜色　甘心像列子一樣忍受飢餓。據載列子窮困，容貌有飢色，而拒絕接受鄭相子陽的饋贈。見《列子・說符》。❼施釣緡於修木之末　意謂到大樹頂端去釣魚。釣緡，釣線。❽象恭滔天　意謂表面恭敬，而實則狂妄傲慢。語見《尚書・堯典》。❾猾夏放命　放縱恣肆，擾亂中原。❿駑蹇　跛足之劣馬。⓫星馳以兼路　形容受到重用，日夜兼程。⓬當途投袂以詘屈　當政為官的人都認為受到壓抑、委屈。投袂，揮袖而起。⓭素士蒙塵以履徑　連清白寒素之士也奔波路途，走捷徑。徑，小路。⓮皇道　指古帝王之道，即王道。⓯五霸之術　指霸道。⓰弃四科而恤月旦之評　四科，指進行四個方面的考核，作為任用官員的依據：一曰德行高妙，志節清白；二曰學通行修，能任博士；三曰明曉法律，足以決疑；四曰剛毅多略，遭事不惑。見應劭《漢官儀》。恤，憂慮。月旦之評，指清談家之品評人物。漢末許劭、許靖俱有高名，好評論鄉黨人物，每月輒更其品題，當地有「月旦評」之說。⓱筐篚實者進於草萊　禮物豐實者可由草野之民而獲得進用。筐篚，指裝禮品財物的竹器，方者曰筐，圓者曰篚。⓲乏資地者退於朝廷　指朝中門第寒微、孤立無援之士則被貶黜。資地，憑藉、依託之勢。⓳黃白　指金銀財物。⓴金門　金馬門。代指官署。㉑玉堂　漢代宮殿門。㉒方策　指先王之道。《禮記・中庸》：「文武之政，布在方策。」㉓世讎　世俗之仇人。㉔贄幣　指財物禮品。㉕請託私相囑託。此指以財物賄賂而相囑託。㉖龍駿弃林坰　駿馬被棄置不用。龍駿，指駿馬。馬八尺以上為龍馬。林坰，野外；荒野。㉗儋石之儲　儲有儋石之糧。儋，容器，可容一石之糧。形容不多。㉘束脩　以十條乾肉為禮。指學生致送老師的酬金。㉙調　調養。㉚含章如龍鳳　像神龍、鳳凰之包含內美。含章，包藏內美。㉛被文如虎豹　如虎豹之皮毛彪炳而有文采。㉜環堵　四面之土牆。代指簡陋的房舍。㉝弔　可憐。㉞瑰貨　珍寶、貴重的貨物。㉟金碧　黃金、碧玉之類。㊱迪崔烈之遐武　追隨崔烈的足跡。迪，繼。遐武，遠去的足跡。崔烈，漢末名士，歷任郡守、九卿，因傅母入錢五百萬，得為司徒，於是聲譽大減，論者嫌其銅臭。見《後漢書・崔寔傳》。㊲述作　指著述、寫作。述，傳述。作，創新。㊳蟬蛻　指解脫貧困，如蟬之脫殼。㊴蚩　通「嗤」。譏笑。

【語　譯】先生你缺乏范蠡的奇謀遠略，而專門鑽研六經之義；忽略了絕糧斷炊的實禍，而羨慕傳之不朽的虛名。恥於以不正當的手段去求得俸祿，羞於自我炫耀以博取榮華富貴。希望能遇到類似周文王畋獵的機會，等到黃河澄清的那一天。甘於過列子飢寒窮困的生活，保持精神的超脫圓滿而忘懷外在的形骸。這與畫出駿馬的形象想要代替徒步行走的辛勞，遙指遼闊的海水想要解除口唇發焦的乾渴，又有什麼兩樣呢？將魚網撒開在高山峻嶺之巔，將釣線安置在大樹樹尖上，雖然自以為是正確的，還是未免太迂闊了。

錯過了機遇不會有身後之功，違背了時勢事物不會興盛發展。如今天下分裂，英雄豪傑紛紛以武力相競爭。各路諸侯表面謙恭實則狂妄，擾亂中原，為所欲為。駑馬劣材奔馳於道路，豺狼猛獸互相爭奪而肆虐。居官者都揮袖而起，埋怨官職太低；連清白寒素之士也都奔波風塵，尋找捷徑。純正之儒也不講王道改而研治武力稱霸之術，飽學之士也不修習四科而憂慮清談品評的高下。財禮豐厚者即使草野之士也可以釋褐為官，沒有靠山的寒門之士即使在朝也會被貶退。以金銀財物為賄賂就可以仕途暢通無阻，遵循先王之道就會招來怨仇因而陷入泥沼。財貨貴重能使瓦石變成美玉；禮物輕薄，駿馬可以棄於荒野。朋黨勾結多有援引的，就像高鳥憑藉勁風飛上雲空；交結少的人，就只能伴著跛腳鱉在水底爬行。一丸之泥已不能塞住彭蠡沸騰的波濤，單獨的賢者又哪能改變如同江河日下的世風使之歸於正統？

如今先生進門沒有一點儲備的食糧，出門沒有束脩以供調養，只是像龍鳳之包含內美之質，像虎豹一樣有著炳蔚之紋，發言如同波浪滔滔不絕，為文則如同錦繡燦爛滿目，卻在陋室之內挨凍受餓，為何這般的拙於生計令人覺得可憐呢？何不隨波泛舟，乘風張帆，飛駛遠航，到各地去交易珍奇的貨物，以獲得黃金碧玉之財富。繼承崔烈以錢買官的足跡，在此清平之世以享受高官厚爵的榮耀。可是先生你卻只是辛辛苦苦地著書立說，怎麼會有脫離這種清貧生活的一天呢？為了聲名而遭受困苦，這正是道家所譏刺嘲諷的啊！」

樂天先生答曰：『六藝備研❶，八索必該❷，斯則富矣；振翰摛藻❸，德音無窮❹，斯則貴矣。求仁仁至❺，舍旃焉如❻？夫棲重淵以頤靈❼，外萬物而自得。遺紛埃於險塗，澄精神於玄默。不窺牖以遐覽，判微言而靡惑。雖復設之以台鼎❽，猶確爾而弗革❾也。曷肯憂貧而與賈豎❿爭利，戚窮而與凡瑣競達哉？

吾子苟知商販可以崇寶⓫，耕也可以免飢，不識逐麋者不顧兔⓬，道遠者其到遲也。且夫尚父之鼓刀，素首乃吐奇⓭也。萬鈞之為重，衝飆⓮不能移；〈簫韶〉未九成，靈鳥不紆儀⓯也。是以俟扶搖而登蒼霄者⓰，不充詘於蓬蒿之杪⓱；騁蘭筋以陟六萬者⓲，不爭途乎蹇驢之群。

【章　旨】樂天先生認為研讀典籍、著述立說，修煉道德、不爭榮利，遠勝於世俗之富貴。

【注　釋】❶六藝備研　六經都全部研讀了。六藝，指儒家之六經。❷八索必該　古代之典冊都一一博覽。八索，相傳為古代典籍。該，具備。指博覽。❸振翰摛藻　揮毫鋪陳美妙的文采。指著述之事。摛藻，鋪張辭藻。❹德音無窮　美好的聲譽傳之無窮。德音，指美名。❺求仁仁至　有心求仁，並且得以實現自己的心願。❻舍旃焉如　捨此又向何處。旃，之焉；之也。如，到；往。❼棲重淵以頤靈　深藏重淵之下，以頤養精神。頤靈，保養精神。❽設之以台鼎　任以三公之高官。台鼎，指三公。如同星有三台、鼎有三足。❾確爾而弗革　堅定不移，不會改變態度。革，改變。❿賈豎　指商人。⓫崇寶　積累與增加財富。⓬逐麋者不顧兔　意謂有大的追求者不會顧及細小之物。麋，鹿之屬。⓭尚父之鼓刀二句　尚父，指呂尚。鼓刀，屠宰牲畜時敲擊有聲。素首，白髮。⓮衝飆　狂風；暴風。⓯簫韶未九成二句　〈簫韶〉，相傳為舜之樂。九成，多次演奏。每奏完一曲叫一成。靈鳥，指鳳凰。紆儀，飛來伴音樂而舞。《尚書・益稷》：「〈簫韶〉九成，鳳凰來儀。」⓰俟扶搖而登蒼霄者　指大鵬。扶搖，海中的颶風。《莊子・逍遙遊》曰：「鵬之徙於南冥也，水擊三千里，摶扶搖而上者九萬里」，故云。⓱不充詘於蓬蒿之杪　充詘，自滿；志得意滿。《莊子・逍遙遊》載斥鴳笑鵬鳥曰：「彼且奚適也？我騰躍而上，不過數仞而下，翱翔蓬蒿之間，此亦飛之至也。而彼且奚適也？」⓲騁蘭筋以陟六萬者　指駿馬。蘭筋，指馬目上有一筋突出，其馬可日行千里。

【語　譯】樂天先生回答說：『儒家之六經都一一研讀過了，各種古籍典冊都博覽齊備，這就是富有。揮毫撰述，鋪陳辭藻，美好的聲譽傳之無窮，這就是尊貴。追求仁義而又如願以償，除此之外還有何求呢？棲身重淵之下以調養精神，將世間萬事都置之度外，因而怡然自得。遺棄世途的爭奪，將之視為輕如塵埃，在玄默中保持精神的澄靜。不在意窗外的景色變化而一心博覽群書，剖析精微之言而心中不惑，即使任命以三公之高位，我也絕不會改變自己的意志。又怎麼會因為耽心貧苦而與商人爭利，怎麼會為了顧慮窮困而與世俗庸人去競逐名位呢？

你只知道經商販運可以增加財富，耕種稼穡可以免除飢寒，而不知道追捕麋鹿者不會顧及野兔，路途遙遠者到達目的地必然稍遲。再說呂尚也曾操刀以屠宰為生，直到年老白髮才得以籌劃奇策、施展抱負。萬鈞之重物，即使大風也不能使之移動。〈簫韶〉之樂未到九成之時，鳳凰不會飛來起舞。所以鯤鵬扶搖而登上蒼天，不會在蓬蒿叢中志滿意得。駿馬馳騁以登山越嶺，不會與劣馬跛驢之群去爭奪道路。

大孝必畏辱親之險，故子春戰悸於下堂❶；上智不貴難得之財，故唐虞捐金而抵璧❷。明哲消禍於未來，知士聞利則慮害。而吾子訊❸僕以汎舟，孳孳於潤屋❹，勸隋珠之彈雀❺，探虎口以奪肉，輕遺體於不測❻，觸重險以遠至，忘髮膚之明戒❼，尋乾沒於難冀❽。若夫焚輪傾巖❾，木拔石飛，陽侯山峙❿，洪濤嶵巍⓫，輕艘塵漂，力與心違。徒嗟泣而罔逮，乃悟達者之見微⓬也。

昔回憲以清苦稱高⓭，陳平以無金免危⓮，廣漢以好利喪身⓯，牛缺以載寶灰糜⓰，匹夫枉死於懷璧⓱，豐狐召災於美皮⓲。今吾子督余以海盜之業⓳，敦余以召賊之策，進酖酒以獻酬⓴，非養壽之忠益。

夫士以三墳㉑為金玉，五典㉒為琴箏，講肄㉓為鍾鼓，百家㉔為笙簧。使味道者以辭飽㉕，酣德者以義醒，超流俗以高蹈，軼億代而揚聲㉖。方長驅以獨往，何貨賄之穢情？夫藏多者亡厚㉗，好謙者忌盈㉘。含夜光者速剖㉙，循覆車者必傾。過載者沈其舟，欲勝者殺其生。蓋下士所用心，上德所未營也。』

於是問者茫然自失，請備門生之末編，永寶長生之良方焉。」

【章　旨】樂天先生指出追逐財富與榮利可能導致災難，遭遇不測之禍。

【注　釋】❶子春戰悸於下堂　子春，指曾子之弟子樂正子春。子春下堂時，不小心傷其足。他認為傷害了受之父母的身體，是不孝的行為，所以傷癒後猶有憂色。見《大戴禮・曾子大孝》。❷唐虞捐金而抵璧　唐堯、虞舜時，將金玉拋入山谷中。〈黃白〉篇：「至治之世，皆投金於山，捐玉於谷。」❸訊　勸告。❹孳孳於潤屋　孜孜不倦地追求財富。孳孳，勤勉而不懈怠。潤屋，增加財富，使居室華美生輝。《禮記・大學》：「富潤屋，德潤身。」❺隋珠之彈雀　隨侯之珠，是天下著名的寶物。以隨珠彈雀，所失者大，所得者小。❻輕遺體於不測　輕忽自己的身體，甘冒不測之險。遺體，指身體。父母所遺，故云。❼髮膚之明戒　指《孝經・開宗明義》所云：「身體髮膚，受之父母，不敢毀傷，孝之始也。」❽乾沒於難冀　乾沒，僥倖、冒險以追求財富。難冀，難以獲得。❾焚輪傾巖　狂風足以吹倒山巖。焚輪，暴風。❿陽侯山峙　波濤洶湧，如同山嶽。陽侯，傳說中的波神，代指波浪。⓫峷巍　高峻之貌。⓬見微　明察事理，見微知著。⓭回憲以清苦稱高　顏回，孔子之弟子，樂道安貧。居在陋巷，一簞食，一瓢飲，而不改其樂。原憲，字子思，亦為孔子弟子。居在蓬戶，褐衣蔬食，安於貧窮，為世所稱。⓮陳平以無金免危　陳平嘗渡河，船夫懷疑他帶有金玉寶器，欲殺之。陳平乃解衣幫忙撐船，船夫見陳平隨身無金，便打消了殺死他的念頭。見《史記・陳丞相世家》。⓯廣漢以好利喪身　茂陵富人袁廣漢資財巨萬，家僮八九百人。於北邙山下築園，構石為山，連延數里，奇禽怪獸養於林池，奇樹異草，靡不廣植。袁廣漢後來有罪被誅，鳥獸草木，皆移植上林苑。見《西京雜記・卷三》。⓰牛缺以載寶灰糜　牛缺是上地之大儒，在前往邯鄲途中遇盜，強盜搶走了他的車馬、物品，又將牛缺殺死。見《呂氏春秋・必己》。⑰匹夫枉死於懷璧　百姓因為收藏珍貴的璧玉而枉死。《左傳・桓公十年》：「周諺有之：匹夫無罪，懷璧其罪。」⑱豐狐召災於美皮　大狐因為美麗的皮毛而招來災禍。⑲誨盜之業　招引盜賊之事。指收藏財物。《周易・繫辭上》：「慢藏誨盜。」⑳進酖酒以獻酬　以毒酒勸飲。酖酒，毒藥之酒。獻酬，互相敬酒、勸酒。㉑三墳　古書之名。或以為是伏羲、神龍、黃帝之書。㉒五典　古書之名，或以為是少昊、顓頊、高辛、堯、舜之書。㉓講肆　指講習道藝，研討學業。㉔百家　指諸子百家之說。㉕味道者以辭飽　飽學博覽，以修養道德。飽，原本作「鮑」，此據《道藏》本。㉖軼億代而揚聲　聲名久傳，超越千年萬代。軼，超出。㉗藏多者亡厚　積聚的財富多，損失就會大。《老子・第四十四章》：「多藏必厚亡。」㉘好謙者忌盈　謙，謙虛。盈，滿盈。《周易・謙卦》：「人道惡盈而好謙。」㉙含夜光者速剖　蚌蛤含藏夜明珠，就會被剖開。夜光，指珍珠。

【語　譯】大孝之人一定耽心發生辱沒父母雙親的危險，所以樂正子春下堂時小心翼翼、戰戰兢兢。上智之人不看重難得的財物，所以堯、舜之世將黃金璧玉捐棄在山谷。洞明哲理者在禍患未萌生時便將它消除了，聰明智慧者聽到物利就想到了可能帶來的危害。而你卻勸我冒險泛舟，去孜孜不倦地追求財富。這就好像勸人用隨侯之珠去彈射飛雀，在虎口中去奪肉一樣。輕視自己的身體去冒不測的風險，經歷重重的危難而長途跋涉。忘記了「身體髮膚，受之父母」的明戒，為了尋求難得之財而僥倖冒險。如果遇上狂風大作，吹倒山巖，拔起樹木，吹得山石亂飛，洪濤翻滾，波浪如山。小船輕如塵埃在水中亂漂，即使有心也無力免除災禍，只能嘆息流淚而毫無辦法，這時才會感到通達者見微知著的遠見卓識。

從前顏回、原憲因為甘於清苦的生活而有高尚的聲譽，陳平因為隨身沒有財寶而免除了危險，袁廣漢因為追求財利而丟掉了生命，牛缺因為帶有寶物而粉身碎骨，匹夫因為懷藏寶璧而枉死，豐狐因為皮毛美麗而遭殃。如今你勸我從事招致強盜的事業，敦促我奉行引來寇賊的策略，這就好像用毒藥向人敬酒，不能使人得到長壽的補益。

士人應該將三墳之古籍當作金玉，以五典之圖冊當作琴箏，以講習學業當作鐘鼓，以百家之言當作笙簧。使修養道德者通過體味古人的言辭而得到滿足；潛心學業者因為領會古籍的奧義而有清醒的認識。超越流俗而高邁不群，千秋萬代而美名傳揚。我正決心沿著這條道路長驅獨往，又何必要財貨來污穢人的精神？收藏的財寶愈多其損失必然愈大，崇尚謙虛的人忌諱驕盈。蘊涵夜明珠的蚌蛤很快會被割開，沿著覆車的老路走下去一定會再度翻車。負載過度船只會沈沒，欲念太多則戕害其生命。這是下等人的追求，有高尚道德者是不會去經營的。』

於是責問者神色茫然，若有所失，要求列名於樂天先生的學生之末編，將其言論作為長生的良方，永遠奉以為寶。」

卷三七 仁明

【題解】 仁與明，是兩種人生的品質。仁是仁厚、慈愛，指的是人生的品德；明是洞察、聰明，指的是人生的智慧。作為人生的價值衡量，二者孰先孰後、孰重孰輕、孰難孰易，是這場討論所要回答的問題。

文中認為天有仁而兼明，地有仁而無明；仁可以力行而至，而明則難以假借，因此主張明在仁先，明貴於仁。作者的這種觀點，可能包含著某種現實的考慮，具有特定的內涵。文中強調「明不經國，危亡之禍」、「明見事體，不溺近情」，顯然是有感而發的。

後世有人不同意本文中的觀點，如清人俞樾在《諸子平議補錄》中說：「抱朴固非經生，於經義所得殊淺，其實明不得先仁。」又引孔子「未知，焉得仁」（見《論語・公冶長》）一語曰：「知淺而仁深，知卑而仁高，大可見矣！」

抱朴子曰：「門人共論仁明之先後，各據所見，乃以諮余。余告之曰：三光垂象者乾❶也，厚載無窮者坤❷也。乾有仁而兼明❸，坤有仁而無明❹。卑高之數，不以邈乎？夫唯聖人與天合德❺，故唐堯以『欽明』冠典❻，仲尼以『明義』首篇❼。明明在上，元首之尊稱❽也。明哲保身，大雅之絕蹤❾也。

蜎飛蠕動⑩，亦能有仁，故其意愛弘於長育，哀傷著於啁噍⑪。然赴阬穽而無猜⑫，入罻羅而不覺⑬，有仁無明，故泣趨禍而攸失⑭。

熾潛景以易咀生⑮，結棟宇以免巢穴，選禾稼以代毒烈⑯，制衣裳以改裸飾⑰，役舟楫以濟不通，服牛馬以息負步⑱，序等威以鎮禍亂⑲，造器械以戒不虞⑳，創書契以治百官，制禮律以肅風教，皆大明㉑之所為，非偏人㉒之所能辯也。

【章旨】天有仁而兼明，地有仁而無明，聖人與天合德，故仁明兼備者為上為先，有仁無明者為下為後。

【注釋】❶三光垂象者乾　日月星辰所附麗者為天。乾，為天，為陽。❷厚載無窮者坤　無比深厚而託載萬物者為地。坤，為地，為陰。❸乾有仁而兼明　天有雨露滋潤，陽光普照，故曰仁而兼明。❹坤有仁而無明　大地生養託載萬物，而無光明，故曰有仁無明。❺聖人與天合德　意謂唯有聖人，仁而兼明。《周易・乾卦》：「夫大人者，與天地合其德，與日月合其明。」❻唐堯以欽明冠典　《尚書・堯典》開篇有「欽明文思」的話，意謂唐堯以欽、明、文、思四德安定天下。儀表莊敬謂之欽，照臨四方謂之明，經緯天地謂之文，道德純備謂之思。❼仲尼以明義首篇　疑指《孝經》，相傳為孔子所述作，以〈開宗明義〉為首篇。❽明明在上二句　意謂以「明明」作為國君的尊稱。《詩經・大雅・江漢》：「明明天子。」❾明哲保身二句　「明哲保身」是道德超邁之君子最高的行為原則。《詩經・大雅・烝民》：「既明且哲，以保其身。」❿蜎飛蠕動　能飛行、爬動的小鳥小蟲，泛指小動物之類。蜎，蠕動貌。蝡，爬行貌。⓫哀傷著於啁噍　小鳥將自己的哀傷表現在鳴叫聲中。啁噍，小鳥鳴叫聲。⓬赴阬穽而無猜　指爬行動物將要落入陷阱而毫不懷疑。無猜，不懷疑。⓭入罻羅而不覺　進入羅網也不覺察。罻羅，捕鳥之網。⓮泣趨禍而攸失　鳥獸趨禍喪身，由於無明。⓯熾潛景以易咀生　此句疑謂人類鑽木取火以改茹毛飲血之生食一事。⓰選禾稼以代毒烈　指神農嚐百草，教民播種五穀一事。⓱裸飾　赤身露體，不穿衣服。⓲服牛馬以息負步　駕駛牛馬以代替人肩扛背負及步行。服，使用。《周易・繫辭下》：「服牛乘馬，引重致遠。」⓳序等威以鎮禍亂　規定等級制度以防止犯上作亂之事。等威，不同等級相應之威儀。⑳以戒不虞　以防備意外的變故。不虞，沒有料到的事。㉑大明　日月。這裡代指聖人。㉒偏人　指常人。不能仁而兼明，故曰偏人。

【語　譯】抱朴子說道：「我的門人弟子共同討論仁與明的先後問題，各持己見，認識不一，於是就此問題來問我。我告訴他們，日月星辰所附麗者為天，深厚而託載萬物者為地。天有仁德又有光明，地有仁德卻無光明。高下的差距不是很遠的嗎？只有聖人與天同其德化，所以《尚書‧堯典》以『欽明』開頭，而孔子以『明義』作為《孝經》的首篇。人們以天上的日月作為對君主的尊稱，而『明哲保身』則是大雅君子最高的行為準則。

天上的飛鳥，地下的走獸，也都具有仁性。所以牠們以慈愛之心養育後代，在鳴叫聲中表達哀傷之情。然而鳥獸誤入陷阱而不懷疑，進入羅網而不覺察。鳥獸有仁而無明，所以牠們犯下過失，遭遇禍患。

至於發明用火以代替生食，建造房屋以免於巢居穴處，遍嚐百草以教民播種五穀，設計衣裳以改變赤身露體的習慣，製造舟船以渡越江河，駕駛牛馬以代替人的肩扛背馱及步行，規定等級禮儀制度以鎮服禍亂，製作器械以預防不測之事，創立文字書契以管理各項事務，制定禮法律條以嚴肅風紀教化。這些都是聖人的作為，不是常人所能辨識而明察的。

夫心不違仁而明不經國，危亡之禍，無以杜遏❶，亦可知矣。夫料盛衰於未兆❷，探機事於無形，指倚伏於理外❸，距浸潤於根生❹者，明之功也。垂惻隱於昆蟲，雖見犯而不校❺，睹觳觫而改牲❻，避行葦而不蹈❼者，仁之事也。爾則明者，才也；仁者，行也。殺身成仁之行可力為，而至鑒玄測幽之明難妄假❽。精粗之分，居然殊矣。

夫體不忍之仁，無臧否之明❾，則心惑偽真，神亂朱紫❿，思算不分，邪正不識。不逮安危，則一身之不保，何暇立以濟物乎？昔姬公非無友于之愛⓫，而涕泣以滅親⓬；石碏⓭非無天性之慈，而割私以奉公。蓋明見事體，不溺近情，遂為純臣⓮。以義斷恩，舍仁用明，以計抑仁。仁可時廢，而明不可無也。湯武逆取順守，誠不仁也；應天革命⓯，以其明也。徐偃修仁以朝同班⓰，外墜城池之險，內無戈甲之備。亡國破家，不明之禍也。」

【章旨】仁者可以力行，而明者難以假借。所以明見事理者有時捨仁以用明，而有仁無明以治國者必遭危亡之禍。

【注釋】❶杜遏　杜絕、遏阻。❷料盛衰於未兆　在盛衰之跡象顯露之前，已能預料。❸指倚伏於理外　指出未曾現形的禍福。倚伏，即禍福。《老子‧第五十八章》：「禍兮福之所倚，福兮禍之所伏。」❹距浸潤於根生　杜絕初生的讒言。浸潤，讒言漸進，有如水之滲透。❺見犯而不校　被侵犯、冒犯而不計較。校，計較。❻睹觳觫而改牲　《孟子‧梁惠王上》載：齊宣王坐於堂上，有人牽牛從堂下經過，將宰殺以釁鐘。齊宣王不忍見牛恐懼之狀，傳令易之以羊。觳觫，恐懼之貌。❼避行葦而不蹈　不踐踏路旁的蘆葦。行葦，道邊的蘆葦。《詩經‧大雅‧行葦》：「敦彼行葦，牛羊勿踐履。」❽鑒玄測幽之明難妄假　明察事理、洞鑒幽玄的才能是天然稟賦，不可隨意假借。❾無臧否之明　不能明察善惡得失。❿朱紫　古人常以朱紫二色比喻正邪、是非、優劣。《論語‧陽貨》：「惡紫之奪朱也。」⓫姬公非無友于之愛　姬公，指周公，名姬旦。友于之愛，兄弟間的友愛。⓬涕泣以滅親　流著眼淚誅滅了管叔、蔡叔。管、蔡均為周公之兄弟，故云。⓭石碏　春秋衛大夫。當時衛州吁弒君自立，石碏之子石厚附和州吁，與之交遊。石碏後來派人殺石厚於陳。君子曰：「石碏，純臣也。……大義滅親，其是之謂乎？」見《左傳・隱公四年》。⓮純臣　忠純篤實之臣。⓯應天革命　順應天命，推翻舊朝，建立新朝。⓰徐偃修仁以朝同班　西周時徐偃王躬行仁義，統轄淮、泗一帶，諸侯來朝，後來被楚國攻滅。

【語譯】至於心不違背仁德而明察之才不足以管理國家，則危亡之禍不能阻止，也就是可以預知的了。在局勢未曾顯現跡象之前便料到它的盛衰，在事物尚處無形之時便能預見其發展，指示隱伏未現的禍福，抵制剛剛萌生的讒言，這就是明的功用。將惻隱之心施之於昆蟲，即使遭到侵犯也不計較，看見牛恐懼畏死便改用羊去釁鐘，連路旁的蘆葦也不踐踏，這是仁德的表現。據此可知明是一種才能，而仁是一種行為。殺身成仁，這樣的事是可以努力做到的。至於洞察事理、鑒識幽玄的才能則不是可以隨意假借的。或精或粗，其差別是很明顯的了。

若是以不忍之心推行仁德，而無善惡是非之明，這樣就會真偽不分，朱紫不辨，心中不知是非，眼中不識邪正。智力不足以知安危，連自己都難以保全，怎麼能治理國家、普濟萬民呢？從前周公並非沒有兄弟之情誼，但還是流著眼淚掃平了管叔、蔡叔；石碏並非沒有父子天性之愛，但還是為了國家的利益而大義滅親。他們洞明事體，不沈溺於一己眼前的私親，因而成為忠純之臣。可以以義的原則割棄私恩，可以捨仁而用明，以計抑仁。有時可以廢止仁，但卻不能沒有明。商湯、周武用武力推翻夏桀、商紂，逆取而順守，的確不是用仁。但是他們順應天命，創立新朝，卻是明智的行為。徐偃王推行仁義使得諸侯來朝，然而徐國外無險要的城池以為防守，內則不修干戈以為武備，最後亡國破家，這就是由於不明事理所造成的禍患。」

門人曰：「仲尼歎仁為『任重而道遠』❶，又云『人而不仁，如禮何❷』、『若聖與仁，則吾豈敢❸』，孟子曰『仁，宅也；義，路也』❹、『人無惻隱之心，非人也❺』、『三代得天下以仁，失天下以不仁❻』。此皆聖賢之格言，竹素之顯證❼

也。而先生貴明，未見典據。小子蔽闇，竊所惑焉。」

抱朴子答曰：「古人云『好仁不好學，其蔽也愚❽』，子近之矣。曩六國相吞，豺虎力競，高權詐而下道德，尚殺伐而廢退讓。孟子方欲抑頓貪殘，褒隆仁義，安得不勤勤諄諄，獨稱仁邪？然未有片言，云仁勝明也。譬猶疫癘❾之時，醫巫❿為貴，異口同辭，唯論藥石。豈可便謂鍼艾之伎⓫，過於長生久視之道乎？

且吾以為仁明之事布於方策，直欲切理，示大較精神，舉一隅耳。而子猶曰用而不知⓬，云明事之無據乎？〈乾〉稱『大明終始，六位時成⓭』，是立天以明，無不包也。〈坤〉云『至哉萬物資生⓮』，是地德仁，承順而已，先後之理，不亦炳然！

《詩》云『明明上天，照臨下土⓯』、『明明天子，令聞不已⓰』，《易》曰『王明竝受其福⓱』、『幽贊神明⓲』、『神而明之⓳』。此則明之與神合體，誠非純仁所能企擬⓴也。孔子曰『聰明』『神武』㉑，不云聰仁。又曰『昔者明王之治天下㉒』，不曰仁王。《春秋》傳曰『明德惟馨㉓』，不云仁德。《書》云『元首明哉㉔』，不曰仁哉。老子歎上士則曰『明白四達㉕』，其說衰薄則曰『失道而後德，失德而後仁㉖』。《易》曰王者『南面』『向明』㉗，不云向仁也。『我欲仁，斯仁至矣㉘』，又曰『為仁由己㉙』，斯則人人可為之也。至於聰明，何可督哉？故孟子云：凡見赤子將入井，莫不趨而救之㉚。以此觀之，則莫不有仁心，但厚薄之間，而聰明之分時而有耳。昔崔杼不殺晏嬰，晏嬰謂杼為大不仁而有小仁㉛。然則姦臣賊子，猶能有仁矣。」

【章旨】徵引古籍，討論古人有關仁與明之論說，歸結為明在仁先，明貴於仁。

【注釋】❶仲尼歎仁為任重而道遠　《論語·泰伯》引曾子曰：「士不可以不弘毅，任重而道遠。仁以為己任，不亦重乎？死而後已，不亦遠乎？」❷人而不仁二句　人而不仁，則必不能行禮樂。語見《論語·八佾》。❸若聖與仁二句　此為孔子自謙之辭。語見《論語·述而》。❹孟子曰五句　《孟子·離婁上》曰：「仁，人之安宅也；義，人之正路也。」意謂仁乃是人所安之宅舍，義乃是人所行之正路。❺人無惻隱之心二句　惻隱，同情。語見《孟子·公孫丑上》。❻三代得天下以仁二句　語見《孟子·離婁上》。❼竹素之顯證　載之於書籍典冊上的明顯證據。竹素，竹簡與白絹，代指書籍、史冊。❽好仁不好學二句　語見《論語·陽貨》。❾疫癘　流行的瘟疫。❿醫巫　古代巫師或亦兼行醫術，故云。⓫鍼艾之伎　用針灸或以艾炷治療疾病。代指醫術。⓬日用而不知　意謂人生離不開明，卻又對此毫無所知。⓭大明終始二句　天之德化，普照萬物，使之生生不息，經歷六個階段的變化，始終不已。六位，指六爻的位置。陽爻自初九、九二、九三、九四、九五至上九，陰爻自初六、六二、六三、六四、六五至上六，共六位。語見《周易·乾卦》。⓮至哉萬物資生　意謂地之德化，為萬物生長之根本。《周易·坤卦》：「至哉坤元，萬物資生。」⓯明明上天二句　語見《詩經·小雅·小明》。⓰明明天子二句　令聞，美譽。語見《詩經·大雅·江漢》。聞，原本作「問」，據《詩經》原文改。⓱王明竝受其福　君王賢明，提拔賢士而任用之，則上下並受其福。語見《周易·井卦》。⓲幽贊神明　闡發幽深的義理。語見《周易·說卦》。⓳神而明之　明察易理，運用神妙。《周易·繫辭上》：「神而明之，存乎其人。」⓴企擬　企及、比擬。企，企及；跟上。㉑聰明神武　《周易·繫辭上》：「古之聰明睿知，神武而不殺者夫！」㉒昔者明王之治天下　語見《孝經·孝治》。㉓明德惟馨　完美的道德如芳香四散。語見《尚書・君陳》。㉔元首明哉　語見《尚書・益稷》。㉕明白四達　語見《老子・第十章》。㉖失道而後德二句　喪失了「道」於是便提倡「德」，喪失了「德」於是便提倡「仁」。語見《老子・第三十八章》。㉗南面向明　意謂帝王面對南方，向著光明以治理天下。《周易・說卦》：「聖人南面而聽天下，嚮明而治。」㉘我欲仁二句　語見《論語・述而》。㉙為仁由己　語見《論語・顏淵》。㉚凡見赤子將入井二句　意謂凡是看見兒童將要掉入井中，沒有不跑去救助的。《孟子・公孫丑上》：「今人乍見孺子將入於井，皆有怵惕惻隱之心。」㉛昔崔杼不殺晏嬰二句　崔杼，春秋齊大夫，弒齊莊公。晏嬰反對崔杼的行為，當眾說：「崔子為無道，而弒其君」。崔杼沒有殺晏子，所以晏子說崔杼「為大不仁而有小仁」。見《晏子春秋・雜上第五》。

【語譯】門人問道：「孔子曾嘆息推行仁德是任重而道遠的事，又說：『一個人不仁，還能講禮嗎？』『若聖與仁，我怎麼敢承當呢？』孟子說『仁是人所安居的宅舍，義是人所行的正路』，『人若是沒有同情之心，便不能算人了』，『三代以仁而得到天下，以不仁而喪失了天下』。這些都是聖賢的格言，書籍史冊上顯明的證據。而先生推崇明，不知典籍依據何在。我愚昧寡聞，私下感到疑惑。」

抱朴子回答說：「古人說道『好仁而不好學，其蔽在於愚昧』，你與此相近似。從前六國互相爭奪吞併，像豺狼猛虎以武力角逐，推許權謀詐術而貶低道德，崇尚攻伐殺戮而廢棄退讓之道。孟子正要抑制貪殘，獎勵仁義，怎麼能不諄諄教導世人，只提倡仁呢？然而孟子沒有隻言片語，說仁勝過明。這就像瘟疫流行之時，醫生巫師為世所貴重，異口同聲，都只談論針灸藥物。難道可以因此便說醫術高於長生不死之仙道嗎？

再說我以為仁與明之事記載在典籍史冊中，只是為了說明事理，指示大體的精神，聊舉一隅而已。人們每天都離不開，而你卻對它一無所知。怎麼能說有關明之事沒有典籍依據呢？《周易・乾卦》說：『上天的光明普照萬物，由始至終，生生不息。』這說明天的德化生於光明，無所不包。《周易・坤卦》說：『至大啊坤元，萬物賴之以生。』這說明地的德化是仁，只是從屬承順而已。先後之理，不是很明白嗎！

《詩經》上說『明明上天，照臨下土』、『明明天子，美譽不盡』。《周易》上說『君王英明任賢，上下同受其福』、『幽贊神明』、『神而明之』。這表示明能通神，二者同體，就絕非純仁所能夠比擬的了。孔子說『聰明』『神武』，而不說聰仁。又說『昔者明王之治天下』，而不說仁王。《尚書》上說『聖明之德如芳香四散』，而不說仁德。《尚書》又說『元首明哉』，而不說仁哉。老子嘆賞高尚之士就說『明白四達』，形容衰沒佻薄之俗就說『失道而後德，失德而後仁』。《周易》上說『聖人南面而聽天下，向明而治』，而不說向仁。《論語》上說『我想要行仁，仁就可以作到』，又說『為仁在於自己』。這就是說，仁是每一個人都能夠做到的。至於聰明，怎麼可以要求每人都達到呢？所以孟子說：凡是看見兒童將要落入井中，沒有不趕忙跑去救助的。由此來看，人都具有仁心，只是厚薄不同罷了，而聰明的天分只是有時才表現在某些人身上。從前崔杼不殺晏嬰，晏嬰說崔杼是『為大不仁而有小仁』。如此說來姦臣逆賊也能夠有仁了。」

門人又曰：「《易》稱『立人之道，曰仁與義❶』，然則人莫大於仁也。」

抱朴子答曰：「所以云爾者，為仁在於行❷，行可力為。而明入於神，必須天授之才，非所以訓❸故也。」

【章旨】進一步說明仁可以力行而至，而明乃天授之才。

【注釋】❶立人之道二句　意謂仁與義是人生的基本原則。語見《周易・說卦》。❷仁在於行　能否實現仁，在於人的行為。❸訓　教訓、引導。

【語譯】門人又說道：「《周易》上說：『立人的原則，叫作仁與義』。據此，則人生沒有比仁更為重要的了。」

抱朴子回答說：「所以這樣說，是因為仁的實現靠人的行為，是可以努力作到的。而明能通神，必須有天賦之才，不是可以通過教導便達到的緣故。」

卷三八 博喻

【題解】博喻，即從廣泛的視野借助譬喻以闡說事理。從文體上說，這是一種連珠體的文字。

連珠，是兆體於先秦、成熟於漢代的一種文章樣式。傅玄〈連珠序〉曰：「所謂連珠者……其文體辭麗而言約，不指說事情，必假喻以達其旨，而覽者微悟，合於古詩勸興之義。欲使歷歷如貫珠，易睹而可悅，故謂之連珠也。」連珠多用比喻，借事說理，文采明麗，篇章短小，如同明珠。許多章排列在一起，讀起來猶如一串連貫的明珠。這也是本篇所呈現的文學風貌。

本篇所闡說的道理涉及到各個方面：有論君臣政治的，有總結朝代興衰教訓的，有探討社會哲理的，有表揚人格修養的，也有進行文學批評的。託物寓意，不一而足。

本篇共輯有連珠九十七章。

抱朴子曰：「盈乎萬鈞，必起于錙銖❶；竦秀凌霄❷，必始於分毫。是以行潦集而南溟就無涯之曠❸，尋常積而玄圃❹致極天之高。」

【章旨】萬事萬物都是由小到大，只有不懈地努力，才能成就偉大的業績。

【注釋】❶錙銖　古衡量單位，一說六銖為一錙，二十四銖為半兩。形容極輕微、細小之物。❷竦秀凌霄　形容巨木參天，插入雲霄。❸行潦集而南溟就無涯之曠　溝渠之水匯聚為浩瀚無際的南海。行潦，溝渠之水。南溟，南海。❹玄圃　傳說在崑崙山頂，仙人所居，其高極天。

【語　譯】抱朴子說道：「萬鈞之重物，必定是一錙一銖積累而起的；凌霄的大樹，必定是從一分一毫的幼苗而長大的。所以溝渠水匯聚成了浩瀚無際的南海，平常的木石堆積成插入高天的崑崙玄圃。」

抱朴子曰：「騁逸策迅❶者，雖遺景❷而不勞；因風凌波❸者，雖濟危而不傾。是以元凱分職❹，而則天之勳就❺；伊呂❻既任，而革命❼之功成。」

【章　旨】只有借重朝廷眾臣之力，才能創建非凡的業績。

【注　釋】❶騁逸策迅　意謂騎著快馬奔馳。逸、迅，皆指駿馬。❷遺景　超過光影的速度。景，通「影」。❸因風凌波　意謂乘坐舟船趁風渡越水面。❹元凱分職　八元、八凱分別任職於朝廷。八元、八凱，傳說古代高辛氏、高陽氏時之才子。代指賢臣。❺則天之勳就　成就宏大如天的功勳。《論語．泰伯》：「巍巍乎，唯天為大，唯堯則之。」❻伊呂　伊尹，商湯王的輔佐大臣。呂尚，周初之大臣，被尊為師尚父。❼革命　古人認為帝王受命於天，故稱朝代更替為革命。

【語　譯】抱朴子說道：「騎著駿馬奔馳的人，即使追光逐影也不會勞累；趁風泛舟的人，即使渡越險流也不會翻覆。所以朝臣各司其職，可以成就與天同德的功勳；有賢明的輔佐大臣在位，就可以完成創建新朝的業績。」

抱朴子曰：「瓊艘瑤楫❶，無涉川之用；金弧玉弦❷，無激矢❸之能。是以介潔而無政事者❹，非撥亂之器❺；儒雅而乏治理者，非翼亮❻之才。」

【章　旨】只有耿介高潔的情操而不能管理好政事，這樣的人不是朝廷輔佐之才。

【注　釋】❶瓊艘瑤楫　以美玉製作的船與槳。❷金弧玉弦　以金為弓，以玉為弓弦。弧，弓。❸激矢　射箭。❹介潔而無政事者　品德高潔而不能處理好政務者。政事，施政辦事。❺撥亂之器　治理亂世，恢復太平之才具。❻翼亮　輔佐光大。

【語　譯】抱朴子說道：「用美玉製成的船與槳，不能用來橫渡江河；以金為弓、以玉為弦，不能用來射箭。所以品行高潔卻不能施政辦事者，不是撥亂反正之才；風神儒雅而無治世才幹者，不能處朝廷輔佐之位。」

抱朴子曰：「閬風玄圃❶，不借高於丘垤❷；懸黎結綠❸，不假觀於瓊❹珉❺。是以英偉不群，而幽蕙之芬駭❻；峻概獨立❼，而眾禽之響振。」

【章　旨】高山巨木則眾鳥所止，蘭蕙所生，德化所積，則人心所歸。

【注　釋】❶閬風玄圃　傳說中之仙山，在崑崙之巔。❷丘垤　小土丘。垤，螞蟻洞外的小土堆。❸懸黎結綠　古代美玉之名。《戰國策・秦策》說：「宋有結綠、梁有懸黎、楚有和璧。」為著名之美玉。❹瓊　是一種石或玉。❺珉　是似玉的美石。❻芬駭　芳香四散。駭，起；開始傳播。❼峻概獨立　指獨立之高山峻嶺。

【語　譯】抱朴子說道：「閬風、玄圃之仙山，不待土丘而自高；懸黎、結綠之美玉，不藉瓊珉而自美。所以大樹參天不群，那裡的幽蘭就會芬芳四散；有崇山峻峰巍然聳立，群鳥就會在那裡飛鳴翔集。」

抱朴子曰：「冰炭不衒能❶於冷熱，瑾瑜❷不證珍而體著❸，是以君子恭己❹，不恤乎莫與❺；至人❻尸居❼，心遺乎毀譽。」

【章　旨】君子謙恭自持，至人忘懷於人間的毀譽。

【注　釋】❶衒能　自誇其能。衒，自誇以求得進用。❷瑾瑜　美玉。❸體著　顯現其珍貴美好的品質。❹恭己　恭敬、莊重以自持。❺不恤乎莫與　不為自己不被選拔任用而憂慮。恤，憂慮。與，選拔。❻至人　具有最高精神境界的人。❼尸居　沈默無為。

【語　譯】抱朴子說道：「冰炭不誇耀自己的能力卻能改變冷暖，美玉不顯示自己的貴重而其珍貴的體質卻昭然存在。所以君子謙恭自持，不必憂慮不為世用；至人玄默無為，忘懷於人間的毀譽。」

抱朴子曰：「衝飆傾山❶，而不能效力於拔毫；火鑠金石❷，而不能耀烈以起濕。是以淮陰善戰守❸，而拙理治之策❹；絳侯安社稷❺，而乏承對之給❻。」

【章　旨】人無全能，有其長必有其短。

【注　釋】❶衝飆傾山　狂風將山刮倒。衝飆，猛烈的風。❷火鑠金石　大火將金石熔化了。鑠，銷熔。❸淮陰善戰守　淮陰侯韓信善於率軍作戰。❹理治之策　指治理民眾的策略。❺絳侯安社稷　絳侯，指周勃。呂后死後，他與陳平合謀，誅殺諸呂，迎立文帝，安定社稷，故云。❻乏承對之給　意謂不善於言辭答對。據《史記・陳丞相世家》載：漢文帝曾問周勃每年決獄及錢穀收入數目，周勃均答曰：「不知。」文帝又問陳平，陳平答曰：「陛下即問決獄，責廷尉；問錢穀，責治粟內史。」可知周勃不善應對。

【語　譯】抱朴子說道：「狂風可以吹倒大山，卻不能拔除一根毫毛；烈火可以熔化金石，卻不能蒸乾地下的積水。所以淮陰侯韓信善於用兵打仗，卻又拙於治理民眾；絳侯周勃能夠安定漢的社稷，卻又不善於言辭應對。」

抱朴子曰：「徇名者❶不以授命為難❷，重身者不以近欲累情❸。是以紀信甘灰糜而不恨❹，楊朱同一毛於連城❺。」

【章旨】有人追求美名，不惜為之獻身；有人重視生命，不因世俗而累情。

【注釋】❶徇名者　捨身為名者。徇，通「殉」。❷不以授命為難　獻出生命也不困難。授命，以生命為犧牲。❸不以近欲累情　世俗淺近之欲，從來不放在心上。❹紀信甘灰糜而不恨　紀信是劉邦手下的將領。項羽圍困滎陽時，他乘坐王車，裝扮為劉邦，使劉邦得以逃走。紀信因此而被項羽燒死。❺楊朱同一毛於連城　楊朱，戰國時人，主張愛己惜生，不以物累，將自身之一毛看得無比珍貴。連城，價值連城。形容極其貴重。

【語譯】抱朴子說道：「追求美名的人不難於獻出自己的生命，看重自身的人卻不會為了眼前的欲望而牽累自己的身心。所以紀信甘心被燒死也無怨言，楊朱卻將一根汗毛看得貴重如同連城。」

抱朴子曰：「小鮮❶不解靈虯之遠規❷，鳧鷖❸不知鴻鵠之非匹❹。是以耦耕者笑陳勝之投耒❺，淺識者嗤孔明之抱膝❻。」

【章旨】燕雀不知鴻鵠之志，世俗之人不明英雄豪傑之心。

【注釋】❶小鮮　小魚。❷靈虯之遠規　指神龍飛騰而遨翔雲空之志。規，謀劃；計畫。❸鳧鷖　野鴨、鷗鳥之類的水鳥。❹鴻鵠之非匹　意謂鴻鵠之志非尋常之水鳥可以相比。❺耦耕者笑陳勝之投耒　《史記・陳涉世家》記載：陳勝少時，曾與人傭耕，停止耕作時曾說：「苟富貴，無相忘!」同耕者嘲笑他，他說：「嗟乎，燕雀安知鴻鵠之志哉!」耦耕者，指與陳勝一起傭耕的人。❻淺識者嗤孔明之抱膝　諸葛亮隱居隆中，躬耕隴畝，常抱膝長嘯，自比於管仲、樂毅，時人莫之許也。見《三國志・諸葛亮傳》及裴注。

【語　譯】抱朴子說道：「小魚不能理解神龍騰空飛翔的遠圖大略，野鴨與鷗鳥不知道鴻鵠之志無法相比。所以一起耕田的人嘲笑陳勝投耒後的嘆息，而見識短淺者譏諷諸葛亮的抱膝長吟。」

抱朴子曰：「淳鈞之鋒❶，驗於犀兕；宣慈之良❷，效於明試。是以同否則元凱❸與斗筲❹無殊，竝任則騄騏❺與駑駘❻不異。」

【章　旨】只有通過任用與比較，才能識別出真正的人才。

【注　釋】❶淳鈞之鋒　寶劍的鋒芒。淳鈞，一作「淳鉤」，古代寶劍名，傳為歐冶子所鑄。❷宣慈之良　指能推廣教化的良臣。《左傳·文公十八年》說：「高辛氏有才子八人……忠肅共懿，宣慈惠和，天下之民謂之八元。」❸元凱　八元、八凱。代指良臣。❹斗筲　小容量的器具。比喻才識短淺、器量狹小的人。❺騄騏　騄耳、騏驥，均為古代駿馬之名。❻駑駘　劣馬。

【語　譯】抱朴子說道：「寶劍淳鈞的鋒芒要在斬決犀兕時方能看出，宣傳教化的良臣要在實際任用中才能顯現出來。所以都不任用則賢能之臣與平庸之輩沒有區別，同樣對待則駿馬與劣馬毫無兩樣。」

抱朴子曰：「器非瑚簋❶，必進銳而退速；量擬伊呂❷，雖發晚而到早。是以鷦鷯倦翮❸，猶不越乎蓬杪❹；鵷雛徐起❺，顧眄而戾蒼昊❻。」

【章　旨】器識狹小者如同鷦鷯不能飛越蓬蒿之端，器識宏大者如同鳳雛轉瞬可達蒼天之上。

【注　釋】❶器非瑚簋　意謂器識卑陋，不堪擔當大任。瑚簋，古代朝廷祭祀時盛粟稷的器皿。比喻堪任朝臣，能當大任。

❷量擬伊呂　有伊尹、呂尚的才能器量。❸鷦鷯倦翮　鷦鷯盡力高飛，因而倦怠。鷦鷯是一種大如雞卵的小鳥，飛行於灌木蓬蒿間。❹蓬杪　蓬蒿的頂端。杪，樹梢。❺鵷雛徐起　鳳凰緩緩飛翔。鵷，通「鵷」。鵷雛，鳳凰一類的鳥。❻顧眄而戾蒼昊　轉瞬之間，已抵青天之上。戾，到達。蒼昊，蒼天。

【語　譯】抱朴子說道：「若非堪當大任之器，一定急於進取又會很快退縮；若有伊尹、呂尚之才，即使出發為晚一定到達為早。所以鷦鷯盡力高飛，還是不能超越蓬蒿之梢；鳳凰緩緩而飛，轉眼之間已經高翔蒼天之上。」

抱朴子曰：「否終則承之以泰❶，晦極則清輝晨耀❷。是以垂耳吳阪者❸，騁千里之逸軌❹；縈鱗九淵者❺，淩虹霓以高蹈❻。」

【章　旨】否極則泰來，駿馬終將馳騁千里，神龍終將騰雲高翔。

【注　釋】❶否終則承之以泰　意謂閉塞到極點，則轉向通泰。亦即否極泰來。❷晦極則清輝晨耀　過了暗夜，黎明的晨輝便閃耀了。晦極，指黎明前最黑暗的一刻。❸垂耳吳阪者　形容駿馬不得其用，使負重險途，失意之態。吳阪，即吳坂，虞坂，又稱顛軨坂，道狹而險。劉琨〈答盧諶詩一首並書〉：「昔騄驥倚輈于吳坂，長鳴於良、樂，知與不知也。」❹騁千里之逸軌　放開雙足，馳騁千里。逸軌，迅足。❺縈鱗九淵者　潛伏深淵下的神龍。九淵，九重之淵；深淵。❻淩虹霓以高蹈　高飛於虹霓之上。高蹈，高舉遠行。

【語　譯】抱朴子說道：「閉塞至極則轉為通泰，天色暗極則晨輝閃耀。所以負重吳坂的駿馬，終將馳騁迅足，一日千里；在九重之淵盤曲的蛟龍，終將高飛遠翔於雲霄之上。」

抱朴子曰：「九斷四屬❶者，蘊藻所以表靈❷；摧柯碎葉者，茝蕙所以增芬❸。是以夷吾桎檻❹，而建匡合之績❺；應侯困辱❻，而著入秦之勳。」

【章　旨】志士經歷困苦挫折的磨鍊，更能激勵創建非常的業績。

【注　釋】❶九斷四屬　指刺繡時多次將彩線剪斷，又多次聯接起來的工夫。❷蘊藻所以表靈　指繡出的花紋、藻類等圖案就傳神了。表靈，活靈活現；傳神。❸茝蕙所以增芬　茝蕙，香草、蘭草之類，經過加工處理，更增添了芬香。❹夷吾桎檻　夷吾，指管仲。管仲輔佐公子糾時，曾親手射中公子小白的衣帶鉤。公子小白成為齊國君，即桓公，管仲被囚禁。後來齊桓公任命管仲為相，成就了霸業。❺建匡合之績　管仲輔佐齊桓公，曾九合諸侯，號令天下，故云。❻應侯困辱　范雎，戰國魏人，字叔。初事魏中大夫須賈，因事受疑，被打斷肋骨及牙齒。范雎佯裝已死，被捲以葦席，置之廁中。後入秦，說秦昭王，被任為相，封為應侯。見《史記·范雎蔡澤列傳》。

【語　譯】抱朴子說道：「經過多次刺繡剪接的加工，絲綢錦繡才能美妙傳神；經過碾碎調製，蘭蕙香草才能增加芳香。所以管仲從囚禁中解脫出來，便建立了號令諸侯的業績；范雎受到迫害侮辱，便隻身入秦建立了巨大的功勞。」

抱朴子曰：「所競者細，則利同而讎結❶；善否殊塗❷，則事異而結生❸。是以嫫母❹、宿瘤❺，惡見西施之豔容；商臣❻、小白❼，憎聞延州之退耕❽。」

【章　旨】容貌醜陋者厭惡美好之色，爭奪名位者憎恨廉讓之士。

【注　釋】❶利同而讎結　因為利益的爭奪而結下仇怨。❷善否殊塗　或善或惡，人生的宗旨及道路相異。❸事異而結生意謂所事異趣，所以產生矛盾糾結。「結」字原本空白，此據《道藏》本。❹嫫母　傳說是黃帝時人，古代著名的醜婦。❺宿瘤　傳說是齊國採桑女，頸上有大瘤，故名。用為醜女的代稱。❻商臣　春秋楚成王之子，逼成王自殺，自立為楚穆王。❼小白　春秋時，公子小白與其兄公子糾爭奪齊國君位。公子小白立，為齊桓公，公子糾被殺。見《左傳・莊公九年》。❽延州之退耕　延州，指吳季札。季札是春秋吳王諸樊之弟。諸樊讓位於季札，季札堅決不受，乃棄其室而耕。見《左傳・襄公十四年》。

【語　譯】抱朴子說道：「為細小的事務而爭逐，就會因為利益的矛盾而結下怨仇；善惡的宗旨相背離，就會因為處事的原則不同而發生糾葛。所以嫫母、宿瘤，厭惡西施豔美的姿容；商臣、小白，不願意聽到吳季札逃避君位退耕田野的事跡。」

抱朴子曰：「精❶鈍❷舛跡❸，則淩遲者❹愧恨；壯弱異科❺，則扛鼎者❻見忌。是以淮陰顯擢，而庸隸悒懊以疾其超❼；武安功高，而范雎飾談以破其事❽。」

【章　旨】才能非凡、功德卓著者，容易遭到庸人的嫉妒與構陷。

【注　釋】❶精　精明；鋒利。❷鈍　遲鈍。❸舛跡　能力、表現不同。❹淩遲者　指低下、卑劣者。❺異科　品類、等級不同。❻扛鼎者　力能舉鼎者。指身體強壯、力量大的人。❼是以淮陰顯擢二句　淮陰，指韓信，封淮陰侯。劉邦將拜大將，諸將皆喜，以為自己將被任命為大將。至拜大將，乃韓信也，一軍皆驚。見《史記・淮陰侯列傳》。❽武安功高二句　武安，指秦國大將白起，以功封武安君。應侯范雎與白起有隙，言之秦昭王，乃令白起自裁。見《史記・白起王翦列傳》。

【語　譯】抱朴子說道：「或精明、或遲鈍的能力不同，那些卑下的人會因之愧恨；或壯健、或瘦弱體質各異，那些力能舉鼎的人會受到忌妒。所以韓信被破格提拔為大將，那些平庸之輩便為之懊惱不快；武安君白起功勞卓著，而范雎便編造言辭破壞他的成功。」

抱朴子曰：「必死之病，不下苦口之藥；朽爛之材，不受雕鏤之飾。是以比干匪躬❶，而剖心於精忠；田豐見微❷，而夷戮於言直。」

【章　旨】亡國之君，聽不進忠臣志士的直言規諫。

【注　釋】❶比干匪躬　比干盡忠，而不顧身。傳說商紂王淫亂，比干犯顏直諫，被商紂王剖心而死。❷田豐見微　田豐，字元皓，漢末鉅鹿人。曾為袁紹之別駕，多謀略。直言強諫，勸袁紹把握良機，不被採納，後來被殺。

【語　譯】抱朴子說道：「身患必死的疾病，不會服下苦口的良藥；已經朽爛的木材，不能承受雕刻的修飾。所以比干置個人生死於不顧，因為忠誠而遭受了剖心之禍；田豐洞見深微，因為直言規諫遭到殺身的下場。」

抱朴子曰：「嶧陽孤桐❶，不能無絃而激哀響；大夏孤竹❷，不能莫吹而吐清聲。是以官卑者稷、卨不能康庶績❸，權薄者伊、周不能臻升平❹。」

【章　旨】才能之士只有掌握重權，才能實現治世的理想，建立卓越的業績。

【注　釋】❶嶧陽孤桐　嶧山之陽，有孤生特立之桐，是製造琴瑟的好材料。語見《尚書．禹貢》。❷大夏孤竹　傳說黃帝臣伶倫自大夏之西乃之阮隃之陰，取竹於嶰溪之谷，而吹之為黃鍾之宮。見《呂氏春秋．古樂》。❸官卑者稷卨不能康庶績　如果官職卑下，即使像后稷、契那樣的人也不能成就各種業績。稷，周民族之始祖，傳說堯、舜時任農官，教民耕種。卨，即契，商民族之始祖，傳說曾助禹治水有功，被任為司徒。❹權薄者伊周不能臻升平　沒有重權，即使伊尹、周公也不能治理天下達於太平。

【語　譯】抱朴子說道：「嶧陽孤桐之琴，若無琴絃便不能奏出動人的音樂；大夏之竹笛，若不吹奏也不能發出激越的清響。所以官職卑微，即使后稷、契也不能成就各項業績；權力弱小，即使伊尹、周公也不能使天下實現太平之治。」

抱朴子曰：「登峻者戒在於窮高，濟深者禍生於舟重。是以西秦有思上蔡之李斯❶，東越有悔盈亢之文種❷。」

【章旨】權勢利祿，不可窮極，否則將會招致禍患。

【注釋】❶西秦有思上蔡之李斯　李斯，秦大臣，官至丞相。秦始皇死後，他為趙高所忌，以謀反罪被腰斬於咸陽。他本是楚上蔡人，臨行刑，他對其子說：「吾欲與若復牽黃犬，俱出上蔡東門逐狡兔，豈可得乎？」見《史記・李斯列傳》。❷東越有悔盈亢之文種　文種，春秋末越之大夫，輔佐句踐滅吳後，任相國。為人所誣陷，句踐賜劍令他自殺，他仰天嘆曰：「吾悔不隨范蠡之謀，乃為越王所戮！」伏劍而死。見《吳越春秋・句踐伐吳外傳》。

【語譯】抱朴子說道：「攀登險峻山峰的人須警惕不要爬得太高，橫渡深水的人災禍起於舟船負載太重。所以西方之秦國有臨刑前思牽黃犬出上蔡東門的李斯，東方之越國有自殺之前後悔權勢太重的文種。」

抱朴子曰：「剛柔有不易之質，貞橈❶有天然之性。是以百鍊而南金❷不虧其真，危困而烈士❸不失其正。」

【章旨】烈火百煉方顯真金，艱難危困方見烈士。

【注釋】❶貞橈　正直與邪曲。貞，正。橈，彎曲。❷南金　古代荊州、揚州地域所出產的一種金屬，古人視為寶物。❸烈

士　堅貞不屈之士。

【語　譯】抱朴子說道：「有剛有柔，物的本質是不會改變的；有正有曲，人的稟性是自然而生的。所以南金百煉仍然不變其真實的質地，堅貞不屈之士經歷危難困苦仍然不變其正直的操守。」

抱朴子曰：「不以其道，則富貴不足居；違仁舍義，雖期頤不足吝❶。是以卞隨負石以投淵❷，仲由甘心以赴刃❸。」

【章　旨】違背仁義，則富貴長壽皆不足貴。

【注　釋】❶期頤不足吝　百年之壽也不值得吝惜。期頤，稱百歲之人。❷卞隨負石以投淵　卞隨，古之隱士。據說商湯推翻夏桀後，要將天下讓給他，他於是負石自沈於廬水。見《莊子・讓王》。❸仲由甘心以赴刃　仲由，字子路，孔子之弟子，曾任衛大夫孔悝之邑宰。孔悝作亂，子路聞之而馳往，曰：「食其食者不避其難。」被殺。見《史記・仲尼弟子列傳》。

【語　譯】抱朴子說道：「如果不經由正當的途徑，那麼富貴也是不應該據有的；如果違背了仁義，那麼百年之壽也是不值得留戀的。所以卞隨就負石自沈於水了，所以子路也就甘心犧牲生命了。」

抱朴子曰：「卑高不可以一槩齊，餐廩不可以勸沮化❶。是以惠施患從車之苦少，莊周憂得魚之方多❷。」

【章　旨】人之稟性不齊，有的追求世間榮華，有的遺物而全性。

【注　釋】❶餐廩不可以勸沮化　餐廩，不詳。疑有錯訛。勸沮，規勸或制止，以推行教化。❷是以惠施患從車之苦少二句傳說惠施從車百乘以過孟諸，尚不滿足。莊子見之，棄其餘魚。見《淮南子・齊俗》。

【語　譯】抱朴子說道：「或高或低不可以強求一律，稟賦的差異不可以因為教化勸誡而改變。所以惠施憂愁的是隨從的車輛太少，而莊周憂慮的是釣得的魚兒太多。」

抱朴子曰：「出處❶有冰炭之殊，躁靜❷有飛沈之異。是以墨翟以重繭怡顏❸，箕叟以遺世得意❹。」

【章　旨】有人用世，有人隱逸，不同的志向有不同的追求。

【注　釋】❶出處　指進而用世，或退而隱逸。❷躁靜　躁，進取出世。靜，淡泊無為。❸墨翟以重繭怡顏　墨子摩頂放踵，手足磨出了厚繭，以求利於天下，為此而心甘情願。重繭，手足磨出厚皮。形容辛勞。❹箕叟以遺世得意　許由隱於箕山之下，忘懷世事，志歡意得。

【語　譯】抱朴子說道：「或者進取、或者退縮，其相距如同寒冰之於火炭；或者積極出世、或者沈靜無為，其差別如同飛鳥之於沈魚。所以墨翟奔波勞累、手足磨出厚繭而心情歡悅，箕山許由忘懷世事、不計榮辱而志滿意得。」

抱朴子曰：「適心者交淺而愛深，忤神者接久而彌乖❶。是以聲同則傾蓋而居昵❷，道異則白首而無愛。」

【章　旨】交情的深淺不在於時間的長短，而在於是否心神相合。

【注釋】❶忤神者接久而彌乖　心神相牴牾者時間愈長，矛盾愈多。彌乖，更加乖離、牴觸。❷聲同則傾蓋而居昵　意謂志趣相合的人即使路途初識，也停留下來，親切地交談。聲同，同聲相應、同氣相求。傾蓋，行道相遇，停車交談。形容初交相得，一見如故。

【語譯】抱朴子說道：「心神相合的人即使交結時間短也感情深厚，精神不合的人時間愈久而矛盾愈多。所以氣味相投即使相逢路途也停車親切交談，倘若志向不同即使交往到白頭仍然沒有感情。」

抱朴子曰：「艅艎❶鷁首❷，涉川之良器也，櫂之以北狄❸，則沈漂於波流焉。蒲梢汗血❹，迅趨之駿足也，御非造父❺，則傾僨於嶮塗❻焉。青萍豪曹❼，剡鋒之精絕❽也，操者非羽越❾，則有自傷之患焉。勁兵銳卒，撥亂❿之神物也，用者非明哲，則速⓫自焚之禍焉。」

【章旨】舟船駿馬，需要優秀的駕馭者；精兵勁卒，需要英明的指揮者。

【注釋】❶艅艎　古代之船名。❷鷁首　船頭畫鷁之形，因以名船。鷁，一種水鳥。❸櫂之以北狄　讓北方之狄人駕船划槳。櫂，划船撥水。北狄，指北方之少數民族。不善於駕船。❹蒲梢汗血　均為古代傳說之千里馬，產於西域之大宛。❺造父　周代善於馭馬者，曾為周穆王駕御八駿。❻傾僨於嶮塗　在險峻的路途傾覆、翻倒。僨，仆倒；翻覆。❼青萍豪曹　均為古代著名之寶劍。❽剡鋒之精絕　鋒利絕世之寶物。剡鋒，鋒芒銳利。❾羽越　古代之善劍術者，事跡不詳。❿撥亂　平息動亂。⓫速　招致。

【語譯】抱朴子說道：「艅艎、鷁首之船，是橫渡江河的優良器具，但是若用北方的狄人划槳，就會在波濤中翻船沈沒。蒲梢、汗血，是奔馳迅速的駿馬，但是若不是造父去駕御，就會在險峻的道路上翻覆。青萍、豪曹，是鋒利絕世的寶劍，但是若不是羽越去操持，就會有傷害自己的禍患。精兵勁卒，是平息動亂的法寶，但是若非明哲之人去掌握，就會招致自我毀滅的災難。」

抱朴子曰：「天秩有不遷之常尊❶，無禮犯遄死之重刺❷。是以玄洲之禽獸❸，雖能言而不得廁貴牲❹；蛩蛩之負蹷❺，雖寄命而不得為仁義❻。」

【章旨】世間萬物中，只有人懂得禮節仁義，故最為尊貴。

【注釋】❶天秩有不遷之常尊　天秩，即天爵。儒家以禮義道德為自然永恆不變的爵位。人因為遵奉禮義道德，故最為尊貴。❷無禮犯遄死之重刺　《詩經・鄘風・相鼠》有「人而無禮，胡不遄死」等句，諷刺那些無禮之人。遄，趕快。❸玄洲之禽獸　指鸚鵡、猩猩。或曰海中有洲，出五色鸚鵡，故云。《禮記・曲禮》：「鸚鵡能言，不離飛鳥；猩猩能言，不離禽獸。」❹貴牲　指人。牲，疑「性」之訛。《說文》：「人，天地之性最貴者也。」❺蛩蛩之負蹷　蛩蛩，古代傳說中的獸名。蹷，即蹶鼠。傳說蹶鼠常為蛩蛩取甘草，而當蹶鼠遇到危險時，蛩蛩便將牠馱負而逃走。見《呂氏春秋・不廣》。❻雖寄命而不得為仁義　意謂蛩蛩雖然救了蹶鼠之命，為的是甘草，而並非懂得仁義。寄命，生命所寄託。

【語譯】抱朴子說道：「天地萬物中唯有禮義道德永遠處在尊貴的地位，所以人若無禮就會招來『何不趕快去死』的重刺。海中玄洲上的鸚鵡、猩猩，即使能說話也不能算是人類；蛩蛩揹負蹶鼠，即使救其性命也不能算作是仁義之舉。」

抱朴子曰：「謗讟不可以巧言弭❶，實恨不可以虛事釋。釋之非其道，弭之不由理，猶懷冰以遣冷，重鑪以卻暑❷，逐光以逃影，穿舟以止漏矣。」

【章　旨】要消除非議與怨言，必須有符合情理的實際行動，否則只會適得其反。

【注　釋】❶謗讟不可以巧言弭　不可憑花言巧語平息怨言與非議。謗讟，非議與怨言。❷重鑪以卻暑　四周燒著火爐，卻要去熱解暑。

【語　譯】抱朴子說道：「怨言與非議不能以花言巧語去平息，實際的怨恨不能用虛假的形式去消除。消除怨恨不以其道，平息非議不合情理，就像懷著寒冰取暖，圍著火爐解暑，追逐光芒卻想沒有影子，鑿穿船艙卻想阻止漏水一樣。」

抱朴子曰：「明主官人❶，不令出其器❷；忠臣居位，不敢過其量❸。非其才而妄授，非所堪而虛任，猶冰碗之盛沸湯，葭莩❹之包烈火，綴萬鈞於腐索，加倍載於扁舟。」

【章　旨】朝廷任用官員，務必使其器識才能與職務相稱。器小權重，必致災禍。

【注　釋】❶官人　任命官員，授以官職。❷不令出其器　意謂所授官職不要超出其才能、器量。❸不敢過其量　所任職位，不敢高於其能力、器量。❹葭莩　蘆葦中的薄膜。

【語　譯】抱朴子說道：「英明的君主任用官員，不會使職務超出其器量；忠正之臣居官任事，不敢使權位超過自己的才能。如果超出其才能授以高官，超過其器量而委以重任，那就像用冰碗去盛沸騰的湯水，用蘆葦薄膜去包住烈火，在腐朽的繩索上繫以萬鈞之物，在一葉扁舟上裝載成倍的重量一樣。」

抱朴子曰：「豹狐之裘❶，不為負薪施；九成六變❷，不為聾夫設；高唱遠和❸，不為庸愚吐；忘身致果❹，不為薄德作。」

【章旨】只有君主英明、德化盛大，才能使才士貢獻良策，勇士為國而忘身。

【注釋】❶豹狐之裘　豹裘、狐裘。形容貴重之衣服。❷九成六變　指美妙的樂曲。古代音樂每奏完一曲叫一成，又名一變。反覆演奏，曰九成、六變。《尚書・益稷》：「〈簫韶〉九成。」❸高唱遠和　宋玉〈對楚王問〉載：客有歌於郢中者，其為〈陽春白雪〉，國中屬而和者不過數十人，蓋曲高和寡也。❹忘身致果　英勇殺敵，奮不顧身，果，堅毅、勇敢。

【語譯】抱朴子說道：「豹裘狐裘之衣，不是為揹負柴草而製作的；九成六變之音樂，不是為聾子而設置的；高遠的謀略，不會在平庸愚昧者面前吐露；奮勇忘身的勇士，不會為德性淺薄的君主而效力。」

抱朴子曰：「民財匱夫而求不已，下力竭矣而役不休，欲怨歎之不生，規其寧之惟永❶，猶斷根以續枝，割背以裨腹❷，刻目以廣明❸，剜耳以開聰❹也。」

【章旨】搜求民財，濫用民力，不可能實現天下的長久安寧。

【注釋】❶規其寧之惟永　希望達到天下永久的安寧。《尚書・呂刑》：「一人有慶，兆民賴之，其寧惟永。」❷割背以裨腹　割背上的肉，補充在腹部。裨，增益；補助。❸刻目以廣明　擴大眼睛，以增強視力。刻目，把眼睛兩旁用刀劃開。❹剜耳以開聰　以刀剜開耳朵，以增進聽力。

【語譯】抱朴子說道：「民間財富匱乏，仍然搜求不已；百姓力量已盡，仍然勞役不休。如此而希望沒有怨恨悲嘆之聲，幻想實現長久的安寧，那就好像斬斷樹根以補枝條，割去背上的肉去補充腹部，又像劃開眼睛以增進視力，剜開耳朵以加強聽力一樣。」

抱朴子曰：「法無一定，而慕權宜之隨時；功不倍前，而好屢變以偶俗。猶剸高馬以適卑車❶，削附踝以就褊履❷，斷長劍以赴短鞞❸，割尺璧以納促匣❹也。」

【章　旨】法律應該保持穩定性，不能為了牽就世俗而經常變更。

【注　釋】❶剸高馬以適卑車　截斷高馬之足，以適合套矮車的需要。剸，割斷；截斷。❷削附踝以就褊履　削去腳跟腳背以穿進小鞋之中。附，當作「跗」。腳背。踝，腳跟。褊履，狹小的鞋子。❸斷長劍以赴短鞞　折斷長劍，裝進短的劍鞘之中。鞞，刀劍套。❹割尺璧以納促匣　割開徑尺之璧，以求納入小盒子中。徑尺之璧，是無比珍貴的寶物。

【語　譯】抱朴子說道：「法律沒有穩定性，只是為了權宜之計而隨時更改；並未建立成倍超越前人的功績，而喜歡變動制度以滿足世俗的心理。這就像截短高馬之足以適應矮的車子，削掉腳背腳跟以牽就小的鞋子，折斷長劍以納入小的劍鞘，割開珍貴的尺璧以裝進小盒子中一樣。」

抱朴子曰：「止波之修鱗❶，不出窮谷之隘。鸞棲之峻木，不秀培塿之卑❷。九疇之格言❸，不吐庸猥之口。金版之高筭❹，不出恆民之懷❺。睹百抱之枝❻，則足以知其本之不細；睹汪濊之文❼，則足以覺其人之淵邃❽。」

【章　旨】只有根本深厚，才能有茂盛的枝葉。只有學識深厚，才能有卓異的思想與文辭。

【注　釋】❶修鱗　大魚。❷鸞棲之峻木二句　鸞鳳棲息的大樹，不會生長在低矮的土丘上。培塿，小土坡。❸九疇之格言治理天下的格言。九疇，夏禹治理天下的九類辦法、策略。❹金版之高算　指關於朝政之謀略，高邁精妙。金版，古代將國家大事，鏤於金屬之版上。❺恆民之懷　平常人之胸懷。❻百抱之枝　樹枝有百人合抱之粗。極言樹枝之大。❼汪濊之文　文辭豐富，如水之深厚。汪濊，形容水浩瀚、深厚。❽淵邃　這裡形容人的學識淵博、深沈。

【語　譯】抱朴子說道：「能夠遏止波浪的大魚，不會出自狹隘的山谷。能夠棲息鳳凰的大樹，不會生長在小土坡上。治理天下的精妙之言，不會吐自猥瑣凡庸者之口。高邁卓異的治國方略，不是世俗常民所能謀劃。看見粗大的樹枝，就知道它的根幹不會細小；看見浩瀚精深的文辭，就知道作者人品學識的深厚。」

抱朴子曰：「桑林鬱藹❶，無補柏木之淒冽❷，膏壤帶郭❸，無解黔敖之蒙袂❹。然繭纊綈紈❺，此之自出；千倉萬箱❻，於是乎生。故識遠者貴本，見近者務末。」

【章　旨】品節人格，人生之本；物產財富，人生之末。見識遠大者重視根本，見識淺近者經營末節。

【注　釋】❶桑林鬱藹　意謂盛夏時，桑樹枝葉繁盛。鬱藹，樹林茂密，枝葉鬱鬱蔥蔥。❷柏木之淒冽　意謂隆冬歲寒時節，柏樹不凋瘁。❸膏壤帶郭　在郊外有肥沃的田地。形容富有。帶郭，外城附近。❹黔敖之蒙袂　黔敖，春秋齊國人。齊國發生饑荒，黔敖為食於道旁，施捨餓人。有人以袖蒙面而來，黔敖曰：「嗟，來食！」來者曰：「予唯不食嗟來之食，以至於斯也！」終不食而死。見《禮記・檀弓下》。❺繭纊綈紈　絲綿、絲織品之類。繭纊，絲綿絮。綈，粗繒。紈，細絹。❻千倉萬箱　形容糧食豐收。

【語　譯】抱朴子說道：「盛夏枝葉繁茂的桑林，無補於柏樹歲寒不凋的品節；郊外肥田沃土的財富，無補於餓人不食嗟來之食的操守。然而絲綢綿絮，正是茂密的桑林生產出來的；千倉萬箱的糧食，正是從肥沃的田地中收穫的。所以見識遠大者看重根本，見識淺近者經營末節。」

抱朴子曰：「體粗者繫形❶，知精者得神❷。原始見終者❸，有可推之緒。得之未眹者❹，無假物之因❺。是以晝見天地，未足稱明；夜察分毫，乃為絕倫。」

【章旨】只有透過表象，把握事物的精神，才能察見細微，預料未來。

【注釋】❶體粗者繫形　領悟粗淺者僅能認識事物外在之形貌。體，體味；領悟。❷知精者得神　認知深入者則能把握事物內在的精神。❸原始見終者　能夠在事物開始便推測其結局的人。原始，探究事物的起源。❹得之未眹者　在徵兆尚未顯現前便察知了。眹，通「朕」。徵兆；跡象。❺無假物之因　沒有假借他物的困擾。因，疑「困」字之訛。

【語譯】抱朴子說道：「認識粗淺者只能了解事物外在的形貌，體會深入者才能把握事物內在的精神。探究事物的本始便能預料其終結者，有推測未來的能力；在徵兆尚未顯現前便察見其跡象者，便沒有假借他物的困擾。所以白天看見天地，不能算是目光明亮；只有夜晚能夠察見分毫，才可以算作視力超群絕倫。」

抱朴子曰：「芳藻春耀❶，不能離柯以久鮮。吞舟之魚，不能舍水而攝生❷。是以名美而實不副者，必無沒世之風❸；位高而器不稱者，不免致寇之敗❹。」

【章旨】有美名而實不符者，勢不能久；據高位而器不稱者，必遭禍災之敗。

【注釋】❶芳藻春耀　春天鮮花盛開，芬芳奪目。❷攝生　維持生命。❸沒世之風　身後之名。沒世，指死後。❹致寇之敗　《周易・解卦》曰：「負且乘，致寇至。」〈繫辭上〉解釋曰：「負也者，小人之事也。乘也者，君子之器也。小人而乘君子之器，盜思奪之矣。」意謂小人佔據了君子的位置，強盜就要來奪取了。

【語譯】抱朴子說道：「燦爛芬芳的春花，不能離開枝柯保持長久的鮮潔；吞舟的大魚，不能離開水而維持自己的生命。所以有美好的聲譽而不符實際者，必無身後之美名；身據高位而德才不配者，必遭禍災而失敗。」

抱朴子曰：「忍痛苦之藥石者，所以除伐命之疾❶；嬰❷甲冑之重冷者，所以扞鋒鏑之集❸；潔操履之拘苦❹者，所以全拔萃之業❺；納拂心之至言者，所以無易方之惑❻也。」

【章旨】只有經歷艱苦的磨練，才能建立非常的業績；只有採納逆耳之言，才能消除生活中的困惑。

【注釋】❶伐命之疾　危害生命的疾病。❷嬰　穿戴。❸扞鋒鏑之集　保衛自己，不受刀鋒飛箭的傷害。扞，保護；遮擋。❹潔操履之拘苦　嚴格約束自己，保持行為操守的純潔。❺拔萃之業　指儒家聖人之業。《孟子．公孫丑》：「聖人之於民，亦類也。出於其類，拔乎其萃，自生民以來未有盛於孔子也。」❻易方之惑　違背法理、迷失方向之困惑。

【語譯】抱朴子說道：「忍受藥石的痛苦，是為了治癒危害生命的疾病；穿戴沈重又寒冷的盔甲，為的是防禦刀鋒箭鏑的傷害；嚴格地要求自己以保持行為操守的純潔，為的是成就聖人之業；採納逆耳之言，為的是消除生活中的疑問與困惑。」

抱朴子曰：「鸞鳳競粒於庭場，則受褻於雞鶩❶；龍麟雜廁於芻豢❷，則見黷於六牲❸。是以商老棲峻以播邈世之操❹，卞隨赴深以全遺物之聲❺。」

【章旨】隱者棲於山林以追求節操的高邁，不惜生命以保持自身的純潔。

【注釋】❶受褻於雞鶩　遭受到雞鴨的侮辱。褻，輕侮；不敬。鶩，鴨。❷龍麟雜廁於芻豢　神龍、麒麟與牛羊豬狗雜養在一起。芻豢，指家畜，牛、羊、犬、豕之類。❸見黷於六牲　被家禽、家畜所褻瀆。六牲，馬、牛、羊、雞、犬、豕。❹商老棲峻以播邈世之操　商山四皓棲息於深山峻嶺之間以傳播高邁超世的節操。❺卞隨赴深以全遺物之聲　卞隨，古隱士。傳說商湯討伐夏桀後，讓天下給他。他不肯接受，乃投水而死。見《莊子·讓王》。

【語　譯】抱朴子說道：「鸞鳥鳳凰若在庭場爭食，就要受到雞鴨的輕侮；神龍麒麟若與家畜一起豢養，就會受到牛羊豬狗的褻黷。所以商山四皓隱於崇山峻嶺以傳播高邁的節操，卞隨投水而死以保持清白的名聲。」

抱朴子曰：「浚井不渫❶則泥濘滋積，嘉穀不耘則荑莠彌蔓❷。學而不思則疑閡❸實繁，講而不精則長惑喪功❹。」

【章　旨】學習必須多思，方能消除疑問；求師必當精深，才能獲得成功。

【注　釋】❶浚井不渫　深井若不淘去污穢。浚，深。渫，除去污穢之物。❷荑莠彌蔓　雜草到處蔓延。荑，似穀的雜草。莠，狗尾草。❸疑閡　疑問不通。❹講而不精則長惑喪功　師傳講解不精，則學生難以解除疑惑，無所收穫。

【語　譯】抱朴子說道：「深井若是不加淘洗，泥濘污穢就會越積越多；稻田若是不經常除草，雜草就會到處蔓延。學習若是不加思考，疑問就會逐漸繁多；講解若是不能精深，就不能解除疑惑，因而無所收穫。」

抱朴子曰：「積萬金於篋匱❶，雖儉乏而不用，未知其有異於貧窶❷。懷逸藻於胸心，不寄意於翰素❸，則未知其有別於庸猥❹。」

【章　旨】胸懷超逸之才而不見於文章，則與平庸之輩無所區別。

【注　釋】❶篋匱　箱子；櫃子。❷貧寠　貧窮；貧寒。❸翰素　文章；著述。❹庸猥　平庸、鄙賤之輩。

【語　譯】抱朴子說道：「將萬兩黃金收藏在櫃子之中，即使困乏也不動用，不知道這與貧窮有何區別。胸懷超逸的文采，而不將自己的才華展現為文章，不知道這與世俗平庸之輩又有何兩樣。」

抱朴子曰：「南威❶、青琴❷，姣冶之極，而必俟盛飾以增麗；回、賜、游、夏❸，雖天才雋朗❹，而實須墳誥❺以廣智。」

【章　旨】即使有美好的稟賦，也必須學習以增長智慧。

【注　釋】❶南威　即南之威，戰國時美女名。❷青琴　古代傳說神女之名。❸回賜游夏　孔子之弟子顏回，字子淵。端木賜，字子貢。言偃，字子游。卜商，字子夏。❹雋朗　才識超邁，俊逸出眾。❺墳誥　指古代典籍、史冊。

【語　譯】抱朴子說道：「南威、青琴等美女，她們的容貌妖冶之極，然而還是要盛妝打扮，以增加美麗；顏回、子貢、子游、子夏等孔門弟子，他們天生稟賦俊朗超群，但是還是需要學習典籍以增進智慧。」

抱朴子曰：「丹幃接網❶，組帳重蔭❷，則醜姿翳❸矣。朱漆飾致，錯塗炫燿❹，則枯木隱矣。是以六藝備則卑鄙化為君子❺，眾譽集則孤陋邈乎貴遊❻。」

【章　旨】文化的薰陶可以改變人的性情，道德的修煉可以培養高尚的人格。

【注　釋】❶丹幃接網　紅色的帷帳相接。幃，帷幕。❷組帳重蔭　華麗的帷帳一重又一重，遮蔽了陽光。組，繫帳子用的絲帶。形容華美。❸翳　掩飾；障蔽。❹錯塗炫燿　塗飾了各種顏色，顯得光彩明耀。❺六藝備則卑鄙化為君子　經受文化典籍的薰陶，小人可以變化為君子。六藝，指儒家之六經。❻孤陋邈乎貴遊　寒門孤立無援之士遠遠勝過貴族浪遊子弟。邈，遠遠超過。

【語譯】抱朴子說道：「紅色的簾幕緊密相接，華麗的帷帳遮蔽了陽光，則醜陋之姿就被掩飾了；用朱漆裝飾，塗上鮮明耀眼的顏色，則枯朽之木就看不出來了。所以六經典籍的修養能使卑陋鄙賤的小人變成文質彬彬的君子，具備美好的道德可使寒素之士遠遠勝過貴族浮遊子弟。」

抱朴子曰：「繁林翳薈❶，則羽族雲萃❷；玄淵浩汗❸，則鱗群競赴❹。德盛業廣，則宅心❺者眾；舍瑕錄用❻，即遠懷近集❼。」

【章旨】君王德化廣大，則四方百姓歸心；若能容忍寬大，就會人才濟濟。

【注釋】❶翳薈　形容樹林茂密、枝葉繁盛。❷羽族雲萃　各種鳥類就會聚集成群。羽族，鳥類。❸浩汗　浩瀚；水面廣大。❹鱗群競赴　魚龍之類就會競相奔赴。鱗群，有鱗的動物。指魚龍之屬。❺宅心　歸心。❻舍瑕錄用　包容缺點，以寬容之心錄用人才。❼遠懷近集　遠方之人心嚮往之，近地之人前來依附。遠懷，安撫遠方之人。

【語譯】抱朴子說道：「樹林繁密、枝葉茂盛，各種飛鳥就會成群的聚集；廣淵深厚，波濤浩瀚，各種魚類就會競相奔赴而來。如果德化廣大而興盛，嚮往朝廷的人就會增多；以寬容大度的態度錄用人才，就能使遠人歸心、近人前來依附。」

抱朴子曰：「尋飛絕景之足❶，而不能騁逸放於呂梁❷；凌波泳淵之屬❸，而不能陟峻而攀危❹。故離朱❺剖秋毫於百步，而不能辯八音❻之雅俗；子野❼合通靈之絕響，而不能指白黑於咫尺。」

【章　旨】有其長必有其短，人的才能不能面面俱到。

【注　釋】❶尋飛絕景之足　指奔馳如飛、能追光逐影的駿馬。景，通「影」。❷騁逸放於呂梁　在呂梁之淵中馳騁。傳說呂梁懸水三十仞，流沫三十里，飛瀑激流，非駿馬馳騁之所。見《列子．黃帝》。❸凌波泳淵之屬　指魚類。❹陟峻而攀危　攀登險峻之高山。❺離朱　古之視力超常人，傳說黃帝時人，能視於百步之外，見秋毫之末。❻八音　指鐘、磬、琴瑟、簫管、笙竽等八類樂器。❼子野　春秋時晉之樂師師曠，字子野，生而目盲，善辨樂聲。

【語　譯】抱朴子說道：「奔馳如飛、追光逐影的駿馬，不能在呂梁之淵中馳騁；在波濤沈淵中自由游泳的魚類，不能夠攀登險峻的山峰。所以離朱能辨別百步之外的秋毫，而不能分辨各種樂聲的雅俗；師曠對於音樂的判斷通於神靈，而不能辨明咫尺之內的黑白。」

抱朴子曰：「四聰❶廣闢，則羲和納景❷；萬仞虛己❸，則行潦交赴❹。故博采之道弘，則異聞畢集；庭燎之耀輝❺，則奇士叩角❻；誹謗之木❼設，則有過必知；敢諫之鼓❽懸，則直言必獻。」

【章　旨】只有廣泛地聽取並採納人民的意見，才能及時改正過錯，招致人才。

【注　釋】❶四聰　廣開四方之視聽。代指窗戶。❷羲和納景　陽光就照射進來了。羲和，指太陽。景，通「影」。指光線。❸萬仞虛己　指大海深達萬仞，虛心以待。虛己，意謂處下。❹行潦交赴　天下之溝渠、江河，奔赴灌注於大海。行潦，溝中之積水。❺庭燎之耀輝　招賢的火炬點燃，光輝閃耀。庭燎，為招賢而燃起的火炬。傳說齊桓公曾設庭燎，四方之士相導而至。見《韓詩外傳・卷三》。❻奇士叩角　奇才異能之士前來。叩角，用甯戚擊牛角而歌以干齊桓公事。見《呂氏春秋・舉難》。❼誹謗之木　傳說舜樹立誹謗之木，鼓勵百姓在上面書寫朝政的失誤，提出批評意見。見《呂氏春秋・自知》。❽敢諫之鼓　傳說堯建敢諫之鼓，若有意見則擊其鼓。敢，一作「欲」，見《鄧析子・轉辭》。

【語　譯】抱朴子說道：「將四面的窗戶打開，太陽的光芒就照射進來了。大海深達萬仞，虛心處下，江河溝渠之水就奔流灌注而來了。所以只要廣泛地搜求，各種奇聞異事就收集起來了。求賢的庭燎光輝閃耀，奇才異能之士就紛紛前來了。設置了誹謗之木，有了過失就一定能知道。懸掛了敢諫之鼓，忠直之言就一定能獻上朝廷。」

抱朴子曰：「能言莫不褒堯，而堯政不必皆得也；舉世莫不貶桀，而桀事不必盡失也。故一條之枯，不損繁林之蓊藹❶；蒿麥❷冬生，無解畢發之肅殺。西施有所惡而不能減其美者，美多也；嫫母❸有所善而不能救其醜者，醜篤❹也。」

【章　旨】善惡、美醜都是就其主要方面而言，不能絕對而論。

【注　釋】❶蓊藹　枝葉茂密而多蔭。❷蒿麥　蒿，疑為「薺」字之訛。薺麥冬生而夏枯，《抱朴子》內篇多有連文。❸嫫母　傳說黃帝時人，古代著名之醜女。❹醜篤　醜得厲害、嚴重。

【語　譯】抱朴子說道：「會說話的人沒有不稱讚唐堯的，而唐堯時的政治未必都是好的；舉世之人沒有不貶責夏桀的，而夏桀時的事情未必都是錯的。所以一條樹枝枯死了，不影響一片樹林的茂盛。薺麥在冬天裡生長，不影響萬物肅殺的大局。西施有所醜而不能減少其美，因為她的美是主要的；嫫母有所善而不能救其醜，因為她醜得太厲害了。」

抱朴子曰：「身與名難兩濟❶，功與神尠並全❷。支離其德者❸苦而必安，用以適世者樂而多危。故鷙禽❹以奮擊拘縶，言鳥❺以智慧見籠。瓊瑤以符采剖判❻，三金以琦玩冶鑠❼，蘭茝以芬馨剪刈❽，文梓以含音受伐❾。是以翠虯睹化益而登玄雲❿，靈鳳值孟戲而反丹穴⓫，子永歎天倫之偉⓬，漆園悲被繡之犧⓭。」

【章旨】建功立業、獲得美名與保全生命、精神自由難以兩全其美，所以積極用世者多遭遇不幸。

【注釋】❶身與名難兩濟　生命的保全與聲名的獲得難以同時實現。❷功與神尠並全　功業的建立與精神的自由難以兩全其美。尠，鮮少。❸支離其德者　指忘懷道德的人，即有至高道德而不求用世的人，《莊子・人間世》載有名支離疏者，身體殘廢，而遇戰爭、勞役皆得以保全自己，其後曰：「夫支離其形者，猶足以養其身，終其天年。又況支離其德者乎？」❹鷙禽　猛禽。指獵鷹。❺言鳥　指鸚鵡。❻瓊瑤以符采剖判　美玉因為光彩而被切割。符采，美玉的紋理光彩。❼三金以琦玩冶鑠　金、銀、銅因為奇異不凡而被熔煉。三金，多指金、銀、銅三種金屬。琦，通「奇」。❽蘭茝以芬馨剪刈　香草因為氣味芬馨而遭到剪割。茝，白芷，一種香草。❾文梓以含音受伐　文梓，有斑文的梓木。可製琴箏，故被人砍伐。❿翠虯睹化益而登玄雲　化益，即伯益。曾佐禹治水，又鑿地作井。傳說伯益作井，龍知將會決川谷、漉陂池，恐怕被害，故登雲而去。《淮南子・本經》：「伯益作井而龍登玄雲，神栖昆侖。」⓫靈鳳值孟戲而反丹穴　孟戲，伯益之後裔，傳說他鳥身人言。丹穴之山，鳳凰所居之處。⓬子永歎天倫之偉　子永，即子祀。他五十四歲時得了傴僂病，彎腰駝背，肩膀高過頭頂，面頰隱在肚臍下，曾在友人面前感嘆造物主的偉大，表現了順應自然的思想。見《莊子・大宗師》。⓭漆園悲被繡之犧　漆園，即莊子。被繡之犧，用於祭祀的牛，被殺之前，要披以錦繡。《莊子・列禦寇》：「或聘於莊子。莊子應其使曰：『子見夫犧牛？衣以文繡，食以芻菽。及其牽而入於大廟，雖欲為孤犢，其可得乎？』」

【語譯】抱朴子說道：「生命與名聲，難以同時實現圓滿；功業的建樹與心靈的自由，難以兩全其美。忘懷道德、不求用世的人，雖然困苦而必定平安；適應社會、追求功業的人，雖然享樂而多有危險。所以獵鷹因為善於搏擊而遭到拘縶，鸚鵡因為聰明能言而被關進籠子，美玉因為光彩閃耀而被剖開，金、銀、銅因為奇異不凡而遭冶煉，蕙蘭、白芷因為氣味芳香而被剪割，文梓之木因為能製為琴箏而遭砍伐。所以蒼龍見到伯益就飛上了雲空，鳳凰遇到了孟戲就返回了丹穴之山。所以子永嘆息自然造化的偉大，莊子悲嘆犧牛平時著錦繡卻終被屠殺的命運。」

抱朴子曰：「萬麋❶傾角❷，猛虎為之含牙；千禽鱗萃❸，鷙鳥為之握爪。是以四國流言，公旦不能遏❹；謗者盈路，子產無以塞❺。」

【章旨】世俗的流言難以遏止，所以聖賢也難免受到牽累。

【注釋】❶麋　似鹿而稍大，雄性有角。❷傾角　有抵禦之勢。❸鱗萃　形容聚集眾多。❹四國流言二句　四國，指管、蔡、商、奄四個諸侯國。史載周成王年幼，周公攝政，管叔、蔡叔等散布流言，說周公旦有篡奪王位的野心。周公不得已，南奔至楚國。《詩經・豳風・破斧》：「周公東征，四國是皇。」❺謗者盈路二句　子產，春秋時鄭國之正卿。傳說他執政一年，鄭人相與誦之曰：「取我衣冠而褚之，取我田疇而伍之。孰殺子產，吾其與之！」見《左傳・襄公三十年》。

【語譯】抱朴子說道：「成萬頭麋鹿傾角相對，猛虎也不敢開口撕咬；成千隻禽鳥聚集在一起，猛禽也不敢伸爪捕捉。所以管、蔡四國散布流言誹語，周公也無法阻止；路人紛紛批評誹謗，子產也無法不讓人說話。」

抱朴子曰：「威施❶之豔，粉黛無以加；二至之氣❷，吹噓不能增。是以懷英逸之量❸者，不務風格以示異；體邈俗之器❹者，不恤小譽以徇通❺。」

【章　旨】非凡之士重視內在的器識與才能，不追求外在的地位與聲譽。

【注　釋】❶威施　南威、西施，都是古代著名的美女。❷二至之氣　冬至、夏至之氣。指自然寒暑之氣候。❸英逸之量　傑出超群的才能、器量。❹邈俗之器　遠勝世俗之器具。❺不恤小譽以徇通　不顧世俗之小譽，無意於人間之虛榮。恤，顧惜；憂慮。徇，求。

【語　譯】抱朴子說道：「南威、西施之美貌，粉黛不能增加其美；冬夏寒暑之變化，吹噓不能有所增減。所以懷有傑出才能的人，不標舉非常的風格以表示與眾不同；擁有超凡器具的人，不務外在的聲譽以求仕途的通達。」

抱朴子曰：「麟止鳳儀❶，所患在少；狐鳴梟呼❷，世忌其多。是以俊乂❸盈朝，而求賢者未倦；讒佞作威，而忠貞者切齒。」

【章　旨】朝廷賢能之臣越多越好，讒佞之臣則應盡力清除。

【注　釋】❶麟止鳳儀　麒麟、鳳凰，祥瑞之物。《詩經．周南》有〈麟之趾〉詩，後以麟趾頌揚宗室子弟。鳳儀，鳳凰之儀態。❷狐鳴梟呼　狐、梟，古代之惡獸、惡禽，古人認為其鳴呼為惡聲。狐梟，又喻陰險之人。❸俊乂　德高望重的賢者。

【語　譯】抱朴子說道：「麒麟鳳凰的儀容，只耽心牠們出現的太少；狐狸梟鳥的鳴呼，世人忌諱其多。所以德高望重者滿朝，而且還要繼續尋求賢者；若有讒佞之徒作威作福，忠貞之人便已憤恨切齒。」

抱朴子曰：「多力何必孟賁、烏獲❶，逸容豈唯鄭旦、毛嬙❷，飆迅非徒驊騮、驌驦❸，立斷未獨沈閭、干將❹。是以能立素王之業❺者，不必東魯之丘❻；

能洽掩枯之仁❼者，不必西鄰之昌❽。」

【章　旨】今人不必言必稱古，古人能作到的，今人未必不能作到。

【注　釋】❶孟賁烏獲　並為戰國時之大力士，以勇力著稱。❷鄭旦毛嬙　並為古代美女之名，與西施並稱。❸驊騮驌驦　並為古代駿馬之名。❹沈閭干將　並為古代利劍之名。❺素王之業　有帝王之德化而未居其位曰素王，這裡指孔子。《論衡．定賢》：「孔子不王，素王之業在《春秋》。」❻東魯之丘　孔子，名丘，魯人。魯人直呼其名，曰「東家丘」。《顏氏家訓．慕賢》：「世人多蔽……所以魯人稱孔子為東家丘。」❼掩枯之仁　傳說周文王修靈臺、掘池沼時，挖出死人骸骨。周文王下令重新安葬，於是天下讚美文王「澤及朽骨」。見《新序．雜事》。❽西鄰之昌　指周文王，受封為西伯，名姬昌。〈君道〉：

「姬昌取有二於西鄰。」

【語　譯】抱朴子說道：「勇力超群的人為什麼一定是孟賁、烏獲，容貌出世的人為什麼一定是鄭旦、毛嬙，飛奔迅速的駿馬不只是驊騮、驌驦，鋒芒銳利的寶劍不只是沈閭、干將。所以能夠建立素王之業的，不一定只有古代的孔丘；能夠以仁德澤及天下的，不一定只有西伯姬昌。」

抱朴子曰：「靈鳳振響於朝陽❶，未有惠物之益，而莫不澄聽於下風焉。鴟梟宵集於垣宇❷，未有分氂之損，而莫不掩耳而注鏑❸焉。故善言之往，無遠不悅；惡辭之來，靡近不忤❹。猶日月無謝於貞明❺，枉矢見忌於暫出❻。」

【章　旨】善言相告為人所喜悅，惡辭相加為人所憎恨。

【注　釋】❶靈鳳振響於朝陽　鳳凰在朝陽之山上發出清越響亮的啼鳴。《詩經．大雅．卷阿》：「鳳皇鳴矣，于彼高崗；

梧桐生矣，于彼朝陽。」❷鴟梟宵集於垣宇　鴟梟，一說即貓頭鷹，古人認為是惡鳥。垣宇，矮牆、屋簷。❸注鏑　矚目於弓箭，想去射牠。鏑，箭。❹靡近不忤　即使再親近的人也會抵忤，不接受。❺日月無謝於貞明　日月之光明，從不為人所拒絕。《周易・繫辭下》：「日月之道，貞明者也。」❻枉矢見忌於暫出　枉矢，星名，其形如大流星，蛇行而倉黑，望之如有毛羽然。古人認為枉矢星是災星，《史記・天官書》有「枉矢西流……西坑秦人，誅屠咸陽」的記載。忌，原本作「忘」，此據《四庫全書》本校改。

【語　譯】抱朴子說道：「神靈的鳳凰在朝陽之山鳴叫，對於萬物並無實際的利益，然而人們莫不順風澄心靜聽。貓頭鷹晚上飛落在矮牆屋簷之下，對於萬物並無絲毫的損失，然而人們都掩住耳朵不願去聽，想用弓箭將牠射落。所以善言相告，即使遠方之人也會為之歡悅；惡辭相加，即使親近之人也會抵觸。這就好像人們從不拒絕日月正當的光明，然而枉矢星稍一出現就受到人們的忌恨一樣。」

抱朴子曰：「影無違形之狀，名無離實之文❶。故背源之水，必不能揚長流以東漸❷；非時之華，必不能稽輝藻於冰霜❸。」

【章　旨】背源之水，不能流長；虛名無實，不能持久。

【注　釋】❶離實之文　指違背實際的虛名。文，文飾。❷東漸　向東流，注入大海。❸稽輝藻於冰霜　冰霜嚴寒天氣，保持燦爛之花長期開放。稽，保留；停留。

【語　譯】抱朴子說道：「物影不會違反其本來的形狀，人的聲名不能脫離其實際的狀況。所以違背本源之水，一定不能揚起長流奔向大海；不合時令而開放的花朵，一定不能在冰霜天氣長期保持燦爛的顏色。」

抱朴子曰：「鋸牙之獸❶，雖低伏而見憚❷；揮斧之蟲❸，雖踡形而不威❹。故君子被褐❺，窮而不可輕；小人軒冕❻，達而不足重。」

【章旨】君子即使貧窮也不可輕視；小人雖有權勢也不值得看重。

【注釋】❶鋸牙之獸　指駮。其狀如白馬，牙齒如鋸，食虎豹。❷見憚　令人可怕。憚，畏懼。❸揮斧之蟲　指螳螂。前有兩足，高舉若斧然。三國陳琳〈為袁紹檄豫州〉：「欲以螗蜋之斧，禦隆車之隧。」❹雖踡形而不威　即使擺出進攻的姿態也不威武。踡，蹴；踢。❺被褐　穿著粗布衣。是貧士的裝束。❻軒冕　乘坐官車，頭戴官帽。

【語譯】抱朴子說道：「牙齒如鋸的猛獸，即使低伏著身子也令人畏懼；揮足如斧的螳螂，即使作出進攻的姿態也不威武。所以君子穿著粗布衣服，即使窮困也不可以輕視；小人佔據官位，即使仕途通達也不值得看重。」

抱朴子曰：「逸麟逍遙大荒之表❶，故無機穽之禍❷；靈鶬❸振翅玄圃之峰，以違罩羅之患。何必曲穴而永懷怵惕❹，何必銜蘆而慘慘畏容❺？故充乎宰割之用者，必愛乎芻豢❻者也；給乎煎熬之膳者❼，必安乎庭立者也。」

【章旨】出世逍遙，才能免除禍患；眷戀榮利，必遭宰割之災。

【注釋】❶逸麟逍遙大荒之表　逸麟，即麒麟。大荒之表，遠離人世以外之地。❷機穽之禍　誤中獵人的機關與陷阱，因而被捕殺。❸靈鶬　鶬鸛，即青鳥，傳為西王母之使者。❹怵惕　驚恐、畏懼。❺銜蘆而慘慘畏容　傳說大雁飛行時，銜蘆草自衛，使箭矢難以射中。《淮南子・脩務》：「夫鴈順風以愛氣力，銜蘆而翔，以備矰弋。」❻芻豢　草料；糧食。指餵養牲畜家畜的飼料。❼給乎煎熬之膳者　指雞鴨等家禽。生則餵養於庭前，屆時則煎熬以為膳餚。

【語　譯】抱朴子說道：「高逸的麒麟超然逍遙於大荒之外，所以不會有誤中機關、落入陷阱的禍患；神靈的青鳥振翅高飛於玄圃之顛，所以不會有罩進羅網的災殃。何必要藏身在彎曲的洞穴中，長懷畏懼之心；何必要口銜蘆葉，淒淒慘慘、驚恐萬狀？所以專供屠宰的畜牲，一定是眷戀飼料餵養的；專供製為膳餚的家禽，一定是安於在庭堂間覓食的。」

抱朴子曰：「聰者貴於理遺音於千載之外，而得興亡之跡❶；明者珍於鑒逸群於寒瘁之中❷，而抽匡世之器。若夫聆繁會之響，而顧問於庸工，非延州❸之清聽也；枉英遠之才，而諮之於常人，非獨見之奇識也。故與不賞物者而論用凌儕之器❹，是使瞽者指五色也；與妬勝己者而謀舉疾惡之賢，是與狐議治裘也。」

【章　旨】要敏銳地識別並大膽提拔窮困中的傑出人才，而不必向世俗平庸之輩諮詢意見。

【注　釋】❶聰者貴於理遺音於千載之外二句　春秋吳國公子季札曾觀樂於魯，評價前代及各地音樂韻調以推測其興亡盛衰大勢，為史所稱。見《左傳・襄公二十九年》。❷鑒逸群於寒瘁之中　在貧寒窮困者中發現超群之士。逸群，指傑出不凡之才士。❸延州　即春秋吳公子季札，曾受封於延陵、州來。❹凌儕之器　勝過同輩，超群之士。

【語　譯】抱朴子說道：「聽力敏捷的人可貴的是辨別千載之前的音樂，而從中聽出興亡的跡象；目力銳利的人可貴的是識別處在窮困窘迫中的人才，而從中選拔能匡正時世的才士。若是在聆聽繁複錯綜的音樂時，去問那些平庸的樂工，這就不是吳季札那種精妙的判斷了；若是不能辨別謀略深遠之英才，而去詢問世俗凡人，這就不是非凡獨到的鑒識了。所以與不能賞識者談論提拔超群之士，就好像要瞎子去指出五色一樣；與心懷妒嫉的人商量提拔疾惡如仇、正直不苟的賢者，就好像與狐貍商議製作狐皮衣裘一樣。」

抱朴子曰：「驡駮❶危苦於嶮峻之端，不樂咈守之役❷；吉光❸飢渴於冰霜之野，不願犧牲之飽❹。孤竹❺不以絕粒，易鹿臺之富❻；子廉❼不以困匱，貿銅山之豐❽。」

【章 旨】堅貞之士有自己的理想節操，他們不會因為窮困而追求不義的財富。

【注 釋】❶驡駮 驡，野馬。駮，一種猛獸，亦指青白相間的馬。❷咈守之役 用作家犬，以守屋舍。咈，疑「吠」字之訛。❸吉光 傳說中的一種神獸，神馬之屬。❹犧牲之飽 平時飽食，祭祀時屠宰以為犧牲。❺孤竹 即伯夷、叔齊，孤竹君之二子。採薇首陽山，飢餓而死。❻鹿臺之富 傳說商紂王修築鹿臺，七年而成，聚斂了大量的財富。❼子廉 漢代何並，字子廉，曾任隴西、潁川太守。他稟性清廉，生前妻子不至官舍，死後葬事不收餽贈。見《漢書・卷七七》。❽銅山之豐 銅山，產銅之山。可以鑄錢，故豐於財富。

【語 譯】抱朴子說道：「野馬寧肯在險峻的山峰之上經歷危苦，也不樂意為人役使守護門戶；吉光之獸寧肯在冰霜之野忍受飢渴，也不願意像牛羊一樣被飼養而後成為祭品。伯夷、叔齊不因絕糧之困，去交換商紂王的鹿臺之富；何子廉不會因為窮困匱乏，去追求銅山鑄錢的無量財富。」

抱朴子曰：「志合者不以山海為遠，道乖者❶不以咫尺為近。故有跋涉而游集❷，亦或密邇而不接❸。」

【章　旨】志趣相投者跋山涉水來相會，志向不合者近在咫尺不往來。

【注　釋】❶道乖者　志趣乖離不合的人。❷跋涉而游集　長途跋山涉水，前往聚會。❸密邇而不接　相距甚近，卻互不來往。邇，近。

【語　譯】抱朴子說道：「志同道合的人不以山海阻隔為遙遠，志趣不合的人即使近在咫尺也不以為近。所以有的人長途跋涉與朋友聚會，也有的人相距很近卻互不來往。」

抱朴子曰：「華袞燦爛❶，非隻色之功；嵩岱之峻，非一簣之積❷，故九子任而康凝之績熙❸，四士授而佐命之勳著❹。」

【章　旨】朝廷要任命眾多的才士，才能建立各方面的功績。

【注　釋】❶華袞燦爛　華麗、光彩閃亮的禮服。袞，古代公侯之禮服。❷一簣之積　一筐土堆積而成。簣，裝土的竹筐之類。❸九子任而康凝之績熙　九子，指堯時的九位大臣。康凝之績熙，成就各種功績。凝，成也。熙，興盛。《說苑・君道》：「當堯之時，舜為司徒，契為司馬，禹為司空，后稷為田疇，夔為樂正，倕為工師，伯夷為秩宗，皐陶為大理，益掌敺禽……使九子者各受其事，皆勝其任，以成九功。堯遂成厥功以王天下。」❹四士授而佐命之勳著　四士，指舜的四位大臣。士，原作「七」，據《四庫全書》本校改。《管子・法法》：「舜之有天下也，禹為司空，契為司徒，皐陶為李，后稷為田。此四士者，天下之賢人也。」

【語　譯】抱朴子說道：「華美的禮服光彩燦爛，不只是一種顏色的功績；嵩山、泰山高峻入雲，不只是一筐土堆積而成。所以任用了九位大臣，各種業績就興盛而成功；四位賢士都授以重任，輔佐帝業之功也就卓然告成。」

抱朴子曰：「翠虯❶無翅而天飛，螣蛇❷無足而電騖，鼈無耳而善聞，蚓無口而揚聲❸。故皐繇瘖而與辯者同功❹，晉野❺聾而與離朱❻齊明。」

【章旨】無與有可以發揮同樣的作用，故無翅可飛、無足可行、無言可辯、無目可視。

【注釋】❶翠虯　龍之屬。虯，無角的龍。❷螣蛇　傳說中的神蛇。《荀子．勸學》：「螣蛇無足而飛。」❸蚓無口而揚聲　傳說蚯蚓能夠鳴唱，謂之蚓曲。晉崔豹《古今注》：「蚯蚓，善長吟於地中，江東謂之歌女，或謂之鳴砌。」❹皐繇瘖而與辯者同功　皐繇，即皋陶，堯舜時為治獄之官。瘖，不言。《淮南子．主術》：「皐繇瘖而為大理，天下無虐刑，有貴于言者也。」❺晉野　即晉之師曠，字子野，生而目盲，善辨樂聲。❻離朱　古代之明目者。

【語譯】抱朴子說道：「翠虯沒有翅膀卻能高飛於天，神蛇沒有足卻能奔馳如閃電，鼈沒有耳朵卻善於聽聲音，蚯蚓沒有口卻能夠歌唱。所以皋陶不言卻與善辯者收到同樣的功績，晉之師曠目盲卻與離朱取得同樣明察的效果。」

抱朴子曰：「官達者才未必當其位，譽美者實未必副其名。故鋸齒❶不能咀嚼，箕舌❷不能別味，壺耳❸不能理音，屩鼻❹不能識氣，釜目不能攄望舒之景❺，床足不能有尋常之逝❻。」

【章旨】官位顯赫、聲譽優美的人，其實際才能未必與之相符。

【注釋】❶鋸齒　鋸之齒。鋸，指解開木石之工具。❷箕舌　箕宿中最遠之二星。《詩經．小雅．大東》：「維南有箕，載翕其舌。」❸壺耳　古代盛水或酒器皿之雙耳。❹屩鼻　鞋梁，即鞋頭上長條隆起的部分。《金樓子．立言》：「榼耳不能理音樂，屬鼻不能達芬芳。」❺攄望舒之景　意謂望見月亮的光影。望舒，指月亮。❻有尋常之逝　如同平常之行走。逝，移動。指行走。

【語　譯】抱朴子說道：「官位顯達的人，其才能未必與職務相當；聲譽美好的人，其實際未必與聲名相稱。所以物品中有名為鋸齒，卻不能咀嚼食物；名為箕舌，卻不能辨別滋味；名為壺耳，卻不能辨聽聲音；名為屬鼻，卻不能識別氣味；名為釜目，卻不能看見月亮的光影；名為床足，卻不能隨便的行走。」

抱朴子曰：「路人不能挽勁命中，而識養由❶之射；顏子❷不能控轡振策❸，而知東野之敗❹。故有不能下棋，而經目識勝負；不能徽絃❺，而過耳解鄭雅❻者。」

【章　旨】有的人雖然不能實際操作，卻有識別其成敗、正誤的能力。

【注　釋】❶養由　指養由基。春秋時之楚人，善於射箭，能射穿七札，百發百中。❷顏子　指戰國魯人顏闔，得道之人。❸控轡振策　揮鞭馭馬。❹而知東野之敗　東野，東野稷，古代善於駕車馭馬者。據說他以御見魯莊公，進退中繩，左右中規，往返百度。顏闔遇之，入見曰：「稷之馬將敗。」魯莊公問原因，顏闔曰：「其馬力竭矣，而猶求焉，故曰敗。」見《莊子・達生》。❺不能徽絃　不會彈琴。徽，通「揮」。❻過耳解鄭雅　過耳一聽，就能識別琴調的正邪、優劣。古人認為雅樂是正聲，鄭聲是淫樂，故云。

【語　譯】抱朴子說道：「行路之人雖然不能拉開強弓、射中箭靶，卻能識別養由基的箭術；顏闔雖然不能手握轡繩、駕馭奔馬，卻能知道東野稷馭馬必遭失敗。所以有的人不能下棋，卻能一看便識別勝負；有的人不會彈琴，卻能一聽就分辨出樂聲的正邪與優劣。」

抱朴子曰：「垂蔭萬畝者，必出峻極之嶺；滔天襄陵❶者，必發板桐之源❷。邈世之勳，必由絕倫之器❸；定傾之算，必吐冠俗之懷。是以蟭螟❹之巢，無乘風之羽；溝澮之中，無宵朗之琦❺。」

【章　旨】只有胸懷超世、能力絕俗的人，才能有治世之妙策，建立非凡的業績。

【注　釋】❶襄陵　大水漫上了丘陵。形容洪水浩大。❷板桐之源　傳說崑崙之山有三級，其一曰板桐。❸絕倫之器　超世絕倫之器具、才能。❹蟭螟　寓言中的一種小蟲，傳說其成群地居住在蚊蟲的眉睫之間，互不相觸。❺宵朗之琦　夜光之璧玉。琦，一種美玉。

【語　譯】抱朴子說道：「有萬畝樹蔭的大樹，一定出自高山之巔；洪流浩蕩、淹沒山陵的大水，一定出自崑崙板桐之源。超世的功績，一定是超世之才方能建樹；挽救傾敗的妙策，一定是出自謀略冠世者的胸懷。所以以蟭螟的巢穴中，不會有乘風高翔的鯤鵬；小溝細渠之中，不會有夜晚閃亮的璧玉。」

抱朴子曰：「衝飆焚輪❶，原火所以增熾也，而螢燭值之而反滅；甘雨膏澤❷，嘉生所以繁榮也，而枯木得之以速朽。朱輪華轂❸，俊民❹之大寶也，而負乘❺竊之而召禍。鼎食萬鍾❻，宣力之弘報也，而近才受之以覆餗❼。」

【章　旨】官位職權，是賢明之士治理國家、實現抱負的法寶，小人得之反而會釀成禍災。

【注　釋】❶衝飆焚輪　狂風；暴風。焚輪，自上而下的暴風。❷甘雨膏澤　滋潤萬物的及時雨。❸朱輪華轂　古代高官乘坐的馬車，以紅漆車輪，以彩繪車轂。代指官爵、職位。❹俊民　賢明、超群之士。❺負乘　指小人佔據了君子之位。古人認為負重是小人之事，乘車是君子之事。小人乘坐君子之車，就會招來強盜的搶奪。《周易・繫辭上》：「負也者小人之事也，乘也者君子之器也。小人而乘君子之器，盜思奪之矣！」❻鼎食萬鍾　享受萬鍾俸祿，列鼎而食。指高官貴族的生活。❼覆餗　鼎翻倒，食物傾倒出來。指遭遇禍患。《周易・鼎卦》：「九四，鼎折足，覆公餗，其形渥，凶。」

【語譯】抱朴子說道：「狂飆颶風，使得燎原大火越燒越猛，而小的火燭遇上則被吹滅；春雨滋潤萬物，各種莊稼因之而生長繁盛，然而枯木遇上它只能腐朽得更快。官祿職位，是賢明之士實現抱負的法寶，然而小人佔據了它只能招來禍殃；鐘鳴鼎食、俸祿萬鍾，是賢者效力後所得的報償，而淺近之才享用它就會出現危難的局面。」

抱朴子曰：「屠犀為甲，給乎專征之服❶；裂翠為華❷，集乎后妃之首。雖出幽谷，遷於喬木❸，然為二物之計，未若棲竄於林薄，攝生乎榛藪❹也。故靈龜寧曳尾於塗中，而不願巾笥之寶❺；澤雉樂十步之啄，以違雞鶩之禍❻。」

【章旨】寧肯自由自在地生活於山林，而不願享受虛譽，最後落到被宰割的命運。

【注釋】❶專征之服　諸侯或將帥的鎧甲。古代諸侯或將帥經過天子特許，可以自行征伐，稱專征。❷裂翠為華　將翠鳥的羽毛製為首飾。華，通「花」。❸雖出幽谷二句　雖然地位提高了。《詩經・小雅・伐木》：「出自幽谷，遷於喬木。」❹榛藪　山林；叢林。❺靈龜寧曳尾於塗中二句　傳說莊子釣於濮水，楚王派使者前往聘請他到楚國為官。莊子持竿不顧，說：「吾聞楚有神龜，死已三千歲了。楚王以巾笥而藏之廟堂之上。此龜者，寧其死留骨而貴乎，寧其生而曳尾於塗中乎？」楚王使者說：「寧肯生而曳尾塗中。」莊子便說：「請走吧，我將曳尾於塗中。」見《莊子・秋水》。❻澤雉樂十步之啄二句　草澤中的野雞雖然十步才啄到一粒食，卻不願像雞鴨被關在籠子裡，最後難逃宰殺之禍。《莊子・養生主》：「澤雉十步一啄，百步一飲，不蘄畜乎樊中。」

【語　譯】抱朴子說道：「屠宰犀牛，製成鎧甲，穿在將帥的身上；割裂翠鳥的羽毛，製成首飾，戴在后妃的頭上。雖然所處的地位升高了，但是為這兩種生物著想，還不如棲息在草莽之間，生活在山林之中。所以神龜寧肯在泥塗中拖著尾巴而活著，也不願意身死後龜甲覆蓋著絹巾，受到尊貴的禮遇；草澤中的野雞寧肯十步一啄食，也不願意被關進籠中，最後遭到如同雞鴨被宰殺的災禍。」

抱朴子曰：「偏才不足以經周用，隻長不足以濟眾短。是以雞知將旦，不能究陰陽之歷數；鵠知夜半❶，不能極晷景之道度❷。山鳩知晴雨於將來，不能明天文；蛇螘❸知潛泉❹之所居，不能達地理。」

【章　旨】物有所長，亦有所短，單一的才能不能夠滿足廣泛的需要。

【注　釋】❶鵠知夜半　古人認為鶴鳥夜半時感受生氣而鳴，故云。鵠，通「鶴」。《淮南子・說山》：「雞知將旦，鶴知夜半。」❷晷景之道度　古人以日規測量日影以確定時刻。晷，測量光影的儀器。❸螘　螞蟻。❹潛泉　地下的潛流。

【語　譯】抱朴子說道：「單一的才能不足以應付廣泛的需要，個別的長處不足以救濟眾多的短缺。所以雞知道天將破曉，卻不能明白陰陽之曆數；鶴能感知夜半的來臨，卻不能完全明瞭時刻的變化。山鳩知道未來天氣是晴是雨，卻不能明天文；蛇蟻知道地下潛伏的泉水，卻不能通地理。」

抱朴子曰：「禁令不明，而嚴刑以靜亂；廟算❶不精，而窮兵以侵鄰。猶釤禾❷以討蝗蟲，伐木以殺蠹蝎❸，食毒以中蚤蝨，徹舍❹以逐雀鼠也。」

【章　旨】朝廷首要之務在於法律嚴明，謀略得當，而不是嚴刑鎮壓，窮兵黷武。

【注　釋】❶廟算　指朝廷之政策、謀略。❷釤禾　割掉、剷除禾苗。釤，大鏟。一說大鐮。❸蠹蝎　指樹木中的蠹蟲。❹徹舍　拆毀房屋。徹，除去。

【語　譯】抱朴子說道：「法律命令不明，卻以嚴刑制止混亂；朝廷策略不當，卻炫耀武力侵略鄰國。這就好像割掉莊稼以討伐蝗蟲，砍掉樹木以消滅蠹蟲，吞下毒藥以殺死蚤蝨，拆除房舍以驅逐麻雀、老鼠一樣。」

抱朴子曰：「銳鋒❶產乎鈍石，明火熾乎闇木，貴珠出乎賤蚌，美玉出乎醜璞❷。是以不可以父母限重華❸，不可以祖禰量衛霍❹也。」

【章　旨】不能以父母或祖輩的品質及門第來衡量人才，要大膽地提拔出身寒微之士。

【注　釋】❶銳鋒　指鋒利的刀劍。❷璞　蘊涵美玉、未經雕琢之石。❸不可以父母限重華　重華，即舜。《尚書・堯典》說，舜的「父頑，母嚚」。❹不可以祖禰量衛霍　衛霍，指衛青、霍去病。衛青，其父鄭季，曾在平陽侯家為吏。鄭季與平陽侯妾衛媼私通，生青，冒姓衛氏。霍去病，其父霍仲孺曾以縣吏服役於平陽侯家，與侍者衛少兒私通而生去病。衛、霍後來均為西漢之名將。

【語　譯】抱朴子說道：「鋒利的刀劍是從遲鈍的礦石中冶煉而成的，明亮的火焰是暗淡的木頭燃燒而發出的，珍貴的寶珠是從卑賤的蚌蛤中出產的，美麗的寶玉是醜陋的璞石中蘊藏的。所以不能以父母的品質來限定虞舜，不能以祖輩的出身來衡量衛青與霍去病。」

抱朴子曰：「志得則顏怡❶，意失則容慼❷，本朽則末枯，源淺則流促。有諸中者必形乎表，發乎邇者必著乎遠❸。」

【章旨】事物都有其本源，各種表象都有其內在的原因。

【注釋】❶顏怡　顏色歡悅。怡，和悅。❷容慼　表情憂愁。慼，悲傷。❸發乎邇者必著乎遠　事發在近，而影響則顯現於深遠。邇，近。

【語譯】抱朴子說道：「得志就會容顏和悅，失意就會表情憂傷。樹木根部腐朽就會枝葉乾枯，源泉淺近就會流水短促。有之於中者必定表現於外，事發在近者其影響必定及於深遠。」

抱朴子曰：「妍姿媚貌，形色不齊，而悅情可均；絲竹金石❶，五聲詭韻❷，而快耳不異。繳飛鉤沈❸，罾❹舉罝❺抑，而有獲同功。樹勳立言❻，出處殊塗❼，而所貴一致。」

【章旨】有人積極用世、建功立業，有人退居山林、著書立言，方式途徑不同，卻都有可貴的價值。

【注釋】❶絲竹金石　指各種樂器。絲為琴瑟，竹為簫管，金為鐘，石為磬。❷五聲詭韻　五聲，指宮、商、角、徵、羽等音階，韻調各異。❸繳飛鉤沈　用箭射落飛鳥，用釣竿鉤起游魚。繳，射鳥時繫在箭上的絲繩。❹罾　魚網。❺罝　羅網，捕鳥兔用。❻樹勳立言　或者出世建功立業，或者退隱著述立言。❼出處殊塗　或進或退，或仕或隱，途徑不同。

【語譯】抱朴子說道：「妍麗的姿態、嬌媚的容貌，其表現各種各色，都同樣使人歡悅；各類的樂器，五聲韻調各不相同，都同樣使人聽著舒服。用弓箭射落天上的飛鳥，用釣竿鉤起水中的游魚，用方網撈魚蝦，用羅網捕鳥兔，同樣都有所收穫。有的建功立業，有的著述立言，或進或退，雖然途徑不同，然而其價值卻同樣是可貴的。」

抱朴子曰：「利豐者害厚，質美者召災。是以南禽殲於藻羽❶，穴豹死於文皮❷。鱣鯉積而玄淵涸，麇鹿聚而繁林焚，金玉崇而寇盜至，名位高而憂責集。」

【章　旨】黃金美玉能招致禍災，榮華富貴能帶來憂患。

【注　釋】❶南禽殲於藻羽　南禽，指翠鳥。因為羽毛美麗，而被捕殺。晉郭璞〈翠贊〉：「翠雀麋鳥，越在南海。……懷璧其罪，賈害以采。」❷穴豹死於文皮　穴豹，指玄豹。傳說南山有玄豹，隱霧而七日不食，欲澤其皮毛，成其文章。

【語　譯】抱朴子說道：「利益豐厚則潛藏的禍害也嚴重，質地優美則容易招來禍災。所以南方的翠鳥因為羽毛美麗而被殲，南山的玄豹因為皮毛斑斕而被殺。鱣魚鯉魚生長多了，有人就要漉乾淵澤中的水撈魚了；麋鹿聚積多了，有人就要焚燒林木來捕獸了。黃金美玉多了，強盜就要來了；官職地位高了，憂患也就隨之而至了。」

抱朴子曰：「商風❶宵肅則絺扇❷廢，登危陟峻則輕舟棄。干戈雲擾❸則文儒退，喪亂既平則武夫黜❹。」

【章　旨】人才的需求隨世而變化，亂世重武夫，治世重文儒。

【注　釋】❶商風　秋風；西風。❷絺扇　用細布所製之扇。絺，細葛布。❸干戈雲擾　戰亂不休。雲擾，紛亂如雲。❹黜貶退。

【語　譯】抱朴子說道：「秋風在晚上一吹，扇子就被捐棄了。登越險峻的高山，輕舟就用不上了。天下戰亂不休，干戈紛擾，文人儒士就退後了；喪亂平定，天下無事，武夫就要被貶黜了。」

抱朴子曰：「價直❶萬金者，不待見其物而好惡可別矣；條枝連抱者，不俟圍其木而巨細可論矣。故望洪濤之滔天，則知其不起乎潢汙❷之中矣；觀翰章之汪濊❸，則知其不出乎章句之徒❹矣。」

【章　旨】睹文則知人，文筆雄放、言辭浩瀚的著作，一定不是出自徒知訓詁章句者之手。

【注　釋】❶直　通「值」。❷潢污　低窪的小水坑。❸翰章之汪濊　文筆浩瀚，寓意深厚。章，原本作「草」，此據《道藏》本。汪濊，水深厚貌。❹章句之徒　分章辨句、徒明訓詁之人。《後漢書・桓譚傳》李賢注：「章句謂離章辨句，委曲枝派也。」

【語　譯】抱朴子說道：「價值萬金的寶貝，即使未見其物，它的好壞也是可以辨別的；樹枝需要幾人合抱的大樹，不必等到測量樹幹，它的粗細也是不言而喻的。所以看見洪水滔天，就知道它不是發源於小水坑之中；看見文筆浩蕩、義理深厚的文章，就知道它不是出自徒知章句訓詁之人的筆下。」

抱朴子曰：「丹華綠草，不拘於曲瘁之株❶；紫芝芳秀，不限於斥鹵之壤❷。是以受玄珪以告成者❸，生於四罪之門❹；承歷數於文祖者❺，出於頑嚚之家❻。」

【章　旨】不可以父母、家庭、門第的狀況來限制任用人才。

【注　釋】❶曲瘁之株　彎曲、困病之根。株，露出地面的根。❷斥鹵之壤　鹽鹹地；貧瘠的土壤。❸受玄珪以告成者　指夏禹。禹治水成功，舜賜以玄玉，並禪讓天下於禹。《尚書・禹貢》：「禹錫玄圭，告厥成功。」❹生於四罪之門　四罪，即四凶。舜時治四凶之罪，禹之父鯀為其一。❺承歷數於文祖者　文祖，指堯的祖廟。舜於文祖接受堯的禪讓，故云。《尚書・舜典》：「正月上日，受終于文祖。」❻出於頑嚚之家　《尚書・堯典》說，舜的「父頑，母嚚」。頑嚚，頑固而愚昧。

【語　譯】抱朴子說道：「紅花綠葉，並非不出現於彎曲生病的樹根上；紫芝美麗而芬芳，並非不能生長於貧瘠的鹽鹹之地。所以接受玄珪之賜以告成功的夏禹，出於四凶之門；接受禪讓登上帝位的虞舜，生長於父母頑固而愚昧的家庭。」

抱朴子曰：「善言居室，則靡遠不應❶，枉直不中，則無近不離。是以宋野有退舍之熒惑❷，殷朝有外奔之昵屬❸，四環至自少廣之表❹，鹿馬變於蕭牆之裡❺。」

【章　旨】躬行善道、政治清明，遠方之人也會前來歸順；否則，親屬也會背離，宮室之內也會發生禍亂。

【注　釋】❶善言居室二句　在屋內有善言，則遠方也會有回應。《周易・繫辭上》：「君子居其室，出其言善，則千里之外應之，況其邇者乎？居其室，出其言不善，則千里之外違之，況其邇者乎？」❷宋野有退舍之熒惑　熒惑，即火星，古人認為熒惑星出現是天降懲罰的先兆。據載宋景公時，熒惑星出現在心宿的位置。宋景公召子韋問之，子韋曰：「熒惑，天罰也。心，宋分野也。禍當君，雖然，可移於宰相。」宋景公曰：「宰相所使治國家也，而移死焉，不祥。」子韋曰：「可移於民。」宋景公曰：「民死，寡人將誰為也？寧獨死耳。」子韋又曰：「可移於歲。」宋景公曰：「民飢，必死。為人君者而欲殺其民以自活也，其誰以我為君乎？是寡人命當盡也，子毋復言。」當晚，火星向後移動了三座星宿的位置。見《淮南子・道應》。❸殷朝有外奔之昵屬　微子，商紂王之庶兄，多次諫阻紂的暴行。比干被殺後，他憤而去國。見《史記・宋微子世家》。❹四環至自少廣之表　四環，疑「西環」之訛。少廣，宮名，西王母所居。傳說舜時，西王母曾來獻白環。❺鹿馬變於蕭牆之裡　鹿馬，用趙高擅作威福、指鹿為馬一事。蕭牆，宮殿之門牆。

【語　譯】抱朴子說道：「即使是發自室內的良善之言，遠處之人也會有所回應。倘若準繩不能端正，則即使親近之人也會背離。所以宋景公善言於室內，天上的熒惑星就後移了三座星宿的位置以作為回報；商紂王暴虐無道，王室近親也逃奔於外。於是或者是西極之人來獻祥瑞的白環，或者是奸佞擅權，動亂發生於宮牆之內。」

抱朴子曰：「荊卿❶、朱亥❷，不示勇於怯弱之間；孟賁❸、馮婦❹，不奮戈戟於俚俠之群；英儒碩生❺，不飾細辯於淺近之徒；達人偉士，不變❻皎察於流俗之中。」

【章　旨】通達奇偉之士，不在世俗淺近之徒面前顯示自己非凡的才學與能力。

【注　釋】❶荊卿　戰國衛人，為燕太子丹刺秦王，不中而死。❷朱亥　戰國魏人，為信陵君擊殺晉鄙，以解邯鄲之圍。❸孟賁　古勇士，據說能生拔牛角。❹馮婦　古之大力士，善於搏虎。❺碩生　飽學之士。碩，大。❻變　疑「辨」字之訛。辨，明示。

【語　譯】抱朴子說道：「荊軻、朱亥之壯士，不在怯弱之輩面前表現自己的勇武；孟賁、馮婦之力士，不在世俗俠客面前揮戈舞戟；學識超凡的儒者，不在淺近之徒面前從事細微的辯說；通達奇偉之人，不在流俗面前顯示自己明白無誤的洞察。」

抱朴子曰：「盤旋揖讓❶，非禦寇之容；擐甲纓冑❷，非廟堂之飾❸；垂紳振佩❹，不可以揮刃爭鋒；規行矩步，不可以救火拯溺。」

【章旨】禮儀行為，都要因時因地制宜。

【注釋】❶盤旋揖讓　周旋、作揖、相讓之禮儀動作。❷擐甲纓冑　穿上鎧甲，戴上頭盔。擐，穿戴。冑，頭盔。甲冑，是作戰時的穿戴。❸廟堂之飾　祭祀之服飾。廟堂，宗廟、明堂，也可代指朝廷。❹垂紳振佩　紳帶下垂，是恭敬肅立的儀態。振佩，佩玉叮噹，表從容不迫之態。

【語譯】抱朴子說道：「周旋相讓、彬彬有禮，不是對付強盜的儀容；披掛鎧甲、戴著頭盔，不是廟堂祭祀的服飾；垂著紳帶、佩玉叮噹，不可以揮刀舞戈、戰鬥爭鋒；循規蹈矩、講究步履，不可以撲滅火災、搶救落水者。」

抱朴子曰：「乾坤❶陶育❷而庶物不識其惠者，由乎其益無方❸也；大人神化❹而群細不覺其施者，由乎治之於未有也。故可知者小也，易料者少也。」

【章旨】天地之恩惠施與萬物而不易覺察，聖人之教化普及眾生而不易感知。

【注釋】❶乾坤　天地。❷陶育　陶鈞、養育。❸無方　無形。❹大人神化　聖人神明之德化。大人，指聖德之人。《周易‧乾卦》：「夫大人者，與天地合其德，與日月合其明，與四時合其序。」

【語　譯】抱朴子說道：「天地造化養育了萬物，而萬物不知其恩惠，這是由於天地的補益是無形的；聖人神明之教化普及眾生，而眾生未覺其施予，這是由於聖人治之於跡象顯露之前。所以可以感知的只是小的事物，容易覺察的只是輕的方面。」

抱朴子曰：「娥英任姒❶，不以蠶織為首稱；湯武漢高❷，不以細行招近譽。故澄視於三辰❸者，不遑紆鑒於井谷❹；清聽於〈韶〉〈濩〉❺者，豈暇垂耳於〈桑間〉❻？」

【章　旨】志向宏大者不追求近譽，情調高遠者不諂媚世俗。

【注　釋】❶娥英任姒　娥皇、女英，舜之二妃。太任，周文王之母。太姒，周武王之母。均被認為是古代賢后之榜樣。❷湯武漢高　商湯王、周武王、漢高祖，均為開國之主。❸三辰　指日、月、星。❹不遑紆鑒於井谷　無暇觀察井底之事。紆鑒，垂察。井谷，井底。❺韶濩　商湯之樂。泛指古樂。❻桑間　鄭衛民間之俗樂，古人認為是淫聲。

【語　譯】抱朴子說道：「娥皇、女英、太任、太姒，不因為養蠶織布而首稱於世；商湯、周武、漢高祖，不因為小節細事而招來淺近的聲譽。所以能夠洞察日月星辰的人，便無暇觀察卑下的井底之事；欣賞優雅的古樂之人，又怎麼會有空閒時間去垂聽桑間之俗曲呢？」

抱朴子曰：「膚表或不可以論中，望貌或不可以核能❶。仲尼似喪家之狗❷，公旦類朴斲之材❸，咎繇面如蒙倛❹，伊尹形若槁骸❺。及龍陽❻、宋朝❼，猶土偶之冠夜光；藉孺❽、董❾鄧❿，猶錦紈之裹塵埃也。」

【章 旨】有的人容貌不佳，卻有非凡的品質與才能；有的人儀容非凡，卻徒有其表。

【注 釋】❶核能 核定其才能。❷仲尼似喪家之狗 據載孔子前往鄭國，在東門外與弟子相失，當時有人形容孔子「纍纍若喪家之狗」。見《史記・孔子世家》。❸公旦類朴斲之材 朴斲之材，經過砍削而未漆飾的木材。形容樸實無華。《荀子・非相》：「周公之狀，身如斷菑。」菑，枯死之木。❹咎繇面如蒙倛 咎繇，即皋陶。蒙倛，古人驅除瘟疫的神像。《荀子・非相》：「皋陶之狀，色如削瓜。」❺伊尹形若槁骸 槁骸，乾瘦之枯木。《荀子・非相》：「伊尹之狀，面無須麋。」須麋，即鬚眉。❻龍陽 戰國魏有寵臣龍陽君。❼宋朝 春秋宋公子，仕衛為大夫，曾與衛靈公夫人南子私通。❽藉孺 即籍孺，漢高祖時之幸臣，與帝共起臥。❾董 董賢，漢哀帝時人，以貌美受寵，賞賜鉅萬，貴傾朝廷。❿鄧 鄧通，漢文帝時人，受寵幸，得賜銅山鑄錢，鄧氏錢滿天下。

【語 譯】抱朴子說道：「有時外表不能反映本質，容貌有時也看不出其才能狀況。孔子像喪家之狗，周公像樸實之材，皋陶面容像驅除瘟疫的神怪，伊尹形似乾瘦的木頭。而龍陽、宋朝，就像泥土之身上長了一副夜光之璧的面孔；籍孺、董賢與鄧通，就像塵埃之體外面裹了一層錦繡綺紈一樣。」

抱朴子曰：「勳華❶不能化下愚，故教不行於子弟❷；辛癸❸不能改上智，故惡不染於三仁❹。」

【章 旨】雖有聖君，難以教化下愚之輩；雖有暴君，不能沾染上智之人。

【注 釋】❶勳華 指唐堯、虞舜。堯，名放勳。舜，名重華。❷教不行於子弟 堯之子丹朱，舜之弟象，皆不肖之徒。❸辛癸 商紂名受辛，夏桀名履癸。❹三仁 指商紂王時的箕子、微子、比干。商紂王暴虐無道，箕子為奴，微子外奔，比干諫而死，孔子因而稱之為三仁。

【語　譯】抱朴子說道：「唐堯、虞舜也不能改變下愚之輩，所以教化不能施行於他們的子弟；夏桀、商紂也不能改變上智之人，所以三仁不沾染當代的惡習。」

抱朴子曰：「至大有所不能變，極細有所不能奪❶。故冰霜肅殺，不能凋菽麥之茂；熾暑鬱隆❷，不能消雪山之凍。飆風蕩海，不能使潛泉揚波；春澤榮物，不能使枯卉發華。」

【章　旨】即使再巨大的事物也不能改變一切，即使再細微之物也有不能被剝奪之事。

【注　釋】❶奪　剝奪；使之改易。❷熾暑鬱隆　盛夏炎熱，暑氣鬱積。隆，原本作「陰」，此據《道藏》本。

【語　譯】抱朴子說道：「即使極大之物，也有不能改變之事；即使極細微之物，也有不能被剝奪之事。所以冬天冰霜肅殺，卻不能使生長茂盛的大豆小麥凋謝；盛夏酷暑熱氣鬱積，卻不能使雪山化凍。暴風能激蕩起大海的波濤，卻不能使地下的泉水揚起波浪；春雨滋潤萬物，卻不能使枯草開放出鮮花。」

抱朴子曰：「泣血之寶❶，仰礛䃴❷以擿景❸；沈閭、孟勞❹，須楚砥以斂鋒❺。騮馹待王孫而致遠❻，令質❼俟隱括❽而成德。」

【章　旨】天然良好的素質需要學習與磨練才能成就美好的德行。

【注　釋】❶泣血之寶　指美玉。卞和獻美玉，哭於楚山之下三日三夜，泣盡而繼之以血。見《韓非子・和氏》。❷礛礑　治玉之石。❸摛景　散布光影。❹沈閭孟勞　古代寶刀之名。❺須楚砥以斂鋒　有待磨礪而後鋒利。斂鋒，聚集鋒芒，即銳利。❻騮駬待王孫而致遠　駿馬有待王良、孫陽之駕馭，然後馳騁千里之足。騮駬，驊騮，駿馬名。王孫，王良、孫陽，古代善於馭馬者。❼令質　指美好之素質。❽隱括　矯正。

【語　譯】抱朴子說道：「美玉有賴礛礑的加工才能閃出光彩，寶刀有待砥石的磨礪才能鋒芒畢現，駿馬需要王良、孫陽的訓練才能馳騁千里，良好的素質需要修飾鍛鍊才能成就美德。」

抱朴子曰：「棲鸞戢鷟❶，雖飢渴而不願籠委於庖人之室❷；乘黃❸、天鹿❹，雖幽飢而不樂芻秣於濯龍之廄❺。是以掇蜩之叟，忘萬物於芳林❻；垂綸之生，忽執珪於南楚❼。」

【章　旨】高逸之士寧願在山林中忍受飢寒，也不願追逐利祿而遭遇禍患。

【注　釋】❶棲鸞戢鷟　指斂翼的鳳凰。鸞鳥、鸑鷟，均為鳳凰之屬。戢，斂翅；止飛。❷庖人之室　指廚房。庖人，掌膳食之官。❸乘黃　傳說中的神馬。❹天鹿　白鹿，祥瑞之獸。❺濯龍之廄　馬廄名。❻掇蜩之叟二句　據載孔子前往楚國，見一駝背者用竹竿黏蟬，好像撿拾一樣容易。孔子問之，駝背者說當他黏蟬時，「雖天地之大，萬物之多，而唯蜩翼之知。」見《莊子・達生》。❼垂綸之生二句　垂綸之生，指莊子。莊子釣於濮水，楚王派大夫二人前往聘莊子到楚國為相，為莊子拒絕。見《莊子・秋水》。

【語　譯】抱朴子說道：「斂翅棲息的鳳凰，即使飢渴也不願意被關進廚房的籠子裡；乘黃、天鹿之神獸，即使飢餓冷清也不願意在濯龍廄中被飼養。所以黏蟬的老人，在清香的樹林中忘記了世間的一切；垂釣的莊子，不願意到楚國朝廷中擔任高官。」

抱朴子曰：「方圓舛狀，逝止異歸❶。故渾象尊於行健❷，坤后貴於安貞❸。七政四氣❹，以周流成功；五嶽六柱❺，以峙靜作鎮。是以宋墨、楚申❻，以載馳存國；干木、胡明❼，以無為折衝❽。」

【章　旨】效力社會的方式不同，或仕或隱，或進或退，都能有益於國家。

【注　釋】❶逝止異歸　或動或靜，或進或止，旨趣不同。❷渾象尊於行健　天象以剛健不停的運行為貴。渾象，指天象。《周易・乾卦》：「天行健，君子以自彊不息。」❸坤后貴於安貞　地以平穩安正為貴。坤后，大地。❹七政四氣　七政，指日、月及金、木、水、火、土五星。四氣，四季之氣候。❺五嶽六柱　五嶽指東嶽泰山、西嶽華山、北嶽恆山、南嶽衡山、中嶽嵩山。六柱，疑當作「八柱」，古代神話中傳說有八柱撐天。❻宋墨楚申　宋墨，指墨子救宋一事。墨子為救宋，日夜不休，步行十日十夜，以裂裳裹足。見《墨子・公輸》。楚申，指楚之申包胥。吳軍攻楚，申包胥至秦求救，哭於秦廷七日夜。見《戰國策・楚策》。❼干木胡明　干木，指戰國魏之隱士段干木，著名之賢者。他隱居不仕，受到魏文侯的尊重。秦國曾經欲興兵攻打魏國，後來以此為由罷兵。見《呂氏春秋・期賢》。胡明，指三國名士胡昭，字孔明。嘗隱居陸渾山中，躬耕樂道，以經籍自娛。百姓興兵反叛朝廷，自相約誓，曰：「胡居士賢者也，一不得犯其部落。」見《三國志・卷一一》。❽折衝　退敵。

【語　譯】抱朴子說道：「或方或圓，形狀不同；或行或止，旨趣各異。所以天象貴於運行剛健有力，大地托載貴於安穩平正。天上之日月星辰、四時之氣候冷暖，因為變幻流動而建立功績；地上之五嶽名山、撐天的八根柱子，因為平靜聳峙而鎮定乾坤。所以墨子與申包胥，奔波勞累以保護國家的存在；段干木與胡孔明，以隱逸無為使得住地不受侵犯。」

抱朴子曰：「得意於丘園者，身否而神泰❶；役己以恤物❷者，形逸而心勞。故抱甕灌園者❸，歡於台宰；嘔餐茹薇者❹，美乎鼎食；仗策去豳者❺，形如腒腊❻；夜以待旦者❼，勤憂損命。」

【章旨】隱居田園則精神安閒，經營世務則憂勞害命。

【注釋】❶身否而神泰　身遭窮困而精神歡暢。否，窮滯。泰，通暢。❷役己以恤物　勞己以救物。恤，憂慮；救濟。❸抱甕灌園者　據載子貢南遊於楚，見漢陰老人抱甕汲水以灌園，用力甚多而功效甚少。子貢告訴他有一種木製機械名為槔，用力甚少而見功甚多。漢陰老人說：「有機械者必有機事，有機事者必有機心。機心存於胸中，則純白不備；純白不備，則神生不定；神生不定者，道之所不載也。吾非不知，羞而不為也。」見《莊子・天地》。❹嘔餐茹薇者　指以粗米野菜為食的人。餐，疑「糝」之訛。薇，一種野菜。❺仗策去豳者　指古公亶父。據載：古公亶父原來居住邠地，狄人攻之不休。古公亶父先後送去了皮帛、犬馬、珠玉，狄人為患仍不能止。於是古公亶父帶著族人，執鞭驅馬而去，來到岐山之下。仗策，手持馬鞭。去豳，離開豳地。豳，「邠」之本字。❻腒腊　乾肉。形容因為操勞而又乾又瘦。《論衡・道虛》：「世稱堯若腊，舜若腒，心愁憂苦，形體羸癯。」❼夜以待旦者　勤於政事、坐以待天明的人。

【語譯】抱朴子說道：「隱逸田園、志滿意得的人，雖然身遭窮困卻精神歡暢；有志用世、勞己救物的人，雖然形體享樂卻心神操勞。所以抱甕灌園的老人，其精神的閒適歡欣如同身居高官；以米糝野菜為食的人，其滋味的優美如同鼎中嘉餚。揮鞭趕馬、率眾遷移的人，因為操勞憂苦而身體又乾又瘦；操心政務、坐以待旦的人，因為勞心費神而損害生命。」

抱朴子說道：「仁忍有天淵之絕，善否猶有無之覺❶。騶虞側足以蹈虛❷，豺狼掩群以害生。虞卿捐相印以濟窮❸，華公讓三事以推賢❹。李斯疾勝己而殺韓非❺，龐涓患不如而刑孫臏❻。」

【章　旨】世人或仁或忍、或善或惡，其區別如同天壤之隔。

【注　釋】❶有無之覺　生之於死，隔絕不通。有覺，指生。無覺，指死。❷騶虞側足以蹈虛　騶虞，傳說中的仁義之獸，不踏生草，不食生物。蹈虛，即不踩生草之意。❸虞卿捐相印以濟窮　虞卿，戰國時人，曾為趙國上卿，受相印。為了救助魏齊，棄相印而與之逃亡，困於梁。見《史記・平原君虞卿列傳》。❹華公讓三事以推賢　華公，指華歆，少與管寧等為友。三事，指三公之位。魏明帝時，封博平侯，轉拜太尉，華歆讓位於管寧。見《三國志・卷一三》。❺李斯疾勝己而殺韓非　李斯讒殺韓非。事見《史記・老子韓非列傳》。❻龐涓患不如而刑孫臏　龐涓、孫臏，曾同學兵法。後龐涓為魏將，嫉妒孫臏之才，乃召臏至魏，施以刖刑。見《史記・孫子吳起列傳》。

【語　譯】抱朴子說道：「有人仁慈，有人殘忍，差距如天壤之別；有的行善，有的作惡，相隔如生死之異。騶虞側著腳不願意踩著了生草，豺狼追著羊群殘害生命。虞卿捐棄相印救助困難中的朋友，華歆推辭三公之高位以薦舉賢者。李斯嫉妒勝己而殺了韓非，龐涓耽心自己不如而對孫臏用刑。」

抱朴子曰：「用得其長，則才無或棄；偏詰❶其短，則觸物無可。故輕羅霧縠❷，治服之麗也，而不可以禦流鏑❸；沈閭、巨闕❹，斷斬之良也，而不可以挑腳刺。」

【章　旨】只要用人之長，而不是專門責人之短，天下就沒有棄而無用之才。

【注　釋】❶詰　責問。❷縠　輕紗。❸流鏑　飛箭。❹沈閭巨闕　古代著名之寶刀、寶劍。

【語　譯】抱朴子說道：「如果能夠用人之所長，那麼就不會有棄而無用之才；如果只是責問人之所短，那麼任何事物都不可用了。所以輕盈的綾羅、霧一般的細紗，如此美麗的服裝，卻不可以抵禦飛箭；沈閭、巨闕之寶劍，是砍截斬伐的良器，卻不可以用來挑腳刺。」

抱朴子曰：「小疵不足以損大器，短疢❶不足以累長才。日月挾蟲鳥之瑕❷，不妨麗天之景❸；黃河合泥滓之濁，不害淩山之流❹。樹塞不可以棄夷吾❺，奪田不可以薄蕭何❻，竊妻不可以廢相如❼，受金不可以斥陳平❽。」

【章　旨】英俊之才即使有小的毛病及缺失，也不可以棄置不用。

【注　釋】❶疢　熱病。泛指疾病。❷日月挾蟲鳥之瑕　傳說日中有三足烏、月中有蟾蜍之類，故云。❸麗天之景　懸掛於天，光芒普照。❹淩山之流　洪水浩蕩，漫上山坡。❺樹塞不可以棄夷吾　樹塞是修建隔開內外的屏門，這只適用於諸侯。大夫如此，則是僭越的行為。夷吾，指管仲。管仲亦樹塞門，這不符合禮儀，但是他輔佐齊桓公成就了霸業，功大於過，故云。❻奪田不可以薄蕭何　蕭何，西漢丞相。據《史記・蕭相國世家》載，他曾賤買百姓田宅數千萬。❼竊妻不可以廢相如　司馬相如，漢代辭賦家。嘗宴卓王孫家，以琴心挑動其女卓文君，相與馳歸成都，而為夫妻。❽受金不可以斥陳平　陳平，西漢丞相，多謀略，屢獻奇計。《史記・陳丞相世家》說他曾接受諸將之金，金多者得善處，金少者得惡處。

【語　譯】抱朴子說道：「小缺點不足以損傷有宏大器量的人，小毛病不足以牽累英俊之才。日月中也有著蟲鳥的陰影，但是不妨礙它們高懸天空、光芒普照；黃河夾雜著污濁的泥沙，但是不妨礙它洪流浩蕩、漫上山坡。不能因為奢侈僭越而棄置管仲，不能因為強奪百姓田宅而輕視蕭何，不能因為挑動卓文君私奔而不用司馬相如，不能因為接受金錢而斥退陳平。」

抱朴子曰：「虎豹不能搏噬於波濤之中，螣蛇❶不能登凌於不霧之日，摯雉免則鸞鳳不及鷹鷂，引耕犁則龍麟不逮雙峙❷。故武夫勇士，無用乎晏如之世❸；碩生逸才，不貴乎力競之運❹。」

【章旨】沒有必須的時機與條件，英俊之士便得不到重用，因而不能施展抱負。

【注釋】❶螣蛇　一種神蛇，龍之類，能遊於雲霧之中。❷雙峙　指牛。〈西征賦〉：「列牛女以雙峙。」❸晏如之世　安然、太平之世。❹力競之運　以武力角逐、競爭之世。指動亂征伐的時世。

【語譯】抱朴子說道：「虎豹不能在波濤之中搏鬥咬噬，神蛇不能在沒有雲霧之日凌空飛升。若論捕擊野雞野兔，則鳳凰不如雄鷹輕鷂；若論拉犁耕地，則神龍麒麟還不如黃牛。所以武夫勇士，在太平之世是派不上用場的；博學卓異之士，在以武力相爭奪的社會是得不到尊重的。」

抱朴子曰：「兩絆❶而項領❷，則騏騄❸與蹇驢❹同矣；失林而居檻，則猨狖❺與獾貉❻等矣；韜鋒而不擊，則龍泉❼與鉛刀❽均矣；才遠而任近，則英俊與庸瑣比❾矣。若乃求千里之跡於縶維之駿❿，責匠世之勳於劇碎之賢⓫，謂之不惑，吾不信也。」

【章旨】英俊之才不得其用，或者僅僅任以卑瑣的職務，便難以發揮其傑出的才能，不能建立非凡的業績。

【注釋】❶兩絆 套住馬的雙足。❷項領 因為閒置不用，馬的頸項養得肥大了。❸騏騄 騏驥、騄耳，均為駿馬。❹蹇驢 跛足之驢。❺猨狖 猿猴。善於攀援樹木，行動矯捷。❻貛貉 兩種動物，生活在洞穴之中，不善攀援。❼龍泉 寶劍之名。❽鉛刀 鉛製的刀，遲鈍而不銳利。❾英俊與庸瑣比 英俊之才與平庸猥瑣之輩則顯示不出區別。比，相近似。❿縶維之駿 雙足被絆住的駿馬。縶維，絆住馬足，拴住馬韁繩。⓫劇碎之賢 忙於繁重瑣碎事務之賢者。

【語譯】抱朴子說道：「如果都絆住雙足而閒置不用，則駿馬與跛驢就沒有區別；如果離開樹林而關進籠內，則善於攀援的猿猴與生活在洞穴中的貛貉其表現是相同的；如果藏起鋒芒而不出擊，則鋒利的寶劍與遲鈍的鉛刀是一樣的；如果才能遠大而擔任卑下的職務，則英俊超群之士與平庸凡瑣之輩是相似的。若是要求被套住雙足的駿馬有馳騁千里的成績，要求忙於繁重細務的賢者建立匡時濟世的功勳，以此為不惑，我是不相信的。」

抱朴子曰：「捐荼❶茹蒿❷者，必無識甘之口；棄瓊❸拾礫❹者，必無甄珍之明。薄九成❺而悅北鄙❻者，吾知其不能格靈祇而儀翔鳳❼矣；舍英秀而杖常民❽者，吾知其不能敘彝倫而臻升平❾矣。」

【章旨】君王腐化，耽於淫樂，不用賢才，一定不能推廣教化，實現天下太平。

【注釋】❶荼 即苦菜。疑當作「葵」。❷蒿 青蒿。一種野草，嫩葉可食。❸瓊 一種美玉。❹礫 小石頭。❺九成 指〈簫韶〉。相傳為舜之樂，反覆演奏，樂調優雅。❻北鄙 指商紂之樂，相傳為亡國之音。《史記‧樂書》：「紂為朝歌北鄙之音，身死國亡。」❼格靈祇而儀翔鳳　通於神靈，招來鳳凰。《尚書・益稷》：「〈簫韶〉九成，鳳皇來儀。」❽舍英秀而杖常民　不用英俊之士而用平庸之人。杖，依靠；憑倚。❾敘彝倫而臻升平　推廣德化，達於天下太平。彝倫，指教化。

【語　譯】抱朴子說道：「丟棄葵菜而食用青蒿的人，一定不知道甘甜的滋味；丟掉瓊玉而撿起石塊的人，一定沒有識別珍寶的眼力。輕視虞舜的〈簫韶〉之樂而欣賞商紂的北鄙之音，我知道是不能通於神靈引得鳳凰來翔的；不用英俊卓異之士而依靠平常之人，我知道是不能推廣教化而實現天下太平的。」

抱朴子曰：「達乎通塞❶之至理者，不悁悒於窮否❷；審乎自然之有命者，不逸豫於道行❸。故縈抑淵洿❹，則遺慍悶之心；振耀宸扆❺，而無得意之色。三仕三已，則其人也❻。」

【章　旨】至人明白窮達之理，當沈淪不遇時不因之煩悶憂傷，仕途暢達時也不為之驕傲得意。

【注　釋】❶通塞　指仕途之窮達。❷不悁悒於窮否　不因為仕途窮困而憂鬱不快。悁悒，憂悶；發愁。窮否，仕途閉塞不通。❸不逸豫於道行　不沈醉於安樂，放鬆了道德的修養。逸豫，安樂。❹縈抑淵洿　遭受壓抑而處在下位。淵洿，指低下之地。❺振耀宸扆　指仕途暢達，在朝廷擔任高官。宸扆，帝王之位。代指朝廷。❻三仕三已二句　春秋魯大夫展禽，世稱柳下惠。三次被任官，面無喜色；三次被黜官，面無慍色。

【語　譯】抱朴子說道：「懂得仕途窮達之至理的人，在閉塞不遇時不會憂鬱不快；明瞭順乎自然之命的人，不會沈醉享樂、鬆懈修養道德。所以沈淪下位之時，就不會有煩悶憂傷之情；若是仕途暢達、擔任高官，也沒有驕傲得意之態。像三仕三黜的柳下惠，就是這樣的人。」

抱朴子曰：「否泰繫乎運❶，窮達不足以論士。得失在乎適偶，榮辱不可以才量❷。時命不可以力求，遭遇不可以智違❸。故尚父者，老婦之棄夫❹；韓信者，乞食之餓子❺；蕭公者，斗筲之吏❻；黥布者，刑黜之亡隸❼。當其行龍姿於虺蜥❽之中，卷❾鳳翅❿乎斥鴳⓫之群，則彼龍后⓬，謂為其倫。」

【章　旨】卓異非凡之士亦有窮困落魄之時，所以窮達不足以衡量一個人的才能。

【注　釋】❶運　時運。❷才量　孫星衍曰：「才量」當作「量才」。❸遭遇不可以智違　人生貴賤榮辱之遭遇，非智力所能為。違，避開。❹尚父者二句　尚父，即呂尚、太公望。《說苑・尊賢》：「太公望，故老婦之出夫也。」❺韓信者二句　韓信，淮陰人。始為布衣時，不能治產業，常從人寄飲食，人多厭之。見《史記・淮陰侯列傳》。❻蕭公者二句　蕭何，沛之豐人，曾為沛主吏掾。斗筲之吏，指小官吏。斗筲，容量狹小之器。❼黥布者二句　英布，六人，曾因事犯法黥面，故又稱黥布。已論輸為隸，逃亡江中為盜。後歸於劉邦，以功封淮南王。見《史記・黥布列傳》。❽虺蜥　長蛇、蜥蜴之類的毒蟲。❾卷　此字疑有誤。❿鳳翅　鳳凰之翼。⓫斥鴳　飛於蓬蒿間的一種小鳥。⓬龍后　神龍、鳳凰之類。

【語　譯】抱朴子說道：「仕途的通塞在於時運，貴賤窮達不足以評論士人。得失在於能否適應時世，榮辱不足以衡量人的才能。時世機遇不是人力所能求得的，遭逢之事不是智慧所能迴避的。所以呂尚最初為老婦所遺棄，韓信是向人乞食的餓人，蕭何是一個職務卑微的小官吏，黥布是刑餘在逃的奴隸。然而當他們展現龍姿於凡蟲之中，鼓起鳳翅於小鳥之群，他們就成為龍鳳之類的人物了。」

抱朴子曰：「四靈翳逸❶，而為隆平之符❷；幽人嘉遁，而為有國之寶❸。何必司晨而銜鑣❹、羈紲於憂責❺哉？有用，人之用也；無用，我之用也。徇身者不以名汨和，修生者不以物累己。」

【章　旨】隱逸之士雖然不承擔具體的職事，但有無用之用，因而是國家之寶。

【注　釋】❶四靈翳逸　麒麟、鳳凰、靈龜、神龍，被稱為四靈。翳逸，隱逸。❷隆平之符　天下興隆、太平之標誌。❸有國之寶　國家、君王之寶物。❹司晨而銜鑣　司晨是雞之事，銜鑣是馬之事，不必以鳳凰、麒麟代之。❺羈紲於憂責　承擔具體的職務，為之而操心。羈，馬籠頭。紲，拴狗的繩索。指僕役之事。

【語　譯】抱朴子說道：「麒麟、鳳凰、靈龜、神龍隱逸逍遙於野，而成為天下興隆太平的標誌；隱逸之士逍遙於山林，而成為國家的珍寶。何必像雞之啼明報曉、像馬之銜轡拉車，為具體的職務而憂愁呢？有用之用，是別人的用途；無用之用，是我的用途。惜身者不以世俗之名影響內心的平和，修養生命者不使外在之物成為自己的負累。」

抱朴子曰：「量才而授者，不求功於器外；揆能而受者，不負責於力盡。故滅熒燭❶者不煩滄海，扛斤兩者不事烏獲❷。運薪輦鹽，不宜枉騏驥之腳；碎職瑣任，安足屈獨行之俊❸矣。」

【章　旨】任用官員要使才能與職務相當，既不要大才小用，也不應小才大用。

【注　釋】❶熒燭　小的火燭。熒，微光。❷烏獲　戰國時秦之大力士。❸獨行之俊　志行卓異之俊才。獨行，行為高尚、不與世浮沈。

【語　譯】抱朴子說道：「朝廷量才而授職，不要求官員建立超越其能力的功績；官員估量自己的才能而接受職務，不負責超出自己力量的事務。所以熄滅小的火燭，不必要用滄海之水；扛起輕微之物品，不必要用到烏獲。運柴運鹽，不必用騏驥去拉車；瑣碎細小的職事，不必讓卓異的俊才去承當。」

抱朴子曰：「甽澮之流❶，不能運大白之艘❷；升合之器，不能容千鍾之物。熠燿不能竝表微之景❸，常才不能別逸倫之器❹。蓋造化所假❺，聰明有本根也。」

【章　旨】器量狹小不能容納宏大之物，平常之人不能識別卓傑之才。

【注　釋】❶甽澮之流　田溝中的流水。甽，古「畎」字。田溝。澮，田間的排水渠。❷大白之艘　當時的一種大船。❸熠燿不能竝表微之景　螢火之光不能同時照出地上微小的物影。熠燿，螢火。表微，顯示、照亮細微之物。❹逸倫之器　超越同輩的卓異之才。❺造化所假　自然之稟賦。造化，自然。假，憑藉。

【語　譯】抱朴子說道：「田間溝渠之水，不能運行大白之船；一升一合之小器物，不能裝下千鍾之物。螢火的微光不能同時照出地上微小的物影，平凡之人不能識別超群之才。這些都是自然所稟賦，聰明智慧的高下是有本源的。」

抱朴子曰：「郢人美〈下里〉之淫鼃❶，而薄〈六莖〉❷之和音❸；庸夫好悅耳之華譽，而惡利行之良規。故宋玉舍其延靈❹之精聲❺，智士招其獨見之遠謀。」

【章　旨】世俗庸人喜歡聽悅耳之言，而智者卻歡迎深謀遠慮的獨到之見。

【注　釋】❶郢人美下里之淫鼃　〈下里〉，指〈下里巴人〉，郢地之俗曲。宋玉〈對楚王問〉載：有人歌於郢中，其始曰〈下里巴人〉，國中屬而和者數千人。淫鼃，指俗樂之聲。❷六莖　傳說是顓頊之樂名。❸和音　和諧之音樂。❹延靈　可招致神靈。❺精聲　精美之樂；高調雅曲。

【語　譯】抱朴子說道：「郢人欣賞〈下里巴人〉之俗曲，而輕視〈六莖〉之和諧清美的音樂；庸人喜歡聽讚譽稱美的悅耳之言，而不願聽到有利行止的忠言規勸。所以宋玉捨棄了能夠通於神靈的高調，而智者卻歡迎有獨見卓識者的深謀遠慮。」

抱朴子曰：「瓊琨山積❶，不能無挾瑕之器❷；鄧林千里❸，不能無偏枯之木。論珍則不可以細疵棄巨美，語大則不可以少累廢其多。故叛主者良平❹也，而吐六奇以安上❺；群盜者彭越❻也，而建弘勳於佐命。」

【章　旨】不可因為小瑕疵而捐棄珍寶，不可因為小毛病而廢棄人才。

【注　釋】❶瓊琨山積　玉石堆積如山。瓊琨，美玉；美石。❷挾瑕之器　指帶有瑕疵的玉石。瑕，玉上的斑點。❸鄧林千里　鄧林是神話傳說中的樹林，《列子・湯問》說：「鄧林彌廣數千里。」❹叛主者良平　良平，疑當作「陳平」。陳平初事魏王，以為太僕；復歸於項羽，以為信武君；後又歸於劉邦，多次出奇計。見《史記・陳丞相世家》。❺吐六奇以安上　陳平謀劃離間項羽與范增等人關係、誘擒韓信、解滎陽之圍等，《史記》稱之為六奇。❻群盜者彭越　彭越，字仲，昌邑人，常捕魚於鉅野澤中，為群盜。楚漢相爭時，歸於劉邦，以軍功封梁王。見《史記・魏豹彭越列傳》。

【語　譯】抱朴子說道：「玉石堆積成山，其中不能沒有瑕疵之器；鄧林綿延千里，其中不能沒有枯萎的枝柯。若論珍寶，則不可以因為小疵點而棄置大的寶物；若說到大的物體，則不可以因為小的毛病廢棄其主要的部分。所以曾經背叛主上的陳平，卻屢出奇計安定了局勢；彭越曾經當過強盜，然而最後卻輔佐君主建立了巨大的功勳。」

抱朴子曰：「五嶽巍峨，不以藏疾❶傷其極天之高；滄海滉瀁❷，不以含垢累其無涯之廣。故九德尚寬以得眾❸，宣尼汎愛而與進❹。」

【章旨】只有以寬容廣大之心包涵萬物，才能得到眾人之歸心。

【注釋】❶藏疾　藏有各種毒蟲害獸。《左傳・宣公十五年》：「川澤納污，山藪藏疾，瑾瑜匿瑕。」❷滉瀁　形容深廣、浩瀚。❸九德尚寬以得眾　古人以寬而栗、柔而立、愿而恭、亂而敬、擾而毅、直而溫、簡而廉、剛而塞、彊而義為九德，而以寬而栗為首。見《尚書・皋陶謨》。❹宣尼汎愛而與進　意謂孔子以博愛之心，鼓勵學生進步。宣尼，指孔子。《論語・述而》：「與其進也，不與其退也。」

【語譯】抱朴子說道：「五嶽巍峨雄壯，不因為包藏毒蟲害獸而傷害其聳入雲天的高峻；滄海波濤浩瀚，不因為容納污穢而影響其無邊無際的廣大。所以九德以寬容為首，因而得到眾人的歸心；孔子主張以廣泛的愛心，鼓勵來學者的進步。」

卷三九 廣譬

【題解】〈廣譬〉，是〈博喻〉的姊妹篇，同為連珠體的文字。

本篇的內容與〈博喻〉相似，也是託物借事以說明社會及人生的道理。篇中文字從不同的角度表現了作者關注社會現實、思考人生、追求積極用世而又試圖保全完美之精神人格的思想傾向。寓意雋永，能發人深思。

全篇共輯有連珠八十五章。

抱朴子曰：「立德踐言❶，行全操清❷，斯則富矣。何必玉帛之崇❸乎？高尚其志❹，不降不辱❺，斯則貴矣。何必青紫之兼拕❻也？俗民不能識其度量，庸夫不得揣其銓衡❼，是則高矣。何必凌雲而蹈霓❽乎？問者莫或測其淵流，求者未有覺其短乏，是則深矣。何必洞河而淪海乎？四海苟備，雖室有懸磬之窶❾，可以無羨乎鑄山而煮海❿矣。身處鳥獸之群，可以不渴乎朱輪而華轂⓫矣。」

【章旨】隱逸之士高尚其志，不降不辱，這就是尊貴與富足，因而不羨慕人間的官位與財富。

【注釋】❶踐言　履行諾言。❷行全操清　行為完美，操守高潔。❸玉帛之崇　意謂朝廷派遣使者攜帶玉帛，以尊崇之禮徵辟之。❹高尚其志　堅持隱逸之志。❺不降不辱　不降志，不辱身。❻青紫之兼拕　擔任高官貴職，佩繫青紫之印綬。拕，通「拖」。❼揣其銓衡　私下暗地揣測其輕重。銓衡，衡量輕重之器。❽淩雲而蹈霓　指地位尊崇，若在雲霓之上。❾懸磬之窶　家境貧困，一無所有。懸磬，空無所有。❿鑄山而煮海　開山鑄錢，煮海水為鹽，可獲得巨大財富。⓫朱輪而華轂　紅漆的車輪，彩繪的車轂，是漢代貴官乘坐的車輛。轂，車輪中穿軸的部分。

【語　譯】抱朴子說道：「培養道德，履行善言，行為完美，節操高潔，這就是富有。何必要以尊崇的禮儀徵聘出仕呢？堅持高尚的志向而隱逸不仕，不貶降志氣，不辱沒身分，這就是尊貴。何必高官厚爵、紆青拖紫呢？世俗之人不能識別其深淺，凡庸之輩不能估量其輕重，這就是崇高。何必要高據尊位，如在雲霄之端呢？詢問者莫測其蘊藏的深厚，求教者不覺其才能的短乏，這就是深厚。何必要深入河底淪於海中呢？倘若四海富足，即使我自己家中貧困，一無所有，也不羨慕鑄山煮海的巨大財富。即使身處鳥獸之群，也不追求高官厚爵、朱輪華轂的富貴生活。」

抱朴子曰：「潛靈❶俟慶雲❷以騰竦❸，棲鴻❹階勁風❺以淩虛。素鱗須姬發而躍❻，白雉待公旦而來❼，姜老值西伯而投磻溪之綸❽，韓英❾遭漢高乃騁撥亂❿之才。」

【章　旨】隱逸之士期待著機遇，若遇聖明之主，便能顯露才華，建功立業。

【注　釋】❶潛靈　指潛伏的神龍。❷慶雲　五色之雲。❸騰竦　騰飛上天。❹棲鴻　斂翅之鴻鵠。❺階勁風　乘著強勁之風。❻素鱗須姬發而躍　姬發，即周武王。傳說武王伐紂，渡河至中流，有白魚躍入王舟中。❼白雉待公旦而來　公旦，即周公。周公攝政六年，越裳氏來獻白雉。見《韓詩外傳．卷五》。❽姜老值西伯而投磻溪之綸　姜老，即呂尚，姓姜氏。西伯，即周文王。呂尚年老，垂釣於磻溪，周文王出獵，載與俱歸，立為師。❾韓英　韓信、英布，均為劉邦手下之大將，以驍勇善戰著稱。❿撥亂　平定動亂之世，使歸於正常。

【語　譯】抱朴子說道：「潛伏水下的神龍等待慶雲而後騰空飛升，斂翅的鴻鵠乘著勁風凌雲高翔。白魚等到周武王渡河伐紂然後躍出，白雉待到周公攝政方才來獻朝廷。呂尚遇到周文王便收起了磻溪的釣竿，韓信、英布遇到漢高祖劉邦便施展出平定戰亂的非凡之才。」

抱朴子曰：「澄精神於玄一❶者，則形器可忘❷；邈高節以外物❸者，則富貴可遺。故支離❹、甕㼜❺，偉造化而怡顏；北人❻、箕叟❼，棲嵩岫而得意焉。」

【章　旨】精神澄明則可忘形體，志節高尚則可棄富貴。

【注　釋】❶玄一　即道之本源。道家修煉有守玄一之法，要求精神專注，心不旁騖。❷形器可忘　可以忘記形骸。形器，形體。❸邈高節以外物　有高超之節操，將世俗萬物看成外在的，而不追求。❹支離　《莊子・德充符》說：有一個名叫闉跂支離無脤的殘疾人，去遊說衛靈公，得到衛靈公的喜愛。❺甕㼜　《莊子・德充符》又說：有一個名叫甕㼜大癭的殘疾人，長有很大的頸瘤，去遊說齊桓公，得到桓公的喜愛。❻北人　北人無擇，傳說中的隱士。舜欲將天下讓給他，他乃自投清泠之淵。見《莊子・讓王》。❼箕叟　指許由，隱於箕山之下，是古代著名的隱士。

【語　譯】抱朴子說道：「精神澄明而專一的人，則可以忘懷外在的形體；節操高邁而不染物欲的人，則可以遺棄人間的富貴。所以支離無脤、甕㼜大癭將殘疾當作偉大自然的運化，總是容顏歡悅；北人無擇、許由隱逸於高山之野，卻志滿意得。」

抱朴子曰：「粗理不可浹全❶，能事不可畢兼。故懸象❷明而可蔽，山川滯而或移❸，金玉剛而可柔，堅冰密而可離。公旦不能與伯氏跟絓於馮雲之峻❹，仲尼不能與呂梁較伎於百仞之溪❺。」

【章 旨】人不能面面俱到，即使聖賢也不能兼備各項才能。

【注 釋】❶浹全　周全；面面俱備。❷懸象　指日月星辰。❸山川滯而或移　山川本是穩定難移的，但是有時也可能有山崩、地震等現象。❹公旦不能與伯氏跟絓於馮雲之峻　公旦，指周公。伯氏，指伯昏無人。馮雲之峻，凌雲的山岩。傳說伯昏無人能登高山、履危石，腳有二分懸在石外，而神氣不變。見《列子・黃帝》。❺與呂梁較伎於百仞之溪　傳說呂梁有瀑布激流，魚鼈難游，有人卻披髮高歌，游於深淵之中。

【語 譯】抱朴子說道：「粗淺之理不可能周全，精湛的才能不可能一人兼備。所以日月光明，有時也被烏雲遮蔽；山川穩固，有時也因地震而變易；金玉堅硬，亦可以使之柔軟；冰質嚴密，亦可以使之溶化。所以周公不能與伯昏無人比賽登上高入雲霄的峻峰險石，孔子不能與呂梁之人比賽在百仞的激流中自由地游泳。」

抱朴子曰：「震雷不能細其音以協金石之和❶，日月不能私其耀以就曲照之惠❷，大川不能促其涯以適速濟之情❸，五岳不能削其峻以副陟者之欲❹。故廣車不能脅其轍❺以苟通於狹路，高士不能撙其節❻以同塵於隘俗。」

【章 旨】志向高尚的人不能自貶節操，等同於流俗。

【注 釋】❶以協金石之和　以與金石樂聲相和諧。❷以就曲照之惠　意謂將光線照進彎曲的洞穴之中，滿足其要求。❸以適速濟之情　以滿足橫渡者盡快到達對岸的心情。❹以副陟者之欲　以符合登山者的欲望。❺脅其轍　縮小車輪的寬幅，以減小所需道路的寬度。脅，收斂；縮小。❻撙其節　意謂貶低自己的節操。撙，約束；節制。

【語　譯】抱朴子說道：「轟鳴的雷聲不能減細其聲音使之與鐘磬之音相和諧，日月不能將光亮照進彎曲的洞穴以牽就其私意，江河不能狹窄些以滿足渡水者希望快些渡過的心情，五岳之高山不能變得緩平低矮一些以適合登攀者的欲望。所以大車不能縮小車輻以求苟且通過小道，高士不能貶低其節操以求合於塵世之庸人。」

抱朴子曰：「陰陽以廣陶濟物❶，三光以普照著明❷，嵩華以藏疾為曠❸，北溟以含垢稱大❹。碩儒以與進❺弘道，遠數以博愛容眾❻。」

【章　旨】要仿效天地、日月、高山、大海，以廣博的愛心對待眾人。

【注　釋】❶陰陽以廣陶濟物　天地之造化廣大，普濟萬物。廣陶，廣泛的陶冶。❷三光以普照著明　日月星辰普照天下，以顯現其光明。❸嵩華以藏疾為曠　嵩山、華山包容宏富，因而開闊曠遠。❹北溟以含垢稱大　北海無所不能包涵，因而浩瀚偉大。含垢，同「藏疾」。形容能包容不純之物。❺與進　許其進而來見。《論語・述而》：「與其進也，不與其退也。」❻遠數以博愛容眾　謀略遠大的人以廣大的愛心包容眾人。數，謀劃。

【語　譯】抱朴子說道：「天地陰陽以廣大的造化普濟萬物，日月星辰以明亮的光輝普照天下。嵩山、華山因為無所不包方顯得開闊曠遠，北海因為無所不容而被稱為浩瀚廣大。儒家大師不拒絕後進來學而弘道，謀略深遠者以廣博的愛心容納眾人。」

抱朴子曰：「靈龜之甲，不必為戰施❶；麟角鳳爪，不必為鬥設。故雋生不釋劍於平世❷，擊柝❸不輟備於思危。」

【章　旨】有備而無患，即使清平之世也不能鬆懈武備。

【注　釋】❶靈龜之甲二句　戰，疑「占」字之訛。意謂靈龜之甲，並非為供人占卜而生。火灼龜甲，視其裂紋以定吉凶為占。❷雋生不釋劍於平世　雋不疑，字曼倩，漢代人。曾為郡文學，進退以禮。朝廷使者請與相見，他佩劍前往。府吏欲使解劍，他說：「劍者君子武備，所以衛身，不可解。」見《漢書》本傳。❸擊柝　夜間巡察，以兩木相敲擊，以為警戒。

【語　譯】抱朴子說道：「靈龜的甲殼，不是必定為占卜而生長的；麒麟之角、鳳凰之爪，不是必定為角鬥而存在的。所以雋不疑平時也不解除佩劍；夜間擊柝巡察，是為了防備危急的情況出現。」

抱朴子曰：「南金❶不為處幽而自輕，瑾瑤❷不以居深而止潔。志道者不以否滯❸而改圖❹，守正者不以莫賞❺而苟合❻。」

【章　旨】君子堅守品節，不因為仕途閉塞、無人賞識而苟且偷合，改變初衷。

【注　釋】❶南金　古代荊州、揚州地域所出產的一種金屬，古人視為寶物。《詩經・魯頌・泮水》所載南方寶物中，有南金之名。❷瑾瑤　美玉名。❸否滯　沈淪不遇；閉塞不通。❹改圖　改變計畫。❺莫賞　得不到世俗的欣賞。❻苟合　放棄立身的準則，苟且求合於世俗。

【語　譯】抱朴子說道：「南金不會因為處在幽僻之地就輕浮了，美玉不會因為處在深隱之所就喪失它的純潔。有志於道德者不會因為閉塞不通而改變其志向，堅守正直者不會因為無人賞識而苟且偷合於世俗。」

抱朴子說：「登玄圃❶者，悟丘阜之卑❷；浮溟海者，識池沼之褊❸。披九典❹乃覺牆面之篤蔽❺，聞至道乃知拘俗之多迷。」

【章旨】只有登山臨海，才能開闊視野；只有學習至道，才能省悟愚昧之弊。

【注釋】❶玄圃 傳說中的仙山，在崑崙之巔，為仙人所居。❷悟丘阜之卑 才領悟土丘的矮小。阜，土山；丘陵。❸褊狹 窄；小。❹九典 儒家傳世的九種經典著作，包括《周易》、《尚書》、《詩經》、《春秋》、《周禮》。❺牆面之篤蔽 因為不學，蒙蔽至深。牆面，形容不學、無知。

【語譯】抱朴子說道：「登上了崑崙玄圃，就知道丘陵土阜的矮小了；渡越過大海，就知道池沼的狹小了。披閱眾多的典籍，就知道不學習所受到的深重的蒙蔽；得聞至道，然後才知道拘於世俗的迷誤。」

抱朴子曰：「渾沌之原❶，無皎澄之流❷；毫氂之根，無連抱之木；分寸之燼❸，無炎遠之熱；隙穴之中，無炳蔚之群❹；鉤曲之形，無繩直之影；參差之上，無整齊之下。」

【章旨】事有因果，物有本末。身不正則影斜，上不齊則下亂。

【注釋】❶渾沌之原 塵土紛揚、渾濁不清的原野。一本作「軍屯之原」。❷皎澄之流 皎潔、清澄的流水。❸燼 燃燒後剩餘的木炭。❹炳蔚之群 成群的虎豹。《周易・革卦》有「大人虎變，其文炳也」、「君子豹變，其文蔚也」語，故云。

【語譯】抱朴子說道：「塵土紛揚、一片渾沌的原野，不會有清澄透明的流水；一毫一釐的細根，不會生長出合抱的大樹；短短的一小節木炭，不會有傳到遠方的熱量；狹窄的洞穴之中，不會有虎豹之群；身形彎曲，不會有筆直如繩的影子；上面長短參差，下面就不會整齊如一。」

抱朴子曰：「不睹瓊琨之熠爍❶，則不覺瓦礫之可賤；不覿虎豹之彧蔚❷，則不知犬羊之質漫❸。聆〈白雪〉❹之九成❺，然後悟〈巴人〉之極鄙❻；識儒雅之汪濊❼：爾乃悲不學之固陋。」

【章　旨】對照比較，方能顯示學文之可貴，所以君子應當以學修身。

【注　釋】❶瓊琨之熠爍　美玉光彩閃耀。瓊琨，都是美玉之名。❷彧蔚　指毛色斑紋鮮明，富有文采。❸質漫　指毛色散漫，沒有文采。❹白雪　古樂曲名，傳說師曠所作，曲調高亢，和者甚寡。❺九成　多次演奏。每奏完一曲，謂之一成。❻巴人之極鄙　意謂〈下里巴人〉之樂曲極為鄙陋。宋玉〈對楚王問〉說：客有歌於郢中者，其始曰〈下里巴人〉，屬而和者數千人。後曰〈陽春白雪〉，屬和者僅數十人。❼汪濊　積水深厚。這裡形容富有學識。

【語　譯】抱朴子說道：「沒有見過光彩閃耀的美玉，就不知道瓦片碎石之卑賤；沒有看過虎豹斑斕鮮亮的花紋，就不知道犬羊之皮的散漫無文。聽過演唱〈陽春白雪〉之雅調，然後就省悟到〈下里巴人〉的鄙陋；認識學識淵博的儒雅君子，然後就感到不學無術的固陋之可悲。」

抱朴子曰：「無當之玉盌❶，不如全用之埏埴❷；寸裂之錦黻❸，未若堅完之韋布❹。故夏姬❺之無禮，不如孤逐之皎潔；富貴之多罪，不如貧賤之履道❻。」

【章　旨】不崇尚虛華而講求實用，富貴而違禮不如貧賤而守道。

【注　釋】❶無當之玉盌　華貴而不切實用的玉碗。盌，通「碗」。❷埏埴　和泥製作的陶器。指陶碗。❸錦黻　繡有花紋圖案的錦衣。黻，古代禮服上的一種花紋。❹韋布　布衣，繫以皮帶子，是古代貧賤者的服裝。❺夏姬　是春秋時陳大夫御叔之妻，夏徵舒之母，曾與陳靈公、孔寧、儀行父私通。❻履道　遵行正道。

【語　譯】抱朴子說道：「貴重而無用的玉碗，不如切實有用的陶器；腐朽寸裂的錦繡禮服，不如結實完好的韋帶布衣。所以與其像夏姬不講禮儀貞潔，還不如堅持節操而遭放逐；與其富貴而犯下重重罪孽，還不如甘守貧賤，正道直行。」

抱朴子曰：「猛獸不奮搏於度外，鷹鷂不揮翮以妄擊。若廟算既內不揆德❶，進取又外不量力，猶輕羽之沒洪罏，飛雪之委沸鑊❷，朝菌之試干將❸，羔犢之犯虣虎❹也。」

【章　旨】興師動眾，征戰攻伐，必須度德量力，否則必將自取滅亡。

【注　釋】❶廟算既內不揆德　意謂朝廷不估量自己的德化而制定克敵的策略。廟算，指朝廷用兵之謀略。❷飛雪之委沸鑊　飛雪落入沸騰的湯釜之中，則頃刻溶化。鑊，煮食物的鼎釜之類。❸朝菌之試干將　朝菌是一種菌類植物，朝生暮死，故極為脆弱。干將，古代寶劍之名。❹羔犢之犯虣虎　小羊羔、牛犢冒犯凶暴的老虎。虣，凶惡；暴烈。

【語　譯】抱朴子說道：「猛獸不會奮然搏擊於度外，雄鷹不會妄然揮翅以出擊。如果朝廷內則不估量自己的德化所及，外則不計算自己的軍力強弱，而輕易興師征伐，那就像羽毛落入洪爐之中，飛雪掉進湯釜之內一樣，又像朝菌與干將之利劍比試，羊羔、牛犢冒犯猛虎一樣。」

抱朴子曰：「三辰❶蔽於天，則清景暗於地；根荄蹶於此❷，則柯條瘁於彼；道失於近，則禍及於遠；政繆❸於止，而民困於下。」

【章　旨】根荄敗壞，則枝葉凋殘；政失於上，則民困於下。

【注　釋】❶三辰　指日月星辰。❷根荄蹶於此　樹根枯竭於此。荄，草根。蹶，竭盡。❸繆　同「謬」。乖錯；失誤。

【語　譯】抱朴子說道：「天上的日月星辰被遮住，地上的影子就變得暗淡了；草木的根部竭盡於此，則枝葉也就凋瘁於彼。策略失誤於近，則禍患及於深遠；政治乖錯於上，則百姓貧困於下。」

抱朴子曰：「務於遠者或失於近，治其外者或患生乎內。覆頭者不必能令足不濡❶，蔽腹者不必能令背不傷。故秦始築城遏胡而禍發幃幄❷，漢武懸旌萬里而變起蕭牆❸。」

【章　旨】執政必須兼顧遠近內外，若思慮不周，則禍出不測。

【注　釋】❶濡　濕；沾濕。❷禍發幃幄　指趙高從內部篡權，逼扶蘇自殺，私立胡亥為二世，後來又殺李斯，弒二世，導致天下大亂之慘禍。❸變起蕭牆　宮廷之內起變故，發生禍患。蕭牆，古代宮室分隔內外的當門牆壁。漢武帝時，有淮南王劉安、衡山王劉賜謀反，被誅，黨與死者數萬人。又有巫蠱之禍，太子逃亡後自殺，皇后亦自殺諸事。

【語　譯】抱朴子說道：「經營遠大之事者其失誤可能近在眼前，治理外在之務者其禍患可能萌生於內。覆蓋住頭部不能保證雙腳不濕，保護好腹部不能使背部不傷。所以秦始皇修築長城以抵擋胡人而禍患正潛藏在他的身邊，漢武帝出軍萬里而變亂卻萌發於他的宮廷之中。」

抱朴子曰：「人才無定珍❶，器用無常道。進趨者❷以適世為奇，役御者❸以合時為妙。故玄冰結則五明捐❹，隆暑熾則裘鑪退。高鳥聚則良弓發，狡兔多則盧鵲走❺。干戈興則武夫奮，〈韶〉〈夏〉❻作則文儒起。」

【章旨】人才的需求與時而變化，故亂世重武夫，治世用文儒。

【注釋】❶人才無定珍　不同的時代所珍貴的人才不同，沒有固定的標準。❷進趨者　追求進取、積極用世者。❸役御者　為時所用者。❹玄冰結則五明捐　寒冰凝結的冬天，扇子就被棄置了。五明，扇名。漢晉有五明扇。❺狡兔多則盧鵲走　狡兔一多，獵狗就有用了。盧鵲，韓盧、宋鵲，均為古代良犬之名。❻韶夏　〈韶〉樂，傳說是舜的樂曲。〈大夏〉，傳說是禹的樂曲。功成作樂，代指太平時節。

【語譯】抱朴子說道：「珍貴的人才沒有固定的標準，器具之用沒有不變的模式。追求進取者以適應社會的需求為奇偉，為世所用者以符合時代的變化為妙才。所以寒冰凝結，扇子就丟在一邊了；盛夏酷暑，皮襖與火爐就用不上了；飛鳥聚集，良弓就取出來了；狡兔一多，獵狗就有大用了。戰事興起，武夫就奮發而立功；太平之世，文儒就起而效力。」

抱朴子曰：「激脩流、揚朝宗者❶，不可以背五城❷而跨積石❸；舒翠葉、吐丹葩者，不可以舍洪荄❹而去繁柯❺。敗源失本❻，鮮不枯汔❼。叛聖違經，理不弘濟❽。」

【章旨】江河不可以反向倒流，樹木不可以失去根本。所以叛聖違經，必遭失敗。

【注釋】❶激脩流揚朝宗者　指長江、黃河。朝宗，百川流向大海。❷五城　指崑崙山。傳說崑崙有五城十二樓，河水出焉。❸積石　山名。❹洪荄　指樹木眾多的根。❺繁柯　指繁多的枝。❻敗源失本　敗源，對江河而言。失本，對樹木而言。❼枯沍　枯竭；枯死。沍，乾涸。❽理不弘濟　沒有發展成功之理。

【語　譯】抱朴子說道：「激起萬里的波濤而流向東海的江河，不可能背離崑崙而超越積石；舒展青翠的綠葉、吐出燦爛紅花的樹木，不可能去掉根荄與繁枝。背離了本源，喪失了根本，沒有不枯死乾涸的。反對聖人，背叛經典，沒有發展成功的道理。」

抱朴子曰：「四瀆辯源❶，五河❷分流，赴卑注海❸，殊塗同歸。色不均而皆豔，音不同而咸悲，香非一而並芳，味不等而悉美。」

【章　旨】不同的途徑可以通向同一的目標，不同的形式可以達成同樣的效果。

【注　釋】❶四瀆辯源　長江、黃河、淮河、濟水有著不同的源頭。古人稱江淮河濟為四瀆。辯，通「辨」。❷五河　傳說仙境中有紫、碧、絳、青、黃五色之河。❸赴卑注海　奔赴下游，灌注入大海。

【語　譯】抱朴子說道：「四瀆不同源，五河不同流，卻都奔赴下游，注入東海，路途雖異，目標相同。顏色有所不同，卻都能豔麗；聲音有所不同，卻都能感人；香氣有所不同，卻都能芬芳；味道有所不同，卻都能可口。」

抱朴子曰：「物貴濟事，而飾為其末❶，化俗以德，而言非其本❷。故緜布可以禦寒，不必貂狐❸；淳素可以匠物❹，不在文辯❺。」

【章旨】重視實用，不求外在的文飾；重視德化，不重虛浮的言辭。

【注釋】❶飾為其末　裝飾其表面。〈應嘲〉曰：「制器者珍於周急，而不以采飾外形為善。」與此意思相通。❷言非其本　意謂世俗文風脫離了立言之本，僅僅追求虛浮的辭藻。❸貂狐　貂狐之皮，名貴而華麗。❹淳素可以匠物　意謂樸素無華的材料亦可以製成器物。淳素，指其本色。❺文辯　文飾；繪以花紋圖案。辯，疑「辨」字之訛。

【語譯】抱朴子說道：「製作器物貴於實用，而人們只是裝飾它的表面；教化世俗要以德行為本，而人們卻只是追求言辭之末。所以棉布可以抵禦風寒，不一定要用貂狐之皮；樸素的材料可以製作器物，不一定要雕鏤文飾它的外表。」

抱朴子曰：「衝飆謐氣❶，則轉蓬山峙❷；倏綱既舒，則萬目齊理❸。故未有上好謙而下慢❹，主賤寶而俗貧。」

【章旨】統治者謙虛則百姓不會傲慢，統治者廉潔則百姓不會貧窮。

【注釋】❶衝飆謐氣　大風平息，空氣靜止。衝飆，猛烈的風。謐，靜止。❷轉蓬山峙　隨風飄轉的飛蓬就停下來，固定不動。山峙，形容穩定不移。❸倏綱既舒二句　綱繩既舉，則千萬個細目也就有條不紊。即綱舉目張之意。❹慢　傲慢無禮。

【語譯】抱朴子說道：「暴風平息，飄轉的飛蓬也就靜止不動；綱繩既舉，則千萬個細目也就有條有理。所以沒有在上者謙虛而在下者傲慢之事，沒有統治者不愛財寶而百姓遭受貧窮之理。」

抱朴子曰：「事有緣微而成著❶，物有治近而致遠。故修步武之池❷，而引沈鱗於江海；豐朝陽之林，而延靈禽於丹穴❸。設象於槃盂，而翠虬降於玄霄❹；

委灰於尺水，而望舒變於太極❺。是以晉文回輪於勇蟲❻，而壯士雲赴；句踐曲躬於怒鼃❼，而戍卒輕死。九九顯而扣角之俊至❽，枯骨掩而參分之仁洽❾。」

【章　旨】因小可以成大，治近可以及遠。故君主慎於細務，方可成就宏大的業績。

【注　釋】❶緣微而成著　因為細微之事，而成就大業。著，顯著；巨大。❷步武之池　古以六尺為步，半步為武。形容池塘甚小。❸延靈禽於丹穴　引來丹穴山中的鳳凰。《詩經・大雅・卷阿》：「鳳皇鳴矣，于彼高岡；梧桐生矣，于彼朝陽。」❹翠虯降於玄霄　神龍自天而降。虯，一種無角的龍。玄霄，雲天。❺望舒變於太極　望舒，月之御者。代指月亮。變於太極，事不詳。❻晉文回輪於勇蟲　晉文，疑為「齊莊」之訛。勇蟲，指螳螂。據載齊莊公出獵，有螳螂舉足將搏其輪。莊公問曰：「此何蟲也？」或答曰：「此是螳蜋也。其為蟲，知進而不知退，不量力而輕就敵。」莊公曰：「此為人，必為天下勇士矣。」於是迴車避之。於是勇士紛紛歸附之。見《韓詩外傳・卷八》。❼句踐曲躬於怒鼃　據說越王句踐見青蛙之鳴叫富有氣勢，曾曲躬表示禮敬，於是百姓赴湯蹈火在所不辭。見《韓非子・內儲說上》。❽九九顯而扣角之俊至　九九顯，傳說齊桓公時，有人以九九算術來見，桓公任用了他。扣角之俊，指甯戚。齊桓公夜送客，甯戚扣角而歌。桓公異之，任以為卿，相輔佐成就了霸業。見《呂氏春秋・舉難》。❾枯骨掩而參分之仁洽　傳說周文王修靈臺，掘池沼時，挖出死人之骨。周文王令重新安葬，吏曰：「此無主矣。」周文王曰：「有天下者，天下之主也。有一國者，一國之主也。寡人固其主，又安求主？」於是天下皆曰：「文王賢矣，澤及朽骨，又況於人乎？」見《新序・雜事》。參分，即「三分天下有其二」的略語。

【語　譯】抱朴子說道：「處理世事有時可以因小而成大，治理眾物有時能夠由近而及遠。所以修建一個小水池，可以引來江海的蛟龍；培植朝陽的茂林，可以招來丹穴之山的鳳凰。設象於槃盂之間，可以使神龍自天而降；委灰於尺水之中，可以使月亮改變形象。所以齊莊公迴避勇猛的螳螂，壯士便紛紛前來投奔；句踐向怒鳴之蛙表示敬意，戍卒便都不畏犧牲。任用了懂得算術之士，傑出的人才便扣角而至了；掩埋了無主的枯骨，三分天下有其二的仁德就周遍了。」

抱朴子曰：「膏壤在荄❶，而枯葉含榮；率俗以身，則不言而化。故有唐以鹿裘臻太平❷，齊桓以損紫止奢競❸。章華構而豐屋之過成❹，露臺輟而玄默之風行❺。」

【章旨】君主持身儉樸、力戒奢華，則能不言而化，臻於太平。

【注釋】❶膏壤在荄　根部有肥沃的土壤。荄，草根。❷有唐以鹿裘臻太平　有唐，指唐堯。鹿裘，粗陋的裘衣。傳說堯之有天下，冬日鹿裘，夏日葛衣，糲之食，藜藿之羹，生活十分儉樸，故云。❸齊桓以損紫止奢競　傳說齊桓公想禁止奢侈之風。管仲說：「臣聞之：君嘗之，臣食之；君好之，臣服之。今君之食也必桂之漿，衣練紫之衣，狐白之裘，此群臣之所奢大也。」桓公於是更製練帛之衣、太白之冠，一年而齊國風氣變為儉樸。見《說苑・反質》。❹章華構而豐屋之過成　章華，古臺名。春秋楚靈王建章華臺，耗費大量財力，國人苦役，遂生動亂。豐屋之過，意謂房屋樓臺過大，可能遭遇凶險。❺露臺輟而玄默之風行　據載漢文帝曾欲修建露臺，須費百金。文帝以百金為十戶中等人家之產業，為愛惜民力，遂不築臺。玄默之風，沈靜無為之風氣，含不奢華、不擾民之意。

【語譯】抱朴子說道：「根部有肥沃的土壤，枯葉也會轉青而繁茂；以身作則，即使無言也能推行教化。所以唐堯身著鹿裘使天下實現太平之治，齊桓公不穿練紫之服以禁止國中奢華的風尚。楚靈王修築章華臺而奢靡的禍患就形成了，漢文帝停建露臺而玄默清靜的教化就推行了。」

抱朴子曰：「聰者料興亡於遺音之絕響❶，明者覿機理於玄微之未形。故越人見齊桓不振之徵於未覺之疾❷，箕子識殷人鹿臺之禍於象箸之初❸。」

【章旨】聰明者見微知著，見小識大，故能預料潛藏未萌之禍患。

【注釋】❶料興亡於遺音之絕響　從遺音絕響中推測社會興亡的消息。《左傳·襄公六年》載：吳季札觀周樂，樂工先後歌〈周南〉、〈召南〉、〈邶風〉、〈鄘風〉、〈衛風〉、〈王風〉、〈鄭風〉、〈齊風〉、〈豳風〉等，吳季札從樂聲推測其社會興亡狀況，即此之類。❷越人見齊桓不振之徵於未覺之疾　越人，即扁鵲，姓秦名越人。齊桓，齊桓侯。扁鵲見齊桓侯，曰：「君有病在腠理，不治將深。」後五日復見，曰：「君有疾在血脈，不治恐深。」後五日復見，曰：「君有疾在腸胃間，不治將深。」而齊桓侯俱未覺有疾。後數日，桓侯病入骨髓，使人召扁鵲。扁鵲逃去，桓侯遂死。見《史記·扁鵲倉公列傳》。❸箕子識殷人鹿臺之禍於象箸之初　箕子，商紂王之叔父，受封於箕。傳說他始見商紂王用象牙所製的筷子，便嘆息說：「彼為象箸，必為玉杯。為杯，則必思遠方珍怪之物而御之矣。輿馬宮室之漸自此始，不可振也。」鹿臺之禍，周武王伐紂，商紂王入登鹿臺，赴火而死。見《史記·宋微子世家》。

【語譯】抱朴子說道：「聽力聰敏的人能從前代遺音之中推測時代興亡的消息，明察事理的人能從尚未顯露的跡象中發現變化的玄機。所以扁鵲能從齊桓侯未曾發病的身上察見不治的徵狀，箕子能從商紂王開始用象牙之筷時便料到亡國殺身之禍。」

抱朴子曰：「二儀不能廢春秋以成歲❶，明主不能舍刑德以致治。故誅貴所以立威，賞賤所以勸善。罰上達則姦萌破❷，而非懦弱所能用也；惠下逮則遠人懷❸，而非儉吝❹所能辨也。」

【章旨】治理社會，不能捨棄刑德二端。刑不避於上，可以樹立權威；恩賞及於下，可以勸善止惡。

【注釋】❶二儀不能廢春秋以成歲　意謂天地有春必有秋，不能捨棄春秋以成四時。古人以春生養萬物，秋則天地肅殺，以擬德與刑，故云。❷罰上達則姦萌破　意謂刑罰不避權貴，可以破除奸黨。姦萌，眾人勾結，朋比為奸。❸惠下逮則遠人

懷　恩惠及於人，則遠人心向朝廷。遠人懷，安撫遠方之人。❹儉吝　吝嗇。

【語　譯】抱朴子說道：「天地不能沒有春天與秋天而成就四時，明主不能不用刑罰與賞賜而治理好國家。所以懲罰犯罪的貴人以樹立權威，獎賞立功的百姓以勸人行善。刑罰不避於上，勾結為非的奸黨就被破除了，如果懦弱就辦不到了；恩賞及於下，邊遠人民就會心向朝廷，如果吝嗇也就不能做到。」

抱朴子曰：「浮滄海者，必精占於風氣❶，故保利涉之福❷；善莅政❸者，必戰戰於得失，故享惟永之慶❹。故闇君之所輕，蓋明主之所重也；亡國之所棄，則治世之所行也。」

【章　旨】明主謹慎以治國，闇主荒忽以喪邦。

【注　釋】❶精占於風氣　審慎地觀察、預測氣象。風氣，指氣候。❷利涉之福　順利地渡過江海。《周易・需卦》：「利涉大川，往有功也。」❸莅政　處理政事。❹惟永之慶　安寧長久之幸福。《尚書・呂刑》：「一人有慶，兆民賴之，其寧惟永。」

【語　譯】抱朴子說道：「橫渡滄海的人，一定要認真地預測氣象，所以能順利地到達彼岸；善於執政理事的人，一定會小心翼翼以防止失誤，因此才能享有長久平安之福。所以昏暗之主所輕忽的，恰巧是聖明之主所重視的；敗亡之國所廢棄的，正是太平之世所推行的。」

抱朴子曰：「毫釐蹉於機❶，則尋常違於的❷；與奪失於此❸，則善否亂於彼❹。邪正混侔❺，則彝倫攸斁❻；功過不料❼，則庶績以崩。故明君賞猶春雨而無霖淫之失❽，罰擬秋霜而無詭時之嚴❾。」

【章旨】賞罰不公，則善惡不明；邪正不分，則綱紀廢弛。所以明主必須謹於賞罰。

【注釋】❶毫釐蹉於機　射箭時弩機歪了一毫一釐。蹉，差誤。機，弓上控制射箭的裝置。❷尋常違於的　尋常，形容差距甚大。古代八尺為一尋。倍尋為常。的，箭靶；目標。❸與奪失於此　朝廷的獎懲賞罰失誤於此。與，給予；任官。奪，免職；剝奪權力。❹善否亂於彼　意謂善惡顛倒，社會混亂。❺混侔　混淆不分。侔，相等。❻彝倫攸斁　教化倫理因此而敗壞。彝倫，倫理原則。斁，敗壞。❼功過不料　不能公正地評價功過。料，估量；考察。❽霖淫之失　久雨不停，有所過當，或者造成災害。淫，久雨。❾詭時之嚴　違背時序，嚴厲無當。

【語譯】抱朴子說道：「射箭時弩機上毫釐的差誤，在箭靶上就會出現很大的距離；朝廷的賞罰有所失誤，社會的善惡就會混亂。正直與邪惡混淆不分，倫理教化就會敗壞；功過的評價不能公正，各項業績就會崩毀。所以明君的賞賜如同春雨潤物而又不會久雨成災，明君的懲罰如同秋霜之嚴厲而又不會違背節度。」

抱朴子曰：「明銓衡者❶，所重不可得誣❷也；仗法度者，所愛不可得私也。故得人者，先得之於己❸者也；失人者，先失之於己❹者也。未有得己而失人，失己而得人者也。」

【章旨】只有掌權者依據法度，摒除私心，才能識別與選拔到人才。

【注釋】❶明銓衡者　明於鑒察人才者。銓衡，指衡量、選授官職。❷所重不可得誣　對於所重視的人也不可誇張抬高而不實。誣，欺騙不實。❸得之於己　得之於自己態度的端正。❹失之於己　失之於一己之私心。

【語譯】抱朴子說道：「明白於鑒識、選拔人才者，對於自己所重視的人也不誇張抬高；依據法度行事者，對於自己所喜愛的人也不抱有私心。所以得到人才者，首先得之於自己態度的端正；失去人才者，首先失之於個人的私心。沒有自己態度端正而失去人才的，也沒有自己懷有私心而能得到人才的。」

抱朴子曰：「明主躬操威恩❶，不假人以利器；暗主倒執干戈❷，雖名尊而勢去。故制慶賞而得眾者，田常所以奪齊❸也；擅威福而專朝者，王莽所以篡漢也。」

【章旨】明主親自掌握刑賞兩項大權，不假手於他人，否則必致禍患。

【注釋】❶躬操威恩　親自掌握刑罰、賞賜之權柄。威即刑也，恩即德也。《韓非子・二柄》：「明主之所導制其臣者，二柄而已矣。二柄者，刑德也。」❷倒執干戈　意謂將刑賞之權由他人掌握，猶如倒執干戈，授人以柄。❸田常所以奪齊　田常，一名田成子。以大斗出貸，小斗收進，收買民心。後來殺齊簡公，立平公，自任齊相，齊國之政盡歸於田氏。

【語譯】抱朴子說道：「英明之主要親自掌握刑罰與恩賞的重權，而不能假手於他人。昏暗之主授人以柄，大權旁落，雖然名位尊崇卻權勢已失。田常掌握了朝廷恩德獎賞之權使得眾人歸心，因而奪取了齊國的政權；王莽作威作福而專斷朝政，因而篡奪了漢的社稷。」

抱朴子曰：「常制不可以待變化，一塗不可以應無方，刻船不可以索遺劍❶，膠柱不可以諧清音❷。故翠蓋❸不設於晴朗，朱輪❹不施於涉川，味淡則加之以鹽，沸溢則增水而減火。」

【章旨】形勢變化了，辦法亦應隨之有所變更，不能用固定的制度應付不同的局面。

【注釋】❶刻船不可以索遺劍　《呂氏春秋．察今》載：楚人有涉江者，其劍自舟中墜於水。楚人乃刻舟為標記，舟止，乃從所刻處入水求之。比喻形勢變化了，仍然拘泥陳法，不知變通。❷膠柱不可以諧清音　將弦柱用膠黏合固定，則不能轉動弦柱，調節樂聲，故不能彈奏出清美的音樂。❸翠蓋　翠羽為飾的車蓋，可遮蔽風雨。❹朱輪　古代貴官所乘之車，以朱紅漆輪。代指車輛。

【語譯】抱朴子說道：「固定的制度不可以應付變化的局勢，單一的途徑不能適應多方面的要求，在行進的船上刻上標記尋找不到落水的佩劍，把絃柱膠固彈不出清美的樂音。所以翠羽之蓋不必在晴天張起，朱輪之車不能用於橫越江河，味道淡了就加些鹽，沸湯四溢就要加水而減火。」

抱朴子曰：「丹書鐵券❶、刺牲歃血❷，不能救違約之弊，則難以結繩❸檢矣。五刑九伐❹、赤族之威❺，不足以止覬覦之姦❻，則不可以舞干❼化矣。是以《書》有『世重』之文❽，《易》有『隨時』之宜❾。」

【章旨】社會在變化，治世的策略亦應隨之而變化。

【注釋】❶丹書鐵券　古代帝王頒賜給功臣的契約，使其世代享受免罪的特權，以丹書寫在鐵板之上，故名。❷刺牲歃血　刺取牲畜之血，塗在口旁，以結盟誓。❸結繩　上古有事，在繩上打結。若有約誓之事，事大則大繩，事小則小繩，結之多少，亦隨物眾寡而定。《周易・繫辭下》：「上古結繩而治，後世聖人易之以書契。」❹五刑九伐　五刑指五種輕重不等的刑法，《尚書・舜典》以墨、劓、剕、宮、大辟為五刑。九伐指天子懲伐諸侯的九種辦法，包括削地、撤職、滅國等。❺赤族之威　指誅滅全家族的重刑。❻覬覦之姦　指篡奪帝位的野心與陰謀。❼舞干　舞干戚，即執盾與斧而舞。傳說舜時，有苗不服，於是舜修政偃兵，執干戚而舞之。行德三年，而有苗服。見《淮南子・齊俗》。❽書有世重之文　《尚書・呂刑》有「刑罰世輕世重，惟齊非齊，有倫有要」語，意謂刑罰之輕重，隨世情而定，隨時所宜。❾易有隨時之宜　《周易・隨卦》有「天下隨時，隨時之義大矣哉」語。

【語　譯】抱朴子說道：「丹書鐵券、歃血盟誓，尚且不能挽救違反盟約的弊端，那麼也就難以用結繩之治來檢束了。五種刑罰、九種懲處的辦法、誅滅全族的威嚴，尚且不足以制止篡奪帝位的陰謀，那麼也就不能用干戚之舞去教化了。所以《尚書》有『世輕世重』之說，《周易》有『隨時所宜』之論。」

抱朴子曰：「人有識真之明者，不可欺以偽也；有揣深之智❶者，不可誑以淺也。不然，以虺蛇為應龍❷，狐鵰為麟鳳❸矣。」

【章　旨】只有具備深入的思想與智慧，才能察見真實，不受欺騙。

【注　釋】❶揣深之智　深入推測、忖度情理之智慧。❷以虺蛇為應龍　將毒蛇誤認作應龍。虺是蛇類。應龍是傳說中有翼的龍。❸狐鵰為麟鳳　誤以狐為麒麟，以鵰為鳳凰。鵰，一種怪鳥，或說為鷹之屬。

【語　譯】抱朴子說道：「一個人若是能明察真實，就不可以用虛假之物去欺哄他；若是有深入推想測定的智慧，就不可以用浮淺之事去誑騙。倘若不然，就會把毒蛇誤當成神龍了，就會將狐狸、怪鳥認作是麒麟、鳳凰了。」

抱朴子曰：「世有雷同之譽❶而未必賢也，俗有讙譁之毀❷而未必惡也。是以迎而許之❸者，未若鑒其事而試其用；逆而距之❹者，未若聽其言而課其實❺。則佞媚不以虛談進，良能不以孤弱退，駑蹇❻輟望於大輅❼，戎蚓揚鑣而電騁❽。則功胡大而不可建，道胡遠而不可到？」

【章　旨】世俗之譽未必賢，世俗之毀未必惡。只有考察實際，試以效用，才能發現並任用真正的人才。

【注　釋】❶雷同之譽　人云亦云、眾口一詞的讚譽。❷讙譁之毀　指眾人七嘴八舌，紛紛指責、非毀。讙，喧譁。❸迎而許之　逢迎；言無不從。❹逆而距之　不順從；抗拒。❺課其實　考核其實際。課，按照一定的程式進行考察。❻駑蹇　劣馬；跛足馬。❼大輅　帝王乘坐的華美大車。❽戎蚓揚鑣而電騁　駿馬拉著快車飛馳。戎蚓，胡地所產的一種駿馬。

【語　譯】抱朴子說道：「得到世俗眾口一詞的讚美，這樣的人未必就好。遭到眾人七嘴八舌的指責，這樣的人未必就不好。所以遇到逢迎順從的人，不如在應用中考察其實際情況；遇到不順從而有獨立意見的人，不如聽其言辭而核察其真實的才能。如此則諂媚之徒就不會因為空洞的言談而得到進用，忠良賢能之士也不會因為孤立無援而遭受貶退，劣馬不會被套上華美的大車，駿馬就會駕著快車風馳電掣了。果能如此，則什麼巨大的功績不能建立、什麼遠大的目標不能到達呢？」

抱朴子曰：「潛朽之木❶，不能當傾山之風；含隙之崖❷，難以值滔天之濤。故七百之祚、三十之世❸，非徒牧野之功❹；倒戈之敗❺、鹿臺之禍❻，不始甲子之朝❼。其彊久矣❽，其亡尚矣❾。」

【章　旨】一個朝代的興盛或敗亡，都有其內在的原因，而不僅僅由於戰鬥的勝負。

【注　釋】❶潛朽之木　暗中已經腐朽的樹木。❷含隙之崖　已經出現了裂縫的崖石。隙，「隟」之古字。❸七百之祚三十之世　指周朝之興起，享國七百年，歷時三十世。祚，福。《左傳・宣公三年》：「成王定鼎於郟鄏，卜世三十，卜年七百，天所命也。」❹牧野之功　周武王率諸侯伐紂，紂亦發兵七十萬，戰於牧野，商紂大敗。❺倒戈之敗　倒轉武器，進攻自己一方的軍隊。《史記・周本紀》：「紂師雖眾，皆無戰之心。心欲武王亟入，紂師皆倒兵以戰，以開武王。」❻鹿臺之禍　周武王伐紂，商紂登於鹿臺之上，自焚而死。❼甲子之朝　周武王於甲子日清晨，誓師牧野，打敗了商紂之師。❽其彊久矣　指周之強盛，由來久遠，非一日之功。❾其亡尚矣　指商紂之亡，亦非一戰之敗。

【語　譯】抱朴子說道：「暗中腐朽的樹木，擋不住刮倒山崖的大風；已經出現裂痕的岩石，難以經受滔天大波的沖刷。所以七百年江山、三十代社稷，不只是牧野一戰的功績；紛紛倒戈之敗、鹿臺自焚之禍，不是始於甲子決戰一朝。周的強盛由來已久，商紂的敗亡亦非一日之事。」

抱朴子曰：「貴遠而賤近❶者，常人之用情也；信耳而疑目者，古今之所患也。是以秦王歎息於韓非之書❷，而想其為人；漢武慷慨於相如之文❸，而恨不同時。及既得之，終不能拔，或納讒而誅之❹，或放之乎冗散❺。此蓋葉公之好偽形❻，見真龍而失色也。」

【章　旨】世俗厚古薄今、貴遠賤近，所以當代之文人才士，不得其用。

【注　釋】❶貴遠而賤近　尊崇古人，輕視近代。❷秦王歎息於韓非之書　據說秦始皇初見韓非〈孤憤〉、〈五蠹〉之書，曾感嘆地說：「嗟乎，寡人得見此人與之游，死不恨矣！」見《史記・老子韓非列傳》。❸漢武慷慨於相如之文　司馬相如曾撰

〈子虛賦〉，漢武帝讀後，感慨地說：「朕獨不得與此人同時哉！」狗監楊得意答道：「臣邑人司馬相如自言為此賦。」漢武帝乃召見司馬相如。見《史記・司馬相如列傳》。❹或納讒而誅之　指韓非。韓非為李斯、姚賈所讒毀，入獄。李斯使人送去毒藥，令其自殺。❺或放之乎冗散　指司馬相如。冗散，閒散多餘之官。❻葉公之好偽形　傳說葉公子高好龍，家中用物以刻龍，壁牆楹柱以畫龍。天上真龍聞而下之，葉公被嚇得六神無主，失其魂魄。見《新序・雜事》。

【語　譯】抱朴子說道：「尊崇古人而鄙視近代，是世俗常人的感情；相信所聞而懷疑所見，是古今共同的弊端。所以秦始皇讚賞嘆息韓非之書，而想望其風采；漢武帝感慨欣賞司馬相如的文章，而恨不與同時。等到已經得到之後，終究不能重用他們。或者聽信讒言而置之死地，或者僅僅用作閒散侍從之官。這就好像葉公子高喜歡的是假龍，一旦真龍出現他就大驚失色了。」

抱朴子曰：「摩尼不宵朗❶，則無別於磧礫❷；化鯤不凌霄❸，則靡殊於桃蟲❹。綿駒吞聲❺，則與喑人❻為群；逸才沈抑，則與凡庸為伍。故鰌鰍❼褻絳虯❽於淵洿❾、駑蹇❿躓駿騄⓫於坰野⓬者，不識彼物靜與之同，動與之異。」

【章　旨】賢能之士沈抑不遇，只能與凡庸為伍，若得以展露英才，自然超群絕倫。

【注　釋】❶摩尼不宵朗　寶珠若無夜間閃耀發光的機遇。摩尼，梵語明珠、寶珠之意。❷磧礫　河中的碎石。❸化鯤不凌霄　鯤鵬若不能飛上雲霄。化鯤，鯤魚所化之鵬鳥。❹桃蟲　鷦鷯之別名，古代傳說其幼雛可以化而為鵰。❺綿駒吞聲　綿駒，齊人，善歌。吞聲，不發聲；不唱歌。❻喑人　啞巴；不能說話者。❼鰌鰍　黃鱔、泥鰍。❽絳虯　赤龍。❾淵洿　疑「潢洿」之訛，低窪之水坑。❿駑蹇　跛足的劣馬。⓫駿騄　騄駬之類的駿馬。⓬坰野　郊野；遠野。

【語　譯】抱朴子說道：「明珠若不能在夜間閃耀，則與碎石沒有區別；鯤鵬若不能展翅凌雲，則與普通的凡鳥難以顯出差距。善於歌唱的綿駒若不發聲，則與啞巴沒有不同；英俊之才沈淪不遇，只能與平庸之輩為伍。

所以黃鱔泥鰍可以在淺水坑中輕侮赤龍、跛腳之劣馬可以在野外褻瀆騄駬之駿馬，因為不知道神龍、駿馬在靜止時與凡物相同，一旦行動就與凡物全然相異。」

抱朴子說：「棄金璧於塗路，則行人止足；委錦紈於泥濘，則見者驚咄❶。若夫放高世之士於庸鹵之伍❷，捐經國之器❸於困滯之地，而談者不訟其屈❹，達者不拯其窮。或貴其文而忽其身，或用其策而忘其功。斯之為病，由來久矣。」

【章　旨】經國之才沈抑不遇，高世之士窮困潦倒，乃是古今之通病。

【注　釋】❶驚咄　驚異；奇怪。❷庸鹵之伍　平庸、遲鈍者之列。鹵，通「魯」。愚昧；遲鈍。❸經國之器　有治國之才能與器識的人。❹不訟其屈　不為其鳴屈。

【語　譯】抱朴子說道：「如果將黃金璧玉丟棄在路上，行人就會驚異得停住腳步；如果將錦繡紈綺拋置於泥濘中，看見的人就會感到奇怪。至於拋棄高世之士，使他們與平庸愚昧之輩為伍；閒置經國之才，使他們沈淪於困頓的境地。而有權言談者不申訴他們的委屈，佔據高位者不救濟他們的困頓。有的人欣賞其文章而忽略了他們的遭遇，有的人用其謀略卻忘記了他們的功勞。這種輕視人才的弊病，已經由來很久了。」

抱朴子曰：「開源不億仞❶，則無懷山之流❷；崇峻不凌霄❸，則無彌天之雲❹。財不豐則其惠也不博❺，才不遠則其辭也不贍❻。故睹盈丈之牙，則知其不出徑寸之口；見百尋之枝，則知其不附毫末之木。」

【章旨】根基深厚，方能有壯大的枝幹；才學深遠，方能有富贍的文辭。

【注釋】❶開源不億仞　不是發源於億仞之高山。❷懷山之流　淹沒山丘之洪流。❸崇峻不凌霄　崇山峻嶺倘若不能高聳雲霄。❹彌天之雲　雲氣瀰漫，布滿天際。古人認為雲生於高山，故云。❺惠也不博　施捨、恩惠不能廣泛。惠，恩惠；贈與。❻辭也不贍　文辭不能豐富而宏美。贍，富足。

【語譯】抱朴子說道：「倘若不是發源於億仞的高山，就沒有足以淹沒山丘的浩蕩洪流；倘若不是聳立雲霄的峻峰，就沒有瀰漫天際的雲陣。如果財產不夠眾多，就不能廣泛地施以恩惠；如果才學不夠深遠，就不能有富美的文辭。所以看見長達丈餘的象牙，就知道它不會出自僅一寸見方的小嘴；看見百尋之長的樹枝，就知道它不會長在細如毫末的小樹之上。」

抱朴子曰：「靈鳳所以晨起丹穴❶，夕萃軒丘❷，日未移晷❸，周章九陔❹，凌風蹈雲，不蹳不閡❺者，以其六翮之輕勁❻也。夫良才大智，亦有國❼之六翮也。」

【章旨】鳳凰的騰飛離不開翅膀的勁羽，國家的興旺發達離不開有才學智慧的人才。

【注釋】❶丹穴　傳說鳳凰生活在丹穴之山，自歌自舞，見則天下安寧。見《山海經・南山經》。❷軒丘　軒轅之丘，在西方。傳說那裡有諸夭之野，鸞鳥自歌，鳳鳥自舞。見《山海經・海外西經》。❸日未移晷　日影尚未移動。形容時間不長。晷，日影。❹周章九陔　周遊於九重天上。周章，周遊；周流。❺不蹳不閡　蹳，疑當作「蹶」。不會跌倒，無所阻隔。❻六翮之輕勁　鳥翼之勁羽輕快有力。六翮，指翅膀下的六根勁羽。❼有國　指君王。

【語譯】抱朴子說道：「鳳凰之所以能清晨從丹穴之山起飛，傍晚落在軒轅之丘，日影尚未移動，已經周遊於九天之上，凌著勁風，駕著浮雲，不會跌落，無所阻隔，因為牠有著六根輕快有力的健羽。才智超凡之士，就是君王治國的健羽。」

抱朴子曰：「淇衛忘歸❶，不能無絃而遠激；振塵之音❷，不能無器而興哀。超俗拔萃之德，不能立功於未至之時。」

【章旨】箭離不開弓、音樂離不開樂器，志士建功立業，離不開必備的條件。

【注釋】❶淇衛忘歸　淇衛之竹，可製為箭。忘歸，箭矢之名。❷振塵之音　形容樂聲高亢，足以振落灰塵。

【語譯】抱朴子說道：「銳利的箭矢，不能沒有弓弦而射到遠方；高亢的音樂，不能沒有樂器而感動人心。超群絕倫的賢者，不能在時機未至時建立功績。」

抱朴子曰：「朱綠之藻❶，不秀於枯柯；傾山之流，不發乎涸源。熠燿之宵燄❷，不能使萬品呈形❸；志盡勢利，不能使芳風邈世❹。」

【章旨】追求勢利的人，不會在世上留下美好的名聲。

【注釋】❶朱綠之藻　指紅花綠葉。藻，彩色。❷熠燿之宵燄　夜間的螢火。熠燿，螢火蟲；小光亮。❸萬品呈形　照亮萬物，使其現形。萬品，各種物類；萬物。❹芳風邈世　美好的名聲永遠流傳。

【語譯】抱朴子說道：「紅花綠葉，不會從枯枝上長出；浩蕩的洪流，不會從乾涸的源頭流出。夜間螢火小小的光明，不能照亮眾多的物類；盡心追逐勢利的人，不會在世間留下長遠的美名。」

抱朴子曰：「重淵不洞地❶，則不能含螭龍❷、吐吞舟❸；峻山不極天，則不能韜琳琅❹、播雲雨；立德不絕俗❺，則不能收美聲、著厚實❻；執志不絕群❼，則不能臻成功、銘弘動❽。而凡夫朝為蜩翼之善❾，夕望丘陵之益❿，猶立植黍稷，坐索於豐收也。」

【章　旨】功績的取得不能急於求成。只有樹立超世絕俗的決心，經歷長期不懈的努力，才能建成卓越的功動。

【注　釋】❶洞地　形容深厚，足以穿透地層。❷螭龍　神龍之類。螭，傳說中無角之龍。❸呑舟　大魚；吞舟之魚。❹韜琳琅　蘊涵美玉。韜，掩藏。❺絕俗　遠遠超出世俗之上。❻著厚實　獲得豐厚的實利。❼執志不絕群　實現其志向若無超群的毅力。❽銘弘動　將其宏大的功動銘金刻石，流傳無窮。❾蜩翼之善　輕如蟬翼的小善事。❿丘陵之益　重如丘山的收穫。

【語　譯】抱朴子說道：「積淵不深厚，其中就不能出現神靈的蛟龍及吞舟的大魚；山峰若不聳入雲天，就不能蘊藏美玉、布雲播雨；樹立德化若不能超世絕俗，就不會收到美好的聲譽，獲得豐厚的實利；實現志向若缺乏超出常人的毅力，就不能得到成功，將巨大的功動銘刻金石，永遠流傳。而世俗常人早上做了一件輕如蟬翼的好事，晚上就想得到重如丘山的利益。這就好像當場種下莊稼，希望馬上就獲得豐收一樣。」

抱朴子曰：「行無邈俗之標❶，而索高世之稱；體無道藝之本❷，而營朋黨之末❸。欲以收清貴於當世，播德音❹於將來，猶褰裳❺以越滄海，企佇而躍九玄❻。」

【章旨】沒有道德的根本，沒有高尚的節操，就不會獲得當代及後世的美好聲譽。

【注釋】❶邈俗之標　遠超世俗的品格、節操。❷道埶之本　道德、學問、技藝，是立身的根本。❸朋黨之末　為了私利而勾結同類，謂之朋黨。違背根本，故為末事。❹德音　美好的聲譽。❺褰裳　提起衣裳的下襟。❻企佇而躍九玄　踮起腳跟，竦身便躍上九天。九玄，九天之上。

【語譯】抱朴子說道：「在行為上沒有超越世俗的品格，而希望得到高世的稱譽；在人格上沒有道德學問為根本，而經營朋黨的末事。如此卻希望在當代收得清貴的美名，並使美好的聲名流傳後世。這就好像撩起衣裳要越過大海，竦起身子便想躍上九天一樣。」

抱朴子曰：「泥龍雖藻繪炳蔚❶，而不堪慶雲之招❷；撩禽❸雖琱琢玄黃❹，而不任淩風之舉❺。芻狗❻雖飾以金翠，而不能躡景以頓逸❼；近才雖豐其寵祿，而不能令天清而地平。」

【章旨】徒有其名者不切實用，身據高位而才具狹小者不能治理好國家。

【注釋】❶泥龍雖藻繪炳蔚　泥塑龍像雖然雕飾燦爛。古代雕塑龍像，用以祈雨。炳蔚，色彩茂盛。❷不堪慶雲之招　不能像真龍一樣，隨慶雲而升天。慶雲，五色雲，即景雲。❸撩禽　疑指鷦鷯，一種小鳥。❹琱琢玄黃　形容鳥羽色彩鮮明。❺淩風之舉　乘風高舉，飛翔雲天。❻芻狗　古代結草為狗，以作祭祀之用。❼躡景以頓逸　追光逐影，頓時飛跑。躡景，追逐光影。形容奔跑之迅速。

【語譯】抱朴子說道：「泥塑龍像即使文采燦爛，也不能伴隨慶雲升上天空；鷦鷯即使羽毛斑駁，也不能趁風騰上九霄。祭祀的草狗即使用金翠來裝飾，也不能縱身飛奔；淺近之才即使享有高官厚祿，也不能治理國家實現天下太平。」

抱朴子曰：「毒粥既陳，則旁有爛腸之鼠；明燎宵舉❶，則下有聚死之蟲。芻豢之豐❷，則鼎俎承之❸。才小任大，則泣血漣如❹。桑霍❺為戒厚矣，范疏❻之鑒明矣。」

【章　旨】不要貪圖富貴，為權勢而喪身；要看穿利祿，及時功成身退。

【注　釋】❶明燎宵舉　晚上點起明亮的火燭。燎，火把；火炬。❷芻豢之豐　牛羊牲口平時餵養得很肥壯。芻豢，指食草之牛羊與食穀之犬豕等家畜。❸鼎俎承之　意謂宰殺後裝入鼎俎中。❹泣血漣如　無路可走，憂懼而落淚。泣血，哭泣無聲。《周易・屯卦》：「泣血漣如，何可長也。」❺桑霍　指西漢大臣桑弘羊、霍光。桑弘羊因與霍光爭權，失敗後被殺。霍光前後執政二十餘年，死後家族被誅滅。❻范疏　指范蠡、疏廣。范蠡輔佐越王句踐滅吳後，泛舟五湖而去。疏廣，漢東海蘭陵人，曾為太子太傅。在位五年，上疏稱病而去。

【語　譯】抱朴子說道：「含有毒藥的米粥既已陳列，旁邊就會有中毒而爛腸的老鼠；晚上既已舉起了火燭，它的下方就會堆起被燒死的蟲蛾。牛羊平時餵養得很肥壯，是為了宰殺後置之鼎俎。才識狹小而責任重大，就會走投無路、淚流不止。桑弘羊、霍光的教訓是深刻的，范蠡、疏廣的鑒識是高明的。」

抱朴子曰：「滄海揚萬里之濤，不能斂山峰之塵；驚風摧千仞之木，不能拔弱草之荄❶。貙虎虓闞❷，不能威蚊虻；冠世之才，不能合流俗。」

【章旨】才華冠世之人，不能合於流俗。

【注釋】❶荄 草根。❷貙虎虣鬫 暴怒的貙獸與猛虎。貙，一種猛獸，比虎略小。虣，凶暴。鬫，虎發怒之貌。

【語譯】抱朴子說道：「大海能揚起萬里的波濤，卻不能聚集山峰上的灰塵；狂風能摧折千仞的大樹，卻不能拔起弱草的根荄。貙虎暴怒，不能使蚊虻屈服；超世之才，不能與流俗相合。」

抱朴子曰：「堅志者，功名❶之主也；不惰者，眾善之師也。登山不以艱險而止，則必臻乎峻嶺矣；積善不以窮否❷而怨，則必永其令問❸矣。」

【章旨】只要堅持不懈，積善不已，一定能建立非凡的功績，獲得美好的聲譽。

【注釋】❶功名 功績、聲名。❷窮否 窮苦困頓，不為人知。❸永其令問 美好的聲譽永遠流傳。令問，令聞；美名。

【語譯】抱朴子說道：「堅定不移的志向，是建立功業與美名的主宰；勤而不懈地執行，是眾類善行的師長。登山不因攀越險阻而停止，就一定能夠達到峻嶺之巔；行善不因為境遇窮困而有怨言，就一定能夠獲得長久的美名。」

抱朴子曰：「和鵲❶雖不長生，而針石不可謂非濟命之器❷也；儒者雖多貧賤，而墳典❸不可謂非進德之具❹也。播種有不收者矣，而稼穡不可廢；仁義有遇禍者矣，而行業❺不可惰。」

【章　旨】即使貧賤不遇，而進德修業不可廢；即使遭遇禍患，而仁義操行不可惰。

【注　釋】❶和鵲　醫和、扁鵲，均為古代之名醫。❷濟命之器　救死扶傷之器具。濟，救。❸墳典　三墳、五典。泛指古籍。❹進德之具　增進道德的途徑。❺行業　操行、事業。

【語　譯】抱朴子說道：「醫和、扁鵲雖然並未長生不死，但是不能說醫療不是救命的手段；儒者雖然多數貧賤，但是不能說學習典籍不是增進道德的途徑。播種的莊稼有時沒有收成，但是農事耕耘不可荒廢；躬行仁義有時遭遇禍患，但是節操修持不可以鬆懈。」

抱朴子曰：「重載不止，所以沈我舟也；昧進忘退❶，所以危我身也。聚蝎❷攻本❸雖權安❹，然必傾之徵❺也。」

【章　旨】追求物欲，不明進退，雖然平安一時，最後必遭傾覆。

【注　釋】❶昧進忘退　貪於進取，不知適時而退。❷蝎　木中之蠹蟲。❸本　指樹幹或梁柱。❹權安　安於一時。❺必傾之徵　樹木必然傾折之徵兆。

【語　譯】抱朴子說道：「不斷地增加負載的重量，所以我的船隻沈沒了；貪於進取而不知退讓，所以我的生命遭遇到危險。許多的蝎蟲在咬嚙樹幹，雖然暫時能獲得平安，然而這是必然傾折的徵兆。」

抱朴子曰：「玄雲為龍興❶，非虺蜓❷所能招也；飆風為虎發❸，非狐狢所能致也。是以大人受命❹，則逸倫之士❺集；玉帛幽求，則丘園之俊❻起。」

【章旨】聖君受命，隱逸之賢士就會乘運而起，聚集在他的周圍。

【注釋】❶玄雲為龍興　古人認為龍為水物，而雲生水，故龍飛必定有雲相伴。❷虺蜒　長蛇。虺是一種有毒的蛇，長可八、九尺。❸飆風為虎發　古人認為虎的行動必定有風相隨。飆風，大風。《淮南子・天文》：「虎嘯而谷風至。」❹大人受命　具有高尚德行者順應天命，將有天下。大人，這裡指聖君。《荀子・解蔽》：「明參日月，大滿八極，夫是之謂大人。」❺逸倫之士　卓異而超出同輩之上的人。❻丘園之俊　指隱逸之賢士。

【語譯】抱朴子說道：「烏雲為龍而興，不是虺蛇所能招來的；大風因虎而起，不是狐貉所能生發的。所以聖人承天受命，卓異超群之士就會聚集在他的周圍；用美玉束帛禮聘賢者，田園隱逸之士就會乘運而起。」

抱朴子曰：「金以剛折❶，水以柔全❷，山以高陊❸，谷以卑安。是以執雌節❹者無爭雄之禍，多尚人者有召怨之患。」

【章旨】柔弱可勝剛強，退藏不爭可以免除禍患。

【注釋】❶金以剛折　金屬之物，過於剛強就會折斷。❷水以柔全　水性柔軟，得以保全。❸山以高陊　山因為高峻，因而容易崩落。陊，塌；落。❹雌節　退藏自守之道。

【語譯】抱朴子說道：「金屬之物因為剛強而被折斷，水性因為柔弱而得以保全，崇山因為高峻而崩塌，川谷因為卑下而平安。所以奉行退藏自守之道的人沒有爭強鬥勝的災禍，經常超過別人的人有招致怨恨的憂患。」

抱朴子曰：「淮陰隱勇於跨下❶，不損其龍躍而虎視也；應侯韜奇於溺簀❷，不妨其鸞翔而鳳起也。或南面稱孤❸，或宰總台鼎❹。故一抑一揚者，輕鴻所以凌虛也；乍屈乍伸者，良才所以俟時也。」

【章　旨】有非凡之志者能屈能伸，能夠忍受小的羞辱，才能成就大的功業。

【注　釋】❶淮陰隱勇於跨下　傳說韓信為布衣時，受到淮陰屠中少年的侮辱。該少年當眾說：「信能死，刺我；不能死，出我胯下。」韓信匍匐出其胯下，一市之人皆笑韓信，以為怯。見《史記・淮陰侯列傳》。❷應侯韜奇於溺簀　應侯，指戰國時秦之大臣范雎。范雎入秦前，曾遭到魏相魏齊的笞辱。他被打得折脅摺齒，捲以葦席，置於廁中。賓客飲酒醉，溺於葦席之上。范雎佯死得脫，入秦為相。溺簀，將尿灑在葦荻席子上。見《史記・范雎蔡澤列傳》。❸南面稱孤　指韓信。曾封齊王、楚王，故云。❹宰總台鼎　指范雎。曾任秦相，決斷朝政，故云。台鼎，指三公。

【語　譯】抱朴子說道：「淮陰侯韓信能壓抑勇猛之氣，忍受胯下之辱，不影響他日後展現龍虎之姿；應侯范雎能隱藏奇異之才，遭受溺席之恥，不妨礙他日後像鸞鳳一樣展翅高翔。後來他們或者南面稱王道孤，或者位登宰輔，總理朝政。所以只有一抑一揚，鴻鳥才能凌空高飛；能屈能伸，賢士才能待時而起，一展抱負。」

抱朴子曰：「焦螟❶之卑棲，不肯為銜鼠之唳天❷；玄蟬之潔飢❸，不願為蜣螂之穢飽❹。是以禦寇不納鄭陽之惠❺，曾參不美晉楚之寶❻。」

【章　旨】志士追求立身的高潔，不慕世俗的富貴。

【注　釋】❶焦螟　傳說中的一種小蟲，集於蚊睫之上。❷銜鼠之唳天　口銜腐鼠之鴟鴞，在高天飛鳴。唳，鳥鳴。❸玄蟬之潔飢　傳說蟬棲息於樹，餐風飲露，故云。❹蜣螂之穢飽　蜣螂，一種黑甲的昆蟲，噉糞土，故云。❺禦寇不納鄭陽之惠　禦寇，即列子。鄭陽，鄭相子陽。據載列子窮困，面有飢色。鄭子陽派人送去糧食，列子不接受。後來，鄭民作難殺子陽，列子未受牽累。見《列子・說符》。❻曾參不美晉楚之寶　曾參，孔子之弟子。〈守塉〉曰：「曾參不以其貧而易晉楚之富」，與此意同。

【語　譯】抱朴子說道：「焦螟寧肯棲息在卑下之處，也不願像專吃老鼠的貓頭鷹在空中飛鳴；蟬寧肯餐風飲露，忍受飢餓，也不願像蛲螂那樣將污穢的糞土填飽肚子。所以列子不肯接受鄭相子陽的餽贈，曾參不羨慕晉楚的財寶。」

抱朴子曰：「微飆❶不能揚大海之波，毫芒不能動萬鈞之鍾。是以漆園思惠，有捐斤之歎❷；伯氏哀期，有剿絃之憤❸。短唱❹不足以致弘麗之和❺，勢利不足以移淡泊之心。」

【章　旨】小人器具狹小，不足以結交君子；世俗熱中勢利，不足以動君子淡泊之心。

【注　釋】❶微飆　小風；微風。❷漆園思惠二句　據載莊子送葬，過惠子之墓，對隨從者說：「從前有個郢人鼻端上沾了一點白灰，如同蠅翼一般。一位匠石揮動斧頭削除灰點，卻未傷及鼻子，郢人也面不改色。宋元君聽說後，召來匠石，匠石說：『我以前能夠。但是，如今我的同伴已經死了。』自從惠施去世，我沒有了對手，失去談論的對象了。」見《莊子・徐无鬼》。❸伯氏哀期二句　伯氏，指伯牙。期，鍾子期。《呂氏春秋・本味》：「鍾子期死，伯牙破琴絕絃，終身不復鼓琴。」❹短唱　韻調短促之歌。❺弘麗之和　弘厚高亢之應和。

【語　譯】抱朴子說道：「微風不能揚起大海的波濤，毫芒不能敲響萬鈞的巨鐘。所以莊子思念友人惠施，有不再揮斧成風之嘆息；伯牙悼念鍾子期，有破琴絕絃之感慨。短促的歌唱不能引出弘麗的和聲，世俗勢利不足以打動君子的淡泊之心。」

抱朴子曰：「熊羆不校捷於狐狸，金鶚❶不競擊於小鴞❷。是以張耳掩壯於抱關❸，朱亥竄勇於鼓刀❹。」

【章　旨】有大力者不矜小勇，有壯志者隱忍以待時。

【注　釋】❶鶚　一種猛禽，雕之屬。❷鴞　也是一種猛禽，體型較小。❸張耳掩壯於抱關　張耳，秦漢時人，魏之名士。秦滅魏後，張耳隱姓埋名到陳為監門以謀生。抱關，即監門。見《史記．張耳陳餘列傳》。❹朱亥竄勇於鼓刀　朱亥，戰國魏人，以屠宰為業。秦圍邯鄲，信陵君竊符救趙，朱亥隨行，以鐵椎擊殺晉鄙。遂破秦師，解邯鄲之圍。見《史記．魏公子列傳》。

【語　譯】抱朴子說道：「熊羆不與狐狸較量行動的敏捷，金雕不與小鴞比試搏擊的成功。所以張耳掩藏自己壯偉不凡的器識，充當守門人；朱亥不顯露自己勇武超眾的才幹，充當屠宰夫。」

抱朴子曰：「懸魚惑於芳餌❶，檻虎❷死於籠狐❸。不可以釣緡致者，必虯螭❹；不可以機穽誘者，必麟虞❺也。」

【章　旨】貪於物欲者必遭禍患，免於物欲者則禍患不能及。

【注　釋】❶懸魚惑於芳餌　上鉤的魚是受到香餌的誘惑。餌，魚餌。❷檻虎　落於陷阱中的虎。❸籠狐　將狐狸關在籠中，作為誘餌。❹虯螭　傳說中無角的龍。❺麟虞　麒麟、騶虞，傳說中的仁義之獸。

【語　譯】抱朴子說道：「上鉤的魚是受到芳香魚餌的迷惑，落入陷阱的老虎因為籠中狐狸的引誘而喪失生命。不因芳餌而上鉤的，一定是水中的神龍；不會受誘惑而落入陷阱的，一定是地上的麒麟和騶虞。」

抱朴子曰：「夫雲翔者不知泥居之洿❶，處貴者尟恕群下之勞❷。然根朽者，尋木❸不能保其千日之茂也；民怨者，堯舜不能恃其長世之慶也。」

【章　旨】根部腐朽，大樹不能長久茂盛；民有怨言，國家不能長保吉慶。

【注　釋】❶泥居之洿　泥下居住的卑下。泥居，如泥鰍之類。洿，低下；污穢。❷處貴者尟恕群下之勞　地位高貴者很少能夠體恤民情。尟，少。❸尋木　大樹。

【語　譯】抱朴子說：「在雲中高翔的飛鳥，不知水下泥鰍處境的卑下；地位高貴的人，很少有能諒解屬下的辛勞。然而根部腐朽了，大樹也不能長久地保持茂盛；百姓怨聲載道，堯、舜也不能使得天下長期的吉慶與太平。」

抱朴子曰：「凡木結根於靈山❶，而匠石❷為之寢❸斤斧；小鮮❹寓身於龍池，而漁父為之息網罟❺；蚊集鷹首，則鳶鵌❻不敢喙；鼠住虎側，則狸犬❼不敢睨。」

【章　旨】平凡之物憑藉有利的環境，則能保護自己免受傷害。

【注　釋】❶靈山　指仙山、福地。❷匠石　《莊子・徐无鬼》所載之匠人，這裡代指工匠。❸寢　息；停止。❹小鮮　小魚。❺網罟　指魚網。捕魚之網曰罟。❻鳶鵌　小鳥名。❼狸犬　狸，同「貍」。貓之屬。

【語　譯】抱朴子說道：「平常之木如果植根在神山之上，工匠也就不會去砍伐它了；小魚如果生長在龍池之中，漁父也就不會去捕撈牠了；蚊子如果落在雄鷹的頭上，小鳥也就不敢去啄了；田鼠如果住在老虎的旁邊，貍貓也就不敢窺伺了。」

抱朴子曰：「靈蔡❶默然，而吉凶昭晳於無形❷；春鼃長譁，而醜音見患於聒耳❸。故聲希者響必巨，辭寡者信必著❹。」

【章 旨】要珍重言辭，不要空談不休。

【注 釋】❶靈蔡 春秋時蔡地出龜，可用以卜事。代指神龜。❷吉凶昭晳於無形 無形中之吉凶亦明白顯示出來。昭晳，明白。❸聒耳 嘈雜亂耳。❹著 顯明；確定無疑。

【語 譯】抱朴子說道：「神龜無語，卻能明白地預言無形之中的吉凶；春天的青蛙叫個不休，卻因為喧鬧而為人們所厭煩。所以不輕易發聲者一旦發出聲音必然影響巨大，言辭不多的人一旦承諾必然講求信譽。」

抱朴子曰：「箕踞❶之俗，惡盤旋❷之容；被髮之域，憎章甫❸之飾。故忠正者見排於讒勝之世，雅人不容乎惡直之俗。」

【章 旨】世風不正，讒言得勢，則正人君子受到排斥打擊，不為世所容。

【注 釋】❶箕踞 伸出兩足，以手據膝，古人認為是傲慢無禮的表現。❷盤旋 禮讓、周旋等動作。❸章甫 古代的一種帽子。《莊子·逍遙遊》：「宋人資章甫而適諸越。越人斷髮文身，無所用之。」

【語 譯】抱朴子說道：「在風俗傲慢無禮的地方，人們厭惡揖讓周旋的容儀；在散披頭髮的地方，人們憎惡帽子的裝飾。所以在讒言得勢之時，忠誠之士受到排擠；在風氣不正之地，品行端正的雅人不為世所容。」

抱朴子曰：「升水不能救八藪之燔爇❶，撮壤不能遏砥柱之騰沸❷，寸刃不能刊長洲之林❸，獨是不能止朋黨❹之非。」

【章　旨】正人君子勢單力薄，則不能阻止小人的結黨為非。

【注　釋】❶八藪之燔爇　範圍廣泛的大火。八藪，古代八個大的湖澤。代指廣闊的區域。燔爇，燃燒。❷砥柱之騰沸　砥柱山，黃河水至此分流，包山而過，山在水中若柱。❸長洲之林　傳說南海之中有長洲，一洲之上盡是林木，中多大樹。見《十洲記》。❹朋黨　為圖謀私利而勾結同類，排斥異己。

【語　譯】抱朴子說道：「一升水不能撲滅範圍廣泛的大火，一撮土不能止住砥柱山四周沸騰的波濤，一寸之刃不能砍伐長洲的大樹，一個人的正確意見不能制止朋黨勾結的錯誤行為。」

抱朴子曰：「千羊不能扞❶獨虎，萬雀不能抵一鷹。庭燎❷攢舉，不及羲和之末景❸；百鼓並伐，未若震霆之餘聲。是以庸夫盈朝，不能使彝倫攸敘❹；英俊孤任，足以令庶事康哉❺。」

【章　旨】平庸的官僚再多，也無補於教化；傑出的人士雖少，卻能建成業績。

【注　釋】❶扞　通「捍」。抵禦。❷庭燎　庭中照明的火炬。❸羲和之末景　落日之光輝。羲和，指太陽。❹彝倫攸敘　宣傳、普及教化。彝倫，天地之常道。指教化。❺庶事康哉　康哉，原作「根長」，據《百子全書》本改。康，成功。語見《尚書・益稷》。

【語　譯】抱朴子說道：「一千頭羊不能抵禦一頭猛虎，一萬隻麻雀對付不了一隻雄鷹，並排點起庭中照明的火炬，不及太陽將落時的光影；百面大鼓一起擂起，不如震雷將息時的餘響。所以平庸的官僚充滿朝廷，不能有補於教化的普及推廣；而只要任用了一個英俊之士，就可以使各種事務獲得成功。」

抱朴子曰：「非分之達，猶林卉之冬華也；守道之窮，猶竹柏之履霜❶也。故識否泰於獨見者，雖劫以鋒銳❷，猶不失正而改塗焉，安肯諂笑以偶俗❸乎？體方貞以居直❹者，雖誘以封國❺，猶不違情以趨時焉，安肯躐徑以取容❻乎？」

【章旨】行為正直、見識超凡的人寧肯守道而窮困，而不願違背道義以取得榮華富貴。

【注釋】❶履霜　經歷寒霜。❷劫以鋒銳　以鋒利的刀劍相威逼。劫，威脅；強迫。❸偶俗　附和、取悅於世俗。❹體方貞以居直　操守端方，行為正直。體，實踐；奉行。❺誘以封國　以封邑、領地為誘惑。封國，古代貴族之封邑。❻躐徑以取容　通過不正當的途徑討好於人。躐，踏。取容，曲從討好，以求取悅於人。

【語譯】抱朴子說道：「不應該得到的榮華富貴，就像林間的小草在冬天開花；堅持道義而貧困不遇，就像翠竹松柏經受寒霜的考驗。所以對於窮達榮辱有著獨到之見者，即使有刀劍的威逼，還是不會違背道義而走上邪路，又怎麼會諂笑以附和世俗呢？堅持節操端方、行為正直的人，即使以封地來引誘，還是不會違反心願以趨附時世，怎麼肯通過不正當的途徑以取悅於世人呢？」

抱朴子曰：「震雷輷輵❶，而不能致音乎聾聵之耳；重光麗天❷，而不能曲景於幽岫之中❸；凝冰慘慄，而不能凋款冬之華❹；朱飆爍石❺，而不能靡蕭丘之木❻。故至德有所不能移也。」

【章　旨】雖有至高之德化，仍不能改變至愚之人。

【注　釋】❶震雷輷輵　巨雷轟鳴。輷輵，行車聲。❷重光麗天　指日月高懸於天，光明普照天下。❸曲景於幽岫之中　將光芒照進深洞之中。景，光影。幽岫，幽深的洞穴。❹款冬之華　款冬，是一種植物，凌寒叩冰而開，花可入藥。❺朱飆鑠石　可以熔化石頭的大火。飆，通「熛」。火焰。鑠，銷熔。❻蕭丘之木　傳說南海中有島名蕭丘，上有自然之木，春生秋滅，為寒木。

【語　譯】抱朴子說道：「巨雷轟鳴，卻不能將聲音送進聾子的耳朵中；日月高懸於天，卻不能將光芒照射進幽深的曲洞裡；寒冬凜冽，大地冰封，卻不能使款冬之花凋落；大火能夠熔化金石，卻不能燒化蕭丘的樹木。所以至高的德化也不能改變某些人的本性。」

抱朴子曰：「彍弩危機❶，嚴鏃銜弦❷，至可忌也，而勇雉觸之而不猜❸；闇政亂邦，惡直妬能，甚難測也，而貪人競之而不避。故飛鋒暴集而不覺❹，禍敗奄及而不振❺。是以愚夫之所悅，乃達者之所悲也；凡才之所趨，乃大智之所去也。」

【章　旨】政治混亂，危機四伏，而貪婪之愚人追名逐利，不顧生死，這是最可悲之事。

【注　釋】❶彍弩危機　弓已拉滿，制動的機牙將要撥動。彍，拉滿弓。機，制動射箭的機牙。❷嚴鏃銜弦　因為弓已滿弦，箭頭好像銜著弓弦一樣。鏃，箭頭。❸猜　懷疑；疑懼。❹飛鋒暴集而不覺　意謂飛箭突然射來，還毫無感覺。鋒，指箭矢。

❺禍敗奄及而不振　災禍、失敗倏忽而至，不可挽救。奄及，奄忽而至；忽然來臨。

【語　譯】抱朴子說道：「弓拉滿了，箭頭搭在弦上，機牙即將撥動，這是十分危急的時刻，而魯莽的山雞卻毫不疑懼地去碰撞。政治昏暗，朝政混亂，正直之人被忌恨，才能之士遭妒嫉，這是禍患隱伏難測的局面，而貪婪的人卻競爭名位而不知退避。所以飛箭突然射來還毫無覺察，禍殃忽然而至則不可挽救。因此愚蠢的人所歡悅的，正是通達的人感到可悲的；凡人所趨赴奔競的，正是智者離之而去的。」

抱朴子曰：「風不輟❶則扇不用，日不入則燭不明，華不隳則實不結，岸不虧則谷不盈❷。九有乂安❸，則韓白之功❹不著；長君繼軌❺，則伊霍之勳❻不成。故病困乃重良醫，世亂而貴忠貞。」

【章　旨】功績的建立有待時世的需要，只有社會動亂，方顯出忠貞之可貴。

【注　釋】❶輟　止息；停下來。❷岸不虧則谷不盈　高岸不崩塌則川谷不盈滿。❸九有乂安　天下太平。九有，九州。泛指天下。乂安，太平無事。❹韓白之功　征戰殺伐之軍功。韓，韓信。白，白起。均為古代著名之武將。❺長君繼軌　年長之君繼位。長君，相對幼主而言。❻伊霍之勳　伊，伊尹。霍，霍光。伊尹綜理國事，被稱為阿衡。霍光主持朝政，前後達二十年。

【語　譯】抱朴子說道：「風不停下來，扇子就派不上用場；太陽不落山，燈燭就不會點燃；花朵不落，果實便不會結出；高岸不崩塌，川谷就不會盈滿。天下太平無事，則韓信、白起的征戰之功就不會建立；年長的君主即位，則伊尹、霍光主持朝政的功勳就無從樹立。所以病情嚴重，良醫就可貴了；社會動亂，忠貞之臣就可貴了。」

抱朴子曰：「好榮故樂譽之欲多，畏辱則憎毀之情急。若夫通精元一❶，命契造化❷，混盈虛以同條，齊得失於一指❸者，愛惡未始有所繫，窮通不足以滑和❹。」

【章旨】只有透悟窮通榮辱，才能保持心情的淳和，實現與造化同一。

【注釋】❶通精元一　使生命通於萬物之本源。元一，元氣；萬物之本源。❷命契造化　使生命合於自然造化。契，合也。❸齊得失於一指　視得與失為一體。❹滑和　擾亂內心的平和。滑，弄亂。

【語譯】抱朴子說道：「喜歡虛榮因而希望獲得美譽的欲望就多，厭惡羞辱因而憎惡非毀的情感就急切。若是能夠將生命歸於元一，達到與自然造化同體，將盈與虛認作是相通的，視得與失並無區別，則喜愛與憎惡都無所縈懷，窮困與富貴都不值得擾亂內心的平和。」

抱朴子曰：「與奪不汩其神❶者，至粹者也；利害不染其和者，極醇者也。浩浩乎非瓢觶所挍❷矣，茫茫乎非跬步所尋❸矣。聲希所以為大音❹，和寡所以崇我貴。玄黃遼邈❺，而不與□其曠❻；死生大矣，而不以改其守。常分細碎❼，將胡恤❽焉？」

【章旨】至人胸懷廣大、精神純粹，不以生死改其操守，不以得失亂其心靈。

【注釋】❶與奪不汩其神　不因得失擾亂其心神。與，給予。奪，剝奪。汩，擾亂。❷非瓢觶所挍　不是一瓢一杯所能測量的。觶，一種酒器，可容三升。挍，通「較」。❸非跬步所尋　不是腳步所能量度的。跬步，古代一跬三尺，一步六尺。尋，量度長短。❹聲希所以為大音　好像沒有聲音，所以又是最大的樂音。《老子・第四十一章》：「大音希聲，大象無形。」❺玄黃遼邈　天地廣闊、遙遠無際。玄黃，指天地。❻不與□其曠　原本「與」下據舊寫本空白一字。曠，開闊；曠遠。❼常分細碎　世俗平常的小事。❽恤　憂慮；顧惜。

【語　譯】抱朴子說道：「不因為榮利的得失而擾亂其精神，是最為純粹的人；不因為世俗的利害污染其心神的平和，是最為淳樸的人。這樣的人如同大海浩浩無際，不是一瓢一杯所能測其深厚的；又如同大地茫茫無邊，不是用腳步所能量其短長的。好似沒有聲響所以是最大的樂音，曲高和寡所以顯得尊貴。天地之遼闊，不足以形容其曠遠；死生之大事，不足以改變其操守。世俗平常瑣碎的細務，又有什麼值得憂慮的呢？」

抱朴子曰：「林繁則匠入矣，珠美則蜯裂❶矣。石含金者焚鑠，草任藥者剪掘。刃利則先缺，絃哀則速絕。用以適己❷，真人之寶也；才合世求，有伎❸之災也。」

【章　旨】才能之士有意追求滿足世俗的需要，容易招致災禍。

【注　釋】❶珠美則蜯裂　蜯，同「蚌」。內蘊寶珠，故遭割裂。❷用以適己　以心神適意為原則。適己，調和自己的精神，以平和適意。❸有伎　有才能者。

【語　譯】抱朴子說道：「樹林生長繁茂，伐木的工匠就進去了；珍珠優美，蚌蛤就被剖開了。石中蘊藏金礦，就要被熔化冶煉了；草木能供作藥用，就要被剪斷或挖掘了。刀刃鋒利則先砍缺，絃音激越則斷得快。追求精神上的平和適意，這是真人最為寶貴的；以才能尋求滿足世俗的要求，這是才能之士招致災禍的緣由。」

抱朴子曰：「準的❶陳則流鏑❷赴焉，美名起則謗讟❸攻焉。瑰貨❹多藏，則不招怨而怨至矣；器盈志驕❺，則不召禍而禍來矣。」

【章旨】多藏財富則招致怨恨，驕傲自大則招來禍殃。

【注釋】❶準的 箭靶。❷鏑 箭鏃；箭。❸謗讟 指責；怨言。❹瑰貨 珍貴的寶物、財富。❺器盈志驕 器量狹小而驕傲自滿。

【語譯】抱朴子說道：「箭靶陳列出來，流箭就射去了；美名傳揚開，非議怨言也就出現了。積聚的財富太多，則不招怨而怨恨自然而至了；器量狹小而驕傲自滿，則不召禍而禍患自生了。」

抱朴子曰：「連城之寶，非貧寒所能市也；高世之器❶，非淺俗所能識也。然盈尺之珍❷，不以莫知而暗其質；逸倫之士❸，不以否塞而薄其節。樂天任命❹，何怨何尤❺？」

【章旨】超群絕倫之士，即使不為世俗所知，也不因為窮困閉塞而改變節操。

【注釋】❶高世之器 超世之才士。❷盈尺之珍 即尺璧。直徑滿尺之璧玉，極為珍貴。❸逸倫之士 超越同輩之士。即前所謂「高世之器」。❹樂天任命 安於天命，樂其自然。❺尤 責怪；埋怨。

【語譯】抱朴子說道：「價值連城的寶物，不是貧寒之人所能購得的；超世絕俗的賢才，不是淺近之人所能識別的。然而直徑盈尺的璧玉，不會因為無人知道而光彩暗淡；卓異超群之士，不會因為窮困不通而不守節操。順應天命，樂其自然，又有何憂愁與埋怨呢？」

抱朴子曰：「大鵬無戒旦❶之用，巨象無馳逐之才。故蔣琬敗績於百里❷，而為三台之標❸；陳平困瘁於治家❹，而懷六奇之略❺。」

【章旨】才能經國之士，未必能經營細務。

【注釋】❶戒旦　指公雞啼鳴報曉。❷蔣琬敗績於百里　三國蔣琬，字公琰，隨劉備入蜀，被任命為廣都長。蔣琬時常醉酒，政務不理，劉備將加以罪戮。諸葛亮說：「蔣琬，社稷之器，非百里之才也。」百里，指縣長之任。❸而為三台之標　意謂蔣琬後來成為了朝中三公之重臣。三台，指三公。諸葛亮去世後，蔣琬被任命為尚書令、領益州刺史，遷大將軍，錄尚書事，故云。❹陳平困瘁於治家　陳平少時家貧，不事產業，居住窮巷，以弊席為門。秦末大亂中歸劉邦，後任漢丞相。❺六奇之略　陳平跟隨劉邦時，曾六出奇計。如建議用反間計，離間項羽、范增的關係；解滎陽之圍；誘擒韓信；解平城之圍等，《史記・太史公自序》稱為六奇。

【語譯】抱朴子說道：「大鵬沒有啼鳴報曉的作用，大象沒有馳騁追逐的才能。所以蔣琬當廣都長時成績很糟，後來卻位列三公，成為朝中的重臣；陳平不善於持家，因而窮困不堪，卻胸懷許多出奇制勝的謀略。」

抱朴子曰：「明闇❶者才也，自然而不可飾焉；窮達者時也，有命而不可力焉。呂尚非早蔽而晚智❷，然振素而僅遇❸；韓信非初怯而末勇❹，然危困而後達。」

【章　旨】人的才能是自然存在的，而仕途的窮達貴賤則取決於時運與機遇。

【注　釋】❶明闇　聰明與愚昧。❷呂尚非早蔽而晚智　呂尚早年窮困，諸事無成。晚年遇周文王，得為帝王師，然非呂尚早年愚蠢，晚年始有大智。蔽，蒙昧。❸振素而僅遇　振素，白髮滿頭。呂尚七十始遇文王，故云。❹韓信非初怯而末勇　韓信並不是初時膽怯而後才勇猛善戰。秦末大亂時，韓信曾歸屬項羽，用為郎中。韓信數進計策，項羽不用。後歸劉邦，劉邦任為大將，軍功顯赫。

【語　譯】抱朴子說道：「聰明與愚昧乃是人的才能，出於自然而不可以裝飾；仕途的貴賤窮達取決於時世，要看機遇而非人力所能為。呂尚並不是早年愚昧而晚年始有大智，然而他滿頭白髮才得遇明主；韓信並不是初時膽怯後來才勇猛善戰，然而他經歷危困然後才得以顯達。」

抱朴子曰：「奔驥不能及既往之失，千金不能救斯言之玷❶。故博其施者❷，未若防其微；勤其求者，不如寡其辭。」

【章　旨】懷有濟世抱負的人，應該謹言慎行，多做少說。

【注　釋】❶斯言之玷　指言語的錯誤與疏失。《詩經・大雅・抑》：「白圭之玷，尚可磨也；斯言之玷，不可為也。」❷博其施者　指有志於救濟民眾的志士仁人。《論語・雍也》：「子貢曰：『如博施於民而能濟眾，何如？可謂仁乎？』子曰：『何事於仁，必也聖乎？』」

【語　譯】抱朴子說道：「奔馳的駿馬追不回既往的失誤，千金之財贖不回言語的疏失。所以博施眾濟的人，應該從細微之處作起；勤於追求的人，應該多做少說。」

抱朴子曰：「烈士❶之愛國也如家，奉君也如親❷，則不忠之事，不為其罪矣；仁人❸之視人也如己，待疏也猶密❹，則不恕之怨，不為其責矣。」

【章　旨】堅貞之士無不忠之事，仁厚之人無不恕之行。

【注　釋】❶烈士　堅貞壯烈之士。《莊子・秋水》：「白刃交於前，視死若生者，烈士之勇也。」❷奉君也如親　對待君主像侍奉父親一樣。❸仁人　〈行品〉曰：「垂惻隱於有生，恆恕己以接物者，仁人也。」❹待疏也猶密　意謂無論疏密，一視同仁。疏，指疏遠、卑賤者。密，指名門高族。

【語　譯】抱朴子說道：「堅貞之士愛國如同愛家，奉君如同奉親，因此不忠的罪行，不能加在他們的頭上；仁厚之人待人如同待己，無論疏密一視同仁，因此不寬容的怨言，也就不能加在他們身上。」

抱朴子曰：「玄冰❶未結，白雪不積，則青松之茂不顯；俗化不弊❷，風教不頹❸，則皎潔之操不別。在危國而沈賤，故莊萊❹抗遺榮之高；居亂邦而飢寒，故曾列❺播忘富之稱。」

【章　旨】歲寒冰雪而不凋，則顯出青松的高格；世風頹弊而不慕榮華，則顯示節操的高潔。

【注　釋】❶玄冰　厚冰。❷俗化不弊　俗化，風俗、教化。弊，衰落；敗壞。❸風教不頹　風教，與「俗化」同。頹，沒落；衰弊。❹莊萊　莊子、老萊子。莊子拒絕楚王的禮聘，決心終身不仕。見《史記・老子韓非列傳》。老萊子逃世，耕於蒙山之陽，楚王迎之，老萊子遂行至江南而止。見皇甫謐《高士傳》。❺曾列　曾參、列子。〈守埆〉：「列子不以其乏而貪鄭陽之祿，曾參不以其貧而易晉楚之富。」

【語　譯】抱朴子說道：「寒冰未結，白雪未積，則顯示不出青松的茂盛；風俗不衰弊，教化不頹敗，則顯示不出操守的高潔。住在危難的國家而安於卑賤，莊子、老萊子因此有了遺棄世俗榮華的高名；身在政治混亂的邦國而安於飢寒，曾參、列子因此有了安貧忘富的美譽。」

抱朴子曰：「天居高而鑒卑❶，故其網疏而不漏❷；神聰明而正直❸，故其道賞真而罰偽。是以惠和暢於九區❹，則七耀得於玄昊❺；殘害著於品物❻，則二氣謬於四八❼。」

【章　旨】天居高而鑒卑，故能明察人間的治亂。

【注　釋】❶天居高而鑒卑　天雖然高高在上，但是能看到人間事。❷網疏而不漏　意謂天網廣大，雖然疏闊但是司察人間之善惡，無有所失。《老子・第七十三章》：「天網恢恢，疏而不失。」❸直　原本作「真」，此據《道藏》本。❹惠和暢於九區　慈愛祥和之氣流暢天下。九區，九州。❺七耀得於玄昊　日月星辰正常運行於天際。七耀，日月及五星。玄昊，天。昊是元氣博大之貌。❻品物　眾多之物；萬物。❼二氣謬於四八　二氣，陰陽之氣。四八，四時八節。

【語　譯】抱朴子說道：「上天雖然居高卻能鑒察人間的事情，所以天網恢恢、疏而不漏；神靈聰明而正直，所以神道獎賞真善而懲罰奸偽。因此當慈善祥和之風吹遍九州，天上的日月星辰就運行正常有序；而當萬物遭受殘害之時，陰陽二氣舛錯就表現為節令的乖謬失常。」

抱朴子曰：「天秩❶有罔極之尊，人爵無違德之貴。故仲尼雖匹夫而饗祠於百代，辛癸❷為帝王而僕豎不願以見比。商老❸身愈賤而名愈貴，幽厲❹位彌重而罪彌著。故齊王之生，不及柳惠之墓❺；秦王之宮，未若康成之閭❻。」

【章　旨】有高尚的道德節操，則身賤而名高；違背道德仁義，則地位崇高而罪名昭著。

【注　釋】❶天秩　即天爵。相對於人間之爵位而言，自然尊貴也。《孟子．告子上》：「仁、義、忠、信，樂善不倦，此天爵也。公、卿、大夫，此人爵也。」❷辛癸　商紂名受辛，夏桀名履癸。指暴君。❸商老　即漢初之東園公、綺里季、夏黃公、甪里先生。四人隱於商山，鬚眉皆白，人稱商山四皓。❹幽厲　西周周幽王、周厲王，都是暴虐之君。❺齊王之生二句　柳下惠，即春秋魯大夫展禽。傳說秦曾攻齊，下令敢在柳下惠墓五十步內砍柴者，死不赦。又下令曰：「有能得齊王頭者，封萬戶侯，賜金千鎰。」據此，則生王之頭，不若死士之墓。見《戰國策．齊策四》。❻康成之閭　鄭玄，字康成，北海高密人，東漢著名學者。據載建安元年，鄭玄自徐州還高密，道遇黃巾軍數萬人，見玄皆拜，相約不入縣境。見《後漢書．鄭玄傳》。

【語　譯】抱朴子說道：「天爵具有至高無上的尊貴，而人爵也不能違背道德而高貴。所以孔子雖然只是百姓，卻能享受祭祀於百代；夏桀、商紂雖然是帝王，而即使僕役之人也不願意與之相比。商山四皓身愈卑賤而名聲愈高貴，幽王、厲王越是地位崇高越顯得罪名昭著。所以齊王活著，不如柳下惠死後其墓受到保護；秦王的宮殿，不如鄭康成的里門不受侵犯。」

抱朴子曰：「影響不能無形聲以著❶，餘慶❷不可以無德而招。故唐堯為政七十餘載，然後景星摛耀❸；羊公積行黃髮不倦，而乃墜金雨集❹。塗遠者其至必遲，施後❺者其報常晚。」

【章　旨】只有積善行德，堅持不已，才能得到豐厚的報償。

【注　釋】❶影響不能無形聲以著　影者，形體之所生；響者，聲之回音。無形聲，則無影響。❷餘慶　澤及後人之餘福。❸景星摛耀　景星，祥瑞之星。古人認為天下太平、人君有德，就會出現景星。摛耀，光芒閃耀。❹羊公積行黃髮不倦二句　羊公，指晉代之羊祜。羊祜立身清儉，常以俸祿贍給九族。臨死之日，家無餘財。〈微旨〉：「羊公積德布施，詣乎皓首，乃受天墜之金。」❺後　疑「厚」字之訛。

【語　譯】抱朴子說道：「沒有形體與聲音，便不能出現物影與回響；沒有行善積德，便不能招來餘慶。所以唐堯治理天下七十餘年，然後才出現景星閃耀；羊祜畢生行善，到老不倦，然後才得到天上墜金如雨的報償。路途遙遠者到達目標一定較遲，布施豐厚者其報答常常為晚。」

抱朴子曰：「理盡者不可責有餘，一至者不可求兼濟❶。故洪濤之末，不能蕩浮萍；衝風❷之後，不能颺輕塵；勁弩之餘力，不能洞霧縠❸；西頹之落暉，不能照山東。」

【章　旨】勢將盡者無力，日將落時無光。

【注　釋】❶兼濟　同時達到兩個目的。❷衝風　猛烈的風；暴風。❸勁弩之餘力二句　強弩射出的箭，初時強勁，最後則毫無氣力。洞霧縠，射穿如同薄霧的輕紗。與「強弩之末，勢不能穿魯縞」意同。

【語　譯】抱朴子說道：「依據道理該完結的不可要求它有剩餘，只能實現一個目的的不能要求它同時達到兩個目標。所以洪濤之末，不能蕩起浮萍；烈風之後，不能飄起灰塵；勁弩射出的箭，最後的力量不能穿透如同薄霧的輕紗；西方落日的餘暉，不能照射到東邊的山坡。」

抱朴子曰：「懸象❶雖薄蝕❷，不可以比螢燭之貞耀❸；黃河雖混渾，不可以方沼沚之清澄❹。山雖崩猶峻於丘垤❺，虎雖瘠猶猛於豺狼。」

【章旨】物有大小，體有尊卑，不可以等同看待。

【注釋】❶懸象　指天上之日月。❷薄蝕　日月相遮掩，即日蝕、月蝕之類。❸螢燭之貞耀　小火燭正常的光明。螢燭，微弱的燭光。貞耀，與「薄蝕」相對，無遮掩。❹沼沚之清澄　清澈之小池。沼沚，指小水池。❺丘垤　指螞蟻穴外之小土堆。

【語譯】抱朴子說道：「天上即使有日蝕與月蝕，但是日月的光華不可以跟微弱的燭光相比；黃河即使混濁，也不可以跟澄清的小池沼相比。山岳即使崩毀了，還是比螞蟻洞外的丘垤高峻；老虎即使瘦弱，還是比豺狼凶猛。」

抱朴子曰：「神農不九疾❶，則四經之道❷不垂；大禹不胼胝❸，則玄珪之慶❹不集。故久憂為厚樂之本，暫勞為永逸之始。」

【章旨】只有經歷辛勞與憂患，才能享有吉慶與安樂。

【注釋】❶九疾　疑指神農嘗百草，多次中毒之事。❷四經之道　指《本草》四卷。《帝王世紀》：「炎帝神農氏……嘗味草木，宣藥療疾，救夭傷之命，百姓日用而不知，著《本草》四卷。」❸胼胝　手腳都生了繭。❹玄珪之慶　玄珪，黑色之玉。傳說大禹治水成功，舜賜以玄珪，以告成功。

【語譯】抱朴子說道：「神農氏不遍嘗百草，經過多次中毒之苦，則藥經《本草》四卷不會傳世；夏禹如果不手足生繭，歷盡辛勞，就不會有接受玄珪之吉慶。所以長期的憂患是得到安樂的基礎，暫時的勞累是長久安逸的開端。」

抱朴子曰：「金鉤桂餌雖珍，而不能制九淵之沈鱗❶；顯寵豐祿雖貴，而不能致無欲之幽人。故呂梁有鶴立之夫❷，河湄繁伐檀之民❸，玉帛徒集於子陵之巷❹，蒲輪虛反於徐生之門❺。」

【章　旨】出世隱逸之高士恬淡無欲，不為世俗榮華富貴所誘惑。

【注　釋】❶九淵之沈鱗　指深淵之下的神龍。九淵，九重之淵。❷呂梁有鶴立之夫　孔子觀於呂梁，見一丈夫游於急湍瀑布之下。孔子請問蹈水之道，丈夫曰：「吾始乎故，長乎性，成乎命。……從水之道而不為私焉，此吾所以蹈之也。」鶴立，引領遠望之狀。❸河湄繁伐檀之民　《詩經・魏風》有〈伐檀〉之詩，首句曰：「坎坎伐檀兮，置之河之干兮。」說者或以為賢者隱居伐木，君子不得進仕。河湄，河岸邊。❹玉帛徒集於子陵之巷　嚴光，字子陵，會稽餘姚人。少時曾與劉秀一同遊學。劉秀稱帝後，他改姓名以隱居。後被徵召到京，不受官職，退隱於富春山。見《後漢書・逸民列傳》。❺蒲輪虛反於徐生之門　蒲輪，用蒲草裹輪，使車不震動。古時徵聘賢士，用此表示禮敬。徐生，指徐穉，字孺子，豫章南昌人。公府屢辟，不起。朝廷派使者以安車玄纁，備禮徵之，不就，以壽終。

【語　譯】抱朴子說道：「以金為魚鉤、以桂為魚餌，雖然很珍貴，還是不能釣起九重淵底的潛龍；顯赫的爵位、豐厚的俸祿，雖然很尊貴，還是不能招致不慕富貴的隱逸之士。所以呂梁有翹首遠望之人，河邊有砍伐檀樹的賢者，禮聘的玉帛徒然集於嚴子陵的巷前，迎接賢人的蒲輪從徐孺子的門前空返而歸。」

抱朴子曰：「觀聽殊好，愛憎難同。飛鳥睹西施而驚逝❶，魚鼈聞〈九韶〉而深沈❷。故衮藻之粲煥❸，不能悅裸鄉之目；〈采菱〉之清音❹，不能快楚隸之耳；古公之仁，不能喻欲地之狄❺；端木之辯，不能釋繫馬之庸❻。」

【章旨】人們的喜好不同，愛憎互異，難以一致。

【注釋】❶飛鳥睹西施而驚逝　意謂西施之美，人所樂見，而飛鳥睹之，則驚飛而去。❷魚鼈聞九韶而深沈　〈九韶〉，古樂名。人所喜聞，而魚鼈聞之，則入水之深處。❸衮藻之粲煥　花紋圖案燦爛鮮明的禮服。衮，指公卿的禮服。粲煥，鮮明、華美。❹采菱之清音　〈采菱〉，楚歌名。《爾雅翼》：「吳楚之風俗，當菱熟時，士女相與采之，故有〈采菱〉之歌以相和，為繁華流蕩之極。」❺古公之仁二句　古公，即大王亶父。據說古公亶父居住邠地，狄人攻之。古公先後送去皮帛、犬馬、珠玉，狄人都不接受，因為狄人所欲者為土地。於是古公離開了邠地，在岐山下建立了國家。見《莊子・讓王》。❻端木之辯二句　端木，即子貢。姓端木，名賜，春秋衛人，孔子之弟子，能言善辯。據說孔子行道休息時，其乘馬吃了農人的莊稼，農人扣留了孔子的馬。子貢前往解釋，農人不聽。後來一個初跟隨孔子不久的馬夫前去解說，農人便將馬放了。見《呂氏春秋・必己》。

【語譯】抱朴子說道：「人們耳目的喜好不同，感情的愛憎各異。飛鳥看見西施就驚飛而去，魚鼈聽見音樂就潛入深水。所以光彩閃耀的禮服，不能使裸體之鄉的人看得順眼；清美的〈采菱〉之歌，不能使楚隸聽得入耳；古公亶父的仁義，不能說服想要得到土地的狄人；子貢之善辯，不能使農人歸還扣留的馬匹。」

抱朴子曰：「般旋之儀❶，見憎於裸踞之鄉❷；繩墨之匠，獲忌於曲木之肆❸。貪婪饕餮❹者，疾素絲之皎潔❺；比周❻實繁者，讎高操之孤立。猶賈豎之惡同利❼，醜女之害國色。」

【章　旨】貪婪之徒，憎惡操行高潔之人；朋黨比周，仇視正道獨立之士。

【注　釋】❶般旋之儀　揖讓周旋之禮儀。般，通「盤」。❷裸踞之鄉　裸體不衣、箕踞不敬之地。形容不講禮儀之地域。❸繩墨之匠二句　出售彎曲之木的店鋪，忌恨遵循繩墨之工匠。❹饕餮　貪財、殘暴。❺素絲之皎潔　素絲潔白。比喻立身清正廉潔。語本《詩經・召南・羔羊》「羔羊之皮，素絲五紽」句。❻比周　結為幫派，以營私利。比，勾結。❼賈豎之惡同利　賈豎，指商人。商人逐利，憎惡同利競爭之人。

【語　譯】抱朴子說道：「周旋揖讓之禮儀，被裸身無禮之鄉的人所憎惡；出售彎木的店鋪，忌恨遵循繩墨之工匠。貪婪殘暴的人，憎恨立身清白者的節操；朋黨勾結、經營私利的人，仇視操行高邁的獨立之士。這就好像商人憎恨同利競爭的人，醜女陷害有傾國之容的美女一樣。」

抱朴子曰：「君子之升騰也，則推賢而散祿❶；庸人之得志也，則矜貴而忽士❷。施惠隆於佞幸，用才❸出乎小惠。不與智者共其安，而望有危而見救；不與奇士同其歡，而欲有戚之見恤❹。猶災火張天，方請雨於名山；洪水凌空，而伐舟於東甌❺。不亦晚乎？」

【章　旨】當權者要在平時及早察舉賢者、任用人才，危急時方能得到他們的效力。

【注　釋】❶推賢而散祿　推舉賢者，任用才能之士。❷矜貴而忽士　以尊貴自持，而淩忽士人。矜貴，自命高貴、驕傲自負。❸才　孫星衍曰：「當作財」。❹恤　救濟。❺伐舟於東甌　伐木造船於浙東。古代東甌多大樹，故云。

【語　譯】抱朴子說道：「君子仕途暢達、出任高官時，就會推舉賢者、任用人才；而庸人得志之時，就會自矜高貴、輕忽士人。將恩德只施予佞幸之輩，將錢財用作小恩小惠。不與智慧之士共度平安，而希望危急時得到他們的救助；不與奇異之才共享歡樂，而希望憂患時得到他們的效力。這就好像大火滿天，然後才去名山祈禱求雨；洪水淩空，然後才去東閩伐木造船一樣。這不是太遲了嗎？」

卷四〇 辭 義

【題解】本篇討論文章的言辭與義理的問題。

文章之言辭與義理的統一，是文學評論中的傳統話題。孔子提倡「辭達而已矣」（《論語・衛靈公》），又說「言之無文，行而不遠」（《左傳・襄公二十五年》引），主張文稱其質，文質並重。漢代王充提倡質樸自然，不假雕琢的文風，他說：「養實者不育華，調行者不飾辭。豐草多華英，茂林多枯枝。」（《論衡・自紀》）在此基礎上，本文作者則進一步提倡一種雅韻和諧的文風，並提出自然、實用、豐贍作為評價辭義的標準。

所謂自然，是提倡真實，反對怪異；所謂實用，是強調有益於社會與人生；所謂豐贍，是要求文辭富麗與義理深厚。作者認為，只有既具備富麗繁華的文采，又有切實入微的分析，這樣的文章才能傳之久遠。

或曰：「乾坤方圓❶，非規矩❷之功；三辰摛景❸，非瑩磨❹之力；春華粲煥❺，非漸染❻之采；茝蕙芬馥❼，非容氣所假❽。知夫至真，貴乎天然也。義以罕覯❾為異，辭以不常為美。而歷觀古今屬文之家，尠能挺逸麗於毫端❿，多斟酌於前言，何也？」

抱朴子曰：「清音貴於雅韻克諧⓫，著作珍乎判微析理⓬。故八音形器異而鍾律同⓭，黼黻文物殊而五色均⓮。徒閑澀有主賓⓯，妍媸有步驟⓰。是則總章⓱無常曲，大庖⓲無定味。夫梓豫山積⓳，非班匠不能成機巧⓴；眾書無限，非英才不能收膏腴㉑。何必尋木千里㉒，乃構大廈，鬼神之言，乃著篇章乎！」

【章　旨】辭義貴在清雅和諧，辨析入微，要善於學習古人，不必追求怪異。

【注　釋】❶乾坤方圓　古人認為天是圓的，地是方的，故天稱圓象，地稱方儀。❷規矩　規是畫圓的工具，矩是畫方形的工具。❸三辰摛景　日、月、星辰散發出光輝。摛景，傳布光明。景，同「影」。❹瑩磨　琢磨，使之明亮、光潔。❺春華粲煥　春花開放，燦爛奪目。粲煥，明亮；耀眼。❻漸染　長久地染色。❼茝蕙芬馥　蘭草、白芷氣味芳香。茝是白芷，蕙是一種蘭草。馥，香。❽容氣所假　借助妝飾品的氣味。容氣，指香料、香水之氣息。❾罕覿　少見。❿挺逸麗於毫端　意謂筆下展現新奇華麗的文采。⓫雅韻克諧　清雅而韻調和諧。⓬判微析理　辨析事理，能達於精微。⓭八音形器異而鍾律同　八音指八種樂器，即鐘、磬、琴瑟、簫管、笙竽、壎、鼓、柷敔等。鍾律，指五音、六律。宮、商、角、徵、羽，謂之五音。黃鐘、太蔟、姑洗、蕤賓、夷則、無射，謂之六律。⓮黼黻文物殊而五色均　黼黻是古代禮服上繪繡的花紋，有各種圖案，而五色是相同的。文物，指其花紋圖案。⓯閑澀有主賓　有的文筆嫻熟，有的文筆生澀，有造詣深淺之異。⓰妍媸有步驟　文章風貌有的華美，有的卑陋，有高下之不同。步驟，緩急快慢。步是緩行，驟是疾行。⓱總章　樂官名，掌管各種樂曲。⓲大庖　名廚師。⓳梓豫山積　木料堆積如山。文梓、豫章，都是名貴的木材。⓴非班匠不能成機巧　班匠，指魯班。機巧，巧妙的機械。㉑膏腴　肥美、精華，有用之營養。㉒尋木千里　長達千里的大樹。

【語　譯】有人說道：「天圓地方，並不是用規矩畫出來的；日、月、星辰放射光芒，並不是磨琢光潔的功力；春天鮮花燦爛，並不是長久染上的顏色；蘭蕙與白芷的芳香，並不是妝飾品所散發的氣息。由此可知，最為真實可貴的是自然之物。義理以新奇罕見為異，辭藻以不常用為美。而歷觀古今的作家，很少有人能在筆下展現華麗而放逸的文采，而多斟酌沿用前代之言。這該如何評說呢？」

抱朴子回答說：「清美之音可貴的是雅韻和諧，著作文章可貴的是辨析事理具體入微。所以各種樂器形體雖然不同而樂律音階是相同的，禮服上的花紋圖案不同而五色卻是相同的。只是文筆有的流暢、有的滯澀，有主有從；風貌或者華美、或者卑陋，有高有下。所以樂府中曲調眾多沒有固定的格式，名廚師所調製的食物沒有固定的滋味。木材堆積如山，沒有魯班不能製成巧妙的機械；書籍眾多，若非英俊之才便不能汲取豐富的營養。何必要長達千里之木然後建構高樓，要鬼神怪異之言然後才寫作文章呢！」

抱朴子曰：「夫才有清濁❶，思有修短。雖並屬文，參差萬品❷。或浩瀁而不淵潭❸，或得事情而辭鈍❹，違物理而文工❺。蓋偏長之一致❻，非兼通之才也。闇於自料❼，強欲兼之，違才易務，故不免嗤❽也。」

【章　旨】才氣有清濁，風格有差異，應該任其自然，不必強求兼通。

【注　釋】❶才有清濁　文章之才，有清有濁。❷參差萬品　文章風貌不齊，品格各異。萬品，品類繁多。❸浩瀁而不淵潭　指文辭活潑灑脫而不夠深沈。浩瀁，水波浩蕩。❹得事情而辭鈍　符合情理，而語言遲鈍。❺違物理而文工　違背事物之理，而文辭精工。❻偏長之一致　擅長一個方面；在某一方面取得成績。❼闇於自料　沒有自知之明。❽嗤　譏笑；嘲笑。

【語　譯】抱朴子說道：「才氣有清有濁，思緒有長有短。雖然同樣寫文章，情況卻千差萬別，風貌各異。有的文筆浩蕩、清新活潑卻不夠深厚，有的符合情理卻文辭遲鈍不暢，有的違背事物之理卻又語言工麗。這是由於作者只有一方面的才調，不是兼通之才。倘若沒有自知之明，勉強地去兼通其他，超出自己的才能去做事，就不免為人所譏笑。」

抱朴子曰：「五味舛而並甘❶，眾色乖而皆麗。近人之情，愛同憎異。貴乎合己，賤於殊途❷。夫文章之體，尤難詳賞❸。苟以入耳為佳，適心為快，尟❹知忘味之九成❺、雅頌之風流❻也。所謂考鹽梅之鹹酸❼，不知大羹之不致❽；明飄颻之細巧❾，蔽於沈深之弘邃❿也。

其英異宏逸者，則網羅乎玄黃之表⓫；其拘束齷齪⓬者，則羈紲⓭於籠罩之內。振翅有利鈍⓮，則翔集有高卑；騁跡有遲迅⓯，則進趨有遠近。駑銳不可⓰膠柱調⓱也。文貴豐贍，何必稱善如一口乎？不能拯風俗之流遯⓲、世塗之淩夷⓳，通疑者之路，賑貧者之乏⓴。何異春華不為肴糧之用，茝蕙不救冰寒之急！古詩刺過失㉑，故有益而貴；今詩純虛譽，故有損而賤也。」

【章旨】文章之體有高下之別。高者網羅天地之外，有益而貴；下者迎合世俗，故有損而賤。

【注釋】❶五味舛而並甘　酸、苦、甘、辛、鹹，合稱五味，都能適應人的口味。甘，味美。❷賤於殊途　輕視與自己不同道的人及事。❸詳賞　認真、審慎地辨識、詳察。❹尟　同「鮮」。少也。❺忘味之九成　古代〈簫韶〉之樂，反覆演奏。每曲一終，謂之一成，使人樂而忘味。❻雅頌之風流　雅頌之樂，指用於廟堂朝會的正樂。風流，風韻、氣概。❼鹽梅之鹹酸　鹽味鹹而梅味酸，均為古代調味品。❽大羹之不致　大羹是古代祭祀所用的肉汁，不用五味。❾飄颻之細巧　水面之輕波，隨風飄蕩。❿沈深之弘邃　沈淵之下，幽深而豐厚。⓫玄黃之表　天地之外。⓬齷齪　局促；境界狹小。⓭羈紲　馬籠頭與韁繩。指受束縛、羈絆。⓮振翅有利鈍　鳥類有的敏捷，有的笨拙。振翅，飛鳥之屬。⓯騁跡有遲迅　奔馬有的遲緩，有的迅速。⓰駑銳不可　此下疑有脫文。⓱膠柱調　調瑟者必須要轉動弦柱，若將弦柱膠固，就不能調出和諧的音樂。〈廣譬〉：

「膠柱不可以諧清音。」⑱風俗之流遯　世俗風習頹敗，流而不返。遯，同「遁」。⑲世塗之淩夷　世道人心，每況愈下。淩夷，由盛而衰。⑳賑貧者之乏　救濟貧窮者，解其困乏。㉑古詩刺過失　漢人以美、刺解說《詩經》，將其中的一些詩篇解釋為諷刺詩。〈毛詩序〉：「上以風化下，下以風刺上。」

【語譯】抱朴子說道：「五味雖然不同卻都能適應人的口味，五色雖然各異卻都能成就美色。淺人之情，都喜歡與自己相同的，不喜歡與自己相異的；推崇與自己一致的，輕視與自己異道的。文章之體，尤其難以詳察辨識。如果只以悅耳為美，符合自己心意的就喜歡，則難以體味〈簫韶〉令人忘味的歡樂，難以欣賞雅頌之樂的風韻、氣概。這就是所謂只知品嚐鹽梅的酸鹹，不知道大羹不用五味之美；只知道風吹波紋的細巧，而不知道積淵蘊藏的深厚。

那種才華卓異、氣度宏逸的人，則包容於天地之外；那種拘泥不通、境界狹小的人，則被羈絆在小範圍之內。飛鳥有的敏捷、有的笨拙，所以飛得有高有低；奔馬有的迅速、有的遲緩，所以前進的路程有遠有近。駑馬與駿馬不可等同無別，膠柱不能調出清音。文章以富麗豐美為貴，何必要人們異口稱善呢？不能拯救風俗的衰弊、世道的頹壞，不能解除疑者的困惑、救濟窮者的貧困。這樣的文章就像春花不能當作食糧，就像香草不能解救嚴冬酷寒。古詩諷刺朝政的過失，有益於世，因而可貴；今人之詩完全是虛假的阿諛之辭，有損於世，因而是卑下的。」

抱朴子曰：「屬筆之家❶，亦各有病。其深者則患乎譬煩言冗❷，申誡廣喻❸，欲棄而惜，不覺成煩也。其淺者則患乎妍而無據，證援不給❹，皮膚鮮澤而骨鯁迥弱❺也。

繁華暐曄❻，則竝七曜以高麗❼；沈微淪妙❽，則儕玄淵之無測❾。人事靡細而不浹❿，王道無微而不備⓫。故能身賤而言貴，千載彌彰⓬焉。」

【章 旨】文章應該避免繁雜冗長以及柔弱無骨的弊病，力求既有華美的文采，又有深入的分析，有益社會，才能流傳久遠。

【注 釋】❶屬筆之家　作家；著書立說者。❷譬煩言冗　比喻繁複，言辭冗長。❸申誡廣喻　為了申明勸誡，廣泛地引證、說明。❹證援不給　證據、材料不足。給，豐足。❺骨鯁迴弱　指文章骨力軟弱，樹立不起來。❻暐曄　光彩煥發之貌。❼竝七曜以高麗　形容文采燦爛，如同日月星辰高懸於天。七曜，指日、月及五星。❽沈微淪妙　意謂文章分析之深入而精妙。❾儕玄淵之無測　如同深淵，其蘊藏無限豐厚。儕，等同。玄淵，深淵。❿人事靡細而不浹　論述人事之周密，連細小之處也考慮到了。浹，周到。⓫王道無微而不備　關於實現王道之策劃，無微而不至。王道，以德化治理天下之策略。⓬千載彌彰　永遠流傳，歷久而愈明。

【語 譯】抱朴子說道：「著書立說的作家，亦各有其弊病。學識深厚者的弊病在於文中譬喻繁多，言辭冗長，為了申明勸誡，從各方面廣泛地加以說明。想要割棄又捨不得，不知不覺就犯了煩雜冗長的毛病。而那些學識浮淺者，他們的文章弊病在於表面華麗卻缺乏證據，材料不足，就像人的外表漂亮卻骨力軟弱一樣。

若能文采燦爛有如日、月、星辰高懸天際，析理深入而精妙好似蘊藏不測之深淵。論述人事之周密，連細小之處也考慮到了；闡明王道之策略，幾於無微而不至。所以即使身分卑賤，卻能文章為世所重視，流傳千載，歷久而愈明。」

卷四一 循本

【題解】本篇告誡世人重視人生的根本，而不要捨本逐末。

《說苑‧建本》引孔子曰：「君子務本，本立而道生。夫本不正者末必倚，始不盛者終必衰。……是故君子貴建本而重立始。」在作者眼中，德行與文學是君子立身的根本。因此有識之士應該既加強道德的修煉，同時又增進文學的積累。

文中批評世人忽視根本，而追求枝葉。指出如此雖能獲得一時的榮華，然而喪失了根本，因而必遭禍患。而矯正世俗之弊的辦法，是拔擢山林中的賢者，樹立務本的榜樣。

抱朴子曰：「玄寂虛靜❶者，神明之本也；陰陽柔剛❷者，二儀❸之本也；巍峨巖岫❹者，山嶽之本也；德行文學者，君子之本也。

【章旨】事物都有其根本，德行文學是君子立身的根本。

【注釋】❶玄寂虛靜　清靜沖虛、守道無為。❷陰陽柔剛　古人認為一陰一陽謂之道，是構成天地的本體，陰性柔、陽性剛。❸二儀　天地。❹巍峨巖岫　高峰巖洞。

【語譯】抱朴子說道：「清靜玄虛，是精神的根本；陰陽柔剛，是天地的根本；高峰巖洞，是山嶽的根本；道德文章，是君子立身的根本。

莫或無本而能立焉。是以欲致其高，必豐其基；欲茂其末，必深其根。鄉黨之友不洽❶，而勤遠方之求；涖官之稱不著❷，而索不次之顯❸。是以雖佻❹虛譽，猶狂華干霜以吐曜❺，不崇朝而零瘁矣；雖竊大寶❻於不料，冒惟塵以負乘❼，猶鮮介❽附騰波以高凌，顧眄已枯株於危陸❾矣。

【章　旨】若無德行文學之根本，即使得到一時之榮華，亦必然難以持久。

【注　釋】❶鄉黨之友不洽　鄉親、兄弟不能和睦親近。鄉黨，鄉里。❷涖官之稱不著　居官在任成績不顯著。涖官，到任履行職務。❸不次之顯　超越通常的次序，破格提拔。❹佻　竊取。❺狂華干霜以吐曜　狂華，指違反時序及常規而開放的花。《晉書．五行志》載：晉元帝時，王敦在武昌，鈴下儀仗生華如蓮華。干寶以為狂華生枯木，言威儀之富，榮華之盛，皆如狂華之發，不可久也。❻大寶　指官位、地位。《周易．繫辭下》：「聖人之大寶曰位。」❼冒惟塵以負乘　意謂小人遮蔽了賢者，而佔據君子之位。負重為小人之事，乘車為君子之器，小人而據君子之位，謂之負乘。見《周易．解卦》。❽鮮介　指魚蝦之類。❾危陸　高地。

【語　譯】沒有無本而能立的事情。所以想要使之增高，一定要加厚它的基礎；想要使之枝葉繁茂，一定要使它的根扎得深。與鄉親兄弟關係不和睦，而勤於尋求遠方的朋友；居官在任成績不顯著，卻追求超常的榮耀。如此即使竊取得虛假的稱譽，就好像違反時序常規而冒霜開放的鮮花，不到一個早晨就凋落了。即使一時冒險竊得官職利祿，小人而佔據了君子之位，就像水中的魚蝦乘著波浪飛得很高，但是轉眼之間已經在高坡上乾涸而死了。

聖賢孜孜勉之若彼❶，淺近蹻蹻忽之如此❷。積習則忘鮑肆之臭❸，裸鄉❹不覺呈形之醜。自非遁世而無悶❺、齊物於通塞❻者，安能棄近易而尋迂闊❼哉？將救斯弊，其術無他，徒擢民於巖岫❽，任才而不計也。」

【章　旨】矯正世俗背本趨末之弊，唯一的辦法是唯才是舉，拔擢隱逸的賢者。

【注　釋】❶聖賢孜孜勉之若彼　孔子曰：「君子務本，本立而道生。夫本不正者末必倚，始不盛者終必衰。……是故君子貴建本而重立始。」見《說苑・建本》。❷淺近蹻蹻忽之如此　世俗淺近之人行為驕縱，背本而趨末。蹻蹻，驕縱放肆。❸積習則忘鮑肆之臭　意謂時間一長，習之自然，不知鮑魚之臭。鮑魚，鹽漬魚，其味腥臭。❹裸鄉　傳說古代西方有裸國，其國人不穿衣服。見《呂氏春秋・貴因》。❺遁世而無悶　隱逸避世而沒有煩惱苦悶。《周易・乾卦》：「龍德而隱者也，不易乎世，不成乎名，遯世無悶。」❻齊物於通塞　將仕途窮通，視同一律。通塞，指仕途通暢或者滯塞。❼棄近易而尋迂闊　近易，指隨從世俗，捨本逐末。迂闊，指修行道德文學之根本。❽擢民於巖岫　提拔隱在山野之賢者。

【語　譯】前輩聖賢那樣孜孜不倦地勉勵人們專心務本，而世俗淺近之徒如此輕忽驕縱地捨本逐末。習慣累積，就好像進入鮑魚之肆久而不知其臭，又好像在裸體之鄉赤身露體也不覺得醜了。所以若非樂於隱逸而不知憂悶、視窮通榮辱為一體的人，怎麼會捨棄眼前易行之末事而去經營他人認為迂闊不實的根本呢？要糾正這種世俗之弊端，沒有別的辦法，只有提拔隱逸山野的賢者，唯才是舉而不論其他。」

卷四二　應嘲

【題解】本篇是回答世人的嘲諷與責難。

有人向抱朴子提出了兩個問題：一是既然高蹈隱逸，背俗獨往，又何必著書立說，論述世事？二是著作之中，何必譏彈風俗、批評現實，以至於「取憎在位，招擯於時」？

抱朴子在回答中，表示自己「出處同歸，行止一致」。不會因為個人處境的緣故，改變對於社會人事的思考與關注，「何必身居其位，然後乃言其事乎！」而對於文章著述，抱朴子表示只求寫出自己的真實感受，而不願意違情曲筆、顛倒真偽，以換得當世的榮華。這些，表現了作者堅持原則、積極進取的人生態度。

抱朴子曰：「客嘲余云：先生載營抱一❶，韜景靈淵❷，背俗獨往，邈爾蕭然❸。計決而猶豫不棲於心術，分定而世累無繫於胸間。伯陽以道德為首❹，莊周以逍遙冠篇❺。用能標峻格於九霄❻，宣芳烈於罔極❼也。今先生高尚勿用❽，身不服事，而著〈君道〉、〈臣節〉之書❾；不交於世，而作譏俗、救生之論❿；甚愛骭毛⓫，而綴用兵、戰守之法⓬；不營進趨，而有〈審舉〉、〈窮達〉之篇⓭。蒙竊惑焉！」

抱朴子曰：「君臣之大，次於天地。思樂有道，出處一情⑭，隱顯任時⑮。言亦何繫？大人君子，與事變通。老子，無為者也。鬼谷⑯，終隱者也。而著其書，咸論世務。何必身居其位，然後乃言其事乎？

夫器非瓊瑤，楚和不泣⑰；質非潛虯⑱，風雲不集。余才短德薄，幹不適治，出處同歸，行止一致。豈必達官，乃可議政事君，否則不可論治亂乎？常恨莊生言行自伐⑲，桎梏世業⑳。身居漆園㉑而多誕談，好畫鬼魅，憎圖狗馬㉒，狹細忠貞㉓，貶毀仁義。可謂彫虎畫龍，難以徵風雲；空板億萬，不能救無錢；孺子之竹馬，不免於腳剝㉔；土柈㉕之盈案，無益於腹虛也。」

【章旨】君子或進或退，或仕或隱，奉行同樣的人生原則，所以身處隱逸，而咸論世務。莊子貶毀仁義，言談放誕，故不足為法。

【注釋】❶載營抱一　精神清靜專一。營，魂魄；精神。《老子‧第十章》：「載營魄抱一，能無離乎？」❷韜景靈淵　意謂隱逸不仕，守雌處下。韜景，掩藏光彩而不顯露。❸邈爾蕭然　神情超脫、高逸，眺望遠方。❹伯陽以道德為首　《老子》又名《道德經》，首章曰：「道可道，非常道。」❺莊周以逍遙冠篇　《莊子》首篇為〈逍遙遊〉。❻標峻格於九霄　意謂老子、莊周節操之高尚，若在九天之上。峻格，格調高尚。❼宣芳烈於罔極　宣示高風雅韻，流傳至於無窮。芳烈，形容美好的事跡。❽高尚勿用　隱逸，不為世用。❾君道臣節之書　今本《抱朴子》卷五為〈君道〉，卷六為〈臣節〉。❿譏俗救生之論　譏俗、救生，疑為原篇名，今已不可考。⓫甚愛骭毛　意謂愛惜生命。骭毛，小腿上的汗毛。⓬用兵戰守之法　用兵、戰守，疑為原篇名。⓭審舉窮達之篇　今本《抱朴子》卷一五為〈審舉〉，卷四九為〈窮達〉。⓮出處一情　或進或退，情操如一。⑮隱顯任時　或隱逸，或出仕，聽任時勢之自然。⑯鬼谷　鬼谷子，傳說為戰國縱橫家蘇秦、張儀之師，隱於鬼谷，因以為號。⑰楚和不泣　楚和，楚國之卞和。為獻美玉，先後被截去雙足。乃抱其璞玉哭於楚山之下，泣盡而繼之以血。見《韓非子・和氏》。⑱潛虯　潛藏之神龍。虯，無角之龍。⑲莊生言行自伐　莊生，指莊周。言行誇誕，炫惑不實。⑳桎梏世業　以世俗之事為束縛人的刑具。桎梏，腳鐐手銬之類的刑具。㉑漆園　莊周曾任漆園吏。㉒好畫鬼魅二句　意謂愛談荒忽怪誕、難以徵實之事，而不願談眼前習見、人所共知之事。《韓非子・外儲說左上》載：齊王問畫者什麼最難畫，畫者曰：「犬馬最難。」問什麼容易畫，畫者曰：「鬼魅最易。」因為犬馬人所共見，故難；鬼魅無形，故易。㉓狹細忠貞　貶低、輕視忠正之人。㉔孺子之竹馬二句　意謂兒童遊戲時以竹竿當馬騎，終不能代替真馬長途奔波。㉕土柈　土盤。指兒童遊戲之食物。

【語　譯】抱朴子說道：「有客人嘲問我說：先生專心一意，修煉道德，韜晦隱逸，背離世俗，獨自往來，神情超逸而寄託遙遠。志向已定，內心毫無猶豫之意；甘守本分，世俗之累毫不縈懷。老子五千言首論道德，莊子將〈逍遙遊〉放在第一篇。所以他們能標舉高格，若在九天之上；他們美好的事跡，能流傳至於無窮。如今先生立志隱逸，不求世用，不任職於朝廷，卻撰寫了〈君道〉、〈臣節〉之篇；不與世俗交往，卻著有譏俗、救生之論；珍貴生命，愛惜腳上的一毛，卻附綴了用兵、戰守之法；不求仕途進取，卻有〈審舉〉、〈窮達〉之文。對此，我私下感到疑惑！」

抱朴子回答說：「天地之間，君臣關係是最重要的了。心中樂於見到有道之世，或進或退都心情不改，或者隱逸或者出仕都順應著時勢。言辭論說又何必拘泥呢？大人君子隨時隨事而變化。老子是主張無為的，鬼谷子終身都是一個隱士，而他們的著作對於人間事務都有所論述。何必一定要身在其位，然後才論述其事呢？

若非珍貴的美玉，楚人卞和不會為之落淚；若非潛伏的神龍，風雲不會聚集其上。我的才能短淺，德行不夠，缺少治世之才幹。然而無論進退，旨歸則同；或行或止，情操一致。難道一定要身居高官才能議論政事、效力君王，否則便不能談論社會治亂之理嗎？我時常為莊子言行浮誇汗漫，以社會人事為桎梏而感到遺憾。莊子身為漆園之吏而言談怪誕，好像畫家愛畫無形可考的鬼魅，而不愛畫人所共見的犬馬。莊子貶低忠貞，非毀仁義。就好像雕刻之虎、繪畫之龍，難以召來風雲；好像在紙片上書寫億萬之財，不能解救無錢之困；好像兒童遊戲之竹馬，不能代替真馬長途奔波；好像兒童遊戲時滿盤的土飯，不能解決腹中的飢餓一樣。」

或人又曰：「然吾子所著，彈斷風俗❶，言苦辭直。吾恐適足取憎在位❷，招擯於時❸，非所以揚聲發譽❹，見貴之道也。」

抱朴子曰：「夫制器者珍於周急，而不以采飾外形為善；立言者貴於助教❺，而不以偶俗集譽❻為高。若徒阿順諂諛，虛美隱惡❼，豈所匡失弼違❽、醒迷補過❾者乎？慮寡和而廢〈白雪〉之音❿，嫌難售而賤連城之價⓫，余無取焉。非不能屬華豔以取悅，非不知抗直言之多吝。然不忍違情曲筆，錯濫真偽。欲令心口相契⓬，顧不愧景⓭，冀知音之在後也。否泰有命⓮，通塞聽天。何必書行言用，榮及當年乎？」

【章　旨】自述不願用虛假的華辭取悅世俗，求得榮名，唯願寫出自己的真實感受，以求有助於教化。

【注　釋】❶彈斷風俗　批評、彈擊世俗之風氣。❷取憎在位　招致當權者的憎恨。❸招擯於時　為時人所擯棄。擯，排斥；拋棄。❹揚聲發譽　發揚聲名，取得榮譽。❺助教　有助於教化。❻偶俗集譽　迎合世俗，以得到稱譽。❼虛美隱惡　隱瞞其醜惡之事，虛假地加以贊美。❽匡失弼違　糾正失誤及過錯。弼違，矯正過失。❾醒迷補過　使迷惑者醒悟，使犯錯者改正。❿白雪之音　〈白雪〉是古代楚國一種高雅的樂曲。傳說有人歌於郢中，始為〈下里巴人〉，屬和者數千人。後為〈陽春白雪〉，屬而和者不過數十人，蓋曲高而和寡。⓫連城之價　價值連城。⓬心口相契　心中所想與口中所言完全相合。契，合。⓭顧不愧景　不愧對自己的身影。⓮否泰有命　或閉塞、或通泰，聽天由命，一任自然。

【語譯】有人又說：「然而你的著作批評世俗風氣，言辭直切，用心良苦。我恐怕這只能招致當權者的憎恨，受到世俗的擯棄。這不符合獲取聲譽、得到榮華富貴的作法。」

抱朴子說道：「製造器具的人難得的是解決人們急切的需要，而不是說只要外形裝飾華美的就是好的。著書立說的人可貴的是有助於教化，而不以迎合世俗、招致聲譽為高。如果只是一味順從世俗，寫些虛假的稱美之辭，對於醜惡之事則隱而不論，這樣難道是匡正失誤、使迷惑者醒悟、使有過錯者得以糾正的正確作法嗎？因為耽心應和者太少而捨棄了〈白雪〉之雅調，因為害怕難以售出而將寶玉的價格壓低，這樣的態度是我所不取的。我並非不能以華辭麗藻取悅世人，並非不知道直言批評會引來禍患。然而我不忍心違背真情，說些假話，混淆真偽。我只想做到心中所想、口中所言，完全相合，使得不愧對自己的身影，只希望得到後世的知音。至於當世的通塞榮辱，一切聽天由命。何必一定要書行於當世、言用於當朝，得到當代的榮華呢？」

夫君子之開口動筆，必戒悟蔽❶，式整雷同之傾邪❷，磋礱流遁之闇穢❸。而著書者徒飾弄華藻、張磔迂闊❹，屬難驗無益之辭，治靡麗虛言之美。有似堅白厲修之書❺，公孫刑名之論❻。雖曠籠天地之外，微入無間❼之內，立解連環❽，離同合異❾，鳥影不動❿，雞卵有足⓫，犬可為羊⓬，大龜長蛇⓭之言，適足示巧表奇以誑俗。何異乎畫敖倉⓮以救飢，仰天漢⓯以解渴？說崑山之多玉，不能賑原憲之貧⓰；觀藥藏之簿領⓱，不能治危急之疾。墨子刻木雞以厲天⓲，不如三寸之車鍣⑲。管青⑳鑄騏驥於金象，不如駑馬之周用。言高秋天而不可施㉑者，丘不與易也㉒。」

【章　旨】文章當求實用，有益於世，反對不切實際、浮誇無用之談。

【注　釋】❶必戒悟蔽　一定有教育世人、解除蒙蔽之作用。本句疑有脫文。❷式整雷同之傾邪　整頓世俗結黨雷同的偏邪之風。雷同，隨聲附和。傾邪，不正、邪惡。❸磋礱流遁之闇穢　消除世俗相沿成習的汙濁現象。磋礱，磨去、清除。闇穢，昏昧、骯髒。❹張磔迂闊　誇張汗漫、空洞無實的文字。❺堅白厲修之書　公孫龍著有〈堅白論〉，將石之白與石之堅分割立論。厲，疑「廣」字之訛。〈堅白論〉曰：「曰石之白，石之堅，見與不見二，與三若廣修而相盈也。」❻公孫刑名之論　即公孫龍論形與名關係之說。刑，通「形」。如〈白馬論〉曰：「馬者，所以命形也，白者，所以命色也。命色者非命形也，故曰：白馬非馬」，即從形、名之關係立論。❼無間　細微至極；無隙。❽立解連環　《莊子・天下》介紹惠施之論曰：「連環可解也。」❾離同合異　辨析天下萬物之同異。惠施曾曰：「大同而與小同異，此之謂小同異；萬物畢同畢異，此之謂大同異。」惠施所謂「天與地卑，山與澤平」之類，皆離同合異之說。見《莊子・天下》。❿鳥影不動　公孫龍認為鳥在飛行中，其影子未移動。注曰：「影改而更生，非向之影。」見《列子・仲尼》。⓫雞卵有足　雞蛋中有雞足。《莊子・天下》引辨者之說，作「卵有毛，雞三足」。⓬犬可為羊　狗可以變成羊。《莊子・天下》引辨者之說，有「犬可以為羊」之語。⓭大龜長虵　虵，即「蛇」。《莊子・天下》引辨者之說，有「龜長於蛇」之語。⓮敖倉　秦代所建倉庫之名。⓯天漢　銀河；天河。

⓰原憲之貧　原憲，孔子之弟子。《莊子・讓王》說他「環堵之室，茨以生草，蓬戶不完，桑以為樞」，後世用作貧士的代表。

⓱藥藏之簿領　登記各種藥物的書籍及簿冊。簿領，登記的文簿。⓲墨子刻木雞以厲天　傳說墨子以木為鳶，飛三日不落。

⓳車鍣　車軸兩端之鐵鍵。⓴管青　古代善於相馬者。㉑言高秋天而不可施　言談高妙卻無從實施。秋日氣爽則天高，故云。

㉒丘不與易也　《論語・微子》曰：「天下有道，丘不與易也。」

【語　譯】君子開口動筆，一定是為著醒悟世人，克服弊病，整頓隨聲附和、結黨營私的偏邪之風，消除隨波逐流、沿習成俗的不良現象。而著書者只是修飾華辭麗藻，張揚汗漫迂闊的文字，寫些難得驗證、於世無益的言語，追求浮華空洞的外在之美。這就好像公孫龍的堅白廣修之書，論形與名關係之說。即使大到能包容天地之外，小到能深入無隙之間，主張立解連環，辨析同異，飛鳥之影不動，雞卵之中有足，犬可以變成羊，龜長於蛇之類的話，只能夠表現奇異詭辯以欺騙世人。這與畫座糧倉以解救飢餓，仰天飲天河之水解渴，又有什麼區別呢？誇說崑崙山上有許多寶玉，不能救濟原憲的貧困；觀看醫藥之簿冊，不能治療危急的疾病；墨子刻木雞能飛上雲天，其作用不如三寸長的車鎋；管青鑄造出金質的駿馬，其用途還不如一匹劣馬。言談高妙若在九天之上卻不能實施，這樣的主張是我所不能贊同的。」

卷四三 喻蔽

【題解】本篇的宗旨，是回答同門魯生對於王充《論衡》一書的批評。

魯生對於《論衡》一書的批評主要在兩個方面：一是文章以少為美，而《論衡》卷帙浩繁；二是文章結體宜純，而《論衡》乍出乍入、或儒或墨。針對魯生的批評，抱朴子解釋說：《論衡》卷帙浩大乃是由於內容的需要，因為「言少則至理不備，辭寡即庶事不暢」，所以多未必賤，少未必貴。至於思想不純，或儒或墨，也是因事所宜，未可厚非。

文中稱王充為「冠倫大才」。葛洪之撰寫《抱朴子》，亦與王充之《論衡》相類似。所以本文對於《論衡》的辯解，也可以視為葛洪的自我解釋。

抱朴子曰：「余雅謂王仲任❶作《論衡》八十餘篇❷，為冠倫大才❸。有同門魯生難余曰：『夫瓊瑤以寡為奇，磧礫❹以多為賤。故庖犧卦不盈十❺而彌綸二儀❻，老氏言不滿萬❼而道德備舉。王充著書，兼箱累袠❽。而乍出乍入，或儒或墨，屬辭比義，又不盡美。所謂陂原之蒿莠❾，未若步武之黍稷❿也。』」

【章旨】魯生認為文章以少為美，而王充《論衡》卷帙浩繁，文辭不純，乍出乍入，或儒或墨，不為成功之作。

【注釋】❶王仲任　王充，字仲任，東漢學者。好博覽而不守章句，通百家之言。好論說，始若詭異，終有理實，著有《論衡》。❷論衡八十餘篇　《論衡》八十五篇，其中〈招致〉有目無文，實存八十四篇。❸冠倫大才　超群絕倫之才。❹磧礫　河灘中的碎石。❺庖犧卦不盈十　庖犧，即伏羲氏，古代傳說伏羲氏始作八卦。❻彌綸二儀　包羅天地之萬物。《周易・繫辭上》：「易與天地準，故能彌綸天地之道。」❼老氏言不滿萬　《史記》曰：「老子迺著書上下篇，言道德之意五千餘言而去。」❽兼箱累袠　裝滿許多書函、書箱。袠，同「帙」。書函；書套。❾陂原之蒿莠　荒原艾蒿、野草之類。莠，狗尾草。❿步武之黍稷　指播種的莊稼。古代以六尺為步，半步為武。

【語譯】抱朴子說道：「我極力主張王充作《論衡》八十餘篇，應是超群絕倫之偉才。同門之魯生駁難我說：『美玉因為少而珍奇，碎石因為多而卑賤。所以伏羲氏作八卦而能包羅天地萬物，老子著作五千言而道德俱備。而王充著述卷帙浩繁，裝滿許多書函書箱，時出時入，有時尊奉儒家之說，有時尊奉墨家之說，而遺辭論述，又不是盡善盡美。這就是所謂荒原上的野草蔓蒿，不如認真播種培植的五穀莊稼。』」

抱朴子答曰：「且夫作者之謂聖，述者之謂賢❶。徒見述作之品❷，未謂多少之限也。吾子所謂竄巢穴之沈昧❸，不知八紘之無外❹；守燈燭之宵曜❺，不識三光之晃朗❻；遊潢洿之淺狹❼，未覺南溟之浩汗❽；滯丘垤之位埤❾，不寤嵩岱之峻極❿也。

兩儀所以稱大者，以其函括八荒⓫、緬邈無表⓬也。山海所以為富者，以其包籠曠闊、含受雜錯⓭也。若如雅論，貴少賤多，則穹隆⓮無取乎宏燾⓯，而旁泊⓰

不貴於厚載也。夫跡水之中，無吞舟之鱗⑰；寸枝之上，無垂天之翼⑱；蟻垤之巔，無扶桑之林⑲；潢潦⑳之源，無襄陵㉑之流。巨鰲首冠瀛洲㉒，飛波淩乎方丈㉓，洪桃盤於度陵㉔，建木竦乎都廣㉕，沈鯤橫於天池㉖，雲鵬戾乎玄象㉗。且夫雷霆之駭不能細其響，黃河之激不能局其流，騏騄追風不能近其跡㉘，鴻鵠奮翅不能卑其飛。雲厚者雨必猛，弓勁者箭必遠。王生學博才大，又安省乎？

【章旨】舉出天地、日月、山海、鯤鵬皆結體巨大為例，說明王充學博才大，其著作繁富，為自然之事。

【注釋】❶作者之謂聖二句　創始者為聖人，繼承傳述者為賢人。❷述作之品　指著作之優劣、品級。❸巢穴之沈昧　巢穴狹小，光線暗昧不明。❹八紘之無外　普天之下，無所不包。八紘，八極。❺宵曜　指微弱的燈光。❻三光之晃朗　日月星辰之明亮。❼潢洿之淺狹　低淺狹窄的水坑。潢洿，低窪的積水處。❽南溟之浩汗　浩瀚無際的南海。❾丘垤之位埤　低矮的小土丘。垤，螞蟻洞口的小土堆。埤，低下。❿嵩岱之峻極　嵩山、泰山高峻極天。⓫函括八荒　包容天地之間。八荒，八方荒遠之地。⓬緬邈無表　遙遠之地，包括無外。⓭含受雜錯　包含容納各種事物。⓮穹隆　高天。⓯宏燾　覆蓋宏大。燾，覆蓋。⓰旁泊　旁薄；廣博。代指大地。⓱跡水之中二句　淺水坑中長不出吞舟的大魚。跡水，牛腳踩出的積水坑。⓲垂天之翼　指大鵬。其翼若垂天之雲。⓳蟻垤之巔二句　蟻垤，螞蟻洞外的小土堆。扶桑之林，傳說在東海中，長者數千丈，大二千餘圍，葉皆如桑，故名扶桑。見《十洲記》。⓴潢潦　淺水坑；小溝渠。㉑襄陵　大水淹沒了丘陵。㉒巨鰲首冠瀛洲　傳說渤海之東大壑中有五山，常隨潮波流動，天神乃以十五頭巨鰲背負五山。瀛洲，海中五山之一。見《列子·湯問》。㉓飛波淩乎方丈　方丈，疑當為「百丈」。《十洲記》謂蓬丘之側有冥海，「無風而洪波百丈，不可得往來」。㉔洪桃盤於度陵　傳說東海中有山，名曰度索。上有大桃，屈盤三千里。見《文選·吳都賦》李善注。㉕建木竦乎都廣　傳說建木在都廣，連接天地間，是天神上下之所。一說為神木，百仞無枝。㉖沈鯤橫於天池　天池，指北海。《莊子·逍遙遊》曰：「北冥有魚，其名為鯤。鯤之大，不知其幾千里也。」㉗雲鵬戾乎玄象　大鵬騰飛極天。玄象，指天。《莊子．逍遙遊》有大鵬「扶搖而上者九萬里」句，故云。㉘騏騄追風不能近其跡　駿馬奔馳神速，不能放慢速度，行很短的距離。騏驥、騄耳，古代駿馬之名。

【語譯】抱朴子回答說道：「創始者被稱為聖人，繼承傳述者被稱為賢人。只有著作品級的高下優劣，沒有以多少為限制的。你好像是鑽入深洞曲穴之中，不知道普天無外的廣闊之事；好像是守著一盞微弱的燈燭，不知道日月星辰的光明燦爛；好像是游於又淺又窄的水坑，不知道南海的浩瀚無邊；好像是停留在矮小的土丘上，不知道嵩山、泰山的高峻極天一樣。

天地所以稱大，是因為它覆載無際，遙遠八荒也無所不容；山海所以稱富，是由於它包涵廣闊，能容納眾多的物類。若是如你的高論，以少為貴，以多為賤，則高天不必籠蓋萬有，大地不必托載萬物。牛蹄水坑之中，不會生長吞舟的大魚；長僅一寸的樹枝上，不會落下雙翼垂天的鵬鳥；螞蟻洞外的小土堆上，不會有參天的扶桑之林；小水坑的源頭，不會淌出淹沒山丘的洪流。海中的巨鰲能用頭托起瀛洲之山，揚起的飛波能高達百丈，度陵的大桃樹盤延三千里，都廣的建木頂天立地，北海有長達數千里的鯤魚，大鵬扶搖九萬里直抵天際。再說雷霆之聲驚心動魄，不能使其細小；黃河激流奔騰，不能使其水面狹窄；駿馬追風躡影，不能放慢其速度；鴻鵠奮翅淩雲，不能使其低空飛行。雲層濃厚，雨必定下得猛烈；弓弧強勁，箭一定射得很遠。王充學識廣博，才華卓傑，又何必要限制其文字的繁富呢？

吾子云：玉以少貴，石以多賤。夫玄圃之下，荊華之巔，九員之澤❶，折方之淵❷，琳琅❸積而成山，夜光❹煥而灼天，顧不善也。又引庖犧氏著作不多，若夫周公既繇《大易》❺，加之以禮樂❻；仲尼作《春秋》，而重之以十篇❼。過於庖犧，多於老氏，皆當貶也。

言少則至理不備，辭寡即庶事不暢，是以必須篇累卷積，而綱領舉也。羲和昇光以啟旦❽，望舒曜景以灼夜❾，五材❿並生而異用，百藥雜秀而殊治⓫，四時會而歲功成⓬，五色聚而錦繡麗，八音諧而〈簫韶〉美⓭，群言合而道藝辨⓮。積猗頓⓯之財，而用之甚少，是何異於原憲⓰也？懷無銓之量⓱，而著述約陋，亦何別於瑣碌⓲也？

音為知者珍，書為識者傳。瞽曠之調鍾⓳，未必求解於同世。格言高文，豈患莫賞而減之哉！且夫江海之穢物不可勝計，而不損其深也。五嶽之曲木不可訾量，而無虧其峻也。夏后之璜⓴，雖有分毫之瑕，暉曜符彩，足相補也。數千萬言，雖有不豔之辭，事義高遠，足相掩也。故曰：四瀆㉑之濁，不方瓮水之清；巨象之瘦，不同羔羊之肥矣。

【章旨】文辭短少則至理不備，篇章繁富乃是內容的需要。其中雖有瑕疵，但是不影響其事義高遠的價值。

【注釋】❶九員之澤　水波呈圓形回旋狀之澤。古代認為這種湖澤出產明珠。❷折方之淵　水波呈方形回折狀之淵。古人認為其下產玉。❸琳琅　美玉。❹夜光　夜光璧、夜明珠之類。❺周公既繇大易　漢晉學者或謂《周易》之爻辭為周公所作。繇，占辭。❻加之以禮樂　傳說周公制禮作樂。❼十篇　指《周易》之〈上彖〉、〈下彖〉、〈上象〉、〈下象〉、〈上繫〉、〈下繫〉、〈文言〉、〈說卦〉、〈序卦〉、〈雜卦〉，合稱〈十翼〉，傳說是孔子所作。❽羲和昇光以啟旦　太陽升起，光明普照，天就亮了。

羲和，傳說中太陽的御者。代指太陽。❾望舒曜景以灼夜　月亮的光影，照亮了黑夜。望舒，傳說中月亮的御者。代指月亮。❿五材　指金、木、水、火、土。⓫百藥雜秀而殊治　各種草木藥物，枝葉形狀不同，而能治癒各類疾病。⓬四時會而歲功成　春夏秋冬四時交會構成了一年的時序。歲功，一年的時序，亦可指一年的收成。⓭八音諧而簫韶美　八音，指鐘、磬、琴瑟、簫管、笙竽、壎、鼓、柷敔等樂器。〈簫韶〉，古樂曲，相傳為舜樂。⓮群言合而道藝辨　只有用許多語言才能將學問技能辨析明白。道藝，指先王之道及各種具體的技能。⓯猗頓　古代之豪富。⓰原憲　孔子之弟子，蓬戶蔬食，為貧士之代稱。⓱無銓之量　學識博大，器量宏闊，無法衡量。⓲瑣碌　瑣細、平庸之材。瑣，細小；微賤。⓳瞽曠之調鍾　瞽曠，指春秋晉之樂師師曠，字子野，生而目盲，善辨樂聲。據《呂氏春秋》記載：晉平公曾鑄為鍾，使樂工聽之，皆以為已調矣。而師曠曰：「不調，請更鑄之。」晉平公曰：「五皆以為調矣。」師曠曰：「後世有知音者，知鍾不調也，臣竊恥之。」至於師涓，而果知鍾之不調也。⓴夏后之璜　夏王之美玉。半璧為璜。《左傳．定公四年》載：周王賜魯公夏后氏之璜。㉑四瀆　指長江、黃河、淮河、濟水。

【語譯】你說玉以少為貴，石以多為賤。在崑崙玄圃之下，荊山華山之顛，水紋九圓之澤，波浪方折之淵，那裡的美玉堆積得像山一樣，明珠的光芒上映至天。依你之說，這些反而都不好了。你又說庖犧氏的著作不多，像周公為《周易》作爻辭，又加上制禮作樂；孔子作《春秋》，又為《周易》寫作了〈十翼〉。周公、孔子之作超過了庖犧氏，多於老子。依你之見，也是要受到貶責的。

話說少了至高之理就不能闡述完備，言辭簡易則各項事務便不能解說清楚，所以必須要篇章眾多，方能綱舉目張。太陽升起來，光明照亮白天；月亮升起來，光影輝耀著夜晚。金、木、水、火、土五材並生而用途不同，各類藥物形態互異而能治療不同的疾病，春、夏、秋、冬四季交會形成一年的時序，赤、黃、青、黑、白五色交織成美麗的錦繡，八音配合方能奏出〈簫韶〉之樂，言辭宏富才能辨明各項學問與技藝。如果積累了無盡的財富，卻用得很少，這與窮人有何兩樣？身懷宏大無比的器量，卻著作甚少，這與世俗平庸之輩又有何區別呢？

樂曲為知音而珍貴，著作為識者而流傳。盲目樂師師曠調試鑄鍾，未必是希望得到當世人的理解。高妙之文、至理之言，不必耽心無人欣賞而減少文字！再說江海中污穢之物不可勝計，而不損害江海的深厚；五嶽中彎曲的樹木不可計量，而不影響山嶽的峻偉。夏后之璜，即使有小的瑕疵，而它光彩輝耀，足以彌補其缺點。卷帙浩繁的著作，即使其中有不美的文辭，而其事義高遠，可以掩飾其不足。所以說：即使江河之水渾濁，也不是一瓮清水所能比；即使大象削瘦，也不能同於一頭肥羔羊。

子又譏云：乍入乍出，或儒或墨。夫發口為言，著紙為書，書者所以代言，言者所以書事。若用筆不宜雜載，是論議當常守一物。昔諸侯訪政❶，弟子問仁❷，仲尼答之，人人異辭。蓋因事託規，隨時所急。譬猶治病之方千百，而針灸之處無常。卻寒以溫，除熱以冷，期於救死存身而已。豈可詣者逐一道如齊楚❸，而不改路乎？陶朱❹、白圭❺之財不一物者，豐也。雲夢❻、孟諸❼所生萬殊者，曠也。故《淮南鴻烈》❽始於〈原道〉、〈俶真〉，而亦有〈兵略〉、〈主術〉；莊周之書以死生為一❾，亦有畏犧❿、慕龜⓫、請粟救飢⓬。若以所言不純而棄其文，是治珠翳⓭而剜眼，療溼痺而刖足，患荑莠⓮而刈穀，憎枯枝而伐樹也。」

【章　旨】著作者隨時所宜，因事託規，所以包羅宏富，因而不必拘守一家之說。

【注　釋】❶諸侯訪政　據說葉公問政於孔子，孔子說：「政在於安撫近者，招徠遠者。」魯哀公問政於孔子，孔子說：「政在於識別臣下。」齊景公問政於孔子，孔子說：「政在於節用。」子貢問為什麼對三人的同一問題回答不同，孔子說：「荊之地廣，民有離志，故曰政在於安撫近者，招徠遠者。魯哀公有佞臣三人，以蔽其明，故曰政在於識別臣下。齊景公奢於臺榭，淫於遊樂，故曰政在於節用。」參見《說苑・政理》。❷弟子問仁　《論語・顏淵》載：顏淵問仁，孔子說：「克己復禮為仁。一日克己復禮，天下歸仁焉。」仲弓問仁，孔子說：「出門如見大賓，使民如承大祭。己所不欲，勿施於人。」司馬牛問仁，孔子說：「仁者其言也訒。」訒，忍也。三人之學問性情不同，所以孔子的回答互異。❸逐一道如齊楚　只走一條道路前往齊國或楚國。如，往；到。❹陶朱　春秋時范蠡棄官後，以經商致富。曾至陶，稱朱公。後遂以陶朱公稱富者。❺白圭　戰國時著名的商人。❻雲夢　古有雲夢澤，在楚國境內。❼孟諸　古澤藪名，故址在今河南商丘境。❽淮南鴻烈　即《淮南子》，漢淮南王劉安等撰。其首篇為〈原道〉，第二篇為〈俶真〉，第九篇為〈主術〉，第十五篇為〈兵略〉。❾以死生為一　莊子認為，死生同為造物之運化，故不必悅生以惡死。見《莊子・知北遊》。❿畏犧　害怕像祭祀所用之犧牛一樣被宰殺。《莊子・列禦寇》：「或聘於莊子，莊子應其使曰：『子見夫犧牛乎？衣以文繡，食以芻菽，及其牽而入於大廟，雖欲為孤犢，其可得乎？」⓫慕龜　羨慕活著而爬行泥中的龜。莊子曾以龜為比喻，說明與其死而藏骨廟堂之上，不如生而曳尾於塗中。見《莊子・秋水》。⓬請粟救飢　莊子家貧，曾前往監河侯處借糧充飢。見《莊子・外物》。⓭珠翳　一種眼疾，眼內有障膜。⓮莠蕘　指穀田中的雜草。

【語　譯】你又諷刺說：王充乍入乍出，有時尊奉儒家之說，有時尊奉墨家之說。人們開口為言，寫在紙上就成了書。書代替人們的言辭，而言辭是為了記事的。如果為文不宜雜引，那麼人們的議論就應當常守一理。從前諸侯請教朝政，弟子請問何者為仁，孔子的答辭，因人而異。這是由於孔子就著具體的事情以寄託教訓，隨時因事而宜。就像治病的藥方成百上千，而針灸的穴位也無一定之處。以溫卻寒，以冷退熱，只是為了拯救垂死的生命而已。要前往齊國或楚國，怎麼可以一條路走到底，而不改道呢？陶朱、白圭的財產不止一物，是因為他們的富有；雲夢、孟諸之澤能生產萬物，是因為它們幅員廣闊。所以《淮南子》始於〈原道〉、〈俶真〉，而其間也載有〈兵略〉、〈主術〉。莊子之書以生與死為同一，但是也有害怕犧牛之死、羨慕泥龜之生、借糧救飢的內容。如果因為內容不純而捐棄其文，那就好像為了治目疾而剜去眼睛、為了治風濕而砍去腳、因為有雜草而割去穀子、因為有枯枝而砍倒樹木一樣。」

卷四四 百家

【題解】百家，即諸子百家。本篇的宗旨，在於批判世俗貶低諸子的言論，以提高子書的社會地位。

諸子之書不同於六經，約有以下數端：一者六經的作者是傳說中的聖人，而諸子的作者只能算賢人，甚至只是普通的士人；二者六經的內容被認為是純正的，而諸子的內容則是斑駁不齊的；三者六經被認為是先秦的典籍，而子書則多出於戰國、漢、魏之世。這是諸家子書被貶低的原因所在。

本文反對否定百家子書的觀點，因為子書也是「才士所寄心」。子書的內容涉及到廣泛的社會問題，變化旁通，可以與經典相輔相成，有助教化。所以文中肯定地說：經典是「道義之淵海」，子書是「增深之川流」。

本篇的部分文字與〈尚博〉篇重複。

抱朴子曰：「百家之言，雖不皆清翰銳藻❶，弘麗汪濊❷，然悉才士所寄心，一夫澄思❸也。正經❹為道義之淵海，子書為增深之川流。仰而比之，則景星之佐三辰❺；俯而方之，則林薄之裨嵩岳❻。而學者專守一業，游井忽海❼，遂躑躅❽於泥濘之中，而沈滯乎不移之困。子書披引玄曠❾，眇邈泓窈❿，總不測之源⓫，揚無遺之流。變化不繫於規矩之方圓，旁通不淪於違正之邪徑⓬。風格高嚴，重仞難盡⓭。是偏嗜酸甜者，莫能賞其味也；用思有限者，不得辯其神也。

【章旨】百家子書悉才士所寄心，其風標高尚，格調嚴整，內容豐富，變化旁通。經典為道義之淵海，子書為增深之江河。

【注釋】❶清翰銳藻　辭藻華美，筆鋒犀利。❷汪濊　深廣；深厚。❸澄思　靜心沈思；凝神靜思。❹正經　指《詩》、《書》、《禮》、《易》、《春秋》等儒家經典著作。❺景星之佐三辰　景星，又稱瑞星、德星，其狀無常，出於有道之國。三辰，指日、月、星。❻林薄之裨嵩岳　山際叢林襯托輔助著嵩山。林薄，草木綿延之地。裨，增益；補充。❼游井忽海　井底之蛙，不知大海之廣闊。❽躓蹪　小跳，跌倒。❾披引玄曠　所開拓之境界幽深而闊大。❿眇邈泓窈　意蘊廣遠而深厚。⓫總不測之源　總括前人之說，以鉤沈申論。不測，形容其深。⓬旁通不淪於違正之邪徑　既能旁通，又不違背正道而落入邪徑。⓭重仞難盡　意謂門牆甚高，蘊藏豐富，外人不得其門則不容易察知。《論語・子張》：「夫子之牆數仞，不得其門而入，不見宗廟之美、百官之富，得其門者或寡矣。」

【語譯】抱朴子說道：「諸子百家之言，雖然並非都是辭藻清美，筆鋒犀利，格調弘麗，寄蘊深厚。然而它們都是才士心神所寄託，是靜心沈思的結果。正經就像道義的大海，子書就像使大海更為深厚的江河。從天象作比方，就像景星環繞著日月一樣。從地貌作比方，就像叢林輔助著嵩山一樣。而世間學者拘守專門一個方面的學業，好像井蛙只知游於井中而不知大海一樣。於是陷於泥濘之中，在長久的困惑中難以自拔。而子書開拓出闊大的境界，其蘊涵廣遠而深厚。它總括了久遠的前人舊說，像江河揚起波浪，貫穿無遺。它的變化不受已有規矩的限制，而其思緒旁通又不違背正當的途徑。其風調高邁，體制嚴正，內蘊豐富，難以窮盡。所以習慣於世俗之味的人，不能欣賞其滋味；思理淺近的人，無所辨識其神妙。

先民歎息於才難❶，故百世為隨踵❷。不以璞不生板桐❸之嶺而捐曜夜之寶❹，不以書不出周孔之門而廢助教之言❺。猶彼操水者，器雖異而救火同焉；譬若鍼灸❻者，術雖殊而攻疾均焉。

【章　旨】百家子書雖不出聖人之手，而有助於教化，其目標同於經典之文。

【注　釋】❶先民歎息於才難　《論語・泰伯》載孔子語曰：「才難，不其然乎？唐虞之際，於斯為盛。有婦人焉，九人而已。」❷百世為隨踵　意謂才士極為稀少，百世得有一人，猶可謂隨踵而至。《戰國策・齊策》：「千里而一士，是比肩而立；百世而一聖，若隨踵而至也。」❸板桐　仙山名，在閬風之上。❹曜夜之寶　夜光之璧。❺助教之言　輔助教化的言論。❻鍼灸　鍼是以針刺穴位，灸是用艾葉製為艾炷烤灼穴位，同為治療疾病之手段。

【語　譯】古人嘆息人才難得，所以說百世得一人就像『隨踵而至』。不因為璞玉不是產於板桐之嶺就捐棄了寶貴的夜光之璧，不因為子書並非出自周公、孔子之門便廢棄了輔助教化之言。就像運水的人，雖然器皿不同而救火的目的是一樣的。又像醫生或用針刺穴位，或用艾炷烤灼穴位，醫術雖然不同而治療疾病的目的是一樣的。

狹見之徒，區區執一❶。去博辭精思❷，而不識合錙銖可以齊重於山陵❸，聚百十可以致數於億兆❹。惑詩賦瑣碎之文❺，而忽子論深美之言。真偽顛倒，玉石混淆。同〈廣樂〉於〈桑間〉❻，均龍章於素質❼。可悲可慨，豈一條哉！」

【章　旨】世俗見識狹隘，惑於詩賦細文，忽視深美之子書，令人感慨悲嘆。

【注　釋】❶區區執一　境界狹小而又固執，不知變通。❷去博辭精思　疑有誤字漏字。〈尚博〉曰：「或云廣博亂人思」，可參。❸合錙銖可以齊重於山陵　意謂積少可以成多，積輕可以成重，子書亦有助於教化。❹億兆　古以十萬為億，或萬萬為億，十億為兆。極言其多。❺惑詩賦瑣碎之文　惑，一作「或」。〈尚博〉曰：「或貴愛詩賦淺近之細文」，與此意同。❻同廣樂於桑間　〈廣樂〉為傳說中天間之仙樂，〈桑間〉為古代鄭衛之俗曲。❼均龍章於素質　〈尚博〉曰：「鈞龍章於卉服」。龍章，古代王公之禮服，上面繡有龍紋圖案。素質，指白色而無紋飾的衣服。

【語　譯】見識狹隘的人，器量不大又不知變通。他們背離廣博之論、精深之思，而不知道聚合輕微之物可以齊重於山陵，積累一十一百可以達到億兆之數。他們迷惑於詩賦及瑣碎小文，而忽視子書深厚宏美之論，使得真偽顛倒，玉石混淆。將天上的仙樂與人間的俗曲同樣看待，將龍章袞服與素質白衣等量齊觀。令人可悲可嘆的，難道只一件事情嗎！」

卷四五 文行

【題解】本篇探討文學與德行的關係。

漢代以後，出現了一種輕視文學的觀點，認為德行是根本，文章是末事，甚至認為留在紙上的只是「祭畢之芻狗」，是無用的糟粕。這就導致了對於文學價值的否定。

本篇反對上述輕視乃至否定文學的認識，認為文學與德行同等重要，並且密不可分。而世俗見識短淺，又貴古賤今，因而難以理解卓異之士傑出的道德人格，自然也不能理解其文章精美的藝術價值。

本文與〈尚博〉篇的部分內容重複。

或曰：「德行者，本也；文章者，末也。故四科之序，文不居上❶。然則著紙者糟粕❷之餘事，可傳者祭畢之芻狗❸。卑高之格，是可譏❹矣。文之體略❺，可得聞乎？」

抱朴子答曰：「荃❻可棄，而魚未獲則不得無荃；文可廢，而道未行則不得無文。若夫翰跡韻略之廣逼❼，屬辭比義之妍媸❽，源流至到之修短，蘊藉汲引之深淺，其懸絕也，雖天外毫內❾，不足以喻其遼邈。其相傾也，雖三光❿、熠燿⓫，不足以方其巨細；龍淵⓬、鉛鋌⓭，未足以譬其銳鈍；鴻羽、積金⓮，未足以方其輕重。而俗士唯見能染毫畫紙，便概以一例⓯。斯伯氏所以永思鍾子⓰，郢人所以格斤不運⓱也。夫斲削者比肩，而班、狄擅絕手之名⓲；援琴者至多，而夔、襄⓳專清聲之稱；廄馬千駟，而騏、騮有邈群之價⓴；美人萬計，而威、施㉑有超世之色者，蓋遠過眾也。

【章旨】文章之體式格調差異甚大，不可將傳道之文與世俗之文視同一例。

【注釋】❶四科之序二句　《論語．先進》載：孔門四科，以德行為上，其次言語，其次政事，其次文學。❷糟粕　釀酒後所餘的糟渣。❸可傳者祭畢之芻狗　芻狗是祭祀時所用的草紮之狗，祭畢之後就無用了。比喻所流傳之經籍、文章都已經過時而無用。❹識　據〈尚博〉，當為「識」字之訛。❺體略　文章之體式、格調。❻荃　一作「筌」，捕魚之竹器。❼翰跡韻略之廣逼　指文章之氣度神韻開闊還是狹小。廣逼，〈尚博〉作「宏促」。❽屬辭比義之妍媸　遣辭屬文，語言是否優美。妍媸，〈尚博〉作「疏密」。❾天外毫內　九天之外，形容大。毫毛之內，形容小。❿三光　指日月星。⓫熠燿　指螢火蟲。⓬龍淵　是古代著名的寶劍，極為鋒利。⓭鉛鋌　是鉛製的箭頭，形容遲鈍。⓮鴻羽積金　鴻毛與金塊，形容輕重懸殊。⓯一例　一概；視同一律。⓰伯氏所以永思鍾子　伯牙，春秋時人，善於鼓琴。友人鍾子期，知其琴聲寄意之所在。鍾子期死後，伯牙破琴絕絃，終身不復鼓琴，以謝知音。⓱郢人所以格斤不運　有郢人將蠅翼般之薄土黏在鼻尖上，匠石能揮動斧頭削去薄土而不傷鼻子。後來郢人死了，匠石便不再這樣作了。見《莊子．徐无鬼》。⓲班狄擅絕手之名　魯班、墨翟有絕世高手的美名。〈辨問〉：「夫班、狄機械之聖也。」⓳夔襄　均為古代善於彈琴者。⓴騏騮有邈群之價　騏驥、驊騮，其身價遠遠超過凡馬。㉑威施　南威、西施。相傳是古代著名的美女。

【語譯】有人說道：「德行是根本，文章是末事。所以孔門四科之中，文學不擺在前面。據此可知留在紙上的，不過像釀酒後殘餘的糟粕；可傳於後世的，只相當於祭祀陳列之後所餘下的草狗。德行的高下是可以認識的，有關文章的體式格調，能否講給我們聽呢？」

抱朴子回答說：「魚簍可以棄置，然而未捕到魚之前不能沒有魚簍。文章可以廢置，然而未能傳道之前不能沒有文章。至於文章之氣度神韻是開闊抑或拘束，遣辭達意之語言是優美抑或醜陋，義理源流是深長抑或短近，包涵意蘊是豐厚抑或浮淺，其差別懸殊，相距甚遠。即使一個在九天之外，一個在毫毛之內，不足以比喻其相距的遙遠。它們的差距，用日月星與螢火蟲不能形容其大小之差別，用龍淵寶劍與鉛製箭頭不足以比喻其利鈍的不同，用鴻毛與金塊不足以表現其輕重的區別。而世俗之士只要看見能提筆寫字的人，便等同一律，認為沒有差別。這就是伯牙之所以長久地懷念鍾子期、匠石在郢人去世後不再運斤的緣由所在了。世上雕刻製作的人比比皆是，而只有魯班、墨翟被稱為絕世的高手；能夠彈琴的人非常眾多，而只有夔、襄享有清聲的美譽；廄棚內轅馬千匹，其中唯有騏驥、驊騮的身價遠遠超出凡馬之上；美人成千上萬，只有南威、西施有超世的姿色。因為這些都遠在普通凡眾之上。

且文章之與德行，猶十尺之與一丈。謂之餘事，未之前聞也。八卦生乎鷹隼之飛❶，六甲出於靈龜之負❷。文之所在，雖且貴❸。本不必便疏❹，末不必皆薄。譬錦繡之因素地❺，珠玉之託蜯石❻，雲雨生於膚寸❼，江河始於咫尺。理誠若茲，則雅論❽病矣。」

【章旨】文章與德行同樣重要，故文之所在，雖賤猶貴。

【注釋】❶八卦生乎鷹隼之飛　舊說伏犧氏仰則觀象於天、俯則觀法於地，觀鳥獸之文，與地之宜，於是始作八卦。見《周易．繫辭下》。❷六甲出於靈龜之負　傳說大禹治水，有神龜負文而出。《說苑．辨物》：「靈龜文五色，似玉似金，背陰向陽。上隆象天，下平法地。槃衍象山，四趾轉運應四時。」❸雖且貴　據〈尚博〉，「雖」下脫一「賤」字。❹疏　疑「珍」字之訛。❺錦繡之因素地　錦繡乃繡於白絹之上。素地，指白色的絹。❻珠玉之託蜯石　珍珠產自蚌蛤，美玉出自璞石。❼膚寸　比喻微小。❽雅論　尊稱對方之論，即尊德行為本、輕文章為末之談。

【語　譯】再說文章與德行，就像十尺與一丈，同等的重要。稱文章為餘事，以前從來未曾聽說過。八卦是觀察鷹隼之飛而產生的，六甲是靈龜馱負而出來的。只要有文之處，即使卑賤之物也變得尊貴了。本未必就珍貴，末未必就輕賤。比如錦繡是依託在白絹底子上的，明珠、寶玉是產自蜯蛤、璞石之中的。雲雨起自細微之跡，江河始於咫尺之水。既然事理如此，那麼你的高談雅論就不能成立了。」

又曰：「應龍❶徐舉，顧眄而凌雲❷；汗血❸緩步，呼吸而千里❹。故螻螘怪其無階而高致❺，駑蹇驚過己之不漸❻也。若夫馳驟詩論之中，周旋一經之內，以常情覽巨異，以褊量測無涯❼，始自髫齔❽，詣于振素❾，不能得也。

又世俗率貴古昔而賤當今，敬所聞而黷所見❿。同時雖有追風絕景⓫之駿，猶謂不及伯樂之所御⓬也；雖有宵朗兼城之璞⓭，猶謂不及楚和之所泣⓮也；雖有斷馬指雕之劍⓯，猶謂不及歐冶之所鑄⓰也；雖有生枯起朽之藥⓱，猶謂不及和鵲⓲之所合也；雖有冠群獨行之士，猶謂不及於古人也。」

【章　旨】世俗淺陋短識，又貴古賤今，所以不能理解獨立特行之士的德操與文章。

【注　釋】❶應龍　古代傳說中一種有翼的龍。❷顧眄而淩雲　轉瞬之間，已經升上雲空。顧眄，轉眼之間；瞬間。❸汗血馬。漢代西域所產的一種駿馬，又名天馬。❹呼吸而千里　一呼一吸，已經奔馳千里。形容疾速。❺螻螘怪其無階而高致　螻蟻對於應龍不循階梯而升騰雲霄之上感到奇怪。螘，螞蟻。❻駑蹇驚過己之不漸　劣馬對於汗血馬超越自己之迅疾感覺驚異。駑蹇，跛足的劣馬。❼以徧量測無涯　以狹小的器皿測量無際的大海。徧，狹小。❽髫齔　童年；幼年。❾振素白髮。指老年。❿敬所聞而黷所見　重視耳聞，輕忽目見。黷，輕慢；不重視。⓫追風絕景　均為古代駿馬之名，意謂其奔馳疾速能追風而超過光影。⓬伯樂之所御　指千里馬、駿馬。⓭宵朗兼城之璞　意謂夜光之璧，價值連城。⓮楚和之所泣　指和氏之璧。楚和，楚國之卞和。⓯斷馬指雕之劍　鋒利之劍，所指無不斷斷。⓰歐冶之所鑄　歐冶子，春秋時著名的工匠，曾鑄造湛盧、純鉤、龍淵諸寶劍。⓱生枯起朽之藥　使死者復生、朽者復活之藥。⓲和鵲　醫和、扁鵲，均為古代之名醫。

【語　譯】抱朴子又說：「應龍徐徐高舉，轉眼之間已經升至雲霄之上；汗血馬緩步而行，呼吸之間已經遠到千里之外。而螻蟻卻為應龍憑空升天而奇怪，跛馬為汗血馬疾速超過自己而驚異。這就像有些人只在儒家詩論中馳騁，只在一部經書中周旋。他們用常情去推測神異之事，用小器物去測量無際的海洋。他們始自兒童少年，一直到滿頭白髮，還是不能領悟，有所收穫。

又世俗之人大都尊崇古代而鄙薄當時，他們重視所聞而輕視所見。即使當時有追風絕影的好馬，還是說不如伯樂所駕的千里馬；即使有價值連城的夜光璧，還是說不及楚國的和氏璧；即使有鋒利無比的寶劍，還是說不及歐冶子所鑄造的古劍；即使有能夠起死回生的靈藥，還是說不及古代名醫所配的藥方；即使當時有卓爾不群的俊才，還是要說趕不上古人。」

卷四六 正郭

【題解】本篇的主旨，是糾正世人對於郭泰的認識。

郭泰，字林宗，號有道，是漢末的大名士。據載當時名士首領李膺曾說：「吾見士多矣，無如林宗者也。」蔡邕亦曾說：「吾為天下碑銘多矣，未嘗不有慚。唯為〈郭先生碑頌〉，無愧色耳！」其友人宋子俊更推崇郭泰為人「清高明雅，英達瓌瑋」，「愷悌玄澹，格量高俊，含弘博恕，忠粹篤誠」。郭泰的人品風範，對於當時及後世均發生了深遠的影響。

抱朴子對於晉世清談玄虛之士風深表不滿，而上及於郭泰。他認為郭泰既不能安心隱逸，從事著述；又不能安上治民，建功立業。雖有知人之明，但是未曾向朝廷舉薦人才。碌碌埃塵，既無救於世道之陵遲，又無解於生民之憔悴。「進無補於治亂，退無跡於竹帛」，對於治理社會乃至發展學術均無成就，因而不值得特別的推崇。

概要地說，抱朴子的人生價值觀，在於匡世救民。若遇時不可為，則隱逸著述，修仙求道。而郭泰游移於出仕與隱逸之間，以清談品評而獲得盛譽。故此篇藉評價人物，對郭泰加以貶抑；其旨趣所歸，仍然在於矯正時弊。

抱朴子曰：「嵇生❶以為太原郭林宗❷，竟不恭三公之命❸。學無不涉，名重於往代。加之以知人，知人則哲❹，蓋亞聖之器❺也。及在衰世，棲棲惶惶❻，席不暇溫，志在乎匡亂行道❼，與仲尼相似。」

【章　旨】引述嵇生語，以為郭林宗學無不涉，有知人之明，有匡亂之志，乃亞聖之器，行止與孔子相似。

【注　釋】❶嵇生　疑指嵇含，字君道，葛洪之友人。《北堂書鈔》載葛洪嘗稱之為「一代偉器」。❷郭林宗　東漢郭泰，字林宗，太原界休人。博通經典，居家教授，弟子至千人。不為危言覈論，故當時宦官擅政，黨錮禍起，得免於禍。見《後漢書・卷六八》。❸不恭三公之命　不接受三公的舉薦，郭泰嘗遊於洛陽，司徒黃瓊辟，太常趙典舉有道，並不應。❹知人則哲　認識洞察人才需要智慧。哲，明智。《尚書・皋陶謨》：「知人則哲，能官人。」❺亞聖之器　指稍次於聖人的器識與才能。❻棲棲惶惶　忙忙碌碌，奔波不定，未能安居。❼匡亂行道　匡正世亂，推行教化。

【語　譯】抱朴子說：「嵇先生認為太原郭林宗，未接受朝廷三公的舉薦，而學無不涉，名聲為一世所推重。加上能識別人才，識別人才需要智慧，所以郭林宗具有亞聖的器識。然而在衰敗沒落之世，他四處奔波，席子沒有坐暖和，忙碌不定，為的是平定動亂，行道救世。其行事與孔子相似。」

余答曰：「夫智與不智，存於一言。樞機之玷❶，亂乎白圭❷。愚謂亞聖之評，未易以輕有許也。夫所謂亞聖者，必具體而微❸，命世絕倫。與彼周孔，其間無所復容之謂也。若人者，亦何足登斯格哉？

林宗拔萃翹特❹，鑒識朗徹❺，方之常人，所議固多❻，引之上及，實復未足也。此人有機辯風姿，又巧自抗遇而善用，且好事者為之羽翼，延其聲譽於四方。

故能挾之見准❼慕於亂世，而為過聽不覈實者所推策❽。及其片言所褒，則重於千金。遊涉所經，則賢愚波蕩❾，謂龍鳳之集、奇瑞之出也。吐聲則餘音見法，移足則遺跡見擬。可謂善擊建鼓❿而當揭日月者耳，非真隱也。蓋欲立朝則世已大亂，欲潛伏則悶而不堪，『或躍』⓫則畏禍害，『確爾』⓬則非所安，彰偟不定⓭，載肥載臞⓮。而世人逐其華而莫研其實，翫其形而不究其神。故遭雨巾壞，猶復見效⓯，不覺其短，皆是類也。俗民追聲，一至於是。故其雖有缺隙⓰，莫之敢指也。

【章　旨】郭林宗有機辯風姿，出類拔萃，聲譽廣布，為人推崇。然而其精神、行事，不足當亞聖之稱。

【注　釋】❶樞機之玷　言行之缺失。樞機，指人的言辭與行為。《周易・繫辭上》：「言行，君子之樞機。樞機之發，榮辱之主也。」❷亂乎白圭　意謂言行之失誤，如同白玉上的斑點難以磨去。《詩經・大雅・抑》：「白圭之玷，尚可磨也；斯言之玷，不可為也。」❸具體而微　大體具備，只是規模較小。《孟子・公孫丑》曾稱「子夏、子游、子張皆有聖人之一體，冉牛、閔子、顏淵則具體而微。」❹拔萃翹特　超群拔萃，傑出之才。翹特，傑出之貌。❺朗徹　明察；認識透徹。❻多　值得讚許。❼准　或作「推」。❽推策　推崇；推波助瀾。❾賢愚波蕩　無論賢者、愚者，都為之激動不已。❿建鼓　古代召集或者號令眾人用的一種大鼓。⓫或躍　是「或躍在淵」的省略，意謂潛龍從深淵中躍出，象徵追求進取、出世。《周易・乾卦》：「或躍在淵，進無咎也。」⓬確爾　意謂隱逸之志，堅定而不動搖。《周易・乾卦》：「確乎其不可拔，潛龍也。」⓭彰偟不定　倉皇、惶惑，不得安定。⓮載肥載臞　形容兩種思想交戰於胸中，猶豫惶惑不安，故時肥時瘦。肥，肥胖。臞，消瘦。據載子夏見曾子一臞一肥，曾子問其故，曰：「出見富貴之樂而欲之，入見先王之道又悅之。兩者心戰，故臞；先王之道勝，故肥。」見《淮南子・精神》。⓯遭雨巾壞二句　郭林宗嘗行於陳梁之間，遇雨，便折了頭上佩戴的葛巾一角來墊著遮雨，當時人乃故意折巾一角，謂之「林宗巾」。見《後漢書・卷六八・郭太傳》。⓰缺隟　缺點；失誤。隟，「隙」之古字。

【語　譯】我回答說：「智慧與否，存之於一言。言語有了缺失，就像白玉上的斑點難以磨去。我以為亞聖的評價，不能輕率地用在郭林宗身上。所謂亞聖，一定是大體上具備聖人的全部品德、才能，只是格局稍小，而高出一世，絕無僅有，與周公、孔子之間，沒有多大的差距，才能當此稱號。郭林宗其人，怎麼能夠得上這種規格呢？

郭林宗出類拔萃，見識透徹，與常人相比，他的議論固然值得讚許。然而再往上評價，實在還嫌有所不足。此人有機辯風姿，又能巧妙地自標高格，善於顯示自己。又有好事之徒為之輔助，使其聲譽廣泛傳揚於四方。所以在衰亂之世，他能憑藉這種辦法而受到人們的仰慕，而為聽信傳聞、不核察實際的人所推崇。以至於郭林宗隻言片語的褒獎，則重於千金。他的所到之處，無論賢愚都激動不已，說成是龍鳳之集、祥瑞呈現一樣。說話則聲音為人效法，行走則步履為人模仿，可以說是善於大造聲勢、公開顯示自己以擴大影響的人，不是真正的隱士。想要立朝為官而世道業已大亂，想要歸隱潛居又心情鬱悶不堪忍受。出世耽心遭遇禍患，隱逸又精神不安。內心驚惶猶豫，各種想法交戰不已。而世人只注重其外表卻沒有研究其實質，欣賞其形貌而未考察其精神。所以郭林宗遇雨，頭巾折了角，世人也要去仿效。不知其短處，都與此相類似。世俗追逐外在的聲譽到了如此的地步。所以即使郭林宗有毛病、缺失，也沒有人敢於指出來。

夫林宗學涉知人❶，非無分也。然而未能避過實之名，而闇於自料❷也。或勸之以出仕進者，林宗對曰：『吾晝察人事，夜看乾象❸，天之所廢，不可支也。方今運在〈明夷〉之爻❹，值勿用之位❺，蓋盤桓潛居❻之時，非在天利見❼之會也。雖在原陸，猶恐滄海橫流，吾其魚也。況可冒衝風而乘奔波乎？未若巖岫頤神[8]，娛心彭老[9]，優哉游哉，聊以卒歲。』

案林宗之言，其知漢之不可救，非其才之所辦審矣。法當仰隮商洛[10]，俯泛五湖[11]，追巢父[12]於峻嶺，尋漁父於滄浪[13]。若不能結縱山客，離群獨往，則當掩景淵洿[14]，韜鱗括囊[15]。而乃自西徂[16]東，席不暇溫，欲慕孔墨棲棲之事[17]。聖者憂世，周流四方，猶為退士所見譏彈[18]。林宗才非應期[19]，器不絕倫，出不能安上治民，移風易俗，入不能揮毫屬筆，祖述六藝[20]。行自衒耀，亦既過差[21]，收名赫赫，受饒頗多。然卒進無補於治亂，退無跡於竹帛[22]。觀傾視汩[23]，冰泮草靡[24]，未有異庸人也。無故沈浮於波濤之間，倒屣[25]於埃塵之中，遨集京邑，交關貴游。輪刓筴弊[26]，匪遑啟處[27]，遂使聲譽翕熠[28]，秦胡景附[29]。巷結朱輪之軌[30]，堂列赤紱之客[31]。軺車[32]盈街，載奏連車[33]。誠為遊俠之徒，未合逸隱之科也。

有道之世而臻此者，猶不得復廁高潔之條貫，為祕丘之俊民[34]，而修茲在於危亂之運，奚足多[35]哉？孰不謂之闇於天人之否泰[36]，蔽於自量之優劣乎！空背恬默之塗[37]，竟無有為之益。不值禍敗，蓋其幸耳。以此為憂世念國，希擬素王[38]，有似蹇足之尋龍騏[39]、斥鷃[40]之逐鴻鵠[41]、焦冥[42]之方雲鵬、鼷[43]鼬[44]之比巨象也。

【章　旨】郭林宗既不能揮筆著述，安心隱逸，又不能安上治民，建功立業，所以不能與聖人相比。

【注　釋】❶學涉知人　有知人之才學。〈清鑒〉：「郭泰中才，猶能知人。」❷闇於自料　不善於料理自己的立身處世之事。料，處理；料理。❸乾象　天象。❹明夷之爻　〈明夷〉是《周易》的卦名。坤上離下，象徵時當亂世，賢者應該採取退避的態度，以韜光養晦。❺勿用之位　處在不宜行動之地位。《周易・乾卦》：「初九：潛龍，勿用。」❻盤桓潛居　隱居田園，優遊山林。❼在天利見　意謂時局適合，賢者應積極用世，以展現抱負。《周易・乾卦》：「九五：飛龍在天，利見大人。」❽巖岫頤神　隱於山野，頤養精神。頤，保養。❾娛心彭老　保持心神的歡娛，以追求長生久視。彭老，彭祖與老子，相傳是古代的長壽者。❿仰隮商洛　意謂追步四皓的足跡，登上商洛之山。隮，登；升上。⓫俯泛五湖　意謂效仿范蠡的作法，乘扁舟、泛五湖而去。五湖，指太湖一帶。⓬巢父　傳說是堯時的隱士，在樹上築巢而居。⓭尋漁父於滄浪　漁父，指《楚辭・漁父》中所描寫的隱者。與屈原相問答，嘗歌曰：「滄浪之水清兮，可以濯吾纓；滄浪之水濁兮，可以濯吾足。」⓮掩景淵洿　意謂安處下位，不顯示自己。景，通「影」。⓯韜鱗括囊　意謂韜光養晦，緘默不語。括囊，結紮袋口。比喻將才智藏而不用。⓰徂　往；到。⓱孔墨棲棲之事　棲棲，到處奔波，忙碌不安。傳說孔丘、墨翟存心救世，每到一處，席子未坐暖，煙囪未熏黑就又離開而他往。⓲聖者憂世三句　據載孔子遊於楚，返乎蔡，遇有接輿、長沮、桀溺、荷蓧丈人分別對於孔子的行為給以諷刺與批評。見《論語・微子》。⓳應期　指順應時運，輔佐帝王，以成帝業。⓴祖述六藝　闡述、發揮六經的精神。六藝，指《周易》、《尚書》、《詩經》等六種儒家經典。㉑過差　意謂外表過其實，表裡不相符。㉒無跡於竹帛　指沒有著作文字傳世。㉓觀傾視汩　眼看船隻傾覆、沈沒，而不救助。傾，翻覆。汩，沈沒。㉔冰泮草靡　像冰一樣融散，像草一樣隨風而倒。泮，溶解。㉕倒屣　客人來訪，急於出迎，而將鞋子穿倒了，形容心情急迫，態度殷切。㉖輪刓筴弊　車輪磨損了，箱篋磨舊了。刓，削磨。筴，疑「篋」字之訛。㉗匪遑啟處　沒有時間安居；沒有閒暇。遑，閒暇。啟處，安處；安息。㉘翕熠　興盛；光彩耀眼。翕，聚合。㉙秦胡景附　意謂無論遠近，都如影隨形，紛紛前來依附。秦，秦中。指近地之人。胡，胡域。指遠方之人。㉚巷結朱輪之軌　所居的巷前，高官顯爵的車轍交錯。朱輪，漢代高官所乘之車，以朱漆塗車輪。㉛堂列赤紱之客　堂前有許多高客來訪。赤紱，紅色的禮服。周制，上卿以上皆朱紱。㉜軺車　一種馬拉的輕便車。㉝載奏連車　奏，疑當作「刺」。《郭泰別傳》曰：「泰名顯，士爭歸之，載刺常盈車。」㉞祕丘之俊民　隱逸山林間的賢士。俊民，賢明之士。㉟多　讚許。㊱闇於天人之否泰　不明時勢之盛衰。天人，社會人事。否泰，好壞；盛衰。㊲恬默

之塗　指隱逸之路。恬默，安靜；玄默。㊳素王　指孔子。《論衡・定賢》：「孔子不王，素王之業在《春秋》。」㊴蹇足之尋龍騏　跛足驢之追尋駿馬。龍騏，騏驥之駿馬。㊵斥鷃　小鳥，飛於蓬草灌木之間。㊶鴻鵠　即天鵝，飛於高天之上。㊷焦冥　即蟭螟。寓言傳說中一種極小的蟲子。〈刺驕〉：「蟭螟屯蚊眉之中，而笑彌天之大鵬。」㊸鼷　一種小鼠。古代稱為「甘口鼠」。㊹鼬　黃鼠狼。

【語　譯】郭林宗有知人的能力，並非稟性沒有見識。然而他未能避免不合實際的虛名，而不善於料理立身之事。有人勸他出仕朝廷，他回答說：『我白天觀察人事，夜間觀看天象。凡是天意所要廢棄的，是人力所不能支撐的。方今局勢處在〈明夷〉之爻，正值不宜行動之位，是適合隱逸田園、優遊山林之時世，而不是積極進取、建功立業之機遇。即使身居高原平陸之上，也耽心滄海橫流，將我輩淹沒為魚。又怎麼可以頂著狂風、凌著波濤去冒險呢？還不如在高山之間頤養精神，保持心情的歡悅，以追求長生之業。優哉游哉，聊且安度自己的有生之年。』

據郭林宗的話，他知道漢朝的傾覆不可救藥，非他的才能所擔當得起，這是明確的。既然如此，他理應登上商洛之山，或者泛舟五湖，在高山密林間追步巢父的足跡，或者在滄浪之水間尋找漁父為伴侶。如果不能前往山林，脫離塵俗，就應當韜光養晦，安處下位，閉口不語，將自己的才智收藏起來。可是他卻從西到東，席子也坐不溫暖，想要效仿孔子、墨子奔波不已、存心救世的作法。聖人憂慮世事，周遊四方列國，尚且受到隱士的諷刺與批評。郭林宗沒有輔佐君王之才能，沒有超群絕俗之器識，出世不能安上治民，移風易俗，退隱不能揮筆著述，發揮六經。到各地自我炫耀，已經是表象超過了實質。有了顯赫的聲名，得到的讚譽甚多。然而他最終仍然是進無補於國家的治亂，退無文字著作流傳人世。眼看國家動盪傾覆，人民陷於水火，他卻像冰溶草倒一樣，與尋常平庸之輩沒有區別。隨波逐流，沈浮不定，急切不安，碌碌塵埃，遨遊於京城，與達官貴人相交往。車輪磨損了，箱子磨舊了，沒有平靜安居的日子。於是他的聲譽大起，無論遠近的人都如影隨形地前來依附。他所住的里巷中達官的車跡縱橫交錯，堂上排列著公卿之客。馬拉的軺車滿街都是，收到的名片將車都裝滿了。郭林宗的確只能算是游俠之徒，而不合於隱逸者的標準。

太平之世而如此的人，尚且不能與高潔之士並列為伍，不能算是隱逸山林的賢者。而在危亂的世道裡如此作為，又怎能值得贊許呢？誰不認為郭林宗不明天地人事之盛衰，又缺乏自知之明呢！徒然背離了玄默退隱的人生道路，卻未能對於社會有所補益。沒有遭到禍敗，已經是他的幸運。如果認為這就是憂念國家，希望比於孔子，那就好像以跛足之驢追步騏驥之駿馬，以斥鷃之小鳥追逐高天的鴻鵠，用蛣蜣之蟲比擬雲間的大鵬，用甘口鼠、黃鼠狼去比方大象一樣。

然則林宗可謂有耀俗之才，無固守之質。見無不了，庶幾❶大用，符采外發，精神內虛。不勝煩躁，言行相伐❷。口稱靜退，心希榮利。未得□玄圃之棲禽❸、九淵之潛靈❹也。

自衒自媒❺，士女之醜事也。知其不可而尤傚尤師❻，亞聖之器，其安在乎？雖云知人，知人之明，乃唐虞之所難❼，尼父之所病❽。夫以明竝日月❾，原始見終❿，且猶有失，不能常中。況於林宗螢燭之明，得失半解，已為不少矣。然則名稱重於當世，美談盛於既沒。故其所得者，則世共傳聞；而所失者，則莫之有識⓫爾。

雖頗甄無名之士於草萊，指未剖之璞⓬於丘園，然未能進忠烈於朝廷，立禦侮於壃場⓭，解亡徵於倒懸⓮，折逆謀之競逐⓯，若鮑子之推管生⓰，平仲之達穰苴⑰。林宗名振於朝廷，敬於一時，三九肉食⑱莫不欽重。力足以拔才，言足以起滯，而但養疾京輦，招合賓客，無所進致以匡危蔽。徒能知人，不肯薦舉。何異知沃壤之任良田，識直木之中梁柱，而終不墾之以播嘉穀，伐之以構梁棟？奚解於不粒⑲，何救於露居⑳哉？其距貢舉者，誠高操也；其走不休者，亦其疾也。」

【章旨】郭林宗內質空虛，言行相伐，雖有知人之明，然而未能舉薦人才於朝廷，無補於時世。

【注釋】❶庶幾　也許可以；似乎能。❷言行相伐　言論與行為相互矛盾。❸玄圃之棲禽　指鳳凰鸞鳥。「玄」字上原本空白一字。❹九淵之潛靈　指龍，潛藏於重淵之下。九淵，九重深淵。❺自衒自媒　指士人自我薦舉以謀求職務，女子不待媒妁而自求婚姻。❻尤傚尤師　加以師法、仿效。❼知人之明二句　有知人之明對於堯、舜也是一件不容易的事情。《尚書·皋陶謨》載：皋陶說道知人安民，禹答曰：「吁，咸若時，惟帝其難之。」孔傳：「言帝堯亦以知人安民為難。」❽尼父之所病　意謂孔子在這件事上亦曾犯過錯誤。孔子有弟子曰澹臺滅明，字子羽，初因容貌醜陋不為孔子重視，後來修行有成，名聞於諸侯。故孔子曰：「以貌取人，失之子羽。」❾明竝日月　意謂聖人之明察，可比於日月。❿原始見終　探索事物之起源，便可預知其終結，指孔子而言。〈清鑒〉：「尼父遠得崇替於未兆，近失澹臺於形骸。」⓫識　通「誌」。記下；記住。⓬未剖之璞　喻指具有良好素質而未經學習修煉的人。璞，未雕琢加工的玉石。⓭立禦侮於壃埸　指推薦能抵禦侵略、捍衛邊疆的武臣。壃埸，國界。⓮解亡徵於倒懸　解救國家的危難，避免滅亡之禍。亡徵，國家滅亡的跡象。倒懸，形容處境極為困難而危急。⓯折逆謀之競逐　挫敗試圖篡奪帝位、競逐天下的陰謀。競逐，競相逐鹿，爭奪天下。⓰鮑子之推管生　鮑子，指鮑叔牙。管生，指管仲。齊桓公立，管仲被囚。經鮑叔牙大力推薦，管仲獲釋，被任命為上卿。⓱平仲之達穰苴　平仲，指晏嬰，字平仲，齊之正卿。穰苴，即司馬穰苴，田完之苗裔。晏子向齊景公推薦曰：「穰苴雖田氏庶孽，然其人文能附眾，武能威敵，願君試之。」齊景公乃任以為將軍。見《史記·司馬穰苴列傳》。⓲三九肉食　三公九卿，高官貴族。春秋曹劌嘗稱據高位的貴官為「肉食者」。見《左傳·莊公十年》。⓳不粒　沒有糧食。⓴露居　沒有房屋，居住在露天下。

【語譯】如此說來郭林宗有的是炫耀於世俗的才調，而沒有堅定固守的實質。見解無不明白，似乎有大的作用，然而在外面閃閃有光彩，在內卻缺少相應的精神。心情煩躁不安，言行自相矛盾。口稱守靜退隱，心中卻嚮往榮華利祿，因而不能算作是仙山之棲鳳、深淵之潛龍一類的人物。

士人自我薦舉以求任用，女子自求婚嫁以覓夫婿，這是不光彩的行為。明知這種作為不可卻去學習仿效，所謂亞聖的器識又在何處呢？雖說他能識別人才，然而知人之明，對於堯、舜也是困難的事，孔子也曾經在這件事上犯過錯誤。以他們之與日月齊明，能推究本源預見終結，尚且會有失誤，不能總是保持正確。何況郭林宗微如螢火的小聰明，得與失各佔一半，已經是不錯了。然而他生前名聲顯赫，死後其事跡還盛傳為佳話。所以他的見解正確的，就傳聞於世；而見解有失誤的，就沒有記載下來。

雖然郭林宗頗能從草野之間識別無名之士，從田園之中發現有著美玉之質的人才，然而他卻未能向朝廷推薦稟性忠烈的賢臣，未能薦舉可以抵禦外侮、捍衛國家的武將。未能在急切艱難之際使國家解除危亡之禍，未能挫敗群奸試圖篡奪天下的陰謀，未能像鮑叔牙舉薦管仲、晏子舉薦穰苴那樣向朝廷推薦傑出的人才。郭林宗在朝中名聲響亮，當時人們都尊敬他，三公九卿、高官顯貴莫不加以推崇。他的影響力足以提拔人才，言談足以使不遇之士獲得重用。然而他只是養疾京城，匯聚賓客，沒有進用人才以扶危解困。空有知人之明，卻不肯舉薦於朝。這與能識別肥田沃土、發現棟梁之才，而始終不肯在此良田上播種莊稼，不肯用此棟梁建造房屋，又有什麼兩樣呢？對於沒有糧食、露天而居的人，又有什麼幫助呢？他能拒絕對自己的舉薦，的確表現了高尚的節操。然而四處奔走不休，這也是他的毛病。」

嵇生又曰：「林宗存為一世之所式❶，沒則遺芳永播。碩儒俊士，未或指點。而吾生獨評其短，無乃見嗤於將來乎？」

抱朴子曰：「曷為其然哉？苟吾言之允者，當付之於後。後之識者，何恤於寡和❷乎？且前賢多亦譏之，獨皇生❸褒過耳。故太傅諸葛元遜❹亦曰：『林宗隱不修遁，出不益時，實欲揚名養譽而已。街談巷議以為辯，訕上謗政以為高，時俗貴之歙然❺，猶郭解❻、原涉❼見趨於曩時也。後進慕聲者，未能考之於聖王之典，論之於先賢之行，徒惑華名，咸競準的❽。學之者如不及，談之者則盈耳。中人猶不覺，童蒙安能知？』

故零陵太守殷府君伯緒，高才篤論之士❾也。亦曰：『林宗入交將相，出游方國，崇私議以動眾，關毀譽於朝廷。其所善則風騰雨驟❿，改價易姿；其所惡則摧頓陸沈⓫，士人不齒。折其名賢⓬，遭亂隱遁，含光匿景⓭，未為遠矣。君子行道，以匡君也，以正俗也。于時君不可匡，俗不可正。林宗周旋，清談閭閻⓮，無救於世道之陵遲，無解於天民⓯之憔悴也。』

又故中書郎周生恭遠，英偉名儒也。亦曰：『夫遇治而贊之，則謂之樂道；遭亂而救之，則謂之憂道；亂不可救而避之，則謂之守道。虞舜，樂道者也；仲尼，憂道者也；微子⓰，守道者也。漢世將傾，世務交游。林宗法當慨然，虛心要同契君子⓱，共矯而正之。而身棲棲為之雄伯⓲，非救世之宜也。于時雖諸黃門⑲，六畜自寓耳。其陳蕃⑳、竇武㉑之徒，雖鼎司牧伯㉒，皆貴重林宗，信其言論。臧否取定，於匡危易俗，不亦可冀乎？而林宗既不能薦有為之士，立毫毛之益。而逋逃不仕者㉓則方之巢許，廢職待客者則比之周公，養徒避役者則擬之仲尼，棄親依豪者則同之游夏㉔，是以世眩名實，而大亂滋甚也。若謂林宗不知，則無以稱聰明。若謂知之而不改，則無以言憂道。昔四豪㉕似周公而不能為周公，今林宗似仲尼而不得為仲尼也。」

於是問者慨而歎曰：「然則斯人乃避亂之徒，非全隱之高矣。」

【章　旨】引述諸葛恪等人的言論，指出郭林宗雖然形跡相似，但是不能比擬為聖人。

【注　釋】❶式　尊敬；奉為榜樣。❷何恤於寡和　不必憂愁沒有人贊成。恤，憂慮。❸皇生　《道藏》本作「皇主」，未詳。❹諸葛元遜　三國諸葛恪，字元遜，仕於吳，以功封都鄉侯。孫權臨終前，任命他為大將軍，領太子太傅，後被殺。❺歙然　因為喜悅而聚合、趨附。歙，通「翕」。❻郭解　字翁伯，河內軹人，漢代著名的游俠之士。《史記・游俠列傳》稱「天下無賢與不肖，知與不知，皆慕其聲，言俠者皆引以為名」。❼原涉　字巨先，茂陵人，漢代著名之游俠。《漢書・游俠傳》說他「性略似郭解，外溫仁謙遜，而內隱好殺」。❽咸競準的　意謂紛紛仿效，奉郭林宗為榜樣。準的，準則；榜樣。❾篤論之士　指言論篤實之人。篤論，論說準確不苟。❿其所善則風騰雨驟　意謂獲得郭林宗好評的人，其聲勢之起，如急風驟雨，盛於一時。⓫其所惡則摧頓陸沈　意謂受到郭林宗厭惡的人，則挫折困頓，為人所棄。陸沈，沈淪；埋沒。⓬折其名賢　意謂其美名遭受挫折。名賢，疑當作「賢名」。⓭含光匿景　意謂將才能斂藏起來，以免為時人所忌。⓮閭閻　里巷；民間。⓯天民　人民；百姓。⓰微子　商紂王之庶兄。商紂荒淫暴虐，微子屢諫不聽，乃去國。周滅商，封微子於宋。⓱要同契君子　邀約志同道合之君子。要，邀集；結合。同契，同志。⓲雄伯　指名士清談之首領。⓳黃門　指宦官。⓴陳蕃　字仲舉，東漢之大臣。桓帝時，任太尉。靈帝立，任太傅。謀誅宦官，事洩被殺。㉑竇武　字游平，東漢之大臣。其女為桓帝皇后。漢靈帝立，任大將軍，掌握朝政。與陳蕃謀誅宦官，事敗自殺。㉒鼎司牧伯　三公、州牧、郡守。泛指在朝及各地的高官。㉓逋逃不仕者　犯罪在逃因而沒有作官的人。逋逃，逃亡的罪人。㉔游夏　子游，姓言名偃，長於文學。子夏，姓卜名商。二人均為孔子之弟子。㉕四豪　指戰國時齊之孟嘗君、趙之平原君、楚之春申君、魏之信陵君，四人皆寬厚愛人，尊賢重士。

【語　譯】嵇先生又說：「郭林宗生前為一代人奉為榜樣，死後則美名長久流傳於世。學者才士，都未對他有所批評。而唯獨你指出了他的短處，這豈不會受到未來人的嗤笑嗎？」

抱朴子回答說：「怎麼會這樣呢？如果我的話是對的，將會流傳於後世。未來的有識之士，何愁少人贊同我呢？而且前代賢者也有不少人批評過郭林宗，唯獨皇生對他褒獎過度。故太傅諸葛恪也曾經說道：『郭林宗隱逸卻不遯身於山林，出世又未有益於時世，實在不過是想要張揚自己的聲譽而已。他街頭巷尾式的議論被認為是善辯，攻擊朝廷、誹謗時政被認為是高尚，時俗推崇，紛紛依附。這就像過去郭解、原涉受到當時人的尊重與崇敬，是一樣的。那些欽慕郭林宗聲譽的後進之輩，未能認真考察前代聖王的典冊，未能對照先賢的行為進行分析。只是受到虛名的迷惑，便紛紛奉他為榜樣。學習的人唯恐不及，談論的人洋洋滿耳。中智之人尚且不能覺察，童蒙之輩又豈能知曉？』

故零陵太守殷伯緒府君，是一位才學非凡、不苟議論之士。他也曾經說道：『郭林宗入則與將相公卿交往，出則漫遊於各地方國。推崇私議以搖動眾心，對於朝政或毀或譽。得到他的表揚的人，其聲譽之起如同風急雨驟，登時改觀，身價高漲。受到他厭惡的人則困頓不堪，為人所棄，士人恥於與之交往。名聲遭受挫折，好似遇到禍亂，只能韜晦隱藏的日子也就不遠了。君子行道，是為了輔佐君王，匡正世俗。當時的君主不可輔佐，世俗不可匡正。而郭林宗只是周旋其中，清談於民間，對於挽救世道的頹敗無所幫助，對於解除人民的困苦無所補益。』

又故中書郎周恭遠先生，是一位英才卓異的名儒。他也曾經說道：『遇上太平之世而輔助治理，這叫作樂道；遇上動亂之世而去盡力挽救，這叫作憂道；處在動亂之世，無可挽救因而避世潔身，這叫作守道。虞舜，就是樂道之人；孔子，就是憂道之人；微子，就是守道之人。當漢朝社稷頹壞、大廈將傾之時，世人都以交遊為務。郭林宗理應有感於世俗之弊，虛心邀集志同道合的君子，共同去矯正它。然而他卻奔波不已，做了清談的首領。這不是救世者所應有的作為。當時的那些宦官，不過是帝王所豢養的家奴。而陳蕃、竇武等人，無論是朝廷的三公，還是各地的州牧郡守，都尊重郭林宗，相信他的言論。扶正除邪，安定朝綱，挽救危局，移風易俗，不是可以指望成功嗎？然而郭林宗既不能推薦有為之士，又不能對於國事有絲毫的補益。他將在逃不作官的罪人比為巢父、許由，將曠廢職事、接待賓客的人比為周公，將招養門徒、不服勞役的人比為孔子，將捐棄雙親、依附豪門的人比為子游、子夏之徒。使得世人分不清虛名與實際，於是混亂更加嚴重了。如果說郭林宗不知道，那麼不能說他聰明。如果他明知其非而不改，那麼不能說他憂道。因此，從前四豪之輩形跡類似周公卻不能成為周公，如今郭林宗形跡類似孔子卻不能成為孔子。」

於是提問者感慨而嘆息道：「如此說來，郭林宗乃是避亂之徒，而不是真正隱逸的高士了。」

卷四七　彈禰

【題解】本篇批評禰衡狂放恣肆、矯任慢物的不良作風。

禰衡，字正平，是漢末著名的才士。孔融〈薦禰衡表〉，說他「淑質貞亮，英才卓躒，初涉藝文，升堂睹奧」，這是稱讚他富有才調；說他「目所一見，輒誦於口；耳所暫聞，不忘於心」，這是稱讚他有超常的記憶力；又說他「忠果正直，志懷霜雪，見善若驚，疾惡若仇」，這是稱讚他的品格個性。他傳世的作品，有〈鸚鵡賦〉、〈弔張衡文〉等，其文章風流，可以略見一斑。

然而禰衡稟性剛傲自負，而不善於自處。在許昌時，傲慢曹操，侮辱士林；在荊州時，又鄙視同列，目空一切；在夏口時，依然狂放不改，最後被黃祖所殺。

文末奉勸士人以禰衡之禍為戒，其意在於矯正晉世士林的狂放任誕之風。

抱朴子曰：「漢末有禰衡者，年二十有三。孔文舉齒過知命❶，身居九列❷，禮學冠群，少長稱譽，名位殊絕，而友衡於布衣❸。又表薦之於漢朝❹，以為宜起家作臺郎❺，云『惟嶽降神，異人竝出❻』，『目所一見，輒誦於口；耳所暫❼聞，不忘於心。性與道合，思若有神。』其歎之如此。

【章　旨】介紹孔融對於禰衡的賞識及極力推崇。

【注　釋】❶孔文舉齒過知命　孔融，字文舉，著名文學家，建安七子之一。齒過知命，年紀已過五十。案：孔融年長禰衡二十歲，此言不確。❷身居九列　身居九卿之位。孔融曾任北海相、少府等官，故云。❸友衡於布衣　與布衣之士禰衡為友。《後漢書・文苑列傳》：「衡始弱冠，而融年四十，遂與為交友。」❹表薦之於漢朝　《昭明文選・卷三七》載錄有孔文舉〈薦禰衡表〉。❺臺郎　指尚書郎。孔融表稱：「近日路粹、嚴象，亦用異才，擢拜臺郎，衡宜與為比。」❻惟嶽降神二句　四嶽降其神靈之氣，使得優異之才士一時並出。❼暫　原本訛作「蹔」，茲據《文選・薦禰衡表》校改。

【語　譯】抱朴子說：「漢末有名叫禰衡者，年紀才二十三歲。當時孔融已過知命之年，身居九卿之位，文學才能超群，無論老幼都異口同聲的稱讚。孔融的名聲地位比他高出許多，而與布衣之士禰衡相交為友。孔融還向朝廷上表，推薦禰衡，以為禰衡一開始就可以作尚書郎。表中說『四嶽降其神靈之氣，使得奇異之士並出於世』，『禰衡眼睛看過一遍，口頭就可以背誦出來；耳朵暫聽一遍，心中就不會忘記。他的稟性與道相合，文思若有神助』。孔融對於禰衡的讚嘆，達到了如此的地步。

衡游許下❶，自公卿國士以下，衡初不稱其官，皆名之云阿某。或以姓呼之為某兒，呼孔融為大兒，呼楊修❷為小兒。荀彧猶強可與語❸，過此以往，皆木梗泥偶，似人而無人氣，皆酒瓮飯囊❹耳。百官大會，衡時在坐，忽顰顣悽愴❺，哀歎忼慨。或譏之曰：『英豪樂集，非所歎也。』衡顧眄歷視稠眾，而答曰：『在此積尸列柩之間，仁人安能不悲乎❻！』

曹公嘗切齒，欲殺之❼。然復無正有入法應死之罪，又惜有殺儒生之名，乃謫❽作鼓吏。衡了無悔情恥色，乃縛角於柱，口就吹之，乃有異聲。並搖鼗❾擊鼓，聞者不知其一人也。而論更劇❿，無所顧忌。

【章　旨】講說禰衡在許昌時狂放任誕之言論及行為。

【注　釋】❶許下　指許昌。元代李治《敬齋古今黈拾遺・二》：「洛言洛下，稷言稷下……言稱下者，猶言在此處也。」❷楊修　字德祖，東漢末之名士。出身高門士族，博學能文，才思敏捷，後來被曹操所殺。《後漢書・文苑列傳》曰：「(禰衡)唯善魯國孔融及弘農楊修，常稱曰：『大兒孔文舉，小兒楊德祖。餘子碌碌，莫足數也。』」❸荀彧猶強可與語　荀彧，字文若，出身於士族。史稱清秀通雅，有王佐之才。初依袁紹，繼歸曹操，曾任漢侍中，守尚書令。強可與語，勉強能夠對答。❹酒瓮飯囊　即酒囊飯袋。比喻毫無才情、無用之人。❺顰顣悽愴　皺著眉頭，表情悲哀。顣，同「蹙」。緊皺眉頭。❻在此積尸列柩之間二句　《後漢書》載：禰衡將南去，眾人為之祖道，先供設於城南。禰衡至，眾人坐而不起。禰衡坐而大號，眾人問其故，禰衡曰：「坐者為塚，臥者為屍。屍塚之間，能不悲乎？」❼欲殺之　《後漢書》載：孔融既愛禰衡之才，數稱述於曹操。操欲見之，而禰衡自稱狂病，不肯往，而數有恣肆之言。曹操懷忿，而以禰衡之才名，不欲殺之。聞衡善擊鼓，乃召為鼓吏。❽謫　罰。❾鼗　即「鼗」。小鼓。後世之撥浪鼓。❿劇　激烈；放肆。

【語　譯】禰衡遊歷來到許昌之地，朝中公卿國士以下，禰衡從不稱呼他們的官職，而是一律稱之為阿某。或者以其姓呼之為某兒，稱呼孔融為大兒，稱呼楊修為小兒。說荀彧還勉強可以對語，從此以下，都是木頭人與泥人，模樣像人而無人氣，都是酒囊飯袋罷了。有一次百官聚集，禰衡當時在座，忽然雙眉緊皺，表情悲愴，哀嘆感慨不已，有人諷刺他說：『英俊豪傑之士高興地聚在一起，不是悲傷嘆息的時候。』禰衡掃視打量了在座的眾人，回答道：『在這死屍堆積、棺木成排之間，仁人怎能不感到悲傷呢！』

曹操對他痛恨切齒，想要殺掉禰衡。然而由於沒有觸犯死罪的藉口，又不願意落下殺害儒生的名義，便罰他作鼓吏。禰衡毫無羞愧悔恨的表情，於是縛角於柱上，用口去吹奏，便發出了異常的聲音。同時手搖撥浪鼓，又敲擊大鼓，聽者不相信是一個人演奏的聲音。而此後議論更加激烈，無所顧忌。

尋亡走投荊州牧劉表❶，表欲作書與孫權❷。討逆❸于時已全據江東，帶甲百萬，欲結輔車之援❹，與共距中國❺。使諸文士立草，盡思而不得表意。乃示衡，衡省之曰：『但欲使孫左右持刀兒視之者，此可用爾。儻令張子布❻見此，大辱人也。』即摧壞投地。

表悵然有怪色，謂衡曰：『為了不中芸鋤❼乎？惜之也！』衡索紙筆，便更書之。眾所作有十餘通，衡凡一歷視之而已，暗記書之，畢以還表。表以還主，或有錄所作之本也，以比校之，無一字錯，乃各大驚。表乃請衡更作，衡即作成，手不停輟。表甚以為佳，而施用焉。

衡驕傲轉甚。一州人士，莫不憎恚❽。而表亦不復堪，欲殺之。或諫以為『曹公名為嚴酷，猶能容忍。衡少有虛名，若一朝殺之，則天下游士，莫復擬足❾於荊楚者也。』表遂遣之。

【章旨】講說禰衡在荊州時驕傲自負、目空一切之表現。

【注釋】❶劉表　字景升，漢末之名士。初平元年，被任命為荊州刺史，後為鎮南將軍、荊州牧。❷孫權　疑當作「孫策」。

孫策，字伯符，孫堅之子，孫權之兄。《三國志・吳書・張昭傳》注引《典略》：「余曩聞劉荊州嘗自作書欲與孫伯符，以示禰正平。正平蚩之，言：『如是為欲使孫策帳下兒讀之邪，將使張子布見乎？』」❸討逆　即孫策。《三國志・吳書・孫破虜討逆傳》：「時袁術僭號，策以書責而絕之。曹公表策為討逆將軍，封為吳侯。」❹輔車之援　比喻相互依存、援助，利害相關。輔，車兩旁之木。車，牙車。❺中國　中原。指曹操的軍事勢力。❻張子布　張昭，三國時吳之大臣，字子布。少好學，有文思，博覽眾書。孫策創業，張昭為長史、撫軍中郎將。著《春秋左氏傳解》及《論語注》，有盛名於當世。❼了不中芸鋤　完全不可以據此作修改。芸鋤，比喻刪除不當的文辭，以作修改。芸，通「耘」。除草。❽憎恚　怨恨、發怒。恚，憤怒。❾擬足　計畫前往。擬，打算；計畫。

【語譯】此後不久，禰衡投奔荊州牧劉表，正值劉表想要寫信給孫策。孫策當時已經佔有了全部江東之地，有將士百萬之眾。劉表想要與孫策結為同盟，相互支援，共同抗禦中原的勢力。劉表讓諸位文士起草信函，然而大家絞盡腦汁也不能使劉表滿意。於是將這些信稿給禰衡看，禰衡看後說：『如果信函是寫給孫策左右的武夫們看，這些是可用的。如果讓張子布見到，就太令人羞愧了。』於是將這些信稿撕毀，扔到地上。

劉表感到惆悵，露出責怪的臉色，對禰衡說：『難道這些信稿一點修改的價值也沒有嗎？太可惜了！』禰衡要來紙筆，當即默寫下來。眾人所作的信稿有十幾篇，禰衡只是瀏覽過一遍而已。他暗記在心，默寫完畢，還給劉表。劉表退還各位文士，有的人留有底稿，對照一看，無一字之差錯。於是諸位文士大為驚異。劉表便請禰衡更作一篇，禰衡當即寫成，手不停揮。劉表認為寫得很好，就用了禰衡的這一篇。

禰衡於是更加驕傲了。一州的人士，沒有不憎恨惱怒他的。而劉表也覺得不能忍受，想要殺掉禰衡。有人向劉表進諫說：『曹操有嚴酷之名，尚且能夠容忍。禰衡有些虛名，如果一旦將他殺了，那麼天下之遊士，也就不會再有意前來荊州了。』劉表於是將禰衡打發走了。

衡走到夏口❶，依將軍黃祖❷。祖待以上賓。祖大兒黃射❸，與衡偕行，過人墓下，俱讀碑銘，一過而去。久之，射曰：『前所視碑文大佳，恨不寫也。』衡曰：『卿存其名❹耳。我一覽尚記之。』即為暗書之。末有一字，石缺乃不分明❺。衡與半字曰：『疑此當作某字，恐不審也。』射省可❻。

【章　旨】講說禰衡在夏口時之表現。

【注　釋】❶夏口　漢水入江處，三國時稱夏口，即今漢口之地。❷黃祖　時任江夏太守，奉事於劉表。《後漢書・文苑列傳》載：「(劉表) 以江夏太守黃祖性急，故送衡與之。祖亦善待焉。衡為作書記，輕重疏密，各得體宜。祖持其手曰：『處士此正得祖意，如祖腹中之所欲言也。』」❸黃射　《後漢書》載：「祖長子射為章陵太守，尤善於衡。」❹卿存其名　意謂黃射徒有其名，卻沒有記憶、猜想的能力。射，有暗想、猜測的意思，故云。❺末有一字二句　《後漢書》載曰：「(黃射) 嘗與衡俱游，共讀蔡邕所作碑文。射愛其辭，還恨不繕寫。衡曰：『吾雖一覽，猶能識之。惟其中石缺二字，為不明耳。』因書出之。射馳使寫碑還校，如衡所書，莫不歎伏。」❻射省可　孫星衍校曰：「下缺數行。」案：其事當敘至禰衡被黃祖杖殺為止。

【語　譯】禰衡來到了夏口，依附江夏太守黃祖將軍。黃祖以上賓之禮款待他。有一次黃祖的大兒子黃射與禰衡一起遊玩，從一處墓地前經過。他們共讀墓碑上的銘文，讀了一遍就走了。過了很久，黃射說：『前次所讀到的碑文很好，可惜沒有抄寫下來。』禰衡說：『你真是徒有其名了，我讀過一遍，尚且能記得。』於是便將碑文默寫下來。碑文末尾一字因碑石缺損看不清楚。禰衡另寫半字說：『懷疑此當是某字，恐怕不確實。』黃射看後，同意了他的說法。

雖言行輕人，密願榮顯❶。是以高游鳳林❷，不能幽翳蒿萊❸。然修己駁刺❹，迷而不覺。故開口見憎，舉足蹈禍。齎❺如此之伎倆，亦何理容於天下而得其死哉？猶梟鳴狐嚾❻，人皆不喜。音響不改，易處何益❼？

許下，人物之海也。文舉為之主任❽，苟之足為至到。於此不安，已可知矣！猶必死之病，俞附❾、越人❿所無如何；朽木、鉛鋌⓫，班輸⓬、歐冶⓭所不能匠也。而復走投荊楚間，終陷極害。此乃衡懵蔽⓮之效也。蓋欲之而不能得，非能得而弗用者矣。於戲，才士可勿戒哉！」

嵇生⓯曰：「吾所惑者，衡之虛名也。子所論者，衡之實病也。敢不寤寐於指南⓰、投杖於折中⓱乎！」

【章　旨】指出禰衡內心密願尊顯富貴，而又蒙蔽無知，所以開口見憎，舉足蹈禍。後來之才士，應當引以為戒。

【注　釋】❶密願榮顯　內心深處希望得到富貴榮華、高官厚爵。❷鳳林　指人才聚集的地方、官場。❸幽翳蒿萊　指隱居，藏身於民間。翳，隱蔽。❹修己駮刺　立身行事，乖舛荒唐，與眾不同。刺，疑當作「剌」。❺齎　帶著；懷抱。❻梟鳴狐嚾　鴟梟之鳴，狐狸之叫。古人認為是不祥之事。梟，即貓頭鷹。嚾，叫。❼音響不改二句　《說苑．談叢》載：鴟梟將遷徙往東。鳩鳥問曰：「何故？」鴟梟答曰：「鄉人皆惡我鳴，以故東徙。」鳩鳥曰：「子能更鳴，可矣。不能更鳴，東徙猶惡子之聲。」❽文舉為之主任　意謂孔融為許下人物之首領。❾俞附　傳說黃帝時之良醫。附，又作「跗」。❿越人　扁鵲。原名秦越人，戰國時之名醫。⓫鉛鋌　鉛礦石的延展性遲鈍，不可鑄為利劍，故云。⓬班輸　即魯之公輸班。古代著名之巧匠。⓭歐冶　歐冶子。春秋時著名之工匠，以鑄造寶劍而聞名於世。⓮懵蔽　糊塗；蒙昧無知。懵，無知；暗昧。⓯嵇生疑指嵇含。字君道，葛洪之友人。⑯寤寐於指南　奉為指南，寤寐不敢忘懷。⑰投杖於折中　意謂認識到自己的錯誤，贊成對方的分析判斷。據載子夏喪其子，而哭之失明。曾子批評了他，子夏投其杖而拜曰：「吾過矣，吾過矣。」見《禮記・檀弓上》。

【語　譯】雖然禰衡的言行目空一切，而在內心深處卻是希望獲得榮華富貴。所以他與高官顯要交遊，卻不能隱在民間。然而他立身行事，違逆乖張，迷惑而不醒悟。所以他開口便被人憎恨，舉足就遭遇到禍患。帶著如此的行為，又怎麼會有受天下容忍而得享天年的道理呢？這就好像鴟梟之鳴、狐狸之叫，世人都不喜歡。不改變鳴叫的聲音，改換處所又有什麼益處呢？

許昌之地，乃是人才的海洋。孔融為其首領。他的宣揚推薦，足夠使禰衡達到目的。在這裡不得安定，其他就可想而知了。這就好像患了不治之症，即使是俞跗、扁鵲也無可奈何；好像面對著朽木、鉛礦，即使是公輸班、歐冶子也沒有辦法。而禰衡又去到荊楚之間，終於遭遇殺身之禍。這乃是禰衡蒙昧無知的結果。對於功名利祿，禰衡是內心想望而未能得到，並不是能夠得到而不以為意。嗚呼，才能之士難道能不引以為戒嗎！」

嵇先生說道：「我所以受迷惑的，是禰衡的虛名；你所論說的，是禰衡真實的毛病。我怎敢不將你的論述長記在心，永遠奉作指南，又怎能不贊同你對禰衡的評判呢！」

卷四八 詰鮑

【題　解】本篇的宗旨，是駁斥並批評鮑敬言的無君論。

「無君」的思想，源本於道家。《莊子．馬蹄》認為：至德之世，人與鳥獸同居，與萬物並存。人們都是紡織而衣，躬耕而食，自然無欲，是謂素樸。那時既無道路，也無津梁，沒有仁義，也沒有禮樂，然而人性渾然一體。顯然，這是一個尚未建立君臣秩序的社會。魏末阮籍在〈大人先生傳〉中，更明確地說：「蓋無君而庶物定，無臣而萬事理」，「君立而虐興，臣設而賊生。坐制禮法，束縛下民，欺愚誑拙，藏智自神。強者睽眂而淩暴，弱者憔悴而事人。」鮑敬言的無君論，就是這種思想的繼承。

鮑敬言認為：天下萬物本沒有貴賤的分別。而自從有了君臣，有了尊卑，便有了賦稅，有了貧窮的區別，有了機巧與爭奪，天下也就因此而紛亂不已。因此，他倡導無君論。這既是對道家思想的發揮，同時也是對於現實社會的批判。晉代建國以後，上層享樂腐朽，紛亂爭奪不休，社會嚴重不公，而民眾痛苦不堪。這就形成了「無君」思想發展及傳播的社會條件。

抱朴子的理想，則是建立一個聖君賢臣、上下秩序和諧的社會。因此他堅決反對這種「無君」的思想。他認為人生而有欲望，則爭奪就不可避免。若無君臣秩序，就會造成天下大亂的局面。他還強調社會進步與分工的必然性，認為只要君臣有道，賦斂有節，就能夠治理好社會，而不必倡言「無君」。

鮑生敬言好老莊之書，治劇辯之言[1]，以為古者無君，勝於今世。故其著論云：「儒者曰『天生烝民而樹之君❷』，豈其皇天諄諄言❸，亦將欲之者為辭❹哉？夫強者凌弱，則弱者服之矣；智者詐愚，則愚者事之矣。服之，故君臣之道起焉；事之，故力寡之民制❺焉。然則隸屬役御，由乎爭強弱而校❻愚智，彼蒼天果無事也。

夫混茫以無名為貴❼，群生以得意為歡。故剝桂刻漆❽，非木之願；拔鶡❾裂翠❿，非鳥所欲；促轡銜鑣⓫，非馬之性；荷軏運重⓬，非牛之樂。詐巧之萌，任力違真⓭。伐生之根⓮，以飾無用，捕飛禽以供華玩。穿本完之鼻，絆⓯天放之腳⓰，蓋非萬物並生之意。夫役彼黎烝⓱，養此在官，貴者祿厚而民亦困矣。

夫死而得生，欣喜無量，則不如向無死也。讓爵辭祿，以釣虛名，則不如本無讓也。天下逆亂焉，而忠義顯矣；六親不和焉，而孝慈彰矣。曩古之世，無君無臣。穿井而飲，耕田而食。日出而作，日入而息。汎然不繫⓲，恢爾自得⓳，不競不營，無榮無辱。山無蹊徑，澤無舟梁⓴。川谷不通，則不相并兼。士眾不聚，則不相攻伐。是高巢不探，深淵不漉㉑。鳳鸞棲息於庭宇，龍鱗群遊於園池。飢虎可履，虺蛇可執㉒。涉澤而鷗鳥不飛，入林而狐兔不驚。勢利不萌，禍亂不作。干戈不用，城池不設。萬物玄同㉓，相忘於道。疫癘不流，民獲考終㉔。純白在胸，機心不生㉕。含餔而熙㉖，鼓腹而遊。其言不華，其行不飾。安得聚斂以奪民財，安得嚴刑以為坑穽㉗？

【章　旨】鮑敬言認為上古無君無臣，人民穿井而飲，耕田而食，不競不營，無榮無辱，萬物玄同，相忘於道。

【注　釋】❶劇辯之言　激切的辯論之辭。劇辯，激烈之論辯。❷天生烝民而樹之君　天生眾民，又安排了君主以統治之。《左傳・文公十三年》：「天生民而樹之君，以利之也。」❸皇天諄諄言　上天諄諄告誡之言。諄諄，殷勤教誨之貌。❹欲之者為辭　意謂想當國君者編造出來的理由。辭，指為君主制辯說之辭。❺力寡之民制　弱者受制於人。制，受控制。❻校　通「較」。較量。❼混茫以無名為貴　天地之初，萬物混沌無名，因而可貴。❽剝桂刻漆　剝桂樹之皮，製以為藥。刻漆樹之幹，取其漆汁。❾鶡　鳥名，其毛可飾武冠，名曰鶡冠。❿翠　鳥名，羽毛美麗，可製為裝飾品。⓫促轡銜鑣　給馬套上轡繩，安上馬銜。鑣，馬口中的鐵具。⓬荷軛運重　給牛脖子駕上轅木，使之負重。軛，車轅前方的橫木。⓭任力違真　憑藉暴力，違背人類自然的天性。⓮伐生之根　戕害生命的根本。⓯絆　套馬足的繩索。⓰天放之腳　自然之馬足。⓱黎烝　黎民；百姓。⓲汎然不繫　意謂像一隻無所繫的船，自由自在地飄蕩。⓳恢爾自得　天地寬大無礙，自得其樂。恢爾，廣闊之貌。⓴山無蹊徑二句　意謂上古之民陶然自樂，無須翻山渡水，以相交通。㉑高巢不探二句　意謂上古之世，人民不傷害生物。漉，使涸竭以取魚。㉒飢虎可履二句　意謂上古人性和悅，即使踐踏飢虎之尾，虎亦不傷人；即使手執毒蛇，毒蛇也不會咬人。㉓玄同　混然一體，忘記其區別。㉔考終　善終；老死。㉕純白在胸二句　純白，指純潔、素樸之精神。機心，機變巧詐之心。㉖含餔而熙　口含食物，嬉戲歡悅。熙，遊戲。㉗嚴刑以為坑穽　設立嚴刑以懲辦人民，如同設陷阱以捕殺野獸。

【語　譯】鮑敬言先生愛好老子、莊子之書，寫下了激烈的論辯之辭，他認為古代沒有君主，勝過了今世。他著文論說道：「儒者說『天生眾民，因而安排了君主去治理』，難道這是上天親自諄諄告誡的，抑或只是那些想當君主者的藉口呢？強者欺淩弱者，那麼弱者只能順從強者。智者欺騙愚者，那麼愚者也只能奉事智者。

弱者順從強者，君臣之道就出現了。愚者奉事智者，則智力弱者就受到制約了。據此可知，人之被統治、受役使，乃是由於較量力量強弱與智慧高下的結果，並無蒼天為人民確立君主之事。

天地之初，混沌無名，萬物一體，自由自在，志得而意歡，因而可貴。所以剝開桂樹之皮，刻劃漆樹之幹，不符合樹木的心願。拔掉鶡鳥的長羽，分裂翠鳥的羽毛，不符合鳥類的希望。套上轡繩，安上馬嚼，違背了馬的本性。駕上橫木，負重拉車，並非牛樂意之事。狡詐機巧之心萌生了，人們憑著力量，背離本性，戕害生命的根本，以修飾無用之事。捕捉飛鳥製成華麗的裝飾品，將完好的牛鼻子穿透，將自然的馬足套上轡繩，這些都不合於萬物並生的本意。奴役那些百姓，奉養這些官員，尊貴者有了豐厚的俸祿，而人民卻陷於困苦之中。

死亡之後得以復生，因而歡喜不盡，還不如當初不死的好；辭讓爵祿，以獲得虛名，還不如本來沒有爵祿可讓為好。天下發生了叛逆與動亂，於是忠義就顯示出來了；家族親屬之間不能和睦相處，於是孝慈就顯現出來了。從前上古時代，沒有國君，也沒有臣下。人們都是穿井而飲，耕田而食，太陽出來就去勞動，太陽落山就回去休息。就像一隻沒有繫繩索的船任意漂蕩，在廣闊的天地間自由自在，各得其樂。沒有相互的競爭，沒有刻意的經營；沒有榮耀，也沒有羞辱。山間沒有道路，水中沒有船隻與橋梁。山谷之間互不交通，因而沒有被兼併之事。人民不會聚集在一起，因而也不會相互攻伐。不會去掏高樹上的鳥巢，不會去漉乾深淵之水以捕捉魚鱉。鸞鳳就棲息在庭宇之內，魚龍就浮游在園池之中。即使踩著了飢虎的尾巴，牠也不咬人；即使將毒蛇拿在手裡，牠也不會傷害人。人若是走入湖澤，鷗鳥不會警惕而高飛；人若是進入樹林，狐兔也不會受驚而逃走。不會萌生勢利之心，不會發生禍亂之事。不用干戈戰鬥，不用城池設防。萬物混然一體，相互忘懷於道德之中。瘟疫疾病不會流行，人民都活至老邁而善終。精神純樸而素潔，不會有機詐的念頭。含著食物而嬉戲，鼓著肚子而遨遊。他們的言辭質樸無華，他們的行為不加修飾。怎麼會因聚斂財富而掠奪百姓，怎麼會規定嚴刑峻法以陷害人民呢？

降及杪季❶，智用巧生，道德既衰，尊卑有序。繁升降損益之禮❷，飾紱冕玄黃之服❸。起土木於凌霄，構丹綠於棼撩❹。傾峻搜寶❺，泳淵採珠❻。聚玉如林，不足以極其變；積金成山，不足以贍其費。澶漫於淫荒之域❼，而叛其大始之本❽。去宗日遠，背朴彌增。尚賢則民爭名，貴貨則盜賊起。見可欲則真正之心亂❾，勢利陳則劫奪之塗開。造剡銳之器❿，長侵割之患。弩恐不勁，甲恐不堅，鋒恐不利，盾恐不厚。若無凌暴，此皆可棄也。

故曰：『白玉不毀，孰為珪璋⓫？道德不廢，安取仁義？』使夫桀紂之徒，得燔人⓬，辜諫者⓭，脯諸侯⓮，葅方伯⓯，剖人心⓰，破人脛⓱，窮驕淫之惡，用炮烙之虐⓲。若令斯人並為匹夫，性雖凶奢，安得施之？使彼肆酷恣欲，屠割天下，由於為君，故得縱意也。

君臣既立，眾慝日滋⓳。而欲攘臂⓴乎桎梏㉑之間，愁勞於塗炭之中㉒，人主憂慄於廟堂之上，百姓煎擾乎困苦之中，閑㉓之以禮度，整之以刑法。是猶闢滔天之源㉔，激不測之流，塞之以撮壤，障之以指掌也。」

【章 旨】鮑敬言認為後世有了君主，於是有了勢利爭奪，使得夏桀、商紂之類的惡人，得以肆酷縱欲，為害天下。

【注　釋】❶杪季　末世。杪，樹之末。❷繁升降損益之禮　意謂對於具體的禮儀規定，歷代有所增損、改動，很是繁瑣。❸飾紱冕玄黃之服　意謂有了冠帽服飾的規定，以區別等級尊卑。紱冕，禮服與禮冠。玄黃，玄衣黃裳，以象徵天地，古代帝王之服色。❹棼撩　樓閣的棟梁、屋椽。❺傾峻搜寶　挖山剖石，以搜尋財寶，即〈黃白〉所謂「披杪剖石，傾山漉淵，……，以求珍玩。」❻泳淵採珠　潛入深淵，以求得寶珠。❼澶漫於淫荒之域　放縱於荒淫奢靡之境。澶漫，放縱逸樂。❽叛其大始之本　違背自然的本原、根本。大始之本，萬物之本原。指玄。〈暢玄〉：「玄者，自然之始祖，而萬殊之大宗也。」❾見可欲則真正之心亂　見可以誘人貪欲之物，則淳樸之心惑亂。❿剡銳之器　銳利的兵器。剡，尖銳。⓫珪璋　玉器。上尖下方為珪，半珪為璋。⓬燔人　將人燒死。燔，焚燒。⓭辜諫者　將忠言進諫者辦罪。辜，罪。⓮脯諸侯　殺死諸侯，製成肉脯。脯，乾肉。據載商紂王曾「脯鄂侯」。見《史記・殷本紀》。⓯葅方伯　殺死諸侯之長，製成肉醬。葅，剁成肉醬。史載商紂王曾醢九侯。⓰剖人心　史載商紂淫亂不已，比干強諫，商紂便剖比干，觀其心。見《史記・殷本紀》。⓱破人脛　脛，膝以下至腳跟的部分。據載商紂見有冬月清晨涉水者，謂其脛耐寒，斬而視之。⓲炮烙之虐　據載商紂曾以炭燒銅柱，令人爬行柱上，則墮炭上而被燒死，名曰炮格之法。後世易「格」為「烙」。⓳眾慝日滋　各種邪惡之事日甚一日。慝，惡。⓴攘臂　振動手臂，或捋衣露出手臂。㉑桎梏　刑具。在足曰桎，在手曰梏。㉒愁勞於塗炭之中　意謂人世困苦，愁勞不已。塗炭之中，爛泥與炭火中。喻極為困苦。㉓閑　限制；防範。㉔闢滔天之源　打開了滔天之水的源頭。滔天，形容水勢之大。

【語　譯】降及末世，智慧與機巧產生了。道德既已衰落，於是人世出現了尊卑的順序。升降的禮儀經過歷朝的增損而愈益繁多，君臣的冠帽服飾也規定了不同的顏色。宮殿樓閣高入雲霄，棟梁楹椽抹紅塗綠。挖山剖石以搜集財寶，潛入深淵以尋找明珠。將玉石聚集為林，不足以滿足無窮變化的需要；將黃金積累成山，不足以供給無限的消費。放縱於荒淫奢靡的境地，而叛離了自然的本原。離開根本日益遙遠，違背淳樸的本性愈加嚴重。推崇賢者，於是百姓就爭奪名位了；貴重財貨，於是盜賊就出現了。見到足以勾起貪欲的物品，淳樸的本性就被擾亂了。勢利顯現在人們的面前，於是劫奪的途徑就開通了。製造了鋒利的武器，增長了侵略宰割的禍患。弩箭唯恐不強勁，鎧甲唯恐不堅固，槍矛唯恐不銳利，盾牌唯恐不厚實。若是世間沒有淩暴之事，這些武器都可以棄置不用。

所以說：『白玉不毀壞，哪裡會有珪璋呢？道德不荒廢，怎麼會有仁義呢？』使夏桀、商紂之徒能夠將人活活燒死，能夠加罪於忠言進諫之臣，能夠殺死諸侯用人肉製作肉脯，能夠將方伯剁成肉醬，能夠剖開人心、斬斷人腿，驕奢淫逸達到極點，採用炮烙那種暴虐的刑罰，其原因就在於此。如果夏桀、商紂只是普通平民，即使本性凶暴驕奢，又豈能有上述的行為？使他們能隨心所欲，逞其暴虐，宰割天下，乃是因為他們身為君主的緣故，所以能夠縱意而妄行。

君臣之道建立之後，各種邪惡日益增多，而想要揮臂於桎梏之間，愁勞於苦難之中，帝王憂懼於朝廷之上，百姓煎熬於紛擾之間，然後以禮度去限制它，用刑法去整頓它。這就好像打開了滔天之水的源頭，激起了深不可測的波流，卻要用一小撮土去塞住它，用手掌去擋住它一樣。」

抱朴子難曰：「蓋聞沖昧既闢❶，降濁升清，穹隆仰燾❷，旁泊俯停❸。乾坤定位，上下以形。遠取諸物，則天尊地卑，以著人倫之體❹；近取諸身，則元首股肱，以表君臣之序❺。降殺之軌❻，有自來矣。若夫太極混沌，兩儀無質❼，則未若玄黃剖判❽，七耀垂象❾，陰陽陶冶，萬物群分也。由茲以言，亦如鳥聚獸散，巢棲穴竄❿，毛血是茹⓫，結草斯服，入無六親之尊卑，出無階級之等威⓬，未若庇體廣廈，梗粱嘉旨，黼黻綺紈⓭，御冬當暑。明辟莅物⓮，良宰匠世⓯，設官分職，宇宙穆如⓰也。

貴賤有章，則慕賞畏罰；勢齊力均，則爭奪靡憚。是以有聖人作，受命自天。

或結罟以畋漁⓱，或瞻辰而鑽燧⓲，或嘗卉以選粒⓳，或構宇以仰蔽⓴。備物致用，去害興利，百姓欣戴，奉而尊之。君臣之道，於是乎生。安有詐愚凌弱之理？三五迭興㉑，道教㉒遂隆。辯章勸沮㉓，德盛刑清，明良之歌㉔作，蕩蕩之化成。太階既平㉕，七政遵度㉖。梧禽激響於朝陽㉗，麟虞覿靈而來出㉘。龜龍吐藻於河湄㉙，景老摛耀於天路㉚。皇風振於九域㉛，凶器戢乎府庫㉜。是以禮制則君安，樂作而刑厝㉝也。

【章　旨】抱朴子認為君王乃是社會人事發展所致，而不是詐愚凌弱的結果，故上古有三皇五帝之治。

【注　釋】❶沖昧既闢　世界原始的混沌狀態開始分裂變化。❷穹隆仰燾　穹隆，指天。燾，覆蓋。❸旁泊俯停　旁泊，即旁薄。廣大貌。指地。俯停，在下而靜止不動。❹天尊地卑二句　依據天尊地卑的形象，確定了人世倫理的體制及原則。《周易・繫辭上》：「天尊地卑，乾坤定矣；卑高以陳，貴賤位矣；動靜有常，剛柔斷矣。」❺元首股肱二句　元首以喻君主，股肱以喻大臣。先君後臣，其序如此。《尚書・益稷》載歌曰：「元首明哉，股肱良哉，庶事康哉！」孔傳：「先君後臣，眾事乃安，以成其義。」❻降殺之軌　禮儀逐次降低之順序。❼兩儀無質　意謂天地尚未成體。兩儀，指天地。❽玄黃剖判　天地開闢。天玄地黃，故以玄黃代指天地。剖判，分開。❾七耀垂象　日月五星懸象於天。七耀，指日、月及金、木、水、火、土五星。❿巢棲穴竄　如鳥棲於巢中，如獸藏於洞穴內。⓫毛血是茹　連毛帶血，生食鳥獸。茹，吃。⓬階級之等威　階級，指尊卑長幼之序。等威，與其身分相應的威儀。⓭黼黻綺紈　指四時各色衣服。黼黻，古代之禮服。⓮明辟莅物　聖明的君主統治天下。辟，君主。莅，臨。⓯良宰匠世　賢良的官吏料理世務。⓰穆如　和諧；德化盛美。⓱結罟以畋漁　傳說伏犧氏開始教民結網漁獵。⓲瞻辰而鑽燧　傳說燧人氏上觀星辰，發現了鑽木取火的方法。⓳嘗卉以選粒　傳說神農氏嚐百草，教民播種五穀。⓴構宇以仰蔽　構宇，建造房屋。《韓非子・五蠹》：「上古之世，人民少而禽獸眾，人民不勝禽獸蟲蛇。有聖人作，構木為巢以避群害，而民悅之，使王天下，號曰有巢氏。」㉑三五迭興　三皇五帝接連興起。三五，上古三皇五帝。㉒道教　道德教化。㉓辯章勸沮　區別表彰，勸善懲惡。勸沮，勸勉與阻止。㉔明良之歌　指《尚書・益稷》所載之歌，曰：「元首明哉，股肱良哉，庶事康哉！」㉕太階既平　太階，星名。共六星組成，兩兩並排而斜上如階梯。星相家認為太階平則風調雨順，天下太平。㉖七政遵度　日月星辰運行正常。象徵人世沒有災變異常的現象。七政，指日月及五星。㉗梧禽激響於朝陽　鳳凰朝陽而鳴。象徵賢者在朝。梧禽，指鳳凰。㉘麟虞覿靈而來出　天下教化修明，因而麒麟、騶虞等祥瑞之獸都出現了。㉙龜龍吐藻於河湄　表示吉祥的靈龜、神龍也出現於水邊。河湄，河邊；水邊。㉚景老摛耀於天路　景星、老人星也在天空放出了光明。古人認為景星、老人星是祥瑞之兆，出於有道之國。摛耀，光明四射。㉛皇風振於九域　帝王之德化遍布天下。九域，九州。㉜凶器戢乎府庫　刀槍入庫。意謂沒有戰事。凶器，指兵器。戢，藏。㉝樂作而刑厝　以禮樂教化人民，刑罰棄置不用。

【語　譯】抱朴子辯駁說：「聽說世界本原乃是混沌的狀態，後來開始分化，清氣上升，濁氣下降。在上者成為高天而覆蓋萬物，在下者成為大地而靜止不動。天地定位了，上下形成了。拿遠物打比方，則天尊處上，地卑處下，這就顯現了人間倫理的體制；拿自身打比方，則頭腦與四肢，就顯示了君臣的順序。上下等級的區分，是有所由來的。若是元氣混沌，天地未成，則不如天地開闢，日月星辰高懸天際，陰陽二氣相互陶冶以生成萬物。由此來說，可知像鳥獸一樣的聚散，在樹上築巢，或在洞穴中藏身，連毛帶血的生食鳥獸，編織草葉為衣服，入無老幼親疏的區別，出無尊卑禮儀的不同，還不如住在寬敞的房室之內，吃著美味的米飯，冬夏有規格不同的衣服，有聖明之君在上統御天下，賢良之臣在下治理社會，設立官府，劃分職司。這樣的社會更為和諧。

貴賤有所區別，人們就羨慕獎賞，畏懼處罰。如果勢力相當，那麼人們就不怕爭奪了。所以聖人出現了。他們受命於上天，或者發明網羅教民打獵捕魚，或者上觀星辰而教民鑽木取火，或者親嚐百草而教民播種五穀，或者教人民構造房屋以蔽身。他們的發明創造有用於人類，為人興起福利，除去禍害，因而得到百姓的衷心擁戴，尊奉他們處在高尚的地位。君臣之道，於是就產生了。怎麼會有詐騙愚者、欺凌弱者的道理呢？

三皇五帝相繼興起，道德教化因而隆盛。這些君主推廣教化，勸善懲惡，德化巍然而盛大，法治清正而天下太平。於是有了『元首明哉，股肱良哉』的讚歌，於是成就了廣大的德化。天上的太階六星整整齊齊，日月五星遵照律度正常的運行。鳳凰在朝陽之山發出雝雝喈喈的和鳴，麒麟、騶虞也紛紛前來。靈龜、神龍在河邊現出美麗的紋藻，景星、老人星在空中閃耀著光明。帝王的恩澤遍布於天下，刀槍兵器都收藏入庫。於是制禮作樂，君主安處於上位，刑罰棄置而不用。

若夫奢淫狂暴，由乎人己。豈必有君，便應爾乎？而鮑生獨舉衰世之罪，不論至治之義，何也？且夫遠古質朴，蓋其未變。民尚童蒙，機心❶不動。譬夫嬰孩，智慧未萌，非為知而不為，欲而忍之也。若人與人爭草萊之利❷，家與家訟巢窟之地❸，上無治枉之官❹，下有重類之黨❺，則私鬥過於公戰，木石銳於干戈。交尸布野，流血絳路❻。久而無君，噍類❼盡矣。至於擾龍馴鳳❽，《河圖》《洛書》，或麟銜甲負❾，或黃魚波涌❿，或丹禽翔授⓫，或回風三集⓬，皆在有君之世，不出無王之時也。夫祥瑞之徵，指發玄極⓭。或以表革命之符⓮，或以彰至治之盛。若令有君不合天意，彼嘉應之來，孰使之哉？

子若以混冥⓯為美乎，則乾坤不宜分矣。若以無名⓰為高乎，則八卦不當畫矣。豈造化有謬，而太昊⑰之闇哉？雅論所尚，唯貴自然。請問夫識母忘父，群生之性也；拜伏之敬，世之末飾也。然性不可任，必尊父焉；飾不可廢，必有拜焉。任之廢之，子安乎？古者生無棟宇，死無殯葬，川無舟檝之器，陸無車馬之用。吞啖毒烈⑱，以至殞斃。疾無醫術，枉死無限。後世聖人，改而垂之。民到於今，賴其厚惠。機巧之利，未易敗矣。今使子居則反巢穴之陋，死則捐之中野；限水則泳之游之，山行則徒步負戴⑲；棄鼎鉉⑳而為生臊之食，廢針石㉑而任自然之病；裸以為飾，不用衣裳；逢女為偶，不假行媒。吾子亦將曰不可也。況於無君乎！

【章旨】抱朴子認為有君之時，亦曾有過太平盛世，況且社會進步，已經造福於人類，所以不可能退回到無君之世。

【注釋】❶機心　指機巧、變詐之心。❷草萊之利　田野草茅之利益。草萊，雜草。❸巢窟之地　指住所之地界。上古無房屋，故稱巢窟。❹治枉之官　指管理地方、懲治邪惡之官員。❺重類之黨　偏重同族、同類利益的人們。黨，指其親屬、鄉黨或同類。❻流血絳路　流血之多，將道路都染紅了。絳，深紅色。❼噍類　活人；生存的人類。❽擾龍馴鳳　馴養龍鳳。擾，馴服。傳說古代畜龍，國有豢龍氏，有御龍氏。見《左傳．昭公二十九年》。❾麟銜甲負　麟，疑當作「鱗」，指龍。甲，指龜。傳說舜時，有黃龍負圖而至。又傳說黃帝時，河龍出圖，洛龜出書，赤文像字，以授軒轅。見《藝文類聚．卷九八》引。❿黃魚波涌　《尚書中候》載曰：「維帝命云，天乙在亳，東觀于洛，黃魚雙躍。」⓫丹禽翔授　丹禽，指赤烏。傳說周朝將興，有大赤烏降落在周的社屋之上。《墨子．非攻下》：「赤烏銜珪，降周之岐社。」⓬回風三集　回風，疑當作「翽鳳」。翽，形容鳥飛的聲音。傳說黃帝時，有鳳凰飛來，集於梧桐之上。⓭指發玄極　意旨出於上天。指，通「旨」。玄極，上天。⓮表革命之符　表示朝代更替的徵兆。革命，實施變革以順應天命。意謂將建立新的王朝。⓯混冥　混沌一體，元氣未分之狀態。⓰無名　亦指天地開闢前之狀態。《老子．第一章》：「無名，天地之始；有名，萬物之母。」⓱太昊　即伏犧氏。⓲吞啖毒烈　意謂誤食有毒之物。啖，吃。⓳負戴　背負而首戴。⓴鼎鉉　烹飪所用的器具。鉉，鼎之兩耳。㉑針石　用以治病的石針。

【語　譯】至於驕奢淫逸，凶狠殘暴，乃是由於各人自己的稟性所致。難道一定是有了君主，才致如此嗎？而鮑先生唯獨舉出衰世的罪責，不論太平治世的局面，又是為什麼呢？而且遠古質樸，是由於尚未變化。人民處於童年蒙昧的階段，機巧之心還沒有生成。就像嬰孩，智慧之心未曾萌發，並不是知而不作，故意強忍欲望。倘若人與人為田地草茅發生了爭執，家與家之間為住所的洞穴土地引起了衝突。上面沒有秉公治理、懲治邪曲的官員，下面有同類相親的族人與鄉黨。那麼，為了私利的格鬥會超過國家間的戰爭，木竿石塊的傷害會勝於干戈兵器。屍體布滿了原野，流血染紅了道路。長此以往而無君主，人類就會殘殺殆盡。

至於馴養龍鳳，或者黃龍獻《河圖》，或者神龜負《洛書》，或者黃魚從波浪中躍起，或者赤烏降落社屋授以珪玉，或者鳳凰集於宮中梧桐之上。這些都是出在有君之世，不是出在沒有君王之時。祥瑞的徵兆，顯示了上天的旨意。有的是新王朝建立的前兆，有的是表彰社會政治的興盛。如果有君主不符合天意的話，那麼上述種種祥瑞的事物，是誰使之呈現的呢？

你若認為混沌是美好的，那麼天地不應該形成。若認為原始的狀態是崇高的，那麼就不應該畫八卦了。難道造物主錯了，而伏犧氏糊塗嗎？你所推崇的，只是自然的可貴。請問：記得母親而忘記父親，這是有生之物的本性；以跪拜表示尊敬，這是人間修飾的禮儀。然而不能放任本性，所以一定得尊重父親；禮儀修飾不可荒廢，所以一定得有跪拜的動作。如果放任本性，荒廢禮儀，你能夠安心嗎？古代生時沒有房屋居住，死後沒有棺木安葬。渡越江河沒有舟船木槳之器，行於陸地沒有車馬可用。有時吞食了有毒之物，以至於喪失了生命。病了沒有醫療之術，冤枉而死的人不計其數。後世聖人改變了這種狀況，一直延續下來。從古而至今，百姓依賴其巨大的好處。所以機巧智慧給人類的福利，是不能輕易廢棄的。如今若是使你回到簡陋的巢穴去居住，死後則將屍體丟棄在野外；江河阻隔就游泳而過，山間跋涉則頭頂背扛；廢棄鼎爐而去吃生臊的食物，有了疾病就任其發展而不用醫藥；赤身裸體不穿衣裳，遇到女子便結為婚姻而不用媒人。你也會說，這是不行的。又何況沒有君主呢？

若今上世❶人如木石，玄冰❷結而不寒，資糧絕而不飢者，可也。衣食之情，苟在其心，則所爭豈必金玉，所競豈必榮位？橡芧❸可以生鬥訟，藜藋❹足以致侵奪矣。夫有欲之性，萌於受氣之初❺。厚己之情，著於成形之日❻。賊殺并兼，起於自然。必也不亂，其理何居？

夫明王在上，群后盡規❼，坐以待旦❽，昧朝旰食❾。延誹謗以攻過❿，責昵屬之補察⓫。聽輿謠以屬省⓬，鑒履尾而夕惕⓭。颺清風以埽穢，厲秋威以肅物。制峻網密，有犯無赦。形戮以懲小罪，九伐以討大憝⓮。猶懼豺狼之當路，感彝倫之不敘⓯。憂作威之凶家，恐姦宄⓰之害國。故嚴司鷹揚以彈違⓱，虎臣杖鉞於方嶽⓲。而狂狡之變，莫世乏之。

而今放之，使無所憚，則盜跖⓳將橫行以掠殺，而良善端拱以待禍。無主所訴，無疆所憑。而冀家為夷齊⓴，人皆柳惠㉑，何異負豕而欲無臭，憑河㉒而欲不濡，無轡筴㉓而御奔馬，棄桅櫓㉔而乘輕舟！未見其可也。」

【章旨】抱朴子認為人生而有欲望，就會有爭奪。倘若無君，就會盜賊橫行，天下大亂。

【注釋】❶上世　疑當作「世上」。❷玄冰　冰厚則色深，故曰玄冰。❸橡芧　即橡實、櫟實，荒年可以充飢。芧，《道藏》本作「茅」，因形近而訛。❹藜藿　野菜之名。可以充飢。❺有欲之性二句　人生之欲望乃與生俱來。❻厚己之情二句　厚待於己之情乃是天然生成的。❼群后盡規　諸侯大臣盡力謀劃。群后，指諸侯。規，計畫；謀略。❽坐以待旦　意謂先王為了朝政教化之事，不能安寐。❾昧朝旰食　天未亮就要上朝，很晚才吃飯。旰，晚；遲。❿延誹謗以攻過　收集批評的意見，以幫助自己改正過錯。傳說堯、舜時，朝廷立有誹謗之木，使民眾得以書寫批評意見於其上。⓫責昵屬之補察　使親近之人幫助觀察朝政之得失。⓬聽輿謠以釐省　傾聽民歌民謠，以考察民情。⓭鑒履尾而夕惕　意謂認識到處境的危險，因而謹慎從事，不敢怠慢。履尾，踩著虎尾。夕惕，形容戒慎恐懼、小心翼翼。⓮九伐以討大憝　九伐，指朝廷對於行為不端之諸侯的九種懲罰的辦法，包括削地、撤職、誅滅等。大憝，元凶；大惡人。⓯感彝倫之不敘　顧慮教化未能推行。彝倫，指倫理教化。⓰姦宄　歹徒；犯上作亂的人。⓱嚴司鷹揚以彈違　官員嚴於執法，彈劾奸邪之輩而無所畏懼。鷹揚，雄武奮發之狀。⓲虎臣杖鉞於方嶽　猛將統率軍隊，鎮守於四方。杖鉞，手握大斧。比喻掌握軍權。方嶽，四嶽。指州郡、重鎮。⓳盜跖　春秋魯春秋末人，相傳率數千之眾，橫行於天下。⓴夷齊　即伯夷、叔齊。孤竹君之二子，古代著名的廉潔之士。㉑柳惠　春秋魯大夫展禽，食邑柳下，諡曰惠，不慕榮利，亦為著名清高廉潔之士。㉒憑河　徒步涉河。代指游泳。㉓轡筴　馬韁繩、馬鞭。筴，通「策」。㉔桅櫓　船舵、划船的木櫓。

【語譯】如果讓世上之人都像木頭、石塊一樣，嚴寒冰凍而不怕冷，沒有糧食而腹中不飢，那麼無君的主張是可行的。若是心中存在著想要吃飽穿暖的念頭，那麼難道只有金玉才值得奪取，難道只有榮華富貴才值得競爭嗎？橡實也可以引出爭鬥，野菜也能夠鬧出糾紛。人生的各種欲望，在受氣之初就萌生了，希望自己獲得豐厚待遇的情感，在剛剛成形之時就存在了。因此相互的爭奪與殘殺，乃是自然的事。想要社會不混亂，又怎麼能有這種道理呢？

當聖明的君王在上，諸侯大臣盡心謀劃以輔佐，天未亮就起床，坐以待旦，因為政務繁忙很晚才吃飯。歡迎批評以糾正過錯，要求親近之人幫助觀察。傾聽民歌民謠以關注民情，謹慎小心而不敢怠慢。好像清風掃除了污穢，好似秋寒肅清了萬物。制定了嚴峻的法律，對於違犯者絕不寬貸。用刑罰殺戮以懲辦小的罪惡，用討伐誅滅以鎮壓罪魁元凶。即便如此，還是害怕有豺狼當道，耽心教化不能施行，憂慮凶惡之徒為非作歹，恐怕奸賊之人禍害國家。所以有司法官員嚴於執法，彈劾奸邪而無所畏懼，有精兵猛將鎮守四方，然而狂妄狡詐之徒所興起的事變，還是歷朝都不少見。

如今卻要捨棄這一切，使得壞人無所畏懼。那麼盜跖之流將會橫行掠奪於天下，而善良之輩只能拱手等待災難的降臨。沒有君主可往告訴，沒有強大的軍隊以為依憑。而希望每家都像伯夷、叔齊一樣的廉潔，希望每人都像柳下惠一樣的退讓。這與揹著豬卻想沒有臭味，游泳卻想不沾濕身體，沒有韁繩與鞭子卻御使奔馬，拋棄船舵與木櫓而駕駛輕舟，又有什麼兩樣呢！看不出這樣做是可行的。」

鮑生又難曰：「夫天地之❶位，二氣範物❷。樂陽則雲飛，好陰則川處。承柔剛以率性❸，隨四八而化生❹。各附所安，本無尊卑也。

君臣既立，而變化遂滋。夫獺多則魚擾，鷹眾則鳥亂。有司設則百姓困，奉上厚則下民貧。壅崇❺寶貨，飾玩臺榭。食則方丈❻，衣則龍章❼。內聚曠女❽，外多鰥男❾。采難得之寶，貴奇怪之物，造無益之器，恣不已之欲。非鬼非神，財力安出哉？夫穀帛積則民有飢寒之儉，百官備則坐靡供奉之費。宿衛有徒食之眾，百姓養游手之人。民乏衣食，自給已劇❿。況加賦斂，重以苦役。下不堪命，且凍且飢。冒法斯濫⑪，於是乎在。

王者憂勞於上，台鼎顰顣於下⑫。臨深履薄⑬，懼禍之及。恐智勇之不用，故厚爵重祿以誘之；恐姦釁之不虞⑭，故嚴城深池以備之。而不知祿厚則民匱而臣驕，城嚴則役重而攻巧。故散鹿臺之金⑮，發鉅橋之粟⑯，莫不懽然。況乎本不聚金，而不斂民粟乎？休牛桃林，放馬華山⑰，載戢干戈，載櫜弓矢⑱，猶以為泰。況乎本無軍旅，而不戰不戍乎？茅茨土階⑲，棄織拔葵⑳，雜囊為幃㉑，濯裘布被㉒，妾不衣帛，馬不秣粟㉓，儉以率物，以為美談。所謂盜跖分財，取少為讓㉔；陸處之魚，相呴以沫㉕也。

夫身無在公之役，家無輸調之費㉖，安土樂業，順天分地。內足衣食之用，外無勢利之爭。操杖攻劫，非人情也。象刑之教㉗，民莫之犯。法令滋彰，盜賊多有㉘。豈彼無利性而此專貪殘？蓋我清靜則民自正㉙，下疲怨則智巧生也。任之自然，猶慮凌暴。勞之不休，奪之無已，田蕪倉虛，杼柚乏空㉚。食不充口，衣不周身。欲今勿亂，其可得乎？所以救禍而禍彌深，峻禁而禁不止也。關梁㉛所以禁非，而猾吏因之以為非焉。衡量所以檢偽，而邪人因之以為偽焉。大臣所以扶危，而姦臣恐主之不危。兵革所以靜難，而寇者盜之以為難。此皆有君之所致也。

【章　旨】鮑敬言認為天地萬物本無貴賤之分，然而自從有了君臣，便有了貧富之別，有了機巧與爭奪，天下因此而動亂不已。

【注　釋】❶之　疑「定」字之訛。❷二氣範物　陰陽二氣陶冶鑄造了各種物類。二氣，指陰陽之氣。❸承柔剛以率性　有的稟性剛健，有的稟性柔順，都是自然形成的。❹隨四八而化生　隨著四象八卦的運行變動，於是生成了各種物類。四八，指四象與八卦。四象，一說為四時。八卦，指天、地、水、火、風、雷、山、澤。❺壅崇　堆積；積累。❻食則方丈　食物擺了一丈見方。形容豐盛、浪費。❼衣則龍章　衣服上繡飾了各種圖案花紋。龍章，龍形圖紋。❽曠女　成年而無夫的女子。❾鰥男　成年而無妻的男子。❿劇　困難；艱辛。⓫冒法斯濫　違法亂紀，胡作非為。⓬台鼎顰顣於下　朝廷三公宰輔緊皺眉頭，心情憂愁。顰顣，皺眉、不悅。⓭臨深履薄　如臨深淵，如履薄冰。形容戒慎恐懼。⓮恐姦釁之不虞　恐怕發生沒有預料到的禍端。姦釁，指奸邪之輩叛逆之事。不虞，意料外之事。⓯散鹿臺之金　傳說紂修鹿臺，七年而成，其大三里，高千尺，聚斂錢財寶物無數。周武王滅商，散鹿臺之財，以濟四海。見《尚書・武成》。⓰發鉅橋之粟　鉅橋是商紂的糧倉，傳說周武王曾將那裡的糧食散發給飢民。見《呂氏春秋・慎大》。⓱休牛桃林二句　《尚書・武成》：「乃偃武修文，歸馬于華山之陽，放牛于桃林之野。」桃林塞，自潼關至函谷一帶。⓲載戢干戈二句　將干戈收藏起來，將弓箭裝進口袋之中。櫜，裝盔甲、弓矢之囊。語見《詩經・周頌・時邁》。⓳茅茨土階　以茅草蓋屋，以土為臺階。形容居住簡陋。《韓非子・五蠹》：「堯之王天下也，茅茨不翦，采椽不斲。」⓴棄織拔葵　《史記・循吏列傳》載：公儀休為魯相時，食茹而美，他於是拔掉自家種的園葵而棄之。又其婦織帛甚好，公儀休於是燒了家裡的織布機，說自己已有朝廷的俸祿，不能再織帛種葵而與民爭利。㉑雜囊為幃　傳說漢文帝非常儉樸，殿前的帷幕是用各地上書的布套縫製成的。見《漢書・東方朔傳》。㉒濯裘布被　濯裘，指晏子。傳說他一件狐裘穿了三十年。布被，指漢之公孫弘。公孫弘為丞相，而用布被。㉓妾不衣帛二句　《說苑・反質》曰：「季文子相魯，妾不衣帛，馬不食粟。」㉔盜跖分財二句　《莊子・胠篋》載：盜跖曾論盜亦有道，其中有「分均，仁也」一項，與此意通。㉕陸處之魚二句　陸地上的魚，以沫相互噓吸。語本《莊子・大宗師》：「泉涸，魚相與處於陸，相煦以濕，相濡以沫，不如相忘於江湖。」㉖家無輸調之費　各家都不必交納賦稅。漢末及魏晉時有戶調，每年繳納絹綿若干。㉗象刑之教　傳說上古之世無肉刑，僅以特異的服飾象徵五刑，以示恥辱，而推行教化。《慎子》：「有虞氏之誅，以蒙巾為墨，以草纓當劓，以菲履當刖。」㉘法令滋彰二句　法令愈是顯明，盜賊愈加增多。語見《老子・第五十七章》。㉙我清靜則民自正　《老子・第五十七章》：「我無為而民自化，我好靜而民自正。」㉚杼柚乏空　織布機上空空如也。杼柚，織布機上的梭與軸。㉛關梁　指在關口、津梁處設立的稽查、防守機構與官員。

【語　譯】鮑敬言先生又辯論說：「天地定位，陰陽二氣陶冶鑄造了萬物。稟性樂陽的就像雲一樣飛上天空，稟性喜陰的就像河水一樣匯聚在低處。或者剛健、或者柔順，都由著各自的本性，隨著四象八卦的運轉化生而成。各自依附著所安然的地位，本來並無尊卑的區別。

然而君臣之道確立之後，變化就出現了。食魚的水獺多了，魚就受到了騷擾；捕鳥的鷹多了，鳥群就不得安然了。設立了官府，百姓就困頓了；奉事上司的財物豐厚，人民就貧窮了。寶貨被集中堆積在一起，臺榭為了遊賞而裝飾起來。食物則擺滿方丈，衣服則繡龍畫鳳。宮殿內聚集了未得婚配的宮女，外面就有許多無妻的單身漢。採集難得之寶，推重珍奇異物，製造無用的器具，放縱永不滿足的欲望。非鬼非神，財力來自何處呢？糧食、布帛聚集了，百姓就有飢寒之憂；百官齊備了，就白白地耗費掉許多的供奉。禁衛之眾白白浪費了糧食，百姓要養活這些不從事生產的人。人民缺吃少穿，供給自己已有困難。何況要繳納賦稅，承擔苦役。人民飢寒交迫，不堪忍受，於是違法亂紀、胡作非為之現象，也就存在了。

君王憂慮於上，三公宰輔愁勞於下。如臨深淵，如履薄冰，唯恐禍患降臨到面前。恐怕有智謀、有勇力的人不為朝廷效力，於是以崇高的爵位、豐厚的俸祿去引誘他們。恐怕奸邪之輩突然之間興起禍端，於是修築起高城深池以嚴密防守。卻不知道俸祿豐厚，百姓就窮困了，而官員卻變得驕傲了。城池防守嚴密，勞役就繁重了，而攻城的器具也更加巧妙了。所以將鹿臺之金分給百姓，將鉅橋的糧食散發給大眾，人民就沒有不歡欣的。何況原本就沒有聚集錢財，本來就沒有徵調糧食呢？將軍用的牛放牧於桃林之野，將戰馬放牧於華山之下，將干戈收藏起來，將弓箭裝入囊中，人們就以為天下太平了。何況原本就沒有軍隊，本來就不打仗、也不防守呢？住在茅草屋內，用泥土築為臺階；將織布機燒掉，將種的葵菜拔掉；將臣下上書的布囊，製為殿前的帷幕；穿著翻洗過的皮裘，蓋著大布被子；妾不以絹帛為衣，馬不用糧食作飼料；提倡儉樸以表率天下，傳為千古的佳話。可是這就像盜跖分配贓物，拿得少的就算是廉讓；就像陸地上的魚，相互以口沫吹噓來勉強維持罷了。

如果人人都不用負擔官府的徭役，家家都不必繳納朝廷的賦稅，安居樂業，順應天地自然的本分。內則沒有衣食之愁，外則沒有權勢利害之爭。這時要他們手執武器以攻打劫奪，他們就不會情願了。上古以服色裝飾表示刑罰，以推行教化，人們便都不去違犯它。而後世法令愈是顯明，盜賊就愈是眾多。難道上古之民稟性不好利，而後世之民貪殘成性嗎？這是由於在上者清靜無為，所以百姓也就正道而行了；百姓疲憊怨恨，種種奸巧詐偽也就產生了。任其自然，還有侵陵強暴的憂慮，何況後世掠奪不已，百姓勞累不休；田園荒蕪，倉庫空虛；織布機上，空無布帛；食不飽腹，衣不蔽體。想要不發生動亂，又怎麼可能呢？所以禍患愈救愈多，嚴刑峻法仍然不能阻止。水陸要道的關卡本來是為了防止違法作亂的，可是狡猾的官吏卻利用它來違法作亂。衡具與量器本來是為了防止作偽的，而奸邪之人卻利用它來作偽。朝廷大臣本來是匡扶危難的，然而叛逆之臣卻唯恐君王的地位不危險。軍隊本來是為了平息動亂的，然而元凶大盜卻利用軍隊來犯上作難。這些現象，都是有了君主所造成的。

民有所利，則有爭心。富貴之家，所利重矣，且夫細民之爭，不過小小。匹夫校力，亦何所至？無疆土之可貪，無城郭之可利，無金寶之可欲，無權柄之可競，勢不能以合徒眾，威不足以驅異人❶。孰與王赫斯怒❷，陳師鞠旅❸？推無讎之民，攻無罪之國，僵尸則動以萬計，流血則漂櫓丹野❹。無道之君，無世不有，肆其虐亂，天下無邦❺。忠良見害於內，黎民暴骨於外。豈徒小小爭奪之患邪？至於移父事君❻，廢孝為忠，申令無君，亦同❼有之耳？古之為屋，足以蔽風雨，而今則被以朱紫，飾以金玉。古之為衣，足以掩身形，而今則玄黃黼黻❽，錦綺羅紈。古之為樂，足以定人情，而今則煩乎淫聲❾，驚魂傷和。古之飲食，足以充飢虛，而今則焚林漉淵❿，宰割群生。

豈可以事之有過⓫，而都絕之乎？若虞在上，稷离贊事⓬，卑宮薄賦，使民以時。崇節儉之清風，肅玉食之明禁⓭。質素簡約者，貴而顯之；亂化侵民者，黜而戮之。則頌聲作而黎庶安矣。何必慮火災而壞屋室，畏風波而填大川乎！」

【章　旨】鮑敬言認為君王掌握著國家的權力，他們興兵攻伐，荼毒生靈，迫害忠良，奢侈享樂，造成的危害甚大。

【注　釋】❶異人　指奇才異能之士。❷王赫斯怒　君王勃然震怒。❸陳師鞠旅　陳列軍隊，傳達命令，動員誓師。鞠旅，宣布命令、誓師。❹流血則漂樐丹野　流血之多，使盾牌也浮起了，田野也染紅了。樐，通「櫓」。大盾。❺天下無邦　疑有錯訛。❻移父事君　將對待父親的感情移於奉事君王。❼同　疑「豈」字之訛。❽玄黃黼黻　彩色的絲帛，繡上各種美麗的圖案與花紋。黼黻，古代官員禮服上繡飾的花紋。❾煩乎淫聲　指煩雜淫邪的樂聲。《左傳．昭公元年》：「煩乎淫聲，慆堙心耳，乃忘平和，君子弗聽也。」❿焚林漉淵　焚燒樹林，以捕野獸；漉乾積淵，以捕魚蝦。漉，使乾涸。⓫豈可以事之有過　以下這一段是抱朴子的駁詰之辭，誤錄於此。⓬稷离贊事　后稷、契為其輔佐，處理事務。稷，傳說是周的始祖，堯、舜時為農官，教民種稷與麥。离，即契。傳說是商的始祖，舜時為司徒，掌管教化。⓭肅玉食之明禁　明確的宣示，禁止食物奢侈浪費。玉食，珍美之食物。

【語譯】凡有利益之事，百姓就有相爭之心。富貴人家，爭奪的是重大的利益，而細微的百姓爭奪的不過是小小的物利。普通的平民較量體力，又能怎麼樣呢？沒有疆土可以貪求，沒有城郭可加利用，沒有珍寶可望獲得，沒有權柄可供競逐。其勢力不能夠聯合起眾人，其威風不足以驅使奇異之士。怎麼能與君王勃然大怒，便興師動眾、頒令征討相比呢？驅趕著並無仇恨的人民，討伐無罪之國。死人動輒以萬計算，流血能漂起盾牌，染紅田野。無道的君王無世不有，他們肆其暴虐，危害天下。忠良之士被害於朝廷之內，黎民百姓拋屍於荒野之外。這些，難道只是像平民百姓的爭奪所造成的小小的禍患嗎？

至於將對待父親的態度轉移於奉事君主，廢棄孝道以盡忠於國君，如果使天下沒有君主，又怎麼會有這些事呢？古代的房屋，只要能夠擋風遮雨就可以了，而今卻布置了彩色帷帳，裝飾了黃金美玉。古代的衣服，只要能掩身蔽體就可以了，如今卻是絲綢羅綺，彩飾錦繡。古代的音樂，只要能安定調和人情就可以了，如今卻是淫曲繁雜，驚心動魄，有傷和氣。古代的飲食，足以吃飽肚子就可以了，如今卻是盡量搜求山珍海味，宰殺各種的生物。

難道能夠因為執行中的過失，便一概禁止嗎？若是使虞舜在上，后稷、契以為輔佐，君主住在簡陋的宮室中，對人民輕傜薄賦，不違背農時。崇尚節儉的風氣，明令禁止飲食奢華、鋪張浪費。對於樸素純潔、簡易節約的，就任以顯貴的職位；對於擾亂教化、侵犯百姓的，就罷黜其職務，予以嚴懲。如此就會頌聲四起，百姓得以安寧。何必要因為耽心火災而拆毀房屋，因為害怕風浪而填平江河呢！」

抱朴子曰：「鮑生貴上古無君之論，余既駁之矣。後所答余，文多不能盡載。余稍條其論，而牒詰之云。」

鮑生曰：「人君採難得之寶，聚奇怪之物，飾無益之用，猒❶無已之求。」

抱朴子詰曰：「請問古今帝王，盡採難得之寶，聚奇怪之物乎？有不爾者也，余聞唐堯之為君也，捐金於山；虞舜之禪也，捐璧於谷。疏食菲服，方之監門❷。其不汔淵剖珠❸，傾巖刊玉❹，鑿石鑠黃白之鑛❺，越海裂翡翠❻之羽，網瑇瑁❼於絕域，掘丹青於嶓漢❽，亦可知矣。夫服章❾無殊，則威重不著；名位不同，則禮物異數❿。是以周公辨貴賤上下之異式⓫。宮室居處，則有堵雉之限⓬。冠蓋旌旗，則有文物之飾⓭。車服器用，則有多少之制。庖廚供羞⓮，則有法膳之品⓯。年凶災眚⓰，又減撤之。無已之欲，不在有道⓱。子之所云，可以聲桀紂之罪，不足以定雅論之證也。」

【章　旨】抱朴子認為追求珍奇異寶，縱欲不已乃是昏君的行為，有道之君則並不如此。

【注　釋】❶猒　通「厭」。滿足。據前文，疑當作「恣」。❷疏食菲服二句　吃著粗糙的食物，穿著很差的衣服，供養之薄，與守門人差不多。疏食，粗糙的食物。監門，守門的人。《韓非子・五蠹》：「堯之王天下也……糲粢之食，藜藿之羹，冬日麑裘，夏日葛衣，雖監門之服養，不虧於此矣。」❸汔淵剖珠　漉乾淵澤之水，剖蚌以取珠。汔，疑當作「漉」。❹傾巖刊玉　劈開山巖，以採璧玉。傾巖，翻倒、劈開山石。❺鑠黃白之鑛　從礦石中煉出金銀。黃白，黃金、白銀。❻翡翠　翠雀。羽毛美麗，可以製為妝飾品。❼瑇瑁　亦作玳瑁，一種龜類動物，產於南海之中，其甲殼可製為裝飾品。❽掘丹青於嶓漢　丹青，指丹砂和青雘，可製為染料。嶓漢，岷山、漢水。❾服章　指服裝的顏色及裝飾。可以顯示官員的品級、身分。❿禮物異數　禮儀、文物之規定不同。⓫異式　一本作「典式」。⓬宮室居處二句　意謂宮室城牆，都有規定的限制。堵雉，古代的城牆方丈曰堵，三堵曰雉。一雉之牆長三丈，高一丈。⑬冠蓋旌旗二句　意謂衣冠、車蓋、旌旗上所繪的花紋圖案，都有所規定。⑭羞　所進獻的食品。⑮法膳之品　所規定飲食的品級。⑯災眚　天災人禍。⑰有道　聖明之君主。

【語　譯】抱朴子說：「鮑先生推崇上古無君的言論，我已經進行駁斥了。後來他又作出回答，由於文字太多不能全部載錄。我將他的論說稍微加以條理，而分別反駁於下。」

鮑先生說：「國君搜求難得的寶貨，聚集奇珍異物，裝飾無用的器具，放縱永遠難得滿足的欲望。」

抱朴子反駁說：「請問古今的帝王，是不是都搜求難得的寶貨，都聚集奇珍異物呢？也有並非如此的。我聽說唐堯為國君時，將黃金拋入山中；虞舜繼位之後，將璧玉捐棄於谷。他們吃著粗糙的食物，穿著很差的衣服，供養之菲薄，與守門人差不多。他們不會漉乾淵澤、剖開蚌蛤取珍珠，不會劈開山石採寶玉，不會熔化礦石冶煉金銀，不會渡海去割裂翠鳥的羽毛，不會到海外絕域去網取瑇瑁，不會在岷山、漢水去挖掘丹青，這些是確定可知的。如果冠服的顏色飾物沒有區別，那麼權威就無從顯現了；官職地位不同，禮儀典章也就相異了。所以周公要區別貴賤尊卑不同的禮節儀式。宮室城牆，則有大小的限度；車蓋旌旗，則有繪飾圖紋的規定；車服用具，則有器物多少的制度；庖廚供應，則有規定膳食的品級。遇到天災人禍，又有所減少或撤銷。貪得無厭的欲望，不是聖明之君的事情。你所說的，只可以聲討夏桀、商紂的罪行，而不足以作為高論的證據。」

鮑生曰：「人君後宮三千，豈皆天意？穀帛積則民飢寒矣。」

抱朴子詰曰：「王者妃妾之數❶，聖人之所制也。聖人與天地合其德者也❷。其德與天地合，豈徒異哉？夫豈徒欲以順情盈欲而已乎！乃所以佐六宮❸，理陰陽教❹，肅宗廟，奉神祇❺，承大祭❻，供玄紞❼之服，廣本支之路❽。且案《周典》九土之記及漢氏地理之書，天下女數多於男焉，王者所宗，豈足以逼當娶者哉？姬公⑨思之，似已審矣。

帝王帥百僚以藉田⑩，后妃將命婦以蠶織⑪。下及黎庶，農課⑫有限，力佃有賞，怠惰有罰。十一而稅⑬，以奉公用。家有備凶之儲，國有九年之積⑭。各得順天分地，不奪其時。調薄役稀⑮，民無飢寒，衣食既足，禮讓以興。昔文景之世，百姓務農，家給戶豐，官倉之米，至腐赤不可勝計⑯。然而士庶猶侯服鼎食⑰，牛馬蓋澤，由於賦斂有節，不足損下也。

至於季世，官失佃課之制⑱，私務浮末之業。生穀之道不廣，而游食之徒滋多。故上下同之，而犯非者眾。鮑生乃歸咎有君，若夫譏采擇之過限，刺農課之不實，責牛飲之三千⑲，貶履畝與太半⑳，但使後宮依《周禮》㉑，租調不橫加，斯則可矣，必無君乎？夫一日晏起㉒，則事有失所。『即鹿無虞，維入于林中㉓』，安可絕已？靡所宗統，則君子失所仰，凶人得其志。網疏猶漏，可都無網乎？」

【章旨】抱朴子認為只要後宮之制依據《周禮》，輕徭薄稅，賦斂有節，就可以治理好國家，不必倡言無君。

【注釋】❶王者妃妾之數　《周禮》鄭眾注曰：王之妃百二十人，后一人，夫人三人，嬪九人，世婦二十七人，女御八十一人。❷聖人與天地合其德者也　聖人的德行與天地相合。❸佐六宮　輔佐天子宮內之事。相傳天子有六宮，後來泛稱后妃嬪御所居之地。❹理陰陽教　陽，疑為衍文。陰教，關於女子的教化。❺肅宗廟二句　原本作「爾崇奉祖廟祗」，此據《四庫全書》本。❻承大祭　受命辦理盛大的祭祀。❼玄紞　古代禮冠前後裝飾的絲帶。❽廣本支之路　意謂使得王室子孫眾多。本支，樹幹與枝葉。比喻子孫。❾姬公　指周公姬旦。❿帝王帥百僚以藉田　古代君主在春耕時，率領百官，舉行親自耕作的儀式，謂之藉田，亦作「籍田」。⓫后妃將命婦以蠶織　據載仲春，皇后率領外內命婦始蠶於北郊。見《周禮・內宰》。⓬農課　指農事稅賦。課，賦稅及徭役。⓭十一而稅　十分取其一的稅制。⓮國有九年之積　《禮記・王制》曰：「國無九年之蓄，曰不足；無六年之蓄，曰急；無三年之蓄，曰國非其國也。三年耕，必有一年之食；九年耕，必有三年之食。」⓯調薄役稀　賦稅甚輕，勞役甚稀。魏晉時按戶徵收絹綿，謂之戶調。⓰官倉之米二句　《漢書・食貨志》曰：「至武帝之初，七十年間，國家亡事，非遇水旱，則民人給家足，都鄙廩庾盡滿……太倉之粟陳陳相因，充溢露積於外，腐敗不可食。」⓱侯服鼎食　穿王侯之衣，以鼎盛食物。形容生活奢侈富足。⓲佃課之制　農業稅制。指前面所稱「十一而稅」的制度。⓳責牛飲之三千　傳說夏桀為酒池糟堤，一鼓而牛飲者三千人。牛飲，俯身就池而飲酒，形狀如牛。見《韓詩外傳・卷二》。⓴貶履畝與太半　對於朝廷無論公田私田，一律丈量土地以抽取稅賦的作法提出貶責。履畝，實地丈量田畝，以定稅收。㉑後宮依周禮　《周禮》卷七、八對於後宮的職事及制度均有詳細的規定。㉒一日晏起　《魯詩說》曰：昔周康王承文王之盛，一朝晏起，夫人不鳴璜，宮門不擊柝，則〈關雎〉作。㉓即鹿無虞二句　打獵時，追逐鹿，沒有管理山林的人為嚮導，就不免迷失在叢林中。比喻國家不能沒有君主。語見《周易・屯卦》。

【語譯】鮑敬言先生說：「國君的後宮有三千宮女，難道都是天意嗎？糧食、布帛聚集在官府，百姓就缺吃少穿了。」

抱朴子駁斥說：「君王妃妾的數字，是聖人所制定的。聖人是與天地合德的人。其德行與天相合，難道與天意不同嗎？君王又豈是只想滿足自己的情欲而已嗎！設置妃妾的目的，乃是為了輔助王后治好六宮，管理女子之教化，恭奉宗廟，禮敬神靈，承辦盛大的祭祀，編織絲帶服飾，使王室宗族子孫眾多。而且據《周典》九土之記以及漢代地理之書所記載，天下女子的數目多於男子。王者設置妃妾，難道足以威脅到天下應當娶妻的男子嗎？周公對此的思考，應該是審慎認真的了。

國君率領百官以藉田勸農，后妃率領命婦以養蠶紡織。下至百姓，所徵收的農稅有所限度。努力耕作者有賞，懈怠懶惰者受罰。抽取十分之一的稅賦，以供給公室之用。家有備荒的糧食，國有九年的積蓄。人人都能順應自然，官府不違背農時以役使百姓。租稅輕微，勞役不多，百姓豐衣足食，不受飢寒，禮讓之風就興起了。從前漢文帝、景帝之時，百姓務農，家家戶戶都很富足，官府倉庫中儲積的糧食，腐爛變紅的不知道有多少。然而當時的普通人民還是錦衣玉食，生活豪奢，牛馬布滿了田野。這是由於官府的賦稅有所節制，所以不足以對於百姓造成損害。

到了末世，官府違背了往日佃稅的制度，民間不務農桑而從事商業。糧食生產減少了，而不耕作務農的人越來越多。於是上下一樣，而犯法之徒甚眾。鮑先生乃歸咎於有了君主。如果譏刺朝廷過分地搜求珍奇異寶，諷刺農業的賦稅不符合實際，指責君臣荒淫而縱酒濫飲，貶斥丈量田地抽稅過重，則只要使後宮的安排依據《周禮》，不隨意增加百姓的租稅，這就可以了。難道一定要廢除君主嗎？如果君主一天晚起床，就會有事務得不到料理。『逐鹿林間而無嚮導，就不免迷失道路』，怎麼能順利的結束呢？沒有國君作為宗主，則君子失去了擁戴的對象，壞人得以逞其凶殘之志。網眼疏闊尚且使魚漏掉，難道可以完全不要網嗎？」

鮑生曰：「人之生也，衣食已劇❶。況又加之以斂賦，重之以力役❷，飢寒並至，下不堪命。冒法犯非，於是乎生。」

抱朴子詰曰：「蜘蛛張網，蚤蝨不餓。使人智巧，役用萬物，食口衣身❸，何足劇乎？但患富者無知止之心，貴者有無限之用耳。豈可以一蹶之故，而終身不行❹；以桀紂之虐，思乎無主也？夫言主事彌張❺。賦斂之重於往古，民力之疲於末務。飢寒所緣❻，以譏之可也。而言有役有賦，使國亂者，請問唐虞升平之世，三代有道之時，為無賦役以相供奉，元首股肱❼躬耕以自給邪？鮑生乃唯知飢寒並至，莫能固窮❽，獨不知衣食並足，而民知榮辱乎！」

【章旨】抱朴子認為上古三代之世，君主有道，賦稅有所節制，人們生活並不困苦。

【注釋】❶劇　艱難；困苦。❷力役　勞役。❸食口衣身　供給口中之食、身上之衣。❹以一蹶之故二句　因一次失足跌倒，即終身不敢行走。❺言主事彌張　講君主之事，愈來愈誇張其辭。彌，益；更加。❻緣　由來；原因。❼元首股肱　指國君及大臣。元首，比喻君主。股肱，四肢。比喻大臣。❽固窮　甘於貧窮，保持操守。

【語譯】鮑敬言先生說：「人之謀生，要供給自己的衣食已是困難。何況又要繳納賦稅，還要承擔勞役。飢寒交迫，百姓不堪忍受。違法犯罪的事情，於是就產生了。」

抱朴子駁斥說：「蜘蛛能張網覓食，蚤蝨從不飢餓。運用人的智慧才能以役使萬物，維持衣食，有什麼困難呢？只是憂慮富有者沒有適可而止之心，而尊貴者日用耗費揮霍無度。但是怎麼能因為偶然失足跌倒，便終身不敢行走；因為夏桀、商紂之暴虐，就想到廢除君主呢？人們談論君主之事，愈來愈誇張其辭。後世的賦稅重於往古，民間財力為不急之務所消耗而疲憊不堪。這是造成百姓飢寒的緣由所在，對此進行批評諷刺是可以的。然而說因為有了勞役及賦稅，使國家陷於混亂。請問堯、舜之時，君主有道，天下太平，難道當時百姓不繳稅服役，以供奉朝廷，君王大臣都要躬耕務農、自給自足嗎？鮑先生只知道飢寒交迫，便難以固守窮節，而不知道豐衣足食，百姓就有了廉恥、榮辱之心了！」

鮑生曰：「王者臨深履尾❶，不足喻危。假寐❷待旦，日昃旰食❸，將何為懼禍及也？」

抱朴子難❹曰：「審能如此，乃聖主也。王者所病，在乎驕奢。賢者不用，用者不賢。夏癸指天日以自喻❺，秦始憂萬世之同諡❻，故致傾亡，取笑將來。若能懼危夕惕❼，廣納規諫，詢蒭蕘以待聽❽，養黃髮以乞言❾。何憂機事❿之有違，何患百揆之不康⓫？夫戰兢則彝倫敘⓬，怠荒則姦宄作⓭。豈況無君，能無亂乎？」

【章　旨】抱朴子認為謹慎畏懼，廣納善言，則為聖明之主，必定能治理好國家。

【注　釋】❶臨深履尾　如臨深淵，如履虎尾。形容謹慎小心。❷假寐　不解衣而睡。❸日昃旰食　形容勤於政務，太陽偏西才吃食。昃，太陽偏西。旰，日晚。❹難　疑當作「詰」。❺夏癸指天日以自喻　夏癸，即夏桀，名履癸，夏朝最後之君主。據載：夏桀曾稱「吾有天下，如天之有日也」。見《韓詩外傳・卷二》。❻秦始憂萬世之同諡　據載秦始皇曾頒布制文曰：「朕聞太古有號毋諡……自今已來，除諡法。朕為始皇帝，後世以計數，二世三世至於萬世，傳之無窮。」見《史記・秦始皇本紀》。❼夕惕　形容謹慎恐懼。❽詢蒭蕘以待聽　向普通百姓請教，聽取他們的意見。蒭蕘，割草砍柴的人。❾養黃髮以乞言　贍養黃髮老者，請求他們提供建議。黃髮，指老人。❿機事　指政務。⓫何患百揆之不康　不用耽心朝廷政事不能成功。百揆，指朝廷的各項政事。康，成。⓬戰兢則彝倫敘　謹慎從事就能推廣教化。戰兢，恐懼戒慎之狀。彝倫，指倫理、教化。⓭怠荒則姦宄作　懈怠荒忽則奸邪之輩就出現了。姦宄，歹徒；違法亂紀的人。

【語　譯】鮑敬言先生說：「君王如臨深淵，如履虎尾，還不足以形容他心中的畏懼之情。很早就起床而坐以待旦，白天忙於政事到太陽西落才吃飯。為什麼如此害怕禍患降臨呢？」

抱朴子駁斥說：「真能如此，那就是聖明之主了。君主之病，在於驕縱奢侈。賢者不被任用，而所用並非賢者。夏桀將自己比作天上的太陽，秦始皇為後代諡號相同而憂慮，所以招致社稷傾覆，為後世之人取笑。如果君王能夠謹慎畏懼，廣泛地採納朝臣的規諫，徵詢普通人民的意見，贍養黃髮老者，請求他們的建議。又何必憂慮朝中政事處理不當，何必耽心各項政務不能成功呢？如果君王畏懼小心，就能推廣教化；如果君王懈怠荒忽，就會出現奸邪之徒。何況不要君王，怎麼能不亂呢？」

鮑生曰：「王者欽想奇瑞❶，引誘幽荒。欲以崇德邁威❷，厭耀未服❸。白雉玉環❹，何益齊民❺乎？」

抱朴子詰曰：「夫王者德及天則有天瑞，德及地則有地應。若乃景星❻摛❼光，以佐望舒❽之耀；冠日含采❾，以表義和之晷❿。靈禽⓫嚶喈⓬於阿閣⓭，金象⓮焜晃⓯乎清沼。此豈卑辭所致，厚弊所誘哉？王莽姦猾，包藏禍心，文致太平，誑眩朝野，既遺外域，使送瑞物⓰。豈可以此謂古皆然乎？

夫見盈丈之尾，則知非咫尺之軀；睹尋丈之牙，則知非膚寸之口。故王母之遣使⓱，明其玄化⓲通靈，無遠不懷也；越裳之重譯⓳，足知惠沾殊方，澤被無外也。夫絕域不可以力服，蠻貊⓴不可以威攝。自非至治，焉能然哉？

何者鮑生謂為不用？夫周室非乏玉而須王母之環以為富也，非儉膳而渴越裳之雉以充庖也。所以貴之者，誠以斯物為太平。則上無苛虐之政，下無失所之人。蜎飛蠕動㉑，咸得其懽。有國之美，孰多於斯？而云不用，無益於齊民。源遠體大，固未易見。鮑生之言，不亦宜乎！」

【章旨】抱朴子認為邊裔方國貢獻異物於朝廷乃是中原政治清明、德化興盛所致，因而值得珍貴。

【注釋】❶欽想奇瑞　意謂君王想要出現神奇的祥瑞。欽，舊時對於帝王的敬稱。❷崇德邁威　提高其德化與威望。邁，超越。❸厭耀未服　炫耀盛德，以壓服那些不順從的人。❹白雉玉環　傳說舜之時，西王母來獻白玉環；周成王之時，越裳氏來獻白雉。❺齊民　指普通人民。❻景星　傳說中的祥瑞之星，常出於有道之國。❼摛　舒展；發布。❽望舒　月神。代指月亮。❾冠日含采　日暈出現於太陽上方，其形如冠。❿羲和之晷　太陽之光。羲和，日御。代指太陽。⓫靈禽　指鳳凰。⓬噰喈　形容鳳凰之鳴和諧悅耳。⓭阿閣　四面有簷的樓閣，王者所居。⓮金象　疑指神龍之屬。⓯焜晃　形容鱗甲閃亮。⓰貺遺外域二句　據載王莽秉政，乃遣使者多持金幣引誘塞外之民，於是越裳氏獻白雉，黃支貢生犀，東夷度大海奉國珍。見《漢書・王莽傳》。⓱王母之遣使　指西王母派遣使者，向舜獻白環一事。⓲玄化　至高無上的德化。⓳越裳之重譯　越裳氏，古代南海國名。傳說周公輔成王，越裳氏九譯而至，獻白雉於周公。見《韓詩外傳・卷五》。⓴蠻貊　邊遠未開化之人民。㉑蜎飛蠕動　指能飛行、蠕動的小蟲。蜎，蚊的幼蟲。

【語譯】鮑敬言先生說：「君王想要出現神奇的祥瑞，因而誘使幽遠荒僻之國向朝廷貢獻異物。想要藉此以表現崇高的德化與超邁的威望，在未服者面前自我炫耀。邊遠之國所貢獻的白雉、玉環，對於普通人民有什麼益處呢？」

抱朴子駁斥說：「君王德化上達於天，就會出現吉祥的天象。君王德化下及於地，地上就有了祥瑞的回應。有如景星放射著光芒，輔助著月亮的清輝；太陽之上有光彩如冠，可以顯揚太陽的光明。鳳凰在阿閣噰噰和鳴，神龍在清池中鱗甲閃爍。這些難道是謙卑的言辭所能招致，難道是豐厚的財貨能引誘而來的嗎？王莽奸詐狡猾，包藏禍心。他羅致太平吉祥之兆，以欺騙朝野，用贈送金幣財貨的辦法，使僻遠的方國向朝廷送來吉祥之物。難道可以由此而認為古代都是如此嗎？

看見尾巴長達丈餘，就知道身軀不只咫尺；看見牙齒長達數丈，就知道不只是微小之口。所以西王母派來了使者，說明舜的德化興盛，通於神靈，安撫了遠方之民；越裳氏經過多重翻譯來朝，可知周的盛德施及異域，恩澤廣被天地之間。極為偏遠之地的人民不能夠用武力去壓迫，未開化的地域不能夠靠威勢去制服。如果不是中原德化至為興隆，又怎麼能使之前來敬獻方物呢？

為什麼鮑先生要說所獻的方物對於人民無用？周的朝廷並非沒有玉石而依靠西王母的玉環以為富有，並非缺少食物而有賴越裳氏的野雉以充庖廚。所以推重玉環白雉，是因為它們象徵了天下太平。在上沒有苛毒暴虐之政治，在下沒有流離失所之人民。不管天上飛的，還是地上爬的，都各得其樂。治國之美，誰能更超過於此呢？而鮑先生卻說是無用，無益於普通之平民。源遠體大之事物，是不容易被認識的。鮑先生有這樣的言論，不也是很自然的嗎！」

鮑生曰：「人君恐姦釁之不虞❶，故嚴城以備之也。」

抱朴子詰曰：「侯王設險，《大易》所貴❷。不審嚴城，何譏焉爾！夫兩儀肇闢❸，萬物化生，則邪正存焉爾。夫聖人知凶醜之自然，下愚之難移❹。猶春陽之不能榮枯朽，炎景之不能鑠金石。冶容慢藏，誨淫召盜❺。故取法乎習坎❻，備豫於未萌❼，重門有擊柝之警❽，治戎遏暴客之變❾。而欲除之，其理何居？兕之角也，鳳之距也，天實假之，何必日用哉？蜂蠆挾毒以衛身❿，智禽銜蘆以扞網⓫。貛曲其穴⓬，以備徑至之鋒；水牛結陣，以卻虎豹之暴。而鮑生欲棄甲冑以遏利刃，隳城池以止衝鋒⓭。若令甲冑既捐而利刃不住，城池既壞而衝鋒猶集。公輸墨翟⓮，猶不自全。不審吾生，計將安出乎？」

【章　旨】抱朴子認為築城設險，防禦暴力的侵襲，乃為《周易》所肯定，因此不應該受到譏刺。

【注　釋】❶恐姦釁之不虞　恐怕奸禍逆謀難以預料。姦釁，奸謀、禍端。不虞，沒有意料到。❷侯王設險二句　君王在險要之地設立關塞以為防守，是《周易》所推重的。《周易・坎卦》：「地險山川丘陵也，王公設險以守其國。」❸兩儀肇闢　指天地初開。兩儀，指天地。肇，始。❹下愚之難移　最愚蠢之人，其本性難以改變。❺治容慢藏二句　容貌美麗，就會引來淫亂；收藏不嚴密，就會招致盜賊。《周易・繫辭上》：「慢藏誨盜，治容誨淫。」❻取法乎習坎　習坎，即《周易・坎卦》。上下均為坎，象徵重重險難，故引申出防險備難的思想。❼備豫於未萌　在太平安樂之時，對於未萌的禍患也應預作準備。《周易》有〈豫卦〉。❽重門有擊柝之警　修築多重的城門，並且敲擊木梆，以為警戒。擊柝，即敲木梆巡夜，打更。❾治戎遏暴客之變　治戎，整治軍隊。暴客，指盜賊。❿蜂蠆挾毒以衛身　蜂蝎之類用毒刺來防身。蠆，蝎子。⓫智禽銜蘆以扞網　傳說大雁飛行時，口銜蘆草以防止被矰矢射中。智禽，指雁。扞，通「捍」。⓬貛曲其穴　貛為了有利於自己的生存，將其洞穴弄得彎彎曲曲的。⓭衝鋒　古代用以衝撞城牆的戰車，稱衝車。以大鐵著於車轅前端，衝於敵城，故云。⓮公輸墨翟　公輸班，古代魯國著名的巧匠，曾為楚國製造攻城的雲梯等器械。墨翟，即墨子，曾與公輸班較量攻守城池之事。見《墨子・公輸》。

【語　譯】鮑敬言先生說：「國君害怕出現難以預料的陰謀之禍患，所以修築高城去防備它。」

抱朴子駁斥說：「君王在險要的關隘設卡布防，這是《周易》所推重的。不知道修築高城，有什麼好譏刺的呢！自從天地開闢，化生出萬物，就有邪正之區分。聖人知道有些人天生就稟性凶惡，其愚昧的劣性難以改變。就像春陽和煦，不能使枯朽的樹木重新生長綠葉；就像夏日炎炎，不能熔化金石是一樣的。妝飾美麗的容貌，就要招致淫亂；收藏財產不嚴密，就要引來盜賊。所以要取法於〈坎卦〉，在太平安樂、禍患未生之前就早作準備。重重城門，有人巡夜打更以為警戒；整軍習武，防止盜賊突起的禍難。而鮑先生卻要除掉這些，有什麼道理呢？犀牛之角，鳳凰之爪，是天生自然就有的，何必要每天都能有用呢？蜂蝎因為有毒刺得以保護自身，大雁飛翔時口銜蘆葦以防被射中。狗獾將洞穴修得彎彎曲曲的，防備刀槍直接刺入。水牛排列成陣，以抵禦虎豹凶暴的傷害。而鮑先生卻想拋棄鎧甲頭盔以防止鋒利的刀劍，毀掉城牆來遏阻戰車的衝擊。若是鎧甲頭盔都拋棄了，而刀劍的攻擊仍未停止；城牆毀壞了，而戰車仍然衝過來。這時，連公輸班、墨翟那樣的巧匠也難以自我保全。不知鮑先生，又將有何計策呢？」

或曰：「苟無可欲之物，雖無城池之固，敵亦不來者也。」

抱朴子答曰：「夫可欲之物，何必金玉？錐刀之末❶，愚民競焉。越人之大戰，由乎分蚺蛇❷之不鈞；吳楚之交兵，起乎一株之桑葉❸。饑荒之世，人人相食。素手裸跣❹……

遠則甫侯❺、子羔❻，近則于公❼、釋之❽，探情審罰❾，剖毫析芒。受戮者吞聲而歌德，刖劓者❿沒齒無怨言。此皆非無君之時也。昔有鯀在下而四嶽不蔽⓫，明揚仄陋而元凱畢舉⓬。或投屠刀而排金門⓭，或釋版築而躡玉堂⓮，或委芻豢而登卿相⓯，或自亡命而為上將⓰。伯柳達讎人，解狐薦怨家⓱。方回叩頭以致士，禽息碎首以推賢⓲。敢問於時，有君否邪？

又云：田蕪廩虛⓳，皆由有君。夫君非塞田之蔓草，臣非耗倉之雀鼠也。其蕪其虛，卒由厄運⑳。水旱疫癘，以臻凶荒。豈在賦稅，令其然乎？至於八政首食㉑，謂之民天㉒。后稷躬稼㉓，有虞親耕㉔。豐年多黍多稌㉕，我庾維億㉖，民食其陳。白渠開而斥鹵膏壤㉗，邵父起陽陵之陂㉘，而積穀為山。叔敖創期思㉙，而家有腐粟。趙過造三犁之巧㉚，而關右以豐。任延教九真之佃㉛，而黔庶殷飽。此豈無君之時乎㉜？」

【章　旨】抱朴子認為無君之世未必無爭鬥，有君之世亦曾有選賢舉能、豐衣足食之事，以反駁鮑生無君之論。

【注　釋】❶錐刀之末　形容細微、微小。❷蚺虵　即髯蛇，一種長達數丈的大蛇。越地之人以髯蛇為美餚，故因分之不均而發生爭鬥。《淮南子・精神》：「越人得髯蛇以為上肴，中國得而棄之無用。」❸吳楚之交兵二句　傳說楚邊邑與吳邊邑之女在採桑時發生糾紛，先是兩家相鬥，最後引起兩國的戰爭。見《史記・吳太伯世家》。❹素手裸跣　徒手、赤腳，不穿衣服。案：此下有脫文。❺甫侯　周穆王之臣，為司寇，一作「呂侯」。《尚書》有〈呂刑〉篇。❻子羔　高柴，字子羔，孔子之弟子，曾仕為武城宰。《孔子家語》說他「為人篤孝而有法正」。❼于公　于定國，字曼倩，漢東海郯人。其父曾為郡縣刑官，執法公平，百姓為立生祠，號于公祠。後來于定國亦為刑官，積年為廷尉，執法審慎，哀憐鰥寡，為朝野一致推許。❽釋之　張釋之，字季，漢堵陽人。曾任廷尉，公平執法。故當時人曰：「張釋之為廷尉，天下無冤民；于定國為廷尉，民自以不冤。」❾探情審罰　審慎刑罰，使之符合情理。審，慎重。❿刖劓者　處以刖刑、劓刑的人。刖，砍斷腳的刑罰。劓，割鼻的刑罰。⓫有鰥在下而四嶽不蔽　有鰥，指舜。獨居無妻，故名。四嶽，指堯時掌管四嶽之諸侯。四嶽曾向堯舉薦舜。見《尚書・堯典》。⓬明揚仄陋而元凱畢舉　謂薦舉地位卑微的賢者，使得才能之士都聚集於朝廷。元凱，八元、八凱，是古代傳說中的才士。⓭投屠刀而排金門　丟下屠宰牲畜的刀具，就到朝廷任高官。疑用呂尚事，呂尚曾屠牛朝歌，故云。⓮釋版築而躡玉堂　此句用傳說之事。傳說曾在傳巖築牆，武丁舉以為相。版築，築牆之具。玉堂，對於宮殿的美稱。代指朝廷。⓯委芻豢而登

卿相　放下餵養牲畜之事，便登上了卿相之高位。疑用甯戚事。甯戚至齊，餵牛於車下，扣牛角而歌，齊桓公拜為上卿。⑯自亡命而為上將　疑用黥布事。黥布，姓英氏，秦時為布衣，曾犯法被黥面。亡命江中為盜，初附項羽，後歸於劉邦，封淮南王。亡命，逃亡在外的罪犯。⑰伯柳達讎人二句　伯柳，指邢伯柳。解狐，春秋趙人。據載解狐與邢伯柳有私怨，而薦之為上黨守。伯柳往謝之，解狐曰：「舉子公也，怨子私也。」見《韓非子・外儲說左下》。⑱禽息碎首以推賢　禽息，春秋秦大夫。傳說他向秦穆公推薦百里奚，不見納，他於是以頭撞門碎首而死。見《論衡・儒增》。⑲田蕪廩虛　田地荒蕪，倉庫空虛。⑳戹運　指地震、水旱、冰雹之類的自然災害。㉑八政首食　八政，八個方面的政務。箕子曾向周武王講述八政，而以食為首。見《尚書・洪範》。㉒謂之民天　民以食為天。㉓后稷躬稼　后稷，周之始祖。傳說堯、舜時為農官，教民耕稼。㉔有虞親耕　有虞，指舜。傳說舜曾耕於歷山，陶於河濱，漁於雷澤。㉕豐年多黍多稌　豐收之年，收穫了很多黍米、稻米。稌，稻子。㉖我庾維億　露天的穀倉也是滿的。庾，露天糧倉。億，滿；盈。㉗白渠開而斥鹵膏壤　修建了白渠之後，昔日的鹽鹹地變成了良田。白渠，指漢武帝時由白公所開渠。斥鹵，鹽鹹地。㉘邵父起陽陵之陂　邵父，指漢之召信臣。召信臣曾任上蔡長、南陽太守，在任好為民興利。曾開通溝瀆，修建水庫堤閘數十處，以廣灌溉。民得其利，蓄積有餘。見《漢書・循吏傳》。㉙叔敖創期思　孫叔敖，春秋楚之令尹。曾開鑿芍陂，灌田萬頃。芍陂，又名期思陂，在今安徽境。㉚趙過造三犁之巧　趙過，漢武帝時任搜粟都尉，曾創代田法。㉛任延教九真之佃　任延，字長孫，南陽宛人。東漢建武年間，任九真太守。九真俗以射獵為業，不知農耕，任延乃教民開墾耕稼。㉜此豈無君之時乎　孫星衍曰：「從『遠則甫侯』以下二百七十字，疑當在本篇前半。」

【語　譯】有人說：「如果沒有足以引起人們欲望之物，即使沒有堅固的城防，敵人也不會前來。」

抱朴子回答說：「能夠引起人們欲望之物，難道一定是金玉嗎？細微不足道的東西，愚民之輩也會為之競爭不休。越人的大戰，為的是分配髯蛇肉不夠公平；吳楚的興兵，起因是為了一棵桑樹。饑荒的年頭，人人相食。赤身裸體，兩手空空……

遠則甫侯、子羔，近則于定國、張釋之，他們都能慎於刑罰，推測情理，剖析入微。使得被處死的人也沒有怨恨而歌頌其功德，受到刑罰的人到死也毫無怨言。這些都並不是沒有君主的時代。從前虞舜在下而四嶽諸侯薦之於堯，推舉貧寒的賢者而才能之士都聚集於朝廷。有的人丟下屠刀就進入了王宮，有的人放下了版築就來到了朝廷，有的人停下飼養之事立刻就登上卿相的高位，有的人從逃亡的刑徒直接任命為上將。邢伯柳任職是由於仇人的建議，解狐出以公心舉薦自己的怨家。方回叩頭以求進用士人，禽息撞得頭破血流以推舉賢者。請問當時，有沒有君主呢？

又說：田地荒蕪，倉廩空虛，都是由於有了君主。然而君主並不是長滿田間的荒草，臣子並非白白消耗糧食的麻雀與老鼠。田地荒蕪，倉廩空虛，是由於自然災害，水旱瘟疫，導致了凶歲荒年。難道是由於有了賦稅，而使其如此嗎？至於八政以食為首，人民以食為天。后稷曾經親自種植莊稼，虞舜曾經親自耕耘田地。豐收之年收穫了許多黍子及稻穀，露天的糧倉裝得滿滿的，人民獲得充分的糧食。開鑿了白渠，於是貧瘠之地變成了良田；召信臣修建了陽陵之陂，於是糧食堆成了山；孫叔敖開挖了芍陂，於是家家的糧食吃不完；趙過創造了三犁之巧，於是關右便豐收了；任延教九真地區的人民種植莊稼，於是那裡的百姓便糧食富足。這些，難道是沒有君主時的事情嗎？」

卷四九 知止

【題解】本卷含〈知止〉、〈窮達〉、〈重言〉三篇。

本篇闡述知足不辱、功成身退的思想。

「知足不辱」的思想，源本於《老子》。《老子・第四十四章》曰：「知足不辱，知止不殆，可以長久。」第四十六章曰：「禍莫大於不知足，咎莫大於欲得。故知足之足，常足矣。」第九章又說：「金玉滿堂，莫之能守。富貴而驕，自遺其咎。功遂身退，天之道。」這些話都講得很深刻，它告誡人們對於金錢、珍寶、富貴、利祿，都要有所節制，否則將自貽其咎。

本篇勸告在位的高官權臣要抱盈居沖，及時告退，而不可追求富貴，貪圖享樂。文中舉出歷史上功成而退、隱逸全身以及貪戀榮位、終於被殺等兩方面的例子，說明「情不可極，欲不可滿」、「成功之下，未易久處」的道理。

抱朴子所處，是一個動亂不已的時代。綿延十六年之久的「八王之亂」，就是王室貴族與高官權臣競逐權勢而釀成的一場巨大的社會悲劇。它不僅給廣大民眾造成深重的苦難，而且那些爭逐權位者最終也無不是自取其咎，身敗名裂。所以本篇闡述「知足不辱」的思想，就具有了諷諭現實、警戒世人的意義。

抱朴子曰：「禍莫大於無足，福莫厚乎知止。抱盈居沖❶者，必全之筭也。宴安盛滿❷者，難保之危也。若夫善卷❸、巢、許、管❹、胡❺之徒，咸蹈雲物以高鶩❻，依龍鳳以竦跡❼。覘韜鋒於香餌之中❽，寤覆車乎來軔之路❾。違險塗以遐濟❿，故能免詹何之釣緡⓫。可謂善料微景於形外⓬，覿堅冰於未霜。徙薪曲突於方熾之火⓭，纚舟弭檝於衝風之前⓮。瞻九皓而深沈⓯，望密蔚而曾逝⓰。不託巢於葦苕之末⓱，不偃寢乎崩山之崖者也。斯皆器大量弘，審機識致⓲。凌儕獨往⓳，不牽常慾。神參造化，心遺萬物。可欲不能蕩介其純粹⓴，近理不能耗滑其清澄㉑。

【章旨】高隱之士，抱盈居沖，善於預見人間隱伏的禍患，故能超群獨往，不因人間的物欲而擾亂內心的淳和。

【注釋】❶抱盈居沖　充實、富有，而又抱持謙虛、恬靜的態度。❷宴安盛滿　沈醉於安逸享樂，驕傲自滿。❸善卷　傳說是舜時的隱士。舜以天下讓善卷，善卷便逃入深山，莫知其處。見《莊子．讓王》。❹管　指三國之管寧，字幼安，北海朱虛人。曹丕曾多次召他為官，俱不至。❺胡　指三國之胡昭，字孔明，潁川人。避地冀州，躬耕樂道，養志不仕。曹操曾多次以禮徵辟，俱不就。❻蹈雲物以高鶩　隱於山林，高蹈出世。高鶩，高馳。❼依龍鳳以竦跡　與神龍、鳳凰相伴，超出凡世。❽覘韜鋒於香餌之中　能看出香餌之中，暗藏金鉤。覘，窺視；看。韜，隱藏。❾覆車乎來軔之路　前有覆車，而後來的車輛仍然沿其轍跡前進。軔，疑當作「軫」。《後漢書．左雄傳論》：「往車雖折，而來軫方遒。」❿違險塗以遐濟　背離危險之途而遠去。遐，遠。⓫免詹何之釣緡　免得中了詹何的魚鉤。詹何，古之善釣者。釣緡，釣線。⓬料微景於形外　有形始能有影，今形未顯而能料其微弱之影，意謂善於深謀遠慮。⓭徙薪曲突於方熾之火　傳說齊人淳于髡見鄰居的煙囪是直的，旁邊堆著柴薪，便勸鄰人將柴薪搬走，將煙囪改為彎曲的，以防止火災。鄰人不從，後來果然發生了火災。突，煙囪。⓮纚舟弭檝於衝風之前　在暴風到來之前，便將船槳收起來，用方，將。見《淮南子．說山》「淳于髡之告失火者」高誘注。

繩索將船繫好。纜，大繩索。櫂，船槳。⑮瞻九牿而深沈　看見釣餌就深深的潛入淵底，以免上鉤。牿，犍牛。即閹過的牛。據載任公子曾用五十頭犍牛為餌，投竿東海以釣大魚。見《莊子．外物》。⑯望密蔚而曾逝　望見密布的網羅就高飛而去。蔚，當作「罻」，捕鳥之網羅。曾逝，高舉遠飛。⑰託巢於葦苕之末　意謂寄身於危險之境。葦苕，指蘆葦的頂端。苕，蘆葦穗狀的花。《荀子．勸學》：「南方有鳥焉，名曰蒙鳩。以羽為巢，而編之以髮，繫之葦苕。風至苕折，卵破子死。巢非不完也，所繫者然也。」⑱審機識致　明察事物的機微，認識其變化的由來及發展。機，樞要、變化的徵兆。⑲淩儕獨往　超越世俗，而獨往獨來。⑳可欲不能蠆介其純粹　意謂外在物欲不能影響其精神之純粹。蠆介，梗塞之物。㉑近理不能耗滑其清澄　世俗淺近之理不能耗損、擾亂其心地的清淨澄澈。滑，擾亂。

【語譯】抱朴子說：「禍患沒有比不知滿足更大的了，福氣沒有比適可而止更豐厚的了。內在充實、富有而又抱持謙虛的態度，這是必定可以獲得保全的策略。沈醉於安逸享樂而又驕傲自滿，這是難以保全的危險態度。如善卷、巢父、許由、管寧、胡昭等人，他們都隱於山澤，高蹈出世，與神龍、鳳凰相依為伴。他們能看出香餌之中暗藏著金鉤，領悟到世俗途中紛紛的來車都將重蹈覆轍。因而離開危險之途而遠去，所以不會被善釣者誘騙上鉤。他們可以說善於深謀遠慮，在物體未形之前便能料想其影子，在嚴霜未降之前便預見到將要出現的堅冰。在火災發生之前便搬走了柴草，修改了煙囪；在風暴降臨之前就拴牢了船隻，收起了船槳。看見魚餌就深潛水底，看見網羅就高飛而去。不像蒙鳩將巢繫在蘆葦之端，不躺臥在將崩的山崖之下。這些人都器量弘大，能察見事物的機微，認識其由來與發展。能夠超越世俗而獨往獨來，不為尋常物欲所打動。精神通於造化，心胸遺落萬物。人間的欲望不足以影響其精神的純粹，淺近的世俗之理不能擾亂其內心的清澄。

苟無若人之自然，誠難企及乎絕軌❶也。徒令知功成者身退，慮勞大者不賞，狡兔訖則知獵犬之不用，高鳥盡則覺良弓之將棄❷。鑒彭、韓之明鏡❸，而念抽簪之術❹。睹越、種之闇機❺，則識金象之貴❻。若范公汎艘以絕景❼，薛生遜亂以全潔❽，二疏投印於方盈❾，田豫釋紱於漏盡❿，進脫亢悔之咎⓫，退無濡尾之吝⓬。清風足以揚千載之塵，德音⓭足以祛將來之惑。方之陳、竇⓮，不亦邈乎！

或智小敗於謀大，或轅弱折於載重。或獨是陷於眾非，或盡忠訐於兼會⓯，或倡高算而受鼂錯之禍⓰，或竭心力而遭吳起之害⓱。故有跼高蹐厚⓲，猶不免焉。公旦之放⓳，仲尼之行⓴，賈生遜擯於下土㉑，子長熏胥乎無辜㉒，樂毅㉓平齊，伍員㉔破楚，白起㉕以百勝拓疆，文子以九術霸越㉖，韓信功蓋於天下㉗，黥布滅家以佐命㉘，榮不移晷㉙，辱已及之。不避其禍，豈智者哉！

為臣不易，豈將一塗？要而言之，決在擇主。我不足賴㉚，其驗如此。告退避賢，潔而且安，美名厚實，福莫大焉。能修此術，萬未有一。吉凶由人，可勿思乎！逆耳之言，樂之者希。獻納期榮㉛，將速㉜身禍。救誹謗其不暇，何信受㉝之可必哉！

【章　旨】功成身退，方能保全美好的節操，免除不測之禍患，這是智者所應採取的態度。

【注　釋】❶難企及乎絕軌　難以追步上述高隱之士的行跡。企及，跟上。絕軌，已經中斷的軌跡、行跡。❷狡兔訖則知獵犬之不用二句　狡兔已盡則獵犬就用不上了，高鳥已盡則良弓就要摒棄了。❸鑒彭韓之明鏡　有鑒於彭越、韓信建立功勳後被殺的教訓。彭越，漢初昌邑人。跟隨劉邦，多建奇功，封為梁王。後被殺，夷三族。❹抽簪之術　棄官引退之術。❺睹越種之闇機　看到彭越、文種不明事物變化之機微而遭禍之事。文種，春秋越大夫，輔佐越王句踐滅吳。功成後，范蠡勸其引退，不聽。後來句踐賜劍，令其自殺。❻金象之貴　傳說范蠡雪會稽之恥，乃乘扁舟泛五湖。越王思之，鑄金為其像。❼范公汎艘以絕景　春秋范蠡功成身退，泛舟而去。❽薛生遜亂以全潔　薛方，字子容，漢成帝時之名士。王莽篡政，以安車迎之，不赴。居家以教授，著詩賦數十篇。❾二疏投印於方盈　疏廣，字仲翁，漢東海蘭陵人。嘗在朝為太子太傅，其侄疏受為少傅。二疏並為師傅，朝廷以為榮。在位五歲，上疏稱病，朝廷賜金，許其還鄉，皆以壽終。❿田豫釋紱於漏盡　田豫，字國讓，仕魏為振威將軍，領并州刺史。多次上表朝廷，乞請退位，曰：「年過七十而以居位，譬猶鐘鳴漏盡而夜行不休，是罪人也。」釋紱，致仕；退休。⓫亢悔之咎　佔據高位者容易招致敗亡的悔恨。《周易・乾卦》：「上九，亢龍有悔。」⓬濡尾之吝　意謂狐狸渡水，打濕了尾巴，可能有危險與禍患。《周易・未濟》：「初六，濡其尾，吝。」⓭德音　美好的聲譽。⓮陳竇　陳蕃，字仲舉，東漢之大臣。竇武，字游平，以外戚任大將軍，掌握朝政。二人謀誅宦官，事敗，竇武自殺，陳蕃被殺。⓯盡忠訏於兼會　盡忠朝廷，卻受到眾人交相攻擊。訏，當面指責、攻擊。⓰倡高筭而受鼂錯之禍　鼂錯，一作「晁錯」，漢潁川人。景帝時，請削諸侯封地以鞏固朝廷之權。未久，吳楚七國以清君側為名起兵，鼂錯遂被斬於東市。⓱吳起之害　吳起，戰國之衛人，曾任楚令尹，明法審令，捐不急之官，務在富國強兵，後被宗室大臣射殺。⓲跼高蹐厚　形容曲身彎腰、小步走路，小心謹慎之貌。《詩經・小雅・正月》：「謂天蓋高，不敢不局；謂地蓋厚，不敢不蹐。」⓳公旦之放　指管叔、蔡叔散布流言，引起周成王的懷疑，於是周公奔楚一事。⓴仲尼之行　據載孔子為政於魯，道不拾遺。齊景公患之，乃贈女樂二八於魯君。魯君怠於政，孔子諫，不聽，孔子於是去而之楚。見《韓非子・內儲說下》。㉑賈生遜擯於下土　賈誼，西漢洛陽人，通諸子百家之書。天子欲任以公卿之位，諸大臣毀之，乃用賈生為長沙王太傅。遜擯，貶退；排斥。下土，指長沙。㉒子長熏胥乎無辜　子長，指司馬遷。熏胥，因牽連而受刑。司馬遷因李陵事受牽累而遭刑，故云。一說腐刑必熏之，殘餘曰胥。㉓樂毅　戰國時燕之大將。曾率燕、趙、楚、韓、魏五國兵伐齊，連下七十餘城。燕昭王死，新王信齊反間之計，奪樂毅之兵權。樂毅乃出奔趙國，終老於趙。㉔伍員　字子胥，曾輔佐吳王闔閭整軍經武，一舉攻楚滅郢。後遭譖被疏，被迫自殺。㉕白起　戰國時秦之大將，屢立戰功，聲震天下，封武安君。因與范雎不合，被迫引劍自殺。㉖文子以九術霸越　文種，春秋越大夫，曾獻滅吳之九術：一曰尊天地、事鬼神；二曰重財弊以遺其君；三曰貴糴粟槀以空其邦；四曰遺之好美以熒其志；五曰遺之巧匠使起宮室高臺，以盡其財、疲其力；六曰貴其諛臣，使之易伐；七曰彊其諫臣，使之自殺；八曰邦家富而備器；九曰堅甲利兵，以承其弊。越王句踐行之，遂滅吳。後來被讒，句踐乃賜劍，令其自殺。㉗韓信功蓋於天下　《史記・淮陰侯列傳》曰：韓信「涉西河，虜魏王，禽夏說，引兵下井陘，誅成安君，徇趙，脅燕，定齊，南摧楚人之兵二十萬，東殺龍且，西鄉以報，此所謂功無二於天下。」㉘黥布滅家以佐命　英布，漢之六人。曾犯法被黥面，故又稱黥布。初歸附項羽，封九江王。後歸於漢，項羽乃使人盡殺其妻子。曾從劉邦擊滅項羽於垓下。後來起兵叛漢，兵敗被殺。㉙榮不移晷　榮華富貴為時未久。不移晷，形容時間之短暫。晷，日影。㉚我不足賴　意謂臣下之禍福並非取決於自己，而在於所擇之主。㉛獻納期榮　出謀獻策，以圖榮貴。獻納，建言以供採納。期，《道藏》本作「斯」。㉜速　招致。㉝受　疑「愛」字之訛。

【語　譯】如果沒有上述高隱之士自然的稟賦，要想追步他們的足跡的確是困難的。只能使人們知道功成之後應當身退，認識到功勞蓋世者得不到獎賞的道理。狡兔捕盡，獵犬就用不上了；高鳥射盡，良弓就要被棄置了。有鑒於彭越、韓信被殺的歷史教訓，要想到引退之計。看到彭越、文種闇於機微而遭禍的結局，就認識到隱居的可貴了。如范蠡乘扁舟而遠逝，薛方不受徵辟而保全節操的清白，二疏在榮耀正盛之時辭官而去，田豫年逾七十而多次請求退休。他們進則沒有居高而敗亡的悔恨，退則沒有遭遇危難的禍患。高尚的節操流傳千載而為人欽仰，美好的聲名足以解除將來人們的疑惑。與陳蕃、竇武比較起來，不是要高出許多嗎！

有的人以小的智能謀算大的對手因而失敗，有的如同轅木軟弱卻負載過重因而折斷了車轅。有的堅持正確的意見卻陷於大家的反對，有的忠心耿耿卻受到眾人的交相攻擊。有的人提出好的策略卻像晁錯一樣招來了殺身之禍，有的人竭盡心力卻像吳起一樣難逃禍害。所以有的人小心翼翼，謹慎從事，仍然不免於危難。周公跑到了楚地，孔子離開了魯國，賈誼被排擠到長沙，司馬遷無罪而牽連受刑，樂毅打敗齊軍後被迫出奔，伍子胥擊破楚國後被賜劍自殺，白起開疆闢土、屢立戰功而一身不保，文種獻滅吳九術、輔成霸業後遭讒被害。韓信功蓋於天下，黥布輔佐劉邦而全家被殺，他們享受榮華未久，災禍與羞辱也就降臨了。不知避禍，難道能算是聰明人嗎！

為臣之不容易，又豈只在一件事上？概而言之，最重要的在於選擇所追隨的君主。臣下之禍福並不取決於自己，有如此多的驗證。所以功成身退，以讓賢者，節操既保，又獲平安。既有美名，又享厚利，沒有比這更幸福的了。然而能夠這樣作的人，不到萬分之一。吉凶由人自取，能夠不認真想想嗎！逆耳之言，願意聽取的人少。而出謀獻策以期望獲得榮華富貴，只將給自己帶來禍患。應付誹謗攻擊都來不及，又怎麼能肯定一定會得到君王的信任與喜愛呢！

夫矰繳紛紜則鴛鶵徊翮❶，坑穽充蹊則麟虞斂跡❷。情不可極，欲不可滿。達人以道制情，以計遣欲。為謀者猶宜使忠，況自為策，而不詳❸哉？蓋知足者常足也，不知足者無足也。常足者，福之所赴也；無足者，禍之所鍾❹也。生生之厚，殺哉生矣❺。宋氏引苗❻，郢人張革❼，誠欲其快，而實速萎裂。知進忘退，斯之以乎！

夫筴奔❽而不止者，尠不傾墜；凌波而無休者，希不沈溺。弄刃不息者，傷刺之由也；斫擊不輟者，缺毀之原也。盈則有損，自然之理。周廟之器❾，豈欺我哉？故養由之射，行人識以弛弦❿；東野之御，顏子知其方敗⓫。成功之下，未易久處也。夫飲酒者不必盡亂，而亂者多焉；富貴者豈其皆危，而危者有焉。智者料事於倚伏之表⓬，伐木於毫末之初。吐高言不於累棊⓭之際，議治裘不於群狐之中。古人佯狂為愚，豈所樂哉？時之宜然，不獲已也。

亦有深逃而陸遭濤波，幽遁而水被焚燒。若龔勝之絕粒以殞命⑭，李業煎慼以吞酖⑮。由乎跡之有朕⑯，景之不滅也。若使行如蹈冰⑰，身如居陰⑱，動無遺蹤可尋，靜與無為為一，豈有斯患乎？又況乎揭日月以隱形骸，擊建鼓以徇利器⑲者哉？夫值明時則優於濟四海⑳，遇險世則劣於保一身。為此永慨，非一士也。

吾聞無熾不滅，靡溢不損。煥赫有委灰之兆㉑，春草為秋瘁之端。日中則昃㉒，月盈則蝕㉓。四時之序，成功者退。遠取諸物，則構高崇峻之無限，則頹壞惟憂矣。近取諸身，則嘉膳旨酒之不節，則結疾傷性矣。況乎其高概雲霄而積之猶不止，其威震人主㉔而加崇又不息者乎？蚊虻㉕墮山，適足翱翔；兕虎之墜，碎而為虀㉖。此言大物，不可失所也。

【章旨】世情險惡，成功之下，未易久處。只有知足而退，並且不留形跡，才能保全生命，避免災禍。

【注釋】❶矰繳紛紜則鴛雛徊翮　箭矢紛紛則鳳鸞就回轉翅膀，飛走了。矰繳，繫有絲繩以射鳥的箭矢。鴛雛，即鵷雛。鸞鳳之屬。❷坑穽充蹊則麟虞斂跡　道路上布滿了陷阱，麒麟、騶虞之類的祥瑞之獸就不會前來了。斂跡，藏匿不出。❸詳審慎；認真考慮。❹鍾　聚集。❺生生之厚二句　享受過於豐厚，則危害健康，戕殺了生機。生生，保養生命。❻宋氏引苗　傳說宋國有人見苗不長，而拔苗助長。見《孟子・公孫丑上》。❼郢人張革　意謂郢地人見皮革不足而擴張之。革，一本作「華」。❽筴奔　駕馭奔馳的馬車。筴，通「策」。❾周廟之器　即欹器，又名宥坐器。將這種器物注滿水則傾覆，中空則欹側，注水適中則端正。據載孔子在周廟中看見欹器，喟然而嘆曰：「嗚呼，惡有滿而不覆者哉！」見《韓詩外傳・卷三》。❿養由之射二句　養由基，春秋時之楚人，善於射箭，能穿七札，百發百中。⓫東野之御二句　東野稷，古代善於馭馬者。顏闔，古代魯之得道者。據載東野稷御馬，進退中繩，左右中規，往返百度。顏闔見之，對魯莊公說：「稷之馬將敗。」莊公問其緣由，顏闔曰：「其馬力竭矣，而猶求焉，故曰敗。」見《莊子・達生》。⑫料事於倚伏之表　在禍福尚未顯現之前，就能預料到。倚伏，指相互依存之禍福。《老子・第五十八章》：「禍兮福之所倚，福兮禍之所伏。」⑬累棊　以棋子高疊，則容易傾倒，比喻局勢危險。⑭龔勝之絕粒以殞命　龔勝，字君賓。漢哀帝時，徵為諫議大夫，數上書言吏治不良，百姓疾苦。王莽秉政，歸隱鄉里。王莽數遣使徵之，拜上卿，不受。乃絕食十四日而死。見《漢書・卷七二》。⑮李業煎蹙以吞酖　李業，字巨游，廣漢梓潼人。少有志操，曾舉為郎。王莽秉政時，稱病不仕，隱藏山谷間。公孫述割據蜀中，欲用為博士，李業固辭不起。公孫述乃派使者持毒酒命曰：若起，則受公侯之位；不起，賜之以藥。李業乃仰毒酒而死。見《後漢書・獨行列傳》。⑯跡之有朕　未能掩藏形跡，而有形象外現。朕，形跡；形象。⑰行如蹈冰　如行冰上，而無形跡。⑱身如居陰　身居於陰，則影已滅。⑲擊建鼓以徇利器　建鼓，古代召集或者號令眾人的一種大鼓。徇利器，求得權勢、職位。意謂欲作隱逸之士而又炫耀於眾，實則是廣造聲勢以求得利祿。⑳優於濟四海　從容悠閒，而又廣濟天下。優，從容有餘。㉑煥赫有委灰之兆　盛大的火焰便預示著未來的熄滅。煥赫，火光鮮明之貌。委灰，火光熄滅後被棄置的灰燼。㉒日中則昃　太陽過了正午，便要偏斜。昃，太陽偏西。㉓月盈則蝕　月圓之後，便有虧缺。㉔威震人主　威勢令帝王畏忌而不安。㉕宝　同「虻」。小蟲之名。㉖韲　切碎的酢菜。

【語譯】空中箭矢紛紛，鳳凰就回轉翅膀飛走了；路上布滿陷阱，麒麟與騶虞就藏匿不出了。情感不能放縱，欲望不可膨脹。通達的人以道德制約感情，用周密的思考來排遣物欲。為他人謀劃尚且要忠誠，何況替自己謀劃，又怎麼能不深思而詳察呢？因為知足者經常在內心感到滿足，不知足者總是貪得無厭。內心感到滿足，幸福就來到了。經常貪得無厭，災禍就聚集而至了。保養生命而享受太多，就會危害健康，戕殺人的生機。宋人揠苗助長，郢人擴張皮革，誠然是為了更為快捷便當，然而只能使禾苗枯萎、皮革破裂。只知進取而忘記退讓，就是指的這種態度吧！

趕著馬車而奔馳不止的，很少能不傾覆而墜落；凌波沖浪而不知休息的，很少不遭沈沒淹溺之禍。不停地玩弄刀槍，就是受刺傷的緣由；不斷地用刀刃去砍擊，就是缺口毀壞的原因。盈滿之後就是虧缺，這是自然的道理。周廟中的欹器，難道是欺騙我的嗎？所以養由基射箭，路上的行人就看出他的弓弦將要廢弛了；東野稷馭馬，顏闔就知道他的馬將要奔逸了。因為成功之下，長久的保持是不容易的。飲酒的人不一定都會醉酒，但是醉酒的人多。富貴的人不一定都有危難，然而遭遇危難也是有的。聰明的人在禍福未顯現之前就預料到了，猶如有危害的樹木處在幼苗時便將它拔除了。不要等到局勢危急之時才獻出妙計，不在狐貍之群中商議製作狐皮裘的事情。古人假裝發狂、故作愚昧之態，難道是樂意如此嗎？這是時勢使然，是不得已而為之的。

也有人逃進深山之中，然而陸地上卻遭遇洪濤泛濫之災；有人逃到幽僻之所，然而如同在水中卻遭到大火焚燒之禍一樣。就像龔勝不得已絕食而死，李業被逼迫飲毒酒身亡一樣。他們之遭遇禍患乃是由於未能掩藏形跡，以至於影像顯露於外。如果能作到如行冰上而不留形跡，像藏身陰處而不現出影子，動則沒有蹤跡可尋，靜則與道合為一體，難道會有這種災禍嗎？又何況那些欲做隱逸之士而又自我炫耀、廣造聲勢以追求利祿的人呢？當政治清明之時可以從容不迫的造福於天下人，遇到政治險惡之世連自己的性命也保全不住。我時常為此而嘆息，並非只有一個士人是如此的。

我聽說燃燒之物沒有不熄滅的，裝得盈滿之物沒有不損耗的。所以明亮的火焰是棄灰的前兆，春天的綠草如茵是深秋枯萎的開端。太陽過了正午就要西斜，月亮圓滿之後就要虧缺。天地四時的順序，農事收穫完成則舊的一年就逐漸過去了。以遠處之物打比方，就像建造無限高峻的樓閣，則其頹壞的憂慮就出現了。以近在自身作比喻，如果享用美酒嘉餚而沒有限度，那麼危害健康的疾病就出現了。何況高聳入雲而仍然累積不止，威勢震動君主而仍然不停地擴張呢？蚊虻落在山上，還可以順風飛翔。猛虎犀牛落下來，就會粉身碎骨。這件事說明大的物體，不可以託身失所。

且夫正色彈違❶，直道而行，打撲干紀❷，不慮讎隙❸，則怨深恨積。若舍法容非，屬託如響❹，吐剛茹柔❺，委曲繩墨，則忠喪名敗❻。居此地者，不亦勞乎？是以身名竝全者甚希，而折足覆餗❼者不乏也。

然而入則蘭房窈窕❽，朱帷組帳，文茵兼舒於華第❾，豔容粲爛於左右。輕體柔聲，清歌妙舞。宋蔡之巧❿，陽阿之妍⓫。口吐〈采菱〉、〈延露〉⓬之曲，足躡〈淥水〉、〈七槃〉⓭之節。知音悅耳，冶姿娛心。密宴繼集，醽醁⓮不撤。仰登綺閣，俯映清淵。遊果林之丹翠，戲蕙圃之芬馥⓯。文鱗瀺灂⓰，朱羽頡頏⓱。飛繳墮雲鴻，沈綸引魴鯉，遠珍不索而交集，玩弄紛華而自至⓲。出則朱輪耀路，高蓋接軫⓳。丹旗雲蔚⓴，麾節翕赫㉑。金口嘈囋㉒，戈甲璀錯㉓。得意託於後乘㉔，嘉旨盈乎屬車。窮遊觀之娛，極畋漁之歡。聖明之譽，滿耳而入。諂悅之言，異口同辭。于時眇然㉕，意蔑古人，謂伊、呂、管、晏㉖，不足算也。豈覺崇替之相為首尾，哀樂之相為朝暮，肯謝貴盛、乞骸骨㉗、背朱門而反丘園哉？

若乃聖明在上，大賢讚事，百揆非我則不敘㉘，兆民㉙非我則不濟，高而不以危為憂，滿而不以溢為慮者，所不論也。」

【章旨】世俗之人沈醉於權勢寵榮，貪戀於聲色狗馬之樂，不能覺察所潛伏的危機，因而不肯退隱丘園。

【注　釋】❶正色彈違　態度嚴正地彈劾邪惡之事。違，邪惡。❷打撲干紀　消除、鎮壓違法亂紀的行為。干紀，干擾、違背綱紀。❸讎隟　仇恨。隟，同「隙」。❹屬託如響　對於私相請託者則立即答應。屬託，以私情相託付。❺吐剛茹柔　欺軟怕硬，對於強者則畏避，對於弱者則相欺。❻忠喪名敗　原本「忠喪」之間空白一字，茲據崇德書院本。❼折足覆餗　鼎足折斷，中間的食物傾倒在地。比喻執政的大臣遭遇重大的挫折與失敗。❽蘭房窈窕　意謂曲室幽深，布置華美，香氣氤氳。❾文茵兼舒於華第　裝飾華麗的床上，鋪著一層層有文采的褥子。文茵，有紋飾的褥子或坐墊。第，床。❿宋蔡之巧　意謂宋蔡之地的歌女歌聲悠揚而輕巧。⓫陽阿之妍　意謂舞女都儀態豔美。陽阿，傳說古代著名的舞女。⓬採菱延露　皆古代民間歌曲。⓭淥水七槃　〈淥水〉，古代樂曲名。〈七槃〉，古代樂舞之名。⓮醽醁　即酃淥。美酒之名。⓯戲蕙圃之芬馥　到芬芳宜人的花園去遊樂。蕙圃，種植香花芳草的花園。馥，香。⓰文鱗瀺灂　形容魚兒在水中時隱時現，自由出沒。瀺灂，出沒。⓱朱羽頡頏　形容彩色羽毛的鳥兒在空中或高或低的飛翔。鳥上飛曰頡，下飛曰頏。⓲玩弄紛華而自至　各種紛繁、美好的玩物不待尋求，就自己送來了。玩弄，供玩賞、戲弄之物。⓳高蓋接軫　高蓋之車一輛接著一輛。接軫，形容車相銜接而行。⓴丹旗雲蔚　旗幟像雲彩一樣燦爛而華美。蔚，文采華美。㉑麾節翕赫　將帥的旌旗節仗光彩明亮，聲勢隆盛。翕赫，形容光色氣勢之盛。㉒嘈囐　喧鬧；嘈雜。㉓璀錯　光彩閃耀，繁盛之貌。㉔後乘　副車；侍從之車。㉕眇然　目光高視，傲慢之態。㉖伊呂管晏　伊尹，商湯王的輔佐大臣，被尊稱為阿衡。呂尚，即姜尚，輔佐周武王伐商，被尊為師尚父。管仲，曾輔助齊桓公建成霸業。晏嬰，春秋齊之正卿，執政五十餘年，為著名之賢者。㉗乞骸骨　古代大臣因年老請求君王准許退休，稱乞骸骨。㉘百揆非我則不敘　朝廷之各項政務，非我則不能以次序處理恰當。百揆，古代總領國政的長官。㉙兆民　人民。

【語　譯】再說態度嚴肅地揭發奸邪之事，正道直行，彈壓違紀的行為，毫不顧及別人的怨仇，那麼就會積累許多的憤恨。如果違背法綱，包容錯誤，對於私情屬託立即答應，見強者則畏避，見弱者則欺負，放棄法律的準繩，就會陷於不忠而喪失名節。處在這種境界之中，不是過於辛勞嗎？所以其中身名並全的人不多，而遭受挫敗、蒙受禍難的人卻不少。

然而他們入內則有幽雅的曲室、精緻的帷帳，花紋被褥一層一層地鋪在華麗的床上，容貌姣好的女子分別站列在左右兩旁。她們體肢輕盈、聲調柔和，善於清歌妙舞。歌聲輕巧，舞姿妍麗，她們口裡唱著〈採菱〉、

〈延露〉的歌曲，腳下踏著〈淥水〉、〈七槃〉的節奏。聲音和諧悅耳，美姿賞目娛心。家宴不斷，美酒不撤。登上雕刻秀美的高閣，俯視清清的綠波。到有紅有綠的果林去賞玩，去清香宜人的花園去遊戲。水中的魚兒時隱時現，天上的鳥兒高高低低。飛箭射下雲中的鴻雁，釣竿鉤起水中的魴鯉。遠方的珍奇不待搜尋便聚集而來，各種華美的玩物也自動地貢獻到了面前。出外時，紅色的車輪照亮了道路，高車一輛接著一輛緊密相隨。隨從的旗幟飄揚如雲，將帥的旌旗節仗聲勢赫赫。樂聲喧鬧不休，戈甲閃閃發光。侍從狗馬裝在後面的副車中，美味食物將一車車都盛滿了。窮盡了遊賞玩樂的快意，享夠了射獵釣魚的歡欣。耳朵所聽到的，盡是贊美聖明的好話。諂媚取悅的言辭，是周圍的人所發出的共同聲音。當此之時，他們目空一切，把古人也不放在眼裡，認為伊尹、呂尚、管仲、晏嬰都算不了什麼。怎麼能認識到興盛與衰敗互相聯繫、悲哀與歡樂互相轉化的道理，又怎麼肯告辭榮華富貴、請求退休養老、離開官府而返歸田園呢？

如果聖明之主在上，而賢良之臣為其輔佐，朝政非我則失去條理，百姓非我則不得救濟，崇高而不必耽心危險，盈滿而不必憂慮溢出，那就不在我的論述範圍內了。」

窮達

【題解】本篇論述個人才能的實現與時世的關係。同樣的才能之士，有的得以展現才華，建功立業，贏得當代及後世的欽仰與羨慕；有的卻沈淪不遇，窮愁潦倒，乃至為人鄙視，終身不沾一命。其中的原因所在，一是時世的需要，二是個人的機遇。所以古代強調「進賢為賢」。鮑叔牙推薦了管仲，被傳為千古佳話；臧文仲不薦柳下惠，孔子便批評曰「竊位」。本文著重論說知己推薦的重要，正是這一思路的闡發。

然而對於君子來說，無論仕途通塞，其人格品質與人生態度則總是不變的。作者在〈任命〉篇中說：「君子藏器以有待也，穡德以有為也。……窮達任所值，出處無所繫。」在本文中說：「齊通塞於一塗，付榮辱於自然。」二者的精神是完全一致的。

或問：「一流❶之才，而或窮或達，其故何也？俊逸縶滯❷，其有憾乎？」

抱朴子答曰：「夫器業❸不異，而有抑有揚者，無知己也。故否泰，時也；通塞，命也。審時者何怨於沈潛，知命者何恨於卑瘁❹乎！故沈閭、渟鈞❺，精勁之良也，而不以擊，則朝菌❻不能斷焉。珧華、黎綠❼，連城之寶也，委之泥濘，則瓦礫積其上焉。故可珍而不必見珍也，可用而不必見用也。

庸俗之夫，闇於別物，不分朱紫❽，不辯菽麥❾。唯以達者為賢，而不知僥求者❿之所達也。唯以窮者為劣，而不詳守道者之所窮也。

【章　旨】雖有卓異超群之才能，若不為世所用則不能顯現，世俗亦不能覺察。

【注　釋】❶一流　同等；一樣的。❷俊逸縶滯　俊逸之士沈淪不遇，不為世所用。縶，拴縛住馬足；束縛。❸器業　器識、學業。❹知命者何恨於卑瘁　知天命者對於地位的卑下與處境的困頓都無所怨恨。瘁，勞累困苦。❺沈闇濘鈞　並為古代寶劍之名。濘，疑當作「淳」。淳鈞，即淳鉤，傳為歐冶子所鑄造。〈博喻〉：「淳鈞之鋒，驗於犀兕。」❻朝菌　傳說是一種朝生暮死的菌類，生命極為脆弱。❼珧華黎綠　均為古代寶玉之名。《戰國策・秦策三》說：宋有結綠，梁有懸黎，楚有和璧，為天下之美玉。❽不分朱紫　意謂不能區別正邪、是非、善惡。古代以朱為正色，而紫能亂朱。❾不辯菽麥　分不清豆與麥。辯，通「辨」。菽，豆類。❿僥求者　僥倖而獲得非分之利益與好處。僥求，僥倖以求利。

【語　譯】有人問道：「同樣的人才，有的窮困不遇，有的仕途通達，有什麼緣故呢？才能卓異的人仕途阻滯不暢，會有所怨恨嗎？」

抱朴子回答說：「器具學業相同的人，有的高居上位，有的受到壓抑，是因為後者沒有遇到知己。所以在個人進取的道路上，阻滯抑或順暢，乃是時世所造成的；通達抑或閉塞，乃是命中已定的。洞明時世的人對於沈淪不遇有什麼好遺憾的，知曉天命的人對於窮困卑賤又有什麼怨恨呢！沈闇、淳鈞，是精良鋒利的寶劍。然而不用它去削擊，連脆弱的朝菌也不能斬斷。珧華、懸黎與結綠，是價值連城的美玉。然而拋入泥濘中，石子瓦片就會堆積其上了。所以值得珍貴的寶物不一定會被珍貴，值得任用的人才不一定會被任用。

庸俗之徒，不善於識別事物。他們不能區分正與邪，不能辨別豆與麥。只知道將通達的人當作賢者，而不知道有僥倖求得者的仕途通達。只知道以困窮的人當作劣者，而不知道有固守道德者的處境窮困。

且夫懸象❶不麗天，則不能揚大明，灼無外❷；嵩岱不託地，則不能竦峻極，概雲霄❸。兔足因夷塗以騁迅，龍艘汎激流以效速❹。離光非燧人不熾❺，楚金非歐冶不剡❻。豐華俟發春而表豔，棲鴻待衝飆而輕戾❼。四嶽不明揚，則有鰥不登庸❽；叔牙不推賢，則夷吾不式厚❾。穰苴賴平仲以超踔❿，淮陰因蕭公以鷹揚⓫。雋生由勝之之談⓬，曲逆緣無知之薦⓭。元直起龍縈之孔明⓮，公瑾貢虎臥之興霸⓯。故能美名垂於帝籍，弘勳著於當世也。

【章　旨】才能之士，必須得遇知己的推薦，才能建立非凡的業績。

【注　釋】❶懸象　天象。指日月。《周易・繫辭上》：「懸象著明，莫大乎日月。」❷灼無外　照亮普天之下。灼，光明；鮮明。❸概雲霄　高插於雲霄。概，量。❹龍艘汎激流以效速　意謂大船順著激流，所以行駛迅速。❺離光非燧人不熾　離光，指太陽。燧人，指鑄造陽燧並用以取火的人。若無燧人，則不能取太陽之光以燃為火焰。《論衡・亂龍》：「今伎道之家，鑄陽燧取飛火於日。」❻楚金非歐冶不剡　若無歐冶子，則楚金不能鑄成寶劍。相傳歐冶子曾為楚王鑄龍淵、泰阿、工布三劍。剡，鋒利。❼棲鴻待衝飆而輕戾　衝飆，猛烈的風、大風。輕戾，輕飛而戾天。❽四嶽不明揚二句　如果沒有掌管四嶽之諸侯的明舉，則虞舜不會得到任用。四嶽，堯時掌管四嶽之諸侯。有鰥，指舜，無妻故名。登庸，舉用。事見《尚書・堯典》。❾叔牙不推賢二句　叔牙，指春秋齊國之鮑叔牙。夷吾，即管仲。齊桓公立，管仲被囚。經鮑叔牙大力推薦，管仲獲釋，被任命為上卿，輔佐齊桓公成就了霸業。❿穰苴賴平仲以超踔　晏嬰，字平仲，齊之正卿。晏子曾向齊景公推薦曰：「穰苴雖田氏庶孽，然其人文能附眾，武能威敵，願君試之。」齊景公乃任命穰苴為將軍。超踔，超越常規以提拔。見《史記・司馬穰苴列傳》。⓫淮陰因蕭公以鷹揚　淮陰，指漢之淮陰侯韓信。蕭何曾向劉邦推薦，說韓信「國士無雙」。劉邦於是設壇具禮，拜韓信為大將。見《史記・淮陰侯列傳》。⓬雋生由勝之之談　雋生，指雋不疑，西漢渤海人。治《春秋》，進退以禮，名聞州郡。暴勝之上表推薦，朝廷任命雋不疑為青州刺史。見《漢書》本傳。⓭曲逆緣無知之薦　曲逆，指漢之曲逆侯陳平。陳平投奔劉邦，經魏無知推薦，任命為都尉，使為參乘、典護軍。見《史記．陳丞相世家》。⓮元直起龍縈之孔明　三國徐庶，字元直，曾對劉備說：「諸葛孔明者，臥龍也，將軍豈願見之乎？」又說：「此人可就見，不可屈致也。」劉備遂三顧草廬，乃見。見《三國志．諸葛亮傳》。⓯公瑾貢虎臥之興霸　周瑜，字公瑾。甘寧，字興霸。甘寧投奔吳國，周瑜、呂蒙共為薦達，孫權於是加以信用，同於舊臣。見《三國志．甘寧傳》。

【語　譯】再說日月不懸掛在天，就不能放射光明，照亮天下。嵩山、泰山不依託大地，就不能高聳極天，插入雲霄。因為在平坦的道路上，所以兔子跑得飛快。因為順著激流，所以船隻航行迅速。沒有能應用陽燧的人，太陽的光不能點燃火焰。沒有歐冶子的運作，楚金不能鑄造成利劍。鮮花等待春天才開得豔麗，鴻雁趁著大風才能直飛雲霄。四嶽之諸侯不舉薦，虞舜就不會被任命。鮑叔牙不推賢，管仲就不會受重用。穰苴有賴晏子而得到超常的拔擢，韓信因為蕭何而得以表現其英武之才。雋不疑被任命是由於暴勝之的推舉，陳平受重用是因為魏無知的引薦。徐庶使得臥龍一樣的諸葛孔明騰空而起，周瑜使得伏虎一樣的甘興霸展露雄姿。所以他們能夠美名永垂於史冊，在當世建立起巨大的功勳。

漢之末年，吳之季世❶，則不然焉。舉士也必附己者為前，取人也必多黨者為決❷。而附己者不必足進之器也，同乎我，故不能遺焉。而多黨者不必逸群之才也，信眾口，故謂其可焉。或信此之庸猥❸，而不能遣所念之近情；或識彼之英異，而不能平心於至公。於是釋銓衡❹，而以疏數為輕重❺矣；棄度量，而以綸集為多少❻矣。于時之所謂雅人高韻，秉國之鈞❼，黜陟決己❽，褒貶由口者，尠哉免乎斯累也，又況於胸中率有憎獨立、疾非黨⑨、忌勝己、忽寒素⑩者乎？

【章　旨】漢、吳之末世，朝廷當權之臣以關係的疏密與朋黨之論說作為選舉人才的標準，因而失於公正。

【注　釋】❶季世　末世。❷多黨者為決　以黨援多者為先決條件。黨，朋黨。❸信此之庸猥　明知此人平庸無能。❹釋銓衡　放棄標準與原則。銓衡，衡量輕重之器具。❺以疏數為輕重　以關係之疏密為判斷的標準。數，密。❻以綸集為多少　意謂以朋黨之議論為褒貶抑揚之準則。綸，疑當作「論」。❼秉國之鈞　主持朝政，掌握權柄。❽黜陟決己　或升或貶，自己可以決定。降官曰黜，升官曰陟。❾非黨　不入朋黨。❿寒素　門第卑微之士。

【語　譯】漢代的末年，吳國的季世，則不是如此。那時薦舉士子便將依附自己的人放在前面，任用官員必定以黨援多者為決定性的考慮。而依附自己的人不一定有值得舉薦的器具，只是因為贊同自己，所以不能將他漏掉。黨援多的人不一定具有超群之才，只是因為眾口一詞，所以便認為他可以勝任了。或者明知此人平庸無能，然而放不下平時親近的感情。或者明知彼人英才卓異，然而不能秉持公心，正確對待。於是丟掉了衡量的標準，而以關係親疏為輕重的考慮；放棄了評價的尺度，而以朋黨的議論為原則。當時的所謂韻調高雅之士、執掌朝政之人，他們手中掌握著升降官員的權柄，口中可以任意地褒貶人物，他們很少能夠免除這一毛病，更何況那些心中憎惡獨立、嫉恨不依附朋黨、妒忌超過自己、輕忽門第寒微之士的人呢？

悲夫，澆俗之士❶，不群之人❷，所以比肩不遇，不可勝計！或抑頓於藪澤❸，或立朝而斥退也。蓋修德而道不行，藏器而時不會❹。或俟河清❺而齒已沒，或竭忠勤而不見知。遠行不騁於一世，勳澤❻不加於生民。席上之珍❼，鬱於泥濘。

濟物之才，終於無施。操築而不值武丁❽，抱竿而不遇西伯❾。自曩迄今，將有何限，而獨悲之，不亦陋哉！瞻徑路❿之遠，而恥由之。知大道之否⓫，而不改之。齊通塞於一塗，付榮辱於自然者，豈懷悒悶於知希，興永歎於川逝⓬乎？疑其有憾，是未識至人之用心也。小年之不知大年⓭，井蛙之不曉滄海⓮，自有來矣。」

【章旨】卓異超群之士，即使終身沈淪不遇，亦不會因之而鬱悶感傷。

【注釋】❶邈俗之士　遠超世俗之上的人。❷不群之人　卓異超群的人。❸抑頓於藪澤　被壓抑困頓於山林野澤之間。抑頓，遭壓制而困苦。❹藏器而時不會　懷抱才能而不逢其時。❺俟河清　河清，黃河水變清，比喻天下太平，得以施展抱負。傳說黃河水千年一清。❻勳澤　建立功勳，施恩澤於民。❼席上之珍　意謂儒者懷抱著美好的才能與品質，如同席上之有寶玉。《禮記・儒行》：「儒有席上之珍以待聘。」❽操築而不值武丁　相傳傳說操築於傅巖之野，武丁訪得，舉以為相。操築，操版築牆。武丁，即商高宗。❾抱竿而不遇西伯　相傳姜尚垂釣於磻溪，得遇周文王，被尊奉為師。抱竿，垂釣。西伯，即周文王。❿徑路　曲徑小路。⓫大道之否　遵循大道，則閉塞不通。否，閉塞。⓬興永歎於川逝　意謂隨著光陰的流逝而長嘆不已。《論語・子罕》：「子在川上曰：逝者如斯夫，不舍晝夜。」⓭小年之不知大年　生命短暫之物知識視野短淺，不能理解時間長久之事。《莊子・逍遙遊》：「小知不及大知，小年不及大年。奚以知其然也？朝菌不知晦朔，蟪蛄不知春秋，此小年也。楚之南有冥靈者，以五百歲為春，五百歲為秋。上古有大椿者，以八千歲為春，八千歲為秋，此大年也。」⓮井蛙之不曉滄海　井底之蛙不能理解滄海之廣大。《莊子・秋水》：「井蛙不可以語於海者，拘於虛也。」

【語譯】可悲啊，那些遠超世俗之士，卓爾不群之人，沈淪不遇者所以比比皆是，簡直數也數不清！他們有的遭受壓抑而困頓於山林湖澤之野，有的在朝任職卻遭遇貶謫與斥逐。修煉德行卻無法實現理想，懷抱才能而又不逢其時。有的等不到河清之日而生命已經終結，有的竭盡忠誠而不被人知。有超逸之才卻無從顯露，不能立功造福於人民。席上之珍卻被丟棄在泥濘之中，有濟世之才卻畢生難以實施。操版築牆卻不能像傅說一樣得遇武丁，垂竿釣魚卻不能像姜尚之得遇周文王。從古到今，這樣的事情無限之多，而獨自感到悲傷，這不是太過鄙陋了嗎！眼見邪徑小路可通向遠處，但卻恥於去走；明知大道正路閉塞難通，但卻絕不更改。將通達與閉塞等同看待，無論榮辱都付之自然，這樣的人怎麼會為了知者稀少而憂鬱煩悶，怎麼會隨著光陰的流逝而長嘆不已呢？懷疑他們會有所遺憾，這是不明瞭至人的心思。生命短暫之物不能理解生命長久之物，井底之蛙不能理解滄海的廣大，已經由來很久了。」

重言

【題解】本文假設玄泊先生之論，提倡慎於辭令、不尚言談的人生態度。

慎於言辭的思想，為古代儒道兩家所共有。傳說孔子觀周，入於太廟，見有金人三緘其口。背後有銘文曰：「古之慎言人也。戒之哉！無多言，多言多敗！」孔子便對弟子們說：「小子識之！行身如此，豈以口過患哉！」《老子・第五章》曰：「多言數窮，不如守中。」又曰「大辯若訥。」

本文提倡「重言」，則是與晉代的清談之風相反對的。晉代的清談，又稱「玄言」，多談老、莊話題。時或義理不安，便隨口更改，號曰「口中雌黃」。後進之士，紛紛倣效，於是形成了一種矜高浮誕的社會風氣。文中藉玄泊先生的論說批評這種不看對象、徒爭口舌的清談之風有害無益，寄寓著矯正時弊的意義。

抱朴子曰：「余友人玄泊先生❶者，齒在志學❷，固已窮覽《六略》❸，旁綜《河》《洛》❹。晝競羲和之末景❺，夕照望舒之餘輝❻。道靡遠而不究，言無微而不測。以儒墨為城池❼，以機神為干戈❽。故談者莫不望塵而銜璧❾，文士寓目而格筆❿。俄而寤智者之不言，覺守一之無咎⓫。意得則齊荃蹄之可棄⓬，道乖則覺唱高而和寡。於是奉老氏多敗之戒⓭，思金人三緘之義⓮。括鋒穎而如訥⓯，韜修翰於形管⓰。含金懷玉，抑謐華辯⓱。終日彌夕⓲，或無一言。」

【章　旨】玄泊先生遍覽群籍，學識廣博，而尊奉多言多敗之告誡，盡日緘默，或無一言。

【注　釋】❶玄泊先生　假名。玄泊，沖遠而淡泊。❷齒在志學　十五歲的年紀。《論語・為政》：「吾十有五而志於學。」❸六略　《論衡・案書》：「《六略》之錄萬三千篇，雖不盡見，指趣可知。」❹河洛　指《河圖》、《洛書》及讖緯之書。❺書競羲和之末景　意謂白天讀書，一直到太陽偏西。羲和之末景，指太陽之餘暉。❻夕照望舒之餘輝　意謂晚上還在月光下閱讀。望舒，指月亮。❼以儒墨為城池　堅持儒家、墨家的學說，如同固守城池。❽以機神為干戈　意謂隨機變化，靈活應對。機神，心神。❾望塵而銜璧　意謂望風而投降。古代戰敗出降者，銜璧以示有罪當死。❿寓目而格筆　意謂以文辭論辯者，一見對手就擱筆了。格，停止。⓫守一之無咎　只有專心守一，才能免除禍殃。守一，精思固守。乃道家修煉之術。⓬意得則齊荃蹄之可棄　荃，捕魚的魚笱。蹄，捕兔的網。魚笱用以捕魚，兔網用以捕兔。既已捕得魚與兔，則荃與蹄便可以棄置。比喻語言是為了達意的，所以得意便可以忘言。《莊子・外物》：「荃者所以在魚，得魚而忘荃；蹄者所以在兔，得兔而忘蹄。言者所以在意，得意而忘言。」⓭奉老氏多敗之戒　《老子・第五章》曰：「多言數窮。」⓮思金人三緘之義　金人，銅鑄人像。三緘，封口三重。相傳孔子觀周，見太廟有金人，三緘其口。而背有銘文曰：「古之慎言人也。戒之哉！無多言，多言多敗！」見《說苑・敬慎》。⓯括鋒穎而如訥　將鋒芒斂藏起來，如同不善言談。括，閉束。訥，語言遲鈍。⓰韜修翰於形管　將筆裝進筆管中，不再寫作文章。韜，收藏。彤管，赤管筆。⓱抑謐華辯　停止以華麗之辭為論爭。謐，靜止。⓲終日彌夕　從早到晚。

【語　譯】抱朴子說：「我有一位名叫玄泊先生的友人，他剛十五歲時，就已經遍覽《六略》所載錄的書籍，無論旁及《河圖》、《洛書》。白天學習到太陽偏西，晚上還在月光下讀書。無論怎樣深奧的道理都加以探究，無論怎樣精微之言都加以研討。將儒家、墨家的學說當作固守的城池，將隨機應對當作論辯的干戈。所以與之辯論的人都莫不望塵而敗北，與之筆墨爭鋒的人也都擱筆不寫了。然而不久，他領悟到智者不言的道理，認識到只有集中精神、專心守一才能免除禍患。只要內心體味了道的真意，語言之形跡便可以摒棄了。而所奉行之宗旨與世不合，就會感到曲高而和寡。於是遵照老子多言必敗的告誡，想起周廟金人三緘其口的啟示。將鋒芒收藏起來，好像不善於言辭；將筆套入彤管，從此停止寫作。才華蘊涵在胸，不再修飾辭藻，進行論辯。有時從早到晚，一言不發。」

門人進曰：「先生默然，小子胡述？且與庸夫無殊焉。竊謂號鍾❶不鳴，則不異於積銅；浮磬❷息音，則未別乎聚石也。」

玄泊先生答曰：「吾特收遠名於萬代，求知己於將來。豈能競見知於今日，標格於一時❸乎！陶甄❹以盛酒，雖美不見酣❺；身卑而言高，雖是不見信。徒卷舌❻而竭聲，將何求於流遁❼！古人六十笑五十九❽，不遠迷復❾，乃覺有以也。

夫玉之堅也，金之剛也，冰之冷也，火之熱也，豈須自言，然後明哉？且八音、九奏❿，不能無長短之病；養由⓫百發不能止，將有一失之疏。翫憑河⓬者，數溺於水；好劇談⓭者，多漏於口。伯牙⓮謹於操絃，故終無煩手之累⓯；儒者敬⓰其辭令，故終無樞機之辱⓱。」

【章旨】玄泊先生表明自己不求世俗見知，而是為了贏得萬代之名。

【注釋】❶號鍾　傳說古琴之名。❷浮磬　泗水岸邊之石，若浮水中，可製為磬。《尚書・禹貢》：「泗濱浮磬。」❸標格於一時　求得一時之高名。標格，風範。❹陶甄　指陶製之酒具。❺酣　飲酒而樂。❻卷舌　不言。據上下文意，疑為「鼓舌」之訛。❼流遁　隨波逐流，沈醉放逸之中。❽古人六十笑五十九　意謂古人六十歲時，能認識到五十九歲時的錯誤，而加以糾正。《淮南子．原道》：「蘧伯玉年五十，而知四十九年非。」❾不遠迷復　迷途未遠，而能返回正道。❿八音九奏　八音，指鐘、磬、琴瑟、簫管等八類樂器。九奏，九成之樂。⓫養由　養由基，春秋時善於射箭者，傳說他能百發百中。⓬憑河　徒步過河。代指游泳。⓭劇談　指激烈的論辯、論爭。⓮伯牙　春秋時人，精於琴藝。傳說只有鍾子期能理解他的琴聲，因而子期死後，他便終身不再鼓琴。⓯煩手之累　指煩雜不正之樂聲。《左傳．昭公元年》：「煩手淫聲，慆堙心耳，乃忘平和，君子弗聽也。」⓰敬　謹慎；警戒。⓱樞機之辱　因為言辭而引起的羞辱、禍患。《周易．繫辭上》：「言行，君子之樞機。樞機之發，榮辱之主也。」

【語　譯】門人進言說：「先生沈默不語，學生有什麼可記述以流傳的呢？而且閉口不言，就與平常人沒有區別。我私下以為號鍾若不彈奏，就與積銅沒有兩樣；浮磬如果不敲響，就與石頭難以區分了。」

玄泊先生回答說：「我只是想要贏得後世萬代之名，希望為未來的人們所理解。怎麼會去與世俗競爭，以求得今人的知曉，獲得一時的美名呢！用陶器盛酒，即使酒美飲者也不高興；地位低下而言談高妙，即使談得正確也不為人相信。徒然聲嘶力竭、枉費口舌，又豈能挽救世風的荒縱放逸！古人六十歲時能認識到五十九歲之非，因而從不遠的迷途中返回，是有道理的。

玉的堅實，金的剛硬，冰性之冷，火性之熱，難道需要它們自己說出，然後才能明白？而且樂器合奏，音聲繁複，其中難免有或長或短的缺點；養由基射箭百發百中，也會有偶爾的一次疏失。喜歡游泳的人，經常遭到淹沒的危險；喜歡激烈爭辯的人，多有失口說錯話的時候。伯牙不輕易彈琴，所以避免了繁雜不正的毛病；儒者言辭謹慎，因而就不會由此而遭受禍患。

淺近之徒，則不然焉。辯虛無之不急，爭細事以費言。論廣修〈堅白〉無用之說❶，誦諸子非聖過正之書。損教益惑❷，謂之深遠。委棄正經❸，競治邪學。

或與闇見者❹較脣吻之勝負，為不識者吐清商之談對❺。非敵力之人❻，旁無賞解之客。何異奏雅樂於木梗之側，陳玄黃於土偶之前❼哉！徒口枯氣乏，椎杭抵掌❽。斤斧缺壞而槃節不破❾，勃然戰色❿而乖忤愈遠。致令恚容表顏⓫，醜言自口。偷薄之變⓬，生乎其間。既玷之謬，不可救磨⓭。未若希聲以全大音⓮，約說以俟識者⓯矣。」

【章　旨】淺近之徒，違背經典，修飾言辭，損害教化，或者不看對象，徒費口舌。言語雖多，卻無益於社會。

【注　釋】❶論廣修堅白無用之說　指戰國公孫龍子論刑名關係的學說。公孫龍曾著〈堅白論〉，將石之白與石之堅分割立論，其中說：「曰石之白，石之堅，見與不見二，與三若廣修而相盈也。」❷損教益惑　損害教化，增添世人的疑惑。❸正經　指《詩》、《書》、《禮》、《易》、《春秋》等儒家經典著作。❹闇見者　見識愚昧、不明事理者。❺清商之談對　清雅高妙之談。清商，古曲、雅調。❻敵力之人　指學問、見識可相匹敵者。❼陳玄黃於土偶之前　將彩色之物陳列於泥土人像之前，以供其欣賞。玄黃，彩色絲帛。土偶，土製的泥人。❽椎杭抵掌　椎杭，《四庫全書》本作「雄抗」。抵掌，擊掌而交談。❾斤斧缺壞而槃節不破　將斧頭劈缺了而盤根錯節之木尚未劈開。比喻對方冥頑難化，費盡口舌而無效果。❿勃然戰色　形容態度莊重，顯出敬畏的神色。⓫恚容表顏　恚，發怒。表，《四庫全書》本作「喪」，意謂神情憤怒而又沮喪。⓬偷薄之變　偷薄，輕薄；不厚道。變，變故。⓭既玷之謬二句　意謂語言的失誤，無法追悔。《詩經．大雅．抑》：「白圭之玷，尚可磨也；斯言之玷，不可為也。」⓮希聲以全大音　沈默以保全最偉大的聲音。《老子．第十四章》：「聽之不聞名曰希。」又第四十一章：「大音希聲。」⓯約說以俟識者　少說話以待能理解自己的同志。

【語　譯】淺近之徒，就不是如此了。他們辯說虛無不急之事，為細小的問題而浪費言辭。論析堅白無用的學說，誦讀諸子非毀聖人的不正之書。損害教化，增添人們的疑惑，將這稱之為深遠。棄置正經，爭先恐後地去研治邪學。或者跟那些見識闇昧的人爭執言辭的勝負，向那些不能理解的人談論高雅的話題。清談沒有才識相當的對手，身旁沒有能夠欣賞理解的同伴。這與對著木梗彈奏雅正的樂曲，在泥土人像前陳列燦爛的顏色，又有什麼區別呢！徒然耗費氣力、唇焦口燥，相對長時間的交談。然而斧頭砍缺了，木頭疙瘩還未劈開；態度愈是恭順，而理解相距愈遠。於是顯出了憤怒又沮喪的表情，說出了不好聽的話語。損害情感的衝突，也就產生了。話說錯了，令人追悔莫及。還不如沈默以保全大音，寡言以等待未來的識者。」

卷五〇 自敘

【題解】本篇介紹作者自己的家世、經歷、著作及性格。

葛洪出生於江南著名的士族家庭，祖父、父親都曾在吳國擔任要職。葛洪生活的時代，則朝廷多故，社會動盪，戰亂頻仍。他剛二十歲時，家鄉一帶就發生了戰事。亂平之後，他前往洛陽搜尋異書，又親眼目睹了「八王之亂」的烽煙。此後他長期奔走於徐、豫、荊、襄、江、廣數州之間，對於政局反覆、社會紛擾、民間疾苦以及人生無常都有了深切的感受。

葛洪年輕時的理想，是「精治五經，著一部子書，令後世知其為文儒而已」。建武年間，他撰成初稿，對於社會政治、學術、倫理、風俗進行了廣泛的論述，合為《抱朴子・外篇》。後來他又專注於神仙道術及醫術，故又撰寫了《抱朴子・內篇》、《神仙傳》、《肘後備急方》等著作。

葛洪的一生著述不倦，而中年以後尤其歸心於神仙長生之說，是一個既通儒家經典，又對道家及道教學說有著深入研究的學者。所以《晉書》評曰：「稚川束髮從師，老而忘倦。紬奇冊府，總百代之遺編；紀化仙都，窮九丹之祕術。謝浮榮而捐雜藝，賤尺璧而貴分陰。游德栖真，超然事外。全生之道，其最優乎！」又讚曰：「稚川優洽，貧而樂道。載範斯文，永傳洪藻！」

葛洪既是晉代著名的道教理論家，又通曉金丹術，也是成績卓著的醫藥學家。所以他在中國哲學史、宗教史、科學史上都有著自己的地位。而本篇則是研究其生平及思想的重要資料。

抱朴子者，姓葛，名洪，字稚川，丹陽句容❶人也。其先葛天氏❷，蓋古之有天下者也。後降為列國，因以為姓焉。

洪曩祖❸為荊州刺史。王莽之篡，君恥事國賊，棄官而歸。與東郡太守翟義❹共起兵，將以誅莽。為莽所敗，遇赦免禍，遂稱疾，自絕於世。莽以君宗強❺，慮終有變，乃徙君於琅邪❻。君之子浦廬，起兵以佐光武，有大功。光武踐祚❼，以廬為車騎，又遷驃騎大將軍，封下邳僮縣侯，食邑五千戶。開國初，侯❽之弟文隨侯征討，屢有大捷。侯比上書為文訟功，而官以文私從兄行，無軍名，遂不為論。侯曰：「弟與我同冒矢石，瘡痍周身，傷失右眼，不得尺寸之報。吾乃重金累紫❾，何心以安？」乃自表乞轉封於弟，書至上請報。漢朝欲成君高義，故特聽焉。文辭不獲已，受爵即第。為驃騎❿營立宅舍於博望里，于今基兆石礎⓫存焉。又分割租秩⓬，以供奉吏士，給如二君焉。驃騎殷勤止之⓭，而不從，驃騎曰：「此更煩役國人，何以為讓？」乃託他行，遂南渡江，而家于句容。子弟躬耕，以典籍自娛。文累使奉迎驃騎，驃騎終不還。又令人守護博望宅舍，以冀驃騎之反⓮，至于累世無居之者。

洪祖父⓯學無不涉，究測精微。文藝之高，一時莫倫，有經國之才。仕吳，歷宰海鹽、臨安、山陰三縣。入為吏部侍郎、御史中丞、廬陵太守、吏部尚書、太子少傅、中書、大鴻臚、侍中、光祿勳，封吳壽縣侯。

洪父⑯以孝友聞，行為士表。方冊所載，罔不窮覽，仕吳五官郎、中正，建城、南昌二縣令，中書郎、廷尉、平中護軍，拜會稽太守。未辭，而晉軍順流，西境不守。博簡秉文經武之才⑰，朝野之論僉然推君⑱，於是轉為五郡赴警。大都督給親兵五千，總統征軍，戍遏疆埸⑲。天之所壞，人不能支。故主欽若⑳，九有同賓㉑。君以故官赴，除郎中，稍遷至大中大夫，歷位大中正、肥鄉令。縣戶二萬，舉州最治，德化尤異。恩洽刑清，野有頌聲，路無姦跡。不佃公田㉒，越界如市㉓。秋毫之贈，不入于門。紙筆之用，皆出私財。刑厝而禁止㉔，不言而化行。以疾去官，發詔見用為吳王郎中令，正色弼違㉕，進可替否㉖，舉善彈枉，軍國肅雍㉗。遷邵陵太守，卒於官。

【章旨】介紹遠祖讓功遷徙、移居句容之事以及祖父之輩居官廉正、德化興盛之功績。

【注釋】❶丹陽句容　晉丹陽郡，屬揚州，統縣十一，句容其一也。❷葛天氏　傳說中遠古之帝王。夏時諸侯有葛伯，封於葛，以國為姓。❸曩祖　往古之遠祖。未知其名。❹翟義　字文仲。少為郎，年二十出為南陽都尉。先後任弘農太守、河內太守、青州牧、東郡太守，起兵討王莽，兵敗被殺。事見《漢書．卷八四》。❺宗強　家族勢力強盛。宗，宗族。❻琅邪　郡名。在今山東膠南、諸城一帶。❼光武踐祚　劉秀，東漢建立者。建武元年稱帝，定都洛陽，諡光武帝。踐祚，即帝位。

❽侯　指葛浦廬。❾重金累紫　謂居高官厚爵之位。金紫，金印紫綬。❿驃騎　亦指葛浦廬。曾官驃騎大將軍，故稱。⓫基兆石礎　房屋地基。兆，界域。礎，房屋柱下的石墩。⓬租秩　封地之租賦及居官之俸祿。⓭殷勤止之　情真意切，加以勸阻。殷勤，親切之情態。⓮冀驃騎之反　希望其兄葛浦廬返歸。反，通「返」。⓯洪祖父　諱奚，一作「系」。《三國志・吳書・卷二〇・賀邵傳》謂「近鴻臚葛奚，先帝舊臣，偶有逆忤，昏醉之言耳。三爵之後，禮所不諱。陛下猥發雷霆，謂之輕慢，飲之醇酒，中毒隕命。」即此人。⓰洪父　《晉書・葛洪傳》曰：「父悌，吳平後，入晉為邵陵太守。」⓱博簡秉文經武之才　廣泛地挑選能文能武的才能之士。簡，選擇。⓲僉然推君　一致推許葛洪之父葛悌的才能。僉，皆；眾。⓳戍遏疆埸　戍防邊界，抵禦來犯之敵。疆埸，國界。⓴故主欽若　意謂吳國之君主投降稱臣。欽若，敬順以奉上。《尚書・說命》：「惟臣欽若。」㉑九有同賓　四方歸順，天下一統。九有，九州；天下。賓，歸服；順從。㉒不佃公田　不從公田中獲取利益。公田，官府所有的田地。㉓越界如市　到所管轄地界以外去購買物品。表示不藉職務之便以獲得好處。㉔刑厝而禁止　不動刑罰，而為非作歹的現象亦得以禁止。厝，通「措」。措置。無人犯法，刑法擱置不用，謂之刑措。㉕正色弼違　嚴肅地糾正其過失。弼違，輔正、矯正其失誤。㉖進可替否　意謂堅持正確的，廢止錯誤的。否，原作「不」，據《四庫全書》本校改。㉗肅雍　禮儀盛大，井然有序。《詩經・大雅・思齊》：「雍雍在宮，肅肅在廟。」

【語　譯】抱朴子，姓葛，名洪，字稚川，是丹陽郡句容縣人。始祖葛天氏，是上古的帝王，後來降為諸侯，於是便以封國為姓。

葛洪的遠祖曾任荊州刺史。王莽篡國時，他以奉事國賊為恥辱，於是拋棄官職，回到鄉里。與東郡太守翟義一起舉兵，將要討伐誅滅王莽。被王莽軍擊敗，遇上朝廷大赦而免禍，就稱病不與世交往。王莽因為葛氏宗族強盛，耽心會有所變故，便強迫遷徙到琅邪郡。其子葛浦廬，起兵輔佐劉秀，建立了大功。劉秀登基稱帝後，任命葛浦廬為車騎將軍，又遷驃騎大將軍，封下邳僮縣侯，食邑五千戶。光武帝劉秀開國初年，葛浦廬之弟葛文隨兄討敵，多次獲得大勝。浦廬多次上書為弟請功，而朝廷因為葛文私自隨兄出征，軍籍冊子上沒有他的名字，便不承認他的功績。浦廬說：「弟弟與我同冒箭矢，創傷遍體，失去了右眼，得不到絲毫的報償。而我卻得到高官厚爵，心中怎麼能安寧呢？」於是上表朝廷，請求將自己的爵位官職轉封給弟弟。

上書送達，朝廷想要成全浦盧崇高的節義，所以特予批准。葛文推辭，不得已才接受了官爵，到府第就任。同時為其兄浦盧在博望里修建房舍，那裡的屋基界石至今尚存。又將租稅俸祿分成兩份，分別供給兩家的屬吏及兵士，就像兩個主人一樣。葛浦盧真誠地制止其弟的作法，而葛文不聽從。葛浦盧說：「這樣做是給國人增添新的麻煩，怎麼算得上讓爵祿呢？」於是藉口因他事外出，南行渡江，安家定居於丹陽之句容。子弟躬耕務農，閒暇閱讀典籍以娛樂身心。葛文多次派人前去迎接，而浦盧一家終究沒有回去。葛文又令人守護博望里的房宅，希望其兄一家返回，以至於那裡多少代都無人居住。

葛洪的祖父學問無所不涉，並且能夠探測掌握其中的精微奧妙。文章藝術造詣之高，一時無人可比，又有經邦濟世之才。仕於吳國，歷任海鹽、臨安、山陰三縣的縣宰，又入朝為吏部侍郎、御史中丞、廬陵太守、吏部尚書、太子少傅、中書、大鴻臚、侍中、光祿勳，封吳壽縣侯。

葛洪的父親以孝敬長輩、友愛兄弟而聞名，舉動成為士人的楷模。書籍圖冊所記載，沒有不閱覽通讀的。出仕吳國任五官郎、中正，建城、南昌二縣令，中書郎、廷尉、平中護軍，拜會稽太守。在任時，晉軍順江而下，西方邊境難以守衛。朝廷選擇能文能武之士，他得到朝野上下一致的推許。於是轉任五郡赴警，大都督交給五千親兵，讓他統一指揮，防守邊疆。然而天意將要使之崩壞，人力就無法支撐。吳國之君投降稱臣，天下九州都歸順於晉室。他以原任官職入朝，被任命為郎中，又升為大中大夫，歷位大中正、肥鄉令。縣有戶兩萬，是全州治理最好的，推廣教化尤其成績優異。恩德廣被，法治清正，百姓頌揚於野。路途平安，作奸犯科之事絕跡。他不從官府公田獲利，還到管轄境外購買物品。即使是細小的贈物，也不接受。所用的文具紙筆，都由私人購買。所以刑法無所施用，禁令得以執行，清靜無為而教化普及。後來因病去職，朝廷詔書又任命他為吳王郎中令。他態度嚴肅，恪盡職守，堅持原則，糾正錯誤，進善退惡，使得一切都秩序井然。轉任邵陵太守，在官任上去世。

洪者，君之第三子也。生晚，為二親所嬌饒❶，不早見督以書史。年十有三，而慈父見背❷，夙失庭訓❸。飢寒困瘁，躬執耕穡，承星履草，密勿疇襲❹。又累遭兵火，先人典籍蕩盡，農隙之暇無所讀，乃負笈徒步行借。又卒於一家少得全部之書，益破功日，代薪賣之，以給紙筆。就營田園處，以柴火寫書❺。坐此之故，不得早涉藝文。常乏紙，每所寫反覆有字，人尠能讀也。

年十六，始讀《孝經》、《論語》、《詩》、《易》。貧乏無以遠尋師友，孤陋寡聞，明淺思短，大義多所不通。但貪廣覽，於眾書乃無不暗誦精持❻。曾所披涉，自正經、諸史、百家之言，下至短雜文章近萬卷。既性闇善忘，又少文，意志不專，所識者甚薄，亦不免惑。而著述時猶得有所引用，竟不成純儒，不中為傳授之師。其《河》《洛》圖緯❼，一視便止，不得留意也。不喜星書❽及算術❾、九宮❿、三棊⓫、太一飛符⓬之屬，了不從焉，由其苦人而少氣味也。晚學風角⓭、望氣⓮、三元⓯、遁甲⓰、六壬⓱、太一⓲之法，粗知其旨，又不研精。亦計此輩率是為人用之事，同出身情無急。以此自勞役，不如省子書之有益，遂又廢焉。

案〈別錄〉⓳、〈藝文志〉⓴，眾有萬三千二百九十九卷。而魏代以來，群文滋長，倍於往者，乃自知所未見之多也。江表書籍，通同不具。昔欲詣京師，索奇異，而正值大亂，半道而還，每自歎恨。今齒近不惑，素志衰頹，但念損之又損，為乎無為㉑。偶耕㉒藪澤，苟存性命耳。博涉之業，於是日沮㉓矣。

【章旨】自述博覽群書的求學經歷以及思想志趣的轉變過程。

【注釋】❶嬌饒　嬌養。❷見背　去世；離開了我們。❸庭訓　父親的教誨。❹密勿疇襲　勤勉致力於田園耕作。密勿，努力；勤勉。疇，田地。襲，疑「壟」字之訛。❺就營田園處二句　《藝文類聚・卷五八》作「晝營園田，夜以柴火寫書」。❻乃無不暗誦精持　據上下文意，「無不」疑衍一字。精持，造詣精深。❼河洛圖緯　《河圖》、《洛書》及六經諸緯之書，東漢時盛行於世。❽星書　以星象占卜人間吉凶的圖書。❾算術　指推算曆象之方術及書籍。❿九宮　一種預測的方術。八卦之宮及北辰所居之中央，合稱九宮。⓫三棊　一種依據棋局變化以預測未來的方術。⓬太一飛符　太一，北極神之別名。飛符，以符籙禳禍辟邪之方術。⓭風角　古代的一種方術，候四方之風以占吉凶。⓮望氣　觀察雲氣以確定吉凶。⓯三元　一種方術，即以六十甲子配九宮，得一百八十年為一周始。第一甲子為上元，第二甲子為中元，第三甲子為下元，合稱三元，預言天地人事的變化。⓰遁甲　古代的一種方術。以天干之乙、丙、丁為三奇，以戊、己、庚、辛、壬、癸為六儀，分置九宮，而以甲統之，推斷吉凶，以決定趨避。⓱六壬　古代以陰陽五行占卜吉凶的方術，與遁甲、太乙合稱「三式」。⓲太一　古代占斷吉凶之方術，《史記・日者列傳》載有「太一家」。⓳別錄　漢建始中，劉向校書祕閣，每完一書，寫出題要，以抄錄上報，稱〈別錄〉。⓴藝文志　指《漢書・藝文志》，其末曰：「大凡書，六略三十八種，五百九十六家，萬三千二百六十九卷。」㉑損之又損二句　不斷地減損，克服物欲私念，達到無為之境地。《老子・第四十八章》：「為學日益，為道日損。損之又損，以至於無為。」㉒偶耕　二人並耕。偶，通「耦」。㉓沮　停止；棄置。

【語譯】葛洪，是父親的第三個兒子。因為出生晚，為父母親所嬌養，沒有被督促早些讀書。十三歲時，慈父去世，因而很早就失去了聆聽父親教誨的機會。飢寒困苦，必須親自耕作務農，頂著星月，踏著草徑，勤力於田園農事。又多次遭遇兵火戰亂，先輩傳下的書籍圖冊蕩然無存。農事餘暇沒有書讀，於是揹著箱子步行各處借書來讀。倉猝之間，難得在一家找到所需的全部書籍，於是更加花費功夫砍柴去賣，將所得的錢購買紙筆。白天經營田園，晚上在燈火下抄書。由於這個緣故，未能早涉藝文，經常缺少紙張，每所抄寫的紙正反兩面都有字，旁人很少能讀懂。

十六歲時，開始閱讀《孝經》、《論語》、《詩經》、《周易》。由於家境貧窮，不能到遠處尋師訪友，因而孤陋寡聞，才思短淺。文中大義常常不能理解，只是貪圖博覽，對於各種書籍未加熟讀，沒有深入的研究體會。所披閱的經典、史書、諸子百家之言，以及短雜文集，一共將近萬卷。性既愚昧而善忘，又缺少文思，意志不專，所能理解的很淺薄，也不免有疑惑不解的地方。而著述之時還是有所引用，竟不得成為純正的儒者，不能作傳授之師。那些《河圖》、《洛書》及多種緯書，一看就放下了，沒有加以留意。不喜歡星書及算術、九宮、三棊、太一飛符之類，完全不致力其中。因為讀此類書籍，既苦而又乏味。後來學習風角、望氣、三元、遁甲、六壬、太一之法，粗略地懂得其旨意，又沒有深入的研究。也由於想到這些方術都是為人所用之事，同樣對於個人身心的修煉並不急迫。與其勞心費力讀這些，不如閱覽子書對人有益，於是又將這些廢棄了。

據《別錄》及《漢書‧藝文志》，所載錄之書共有一萬三千二百九十九卷。而魏代以來，各種圖書文集迅速增加，比以前翻倍。我才知道自己所未見的書很多。江東地區的書籍，這些都一概沒有。從前曾經想前往京城，尋求奇文異書。然而正值中原大亂，只得半途而返，常常為此而嘆恨。如今年近四十，以前的志氣衰弱了。只想到損之又損，清靜無為，耕作田野，保全性命而已。博覽群書之事，於是日益荒廢了。

洪之為人也，而騃野❶，性鈍口訥❷，形貌醜陋，而終不辯自矜飾❸也。冠履垢弊，衣或襤褸，而或不恥焉。俗之服用，俄而屢改。或忽廣領而大帶，或促身而修袖❹，或長裾曳地❺，或短不蔽腳。洪期於守常，不隨世變，言則率實，杜絕嘲戲。不得其人，終日默然。故邦人咸稱之為抱朴之士，是以洪著書，因以自號焉。

洪稟性尪羸❻，兼之多疾，貧無車馬，不堪徒行，行亦性所不好。又患弊俗捨本逐末，交游過差，故遂撫筆閑居，守靜蓽門❼，而無趨從之所。至於權豪之徒，雖在密跡❽，而莫或相識焉。衣不辟寒，室不免漏，食不充虛，名不出戶，不能憂也。貧無僮僕，籬落頓決❾。荊棘叢於庭宇，蓬莠塞乎階霤❿。披榛出門，排草入室。論者以為意遠忽近，而不怒⓫其乏役也。不曉謁⓬，以故初不修見官長。至於弔大喪，省困疾，乃心欲自勉強。今無不必至，而居疾少健，恆復不周。每見譏責於論者，洪引咎而不恤⓭也。意苟無餘，而病使心違⓮，顧不媿己而已，亦何理於人之不見亮⓯乎！唯明鑒之士，乃恕其信抱朴，非以養高⓰也。

世人多慕豫親之好⓱，推闇室之密⓲。洪以為知人甚未易，上聖之所難⓳，浮雜之交，口合神離⓴，無益有損。雖不能如朱公叔㉑一切絕之，且必須清澄詳悉㉒，乃處意焉。又為此見憎者甚眾，而不改也。馳逐苟達，側立勢門者，又共疾洪之異於己而見疵毀，謂洪為傲物輕俗。而洪之為人，信心而行㉓，毀譽皆置於不聞。

至患近人，或恃其所長，而輕人所短。洪忝為儒者之末，每與人言，常度其所知而論之，不強引之以造彼所不聞也。及與學士有所辯識，每舉綱領。若值惜短，難解心義，但粗說意之與向，使足以發寤而已，不致苦理，使彼率不得自還㉔也。彼靜心者存詳而思之，則多自覺而得之者焉。度不可與言者，雖或有問，常辭以不知，以免辭費之過㉕也。

洪性深不好干煩官長，自少及長，曾救知己之抑者數人，不得已有言於在位者。然其人皆不知洪之恤㉖也，不忍見其陷於非理，密自營之耳。其餘雖親至者在事秉勢，與洪無惜者，終不以片言半字少累之也。至於糧用窮匱，急合湯藥，則喚求朋類，或見濟，亦不讓也。受人之施，必皆久久漸有以報之，不令覺也。非類則不妄受其饋致焉。洪所食有旬日之儲，則分以濟人之乏。若殊自不足，亦不割己也。不為皎皎之細行，不治察察㉗之小廉。村里凡人之謂良守善者，用時或齎酒餚候洪，雖非儔匹，亦不拒也，後有以答之，亦不登時㉘也。洪嘗謂史雲不食於昆弟㉙，華生治潔於昵客㉚，蓋邀名之偽行，非廊廟之遠量也。

【章　旨】自述不喜交結世俗，不愛拜訪長官，以及不計毀譽、平易謙和之性格。

【注　釋】❶而騃野　意謂樸實、直率，不善文飾。《論語·雍也》：「質勝文則野。」案：「而」上有脫文。❷性鈍口訥　稟性遲鈍，不善於言辭。訥，語言遲鈍。❸不辯自矜飾　不加裝飾，不誇耀作態。❹促身而修袖　束身而長袖。促身，腰身很窄。❺長裾曳地　衣襟很長，拖在地上。❻尪羸　身體瘦弱。尪，身軀彎曲之貌。羸，瘦弱。❼蓽門　編荊竹為門；柴門。蓽，通「篳」。❽密跡　緊挨著；距離很近。❾籬落頓決　籬笆牆崩壞、缺口。籬落，竹條樹枝編成的柵欄，即籬笆。❿蓬莠塞乎階霤　階前屋簷下長滿了蓬蒿等雜草。莠，狗尾草。霤，屋簷下滴水處。⓫怒　原本作「恕」，此據《道藏》本。⓬不曉謁　孫星衍校曰：「有脫文。」⓭引咎而不恤　承認過失，然而不為之憂愁。恤，憂慮。⓮病使心違　以違心的舉動為痛苦。⓯亮　通「諒」。⓰養高　保持及培養崇高的聲譽。⓱豫親之好　意謂關係密切，親屬女眷可以一起娛樂，而不必迴避。豫，娛樂。⓲閨室之密　親密無間，可以進入內室。⓳知人甚未易二句　知人之明，對於聖人也是一件困難的事情。⓴離一作「疕」，或作「疵」。㉑朱公叔　朱穆，漢宛人，有感於時俗，乃著〈絕交論〉，《後漢書》有傳。㉒清澄詳悉　認真考察，了解得清楚明白。㉓信心而行　按照自己的認識，對的就去做。㉔不致苦理二句　不把道理講得過於尖銳，使對方難以改變錯誤的認識。自還，自我糾正錯誤觀點。㉕辭費之過　徒費口舌，而無作用之過失。辭費，多說無謂的空話。㉖恤　救助；幫助。㉗察察　清潔；高潔。㉘登時　當時；馬上。㉙史雲不食於昆弟　范丹，一名冉，字史雲，漢末之名士。結草屋而居，有時絕粒，時人有「甑中生塵范史雲」之說。據傳范丹之姊病，范丹前往看望。姊設食，范丹因姊夫不德，出門留二百錢。昆弟，兄弟、親戚友好。這裡指姊夫。㉚華生治潔於昵客　華生，指華歆，字子魚，漢魏之名士。《世說新語・德行》記載說：華歆在子弟面前衣冠整齊，雖閒室之內，儼若朝典。

【語　譯】葛洪為人樸質，性情遲鈍，不善言辭，外貌醜陋，然而從來不故作修飾之態。戴著舊帽子，穿著舊鞋子，衣服也是破爛的，葛洪卻不以此為羞恥。世俗的穿戴服飾變更很快，一會兒寬領而大帶，一會兒緊身而長袖，有的衣襟拖在地上，有的又遮不住雙腳。葛洪只希望保持正常，不隨世俗而改變。言談直率求實，絕不互相嘲戲。如果不遇合適的同伴，就整天沈默無語。因此家鄉人都稱之為抱朴之士，所以葛洪著書的時候，就用「抱朴子」自稱。

　葛洪天生身體瘦弱，加上多疾病，又貧窮而無車馬，所以不能遠行，也不喜歡遠行。又憎惡世俗捨本而逐末，交遊過度，因此就安靜地在家閒居，執筆寫作，而不去趨從交遊。至於權門豪貴之徒，即使住所靠得很近，也互不相識。衣服不能防禦寒冷，房屋不能免除雨漏，食物不能填飽肚子，姓名不為外人所知，也不為之憂愁。因為貧寒而無僮僕，籬笆牆破了口子，庭宇之間荊棘成叢，屋簷下長滿了蓬蒿野草。外出要撥開荊棘雜木才能出門，回家要分開蓬蒿野草才得入室。而談論者認為葛洪志意遠大，忽視眼前，而不責怪他對住所未加清理。葛洪不曉得要拜訪別人，所以從來不修禮儀會見長官。至於弔大喪、探望疾病，乃勉強自己前去。倘若並非一定要去的，或者病者身體稍稍康復，探望之禮儀便又有疏缺。常常因此而受到人們的責備，葛洪承認自己的過錯，而不以之為意。葛洪認為如果沒有真情實感，而違心地去作，就會感到痛苦，所以只要問心無愧就行了。又何必因為別人不能諒解而去分辯呢！只有明察之士，才原諒葛洪是真正的抱樸守真，而不是為了培養自己高尚的聲譽。

世人都羨慕朋友間不講禮節，可以進入內室之中，親戚女眷也不加迴避的交情。葛洪卻認為識別人物並非易事，連上等之聖人也感到困難。交遊浮雜，口是心非，有害而無益。雖然不能如同朱穆那樣斷絕一切交往，也必須審慎觀察，詳細了解，然後再結交來往。又因此而受到眾人的怨恨，仍然堅持不改。那些四處奔波、側立在權勢者之門，以求取富貴的人們，又都嫉恨葛洪與他們不同，因而加以諷刺毀謗，指責葛洪傲慢自負，輕視世俗。而葛洪之為人，只要認為是對的就堅持去做，無論世俗是毀是譽都置之不顧。

葛洪非常厭惡淺近之人，他們憑仗著自己的長處，輕視別人的短處。葛洪愧居儒者之末，每當與人交談，總是估計對方能懂的就談論，而不勉強牽引去談論對方從未聽說過的事理。當與文人學士有所論辯，也時常只是提綱挈領的加以闡說。若遇對方堅持自己的觀點，難以理解其意見，葛洪也只是粗略地陳說大致的思路，使得能夠啟發對方的覺悟就夠了。不把事理講得過於尖銳，使對方難以轉變其觀點。而當對方靜下心來，認真思考之後，則多數能自己領悟而得到正確的認識。如果估計對方不可以交談，則即使他問到面前，也常推辭說不知道，以免犯了空費口舌而無結果的過失。

葛洪稟性很不喜歡麻煩長官。從年少到年長，曾經為了救助遭受壓制的知己數人，出於不得已向在位的長官談到過。然而受救助者都不知道這件事，只是不忍心看見他們身陷非理的壓迫之中，因而祕密地進行此事。其他的情況下，即使是與葛洪親密無間的至親在任掌權，也終不以隻言片語去麻煩他們。至於糧食或用品匱乏，或是急迫之間缺少醫藥，就去尋求朋友的幫助。如果朋友有所贈與，葛洪也不推辭。接受了他人的幫助，後來都要逐漸地給以回報，但是不令他人有所覺察。不是志同道合的人，則不隨便接受其禮物饋贈。如果食物豐富，有了十天半月的儲積，葛洪就分給需要幫助的窮人。而如果自己不足，也並不將自己僅有之物分給別人。不在細小行為上表現清高，不在微末之事上顯示廉潔。村中平凡的善良之輩，有時帶著酒餚前來拜訪，即使不屬同一層次，也不加拒絕。後來有所回報，也並不立即表現出來。葛洪曾經說過，范史雲不肯在親戚家中用餐，華子魚在家屬子弟面前也衣冠齊整，這些都是獵取名譽的虛偽之舉，而不是能夠承擔重任的廊廟之才遠大氣量的表現。

洪尤疾無義之人，不勤農桑之本業，而慕非義之姦利。持鄉論者，則賣選舉❶以取謝；有威勢者，則解符疏以索財。或有❷罪人之賂，或❸枉有理之家。或為逋逃之藪❹，而饗亡命之人。或挾使民丁以妨公役，或強收錢物以求貴價。或占錮市肆❺，奪百姓之利；或割人田地，劫孤弱之業。惚恫❻官府之間，以窺掊剋之益❼。內以誇妻妾，外以釣名位。其如此者，不與交焉。由是俗人憎洪疾己，自然疏絕。故巷無車馬之跡，堂無異志之賓。庭可設雀羅，而几筵積塵焉。

洪自有識以逮將老，口不及人之非，不說人之私，乃自然也。雖僕豎❽有其所短所羞之事，不以戲之也。未嘗論評人物之優劣，不喜訶譴人交❾之好惡。或有尊長所逼問，辭不獲已。其論人也，則獨舉彼體中之勝事而已。其論文也，則撮其所得之佳者，而不指摘其病累，故無毀譽之怨。貴人時或問官吏民甲乙何如，其清高閑[10]能者，洪指說其快事。其貪暴闇塞[11]者，對以偶不識悉。洪由此頗見譏，責以顧護太多，不能明辯臧否[12]，使皂白區分。而洪終不敢改也。

每見世人有好論人物者，比方倫匹[13]未必當允，而褒貶與奪[14]或失準格。見譽者自謂己分，未必信德[15]也。見侵者則恨之入骨，劇於血讎[16]。洪益以為戒，遂不復言及士人矣。雖門宗子弟，其稱兩皆以付邦族，不為輕乎[17]其價數也。或以譏洪，洪答曰：「我身在我者也，法當易知。設令有人問我，使自比古人及同時令我自求輩，則我實不能自知可與誰為匹也。況非我，安可為取而評定之耶！」

漢末俗弊，朋黨分部[18]。許子將[19]之徒，以口舌取戒，爭訟論議，門宗成讎[20]。故汝南人士無復定價，而有月旦之評[21]。魏武帝深亦疾之[22]，欲取其首。爾乃奔波亡走，殆至屠滅。前鑒不遠，可以得師矣。且人之未易知也，雖父兄不必盡子弟也。同乎我者遽是乎，異乎我者遽非乎？或有始無卒，唐堯、公旦、仲尼、季札，皆有不全得之恨[23]。無以近人，信其嘍嘍[24]，管見熒燭之明[25]，而輕評人物。是皆賣[26]彼上聖大賢乎？

【章　旨】自述痛恨邪惡、口不論人是非以及不妄意評價人物的性格。

【注　釋】❶選舉　推薦士人及官員。❷有　孫星衍曰：「有字當誤，舊寫本空白。」❸或　孫星衍曰：「當作而。」❹逋逃之藪　窩藏逃亡犯人之地。逋，逃亡。❺占錮市肆　獨佔、壟斷市場。錮，包攬。❻悤恫　奔走、鑽營，亦作「憁恫」。❼掊剋之益　搜刮民財，獲得利益。❽僕豎　童僕。❾交　疑為訛字。孫星衍曰：「舊寫本作又人。」❿閑　通「嫻」。文雅。孫星衍曰：「舊寫本作賢。」⓫闇塞　愚昧無知。⓬臧否　是非；善惡。⓭比方倫匹　作比較，擬為同類。倫匹，相當。⓮褒貶與奪　評價之優劣，品目之裁定。與奪，決定去取。⓯未必信德　未必感謝。⓰劇於血讎　勝於血海深仇。⓱乎　孫星衍曰：「當作平，舊寫本作評。」⓲朋黨分部　結成朋黨，界限分明。朋黨，舊指為私利而勾結、排斥異己的宗派。⓳許子將　許劭，字子將，汝南平輿人。以品評識別人物，當世有盛名。三國吳諸葛恪曾批評說：「自漢末以來，中國士大夫如許子將輩，所以更相謗訕，或至於禍。……惟坐克己不能盡如禮，而責人專以正義。夫己不如禮，則人不服。責人以正義，則人不堪。內不服其行，外不堪其責，則不得不相怨。」見《三國志・卷六四》。⓴爭訟論議二句　許劭與從兄許靖俱有高名，因為評價人物，二人不睦。嘗爭論於太守許貢座，至於手足相及。見《太平御覽・卷四九六》引《典論》。㉑月旦之評　據載許劭與許靖好共覈論鄉黨人物，每月輒更其品題，故汝南俗有月旦之評。見《後漢書・卷六八》。㉒魏武帝深亦疾之　據傳曹操微時，嘗求許劭為己品目。劭鄙其人而不肯，操乃伺隙脅迫，劭不得已，曰：「君清平之奸賊，亂世之英雄！」深亦，疑誤倒。㉓唐堯公旦仲尼季札二句　意謂在識別人物上，唐堯、周公、孔子、季札都曾有失誤，有未能完全正確之遺憾。指唐堯未能識別四凶、周公未能識別管叔蔡叔、孔子初則未能識別澹臺滅明、季札未能識別齊之牧者。㉔嘍嘍　喧嘩多言貌。㉕管見熒燭之明　比喻見識狹小，如一管之見、燭光之微。熒燭，微弱的燭光。㉖賣　疑為訛字，孫星衍曰：「賣字疑，舊寫本空白。」《四庫全書》本作「邁」。

【語　譯】葛洪尤其憎恨那些不義之人，他們不是努力從事農耕蠶桑的本業，而是追求不合道義的物質財富。把持地方輿論的，就通過推薦士人以謀取謝禮。擁有權勢威力的，就憑仗特權以索取財物。有的收取罪人的賄賂，而使有理的人家蒙受委屈。有的窩藏逃犯，而招待亡命之徒。有的人聚集民丁以妨礙公事，有的人強收錢物以索要高價。有的把持市場的買賣，損害百姓的利益。有的霸佔他人的土地，強奪孤弱無靠者的家業。

有的在官府之中奔走鑽營，為的是搜刮民財，獲得好處。在家中誇耀於妻妾，在外面以沽名釣譽。對於這些人，葛洪不與他們交往。因此俗人憎恨葛洪，自然斷絕了關係。所以葛洪的巷前沒有車馬之跡，堂上沒有志向不同的賓客。庭前可以羅雀，而几案上積滿了灰塵。

葛洪自從有了知識，一直到臨近老年，從來不說別人的是非，不談別人的私事，乃是自然的本性。即使童僕有什麼短處，或者有什麼羞愧之事，也從來不拿它開玩笑。從未評論過人物的優劣，也不喜歡指責別人的好惡。有時尊輩長者追問，不能不作回答。當說到別人時，就只舉出他的好事就罷了。談到別人的文章時，就只摘取他的名言佳句，而不指摘他的文章的病句及缺點，所以沒有因為褒貶而引出的怨恨。有時達官貴人問到官吏百姓中某人如何，對於其中清高賢能之人，葛洪就指出他的長處。對於那些貪婪殘暴、愚昧無知的人，就回答說不認識了解。葛洪因此而頗受到人們的批評，被指責說顧忌回護太多，不能明辨善否，使是非黑白分明。而葛洪也始終未加以改變。

葛洪常見世俗有些喜歡評論人物者，他們將人物互相比方未必恰當，而褒貶品目有時也沒有準則。被贊譽者自認為分內所應得的，未必感激。而受指責的人則恨之入骨，勝於血海深仇。葛洪更加引以為戒，於是不再言及士人了。即使是同門同宗的子弟，對他們的評價也都付之宗族，不輕易評價他們的優劣。有的人諷刺葛洪，葛洪便回答說：「我的生命是自己的，按理應當知曉自己。然而如果有人問我，讓我與古人及同時代的人相比較，則我實在不能知道自己可以與誰相當。何況不是自己，怎麼能隨意地去判斷評定呢！」

漢末世俗之弊，人們結為朋黨，相互營壘分明。許劭之徒，以言辭相爭，紛紛議論不休，同門弟兄成了讎人。所以汝南人士沒有肯定的評價，而有月旦之評。曹操也對許劭深為嫉恨，想要取他的頭顱。他於是奔波逃亡，最後丟了性命。前人的教訓為時未遠，可以為後來者之師。況且認識人並非容易之事，即使父兄也並不能完全了解其子弟。贊同自己的人就對嗎，不贊成自己的人就一定不對嗎？有的人開始是正確的，往後就錯了。唐堯、周公、孔子、季札，在識別人物上都有未能完全正確之遺憾，不要相信近人喋喋不休的言談。他們以一管之見、熒燭之明，而輕率地評議人物。難道他們都超過了古代的聖人賢哲嗎？

昔大安❶中，石冰❷作亂。六州之地，柯振葉靡❸，違正黨逆❹。義軍大都督❺邀洪為將兵都尉，累見敦迫。既桑梓恐虜，禍深憂大。古人有急疾之義，又畏軍法，不敢任志。遂募合數百人，與諸軍旅進。曾攻賊之別將，破之日，錢帛山積，珍玩蔽地。諸軍莫不放兵收拾財物，繼轂連擔❻。洪獨約令所領不得妄離行陣。士有摭得眾者，洪即斬之以徇❼，於是無敢委杖❽。而果有伏賊數百，出傷諸軍。諸軍悉發，無部隊，皆人馬負重，無復戰心。遂致驚亂，死傷狼藉，殆欲不振。獨洪軍整齊轂張，無所損傷，以救諸軍之大崩，洪有力焉。後別戰，斬賊小帥，多獲甲首，而獻捷幕府。於是大都督加洪伏波將軍。例給布百匹，諸將多封閉之，或送還家。而洪多賜將士，及施知故之貧者。餘之十匹，又徑以市肉酤酒，以饗❾將吏。于時竊擅一日之美談焉。

事平，洪投戈釋甲，徑詣洛陽，欲廣尋異書，了不論戰功。竊慕魯連不受聊城之金❿，包胥不納存楚之賞⓫，成功不處之義焉。正遇上國大亂，北道不通，而陳敏⓬又反於江東，歸塗隔塞。會有故人譙國嵇君道⓭，見用為廣州刺史。乃表請洪為參軍，雖非所樂，然利可避地於南，故黽勉就焉⓮。見遣先行催兵，而君道於後遇害，遂停廣州。頻為節將見邀用，皆不就。

永惟富貴可以漸得，而不可頓合⑮。其間屑屑⑯亦足以勞人。且榮位勢利，譬如寄客，既非常物，又其去不可得留也。隆隆者絕，赫赫者滅，有若春華，須臾凋落。得之不喜，失之安悲？悔吝百端，憂懼兢戰⑰，不可勝言，不足為也。且自度性篤嬾而才至短。以篤嬾而御短才，雖翕肩⑱屈膝，趨走風塵，猶必不辦大致名位而免患累，況不能乎！未若修松、喬之道⑲，在我而已，不由於人焉。將登名山，服食養性。非有廢也，事不兼濟。自非絕棄世務，則曷緣修習玄靜哉？且知之誠難，亦不得惜問而與人議也。是以車馬之跡不經貴勢之域⑳。片字之書不交在位之家。又士林之中雖不可出㉑，而見造之賓，意不能拒。妨人所作，不得專一。乃歎曰：「山林之中無道也，而古之修道者必入山林者，誠欲以違遠讙譁，使心不亂也。」今將遂本志，委桑梓，適嵩岳，以尋方平梁公㉒之軌。先所作子書內外篇，幸已用功夫。聊復撰次，以示將來云爾。

【章旨】自述青年以來之人生經歷，以及意欲前往山林、養生修煉之人生理想。

【注釋】❶大安　即太安，西晉惠帝之年號。❷石冰　西晉人，隨張昌起事，率軍攻破揚州、江州，後來被殺。❸柯振葉靡　如同大風所到，枝柯搖動，樹葉都隨風而靡。靡，倒伏。❹違正黨逆　背叛了朝廷，倒向了叛逆。逆，指張昌、石冰。❺義軍大都督　指顧祕。《晉書・葛洪傳》：「太安中，石冰作亂。吳興太守顧祕為義軍都督。」❻繼轂連擔　肩挑車運，接連不斷。轂，指車輛。❼斬之以徇　將其斬首，並宣布於眾。徇，向眾人宣示。❽委杖　放下兵器。❾饗　犒賞。❿魯連不

受聊城之金　魯仲連，戰國齊人。燕將據聊城，齊攻之歲餘而不能下，魯仲連乃為書信，射入城中。燕將見書信，乃自殺，聊城遂下。齊欲封魯仲連，仲連不受，逃隱於海上。⓫包胥不納存楚之賞　申包胥，春秋楚大夫。吳軍攻楚入郢，申包胥求救於秦，哭於秦廷七日夜。秦出兵救楚，昭王得以返國。頒賞時，申包胥逃而不受。見《左傳》定公四年、五年。⓬陳敏字令通，廬江人。鎮壓張昌之亂，以功為廣陵相。趁中原大亂，割據吳越之地，自立為楚公、封十郡、加九錫，兵敗被殺。⓭嵇君道　嵇含，字君道，嵇紹之從子。居鞏縣之亳丘，因號亳丘子。永興初投奔劉弘，後為劉弘之部將所殺。⓮黽勉就焉　勉力就任參軍之職。黽勉，努力；盡力。⓯頓合　立即取得。頓，頓時；立即。⓰屑屑　勤勞不倦；辛勤忙碌。⓱憂懼兢戰　憂愁恐懼，戰戰兢兢。⓲翕肩　縮著肩膀，表示順從。⓳松喬之道　神仙長生之道。赤松子、王子喬，都是傳說中的仙人。⓴貴勢之域　一本作「貴世之域」。㉑雖不可出　意謂雖然可以不主動拜訪別人。不可，疑當作「可不」。㉒方平梁公　王遠，字方平，東海人。舉孝廉，除郎中，遷中散大夫。知天下盛衰之期，後棄官入山修道。見《神仙傳．卷三》。梁公，不詳，當亦求仙學道者。

【語　譯】昔日太安年間，石冰作亂。六州之地，如同狂風搖樹，樹葉都隨風而倒，人們都違背正義，附和凶逆。義軍大都督顧祕邀葛洪為將兵都尉，多次受到催促。家鄉父老害怕逆虜到來，災禍深重。古人有急疾之義，又畏懼軍法，不敢任意而為。於是募集了數百人，與各路軍隊一起進發。葛洪曾率軍攻打逆賊的部將，攻破的時候，金錢布帛堆積成山，珍寶玩物滿地都是。各路軍隊莫不放任士兵收拾財物，車運擔挑，接連不斷。唯獨葛洪命令所率領的士兵不得擅自離開隊伍。有拾取財物的士兵，葛洪當即斬首，並且宣布於眾，因而士兵不敢放下武器。而果然有數百名埋伏的逆賊出來，向諸軍發動突然襲擊。各路軍隊倉惶應付，隊伍混亂，人馬揹負著財物，無心應戰。因而驚慌混亂，死傷遍地，幾乎無法挽救。唯獨葛洪的隊伍整齊，士氣昂揚，沒有損傷，挽救了諸軍的崩潰。葛洪發揮了重要的作用。後來在另一次戰鬥中，打死了逆賊的小帥，抓獲了許多俘虜，向都督府獻捷。於是大都督加給葛洪伏波將軍的稱號。照例獎給布帛百匹，其他將領多將其封藏起來，或者送到家中，葛洪卻分別賞給手下的將士，以及施捨給貧窮的友人。剩下十匹，又直接拿去換回酒肉，犒賞將吏。當時在一天之內，被人們紛紛傳為美談。

石冰之亂平定後，葛洪投戈解甲，便前往洛陽，想要廣泛地搜求異書，完全不談論自己立下的戰功。私下仰慕魯仲連不受聊城之金、申包胥不受保存楚國的獎賞，學習他們功成身退的高尚節義。正遇中原地區大亂，北向的道路不通。而陳敏又反叛於江東，歸途阻隔。這時有一位籍貫譙郡名叫嵇君道的友人，被任命為廣州刺史。他於是上表朝廷，任命葛洪為參軍。雖然參軍之職並非葛洪樂意的，然而因為有可以避難於南方的好處，所以勉力接受了這一職位。葛洪被派先行前往催兵。而嵇君道後來被殺害，葛洪因此而停留在廣州。雖然頻繁地被當地鎮守將軍所邀請，卻都未曾就職。

葛洪認為富貴只可以逐漸獲取，而不能立即便得到。其間的辛勤忙碌，也很令人勞累。再說榮華富貴、權勢利祿，就像寄宿的客人，既非常時可以得到，又當其離開之時也挽留不住。興隆者將會消失，顯赫者將會滅亡。就像春天的花朵一樣，一會兒就凋落了。得到的不必歡喜，失去了又有何悲傷？百般悔恨，憂愁恐懼，說也說不完，這樣的事情不值得去作。而且自我估計性格十分懶散，而又才能短淺。以十分懶散的性格駕御淺短的才能，即使縮肩屈膝，趨走風塵之中，尚且不能得到高的名位而免除禍累，又何況不能那樣去做呢！還不如去修煉赤松子、王子喬的神仙長生之道，一切全在於自己，而不由別人。將登上名山，服食修煉。若不拋棄一事，則不能同時都獲得成功。不斷絕人間的事務，又怎麼能夠玄靜專一、修習仙術呢？而且認知人的確是一件困難的事，又不能與人商議。所以葛洪的車馬之跡，不經過權勢者的門前；片紙的書函，不與居官在任的人家交往。又士人之間，雖然可以不去主動會見，但是有賓客前來拜訪，也不能加以拒絕。而這些就妨礙了修煉，使人不能意念專一。葛洪因而嘆息道：「山林之中雖然沒有道，然而古代的修道者必入山林，的確是想遠離世間的嘈雜喧譁，使得心情不被擾亂。」如今就將實現自己的志向，離開家鄉，登上高山，以追尋方平、梁公的足跡。先前所作《抱朴子》，有幸已用功夫，聊且再加編排，以傳示給後來的人。

洪年十五六時所作詩賦雜文，當時自謂可行於代。至於弱冠❶，更詳省之，殊多不稱意。夫才未必為增也，直所覽差廣❷，而覺妍媸之別。於是大❸有所製，棄十不存一。今除所作子書，但雜尚餘百所卷。猶未盡損益之理，而多慘憒❹，不遑復料護❺之。他人文成，便呼快意。余才鈍思遲，實不能爾，作文章每一更字，輒自轉勝。但患嬾，又所作多，不能數省之耳。

洪年二十餘，乃計❻作細碎小文，妨棄功日，未若立一家之言。乃草創子書，會遇兵亂，流離播越❼，有所亡失。連在道路，不復投筆十餘年。至建武❽中乃定，凡著《內篇》二十卷，《外篇》五十卷，碑、頌、詩、賦百卷，軍書、檄移、章表、箋記三十卷，又撰俗所不列者為《神仙傳》十卷，又撰高尚不仕者為《隱逸傳》十卷，又抄五經、七史、百家之言，兵事、方伎、短雜、奇要三百一十卷，別有目錄。其《內篇》言神仙方藥、鬼怪變化、養生延年、禳邪卻禍之事，屬道家。其《外篇》言人間得失，世事臧否，屬儒家。

【章旨】自敘創作子書的決心與經過，並開列著作之總目。

【注釋】❶弱冠　指二十歲時，古代男子二十歲行加冠之禮。❷直所覽差廣　只是由於閱讀稍廣。直，僅僅。差，略微；比較。❸大　疑有錯訛。❹慘憒　憒，疑當作「憒」，謂心情煩亂。❺料護　整理。❻計　思考。❼播越　離散；流亡。❽建武　晉惠帝之年號，即西元三〇四年。

【語譯】葛洪年紀十五、六歲時，所寫作之詩賦雜文，當時自認為可以流傳於世。到二十歲時，再認真考察，發現有很多不滿意的地方。未必是才氣增長了，只是由於閱讀面比較廣闊，因而能夠覺察文章優劣之區別。於是將原來所作文字刪棄，保存的不到十分之一。現在除了所作的《抱朴子》，其他雜著還餘有百多卷。然而還未能作到刪改得十分合理，而由於心情煩雜，顧不上再行整理。他人在文章寫成後，便感到快意。我的才思遲鈍，實在不能如此。所作文章每修改一字，就覺得比原來強。但是由於性格懶散，又所作文多，所以不能反覆閱讀、修定。

葛洪二十多歲，便考慮到撰寫細碎雜文，浪費精力與時間，不如樹立一家之言。於是開始創作子書的草稿，後來遇到戰亂，顛沛流離，草稿有所遺失。由於接連奔波路途，有十多年的時間不再動筆。到建武年中才將草稿寫定，共著有〈內篇〉二十卷，〈外篇〉五十卷，碑、頌、詩、賦之文百卷，軍書、檄移、章表、箋記之文三十卷，又撰寫世俗所不列者為《神仙傳》十卷，又撰寫高尚不仕者為《隱逸傳》十卷，又抄五經、七史、百家之言，以及兵事、方伎、短雜、奇要文字共三百一十卷，別有目錄。其〈內篇〉論述神仙方藥、鬼怪變化、養生延年、禳災辟禍之事，屬於道家。其〈外篇〉論述人間政治得失、世事善惡，屬於儒家。

洪見魏文帝《典論・自敘》，未及彈棊擊劍之事❶。有意於略說所知，而實不數少所便能❷，不可虛自稱揚。今將具言所不閑❸焉。

洪體鈍性駑，寡所玩好。自總髮垂髫❹，又擲瓦手搏，不及兒童之群。未曾鬥雞鶩，走狗馬。見人博戲，了不目眄❺。或強牽引觀之，殊不入神，有若晝睡。是以至今不知棊局上有幾道，樗蒲❻齒名。亦念此輩末伎，亂意思而妨日月，在位有損政事，儒者則廢講誦，凡民則忘稼穡，商人則失貨財。至於勝負未分，交爭都市，心熱於中，顏愁於外，名之為樂，而實煎悴❼。喪廉恥之操，興爭競之端。相取重貨，密結怨隙。昔宋閔公❽、吳太子❾致碎首之禍，生叛亂之變。覆滅七國❿，幾傾天朝。作戒百代，其鑒明矣。每觀戲者慚恚交集⓫，手足相及，醜詈相加，絕交壞友，往往有焉。怨不在大，亦不在小，多召悔吝⓬，不足為也。

仲尼雖有晝寢之戒⓭，以洪較之，洪實未許其賢於晝寢。何者？晝寢但無益，而未有怨恨之憂，鬥訟之變。聖者猶韋編三絕⓮，以勤經業，凡才近人，安得兼修？惟諸戲盡不如示一尺之書，故因本不喜而不為，蓋此俗人所親焉。

少嘗學射，但力少，不能挽強若顏高之弓⓯耳。意為射既在六藝⓰，又可以禦寇辟劫，及取鳥獸，是以習之。昔在軍旅，曾手射追騎，應弦而倒，殺二賊一馬，遂以得免死。又曾受刀楯及單刀雙戟，皆有口訣要術，以待取人，乃有祕法，其巧入神。若以此道與不曉者對，便可以當全獨勝，所向無前矣。晚又學七尺杖術，可以入白刃，取大戟。然亦是不急之末學，知之譬如麟角鳳距，何必用之？過此已往，未之或知。

【章　旨】抱朴子自述從小不喜彈棋、博戲之事，及後來學習射箭、刀術、杖術的經過與認識。

【注　釋】❶末及彈棊擊劍之事　曹丕《典論・自敘》曰：「余時方五歲，上以世方擾亂，教余學射，六歲而知射。又教余騎馬，八歲而能騎射矣。」又曰：「余又學擊劍，閱師多矣。」又曰：「余於他戲弄之事少所喜，唯彈棊略盡其巧。」❷便能　熟悉、靈巧。❸閑　通「嫻」。熟練。❹總髮垂髫　指童年時期。總髮，束髮為結，形狀如角。垂髫，不束髮，自然下垂。均為兒童之髮式。此下有脫句。❺眄　一本作「盼」。❻樗蒲　一種以擲骰決定輸贏的賭博遊戲。❼煎悴　心情焦急愁苦。悴，憂傷。❽宋閔公　據載宋湣公十一年秋，湣公與宋國卿南宮萬打獵時，因博戲爭道。湣公發怒，而辱罵南宮萬。南宮萬對湣公的話非常反感，便用棋盤將湣公打死在蒙澤之地。閔，通「湣」。見《史記・宋微子世家》。❾吳太子　劉駒，漢吳王劉濞之子。漢文帝時，劉駒入長安，得侍皇太子飲酒博戲。劉駒因博戲爭道，態度不恭。皇太子便用棋盤扔向劉駒，殺之。見《漢書・荊楚吳傳》。❿七國　漢景帝時，吳王劉濞聯合楚、趙、膠西、濟南、菑川、膠東等，以「清君側」為名義，發動武裝叛亂，後來被掃平，史稱「七國之亂」。⓫慚恚交集　又慚愧又憤怒，情感交織。⓬悔吝　悔恨。吝，恨惜。⓭仲尼雖有晝寢之戒　晝寢，白天睡懶覺。據載宰予晝寢，孔子批評說：「朽木不可雕也，糞土之牆不可杇也。」見《論語・公冶長》。⓮韋編三絕　傳說孔子讀《周易》，編綴竹簡的皮繩索斷了三次。形容學習典籍之勤奮。⓯顏高之弓　顏高是春秋時魯人，傳說他的弓重六鈞，即一百八十斤。見《左傳・定公八年》。⓰射既在六藝　古代保氏以六藝教國子，六藝指禮、樂、射、御、書、數六科。

【語　譯】葛洪見魏文帝曹丕《典論・自敘》，談到下棋擊劍之事，因而有意略說自己的認識，而自己實在很少能熟習掌握，不能夠不切實際地自我吹噓。現在我將具體地敘說自己所不熟習的事情。

葛洪稟性遲鈍而愚笨，對於遊戲之事少有愛好。自從童年時代起，諸如拋擲瓦片、徒手搏鬥之類，從來未與孩童們一道玩過。又沒有參加過鬥雞鶩、走狗馬的遊戲。別人對博下棋，葛洪完全不去看。有時被人強迫拉去觀看，也毫無興趣，就像白天打瞌睡一樣。所以至今不知道棋盤上有幾條行道，及樗蒲的齒名。又想到這是小的技能，擾亂心思，浪費時間。當官的有損政務，儒生則荒廢學業，普通百姓忘記農耕稼穡，經商者則耽誤了生意。至於勝負未分之時，相爭於街市之中，心中激動不已，表情焦灼不安，名為娛樂，實則煎熬愁苦。喪失了清廉的操守，興起了爭競的端倪。贏取了對方的錢財，暗中就結下了仇怨。昔日宋閔公、吳太子招致頭被砸碎的禍患，滋生出吳楚之亂，使得七國覆亡，幾乎傾覆了漢室。後世百代引以為戒，這一教訓是明白的。常常見到博戲者愧恨交集，拳腳相加，用醜陋的言辭相罵，破壞了朋友的交情，這樣的事經常發生。怨不在大，亦不在小，多招悔恨，這樣的事是不值得去作的。

孔子曾經告誡弟子不要白天睡懶覺。以葛洪的比較判斷，認為博戲實在並不強於白天睡懶覺的行為。為什麼呢？白天睡懶覺只是無益，卻並沒有招致怨恨的憂慮，不會有引起爭鬥的變故。聖人尚且韋編三絕，勤於閱讀經書典籍。普通的凡人，怎麼能使學業、棋藝二者兼修呢？將棋藝想遍不如讀一點書，所以葛洪因為不喜愛而不為博戲，認為那是俗人的事情。

葛洪小時候曾經學習射箭，只是力氣小不能拉開像顏高之強弓。想到射箭既然包括在六藝之中，又可以抗禦強盜、防止搶劫，以及獵取鳥獸，因而就學習它。從前在軍隊中時，曾經親手射追趕的騎兵，敵人應弦而倒。射死二賊一馬，因此得以免除死亡之禍。又曾經學習刀盾以及單刀雙戟等兵器，都有口訣要術，迎戰對手，還有祕密之法，技巧入神。若是以這些兵器與不懂者對抗，就可以大獲全勝，所向無敵了。晚近又學習了七尺杖術，可以用它迎戰操持白刃、大戟的人。然而這也是不急之末事，掌握它們就好似麟之有角、鳳之有爪，何必一定實用？除此以外，就不知道了。

洪少有定志，決不出身❶。每覽巢、許、子州❷、北人❸、石戶❹、二姜❺、兩袁❻、法真❼、子龍❽之傳，嘗廢書前席❾，慕其為人。念精治五經，著一部子書，令後世知其為文儒而已。後州郡及車騎大將軍辟，皆不就。薦名琅邪王丞相府❿。昔起義兵，賊平之後，了不修名詣府，論功主者，永無賞報之冀。晉王⓫

應天順人，撥亂反正，結皇綱於垂絕⑫，修宗廟之廢祀。念先朝之滯賞⑬，並無報以勸來。洪隨例就彼，庚寅詔書，賜爵關中侯⑭，食句容之邑二百戶。竊謂討賊以救桑梓，勞不足錄，金紫之命⑮，非其始願。本欲遠慕魯連，近引田疇⑯，上書固辭，以遂微志。適有大例，同不見許。昔仲由讓應受之賜，而沮為善⑰。醜虜未夷，天下多事，國家方欲明賞必罰，以彰憲典⑱。小子豈敢苟潔區區之懦志，而距弘通之大制，故遂息意而恭承詔命焉。

【章旨】抱朴子自敘志在隱逸著述，而被迫出仕的經歷與心情。

【注釋】❶出身　指當官。❷子州　子州支父，傳說是堯時的隱士。堯嘗以天下相讓，他說：「我適有幽憂之病，方且治之，未暇治天下也。」見皇甫謐《高士傳》。❸北人　北人無擇，傳說是舜時人。舜欲以天下相讓，他認為受到侮辱，乃自投清泠之淵。見《莊子・讓王》。❹石戶　石戶之農，傳說與舜為友。舜以天下讓之，石戶之農乃夫負妻載，攜子以入於海，終身不返。見《高士傳》。❺二姜　指姜肱、姜岐。姜肱，字伯淮，彭城人，家世名族，以孝行聞名。凡一舉孝廉，十辟公府，九舉有道、至孝、賢良，公車三徵，皆不就。靈帝詔徵為犍為太守，乃隱身遁命，乘船浮海，不受詔。姜岐，字子平，漢陽上邽人。治《書》、《易》、《春秋》，恬居守道，以教授生徒。公府徵辟，皆不就，名重於一方。俱見《高士傳》。❻兩袁　疑指袁閎、袁弘。袁閎，字夏甫，汝南人。少勵操行，苦身修節。以耕學為業，事母至孝。累徵聘舉召，皆不應。弟袁弘，字邵甫，亦不應徵辟，卒於家。見《後漢書・卷四五》。❼法真　字高卿，扶風郿人。博通圖典，為關西大儒。性恬靜寡欲，不交人間事。辟公府，舉賢良，朝廷四徵，皆不就。見《高士傳》。❽子龍　申屠蟠，字子龍，東漢陳留外黃人。博通五經，學無常師。家貧，傭為漆工。州郡徵辟，不就。黨錮之禍，乃絕跡於梁碭之間，自同傭人。見《後漢書・卷五三》。❾前席　移坐向前，表示欽敬。❿琅邪王丞相府　司馬睿，襲封琅邪王。愍帝建興三年二月，為丞相、大都督。西晉滅亡後，即晉王位於建康，繼稱帝，謚曰元帝。⓫晉王　即司馬睿。⓬結皇綱於垂絕　意謂晉室的皇統將要斷絕，又因晉王司馬睿登上帝位而聯繫上了。皇綱，帝王統治天下之綱紀。⓭滯賞　有功而積久未賞。⓮關中侯　《晉書・葛洪傳》曰：「元帝為丞相，辟為掾，以平賊功，賜爵關內侯。」⓯金紫之命　指高官厚爵。金紫，金印紫綬。⓰田疇　字子泰，右北平無終人。好讀書，善擊劍，有高義。漢末亂中，朝廷三府並辟，皆不就。曹操北征烏丸，以功封亭侯，固辭不受。見《三國志・卷一一》。⓱仲由讓應受之賜二句　意謂仲由推辭不受應得的賞賜，因而妨礙了後人的善舉。仲由，當作「子貢」。《呂氏春秋・察微》：「魯國之法，魯人為人臣妾於諸侯，有能贖之者取其金於府。子貢贖魯人於諸侯來，而讓不取其金。孔子曰：『賜失之矣，自今以往，魯人不贖人矣。取其金，則無損於行。』」⓲憲典　法典；法令。

【語　譯】葛洪從小就有堅定的志向，決意不出仕當官。每當閱讀巢父、許由、子州支父、北人無擇、石戶之農、二姜、兩袁、法真、申屠蟠的傳記，就不禁放下書本，欽敬想望，仰慕他們的為人。想要認真研治五經，寫作一部子書，使後世知道自己是一個文儒就行了。後來州郡及車騎大將軍徵辟，都未前往接受，又被推薦到琅邪王丞相府。從前起義兵討伐石冰之亂，亂平之後，葛洪完全不去都督府，不在主事者面前論說自己的功績，從來沒有存心希望得到報賞。晉王上承天命，下順人情，撥亂反正，使得將要斷絕的帝統又得到繼承，將要廢棄的宗廟又得以恢復。晉王想起前朝有功而未賞賜之臣，認為若不獎賞功臣便不能勉勵後來者。葛洪隨例受到獎賞，在庚寅詔書中，被賜爵關中侯，以句容二百戶為封邑。我內心認為討伐叛賊，拯救家鄉，雖有功勞，也不必加以任用。高官厚爵，並非我的本心。葛洪本來想援引古代的魯仲連及近世的田子泰為例，上書堅決辭讓官爵，以滿足個人的志願。恰逢朝廷有統一的規定，辭讓官爵的都不被批准。從前子貢辭讓應得的賞賜，而妨礙了後人繼續行善事。當今凶寇尚未掃平，天下多事，國家正要賞罰分明，以彰明法典。我怎麼敢於因為個人區區的柔懦之志，而拒絕朝廷普遍通行的大制度，因而就平息了原來的打算而接受了朝廷的任命。

洪既著〈自敘〉之篇，或人難曰：「昔王充年在耳順❶，道窮望絕，懼身名之偕滅，故〈自紀〉終篇。先生以始立之盛❷，值乎有道之運，方將解申公之束帛❸，登穆生之蒲輪❹。耀藻九五❺，絕聲昆吾❻，何憾芬芳之不揚，而務老生之彼務❼！」

洪答曰：「夫二儀彌邈❽，而人居若寓。以朝菌之耀秀❾，不移晷而殄瘁❿。類春華之暫榮，未改旬而凋墜。雖飛飆之經霄⓫，激電之乍照，未必速也。夫期頤⓬猶奔星之騰煙，黃髮⓭如激箭之過隙。況或未萌而殞籜⓮，逆秋而零瘁⓯者哉？故項子有含穗之歎⓰，揚烏有夙折之哀⓱。

歷覽遠古逸倫之士，或以文藝而龍躍，或以武功而虎踞。高勳著於盟府⓲，德音被乎管絃。形器雖沈鑠於淵壤⓳，美談飄颻而日載。故雖千百代，猶穆如⓴也。余以庸陋，沈抑婆娑，用不合時，行舛於世。發音則響與俗乖，抗足則跡與眾迕。內無金張之援㉑，外乏彈冠之友㉒。循塗雖坦，而足無騏驎㉓；六虛㉔雖曠，而翼非大鵬。上不能鷹揚匡國，下無以顯親垂名。美不寄於良史，聲不附乎鍾鼎。故因著述之餘，而為〈自敘〉之篇，雖無補於窮達，亦賴將來之有述焉。」

【章　旨】說明寫作〈自敘〉的目的，是為了借助著作傳名於未來。

【注　釋】❶王充年在耳順　王充，東漢會稽上虞人，字仲任，著有《論衡》八十五篇。耳順，指六十歲。❷始立之盛　三十幾歲，正當盛年。始立，指三十而立未久。❸解申公之束帛　像申公之接受徵辟，受到朝廷的重用。申公，漢代魯人，少時從齊人浮丘伯學習《詩經》。漢武帝時，朝廷曾派遣使者攜束帛加璧，安車駟馬以迎申公。❹登穆生之蒲輪　穆生，漢代魯人，曾與申公同事元王為中大夫。穆，《道藏》本作「枚」。蒲輪，以蒲草裹輪，使車行而不震動，古代徵聘賢士，以此表示禮敬。❺耀藻九五　意謂輔佐君王，建功立業，以展露才華。《周易・乾卦》：「九五，飛龍在天，利見大人。」❻絕聲昆吾　意謂將偉大的功勳銘刻在鐘鼎禮器之上。昆吾山出銅，可鑄鐘鼎。蔡邕〈銘論〉：「呂尚作周太師，其功銘於昆吾之鼎。」❼老生之彼務　老生，指老書生。彼務，指著述之事。❽二儀彌邈　天地久遠。二儀，指天地。彌邈，曠遠；久遠。❾以朝菌之耀秀　形容人生短暫，猶如朝菌生於一時。朝菌，傳說朝生暮死。❿不移晷而殄瘁　陽光尚未轉移，生命即已凋謝。晷，日影。殄瘁，貧病、困窮。⓫飛飆之經霄　狂風從天空中吹過。飆，風；大風。⓬期頤　百歲之壽。《禮記・曲禮上》：「百年曰期頤。」⓭黃髮　老人髮白，久則轉黃。代指高壽。⓮未萌而殞籜　猶如草卉，在萌生前死亡了。殞，死亡。籜，指草木。⓯逆秋而零瘁　當春而凋零。比喻少年夭折。逆秋，春天。⓰項子有含穗之歎　項子，指項託，又作項橐，春秋時人。傳說七歲為孔子之師，未成年而死。含穗，雖然長出穗子，卻未能開花結實。喻少年早死。⓱揚烏有夙折之哀　揚烏，漢代辭賦家揚雄之少子，幼而聰慧，九歲時曾與其父論玄，不幸早死。夙折，少年而夭折。⓲高勳著於盟府　非凡之功勳載於典冊，藏於朝廷之內府。盟府，朝廷收藏盟書的府所。⓳形器雖沈鑠於淵壤　雖然生命結束，形體消亡於地下。形器，指人的身體。⓴穆如　莊重而美好。㉑內無金張之援　指朝廷中沒有達官貴人相為援引。金張，漢金日磾、張湯家，世代為內侍。以喻世族權貴。㉒外乏彈冠之友　外則缺乏志同道合的友人相為舉薦。漢代有「王陽在位，貢公彈冠」之諺語，言在位者舉薦其朋友。㉓足無騏驎　意謂無駿馬之足。騏驎，古代良馬名。㉔六虛　上下四方。指天地之間。

【語　譯】葛洪撰寫〈自敘〉既畢，有人責難說：「昔日王充年逾六十，途窮末路，沒有希望，耽心身死名滅，因而撰寫了〈自紀〉，作為《論衡》的最後一篇。先生如今才過三十歲，正值盛年。適逢朝政清明，正要像申公之接受朝廷的徵辟，登上禮待穆生的蒲車，輔佐君王，展露才華，建立空前的功業，將勳績功名銘刻在鐘鼎之上。又何必憂慮美名不得傳揚，而像老書生一樣以著作為事呢！」

葛洪回答說：「天地久遠，個人只是暫時寄身其間。以人生之短暫，陽光未移而生命已經消失。就像春花只開放很短的時間，不過幾天就凋落了。即使像風從空中一掠而過，雷電一閃即逝，也不足以形容人生的短暫。百歲不過是天上流星的餘光，高壽也只像飛箭從縫隙一閃而過。更何況有的未生即死，有的正當青春已經凋零了呢？所以項託有未成年而死的嘆息，揚烏有童年夭折的悲哀。

歷覽古代超群絕倫之人，有的以其文藝才能如龍之飛騰，有的以其武功有如猛虎盤踞，威鎮一方。他們的豐功偉績記錄在典冊上，保存在內府中，美好的聲名被於管絃。形骸雖然消亡於地下，美談卻能傳揚四方。所以即使經歷千秋百代，還是保有莊重崇高的聲譽。我以平庸淺陋之才，沈淪不遇，行為不合於時，舉止與世相違。一說話就與世俗相乖離，一舉動就與眾人牴牾不合。朝內沒有權貴世族相援引，朝外沒有同道友人相推薦。路途雖然平坦，卻沒有駿馬之逸足；天地雖然廣闊，卻沒有大鵬的翅膀。上不能顯露雄姿、匡定國難，下不能榮耀雙親、垂名後世。史書上不能記錄自己的美名，鐘鼎上不能銘刻自己的業績。所以在著作的末尾，撰寫了〈自敘〉這一篇。雖然對於個人的升沈窮達並無幫助，亦藉此使後世的人了解我的情況。」

文學的・歷史的・哲學的・宗教的　古籍精華　盡在三民

古籍今注新譯叢書

哲學類

新譯四書讀本
新譯論語新編解義
新譯學庸讀本
新譯孝經讀本
新譯易經讀本
新譯乾坤經傳通釋
新譯周易六十四卦經傳通釋
新譯易經繫辭傳解義
新譯禮記讀本
新譯儀禮讀本
新譯孔子家語
新譯老子讀本
新譯帛書老子
新譯老子解義
新譯莊子讀本
新譯莊子本義
新譯莊子內篇解義
新譯列子讀本
新譯管子讀本
新譯墨子讀本
新譯公孫龍子
新譯晏子春秋
新譯鄧析子
新譯荀子讀本
新譯尹文子
新譯尸子讀本
新譯鶡冠子
新譯鬼谷子
新譯韓非子
新譯呂氏春秋
新譯韓詩外傳
新譯淮南子
新譯春秋繁露
新譯新書讀本
新譯新語讀本
新譯潛夫論
新譯論衡讀本
新譯申鑒讀本
新譯人物志
新譯張載文選
新譯近思錄
新譯傳習錄
新譯呻吟語摘
新譯明夷待訪錄

文學類

新譯詩經讀本
新譯楚辭讀本
新譯文心雕龍
新譯六朝文絜
新譯世說新語
新譯昭明文選
新譯古文觀止
新譯古文辭類纂
新譯樂府詩選
新譯古詩源
新譯千家詩
新譯詩品讀本
新譯花間集
新譯南唐詞
新譯絕妙好詞
新譯唐詩三百首
新譯宋詩三百首
新譯宋詞三百首
新譯元曲三百首
新譯明詩三百首
新譯清詩三百首
新譯清詞三百首
新譯唐人絕句選
新譯拾遺記
新譯搜神記
新譯唐才子傳
新譯唐傳奇選
新譯宋傳奇小說選
新譯明傳奇小說選
新譯容齋隨筆選
新譯明散文選
新譯明清小品文選
新譯人間詞話
新譯白香詞譜
新譯幽夢影
新譯菜根譚
新譯小窗幽記
新譯圍爐夜話
新譯郁離子
新譯歷代寓言選
新譯賈長沙集
新譯揚子雲集
新譯建安七子詩文集
新譯曹子建集
新譯阮籍詩文集
新譯嵇中散集
新譯陸機詩文集
新譯陶淵明集
新譯江淹集
新譯庾信詩文選
新譯初唐四傑詩集
新譯駱賓王文集
新譯王維詩文集
新譯孟浩然詩集
新譯李白詩全集
新譯李白文集
新譯杜甫詩選
新譯杜詩菁華
新譯高適岑參詩選
新譯昌黎先生文集
新譯劉禹錫詩文選
新譯柳宗元文選
新譯白居易詩文選
新譯元稹詩文選
新譯李賀詩集
新譯杜牧詩文集
新譯李商隱詩選

新譯范文正公選集
新譯蘇洵文選
新譯蘇軾文選
新譯蘇軾詞選
新譯蘇軾詩選
新譯蘇轍文選
新譯曾鞏文選
新譯王安石文選
新譯唐宋八大家文選
新譯柳永詞集
新譯李清照集
新譯辛棄疾詞選
新譯陸游詩文選
新譯歸有光文選
新譯唐順之詩文選
新譯徐渭詩文選
新譯袁宏道詩文選
新譯薑齋文集
新譯顧亭林文集
新譯納蘭性德詞
新譯方苞文選
新譯閒情偶寄
新譯鄭板橋集
新譯袁枚詩文選
新譯李慈銘詩文選
新譯聊齋誌異選
新譯閱微草堂筆記
新譯浮生六記
新譯弘一大師詩詞全編

教育類

新譯爾雅讀本
新譯顏氏家訓
新譯聰訓齋語
新譯曾文正公家書
新譯三字經
新譯百家姓
新譯幼學瓊林
新譯增廣賢文・千字文
新譯格言聯璧

歷史類

新譯史記
新譯漢書
新譯後漢書
新譯三國志
新譯資治通鑑
新譯史記——名篇精選
新譯尚書讀本
新譯周禮讀本
新譯逸周書
新譯左傳讀本
新譯公羊傳
新譯穀梁傳
新譯春秋穀梁傳
新譯戰國策
新譯國語讀本
新譯說苑讀本
新譯新序讀本
新譯吳越春秋
新譯西京雜記
新譯列女傳
新譯越絕書
新譯燕丹子
新譯東萊博議
新譯唐六典
新譯唐摭言

宗教類

新譯金剛經
新譯高僧傳
新譯碧巖集
新譯百喻經
新譯楞嚴經
新譯梵網經
新譯圓覺經
新譯法句經
新譯六祖壇經
新譯禪林寶訓
新譯維摩詰經
新譯經律異相
新譯阿彌陀經
新譯無量壽經
新譯妙法蓮華經
新譯景德傳燈錄
新譯大乘起信論
新譯釋禪波羅蜜
新譯八識規矩頌
新譯永嘉大師證道歌
新譯華嚴經入法界品
新譯地藏菩薩本願經
新譯悟真篇
新譯无能子
新譯坐忘論
新譯列仙傳
新譯抱朴子
新譯神仙傳
新譯性命圭旨
新譯老子想爾注
新譯周易參同契
新譯道門觀心經
新譯養性延命錄
新譯樂育堂語錄
新譯沖虛至德真經
新譯長春真人西遊記
新譯黃庭經・陰符經

地志類

新譯山海經
新譯水經注
新譯佛國記
新譯大唐西域記
新譯洛陽伽藍記
新譯徐霞客遊記
新譯東京夢華錄

政事類

新譯商君書
新譯鹽鐵論
新譯貞觀政要

軍事類

新譯孫子讀本
新譯司馬法
新譯尉繚子
新譯三略讀本
新譯六韜讀本
新譯吳子讀本
新譯李衛公問對

◎新譯百喻經

顧寶田／注譯

以故事明佛理，是佛祖釋迦牟尼講經說法以來的重要傳統。載入佛典的大量故事，以事喻理，深入淺出，對宣傳和普及佛法有事半功倍之效，也為世界文學寶庫保存了豐富遺產。《百喻經》編成於五世紀中後期，其宗旨即在破除愚癡，掃除成佛的思想障礙。書中多數作品結構完整，構思奇特，寓意深遠，語言幽默風趣，是古代寓言故事百花園中的一朵奇葩。《百喻經》藉著幽默詼諧的寓言，脫去佛理說教外殼，如同良藥外和以冰糖，讓人樂於接受，輕易領悟佛法真諦。若您想步入佛法的領域，這是一本值得推薦的好書。

國家圖書館出版品預行編目資料

新譯抱朴子／李中華注譯;黃志民校閱.－－二版二刷.－－臺北市：三民，2024
冊；　公分.－－(古籍今注新譯叢書)

ISBN 978-957-14-2174-2（上冊:平裝）
ISBN 978-957-14-2463-7（下冊:平裝）
1. 抱朴子－注釋

123.42

古籍今注新譯叢書
新譯抱朴子（下）

注譯者｜李中華
校閱者｜黃志民

創辦人｜劉振強
發行人｜劉仲傑
出版者｜三民書局股份有限公司 (成立於 1953 年)

三民網路書店
https://www.sanmin.com.tw

地　址｜臺北市復興北路 386 號　(復北門市)　(02)2500-6600
臺北市重慶南路一段 61 號 (重南門市)　(02)2361-7511

出版日期｜初版一刷 1996 年 4 月
二版一刷 2013 年 5 月
二版二刷 2024 年 6 月
書籍編號｜S031230
ISBN｜978-957-14-2463-7